JN273930

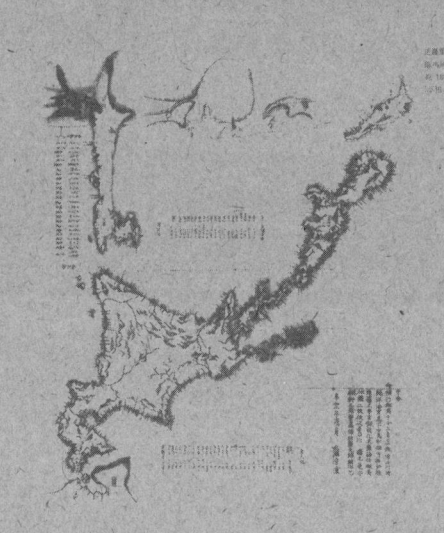

日本の国境
【分析・資料・文献】

Japanese National Border
Analyses, Articles and Documents

日本大学名誉教授
浦野起央

三和書籍

はしがき

　日本人は、領土感覚が稀薄である。自然の調和という生活世界にあって、その生活空間では、だれかが闖入し場所を占拠されてしまうといったことも、そういう感覚もない。それは、広くいえば、島国であるためであるが、その島国世界の日本の空間は、島から波紋が拡がるという空間で、自己の世界の延長の上に拡がっていく波紋の届くところまで拡がり、どこかその限界は消えてしまう。その辺りまで、自己の世界が存在しており、その展望は、自宅の庭園のある築山に借景を設定するといった発想に通じる。そこでは、境界で設定される領土というものとは、余り考えられていない。

　中国大陸には長城が存在する。それは、異族の侵入を防止するためであったが、その防衛の思想は城壁の中で生活し、そのことが安全を保障するという思考に発する。その考え方の根底には、自己の生活のためには自己の土地を奪われないようにし、闖入者を防止しなければならない、とする考えがある。そこには、領土観念が定着している。これに対して、日本人は、どこかで自己の空間を有し、そのために仕切るという秩序感覚はあるものの、それは領土の保全と防衛といった感覚ではなかった。元の侵寇に直面して、幕府は日本に対する服従要求を拒否し、朝廷に奏し、朝廷は国難を払うべく社寺に祈願を命じ、神仏の加護を

もって、挙国一致でそれに対処した。幕府は部署を定めて攻撃に対処したが、結果としては、海上を襲ったのは暴風の猛威で、これにより敵戦力は壊滅した。ちまり、朝廷は敵軍調伏の国家安泰の祈願に専心し、戦局は暴風襲来の日があったことで、すべてが神意とされ、国民は神国の尊厳を深く意識し、自然の調和の上に設定された世界認識を強めることになった。

江戸期、欧米の襲来で、外夷の脅威に対する現実認識のもと海防論が展開されるところとなった。とはいえ、日本は、独自の拡がりの世界であり、現実主義を貫いたそれは、日本の海外発展と表裏の関係にあって、日本の領土認識の図式を変えるものでなかった。海防論は脅威への対処とともに、その防衛行動は、海外発展の文脈にあった。

第二次世界大戦で、日本は敗北した。その戦後処理において、日本は、現状復帰の原則に従い、拡張し併合した海外領土をすべて失った。但し、琉球に対する中国の要求は琉球の分離占領もあって、実現しなかった。日本は分割占領され、沖縄は分離占領で日本領土としての日本の復帰が遅れた。さらに、南千島はソ連に占領され、日本の固有領土たる北方領土はソ連に占領し続けられ、その後継国ロシアも日本に引き渡していない。別言すれば、北方領土はソ連の軍事占領下にあり、ロシアは自国に併合している。竹島は、反日主義を貫いた李承晩大統領の強行支配の形態のままで、日本の支配にはない。日本は、竹島にしても、南千島にしても、自国領土及び領海／経済水域に対する管轄権を回復する対抗手段を有していない。そして、沖縄周辺の経済水域で石油資源の開発が進んだことから、中国の尖閣諸島／釣魚列嶼の領土要求が登場してきた。

こうした現実に直面して、ようやく日本人の領土感覚も変わり、いかに領土を防衛し維持するかの戦略的関心が深まった。さらに、日本に対してミサイルが飛来する事態ともなり、日本領土の防衛という理解が国民の間に深まった。

こうして日本の領土認識が確立するなか、日本領土あるいは国境の存在が改めて確認されるばかりか、さらに日本の資源を含む日本の国家存在とその維持が認識され、明確になってきた。いいかえれば、海洋国家としての日本の存在が自覚され、検証されるところとなってきた。つまり、日本の経済水域における海底資

源が確認され、その開発が可能ともなれば、日本の資源大国としての展望も開けうるところとなった。その可能性は日本の技術革新にかかっている。

われわれは、日本領土の存在を確認し、海洋国家としての日本の新しい姿を展望する次元に立っている。こうした展望においては、日本に対して領土主権を主張する他国との国境紛争の可能性も大きく、われわれは領土認識とともに、カオスを克服する日本の領土保全感を高めなければならない。

本書の執筆は、2012年秋、吉林大学国際研究所主催の中国の研究者を中心とした、北京大学客座教授としての報告として予定されていた。しかし、尖閣諸島国有化により生じた日中両国間の対立という事態で、報告は流れた。ここに、日中両国の関心ある諸氏の理解を得るべく刊行することにした。その執筆にあたっては、日本人の国土観、領土意識の醸成、領土をめぐる国際関係につき包括的に論述し、立証されるべき史料を所収掲載し、課題を十分に検証できるようにした。蓄積されてきた研究成果の文献を収めることで、より以上の研究上の要点が論じられるようにした

本書を、中国、台湾、韓国の研究仲間に捧げ、領土問題の共通理解が得られ、討議が重ねられるよう期待する。

2013年6月

浦野　起央

目 次

はしがき——— i
目次——— iv
　　掲載資料リスト（年代順）——— xv

第1章　領土が問うもの

1、領土——— 1
2、領土の棲み分け———精神の国境——— 3
3、国家の境界——— 4

第2章　国境認識の射程

1、境界と国境——— 11
　　表2-1　境界と国境の概念——— 12
　　表2-2　境界と国境の特性——— 13
2、日本の内外——— 13
　　図2-1　古代日本の政治的境界、700年頃——— 13
　　図2-2　中世日本の政治的境界、1200年頃——— 14
3、領土管理の形成——— 14
　　図2-3　近世日本の政治的境界、1700年頃——— 15
4、日本の国境認識——— 16

  （1）太宰府と国境管理機能—— 16
  （2）豊臣秀吉の朝鮮征伐とその意識—— 18
  （3）日本型国境認識の原型—— 21
  （4）「領土問題はない」との立論—— 22
5、列島文化と海洋国家の原点—— 23
  （1）列島の文化— 23
  （2）海上の道—— 23
    図2-4　琉球弧の諸島—— 25
  （3）沖縄起源論争—— 25
  （4）沖縄の思想—— 26
6、日本の海防論—— 29
7、中華帝国朝鮮の領域考—— 31
8、中華世界の版図考—— 33
9、日本の辺境考—— 34
    図2-5　サハリンの石油・天然ガス鉱区—— 36
    表2-3　サハリン大陸棚石油・
       天然ガス開発プロジェクトの概要—— 37
10、日本の統治領土—— 40
    表2-4　日本の統治領土—— 41

第3章　日本国境の成立

1、ヤマトの成立—— 57
2、初の国境画定—— 58
    図3-1　出雲帝国の統治図—— 58
3、島国国家日本と対馬—— 60
    図3-2　日本國對馬島之圖—— 61

4、国絵図と日本国境界―― 62
  図3-3 幕府撰元禄日本図、元禄15年
     （北東＝松前及び南西＝琉球部分図）―― 63
  図3-4 幕府撰正保日本図、明歴元禄元年（南西＝薩摩
     ・種子島・屋久島・琉球部分図）―― 64

5、幕末維新期の国境画定―― 65
  図3-5 近藤重成「蝦夷地圖式　乾」 1802年―― 65
  図3-6 近藤重蔵「今所考定分界之圖」 1804年―― 65
  図3-7 鳥居龍蔵「千島諸島」―― 66
  図3-8 千島列島―― 67
  表3-1 樺太千島交換条約における千島列島の島嶼―― 68
  表3-2 北辺地図の日本領土と認識―― 72
  図3-9 「滿州露西亞疆界圖」 1853年―― 74
  図3-10 高橋景保「日本邊界略圖」 1809年―― 75
  図3-11 海軍省水路局「北海道東部」
     海図第93号　1878年―― 76

6、日本の領土購入建議―― 76
 （1）南洋群島買収建議―― 77
 （2）蘭領ニューギニア買収建議―― 79

7、海図の作製―― 81

8、日本近海の火山活動―― 85
  図3-12 日本周辺の太平洋プレート―― 85
  図3-13 日本の200海里海域と海底火山活動―― 86
  図3-14 沖縄トラフの海底噴出孔―― 87
  図3-15 西之島新島―― 88
  表3-3 海底火山の噴火―― 89

9、日本の外邦測量―― 90

第4章　領土の帰属

1、領土の帰属―― 99

　　　　図4-1　　日本の領海——— 100
2、北方探険——— 106
　　　　図4-2　　北方探険——— 107
3、領土問題—外交交渉と帰属確認——— 108
　　(1) 当然に領土の存在を認識される領土の確認——— 108
　　　　表4-1　　領土と外交交渉——— 109
　　(2) 住民の移動・交替・継続、もしくは生活圏の
　　　　維持・変更による領土画定の確認——— 109
　　(3) 領土支配をめぐる交渉の結果としての
　　　　領土の確認——— 109

第5章　領土存在の確認

1、領土存在の確認——— 115
2、伊豆諸島——— 116
　　　　図5-1　　南方諸島——— 117
　　　　図5-2　　伊豆諸島——— 117
3、鳥島——— 118
4、竹島——— 119
　　　　図5-3　　欝陵島と竹島——— 120
　　　　図5-4　　竹島——— 121
5、隠岐——— 122
　　　　図5-5　　隠岐——— 123
6、対馬——— 124
　　　　図5-6　　対馬——— 125
7、硫黄島——— 126
8、中ノ鳥島——— 127
　　　　表5-1　　日本に関係のある疑存島——— 129

9、昭和硫黄島――― 130
    図5-7　昭和硫黄島――― 131
10、南鳥島――― 131
11. 沖ノ鳥島――― 132
12、奄美諸島――― 133
    図5-8　奄美諸島――― 134
13、吐噶喇列島――― 135
    図5-9　吐噶喇列島――― 135
14、大東島――― 136
    図5-10　大東島――― 138
15、尖閣諸島――― 140
    図5-11　尖閣諸島――― 140
    図5-12　中国―琉球航路図――― 141

第6章　領土画定と外交交渉

1、領土画定をめぐる外交交渉――― 155
2、小笠原諸島――― 155
    図6-1　小笠原諸島――― 156

第7章　領土支配と外交交渉

1、領土支配をめぐる外交交渉――― 163
2、琉球諸島――― 164
    図7-1　琉球諸島――― 165
    図7-2　琉球三十島圖――― 166
3、先島諸島――― 169

　　　　図7-3　　先島諸島――― 170
4、琉球・台湾法的地位論争――― 170
5、北方4島――― 171
　　　　表7-1　　北方4島――― 172
　　　　図7-4　　北方4島――― 173
6、北方領土交渉――― 175
　　（1）4島返還論――― 177
　　（2）2島譲渡論――― 178
　　（3）2島放棄批判論――― 178
　　（4）2島先行返還論――― 179
　　（5）共同統治論――― 180
　　（6）面積2等分論――― 180
　　（7）3島返還論――― 181
　　（8）千島列島全島返還論――― 181
　　（9）返還運動――― 183
　　（10）全面放棄論――― 183
　　（11）「北方領土不要論」論争――― 184
　　（12）3.25島返還論――― 187
　　（13）北方領土をめぐる世論――― 187
　　　　表7-2　　北方領土交渉における日本の立場についての
　　　　　　　　北海道民の意見、2005年10月～11月――― 188
　　　　表7-3　　北方領土交渉を見直すべきとする選択についての
　　　　　　　　北海道民の意見、2005年10月～11月――― 188
　　　　表7-4　　北方領土返還は必要ないとする理由についての
　　　　　　　　北海道民の意見、2005年10月～11月――― 190
　　（14）北方領土をめぐるロシア住民の世論――― 190
　　　　表7-5　　北方領土に関するロシア島民の世論、
　　　　　　　　2005年10月――― 191
　　（15）欧州議会の北方領土問題決議――― 192
　　（16）日ソ／日ロ交渉の総括――― 192
　　　　表7-6　　北方領土交渉の経過と問題点――― 210

7、北方交流—— 210

第8章　領海・排他的経済水域

1、領海と排他的経済水域—— 225
　(1) 海洋の国際法秩序—— 226
　(2) 日本の海洋法秩序—— 230
　(3) アジア海賊対策地域協力—— 258
2、日本の海洋開発—— 261
3、日本の200海里水域の海洋管理—— 264
　　図8-1　日本の排他的経済水域—— 265
　　図8-2　海上保安庁の管轄海域区分—— 266
　　図8-3　日本周辺海域の在日米軍軍事演習区域—— 267
　　図8-4　日本周辺海域における石油鉱区、1979年—— 268
　　図8-5　日本の排他的経済水域の海底資源—— 270
　　表8-1　海洋基本計画の論点—— 271
4、東シナ海の石油開発—— 282
　　図8-6　東シナ海石油鉱区図—— 283
　　表8-2　東シナ海の大陸棚石油資源—— 283
　　図8-7　東シナ海における中国海洋調査船科学1号の行動—— 285
　　図8-8　東シナ海における中国海洋調査船向陽紅091号の行動—— 286
　　図8-9　沖縄北西海域（3D）の構造位置—— 290
5、北洋地域及び北方領土周辺の排他的経済水域—— 291
　　図8-10　北方海域拿捕危険水域、1961年—— 291
　(1) 北洋漁業—— 292
　　図8-11　1907年日露漁業条約附属議定書第1号—— 296
　　図8-12　1907年日露漁業条約附属議定書第8号—— 297
　　図8-13　1907年日露漁業条約附属議定書附属—— 298

　　　　　図8-14　1928年日ソ漁業条約第二附属書——— 305
　　(2) 1956年日ソ漁業協定——— 306
　　(3) 1978年日ソ漁業協力協定——— 313
　　(4) 日ソ漁業操業協定——— 316
　　(5) ソ地先沖合漁業暫定協定——— 317
　　(6) 日ソ貝殻島昆布採取協定——— 331
　　　　　図8-15　日ロ貝殻島昆布採取協定操業水域——— 332
　　(7) 1985年日ソ漁業協力協定——— 332
　　　　　図8-16　北方4島周辺海域の操業区域——— 333
　　(8) 日本漁船の安全操業枠組み協定——— 336
　　　　　図8-17　赤城試案——— 337

6、隠岐・韓国周辺の漁業専管水域と共同規制水域——— 341
　　　　　図8-18　李ラインの適用地域——— 341
　　(1) 1965年日韓漁業協定——— 342
　　　　　図8-19　日韓共同規制水域——— 344
　　(2) 日韓漁業協定の中断——— 350
　　(3) 1998年日韓漁業協定——— 352
　　　　　図8-20　日韓漁業協定の経済水域——— 353

7、九州西方の排他的経済水域——— 361
　　　　　図8-21　東シナ海の関係国水域——— 362
　　(1) 北部境界協定——— 363
　　(2) 南部共同開発協定——— 366

8、沖縄西方の排他的経済水域——— 374
　　(1) 中国の沖縄トラフ要求——— 375
　　　　　図8-22　東シナ海をめぐる日中の境界——— 377
　　(2) 1955年日中漁業協定——— 377
　　　　　図8-23　日中漁業協定の適用水域、1955年——— 378
　　(3) 1975年日中漁業協定——— 389
　　　　　図8-24　日中漁業協定の規制適用水域、1975年——— 390
　　(4) 1997／2000年日中漁業協定——— 395

図8-25　日中漁業協定の適用水域、1997／2000年—— 396
　　　（5）東シナ海の漁撈混乱—— 399
　9、沖ノ鳥島周辺排他的経済水域—— 399

第9章　領土防衛と対外認識

1、島嶼国家と領海—— 411
　　表9-1　島嶼国家の類型—— 413
　　表9-2　日本の島の規模—— 413
2、対馬海峡防衛—— 414
　　図9-1　対馬海峡—— 415
3、津軽海峡防衛—— 416
4、3海峡封鎖問題—— 416
5、海峡防衛—— 417
6、島嶼防衛—— 418
7、離島管理—— 420
　　表9-3　日本の離島振興法対象地域—— 421
　　表9-4　新たに名称が決定された離島—— 433
8、竹島紛争—— 434
　（1）日本の竹島固有領土論—— 434
　（2）竹島韓国所有論—— 438
　（3）竹島放棄論—— 439
　（4）韓国による独島囲込みと実効的支配—— 439
　（5）竹島棚上げ論—— 443
　（6）竹島領有紛争—— 444
　（7）李明博韓国大統領の竹島上陸事件—— 445
7、尖閣諸島紛争—— 449
　（1）釣魚台論争—— 449

(2) 日本人の魚釣島上陸事件——— 454
(3) 日本の先占領有論——— 454
(4) 日本の尖閣列島中国領有論——— 456
(5) 日本尖閣陰謀説と台湾事件——— 458
(6) 中国釣魚島古来領土論——— 458
　　図9-2　尖閣諸島の位置——— 461
(7) 中国武装船侵入事件——— 461
(8) 灯台建設の外交事件——— 462
(9) 保釣運動——— 464
(10) 尖閣諸島中国船衝突事件——— 468
(11) 尖閣諸島国有化対立——— 469
　　図9-3a　中国の釣魚島の領海基線図——— 472
　　図9-3b　中国の釣魚島の領海基線図
　　　　　　（部分拡大図）——— 472
　　図9-3c　中国の釣魚島の領海基線図
　　　　　　（部分拡大図）——— 473
(12) 台湾漁業権要求の解決——— 477
　　図9-4　日本・台湾の排他的経済水域と
　　　　　　特別協力水域——— 482
(13) 尖閣海戦——— 486
　　図9-5　尖閣諸島地域をめぐる
　　　　　　日本・中国の主要軍事基地——— 490
(14) 中国海軍のレーダー発射事件——— 491

8、対馬紛争——— 494
(1) 韓国対馬領有論——— 494
(2) 韓国対馬領有運動——— 497

9、西南防衛計画——— 499
　　図9-6　与那国島の位置——— 500

第10章 領空

1、日本の領空—— 511

  図10-1　日本の防空識別圏—— 512

2、与那国島の領空及び防空識別圏—— 518

3、領空侵犯—— 518

  図10-2　日本周辺のロシア艦隊・軍用機の行動—— 519
  図10-3　日本自衛隊の緊急発進回数の推移、
      1958－2011年度—— 520
  表10-1　日本自衛隊の地域別緊急発進回数、
      2007－11年度—— 520

4、ミグ25事件—— 520

5、北朝鮮のミサイル発射実験—— 521

  図10-4　北朝鮮ミサイル・テポドン1号の
      日本上空通過—— 521

6、北朝鮮のミサイル脅威—— 524

  表10-2　北朝鮮の核実験の規模—— 525
  表10-3　日本の北朝鮮ミサイルに対する
      破壊措置命令の事例—— 527

索引—— 534
  地名索引—— 534
  人名索引—— 537
  主要項目索引—— 541

掲載資料リスト （年代順）

以下の資料について、全文、または本文と関連する部分の抜萃を掲載した。

712年	『古事記』── 58
852年2月8日	『日本文徳天皇実録』── 17
1174年	三澤喜左衛門撰『隠州往古以來諸色年略記』── 124
1392年	『朝鮮王朝実録』── 32
1451年	『高麗史』崔承老傳── 32
1588年7月8日	豊臣秀吉の海賊停止令── 18
1593年6月8日	豊臣秀吉の（朝鮮に対する）和平条件── 19
1597年9月	朝鮮の日本軍が在朝鮮の大名の名で掲げた榜文── 20
1618年5月16日	徳川幕府の竹島渡海状── 437
1777年	林子平「海國兵談」自序── 29, 411
1785年	林子平『三国通覧図説』「無人嶋」── 160
1797年	古河古松軒「八丈筆記」── 116
1810年	村上貞廉編『北地日記』── 71
1823年	佐藤信淵「混同秘策」── 30
1855年2月7日	日露通交好下田条約── 67
1861年12月17日	徳川幕府より外国公使あて小笠原群島に関する通知── 158
1862年2月22日	小笠原諸港規則── 159
1867年3月30日	樺太島仮規則（樺太雑居条約）── 68
1872年9月28日	日本政府の琉球の外国条約等に関する外務省への管轄移転に関する通達── 167
1873年3月6日	琉球藩あて日本国旗と律令布告── 167
1874年10月31日	日清台湾事件交換條款── 171
1875年5月20日	琉球藩の儀、寺島外務卿あて清国の琉球藩の儀返書── 168
7月20日	樺太千島交換条約── 69
1876年10月17日	小笠原諸島直轄に関する外務卿通知── 159
12月9日	英國駐箚上野公使ヨリ寺島外務卿ヘノ報「西、葡兩國聘問に關スル件」── 77
1877年3月17日	内務省の太政官あて日本海の竹島外一島地籍編纂方伺── 438
1879年4月4日	琉球藩を沖縄県にするとの政府布告── 167
1885年7月15日	沖縄県の大東島調査命令── 138
1891年9月9日	硫黄島勅令── 127
1894年10月9日	日本軍の臨時測図ノ義二付上申── 90

1895年1月14日	尖閣諸島の編入に関する閣議決定 ——	144
1897年10月1日	『高宗實錄』 ——	32
1898年7月1日	南鳥島の東京府編入令 ——	131
1900年9月20日	沖大東島の沖縄県編入文書 ——	139
9月26日	沖大東島の呼称と所属の内務大臣訓令 ——	137
1905年1月28日	竹島の島根県編入に対する閣議決定 ——	120
2月22日	島根縣の竹島告示 ——	122
1907年7月28日	日露漁業協約 ——	293
1908年4月28日	山田禎三郎の小笠原島所属島嶼発見届 ——	128
7月23日	中ノ鳥島の東京府編入の閣議決定 ——	128
1915年1月	日本水路部「東京グアム島経度測量上申理由書」 ——	83
1928年1月14日	日露漁業新条約調印の顛末の外務省発表 ——	300
1月23日	日ソ漁業条約 ——	301
1931年6月23日	沖ノ鳥島の所属名称に関する閣議決定 ——	132
7月6日	沖ノ鳥島内務省布告 ——	133
1934年	松江春次「蘭領ニューギニア買収案」 ——	79
1940年3月30日	沖ノ鳥島布告 ——	133
3月30日	小笠原諸島勅令 ——	160
1948年8月5日	韓国［領土の回復と東洋の平和に関する］愛国老人会の韓日間の島嶼調整のための要請 ——	440, 494
1951年3月31日	歯舞諸島返還懇請に関する衆議院決議 ——	193
12月5日	吐噶喇列島の返還文書 ——	136
12月10日	吐噶喇列島を奄美群島管轄とした米国政府の行政管轄権に関する北部境界変更文書 ——	136
1954年6月9日	自衛隊法、第82条２弾道ミサイル等に対する破壊措置 ——	527
10月28日	竹島領有紛争につき、日本の国際司法裁判所への付託の提案に対する韓国の付託拒否公文 ——	444
1955年4月15日	日中東海・黄海漁業協定 ——	379
1956年5月14日	北西太平洋の公海における日ソ漁業条約 ——	306
8月1日	日ソ交渉における重光葵外相声明	177
9月7日	米国政府の日ソ交渉について外務省通告の覚書	177
10月19日	日ソ共同宣言 ——	175
1961年9月30日	池田勇人首相の北方領土に関する国会答弁 ——	172
10月4日	南千島に関する外務省の北方領土見解 ——	177
1964年6月17日	北方領土の名称についての外務省事務次官通達 ——	174
1965年6月22日	日韓漁業協定 ——	345

1969年8月29日	防空識別圏における飛行要領に関する訓令——513	
1970年7月17日	沖縄・北方対策庁	
	「尖閣列島周辺の海底地質調査について」——450	
8月31日	琉球立法院の尖閣列島の領土防衛決議——453	
1972年5月24日	日本の尖閣列島に関する国連安全保障理事会あて書簡——450	
1973年10月8日	田中角栄首相のソ連主宰午餐会挨拶——37	
10月10日	日ソ共同声明——39	
1974年1月30日	日韓北部境界画定協定——364	
1月30日	日韓南部共同開発協定——366	
4月23日	日韓大陸棚開発協定に対する中国の無効声明——371	
1975年6月7日	日ソ漁業操業協定——316	
8月15日	日中漁業協定——391	
9月22日	日中漁業協議会と中国漁業協会間の漁業の	
	安全操業議定書——394	
1976年5月14日	モスクワ放送	
	「領土問題で日本に例外要求の権利はない」——194	
12月10日	ソ連邦沿岸に接続する海域における生物資源の保存及び漁業規制に関する暫定措置に関するソ連邦最高会議幹部会令——317	
1977年2月24日	ソ連邦沿岸に接続する太平洋及び北氷洋水域における生物資源の保存及び漁業規制に関する暫定措置の実施に関するソ連邦大臣会議の決定——320	
2月25日	200海里漁業水域の暫定措置の実施に関するソ連邦大臣会議の決定に対する日本官房長官談話——321	
5月2日	領海および接続水域に関する法律——101	
5月2日	漁業水域に関する暫定措置法——234	
5月2日	排他的経済水域における漁業等に関する	
	主権的権利の行使等に関する法律——249	
5月27日	北西太平洋のソ連地先沖合における1977年漁業に関する	
	日ソ協定——324	
8月4日	日ソ地先沖合漁業暫定協定——327	
1978年3月6日	ソ連外務省の日本との領土問題声明——195	
4月7日	北西太平洋のソ連邦沿岸接続海域における	
	外国の漁撈実施暫定規則——321	
4月21日	日ソ漁業協力協定——333	
4月21日	漁業の分野における協力に関する日ソ協定——313	
8月12日	園田直日本外相の尖閣諸島関係発言——462	
1982年12月10日	国連海洋法条約——227	

	12月10日	国連海洋法条約の付属書Ⅱ大陸棚限界委員会──400
1984年12月7日		日ソ地先沖合漁業協定──329
1985年5月12日		日ソ漁業協力協定──335
1987年8月31日		日韓南部共同開発協定の修正交換公文──372
1991年4月18日		日ソ共同声明──196
1993年10月17日		日口東京宣言──197
1995年6月13日		外務省内部文書 「北方4島へのプレハブ診療建設問題」──184
1996年10月13日		「朝日新聞」社説「尖閣問題で考えること」──466
	10月15日	田久保忠衛論「世界週報」巻頭言「尖閣諸島問題には毅然として臨め」──467
1996年6月14日		排他的経済水域及び大陸棚に関する法律──232
	6月14日	排他的経済水域における漁業等に関する 主権的権利の行使等に関する法律──240
1997年11月2日		日ロクラスノヤルスク合意──199
	11月11日	日中漁業協定──397
1998年2月21日		海洋生物資源の操業の分野における 協力の若干の事項に関する日ロ協定──338
	4月19日	日ロ川奈合意──200
	9月25日	高村正彦外相談話「新たな日韓漁業協定について」──353
	11月13日	日ロモスクワ宣言──211
	11月28日	日韓漁業協定──354
2000年9月5日		日ロ共同声明──201
2001年3月25日		日ロイルクーツク声明──203
	6月14日	海洋生物資源の保存及び管理に関する法律──247
2003年1月10日		日露行動計画の共同声明──205
	1月10日	日露行動計画──205
2004年11月4日		アジアにおける海賊行為及び船舶に対する 武装強盗との戦いに関する地域協力協定──259
2005年2月18日		経済産業省・資源エネルギー庁 「沖縄北西海域（3D）解釈作業中間報告」──287
2006年11月		外務省「東シナ海における資源開発に関する 我が国の法的立場」──375
2007年3月		政府の海洋に関する施策についての基本的な方針──281
	4月20日	海洋基本法──271
	4月27日	海洋構築物等に係る安全水域の設定等に関する法律──103
2008年6月18日		日中の東シナ海の共同合意文書──288

2009年4月8日	北朝鮮によるミサイル発射に抗議する衆議院・参議院決議 —— 523	
12月	総合海洋政策本部「海洋管理のための離島の保全・管理のあり方に関する基本方針」 —— 421	
2012年4月25日	外務報道官談話「我が国の大陸棚延長申請に関する国連大陸棚限界委員会の勧告について」 —— 401	
8月14日	野田佳彦首相の竹島などの記者会見 —— 447	
8月17日	官房長官の李明博韓国大統領の竹島上陸への対応措置 —— 445	
8月24日	李明博韓国大統領による島根県の竹島上陸などに抗議する衆議院決議 —— 446	
9月13日	中国の釣魚島及附属島嶼の領海基線に関する声明 —— 470	
9月24日	香港の活動家らの沖縄県・尖閣諸島上陸に抗議する衆議院決議 —— 474	
9月27日	楊潔篪中国外交部長の国連総会一般演説（釣魚島関係部分）—— 475	
2013年2月13日	安倍晋三首相の北朝鮮核実験声明 —— 528	
2月14日	北朝鮮による3度目の核実験に対する抗議に関する衆議院決議 —— 530	
2月15日	北朝鮮による3度目の核実験に対する抗議に関する参議院決議 —— 530	
4月10日	日台民間漁業協定 —— 478	
4月10日	台湾外交部の台日漁業協定に関するプレスリリース —— 481	
4月12日	馬英九国府総統と交流協会大橋光夫会長との2013年4月11日会見の台湾総統府発表 —— 484	

第1章

領土が問うもの

1、領土

　国家に属する地的管轄権領域の陸地部分が領土で、それは国家領土としての領域である。その管轄は国家主権に属し、陸面部分の領土、海面部分の領海、及び上空の一定空間部分を構成する領空からなる領域で構成される。その領域においては、国際法に反しない限り、国家の権原が排他的に及ぶ。したがって、その国家の権原は領土主権または領域主権と称され、その下では、個人の私有財産でも、領土国の法令によって規制される。

　領土は、敵対・浸食などによってその増減が繰り返され、その情態は地政学の主題を形成する。地政学においては、国家は生活共同体と解され、その国家生活の消長が国家領域の変遷を跡付ける[1]。1867年米国はロシアからアラスカを購入した。1875年日本はロシアと千島・樺太を交換した。日本は日清戦争で台湾・澎湖島を取得したが、太平洋戦争で中国に返還した。その返還は、現状復帰の原則に従っていた。だが、すべての対立処理がその原則に従って解決されているわけではない。ソ連／ロシアは、第二次世界大戦直後の混乱で千島列島を占領し、その北方領土を日本に返還していない。これは、軍事占領の形態での処理を外交

的処理により解決するのをソ連／ロシアが拒否したもので、日本の交渉当事者もその領土交渉過程において適切でない要因を引きずってきた。

ヨーロッパ諸国は、無主地を先占の原則によって取得し、先住民が既に居住している地域でも、先占を理由に領土を編入してきた[2]。これは、帝国主義の下では1つの可能な手法であった。しかし、第二次世界大戦後においては、先占の法理は不法と批判されており、かかる植民地取得において適用された原則は最早、成立しない。「持てる国」と「持たざる国」の対立は帝国主義戦争の局面であったが、その資源の再分配をめぐる領土の再編問題は依然、現下の課題でもある[3]。

かかる領土は、海洋、河川、分水嶺などの自然的地形によって区画されるが、経緯度線や境界柱などをもって境界が表示されることをもって、領土の帰属が成立し、その領土の領有国の統治機構により維持される。かくて、その主権国の管轄権をもって国家領域の限界が設定され、その管轄化及びその範囲の限界が国境となっている。いうまでもなく、近代国民国家は、領域国家として成立している。したがって、その国境は国家存立の基礎をなし、領土保全に対する侵害は国家の安全上、国境を越えるか否かがその基準となる。それは、国境をめぐる対立・紛争が国家領土の得喪に結び付くからである。

国境の設定には、時間的に長い歳月を重ねられてきており、その設定においては、国民感情の合意とか支配管轄の状況に左右されている。国境をめぐる対立・紛争の解決に当たっては外交交渉によるが、最終的には、国際裁判に従うのが通例である。それは、国境の画定が自然の地形や経緯度線、あるいは道路・運河などの人為的基準だけでなく、住民の民族的関係・伝統・慣行によるところが多いからである。こうして、伝統・慣行に従い、国家間の合意をもって国境が設定され、河川では、航路の中央線（タールベーク）が原則とされる。ラテンアメリカ諸国では、国家独立当時、旧植民地の行政区画を採用した国境線に従ったウティ・ポッシデティスの原則が採用されてきたが、その適用をめぐっては、現在、多くの紛争が生じている。さらに現在、この国境は、領海の範囲、そして大陸棚が確認される範囲において新しい問題の対立を生起している。それは、国境の再確認の問題とともに、ロケットが国境を越える状況が成立しているなか、国

境の外側に設けられた排他的経済水域などの資源分割をめぐる境界画定問題が現在、生起しているからである。

　こうした陸上から海底への資源をめぐる戦争、そのための国境の再画定をめぐり、その舞台は、陸地から海洋へ移っており、海洋国家たる島国日本の課題は新しい展望にある一方、重大な局面にある。日本は、ここ10年、20年、世界的規模での国境紛争への突入を不可避としている。そして、日本は、その対処において、外交の不在と混乱、国境防衛における日本政府の不適切な対処とそのための統治のジレンマに直面している[4]。

2、領土の棲み分け——精神の国境

　領土は、アイデンティティ・カードの代用物ともいわれる。それは、現実に存在している人間がその精神を証明しているからである。国境で区切られた自分の土地が自己の存在を証明してくれることになるからである。アイデンティティを考える契機になったのは、デンマーク人エリク・H・エリクソンであった。エリクソンは、母親のユダヤ系ドイツ人ホーンブルガーの養子となり、ユダヤ人として育てられ、学校では、ゴイ（ユダヤ人でない異教徒）として疎外された。エリクソンは、1934年両親の地デンマークへの入国を拒否され、米国へ向かうことになり、その地で研究生活を送り、カリフォルニア大学の心理学教授となった。そうした体験の認知を通じて、彼はアイデンティティを認識するところとなった[5]。

　特定集団への帰属意識は、こうして民族ないし国家の分析主題となった[6]。そういう認識が育つ風土では、文明の融解と衝突への着目も容易である。それで、人々の認識、慣行、歴史、価値観が着目されるところとなり、領土のイデオロギー的要素を形成し、人々の一体となった生活が確認される。それは、ここでいう精神の国境の形成である[7]。

　その意味では、精神の国境は、信仰・宗教の世界で区分される一方、あるいは言語空間で区画される側面もある。インドのような多様なアジア世界、あるいは

多様ではあるが宗教的に一体であったヨーロッパ世界とも異なり、日本人の世界は、棲み分けもなく一体となった存在と理解にあって、その自己認識のパタンは、対外的に安易に拡張適用的に作用した日本人の独自の世界の形成と解されている。

その日本人の存在は、日本人論として時代を通じ展開されることで、日本の国境認識を超越した日本人の自覚を生み出してきた。そのため、明治期以降、日本人の国民性が強調され、上代の想起・神話・伝統・生活スタイルを確認したところに淵源した日本精神が日本社会の存在証明となった[8]。1940年代には日本の精神文化が日本支配における地域の代替物ともなった[9]。1970年代には、日本の社会・文化の独自性が提起されて、日本国境の存在が確認された。その日本領土は、超論理的な社会伝達手段（いわゆる腹芸と形容されるコミュニケーション手段）を持つ独得な風土の産物とされ、それは日本社会の同質的一体性の神話を提起している。そして、それは日本ナショナリズムのイデオロギー的弁証をも提供してきている[10]。

3、国家の境界

現下の社会における領土の問題性は、国家の境界をめぐる考察の必要性を再提起している。いいかえれば、これまでの境界内の人々の行動と生活空間への取り組みから、境界領域における社会の歴史的確認が新しい主題となってきているからである。その問題性は、以下にある[11]。

(1) 周辺・辺境の問題化　これまで管理及び防衛は中央のために行われていたが、現在は辺境へと焦点が移ってきている。これは、全体の管理をそのネットワーク構築において見直すべきであるとする辺境の再検討という国境問題を提起している。中央の管理と防衛のためのシステムの辺境を視点とした従来の辺境とそれは中央連関の秩序と防衛のためとする立論を、根源から見直し再構築することが主題となってきている。

(2) 国家の分権化　この問題提起は、地方の再生に伴うところの主権国家の変

容に従うところにある。中央への組み込みから周辺の参加、そして辺境の自立と地方、周辺視点でのその全体との連関の態様へと、政治争点が移行している。地方を射程とした見地での利益圏の成立である。

(3) 国境の相対化　国際化が進行し、国境なき経済の出現による国境の相対化状況という新しい現実が出現してきた。国際交流が展望され、市民の国際的配置とその利益分配が新しい仕組みとして現実化してきている。国境を超えた生活圏が成立している。

(4) 国境存在の政治化　その結果、日本の沖縄、尖閣諸島、竹島、沖ノ鳥島、対馬、与名国島など南西諸島、また北方領土などにおいて新しい問題状況が噴出してきており、それは自国の固有領土であるとしてきた大義だけで処理できる状況にはない。その境界領域を含めた新しい基本的な分析なくしては、現下の問題状況は解明できないし、対処もできない。

以上が、日本領土における現下の問題性とその分析課題である。

[注]

1) 浦野起央『地政学と国際戦略──新しい安全保障の枠組みに向けて』三和書籍、2006年。
2) 外務省條約局『島嶼先占』外務省條約局、1933年。
   太壽堂鼎「先占に関するわが国の先例」法学論叢、第70巻第1号、1961年。
   太壽堂鼎「領土問題──北方領土・竹島・尖閣諸島の帰属」ジュリスト、第647号、1977年。
   太壽堂鼎「明治初年における日本領土の画定と国際法」法学論叢、第100巻第5・6号、1977年。
   太壽堂鼎『領土帰属の国際法』東信堂、1978年。
3) 松本悟朗『領土資源の再分配問題』日本協會、1937年。
4) 田久保忠衛『そもそも国家とは何か　日本の領土』ＰＨＰ研究所、1999年。
   鎌田慧『国境の島々』岩波現代文庫、岩波書店、2000年。
   中沢孝之・日暮高則・下條正男『図解　島国ニッポンの領土』東洋経済新報社、2005年。
   山田吉彦『日本の国境』新潮新書、新潮社、2005年。

山田吉彦『日本国境戦争——21世紀・日本の海をめぐる攻防』ソフトバンク新書、ソフトバンク・クリエイティブ、2011年。

山本浩一『日本人が行けない「日本領土」——北方領土・竹島・尖閣諸島・南鳥島・沖ノ鳥島上陸記』小学館、2007年。

西牟田靖『ニッポンの国境』光文社、2011年。

孫崎亨『日本の国境問題——尖閣・竹島・北方領土』ちくま新書、筑摩書房、2011年。

保坂正康・東郷和彦『日本の領土問題——北方四島、竹島、尖閣諸島』角川書店、2012年。

5) E・H・エリクソン、小此木啓吾訳『自我同一性——アイデンティティとライフサイクル』誠信書房、1973年/村瀬孝雄・近藤邦夫訳『ライフサイクル、その完結』みすず書房、1989年。

E・H・エリクソン、岩瀬庸理訳『アイデンティ——青年と危機』金沢文庫、1973年。

エリク・エリクソン、近藤邦夫訳『玩具と理性——経験の儀式化の諸段階』みすず書房、2000年。

R・I・エヴァンズ、岡堂哲雄・中園正身訳『アイデンティティの探求——エリクソンとの対話』北望社、1971年/金澤文庫、1973年/『エリクソンは語る——アイデンティティの心理学』新曜社、1981年。

ロバート・コールズ、鑪幹八郎訳『エリック・H・エリクソンの研究』上・下、ぺりかん社、1980年。

鑪幹八郎『アイデンティティの心理学』講談社、1990年。

西平直『エリクソンの人間学』東京大学出版会、1993年。

尹健次『日本国民論——近代日本のアイデンティティ』岩波書店、1997年。

L・J・フリードマン、鈴木眞理子・三宅季子訳『エリクソンの人生——アイデンティティの探求者』2冊、新曜社、2003年。

6) 金子彦二郎『日本國民性の實證的研究』明治圖書、1930年。

統計数理研究所国民性調査委員会編『国民性に関する意識調査データに基づく文化の伝播変容ノダイナリズムの統計科学的解析』統計数理研究所、2000年。

統計数理研究所国民性調査委員会『国民性の研究』統計数理研究所、2004年。

林知己夫『日本人の国民性研究』南窓社、2001年。

アレックス・インケルス、吉野諒三訳『国民性論——精神社会的展望』出光書店、2003年。

統計数理研究所国民性調査委員会『日本人の国民性』4冊、至誠堂、1961 - 82年。

統計数理研究所国民性調査委員会『日本人の国民性1953 - 1993』統計数理研究所、1995年。

7) J・A・トインビー、村瀬武比古訳『國民性と改造』慶分堂書店、1920年。

藤原咲平『我が國の氣候と其の國民性に對する影響』教學局、1940年。

野村甚三郎『国境とは何か——領土・制度・アイデンティティ』芙蓉書房出版、2008年。

8) 天眼子『國民の眞精神』博文館、1903年/大空社、1996年。

原正男『國民性傳説』實業之日本社、1917年。

津田左右吉『平民文學の時代』3冊、上・中、文學に現はれたるわが國民思想の研究第3

巻・第4巻、洛陽堂、1918 - 21年、下、文學に現はれたるわが國民思想の研究第5巻、岩波書店、1965年。
津田左右吉『武士文學の時代』文學に現はれたるわが國民思想の研究第2巻・第4巻、洛陽堂、1919年。
つだそうきち『日本の神道』岩波書店、1949年。
安岡正篤『日本精神の研究』玄黄社、1924年、増補版1937年。
黒板勝美『國體新論』博文堂、1925年。
黒板勝美『日本政治思想の特質』岩波講座東洋思想の展開、岩波書店、1936年。
清原貞雄『日本國民思想史』寶文館、1925年。
清原貞雄『國史と日本精神の顯現』藤井書店、1934年。
大川周明『日本精神研究』行地社出版部、1927年。
鈴木友吉『我が國體と國民精神』廣文堂、1929年。
紀平正美『日本精神』岩波書店、1930年。
紀平正美『日本精神』海軍省教育局、1936年。
紀平正美『我が邦に於ける家と國』教學局、1941年。
村岡典嗣『日本思想史研究』4冊、岩波書店、1930 - 49年。
野村八良『上代文学に現れた日本精神』大岡山書店、1931年。
河野省三『日本精神史講話』冨山房、1939年。
河野省三『日本精神發達史』大岡山書店、1932年。
河野省三『皇道の研究』博報堂出版部、1942年。
新潮社『日本精神講座』12冊、新潮社、1933 - 35年。
藤澤親雄『皇道政治學概論』大東文化協會、1933年。
藤澤親雄『日本政治學の基礎理念』國民精神文化研究所、1939年。
和辻哲郎『日本精神』岩波講座東洋思想、岩波書店、1934年。
德重淺吉『維新精神史研究』立命館出版部、1934年。
加藤仁平『日本精神の發天と教育』同文書院、1934年。
藤田德太郎・他編『日本精神文化大系』10冊、金星堂、1934 - 38年。
鈴木暢幸『我が國體と國民性』大蔵廣文堂、1934年。
日本文化研究會編『日本國民性』東洋書院、1935年。
西田直二郎『日本精神と日本文化』大蔵精神文化研究所、1935年。
寺本婉雅『皇道と佛道』黙働社／丁字屋書店、1936年。
西晋一郎・小糸夏次郎『禮の異議と構造』國民精神文化研究所、1937年。
宮西一積『日本精神史』新生閣、1938年。
山田孝雄『肇國の精神』内閣印刷局、1938年／教學局、1939年／日本文化協會、1940年。
山田孝雄『國史に現れた日本精神』朝日新聞社、1941年。

久松潜一『我が風土――國民性と文學』教學局、1938年。
栗田元次『國史より見たる國民性』教學局、1939年。
平泉澄『傳統』至文堂、1940年／原書房、1985年。
高階順治『日本精神の根本問題』第一書房、1940年。
高階順治『日本精神哲學論攷』第一書房、1943年。
富田義雄『日本精神東洋思想原典の研究』モナス、1940年。
中野邦一『皇道の眞意義』固本盛國社、1940年。
鹿子木員信編『皇國學大綱』同文書院、1941年。
高須芳治郎『日本精神とその展開』大東出版社、1942年。
蘆田正喜『日本精神』畝傍書房、1942年。
寺田彌吉『日本學序説』冨山房、1942年。
北昤吉編『日本精神の展開』大理書房、1942年。
出石誠彦『日本精神』大觀堂出版、1943年。
長谷川如是閑『日本的國民性』國際觀光協會、1943年。
田邊讓『神國日本の世界觀』研文書院、1944年。
鈴木大拙『靈性的日本の建設』大東出版、1946年／鈴木大拙全集第9卷、岩波書店、1968年。
古川哲史『封建的といふことその他――倫理に於ける個我の問題』角川書店、1949年。
古川哲史編『日本思想史』角川書店、1954年。
竹山道雄『明治精神の変化』新潮社、1960年。
黒岩一郎『定本日本の心』錦正社、1963年。
斎藤正二『「やまとだましい」の文化史』講談社現代新書、講談社、1972年。
長谷川三千子『からごころ――日本精神の逆説』中央公論社、1986年。
森田康之助『やまと心――日本の精神史』錦正社、1987年。
理建權編『日本精神』北京、新華出版社、2007年。
田中英道『「やまとごころ」とは何か――日本文化の深層』ミネルヴァ書房、2010年。

9) 日鮮同祖論もその一形態であった。
喜田貞吉「日鮮兩民族同源論」民族と歷史、第6卷第1号、1921年7月。
金澤庄三郎『日鮮同祖論』京城、汎東洋社／刀江書院、1943年／成甲書房、1978年。
河野六郎「日本語と朝鮮語の二三の類似」、八學會連合編『人民科學の諸問題――共同研究課題「稲」』關書院、1949年。
本山美彦『韓国併合と同祖神話の破綻――「霧」の下の修羅』御茶の水書房、2010年。

10) W・モラエス、花野富蔵訳『日本精神』第一書房、1935年／河出新書、河出書房、1954年／唐木順三編『ベルツ・モース・モラエス・ケーベル・ウォシュバン集』明治文学全集第49巻、筑摩書房、1968年／講談社学術文庫、講談社、1992年／岡村多希子訳、彩流社、1996年。

古川義高『日本人の心のルーツを探る』共栄書房、1978年。

南弘『日本人論の系譜』講談社現代新書、講談社、1980年。

小熊英二『単一民族神話の起源——〈日本人〉の自画像の系譜』新曜社、1995年。

小熊英二『日本人の境界』新曜社、1998年。

石澤靖治『日本人論・日本論の系譜』丸善ライブラリー、丸善、1997年。

山折哲雄『鎮守の森は泣いている——日本人の心を「突き動かす」もの』PHP研究所、2001年。

11) ブルース・バートン「「境界」とは何か——理論的考察の試み」、村井章介・佐藤信・吉田伸之編『境界の日本史』山川出版社、1997年。

第2章

国境認識の射程

1、境界と国境

　境界は地理的・領域的分断状況を指し、その境界は自然的または生態的要因に発する。これに対して、国境は人為的存在で、前者とまったく異なっており、それは単に空間的境界の拡大といえるものではない。そこには世界観が強く反映され、1つの民族の存在にあっても、その一体性が一定の辺境まで拡大された形で、同質の画一的な空間世界が現出し存在し確認されている。それは政治的機能の作用、物理的装置の適用、そして法的規範の貫徹による秩序維持といった、いわば国家権力の作用によるところであり、しかもその装置及び機能の貫徹をもって、その境界の存在は国境として確保される。

　こうして、伝統的国家が支配した多くの境界は、島嶼・山峡などの自然的要因によって明確に定められていないため、中央権力の及ぼす統制の度合いも弱いものであった。そうしたなかにも、政府が明確な境界の設定により区画される領土に対して支配権を行使するとともに、その境界内にあっては、最高権力としての主権が確立し、それは伝統的国家から国民国家としての主権国家への移行をみせる。その説明は、一面では、ベネデクィト・アンダーソンのいう歴史的な印刷技

術の発達で民族の集団が収斂した「創造の共同体」でも説明できるところである[1]。他方では、タイの事例でよく説明されるように、中央の権威による国境の設定ではなく、遠隔の集落にあっても防御可能な地域として中央に通じた生活圏を維持できる国境が成立している[2]。そこでは、境界線が明確でなくとも、たとえ曖昧な国境であっても、その地理性における当該国家体の防衛と維持が達成され得れば、それは国境の成立と解することが出来る[3]。ローマ帝国の境界は、物理的な国境防衛施設の建設で確認されていたが、海洋世界では、日本やタイにみるように、その防衛施設の形態は存在していない。大陸世界では、中国の万里の長城といった防衛施設が早くから建設されていた[4]。これに対し、海洋国家には、こうした発想と実態がない。

表2-1 境界と国境の概念

	境界	国境
形態	自然性・生態的	人為性・物理的
状況	分断的状況	権力的状況
要素	文化的重複性の存在	一元的システムの支配
機能	生活圏	政治経済圏
確認	歴史的存在	協定・合意による確認

それで、境界と国境の連関は表2-1に説明される通りで、その要点は、以下にある。
(1) 境界の成立　生態的要因にあって、言語・文化的要素、ないしその歴史・伝統が基本であった。
(2) 国境の成立　政治的要素が確立し、地政的要因にあって、権力支配の行使となる。
(3) 境界の特性　それらは、客観的・主観的な条件は存在十分ではなく、多様の存在が強く残っている。
(4) 国境の特性　国境措置の保証、その政治イデオロギー性、及び一元的世界観の機能が成立し、作用している。

第 2 章　国境認識の射程

この点を確認したのが表2-2である。

表2-2　境界と国境の特性

成立条件	境界	国境
認識条件	対内的認識化	他者に対する区画の明確化
存在条件	同心円の地帯性	国家形成の領域性
機能条件	複合的重畳性	支配的要素に従う一元的作用
関係条件	社会関係（交流）	政治関係及び国家間関係（主権）

2、日本の内外

さて、古代日本においては、ローマの場合と同様に、明確な国境を想定した概念は、生まれなかった。中国を中心とした世界的普遍帝国という当時の華夷思想が、倭人においても受け入れられており、それは本質的に古代ローマの世界観と何ら変わるものではなかった。日本も、中国との交流からこの東洋の思想のなかに取り込まれていた、と指摘される[5]。

律令国家の下に、化内と化外の区別が登場し

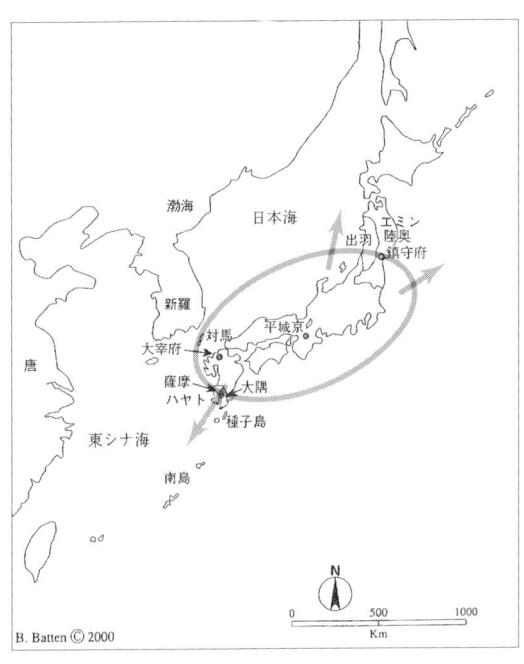

図2-1　古代日本の政治的境界、700年頃
(出所) ブルース・バートン『日本の「境界」――前近代の国家・民族・文化』青木書店、2000年、33頁

13

た。化外は大陸の諸国家や列島周辺の種族社会を指し、それは、直接に日本の支配にない地域を指していた。辺という用語が出現し、それはその境界を意味していた。

さらに、中世の日本は支配階級の世界観が変容し、境界概念も、〈淨―穢〉を基準にした同心円的世界観が9世紀以降、強まった。この認識に従って、日本の境界を越えた異域は、支配の彼方というよりも、いわゆる鬼が住む地域と見做された。津軽地方は外が浜、薩南諸島は鬼界ヶ島とされた表現がそれである[6]。

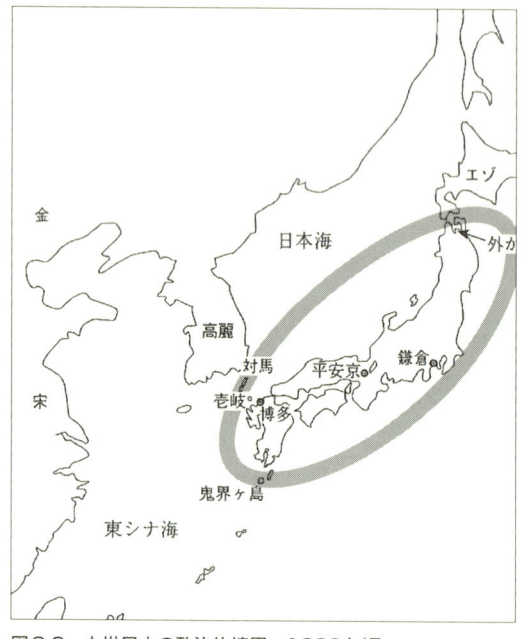

図2-2 中世日本の政治的境界、1200年頃
（出所）ブルース・バートン『日本の「境界」――前近代の国家・民族・文化』青木書店、2000年、38頁。

3、領土管理の形成

近世初期には、統一権力、つまり幕藩体制が成立し、境界・国境概念は大きく

書き換えられた。その世界観は、極めて現実的なものに転換し、異域の社会認識も同じ国際社会における人間関係の認識として調整され、一体化された空間が確立した。江戸時代の日本型華夷秩序は、朝鮮―琉球―中国―オランダ―アイヌの蝦夷地の世界を認識していた。中国やオランダとの関係は貿易・外交関係へと転換しつつあり、朝鮮と琉球はその周辺での特別な外交関係に移行しており、アイヌの蝦夷地には松前の管轄が拡大適用され、島国における日本の視野に入った。そこでは、日本型華夷秩序の下における日本の位置が確認されてきており、中央権力による国境管理が確立した。いわゆる絶対主義国民国家の形成、つまり前国民国家型の政治空間の出現となっている。但し、主権概念が十分確立されていない局面では、北海道における明確な絶対的な限界としての領土の認識は十分確立していなかった。これは、琉球についても同様で、それは日本の一部であるとさ

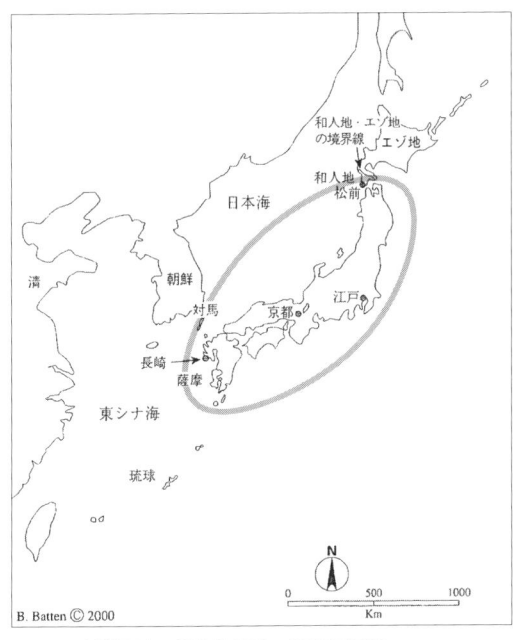

図2-3　近世日本の政治的境界、1700年頃
（出所）ブルース・バートン『日本の「境界」――前近代の国家・民族・文化』青木書店、2000年、45頁。

れる一方、辺境の存在にあった[7]。

　いうまでもなく、北海道は津軽海峡で本州と隔たれられ、この蝦夷地はアイヌの天地であった。一方、この地は、幕末に北太平洋が捕鯨の舞台となり、欧米外国船の出没で、その対外認識から、松前藩を通じ幕府の直轄下に入った。以来、幕府要人の探検と建言で、1869年に北海道として統治された。1870年開拓使10カ年計画が立てられ、開発と近代的制度の導入が進んだ[8]。そして、開国とともに西洋文化が導入され、日本文明の西洋文化の摂取モデルとして赤煉瓦の北海道本庁舎などが北海道を特色づけるものとなった。

　この北海道開拓は、領土主権の確立過程であった[9]。

　こうして、国家に属する地的管轄範囲（国家領域）が設定され、それはその国家領域は、領土・領海・領空を意味する。その国家領域／国境は、地政学でいう生物有機体としての成長をきたし、海洋・河川・分水嶺の自然的地形あるいは経緯度線などによる国境の確認を跡づけるところとなる。

4、日本の国境認識

　島国日本の国境認識はどうか。領域管理の過程で確立される国家の生存条件としての島国であることの認識とともに、日本では、対外防衛の射程において国境認識が形成されてくる。その過程として、2つを取り上げる。

（1）太宰府と国境管理機能

　日本にヤマト（大和）政権の統一支配が成立し、他方、朝鮮半島では、高句麗・百済・新羅・任那が樹立され、筑紫国はその関係において一定の役割を担った。そこは、大陸との交流の窓口でもあり、663年の白村江の戦いでは、唐・新羅連合軍にヤマト・百済連合軍が敗北した。このヤマトの出兵は、6世紀以来の伝統があればこそ、ヤマトは出兵した。そこでは、北九州に対馬・壱岐を含めた国家領域の認識が形成されつつも、外交の窓口とか国境線認識は未だ成立していない。7世紀に筑紫大宰が設立され、律令制によって689年の飛鳥浄御原令に

よって太宰府が設置され、これがこの地方の強制管理、外交使節の接待、海辺防衛、大陸からの商船貿易の管理といった対外事務を司った。それは、外交の場としてと同時に国防の場としての筑紫の形成であり、国境観念の形成でもあった。『日本書紀』は、664年末に、「對島・壱岐志摩・筑紫國等に、防と烽とを置く。また筑紫に大堤を築きて水を貯へしむ。名けて水城と曰ふ」とある。太宰府に関しては、9世紀の歴史書『日本文徳天皇実録』仁寿2（852）年2月乙巳（8日）条に、以下の説明がある。

　　夫れ太宰府は、西極の大壤にして、中國の領袖なり。東は長門を以て關とし、西は新羅を以て拒ぎとなす。しかのみならず、九國二島は郡縣は闊く遠くて、古より今にいたるまで、以て重鎮となす。……因って舊記を檢ずるに、大唐・高麗・新羅・百済・任那等、悉くこの境に託して、乃ち入朝を得。或ひは貢獻の事に縁り、或ひは歸化の心を懷く。諸蕃の輻輳、内外の關門と謂ふべきなり。

その国境機能を直接担ったのは、ヨーロッパの先例ではレギオンであった。それは現地での登用ではなかった。太宰府の防人も、奈良の出身者であった。759年太宰府が中央に送った報告には、「博多の大津と壹岐・對馬などの要害の處とに、船一百隻以上を置きて、不虞に備ふべし」（『続日本紀』天平宝字3年3月庚寅（24日）条）とある。そこには、国境機能が働いていた。但し、795年、また806年の軍政改革を通じて、現地採用へ、そして俘囚の登用へと移った。この決定は、その俘囚が勇敢さで周知の蝦夷出身者であったことにおいて、防人として適任とされる国家の判断があったからといえる。そして、その国境機能は対外貿易の管理にも及び、それは海賊による掠奪行為の防止にもあったから、その管理は極めて曖昧で、新羅人よりも中国人の方が優遇されていたといわれ、それは朝廷の世界観による判断にあった。いいかえれば、このため漸次、貿易管理制度は破綻する一方、東アジアの外交ネットワークから離脱して、朝鮮の海商に対してより厳しい規制を設けることにあり、そのシステムは漸次、「鎖国」体制へと移行しつつあった反面、広い意味において中国を含め、日本が参加した東アジア交易世界を展望し、日本はそれを許容していた。そのなかで、日本型国境機能の作

用があった[10]。

(2) 豊臣秀吉の朝鮮征伐とその意識

　日本にヤマト政権の統一支配が成立し、一方、朝鮮では、高句麗・百済・新羅を朝貢国とした伝統的朝鮮事大主義が形成された。そして元及び高麗から倭寇禁制の要請を受け、武家政権は外交権を行使した。李朝鮮の樹立で、日本と朝鮮は対等の国交関係となり、15世紀後半に定約通商体制が確立した。こうしたなか、豊臣秀吉は国内統一の延長線上に仮道入明の目的をもって、1587年対馬宗氏に征明計画を命じ、朝鮮に出兵した。明の介入、朝鮮義兵の蜂起をもって、この出兵の敢行は成功せずに終わった。この豊臣の朝鮮征伐は、あくまで島国存在にある日本の国内認識の文脈でなされた。

　豊臣の平和令は、天正8年（1580年）の停戦における意味を確認した「豊薩和平」の文脈にあって、15年12月3日関東奥両國惣務事之儀と題する豊臣直書があり、それは豊臣政権により職権的な広域平和令をもって、諸階層による中世的な自力救済権の行使を体制的に否定して、領土高権の掌握を含む紛争解決のための最終的裁判権の独占を充当し、もって公儀の平和強制と平和侵害を回復するにあった[11]。

　そして、以下の海賊停止令が1588年（天正16年）7月8日に出された。

　　定
　1、諸國於海上賊船之儀、堅被成御停止之處、今度備後・伊與兩國之間伊津喜嶋にて、盗船仕之族在之由被聞食、曲事二思食事、
　1、國々浦々船頭・猟師、いつれも船つかひ候もの、其所之地頭・大韓として速相改、向後聊以海賊仕ましき由誓紙申付、連判をさせ、其國主取あつめ可上申事、
　1、自今以後、給人・領主致由断、海賊之輩於在之者、被加御成敗、曲事之在所知行以下、末代可被召上事、
　　右条々堅可申付、若違背之族罪之者、忽可被處罪科者也、
　　天正16年7月8日（秀吉朱印）

それは、北島万次が提起した、秀吉の全国統一と対外侵攻を一体化して前者の視点で捉える立場にあり、したがって、朝鮮侵略は豊臣政権維持論の連関にあって、朝鮮経略はその直轄化政策にあった。そこには外国意識はなく、それで敗退後にあっても敗退意識はなくむしろ海を超えた征伐の高揚を残すのみであった[12]。それは、以下の文書で確認できる。

　天正13（1585）年の秀吉朱印状。

　天正18（1590）年11月朝鮮通信使の来日における、皇帝を閣下と呼び、「貴國先驅して入朝せよ」の征明嚮導を命じた答書。

　『李朝實録』には、「國王を奉じ、地を避け、吾に向遼の路を開かれんこと。……天朝は乃ち我が國の父母の邦なり。死すとも従うを聴かずと。賊曰く、然らば則ち和すべからざるなりと」（『宣祖實録』宣祖25年6月丁酉）と、その和平の要求を拒否しているが、秀吉の1593年（文禄2年）の和平条件は、以下の通りである。

　　大明日本和平條件
　一、和平誓紙無天地縦雖難盡、不可有改變也、然則迎大明皇帝之賢女、可備日本之后妃事、
　一、兩國年來依間隙、勘合近年斷絶矣、此時改之、官船商船可有往来事、
　一、大朝日本通好、不可有變更旨、兩國朝權之大官、互可題誓詞事、
　一、於朝鮮者、遣前驅、追伐之矣、至今彌為國家安百姓、雖可遣良将、此條目件々、於領納者、不顧朝鮮之逆意、對大明割分八道、以四道并國城、可還朝鮮國王、且又前年、從朝鮮差三使、投木爪之好也、餘蘊付與四人口實也
　一、四道者既返投之、然朝鮮王子并大臣1兩員為質、可有渡海事、
　一、去年朝鮮王子前驅者生擒之、其人順凡問不混和、為4人度與沈撃、可歸旧國事、
　一、朝鮮國王之權臣、累世不可有違却之旨、誓紙可書之、
　　如此旨趣、4人向大明勅使、縷々陳説之者也、
　　　文禄2年癸巳6月28日　［秀吉朱印］

　　　　　石田治郎部少輔三成
　　　　　増田右衛門尉長盛
　　　　　大谷刑部少輔吉繼
　　　　　小西摂津守行長

　これは秀吉の和議7カ条で、石田らは明使節に陳謝せよと迫った。それは、秀吉の威光を、日本国内と同様に朝鮮にも適用するというもので、「日輪の子」として、天の授けで天下を統一した秀吉の命に従えと求めることにあった。

　なお、朝鮮の日本軍は、1597年（慶長2年）、在朝鮮の大名の名で、榜文を下した。島津家文書から、以下に掲げる。

　全羅道海南定榜文之事
　一、郡縣、自今以後、土民・百姓に於いては郷邑に還住し、専ら農耕に務みべき事、
　一、上官たる者に於いては、所々訪ね探し誅戮せしむべき事、付たり、上官の妻子従類に於いては誅死にずべき事、付たり、官人之家宅に於いては放火せしむべき事、
　一、郡縣之内、土民・百姓に限らず、官人伏せ隠る處、告げ來する者に於いては褒賞すべき事、
　一、自今、死罪を免ぜらる郡縣之人民等、還住せざるに於いては奥郡の如く悉く放火せしめ誅死にすべき事、
　一、此榜文に背き、倭卒等人民を殺害し凶悪致さば、件々、行長に到りて書を以って告報すべき事、
　　右條々、毫髪、偽り有りべかざる也、
　　慶長2年9月　　　日
　　　　　　　　　嶋津標語義弘（花押）
　　　　　　　　［以下、12人氏名　略］

　同文は、鍋島家文書にもあり、国内和平秩序の適用が現地朝鮮でもとられていた。

(3) 日本型国境認識の原型

以上の分析から、島国国家としての日本型国境認識についてユニークな点は、以下の2点にあると解される。
1、境界と国境の区別が明確でない特性にある、つまり、内的世界と外的世界の認識構造とその連関は独特である。
2、それは、借景の認識パタンによる島国国家認識の原型に共通する認識にある。つまり、対外認識の適切性が欠如していて十分確立しなかったことである。

この借景とは、日本庭園の一様式で、庭園の背後の美しい山、海洋、湖沼、あるいは自己の文化世界にある社寺の建築において、特に塔などを自らの背景として扱い、それらをその庭園の中に溶け込ませるようにする技法で、その方法は、以下の通りである[13]。

(1) 近山を借景にして、それを内庭に接続する。
(2) 近山は別の景観で、別個の存在としつつ、庭に接続しているようにみせる。
(3) 遠景と近景を内庭の背景として統一する。
(4) もって、古建築や古塔などを、意識的に内庭景致へと導入する。
(5) 湖沼及び遠山を絵画的に庭園へ導入する。
(6) 湖沼及び遠山を絵画的に内庭に導入する一方、内海または湾を内庭から俯瞰することによって、別個の景観を構成する。
(7) かくて、一般近景を絵画的に庭園内に導入する。
(8) 遠景を絵画的に導入する。

この借景技法の導入は平安期に始まり、江戸初期に最も流行した。それは、自然主義の傾向と象徴主義の傾向の二面性を有した代表的な認識様式で、その発想と表現は多くの面で影響を与え、島国国家の典型的な認識方法を形成している。但し、大正・昭和期以降、借景の様式のみが強調され、精神を欠き本末転倒になってしまった。

この認識図式に従うと、自国の島国と遠方の海・島・大陸を自己の生活空間と

して安易に認識し、かつそれを他者として想定しており、それで国境ないし対外空間としての認識はなく、対外的脅威ないしそれに対する防衛認識も、空虚なものとなっている。実際、江戸末期における欧米列強の日本空間への突発的な闖入、接触、圧迫、または脅迫が生じ、かかる外国勢力の日本進出をいかにして阻止するかの国土防衛論が展開され、海に囲まれた島国日本では海防論が展開されるにいたったが、その海防認識は日本的な特殊性を帯びていた[14]。当時の日本は、鎖国体制下にあって、沿岸武備体制はなかった。実際、1789年老中となった松平定信は、寛政改革に取り組み、ロシアの進出で蝦夷地開発論が提起されるなか、蝦夷地を開発せず不毛のままにしておくことで、これが日本とロシアの緩衝地帯となり、国防に資するとしていた。

(4)「領土問題はない」との立論

日本では、いろいろな認識構造が社会の変遷とともに展開されてきているものの、内化と外化を接合した調和的認識の文脈で、対外的脅威の防衛認識を欠いた島国日本特有の安全感と領土認識が情緒的にまたは非合理的に流れている。これは、借景の認識パタンによる非合理化図式――現実態としての領土存在と対外存在の混在――にある。したがって、自国の領土が城壁などとみるように、独特に確認されるものとして存在するとされる認識があれば、そこでは、実効的支配になくても――たとえ外国の管理下にあっても――、領土問題はないという矛盾した認識が存在するところとなる。竹島にしても、尖閣諸島にしても、日本領土であることが確認されてきているから、なんら問題はないという立論と主張が成立しているのは、そこにある。この認識は合理的ではなく、したがって、この日本型思考は妥当ではなく、対外的には通用しない。そこには、日本の領土認識の混在性あるいは折衷性の矛盾――領土の確認と支配の欠如――がある。同様な指摘は、北方領土についてもいえる。2島返還の外交交渉の手続きをとることなく、4島はすべてが日本の領土である――これは「領土問題はない」の原則に従うところである――から、交渉もせず、4島返還の神話を放棄していない。そこには、外交交渉も生まれない。

5、列島文化と海洋国家の原点

(1) 列島の文化

　日本にとって、海は文化の原型である。九州南部の海辺部落では、旧暦8月15日に15夜網の綱引きをする民俗があるが、それは竜宮城の龍が現れて綱引きとなって部落を徘徊し、その火の龍は網ともども海の沖に流れて行くという行事である。南西諸島にも、龍が部落を祝福して海へ帰るという言い伝えがあり、これは、龍の、また海の文化圏の姿であって、日本の龍宮伝説となっている。

　この竜宮伝説は、中国の蓬莱などの海上に浮かぶ三神山の聖地に発し、深い海底に神仙のすむ理想郷があるとの思想である。中国では洞窟説話となるが、日本ではその仙境淹説話が下地となって浦島太郎伝説として集成された。そして、山幸彦と海幸彦、豊玉彦の海人が住む海宮ともいわれた[15]。

　その民俗は、海を辿り、列島文化を形成する原点である。それは、柳田国男が提起した「海上の道」であって、日本文化の形成史である。この『海上の道』(1967年) の所説は、1961年に柳田が沖縄・先島諸島紀行記「海南小記」で指摘し、日本文化は沖縄諸島から南島づたいに伝搬していたと考察したことで、琉球弧の見直しとなった。それは、日本国民形成の認識と海洋国家日本の原点ともなった[16]。その成果は、網野善彦・他編『海と列島文化』11冊 (1990—93年) として結集された[17]。

(2) 海上の道

　日本の海岸には、毎日のように各地で、漂着物としてココヤシの実、ニッパヤシの実が発見される。それは、人間が船に持ち込んで果汁を飲んだり、割って果実を食したあと海中に投げ捨て、漂着したものであるらしい。ココヤシは熱帯の植物で、その自生の北限地は台湾南端のガランビ（鵝鑾鼻）岬である。ココヤシが自生地で落ちて海中にはいり、黒潮に乗ったとすれば、黒潮の潮路で日本に辿り着いたということである。フィリピン諸島からの浮遊物が三浦半島三崎まで

到着することは証明済である。

　日本人は古来、大陸・朝鮮半島との往来があったが、それは黒潮の知識を利用しての往来であった。三島格は、南海産の貝類が、沖縄本島の西の海域、久米島付近から種子島近海で加工されて本土へ拡がったことを確認している。それは、琉球弧とされる海上の道を島づたいに、薩摩半島・大隅半島に上陸して、さらに黒潮に乗って西北九州の海域へ島づたいに北上し、対馬海峡では朝鮮にも持ち込まれ、本流は日本海に達して山陰地方沿いに拡がり、いまひとつは瀬戸内海に東進した。縄文時代前期から、南島、九州西海岸、及び朝鮮半島南部の間で文化の流れがあった。その文化圏は中国との交流にもあった[18]。

　対馬と五島列島は同じ黒潮の流れにある。朝鮮半島とは、五島列島から済州島を経て朝鮮半島西南部の多島海諸島で連絡している。それは済州島の東南海岸の沖で黒潮が東流するからである。一方、揚子江の河口、船山群島を出た船は沖合に出ると、対馬海流の黒潮に乗って男女群島を経て五島列島に達する。五島の海人は隼人と似ているといわれるが、それは黒潮による文化の北上のためである。

　この黒潮に従う日本人の海上の道は、鳥居龍蔵が『有史以前乃日本』(1918年) で、既に指摘していた[19]。『魏志倭人伝』の海人も、潮の干満と海流、そして風の向きと流れの意識を知っていたのは間違いない[20]。そして、それは現在、考古学の調査成果をもって、その文化圏の発達と範囲の確認が検証され、日本文化形成とそのなかでの沖縄の位置づけが明らかにされている[21]。

　柳田国男は、日本文化が琉球弧から南島づたいに伝搬してきたと、以上の議論を総括して「海上の道」を提起した。

　小野重朗は「海と山との原郷——南島文化二元論」で、南九州から南西諸島一帯にひろく海を原郷とする文化があり、その上に後から入ってきた山を原郷とする文化がみられる、と総括した。この2つの接触は九州南部の方が古く、山の神と海のオコゼを受け入れた、と説明している。他方、奄美群島から沖縄本島北中部では、古い海の文化はやや衰え、新しい山の文化がエネルギーとなって流れ込み、2つの文化の対応が連立する常態にある、と論じている[22]。

図2-4 琉球弧の諸島

(3) 沖縄起源論争

　海上の道をめぐる議論は、日本文化の北進とならんで、もうひとつの海洋航海民の誕生の議論を提起した。それは、世界最古の海上移動が、紀元前5～4万年に東南アジアのスンダランドから気候変動の過程で起こって、黒潮海域を活動の場として外洋旅行にも順応できた海洋航海民に成長していったという理解である。そして、黒潮による第2段の拡散が紀元前2万5千～2万年に南方型旧石器文化がトカラ（吐噶喇）海峡を越えて日本列島内部に入った。これは本州島各地、武蔵野台地の遺跡で確認され、黒潮海流を北上して、琉球諸島を経由して種子島・神津島・伊豆諸島の太平洋海域に拡散して移動した。琉球石灰岩地域からは、最新世化石人骨が発掘され、それら海洋航海民の生活における結び付きが検証されつつある。神津島でも、南方型旧石器文化が発見されている[23]。

琉球方言が日本語の一分枝であることは言語学者服部四郎が明確にしており、日琉同祖論として琉球藩の指導者が展開してきた。だが、日本民族の母体となる種族として琉球弧をみる北上説に対して、日本民族が琉球弧に南下してきたとの議論がある。沖縄の伊波普猷は、「あまみや考」などで『日本文化の南漸』(1939年) を展開した[24]。形態人類学者金関丈夫、考古学者国分直一らは、琉球弧とその南方海域の島嶼との関連に注目した。そして、琉球弧から北上した日本文化の有力な基層が、朝鮮半島よりきた北方の種族の形質と文化の強い浸透から、琉球弧と九州南部を除き、その明瞭な形姿を喪失した、いいかえれば、日本文化の基層文化であったが故に、異種異民族の文化が強く根をはったとされるのである[25]。

　最近では、日本語系統の学会討議で、日本語の基礎語彙には南方的要素、音韻対応の法則からは南方語のなかでも特にインドネシア語があるとされ、日本列島には南島系言語が到来し、一定の音韻変化が完了した段階でウラル・アルタイ系言語が到来したとされる。そして、国分直一は、7〜8世紀に、政治的・文化的圧力から日本祖語が琉球に定着したと解している。そこでは、北上から南下への文化世界が成立したとされている。

(4) 沖縄の思想

　いまひとつ論じておくべきは、沖縄の辺境論である。沖縄が日本文化の原点であるにもかかわらず、なぜ、現在、日本民族のなかで、問題性を残しているのか、という点である。

　琉球は、日本の文化的原型であった。にもかかわらず、日本文化との異質性を有するからである。それは、沖縄が珊瑚礁の島であるためかもしれない。いいかえれば、その地は、文化の発生地であったが、その孤立の珊瑚島に発していることで、それは異郷とされる矛盾である。そのために、海の彼方に異空間を意識することで、沖縄は、同化と拒絶の二重意識から、異空間からの情報は同化への拒否の論理で受け入れられ、したがって、現在の沖縄文化は拒否の世界でしかない。

谷川健一らは、沖縄の思想を次のように考察し、整理している。
1、ある島から他の島にむかって容易に移動できないとき、その空間は、時間として認識されてしまい、記憶のなかに集積し、回流し、あるいは沈殿するしかない。その移動には、島の間の距離もあって、その時間は、空間と切り離すことができない。しかも、南島の空間は、現実態ではなく、異空間を含むことによって象徴態である。
2、水平神から垂直神への交替が行われても、依然、水平神の信仰が根強く残るのは、空間を媒介してしか時間は認識できないからである。本土では、太陽は異空間の境目である水平線から昇ることで、神聖な意味を有するのに対し、南島では、それは、非日常的観念の世界の代表者で、同質の世界に君臨しない。本土では、農業神としての太陽は、常民と神とを結ぶ存在であるのに対して、南島では、農業神は、支配者あるいは権力者として社会に直接介入するものとなる。したがって、本土では、天皇の国民崇拝の象徴として神・崇拝権力の支配から転化しているのに対し、南島では、社会における権力者の存在としての天皇崇拝は残像となっている。太陽は、南島では、感謝の対象ではなく旱魃を生む存在となりかねなく、農業に対する障害となりかねない。こうして、南島の生活は物質的ではなく、精神的なものに昇華してしまう。
3、沖縄は、珊瑚島であるために、水田耕作に適さない。そこでは、木材といった自らの生活資源も調達できない。但し、沖縄の離島、石垣島・西表島では、陸地であるため船材に適する木が自生していて、それは原生林で、離島の統一という求心力を形成している[26]。

その結果として、沖縄の政治文化は、日本文化にあっても、特殊な存在にある。
1、日本の占領支配下では、その体制維持の矛盾はなかった。しかし、沖縄基地の永久保持・固定化は、その本土復帰にもかかわらず、分割支配という認識と社会的状況を生み出した。そこでの民族的悲願の実現は、それを担った支配する側による支配される側への支配構造を創出してしまうというジレンマを生み

出した。それで、沖縄の民族的悲願は非国民の思想と解される思惟構造にあるとされる一方、国民の思想と区別されるものとして異意識とされ、その当事者は相対者の座標にはなく、新たに自立の思考を再構築するしかない。

2、島として琉球島は、どこまで民族統一たりえたか。それは、侵略による沖縄の奴隷化であった。琉球処分が一種の奴隷解放であったとされるのは、明治の改革がある意味で解放であったからである。この沖縄近代史の苦悩は、客観的であっても、中央支配の論理である、現実に対応する主体の思想性の希薄化があり、国家支配に対する相対化をもって国家を克服することが求められる。沖縄のエネルギーと運動はこの視点にある。明治近代化の過程で、宮古農民が国会請願を求め、沖縄県諸制度改正法案取調委員会の設置となり、租税制度改正、土地整理を可能にしたのはその先例であった。

　沖縄では、琉球の王は、『球陽』(1734〜45年)に明らかなように、人民の側からは、「物呉ゆすど我御主」(人民に豊かな生活を補償する徳の国王こそ我が君主)の観念にあった[27]。それで、それに適さない王は身を隠した。琉球の王とは、天皇にかかわる宗教性と異なって、神の豊穣に与る統治者であった。沖縄では、生活の王は、いつでも、それに応えられないときは、民衆には「天に棄てられた不徳の王」と映り、隠れるしかなかった。そこでは、象徴的天皇という認識は理解できないものであった。国体の内的感性も理解されなかった。

3、沖縄の本土志向は、あらゆる面での革新化の視点をとりつつも、それへの中央の対処は、玉砕として仕切られた国家の姿勢にほかならなかった。そこに残ったものは、国家支配としての「琉球弧」という地理空間と本土との幻想関係を成立させた認識空間しかなかった。これが辺境としての沖縄の側面であった。

　こうした沖縄のジレンマこそ琉球政治経済社会の現実態となっている。それこそ依然、辺境空間にある、基地問題に集約される沖縄の姿でもある。一方、日本の安全保障にとっての沖縄基地の存在は否定できない。基地の集権的管理と分散配置という解決の展望なくしては、沖縄問題の解決はない[28]。

6、日本の海防論

　18世紀後半、ロシアの南下問題を契機に、識者の間で海防論が展開されるにいたった。その変遷は、以下の通りであった[29]。

　仙台藩医工藤平助の『赤蝦夷風説考』2巻（1781年）は、国防を論じた最初の文献で、国防上・経済上の見地から金銀発掘による蝦夷地開発及びロシアとの交易を主張した。彼は、交易すれば、ロシアの国情や人情が分かり、対策が立て易くなる、と指摘した[30]。これが契機となって、1784〜86年幕府官吏による蝦夷地調査が実施された。

　林子平は、『海国兵談』16巻（1777〜86年脱稿、1788〜91年）で、国内戦の勝利どころではなく対外戦の備えこそが急務である、と指摘した。荻生徂徠の兵書『鈐録』[31]の影響を受け、海軍の振興と大砲の武備充実の必要性を提唱した。彼の思想は、「江戸の日本橋より唐・阿蘭陀迄境なしの水路なり」というにあり、海国の認識を確立して水戦を以て海国武備の根本を説いた。1791年彼は妄りにつく棒を論じた罪により幕府に召喚され、翌92年5月、蟄居を命じられた。他方、1793年ロシアの函館来航を機に、『海国兵談』は広く伝写され、それは尊王攘夷論を刺激した[32]。

　彼の国際認識は『海國兵談』自序において、以下の通り、指摘されている。

　　　　海國とは謂ぞ地續の隣國無して四方に沿ル國を謂也。……其來リ易シといふは軍艦に乗じて順風えお得レは日本道二三百里の遠海も一二日に走ち來ル也此如ク來リ易キ訳あるゆへ此備を設され事也亦來難シといふいわれは四方皆大海の險を持て備に怠ル事なかれ是に付て思へば　日本の武備は外寇を防ク術を知ルこと指當ての急務なるべし。元を滅シて唐山を再興シ其政事業柔弱ならず能一統の業を成せリ此代日本を侵掠するの議ありといへとも此種の大敵日ゝに襲懸りしゆへ遠海を絶て來ルに違なり其上。……

　　　　日本の海路國郡等も微細に知得たり。竊に憶へば若クは此以後の清主無内患の時に乗シ。且ツ元の古業を思イ合せて如何なる無主意を起ス間じき

にもあらず其時に至ては貪欲を本トすれば日本の仁政にも不可懷。……

林子平の『三国通覧図説』（1785年）は、日本には隣国の地図がないとして、刊行された。それは、対外認識が国内認識の延長にあったからであった。その題初には、「國事ニ與ル者地理ヲ不知トキハ治亂ニ臨テ失有、兵士ヲ提テ征伐ヲ事トスル者地理ヲ不知トキハ安危ニ失有」とある[33]。本書は、外圧への予感的認識の先見の書としての意義が大きく、「朝鮮八道」「琉球三省三十八嶋」「蝦夷」「無人嶋」の4葉から成り、無人嶋は小笠原で、日本と米国の帰属交渉において、日本帰属の有力な資料となった。『海国兵談』の発禁で、本書も絶版とされた。

工藤平助の説を受け、経世家本多利明は『経世秘策』4冊（1789～1801年）で、蝦夷地開発の制度化した推進を提起した[34]。農政学者佐藤信淵は、産霊の神意を奉じる日本主義に立脚して『宇内混同秘策』（1823年）で、日本が万国の根本であるとの立場から、世界を属領とする宇内混同経略の方途を提出した。この国家構想は、対外的に、満州、支那、朝鮮、南方諸島への拡大政策を視野に設定されており、日本の対外膨張策を先取りしたことにおいて、対外認識において極めて高い意義をもった[35]。

「混同秘策」混同大論、1823年は、以下の通り、指摘する。

> 皇大恩國ハ大地ノ最初ニ成レル國ニシテ世界萬國ノ根本ナリ。故ニ能ク其混門ヲ經緯スルトキハ、則チ全世界悉ク郡縣ト為スベク、萬国ノ君長皆臣僕ト為スベシ。……此神洲ノ雄威ヲ［以］テ蠢爾タル蠻夷ヲ征セバ、世界ヲ混同シテ萬國ヲ統一センコト、何ノ難キコトカ有ラン哉。……

> 抑皇國ヨリ外國ヲ征スルニハ其勢順ニシテ易ク、他國ヨリ皇國ニ寇スルニハ其勢逆ニシテ難シ。其皇國ヨリ難シト云フ所為ハ、今世ニ當テ萬國ノ中ニ於テ土地最廣大ニ、物産最豊饒、兵威最強盛ナル者ヲ選ブトキハ、支那國ニ如ク者アランヤ。……

> 又皇國ヨリ支那ヲ征伐スルニハ、節制サヘ宣キヲ得レバ57年ニ過ズシテ彼國必ズ土崩瓦解スルニ至ル可シ。……

> 且又日本ノ土地ノ妙ナルコトニハ敵國アルコト鮮シ。故ニ意ヲ專ニシテ北方ヲ開クコトヲ得ベシ。……

他邦ヲ經略スルノ法ハ弱クシテ取易キ處ヨリ始ルヲ道トス。何者、滿洲ノ知、我日本ノ山陰及ビ北陸・奥羽・松前等ノ地ト海水ヲ隔テ相對スルモノ凡八百餘差ト、其勢固ヨリ擾シ易キコト知ルベキナリ。……若又支那人代　襲ヲ以テ防守セズシテ何レノ處モ空虚ナラバ、我國ノ軍士以テ虚ニ乗ジテ此ヲ取ルベシ。

如此ナレバ黒龍江ノ地方ハ将ン悉ク我ガ有ト為サントス。既ニ黒龍江ノ諸知ヲ得ルトキハ、益々産靈ノ法教ヲ行ヒ大ニ恩徳ヲ北方ノ夷人ニ施シテ此ヲ撫納歸化セシメ、彼ノ夷狹ヲ用テ皇國ノ法ヲ行ヒ能ク撫御統括シテ西ニ向ハシマバ、混同江〔松江江〕ノ地方モ亦取易キナリ。……故ニ皇國ヨリ滿洲ヲ征スルニハ、此ヲ得ルノ早晩ハ知ベカラズト雖モ、終ニハ皇國ノ有ト為ランコトハ必定ニシテ疑ナキ者ナリ。夫啻ニ滿洲ヲ得ルノミナラズ、支那全國ノ衰敗モ亦此ヨリ始ル事ニシテ、既ニ韃靼ヲ取得ルノ上ハ、朝鮮モ支那モ而シテ圖ルベキナリ。……

7、中華帝国朝鮮の領域考

　朝鮮半島における朝鮮民族の民族・国境・辺境意識は、古代国家の三韓（馬韓・辰韓・弁韓）の人々による文明の形成に創基している。彼ら民族は、中国大陸と朝鮮半島の間で繰り返された人々の移動／移住の動態と地名・国名の変動に特記されており、中華主義の伝統が朝鮮に継承され、中華文明における唯一の保持者として、その小中華ナショナリズムの文脈で、現在も生き続けている。そこでは、清朝への事大を捨て、1897年に大韓帝国を樹立し、その国号も朝鮮から韓に格上げされ、韓民族の辺境／疆域意識が確立した。その認識、行動、及び政策は、現在、竹島紛争、対馬紛争に貫徹している。

　朝鮮の疆域形成は、稲葉岩吉が『滿洲發達史』（1915年）で「遼西に三思せよ」と説いた遼西回廊に始まっている。そこに中華への参画が始まり、他方、朝鮮の干渉を受けない玄菟回廊が成立し、双方の間での往来・対決が続いた。それは百済の遼西領有へと移り、三韓の統一が実現した。以後は北進政策の局面が展開さ

れるところとなり、失われた高句麗の領域回復が追求され、統一新羅の国境は高麗の太祖期までに、達成された[36]。

『高麗史』(1451年)、崔承老傳の時務28条には、以下の記述がある。

> そもそも、馬歇灘を境界とすることは太祖の志であって、鴨緑江の石城を境界とすることは大朝(中国)の指定したところである。どうかこの2つのなかから、ご裁断頂き、要地を選んで疆域を定められたい。

この記述は、支配の正統性を確立するところにあり、それは渤海人の高句麗継承意識を確認していた。いいかえれば、新羅に起こった高句麗の地は新羅の所有とされるもので、高麗の防衛線をもって確認された。その北進政策は、新羅が高句麗の旧領を浸食しているところにあった。そこでは、高麗人が中国に対して慕華思想・事大思想を抱く一方で、高麗こそが世界の中心にあるとする強烈な自尊意識にあって、檀君神話こそはその姿であると、矢木毅は指摘している[37]。

さらに、国号朝鮮が外国、中国に受け入れられて定めた1392年の『朝鮮王朝実録』2年2月庚寅条に、以下の記述がある。

> 奏聞使韓尚質がやってきて、礼部の咨文を伝達した。国王は、帝闕(明皇帝の象徴たる闕牌)に向かって謝恩の禮を行い、その咨文に曰く、「本部右侍郎張智等が洪武25年閏12月初9日に欽奉した皇帝陛下の聖旨に、『東夷の称号のなかにあって、朝鮮の称号こそは美しく、その来歴も久しいところであり。これを手本として、これを祖述すべきである。天を體得して民衆を治め、子々孫々までに永く繁栄するように』。本部では、今、聖旨の趣旨を記録して送達する。

こうして、朝鮮国境は、豆満江下流域にまで達し、その結果、満州人を支配する清国に対して、朝鮮こそは中華文明の唯一の守護者たるを自認し、朝鮮中華思想が確立した。かくて、中国との定界碑に定められた国境線の改訂を要求し、いわゆる間島支配を実現するべく国境談判となった。そして、1897年朝鮮王朝は、国号を大韓とし、元首は、大君主から皇帝に格上げされた。以下の通り、『高宗實錄』光武元年10月1日条、陽暦に記録されている。

> 君主としての徳が天地と侔しいものを、皇帝と呼ぶ。我が國は、創建以

来五百年、礼樂典章・衣冠制度は、漢・唐・宋の皇帝を損益しつつ、ひとえにそれは明大のそれを基準としている。したがって、馥郁とした「中華」文明を直系に受け繼いだ國家は、我が國のみである。ここに、我が君は、「大皇帝」としてその位号を高めるのは当然である。

以来、大韓帝国では、「皇城新聞」1903年4月14日以降に、実学者丁若鏞が「我邦疆域考」を発表し、自からの支配を確認した[38]。その朝鮮の要求は、1962年の中国朝鮮国境条約でも、実現できていない。

8、中華世界の版図考

中国の政治支配空間は、王朝国家としてのいわゆる中華思想に発し、天命を受けた有徳者たる皇帝の徳が民に感化する社会の統治にあった[39]。その支配領域も、社会の安寧を実現するところにあり、化外の民にも社会の安定維持において包括するところまで拡大された。そこでは、徳治と教化が適用され、辺境においては、化内への組み込みがとられた。皇帝は、他国の「酋」に対して、国王に任命することによって、冊封関係を維持した。その及ぶところの範域が版図で、それは、「天下の一部」を構成し、実効的な支配領域としての版図は管轄権の設定にあって、その版図の論理をもって軍事支配あるいは軍事境界線の維持が図られる。中国王朝においては、その境界線／国境が設定され、他者との関係において境域／疆域が成立する。国家膨張の過程において、いわゆる辺境に疆が拡大していくが、そこは夷狄との空間関係にあるので、それをいかに中華世界へ組み込むかの課題に直面した[40]。

アヘン戦争以後の中華世界にあって、中国は、現実の国境を「本来あるべき版図」の理念で解釈するという政策への転換をみた。これは徳治の近代主権国家の論理からの転換といえるものであって、それは1880年代における新疆省・台湾省の設立であり、旧来の内的支配の論理、つまり教化の拡大を直轄地の拡大にも転換させることで東三省が設立され、軍閥が軍事境界線を維持し、国境条約が締結された。それは、対外的植民地化、租界の出現、及び対外支配に対する国権の

回復の文脈で追求された。かくして、中国は、国際公法を導入して徳治の論理を国境の確認を通じて主権の論理に接合させ、転換させる方策がとられた。

9、日本の辺境考

　辺境は中央に対する辺境で、そこには中央に対する新しい挑戦を生み出すことで注目される。この理解は、ターナーが1893年の論文「アメリカ史における辺境の意義」を発表し、このフロンティア学説でアメリカ社会の発展を解明したところに発する。アメリカ大陸の西部フロンティアへの人口移動を通じて、フロンティア環境に適応した社会や文化が新しく創造され、個人主義が育ち、民主主義の達成をもたらし、アメリカの国民性と政治文化の創成においてフロンティアは決定的な役割を担った。それは、辺境地帯が先進地帯のインパクトと影響を受けつつも、それに全面的に包摂されることなく、一定の独自性を保持して、よって変革の物的・精神的原動力を生み出したからである[41]。にもかかわらず、日本は、蝦夷地／北海道あるいは琉球に辺境論理解が適用されるにもかかわらず、その認識は決定的に中央の差別認識の下にあって、適切な理解が得られていない[42]。

　琉球では、伝統王国の歴史にもかかわらず、現下の辺境認識にあっては経済的・地理的辺境における辺境地域の貧困の悪循環が指摘され、それは戦前の日本資本主義の沖縄統治システム、及びそこでの植民地的モノカルチャーの成立と工業化の挫折、そして戦後における米軍基地の創設、基地経済の構造性、その社会経済下の民衆の差別状態をもって理解される。そこでは、日本本土の沖縄化をもって確認される存在にあり、その一方、民衆の抵抗闘争が展開されている[43]。

　琉球の日本併合は、内国植民地化にあったという理解がある。そこには、日本施政者による歴史的差別意識が認識されたからであった。一方、琉球には、沖縄独立自治論の要求は根強い。

　北海道にも、同様な認識が存在する。アイヌ史は差別の歴史としての側面がある。アイヌの同化問題は、国民国家の形成論理にある。実際、日本の北海道支

配は蝦夷地の征服過程と国家統合にある。これに対し、1861年11月～12月の蝦夷全島を支配下においたとする蝦夷共和国（箱館政権）事件があった[44]。また、1970年代に和人（本土人）によるアイヌ革命論も展開されたが[45]、彼らアイヌは、1997年の二風谷ダム訴訟にみるように、自らの権利を主張してきている。こうした現実と認識が北海道辺境論を形成している。現在、北方史の視点が重視され、北海道をめぐる研究視角の独自性が確認されている[46]。それは、津軽海峡が日本研究にどう位置づけられたかを始点としている。

琉球列島は本土世界からみれば辺境にある。その辺境のフロンティア論が期待されるところである。

その辺境フロンティアは未だ開花してはいない。それは、トランスナショナル次元の世界展望にあるにもかかわらず、政治的な緊張から実現をみておらず、未だ国内の秘境、沖縄発見、北海道発見の域を出ていない。沖縄は台湾の世界でもあった。華南経済圏の議論が提起されたが、琉球・沖縄圏が経済的に出現する可能性は大きく、南太平洋・琉球文化・社会圏は十分に成立している。かつて琉球王国が欧米諸国に注目されたように、日本南洋発展の起点たりうる。島サミットの意義はここにある。北海道は、クラークの開拓の精神を体現した札幌農学校の伝統がある。その精神は現在、農法の世界ではなく、オホーツク縁海の世界にある。ここは間宮林蔵が探険したカラフト（樺太）の世界で、未知の豊富な資源は未開拓である。石油・天然ガスが着目されている。また、オホーツク海はプランクトン量が極めて大きい基礎生産力の高い海で、サケ、マスから、アザラシ、クジラまでの漁業生産物の宝庫である。近年、ウラジオストックに通じる航路の発達は、政治対立以後の共存世界において大きな開発の担い手たりうる。それに、北海道、そしてシベリアが囲い込まれる世界の出現が期待される。

戦前には、北樺太石油の歴史があった。サハリン大陸棚石油・天然ガス・プロジェクトは、1973年の石油危機を契機とした日本政府のエネルギー供給源の多様化の模索に始まり、田中角栄首相の訪ソで、シベリアの資源開発プロジェクトが軌道にのった。その1つとして、サハリン大陸棚石油・天然ガス炭鉱・開発プロジェクトが1974年12月10日の基本協定で始まった。1970年サハリン北東部

● 北樺太石油試掘地点

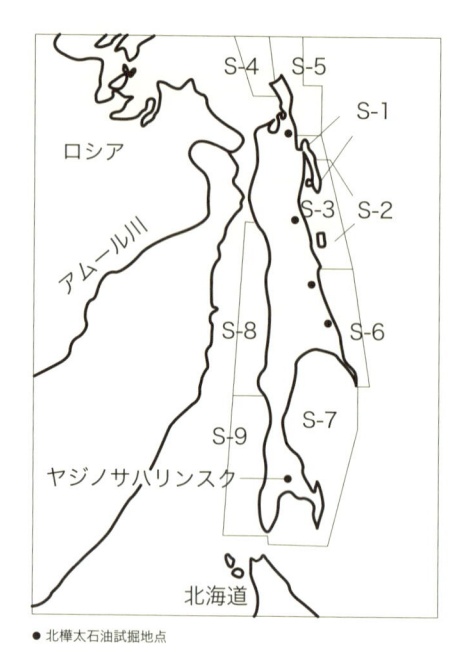

図2-5 サハリンの石油・天然ガス鉱区

大陸棚のオドプト鉱床及びチャイウォ鉱床が確認され、開発への移行が展望された。しかし、1980年代における国際石油価額の低迷で、事実上、棚上げとなった。ロシアはこの海洋開発で、日本などから海外技術を取得し、1994年までに8鉱床が発見されており、そのうち6鉱床はロシアの発見であった。天然ガスの需用の低さが開発プロジェクトの停滞を引き起こしているが、開発の展望は失われていない。環境NGOは、タンカー輸送事故の可能性を提起し、その対応に批判的である[47]。

表2-3 サハリン大陸棚石油・天然ガス開発プロジェクトの概要

プロジェクト	契約当事者	開発鉱区	開発経緯	備考
S-1 投資総額150億ドル	サハリン石油開発30%、エクソン30%、ロシア2社40%	チャイウォ鉱床、オドプト鉱床	1975年開発基本契約成立、1979年ガス層発見、2005年天然ガス生産開始	1974年サハリン石油開発協力会社設立、1995年新会社設立
S-2 投資総額100億ドル	シェル62.5%、三井物産25%、三菱商事12.5%	ビルトゥン鉱床、ルニ鉱床	1984-86年ソ連、鉱床発見、1986年三井物産、鉱床発見、1999年石油生産開始	1994年5社、サハリンエネルギー投資会社設立 1999年生産分与協定成立
S-3 投資総額4.5億ドル		ニクソン鉱区モービル、テキサコ鉱区	1993年国際入札	テキサコ、モービル、エクソンブロックI〜Ⅳに分割
S-4		アストラハノフスキー鉱区シュミット鉱区	1995年エクソン入札	

　田中角栄首相の訪ソにおけるソ連主宰午餐会における田中角栄首相の挨拶、1973年10月8日の抜萃は、以下の通りである。
　　ブレジネフ書記長閣下
　　ポドゴルヌイ議長閣下
　　コスイギン首相閣下
　　御列席の各位
　　ただ今は、御懇篤な御挨拶を頂戴し、厚く御礼申し上げます。私は本席をお借りしてあらためて私に対するソ連政府のご招待に対し心から感謝申し上げます。
　　かえりみますれば、今から17年前の同じ10月、日ソ間に外交関係が回復されて以来、両国の関係は年を追つて緊密なものとなつてまいりました。しかし、日ソの最高首脳による相手国への訪問はこれまで実現をみるに至りませんでした。
　　変動する世界情勢の中にあつて、それぞれの国の最高責任者が膝を交え

て、相互間の問題のみならず、共通の関心事である世界平和の問題について隔意なき意見交換を行なう必要性は益々増大しております。私がこのたびソ連政府のご招待を欣然と受諾し、モスクワにまいつたのもひとえにこのような理由によるものであります。

　わが国は、体制の垣根を越えてすべての国との間に友好関係を増進し、広く人類の平和と繁栄に寄与することを外交の基本としております。とりわけ隣国である貴国との間に、内政不干渉及び互恵平等の基礎の上に善隣友好関係を打ちたてることは、わが国が一貫して追求する目標であります。

　1956年に国交が回復されて以来、日ソ間の関係は、幅広い分野にわたり、当時何人も予測できなかつたような急速な発展を遂げてまいりました。貿易の分野でもわが国は、貴国の最大のパートナーの1つとなるに至りました。更にシベリア開発協力につきましては、日ソ間に既にいくつかのプロジェクトが実施されているほか、より大きな規模の計画についても話合いが進められております。

　しかしながら、私は、これをもつて満足するには未だ十分ではないと考えております。日ソ両国は、単に隣国であるにとどまらず、経済的にも稀にみる相互補完の関係にあります。われわれが双方のたゆまぬ努力により真の相互信頼を築き上げることができるならば、日ソ関係は、より一層明るい展望に満ちていることは疑問の余地がありません。

　私は、両国関係の将来について述べるとき、やはり未解決の平和条約の締結の問題に触れざるをえません。

　平和条約締結の交渉とは、ブレジネフ書記長閣下がソ連邦結成50周年記念式典において述べられた通り、「第二次大戦の時から残つた懸案を解決し、われわれ両国の関係に条約的基礎を置くこと」を目的とするものであります。

　日ソ平和条約の締結こそは両国国民の総意であり、われわれ両国の指導者に課せられた厳粛な課題であると考えます。私はこの問題は、双方が相

互理解と信頼に基づいて臨むならば必ず解決される問題であり、また解決されなければならないと信じます。それによつて日ソ両国がゆるぎない善隣友好関係を確立することは、日ソ両国民の共通の利益に答えるばかりでなく、極東、ひいては世界の平和と繁栄に役立つと信じて疑いません。

　今日の国際社会は、人類の英知が創り出した科学技術の進歩それ自体によつても、新たな転機を迎えようとしております。かつてわが国からモスクワに赴くには、はるばるシベリア鉄道によつて半カ月もの旅を重ねたものでしたが、現在、空の旅は、その距離を僅か9時間に縮めました。このような情勢下にあつて、国際社会におけるコミュニケーションの拡大と相互依存関係の高まりは、言わば時代の要請であり、歴史の必然でもあると申せましよう。また、人類の英知は、力の対決が最早不毛であり、時代遅れのものであることを悟りつつあります。今やわれわれ人類は、国民生活の向上、食糧、環境、資源、発展途上国に対する協力、人間復権の新しい文明社会の創造などの解決すべき困難な問題に直面しております。現在、世界が抱えているこれらの諸問題のどれをとつても一国のみで解決することはできないのであります。日本とソ連のごとく、世界有数の成長を遂げた国は、硬直することなく、独断をかなぐりすて、柔軟、かつ積極的に対応していく責務があります。……

田中角栄首相の訪ソにおけるソ連・日本共同声明、1973年10月10日の抜萃は、以下の通りである。

1　双方は、第二次大戦の時からの未解決の諸問題を解決して平和条約を締結することが両国間の真の善隣友好関係の確立に寄与することを認識し、平和条約の内容に関する諸問題について交渉した。双方は、1974年の適当な時期に両国間で平和条約の締結交渉を継続することに合意した。

2　双方は、日ソ間経済協力の拡大の方途につき意見交換を行なつた。その結果、双方は、互恵平等の原則に基づく両国間の経済協力を可能な限

り広い分野で行なうことが望ましいと認め、特に、シベリア天然資源の共同開発、貿易、運輸、農業、漁業等の分野における協力を促進すべきである旨意見の一致をみた。双方は、日ソ及びソ日経済協力委員会の活動を高く評価した。このような両国間の経済協力の実施に当たつては、双方は、それぞれの政府の権限の範囲内で日本の企業（又はそれらによつて組織される団体9とソ連邦の権限ある当局及び企業との間で契約が締結されることを促進すること、かかる契約の円滑な、かつ、適時の実施を促進すること及び右契約の実施に関連して政府間協議が行なわれるべきことについても意見の一致をみた。また、双方は、特にシベリアの天然資源の共同開発に関連して、日ソ間の経済協力が第三国の参加を排除しないことを確認した。

　双方は、日ソ漁業に係る諸問題の解決の方途につき意見交換を行なつた。その結果、双方は、長期かつ安定した北洋漁業の確立のため、漁獲量を定める問題を含め、適切な措置をとることに合意し、両国主管大臣間の協議を可及的速やかに開催することにつき意見の一致をみた。……

10、日本の統治領土

　日本は、ボーダーレス化された平和国家の信念を強調し、「領土問題はない」との神話のもと国境を確認しており、国境の存在・維持への関心は希薄である。単一民族ではないのに、単一民族の神話のもとに、国民の一体認識を強調し、辺境における日本国民の特別な状況を理解しようともしない。北海道も、沖縄も、その辺境性におけるアイヌの世界とか琉球世界が確認されるのに、本土との差異も強調して政策化されることはない[48]。そこには、日本の領土として多くの領土の内在的問題性を疑わず、それを解決しようともせず、他方、日本の本土を「古来の領土」としての強調もしない。確かに、本州、四国、九州、北海道、及びその付属島嶼では、紛争の種になったことはない。歯舞・色丹、礼文、利尻、佐渡、伊豆諸島、隠岐、壱岐・対馬、五島列島、吐噶喇列島、奄美諸島などについ

表2-4 日本の統治領土

地域		帰属	備考
本土	本州・四国・九州		1945年米軍占領、1952年復帰
	佐渡		1945年米軍占領、1952年復帰
	伊豆諸島		1945年米軍占領、1952年復帰
	対馬		1945年米軍占領、1952年復帰
	隠岐		1945年米軍占領、1952年復帰
	奄美諸島		1945年米軍占領、1953年復帰
	吐噶喇列島		1946年米軍支配、1952年復帰
	竹島	1861年支配	1946年韓国支配
	小笠原諸島	1891年支配	1946年米軍支配、1953年復帰
	鳥島	1897年支配	1945年米国占領、1968年復帰
	硫黄島	1891年支配	1945年米軍支配、1968年復帰、無人島／天然保護区域
	南鳥島	1898年支配	1946年米軍支配、1968年復帰
	中ノ鳥島	1908年支配、消失	1946年米軍支配、1968年復帰、1992年非存在確認
	沖ノ鳥島	1931年支配	1952年施政権停止、1968年復帰
	先島諸島（沖縄）	（琉球王国）1871年支配	1945年米軍支配、1972年復帰
	沖縄諸島（沖縄）	1885年支配	1946年米軍支配、1972年復帰
	大東諸島（沖縄）	1885年支配	946年米軍支配、1972年復帰
	尖閣諸島（沖縄）	1900年支配	1946年米軍支配、1972年復帰
	大東島	1885年支配	1946年米軍支配、1972年復帰
	北千島	ロシア領、1855年支配	1945年年ソ連占領
	歯舞諸島・色丹島	（北方領土）、1855年支配	1945年ソ連占領
南樺太		日露両属、1875年露領、1905年支配	1945年ソ連占領
朝鮮		（朝鮮王国）、1905年支配	（北部）1945年ソ連占領、独立 （南部）1946年米軍占領、独立
台湾・澎湖島		（中国支配）、1895年支配	1945年中国接収
南洋群島		スペイン領、1898年ドイツ領、1914年支配、1922年委任統治	1944年米軍占領 1947年信託統治、1986以降自決
新南群島		1939年支配、台湾編入	1945年中国／台湾接収
遼東半島		（中国支配）、1895年領有	1895年中国返還
関東州		1898年ロシア租借、1905年支配	1945年中国接収
満鉄付属地		1905年ロシア取得、1905年支配	1937年満州国移譲、1945年中国接収
膠州湾		（中国支配）、1898年ドイツ租借、1914年占領、1920年租借	1922年中国返還

ては、外国の侵攻があったことによって、日本の領土であることを、特に確認することになった。沖縄は、独自の文化伝統のもと政治王国を維持してきており、協議により鹿児島藩と同様に、近代国民国家への移行に参加した。樺太は、外交交渉によって日本領土の処理が行われた。

　表2-4に日本の統治領土を掲げるが、そこでは、日本が支配した外国領土も、参考のため加えてある。

[注]

1) ベネディクト・アンダーソン、白石さや・白石隆訳『創造の共同体——ナショナリズムの起源と流行』リブロポート、1987年／ＮＴＴ出版、増補版1997年／『定本創造の共同体——ナショナリズムの起源と流行』書籍工房早川、2007年。

2) トンチャイ・ウィニッチャクン、石井米雄訳『地図がつくったタイ——国民国家誕生の歴史』明石書店、2003年。

3) 赤木攻「タイ国の「国境」確定——近代国家の成立過程」、矢野暢編『東南アジアの国際関係』弘文堂、1991年。

　千葉立也「東南アジアにおける国境確定の政治地理——領域、国境線、フロンティア」、高木彰彦編『日本の政治地理学』古今書院、2002年。

4) 中野江漢・小濱氏照『萬里の長城』上、支那風物研究會、1923年。

　藤田元春「萬里長城の教訓」、京都帝國大學文學部地理學教室編『地理論叢』第11輯、古今書院、1940年。

　オウェン・ラティモア、後藤富男訳「萬里長城の起源」、『農業支那と遊牧民族』生活社、1940年。

　植村青二『萬里の長城』創元社、1944年／『万里の長城——中国小史』中公文庫、中央公論社、1979年。

　青木富太郎『万里の長城』近藤出版社、1972年。

　渡辺龍策『万里の長城——攻防戦史』秀英書房、1978年。

　羅哲文・趙洛、田島淳訳、河出書房新社、1984年／阮柔訳『万里の長城』北京、外文出版社、1987年。

　フランツ・カフカ、「万里の長城」、池内紀編訳『カフカ短編集』岩波文庫、岩波書店、1987年／『ハゲタカ』国書刊行会、1988年／『万里の長城』白水社、2006年。長谷川四郎訳『カフカ傑作短篇集』福武文庫、福武書店、1988年。

西野広祥『万里の攻防——長城こそ中国文明の生命線だった』徳間書店、1988年。

Arthur Waldron, T*he Great Wall of China: From History to Myth*, Cambridge: Cambridge U. P., 1990.

西野広祥『「馬と黄河と長城」の中国史——攻防の敵視を新たな視点から探る』ＰＨＰ文庫、ＰＨＰ研究所、2002年。

来村多加史『万里の長城攻防三千年史』講談社現代新書、講談社、2003年。

于希賢「滇東漢長城遺跡歴史地理研究」、北京大学歴史地理研究中心編『侯仁之師九十寿辰紀念文集』北京、學苑出版社、2003年。

阪倉篤秀『長城の中国史——中華 VS.遊牧六千キロの攻防』講談社、2004年。

5) 石母田正『日本の古代国家』岩波書店、1971年。

石母田正『日本古代国家』第1部、岩波書店、1973年。

ブルース・バートン『日本の「境界」——前近代の国家・民族・文化』青木書店、2000年、29頁以降。

6) 村井章介『アジアのなかの中世日本』校倉書房、1988年。

村井章介『中世倭人伝』岩波新書、岩波書店、1993年。

村井章介「王土王民思想と9世紀の転換」思想、第847号、1995年。

村井章介『海から見た戦国日本——列島史から世界史へ』ちくま新書、筑摩書房、1997年。

村井章介『中世日本の内と外』筑摩書房、1999年。

ヨーゼフ・クライナー&吉成直樹・小口雅史編『古代末期・日本の境界——城久遺跡跡群と石江遺跡群』森話社、2010年。

 村井章介「古代末期の北と南」。

 吉成直樹「古代・中世期の南方世界　キガイガシマ・交易・国家」

 澄田直敏「喜界島城久遺跡群の発掘調査」。

 新里貴之「南西諸島の様相からみた喜界島」。

福寛美『喜界島・鬼の海域——キカイガシマ考』新典社新書、新典社、2008年。

池田榮史編『古代中世の境界領域——キカイガシマの世界』高志書院、2008年。

7) 田中彰『北海道と明治維新——辺境からの視座』北海道大学図書刊行会、2000年。

8) 『開拓使日誌』明治2年5月—明治10年12月、11冊、播磨屋喜右衛門、1869—78年／『明治初期各省日誌集成　開拓使日誌』6冊／日本史籍協會、ＮＤ／6冊、東京大学出版会、1987年。

北海道編『開拓使日誌』明治2年—明治10年、新北海道史印刷出版協同企業体、1969年。

吉田千絵「「開拓使日誌」に関する史料学的研究」北海道文書館研究紀要、第18号、2003年。

9) 安田泰次郎『北海道移民政策史』生活社、1941年／東天社、1979年。

高倉新一郎『北海道拓殖史』柏葉書院、1947年／北海道大学図書刊行会、1976年／高倉新一郎著作集第3巻、北海道出版企画センター、1996年。

梅木通徳『北海道鐵道史』新日本文化協會、1947年。

榎本守恵「北海道『開拓精神』の成立」歴史学研究、第203号、1957年。

北海道開発庁（板垣与一・坂本二郎）『北海道開発の国民経済的意義』北海道開発庁、1961年。

北海道開発局長官官房『北海道開発局四十五年史』北海道開発局長官官房広報室、1998年。

北海道編『新北海道史』9冊、北海道、1969—81年。

河野本道編『北海道前近代の文化史』2冊、北海道出版企画センター、1977—78年。

桑原直人『近代北海道史研究序説』北海道大学図書刊行会、1982年。

桑原真人・我部政男編『蝦夷地と琉球』幕末維新論集第9巻、吉川弘文館、2001年。
　　守屋嘉美「幕府の蝦夷地政策と土地の動向」、
　　君尹彦「開拓使の設置について」、
　　原田一展「明治初期の北海道開拓政策に関する一考察」、
　　海保洋子「「異域」の内国化と統合――蝦夷地から北海道へ」など。

海保洋子「「異域」の内国化と統合――アイヌ民族と「同化」政策」、鹿野政直・油井正臣編『近代日本の統合と抵抗』日本評論社、1982年。

蝦名賢造『北海道拓殖・開発経済論』蝦名賢造北海道著作集第1巻、新評論、1983年。

田中修『日本資本主義と北海道』北海道大学図書刊行会、1986年。

海保嶺夫『エゾの歴史』講談社、1996年。

苅野雄一「拓殖務省の設置と北海道」、安岡昭男編『近代日本の形成と展開』巌南堂書店、1998年。

永井秀夫『日本の近代化と北海道――「開拓」をめぐる虚像と実像』河出書房新社、1998年／北海道大学出版会、2007年。

10) 野田嶺士『防人と衛士』教育社、1980年。

村井章介「中世における東アジア諸地域との交通」、『列島内外の交通と国家』日本の社会史第1巻、岩波書店、1987年。

平野邦雄「太宰府と東アジア――太宰府外交の権原と機能」歴史と地理、第454号、1993年。

山内晋次「10〜11世紀の対外関係と国家――中国商人の来航をめぐって」ヒストリア、第141号、1993年。

山内晋次「東アジア地域における海商と国家――10〜13世紀を中心とする覚書」歴史学研究、第681号、1996年。

山内晋次「平安期日本の対外交流と中国海商」日本史研究、第464号、2001年。

佐藤宗諄「平安貴族の国際意識について」奈良女子大学文学部研究年報、第36号、1993年。

バートン・ブルース「太宰府の国境機能」、新川登亀男編『古代王権と交流第8巻西海と南島の生活・文化』名著出版、1995年。

バートン・ブルース『国境の誕生――太宰府から見た日本の原形』日本放送出版協会、2001年。

長節子『中世国境海域の倭と朝鮮』吉川弘文館、2002年。

11) その平和令は多様であるが、その内容は、以下の原文に合致している。
「對石田治郎部少輔書状遂被見候、關東・奥兩國迄惣無事之儀、今度家康ニ被仰付条、不可有異儀候、若於違背族もの、化令成敗候、猶治郎部少輔可申候也、
　　［1587年］12月3日　（秀吉花押）」
結城市編さん委員会編『結城市史』第1巻、結城市、1977年、243頁。

12) 松本愛重纂輯『豊太閤征韓秘録』成歡社、1894年。
田中義成「豊太閤の外征に於ける原因に就て」史學雑誌、第16巻第8号、1905年。
田中義成『豊臣時代史』明治書院、1925年／講談社学術文庫、講談社、1980年、第23章朝鮮征伐の起因。
黒川真道編『朝鮮征伐記・清正高麗陣覺諸・朝鮮南大門合戰記』集文館、1912年。
堀正意撰『石山軍記・豊臣鎮西軍記・朝鮮征伐記』、大河内秀元撰『朝鮮物語』早稲田大學出版部、1913年。
大関定祐、黒川真道編『朝鮮征伐記』2冊、國史研究會、1916―17年。
江戸文學研究會編『武士の譽』向陵社、1916年――「朝鮮征伐記」を収める。
辻善之助『海外交通史話』東亞堂書房、1917年／内外書籍、増訂反930年、第22章豊臣秀吉の支那朝鮮征伐の原因。
中村榮孝『文禄・慶長の役』岩波講座日本歴史、岩波書店、1935年。
中村栄孝『日鮮関係史の研究』3冊、吉川弘文館、1965―69年。
鈴木良一「秀吉の"朝鮮征伐"」歴史学研究、第155号、1952年。
島津家「征韓録」、北川鐵三校注『島津史料集』人物往来社、1966年。
北島万次『朝鮮日々記・高麗日記――秀吉の朝鮮侵略とその歴史的告発』そしえて、1982年。
藤木久志『豊臣平和令と戦国社会』東京大学出版会、1985年。
田中健夫編『日本前近代の国家と対外関係』吉川弘文館、1987年。
尹錫曉、兼川普訳『伽耶国と倭地――韓半島南部の古代国家と倭地進出』新泉社、1993年。
高寛敏『古代朝鮮諸国と倭国』雄山閣出版、1997年。

13) 伊藤ていじ（鄭爾）『借景と坪庭――古都のデザイン』淡交新社、1965年／ *Space and Illusion in the Japanese Garden*, translated & adapted from the Japanese by Ralph Friedrich & Masajiro Shimamura, New York/ Tokyou: Weatherhill/ Kyoto: Tankosha, 1973.
大野とくよ『借景』不識書院、1983年。
室生犀星『神國』全國書房、1943年――「借景」の題名がある。
和田利男、「文苑借景」刊行委員会編『文苑借景――賢治・漱石・杜甫など』煥平々、1972年――これも考察の一主題である。

14) 茂野幽考『皇國海防秘史』新興亞社、1942年。
坂ノ上信夫『幕末の海防思想』東洋堂、1943年。
原剛『幕末海防史の研究』名著出版、1988年。

松尾晋一『江戸幕府の対外政策と沿岸警備』校倉書房、2010年。

　　　淺川道夫『江戸湾海防史』錦正社、2010年。

　　　上白石実『幕末の海防戦略——異国舟を隔離せよ』吉川弘文館、2011年。

　　　上白石実『幕末期対外関係の研究』吉川弘文館、2011年。

15）　京傳作『浦島太郎龍宮鉢本3巻』鶴屋喜右衛門、1793年。

　　　大江小波編『龍宮の死者』博文館、1907年。

　　　横山七郎『竜宮説話と怪談の実説——神話伝承』大東文化大学東松山校舎、増補版1970年。

　　　谷口光利『竜宮の:The Eniguma of the Ryukyu』たま出版、1997年。

　　　小嶋さちほ『竜宮歳時記——どんとの愛した沖縄』マーブルトロン、2001年。

　　　藤田友鍜『古代日本と神仙思想』五月書房、202年。

16）　柳田国男『海上の道』筑摩書房、1967年／柳田國男全集第1巻、ちくま文庫、筑摩書房、1989年／柳田國男全集第21巻、筑摩書房、1999年／岩波文庫、岩波書店、2005年。

　　　国分直一編『海上の道——論集』大和書房、1978年。

　　　國分直一『海上の道——倭と倭的世界の模索』福武書店、1986年。

　　　荒野泰典・石井正敏・村井章介編「海上の道」アジアのなかの日本史第3巻、東京大学出版会、1992年。

　　　古田島慎市「私の稲作文化論——「海上の道」から沖縄そして魚沼へ」、五島総一郎編『稲田学の地平』岩田書院、2003年。

　　　来間泰男『稲作の起源・伝来と"海上の道"』2冊、日本経済評論社、2010年。

17）　網野善彦・他編『海と列島文化』11冊、小学館。

　　　　第1巻　網野善彦・他『日本海と北国文化』1990年。

　　　　第2巻　森浩一・他『日本海と出雲世界』1991年。

　　　　第3巻　宮田登・他『玄界灘の島々』1990年。

　　　　第4巻　網野善彦・他『東シナ海と西海文化』1992年。

　　　　第5巻　大林太良・他『隼人世界の島々』1990年。

　　　　第6巻　谷川健一・他『琉球弧の世界』1992年。

　　　　第7巻　宮田登・他『黒潮の径』1991年。

　　　　第8巻　森浩一・他『伊勢と熊野の海』1992年。

　　　　第9巻　大林太良・他『瀬戸内の海人文化』1991年。

　　　　第10巻　大林太良・他『海から見た日本文化』1992年。

　　　　別巻　谷川健一・他『漂流と漂着』1993年。

　　　網野善彦・他『日本像を問い直す——「海と列島文化」完結記念シンポジウム』小学館、1993年。

18）　三島格「弥生時代における南海産貝使用の腕輪」、金関丈夫博士古稀記念委員会編『日本民族と南方文化』平凡社、1968年。

　　　三島格「南西諸島における古代稲作資料」南島考古、第2号、1971年。

三島格『貝をめぐる考古学——南島考古学の一視点』学生社、1977年。
三島格『南島考古学——南島・大和および華南・台湾』大地書房、1989年。
19) 鳥居龍蔵『有史以前乃日本』磯部甲陽堂、1918年。
20) 和田清・石原道博編訳『魏志倭人傳・後漢書倭傳・朱書倭國傳』岩波文庫、岩波書店、1951年。
山崎宏編『東洋史上の古代日本——魏志倭人傳精説』清水書院、1948年。
山尾幸久『魏志倭人伝——東洋史上の古代日本』講談社現代新書、講談社、1972年。
加藤勝美『真正面からの『魏志倭人伝』——古代日本史の再検討を促す』碧天舎、2003年。
21) 谷川健一『黒潮の民俗学——神々の居る風景』筑摩書房、1976年。
谷川健一『甦る海上の道・日本と琉球』文春新書、文藝春秋、2007年。
黒潮文化の会編『日本民族と黒潮文化——黒潮の古代史序説』角川書店、1977年。
黒潮文化の会編『新・海上の道——黒潮の古代史探訪』角川書店、1979年。
竹内能忠『黒潮——日本列島をはぐくむ流れ』海洋出版、1978年。
立石巖『黒潮と倭人の国』新芸術社、1989年。
日高旺『黒潮の文化誌』南方新社、2005年。
鳥居龍藏『有史以前乃日本』磯部甲陽堂、1918年。
比嘉政夫編『海洋文化論』環中国海の民俗と文化第1巻、凱風社、1993年。
山里純一『古代の琉球弧と東アジア』吉川弘文館、2012年。
22) 小野重朗『農業儀礼の研究——南九州における発生と展開』弘文堂、1970年。
小野重朗「海と山の原郷——南島文化二元論」、谷川健一編『沖縄の思想』叢書わが沖縄第6巻、木耳社、1970年。
小野重朗『十五夜綱引の研究』慶友社、1972年。
小野重朗『神々の原郷——南島の基層文化』法政大学出版局、1977年。
小野重朗『民俗神の系譜——南九州を中心に』法政大学出版局、1981年。
小野重朗『南島の祭り』南日本の民俗文化——小野重朗著作集第6巻、第一書房、1994年。
23) 岩田明『日本人はどこから来たのか——古代日本に"海上の道"を通ってやってきた部族がいた』騎虎書房、1997年。
24) 伊波普猷『琉球史の趨勢』小澤朝藏、1911年。
伊波普猷『琉球人種論』小澤博愛堂、1911年／榕樹書林、1997年。
伊波普猷『古琉球』沖縄公論社、1911年／糖業研究会出版部、1916年／青磁社、1942年／琉球新報社、1965年／岩波文庫、岩波書店、2000年。
伊波普猷「序に代へて——琉球處分は一種の奴隷解放也」沖縄毎日新聞、1914年4月3日—4日／「琉球人の解放」、『古琉球』糖業研究会出版部、第2版1916年。
伊波普猷『沖縄女性史』小澤書店、1919年／平凡社、2000年。
伊波普猷・笑古新境名安興『琉球之五異人』小澤書店、1920年／『沖縄史の5人』琉球新報社、1974年。

伊波普猷『古琉球の政治』郷土研究社、1922年／炉辺叢書第25巻、名著出版、1977年。
伊波普猷「琉球民族の精神分析——縣民性の新解釋」沖縄教育、136号、1923年。
伊波普猷『琉球聖典おもろさうし選択——オモロに現はれたる古琉球の文化』石塚書店、1924年。
伊波普猷校訂『おもろさうし』3冊、南島談話會、1925年。
伊波普猷『琉球古今記』刀江書院、1926年。
伊波普猷『孤島苦の琉球史』春陽堂、1926年。
伊波普猷『浄土真宗沖縄開教前史——仲尾次政隆と其背景』明治聖德記念學會、1926年／榕樹書林、2010年。
伊波普猷『沖縄よ何處へ』世界社、1928年／『沖縄よ何處へ』「沖縄よ何處へ」復刻頒布会、1976年。
伊波普猷「『海東諸国記』附載の古琉球語について」國語と國文學、第8巻第3号、1931年／『沖縄文化論叢』第5巻言語編、平凡社、1972年。
伊波普猷『南島史考』私立大島郡教育會、1931年。
伊波普猷『南島方言史攷』樂浪書院、1934年。
伊波普猷『をなり神の島』2冊、樂浪書院、1938年／東洋文庫、平凡社、1973年。
伊波普猷『日本文化の南漸——をなり紙の島續篇』樂浪書院、1939年。
伊波普猷「おもろ草紙に現れた南蛮貿易」國文學解釈と鑑賞、第7巻第5号、1941年。
伊波普猷『沖縄考』創元社、1942年。
伊波普猷「ウルマは沖縄の古称なりや」、柳田国男編『沖縄文化叢説』中央公論社、1947年。
『伊波普猷選集』上・中・下、沖縄タイムス社、1961—62年。
服部志郎・仲宗根政善・外間守善編『伊波普猷全集』11巻、平凡社、1974—76年。
　第1巻「古琉球」、「歴史論考」など。
　第2巻「南島史考」、「孤島苦の琉球史」など。
　第3巻「琉球戯曲集」。
　第4巻「南方方言史攷」、「沖縄考」など。
　第5巻「日本文化の南漸」など。
　第6巻「おもろ論考」など。
　第7巻「琉球人種論」など。
　第8巻「言語論考」など。
　第9巻「文学論考」など。
　第10巻「両属化の琉球・海の沖縄人など雑録」。
　第11巻「琉球語大辞典」草稿など。
　附巻。
伊波先生記念論文集編集委員会編『南島論争』伊波普猷氏還暦記念出版／沖縄日報社、1937年。

金城正篤・高良倉吉『伊波普猷——沖縄史像とその思想』清水書院、1972年。

森田俊男『個性としての地域——沖縄・日本認識をめぐって伊波普猷・柳田国男・河上肇』森田俊男教育論集第1巻、民衆社、1976年。

比屋根照夫『近代日本と伊波普猷』三一書房、1981年。

鹿野政直『沖縄の淵——伊波普猷とその時代』岩波書店、1993年。

25) 谷川健一『方言論争』叢書わが沖縄第2巻、木耳社、1970年。

谷川健一『起源論争』叢書わが沖縄第3巻、木耳社、1971年。

金関丈夫「波照間——琉球通信4」朝日新聞、西部版1954年4月14日。

宮良当壮「琉球民族とその言語——金関教授の憶説批判」民族学研究、第18巻第4号、1954年。

金関丈夫「八重山群島の古代文化——宮良博士の批判に答う」民族学研究、第19巻第2号、1955年。

服部四郎「琉球の言語と民族の起源」琉球新報、1955年12月18日〜24日。

金関丈夫「琉球の言語と民族の起源——服部教授の論考に答える」讀賣新報、1956年1月6日。

金関丈夫「服部教授の論考に答える——追補と訂正」琉球新報、1956年1月18日。

服部四郎「琉球の言語と民族の起源」(余論) 琉球新報、1956年4月9日〜13日

服部四郎「日本語の琉球方言について」文学、1968年1月号。

国分直一「南島先史時代の技術と文化」史学研究、第66号、1968年。

国分直一「南島の民俗文化——特に日本祖語の形成の時期をめぐる問題によせて」1972年8月。

大藤時彦・小川徹編『民俗編』1・2、沖縄文化論叢第2巻・第3巻、平凡社、1971年。

外間守善編『言語編』沖縄文化論叢第5巻、平凡社、1972年。

金関丈夫「人類学から見た古代九州人」、福岡ユネスコ協会編『古代アジアと九州』九州文化論集第1巻、平凡社、1973年。

26) 谷川健一編『沖縄の思想』叢書わが沖縄第6巻、木耳社、1970年。

新田明「「非国民」の思想と論理——沖縄における思想の自立について」。

川満信一「沖縄ぶいける天皇制思想」。

岡本恵徳「水平軸の発想——沖縄の共同体意識について」。

米須興文「文化的視角からの日本復帰」。

森崎和江「民衆における異集団との接触の思想——沖縄・日本・朝鮮の出会い」。

大山麟五郎「海の神と栗のアニマ——奄美のこころをたずねて」。

小野重朗「海と山との原郷——南島文化二元論」。

谷川健一「解説——沖縄の思想の生活的視角」。

新川明『異族と天皇の国家——沖縄民衆史の試み』二月社、1973年。

南島史学会編『南島——その歴史と文化』国書刊行会、1976年。

沖縄歴史研究会『近代沖縄の歴史と民衆』ぺりかん社、1977年。

伊高浩昭『沖縄アイデンティティ』マルジュ社、1986年。

真栄平房昭『琉球・沖縄——その歴史と日本史像』雄山閣出版、1987年。

鹿野政直『戦後沖縄の思想像』朝日新聞社、1987年。

27) 鄭秉哲『球陽（球陽會記）』22巻・附巻3巻、1745年／宮里榮輝校訂、親泊正博、1929年／池宮城秀栄訳『釋註球陽』11冊、琉球史料研究会、1961—62年／7冊、球陽研究会、1965—66年／桑江克英訳『球陽・全』球陽研究会、1969年／三一書房、1971年／球陽研究会編、角川書店、1974年。

28) 琉球新報社編『基地沖縄——沖縄からの綜合報告』サイマル出版会、1968年。

琉球新報社編集局編『異議申し立て基地沖縄——琉球新報の紙面に見る』4冊、琉球新報社、1995—96年。

　　第1巻10月22日付紙面。第2巻収録記事・1995年11月22日～1996年3月25日、第3巻収録記事・1996年3月25日～1996年4月21日（＋5月12日、14日）、第4巻収録記事・1996年5月15日～1996年9月25日。

琉球新報社編『ひずみの構造——基地と沖縄経済』新報新書、琉球新報社、2012年。

沖縄タイムス社基地問題取材班編『沖縄の基地』連合出版、1984年。

沖縄タイムス社編『沖縄から』2冊、第1巻米軍基地問題、第2巻米軍基地問題の深層、朝日文庫、朝日新聞社、1997年。

安仁屋政昭・他『沖縄はなぜ基地を拒否するか』新日本出版社、1996年。

沖縄平和委員会編『沖縄の告発——安保・基地の実態とその基地軍用地強制使用問題で戦後50年の政治を裁く』あけぼの出版、1996年。

太田昌秀『沖縄、基地なき島への道標』集英社新書、集英社、2000年。

高橋明善『沖縄の基地建設と地域振興』日本経済評論社、2001年。

田嶋朝信『沖縄にはなぜ米軍基地が多いのか——その歴史的遠因を探る』熊本出版文化会館／創流出版、2006年。

明田川融『沖縄基地問題の歴史——非武の島、戦の島』みすず書房、2008年。

太原重信『愛国心と沖縄の米軍基地』下田出版、2010年。

藤原書店編集部編『「沖縄問題」とは何か——「琉球処分」から基地問題まで』藤原書店、2011年。

ＮＨＫ取材班『基地はなぜ沖縄に集中しているのか』ＮＨＫ出版、2011年。

平良好利『戦後沖縄と米軍基地——「需用」と「拒絶」のはてまで1945～1972年』法政大学出版局、2012年。

下地幹郎『解決——沖縄のミッション・米軍基地加重負担の漸進的軽減』日本評論社、2012年。

29) 住田正一編『日本海防史料叢書』10巻、海防史料刊行會、1932—33年／5巻、クレス出版、1989年。

　　第1巻「海防問答」、「海防備論」、「海備全策」。

第2巻「海国兵談」、「海防論」、「海防弁」、「海辺防禦私考」。

第3巻「近時海国必読書」。「日本防考略」。

第4巻「海防彙議」

第5巻「海防彙議」、「海防続彙議」

第6巻「海防続彙議」

第7巻「海防策」「海警妄言」など。

第8巻「海岸備要」、「海防私議」など。

第9巻「東奥沿海日誌」、「佐渡日誌」。

第10巻「海防試説」、「海戦布策」、「辺論合壁」など。

住田正一編『日本海防史料叢書』2冊、東洋堂、1943年。

第1巻「海防問答」、「海防備論」、「海備全策」、「海国兵談」、「海防論」、「海防弁」、「海辺防禦私考」。

第2巻「近時海国必読書」。「日本防考略」、「海防彙議」。

30) 工藤平助『赤蝦夷風説考』北門叢書第1冊、北光書房、1943年／北方未公開子文書集成第3巻、叢文者、1978年／井上隆明訳、教育社新書、教育社、1979年／蝦夷・千島古代文書集成──北方未公開古文書集成第3巻、教育出版センター、1985年。

大友喜作『對露國防の濫觴──赤蝦夷風説考』ナウカ社、1935年。

31) 物茂卿『鈐録』20巻、ND、1855年／出雲寺文二郎／河内屋喜兵衛／河内屋茂兵衛／須原屋伊八、1857年／『荻生徂徠全集』第6巻、河出書房新社、1978年。

32) 林子平『海国兵談』6冊、1777－86年／16巻・8冊、頒同志、1854年／10巻、大和屋喜兵衛、1856年／裳書房、1924年／大日本思想全集第13巻、大日本思想全集刊行会、1931年／日本海防史料叢書第1巻、海防史料刊行会、1932年／クレス出版、1989年／岩波文庫、岩波書店、1939年／平重道『「林子平」小考』宝文堂出版販売、1977年。

33) 林子平『三國通覧圖説』1786年／圖南社、1916年／裳書房、1923年／大日本思想全集第13巻、大日本思想全集刊行會、1931年／平重道『「林子平」小考』宝文堂出版販売、1977年／『北方未公開古文書集成第3巻、叢文社／蝦夷・千島古代文書集成──北方未公開古文書集成第3巻、教育出版センター、1985年。

34) 本多利明『経世秘策』日本経済大典第20巻、明治文献、1968年。

本多利明「赤夷動静」、北方未公開古文書集成第3巻、叢文社／蝦夷・千島古代文書集成──北方未公開古文書集成第3巻、教育出版センター、1985年。

宮田純「本多利明の経世済民思想」、川口浩編『日本の経済思想世界──「十九世紀」の企業者・政策者・知識人』日本経済評論社、2004年。

宮田純「本多利明の藩「国益」思想」、森安彦編『地域社会の展開と幕藩制支配』名著出版、2005年。

35) 佐藤信淵『混同秘策』穴山篤太郎、1888年／大連、山田浩通、1932年／『宇内混同秘策』日本國粹全書第10巻、日本國粹全書刊行會、1930年／『宇内混同秘策』大同閣、1937年／『混同秘策』改造文庫、改造社、1937年／「混同大論」現代日本思想大系第1、筑摩書房、1966年／「混同秘策」、日本経済大典第18巻、明治文献、1968年／「混同秘策」日本思想

大系第45巻、岩波書店、1977年。
羽仁五郎『佐藤信淵に關する基礎的研究』岩波書店、1929年。
上領三郎『神國日本と佐藤信淵先生』歷史叢書刊行會、1933年。
小野武夫『佐藤信淵』三省堂、1935年。
花岡淳二『佐藤信淵の研究』第1編、未來社、1938年。
中島九郎『佐藤信淵の思想』北海出版社、1941年。
松原晃『覚佐藤信淵』多摩書房、1941年。
上領三郎『神國日本と佐藤信淵先生』歷史叢書刊行會、1933年。
古志太郎『佐藤信淵思想録』教材社、1942年。
川越重昌『考証佐藤信淵基金の旅路──父信季に従って故郷を後にした信淵に日光、足尾で何が会ったのか』弥高仁所平田篤胤佐藤信淵研究所、1992年。
稲雄次『佐藤信淵の虚像と実像』岩田書院、2001年。

36) 稲葉岩吉『滿洲發達史』大阪屋號出版部、1915年／日本評論社、1935年。
和田博徳「百済の遼西領有説について」史學、第25巻第1号、1951年。
和田清「満洲を三韓といふことについて」、『東洋史研究』満洲篇、東洋文庫、1955年。
池内宏『満鮮史研究』上世篇・中世篇、吉川弘文館、1979年。
池内宏『満鮮史研究』近世篇、中央公論美術出版、1972年。
趙珖「朝鮮後期の辺境意識」ソウル、白山學報、第16号、1974年。
秋月望「朝中勘交渉の発端と展開──朝鮮側の理念と論理」朝鮮學報、第132輯、1989年。
秋月望「朝清境界問題に見られる朝鮮の「領域観」──「勘界会談」後から日露戦争期まで」朝鮮史研究会論文集、第40集、2002年。
山内弘一「李朝初期に於ける対明自尊の意識」朝鮮学報、第92輯、1990年。
奥村周司「李朝高宗の皇帝即位について──その即位儀礼と世界観」朝鮮史研究会論文集、第33集、1995年
裴祐晟『朝鮮後期國土觀と天下觀の變化』ソウル、一志社、1998年。
古畑徹「後期新羅・渤海の統合意識と境域観」朝鮮史研究会論文集、第36集、1998年。
姜錫和『朝鮮後期咸鏡道と北方領土意識』ソウル、經人院、2000年。
姜錫和「朝鮮後期の北方領土意識」ソウル、韓國史研究、第129輯、2005年。
平木實「国号"朝鮮"の名称に関する思想史の考察」、『朝鮮社会文化史研究Ⅱ』阿吽社、2001年。
石井正敏「日本・渤海交渉と渤海高句麗継承国意識」、『日本渤海関係史の研究』吉川弘文館、2001年。
文純實「白頭山定界碑と十八世紀朝鮮の疆域観」朝鮮史研究会論文集、第40集、2002年。
韓奎南『遼東志』ソウル、文學と知性社、2004年。
ペク・ッドンヒョン「韓末民族意識と領土観──「皇城新聞」と「大韓毎日申報」の論説にみえる領土観を中心に」ソウル、韓國史研究、第129輯、2005年。

僕龍雲『高麗の高句麗継承に対する総合的検討』ソウル、一志社、2006年。
　　　岡本隆司『世界のなかの日清韓関係史――交隣と属国、自主と独立』講談社、2008年。
37）矢木毅「朝鮮前近代における民族意識の展開――三韓から大韓帝国まで」、夫馬進編『中国東アジア外交交流史の研究』京都大学出版会、2007年。
　　　矢木毅「近世朝鮮時代の古朝鮮認識」東洋史研究、第67巻第3号、2008年。
　　　矢木毅『韓国・朝鮮史の系譜――民族意識・領域意識の変遷をたどる』塙書房、2012年。
38）丁若鏞『我邦疆域考』京城、皇城新聞社、1905年／上・下、博文社、1905年／青柳綱太郎編、2冊、原文和譯對照、京城、朝鮮研究會、1915年／ソウル、檀國大學校出版部、1979年／ソウル、現代實學社、2001年。
39）小倉芳彦『中国古代政治思想研究――「左伝」研究ノート』青木書店、1970年。
40）趙宋岑『中國的版圖』上・下、台北、臺灣中華書局、1959年。
　　　蘇演存『中國境界變遷大勢考』近代中國史料叢刊第17輯、台北、文海出版社、1968年。
　　　中村充一・秋岡家栄『中国の道――その歴史をあるく』三省堂、1979年。
　　　S. R. Scham ed., *The Scope of State Power in Chinese*, Hong Kong: The Chinese U. P., 1985.
　　　費孝通『中華民族多元一体格局』北京、中央民族学院出版社、1989年。
　　　片岡一忠『清朝新疆統治史研究』雄山閣、1991年。
　　　田継周『中国歴代民族政策略論』西寧、青海人民出版社、1993年。
　　　田継周『中国歴代民族政策研究』西寧、青海人民出版社、1993年。
　　　江応澄・趙書文編『中国的疆界』上海、学林出版社、1994年。
　　　胡叚『中國歴代疆域與政區』瀋陽、遼寧古籍出版社、1995年。
　　　張啓雄『外蒙主權歸屬交涉1911―1916』台北、中央研究院近代史研究所、1995年。
　　　小川浩三『複数の近代』北海道大学図書刊行会、2000年。
　　　岡本隆司『属国と自主の間――近代清韓関係と東アジアの命運』名古屋大学出版会、2004年。
　　　顧頡剛・史念海『中国疆域沿革史』北京、商務印書館、2000年。
　　　成崇徳「論清朝疆域形成与歴代疆域的関係」中国辺疆史地研究、第15巻第2期、2005年。
　　　華奥南「歴史語境中前的王朝中国疆域概念辨析――以天下、四海、中国、疆域、版図為例」中国辺疆史研究、2006年第2期。
　　　白寿彝『中国交通史』北京、團結出版社、2007年。
　　　島田美和「顧頡剛の「疆域」概念」、西村成雄・田中仁編『中華民国の制度変容と東アジア地域秩序』汲古書院、2008年。
　　　茂木敏夫「中国的世界像の変容と再編」、飯島渉・他編『中華世界と近代』シリーズ20世紀中国史、東京大学出版会、2009年。
　　　茂木敏夫「中国王朝国家の秩序とその近代」理想、第682号、2009年。
　　　川島真「近現代中国における国境の記憶――「本来の中国の領域」をめぐる」境界研究、第1号、2010年。

41) Frederick J. Turner, *Rise of the New West 1819-1829*, New York/ London: Harper & Brothers, 1906/Gloucester: P. Smith, 1961/ New York: Haper & Row, 1968.

Frederick J. Turner, *The Frontier in American History*, New York: Henry Holt, 1920/ New York: Holt, Rinehart & Winston, 1962/ Huntington: R. E. Krieger, 1975 ／松本政治・嶋忠正訳『アメリカにおける（フロンティア）』北星堂書店、1973年。

Frederick J. Turner, *The Significance of the Frontier in American History*, Indianapolis: Bobbs-Merrill, 1925/ New York: Ungar, 1963/ Ann Arbor: University Microfilms, 1966/ London: Penguin, 2008. ／『アメリカの歴史におけるフロンティアの意義──抄』農林大事官房臨時國土計画室、1951年（第1章・第2章）／李柱郭訳『フロンティア美国志』ソウル、博英社、1978年。

Frederick J. Turner, *Early Writings of Frederick Jackson. Turner*, Madison: Univ of Wisconsin Press, 1938/ 渡辺真治・西崎恭子訳『フレデリック・J・ターナー』研究社出版、

Frederick J. Turner, *The United States 1830-1850: the Nation and its Sections*, New York: Peter Smith, 1950.

Geoge Rogers Taylor ed., *The Turner Thesis Concerning the Role of the Frontier in American History*, Boston: D. C. Health, 1956.

Frederick J. Turner, *Wisconsin Witness to Frederick Jackson Turner: A Collection of Essays on the Historian and the Thesis*, Madison: State Historical Society of Wisconsin, 1961.

Frederick J. Turner, *Frontier and Section: Selected Essays of Frederick Jacson. Turner*, Englewood Cliffs: Prentice-Hall. 1961.

Frederick J. Turner, *Rise of the New West 1819-1829: the Nation and its Sections*, New York: W. W. Norton, 1965.

Ray Allen Billington ed, *"Dear Lady" : the Letters of Frederick Jackson Turner and Alice Forbes Perkins Hooper, 1910-1932*, San Marino: Huntington Library, 1970.

Frederick J. Turner、*Rereadings Frederic Jackson Turner: The Significance of the Frontier in American History, and Other Essays*, New York: Holt, 1994.

42) 菊池勇夫『幕藩体制と蝦夷地』雄山閣出版、1984年。

菊池勇夫『幕藩体制国家と異域・異国』校倉書房、1989年。

紙屋敦之『幕藩制国家の琉球支配』校倉書房、1990年。

43) 谷川健一『沖縄──辺境の時間と空間』三一書房、1970年／『沖縄──辺境の時間と空間・他』谷川健一全集第6巻沖縄2、冨山房インターナショナル、2007年。

吉村朔夫『日本辺境論叙説──沖縄の統治と民衆』御茶の水書房、1981年。

新川明『沖縄　統合と反逆』筑摩書房、2000年。

西川潤・松嶋泰勝・本浜秀彦編『島嶼沖縄の内発的発展──経済・社会・文化』藤原書店、2010年。

44) 白柳秀湖『左傾児とその父』千倉書房、1933年。

名倉潔『闘將土方歳三』6蝦夷共和国の巻・巨星落ちるの巻、信和出版、1988年。

野口武彦『幕末不戦派軍記・蝦夷共和国の巻』第62巻第105号、2007年。
好川之範・近江幸雄『箱館戦争銘々伝』上、新人物往来社、2007年。
『土方歳三――蝦夷共和国への道』小学館、2011年。
星亮一『大島圭介』中公新書、中央公論新社、2011年。

45) 太田龍『アイヌ革命論――ユーカラ世界の〈退却〉』アイヌ共和国情報部、1973年。
太田竜『アイヌモシリから出撃せよ！』三一書房、1977年。
谷口巌『アイヌ革命と太田竜』暁書房、1983年。

46) 高倉新一郎『アイヌ政策史』日本評論社、1943年／三一書房、1972年。
札幌中央放送局編『邊境北海道』北方書院、1949年。
イサベラ・エル・バード、神成利男訳『日本の知られざる辺境』郷土研究社、1969年／『コタン探訪記――日本の知られざる辺境』北海道出版企画センター、1977年。
鈴江英一『北海道町村制度史の研究』北海道大学図書刊行会、1985年。
菊池勇夫『アイヌ民族と日本人――東アジアのなかの蝦夷地』朝日新聞社、1994年。
高木博志「アイヌ民族への同化政策の成立」、歴史学研究会編『国民国家を問う』青木書店、1994年。
永井秀夫「辺境の位置づけについて――北海道と沖縄」北海学園大学人文論集、第6号、1996年。
永井秀夫編『近代日本と北海道』河出書房新社、1998年。
田中彰『北海道と明治維新――辺境からの視座』北海道大学出版会、2000年――蝦夷共和国事件をも主題に収めている。
テッサ・モーリス鈴木、大川正彦訳『辺境から眺める――アイヌが経験する近代』みすず書房、2000年。

47) サハリン石油開発協力株式会社編『サハリン石油の歩み――探鉱編』サハリン石油開発協力、1984年。
Dan Lawn, Rick Steiner & Jonathan Wills, Sakhalin's Oil: Doing it Right, Sakhalin Environment Watch and the Pacific Environment and Resources Center, 1999.
「サハリン北東部大陸棚の石油開発と開発」研究報告シリーズ、第62号、北海道大学スラブ研究センター、1999年。
「サハリン北東部大陸棚の石油開発と開発」1―6、研究報告シリーズ、第69号、第71号、第72号、第73号、第78号、第90号、北海道大学スラブ研究センター、1999―2003年。
村上隆編『サハリン大陸棚石油・ガス開発と環境保全』北海道大学図書刊行会、2004年。
村上隆『北樺太石油コンセッション1925―1944』北海道大学図書刊行会、2004年。
土屋嘉徳『戦前のサハリン油田開発――「北樺太石油会社」顛末記』朝日新聞出版サービス、2005年。
平林憲次「サハリンの陸上油田開発から大陸棚開発プロジェクトに至る歴史――プロジェクトへの思いと平成21年のサハリン紀行」石油技術協力会誌、第75巻第4号、2010年。

48) 中曽根康弘首相は、1986年11月10日国会で「単一民族国家」を宣言した。北海道ウタリ協

会のアイヌ民族代表野村義一は、1992年10月国連本部で開催の「国際先住民年」式典で、日本の先住民としての初演説を行った。
小熊英二『日本人の境界』新曜社、1998年。
小熊英二『単一民族神話の起源――〈日本人〉の自画像の系譜』新曜社、1995年。

第3章

日本国境の成立

1、ヤマトの成立

　日本は、7世紀中葉から8世紀にかけてヤマトとその周辺、畿内を主要範域として成立した。そこにいる倭人は概して多様な存在で、弥生時代から古墳時代にかけて日本列島西部に朝鮮半島・中国大陸から明らかに形質の異なる人種が流入し、その交流と生活のもとで瀬戸内沿海、山陰、近畿など列島各地の人々は倭人と呼ばれ、紀元前1世紀以来、多くの国と王が出現し、ヤマトを中心とする政治勢力は倭王の名で知られるようになった。そして、統一が成功し、689年の浄御原令で、対外国号日本国が制定された。

　以後100年、日本は、稲作農民としての百姓に支えられた信仰・習俗、海によって隔てられた島国、それに従う民族の同質性、文字社会の斉一性、戸籍制度に裏付けられた家族制度、さらに、天皇の存在と国家の国政に従う日本国の成立となった[1]。

2、初の国境画定

『古事記』に次のようなくだりがある。

> 出雲の国の多芸志の小浜に天の御舎をつくりて、港の神（出雲帝国海軍大臣）の孫の八多摩の陸軍大臣を膳夫として、アミノミアエを奉るときに、……この吾が燧れる火は、高天ノ原には神産巣日ノ御祖ノ姪の、トダル（太垂る）天の新巣のススの、タツカ垂るまで……

これは、大臣が大国主の命による高天原に対する領有権・統治権、すなわち帝王権の獲得を神に報告し、大帝の約束した帝位返上の条件として、天ツ神の御子が直接、出雲に来て、大帝のもとで出雲から高天原を統治せよと持ち出して、呪いの火で両将軍を接待せよと命じたものと注解される。このために、高天原の主権者は受諾を余儀なくされて、合併が成立した。こうして出雲の統治権が九州に及び、祖神の祝福と加護を受けるところとなった。

こうして、各村落大系統の国家単位にいたるまで、種族部族の守護山の設定による権利保障体系が講じられ、それは、御岳または大山、大森を中心として、検証できると、桜井光堂は論じている。そして、その連合国家が日本の国家体系の形成であり、古代領土表示の大系は、ヤマト中央政府の樹立となって、それぞれの部族集団の領域国境の合意をもって成立し、王の天下り行為として団体の統治権・利用権など帰属主体に対する守護神の祭りをもって、それは確認された。国

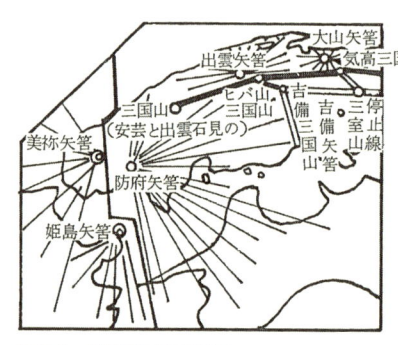

図3-1　出雲帝国の統治図
（出所）桜井光堂『古代日本の領土——領土画定と記紀解読の実証的研究』公論社、1975年、177頁。

境の形成は対内的領域秩序形成をもってなされた。今日、地名表示をもって土権力の所在とその性格が解明できるというのは、そのためである。なお、東北は、蝦夷連合として青森地方を聖地としていた。

　記紀は、豊葦原連合政府の領土宣言によって領土の限界を明示し、その行政管轄区を明定している。この国家の主権宣言には、倭人国家としての日本列島の領土範囲のみが明定されていて、朝鮮領域に関する規定はない。馬韓人・辰韓人・弁韓人は、天人、即ち天ツ神系として土着倭人よりも尊貴の扱いを受けていて、法律上は、韓半島は従属地とされ、日本本土が本国であって、その従属地は聖地であった。他面、行政上は、日本本土が植民地で、漢土が聖地として首都の所在であったのは、モンゴルの中国政府征服における漢土と蒙古の関係、及び清朝における漢土と満州の関係と同様であった。

　その行政管区は、以下の通りであった。

　　　第1行政管区　淡路島
　　　第2行政管区　四国
　　　第3行政管区　隠岐島
　　　第4行政管区　九州（筑紫島）
　　　第5行政管区　伊岐島
　　　第6行政管区　津島（対馬）
　　　第7行政管区　佐渡島
　　　第8行政管区　本州（長門・周防・安芸）

　そして、第二次領土宣言で、6つの行政管区が創設されたが、それは、要塞設置の軍事管区であった。

　　　第9行政管区　吉備児島
　　　第10行政管区　小豆島
　　　第11行政管区　大島
　　　第12行政管区　姫島
　　　第13行政管区　徳之島（知訶島）
　　　第14行政管区　両児島（西表島・石垣島）

沖縄本島は、土着倭人の国王が王城を構えていて、クシビノネとソホリノ森、即ち首都の鎮護神としての祭りがあり、統治管理が豊葦原連合帝国から派遣されていたとされる。

　ヤマト朝廷では、神武帝が即位し、その中央政府は、土着の大倭帝国を打倒し、日本全土にこの伊邪那岐・伊邪那美の制定した領土規定が漸次、制度的に適用されるところとなり、統治範囲の拡大とともに拡張解釈適用の姿をみせた[2]。

　さらに、『日本書紀』は、崇神天皇による任那政府の承認と馬韓国の滅亡を記している。

3、島国国家日本と対馬

　日本は、島国あるいは海国で、それはその地域／国家特有の住民性があり、これを島国根性〈Insulanism〉として把握する傾向がある。この用語は、韓国・北朝鮮の伝統的な小中華思想や事大主義の思想構造のもと範一愛国民族構造により「島国」を蔑称として使用され把握される傾向がある。島国には対外侵略を自衛できるという自然的本能が認識構造として内在しており、対外脅威認識、そのための政治的装置構築の認識を欠いていた。したがって、豊臣秀吉は国内統一の延長線上に仮道入明の目的で、1587年対馬宗氏に命じ、朝鮮に出兵した。明の介入と、朝鮮義兵の蜂起によって、これは失敗に終わった。そこには、対内統一と区別された対外侵略という認識はない。これに対し、朝鮮は中華思想の版図意識が強く、日本を対外的存在として明確に認識していた。1530年最古の朝鮮地図「八道總圖」には、対馬島が存在しており、そこには「日本界」の認識があった。1873年田嶋象次郎が和泉屋半兵衛の手で刊行した「増補改正朝鮮國全圖」には、対馬島が日本の版図にあるとは書かれていない。日本地図では、行基図といわれる14世紀作製の「日本圖」が称名寺／金沢文庫にあるが、地図の南を上に北を配して、本州・四国・九州を中心に記されたそれは、その囲みの外側に隠岐があり、その外に対馬がある。いいかえれば、対馬の支配認識を欠いている。

　その対馬は、大化改新で律令制が施行された際、西海道に属する令制国とさ

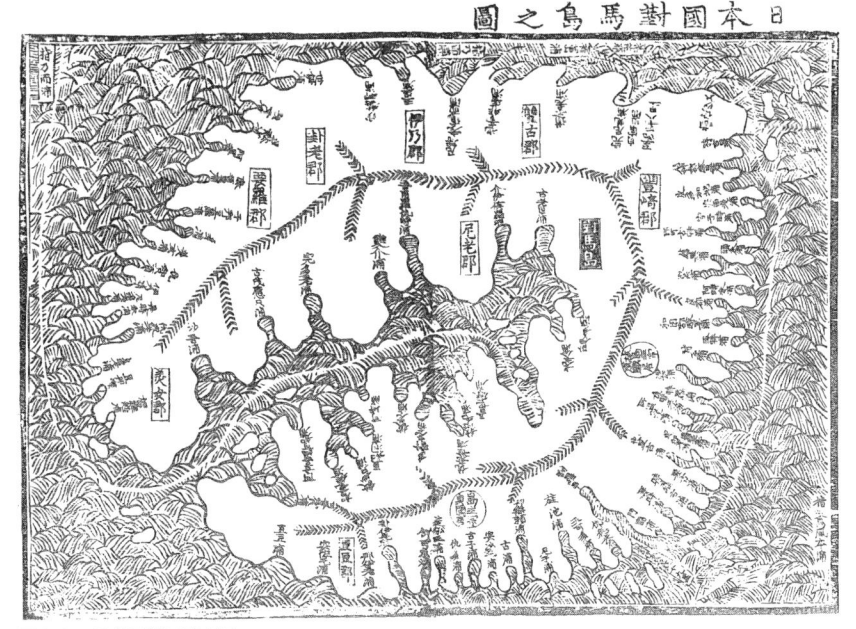

図3-2　日本國對馬島之圖
(出所) 申淑舟『海東諸國紀』1473年。

れ、厳原に国府が置かれた。ヤマト政権の下で、対馬は朝鮮半島出兵の中継地としての役割を担い、遣唐使も壱岐と対馬を航路の寄港地とした。

　鎌倉時代に、日本は2度、元とその属国高麗の侵略（元寇）を受け、対馬がその最初の攻撃目標となった。朝鮮史料で見られる倭人、倭賊、倭寇は日本人の総称ではなく、対馬人・壱岐人の境界性人を指していたとされる。そして豊島は、我が国の地であったが、辺境であったため倭人に占拠されたと、「朝鮮成宗実録」（世宗元年6月壬午）にある。朝鮮は、対馬の帰属を強く求めていた。その裏工作が成功せず、対馬は日本の領域であるとの認識を朝鮮は余儀なくされた。1471年朝鮮成宗が作製を命じ海東諸国の状況を記した申淑舟『海東諸国紀』(1473年)には、「日本國對馬之圖」が収められている[3]。一方、対馬では、宗氏の守護機能は強化され、宗氏の領国支配が確立していった。1587年豊臣秀吉の

九州平定で、宗義智は対馬守に任じられ、明治維新までその支配様式が続いた。もっとも、そこには、辺境対馬についての日本領土としての保全認識が十分であったとは言いがたい[4]。これは、日本の国境認識の折衷性に帰せられる。

　国家への収斂が強まるなか、1861年2月～8月にロシア軍艦ポサドニック号が対島浅茅湾芋崎付近に停泊し、浅茅湾の一部租借を要求する事件が起きた。幕府は外国奉行小栗豊後守忠順を派遣したが、その対処は混乱した。その事件は、対馬藩が自力では解決できず、「皇国」の尖兵としての役割を強調し、対馬防衛の不備は「皇国」の瑕疵となる論理で、幕府に援助を要求するところとなった。その対馬の既得権の維持と中央への依存は、最早、対馬が辺境の存在ではなく国境維持という国家の使命を確認し遂行する存在であることを意味していた。そして、朝鮮外交では、対馬はその使命を十分果たした[5]。それは、いわゆる征韓論の文脈にあった。

4、国絵図と日本国境界

　江戸幕府は、組織的事業として国絵図を、慶長・正保・元禄・天保の4度にわたり作製した。これは、日本の境界を確認したものとも解することができる。現地調査に基づく日本総図は、寛永・正保・元禄・亨保の版が存在している[6]。その扱いは一定していなくとも、国の版図が掲示されていて、参考になる。

　寛永日本図　北は津軽海峡・下北半島まで、南は種子島・屋久島までが入っていて、蝦夷地及び琉球は含まれていない。

　正保日本図　蝦夷地が書き込まれ、薩摩藩が琉球調査を行い、琉球・八重山島・大島の3張がある。

　元禄日本図「皇國遠海里程全圖」　蝦夷地及び琉球の3張を含み、朝鮮の和館に至る船道まで描かれている。

　亨保日本図　対馬・朝鮮図はあるが、琉球は除かれている。それは、課題となった海上の距離につき、琉球に問い合わせて、回答があったものの、確認できなかったからであった。伊豆の地図でも、大島から利島・新島・神津

第3章　日本国境の成立

図3-3　幕府撰元禄日本図、元禄15年（北東＝松前及び南西＝琉球部分図）
（出所）中村拓『日本古地図大成』講談社、1972年、42-43頁の部分。

図3-4　幕府撰正保日本図、明暦元禄元年（南西＝薩摩・種子島・屋久島・琉球部分図）
（出所）中村拓『日本古地図大成』講談社、1972年、39頁の部分。

島・御蔵島・八丈島・新島までの距離が不明で、省略されている。

　寛永日本図は、中世国家成立期における東西の境界、外が浜（鬼界ヶ島）と合致している。それは、近世初期までの日本の境界を示したものといえるであろう。そして、蝦夷地は異民族との接触・同化及び交易を通じて組み込まれていく。それは南島の場合も同様で、琉球に統一王朝が成立し、中継貿易が進むとともに、室町期には、吐噶喇列島の臥蛇島が日本と琉球の境界とされ、以後、薩摩藩の琉球侵略となった。そして、以後、与論島以北の奄美諸島が鹿児島藩島津氏の直轄地となり、形式上では、琉球国に沖縄諸島・宮古諸島・八重山諸島が首里王府領として与えられた[7]。

第3章　日本国境の成立

5、幕末維新期の国境画定

　北太平洋カムチャッカ列島南端から北海道東端に連なる火山性の列島が千島列島で、それはアイヌ語の人間クリルに由来するクリル諸島と称され、北千島、中千島、南千島に3分され、日本は、政治的に南千島はクリル諸島に含まれないとしている。主要な島の数は25である[8]。

　この地方は昔からアイヌが居住しており、彼らは島伝いに交易を行ってきた。1643年にフリースが指揮した東インド会社の船舶が南千島を発見し、彼らはこれを日本の一部と信じた。1711年ロシア人のクリル探険が始まり、南千島まで進出し、先住民アイヌに毛皮税を課した。1798年幕府は、蝦夷地巡察隊を択捉島に派遣し、高田屋嘉兵衛は択捉島への航路を開き、漁場も開拓された。1855年2月の日露通好下田条約により、千島列島は得撫島以北がロシア領、択捉以南

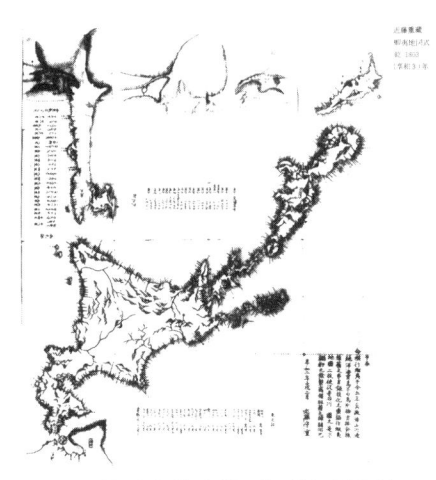

図3-5　近藤重成「蝦夷地圖式　乾」1802年
（出所）谷川健一編『北の民俗誌――サハリン・千島の民俗』日本民俗文化資料第23巻、三一書房、1997年。

図3-6　近藤重蔵「今所考定分界之圖」1804年
（出所）谷川健一編『北の民俗誌――サハリン・千島の民俗』日本民俗文化資料第23巻、三一書房、1997年。

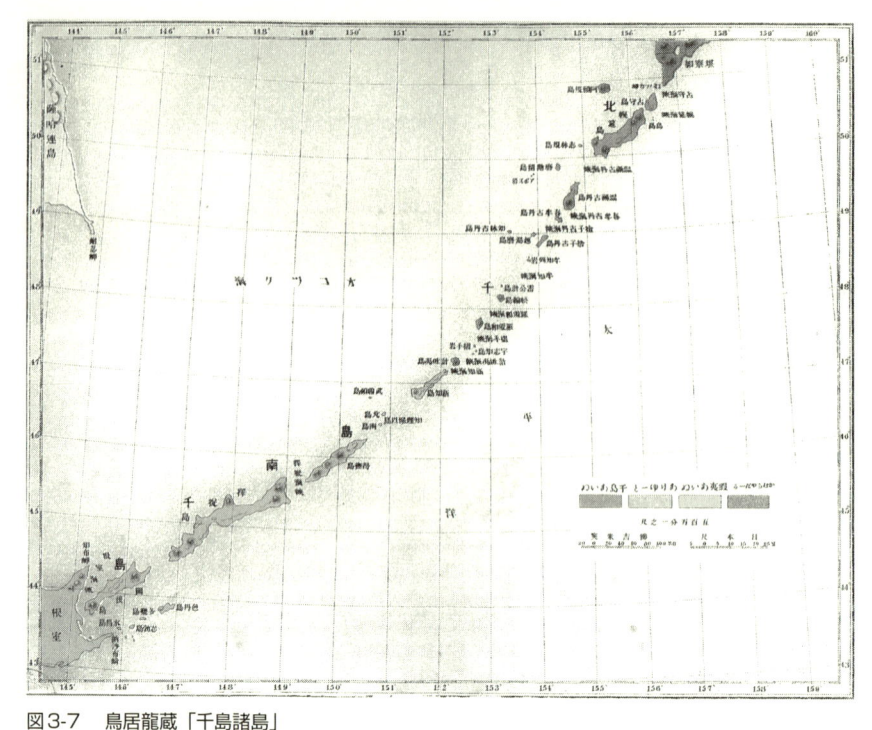

図3-7　鳥居龍蔵「千島諸島」
(出所) 鳥居龍蔵『千島アイヌ』吉川弘文館、1903年、原図は各種族分布図。

が日本領と決まった[9]。しかし、樺太については、国境画定が出来なかった。そこで、1867年樺太島仮規則（樺太雑居条約）が調印され、日露両属と確認された。しかし、ロシアの南下政策が強化され、亜庭湾の占拠、日本漁民の基地クシュンコタン付近にまで駐営施設をロシアが経営するところなり、日本人とロシア人の紛争も頻発した。

このため、明治政府内部では、樺太放棄論まで噴出するなか、ロシアの朝鮮介入への警戒、及び樺太ではロシアの介入に対応できないとした認識から、駐露公使榎本武揚は1875年5月、ロシアと樺太・千島交換条約を締結し、日露国境が画定された。ラベルーズ海峡は宗谷海峡である。これによって、ロシア船の太平洋への出口が閉ざされた。その日本領有となった島嶼名は表3-1の通りである。

第 3 章　日本国境の成立

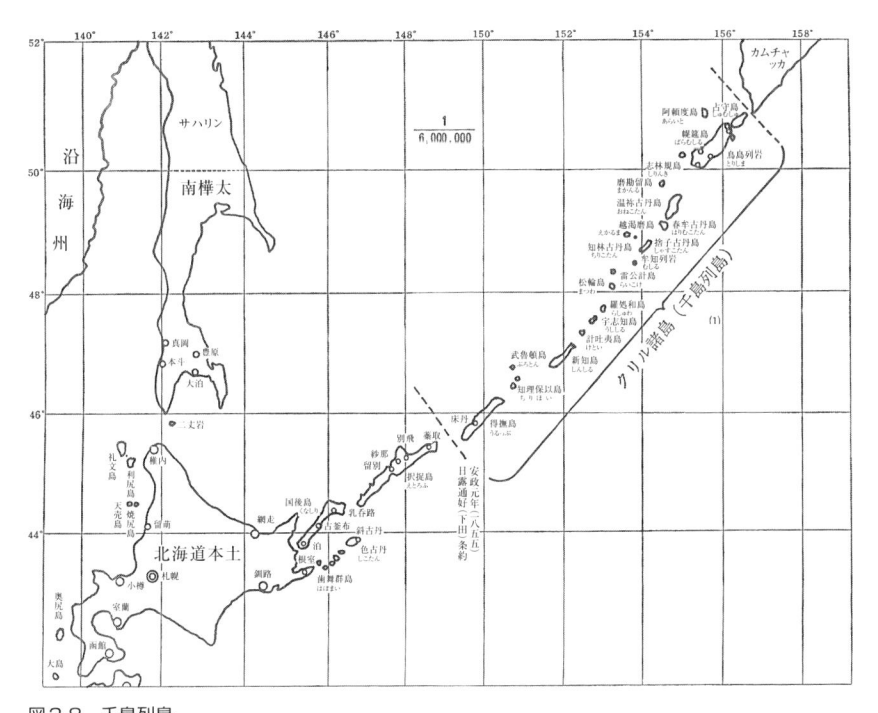

図3-8　千島列島
（出所）日本戦略研究センター『北方領土と海峡防衛』国民新聞出版局／北方領土返還促進会、1978年、322頁。

なお、この条約は日露戦争のポーツマス条約の成立で失効した[10]。

　日露通交好下田条約、1855年2月7日の抜萃は、以下の通りである。
　　第1條　今より後両國永く眞實懇にして各其所領に於て互に保護し人命は勿論什物に於ても損害なかるへし
　　第2條　今より後日本國と魯西亞國との境「エトロフ」島と「ウルップ」島との間に在るへし「エトロフ」全島は日本に屬し「ウルップ」全島夫より北の方「クリル」諸島は魯西亞に屬す「カラフト」島に至りては日本國と魯西亞國との間に於て界を分たす是迄仕切来の通たるへし
　　第3條　……

樺太島仮規則（樺太雑居条約）、1867年3月30日の抜萃は、以下の通りである。

「カラフト」島は魯西亞との日本との所屬なれば島中にある兩國人民の間に行違ひの生せん事を慮り互に永世の懇親を彌堅くせんかため日本政府は右島中山河の形勢に依て境界の議さむせん事を望む旨を日本大君殿下の使節は「シントペートルスブルグ」へ來りて外國事務役所へ告知ありしといへども魯西亞政府は島上にて境界を定むることは承諾いたしかたき趣きうい亞細亞局「ジレクトル」「イニー、ソウエッニク」「スッレモウホフを以て報答セリ其故の巨細は大君殿下の使節へ陳述セリ且魯西亞政府は右「カラフト」島の事に付双方親睦の交際を保たん事を欲しその存意を述たり

第一　兩國の間にある天然の國解「アニワ」と唱ふる海峡を以て兩國の境界と為し「カラフト」全島を魯西亞の所領とすへし

表3-1　樺太千島交換条約における千島列島の島嶼

区分	条約名	日本語名	管理（1938年現在）
北千島	第1「シュウシュ」島	占守島	北海道根室支庁/占守郡
	第2「アライド」島	阿頼度島	北海道根室支庁/占守郡
	第3「パラムシル」島	幌筵島	北海道根室支庁/占守郡
中千島	第4「マカンルシ」島	磨勘留島	北海道根室支庁/占守郡
	第5「ヲネコタン」島	温禰古丹島	北海道根室支庁/占守郡
	第6「ハリムコタン」島	春牟古丹島	北海道根室支庁/占守郡
	第7「エルカルマ」島	越渇磨島	北海道根室支庁/占守郡
	第8「シャスコタン」島	捨子古丹島	北海道根室支庁/占守郡
	第9「ムシル」島	牟知列岩	北海道根室支庁/占守郡
	第10「ライコケ」島	雷公計島	北海道根室支庁/新知郡
	第11「マツア」島	松輪島	北海道根室支庁/新知郡
	第12「ラスウア」島	羅處和島	北海道根室支庁/新知郡
	第13「スレドネワ」及「ウシヽル」島	宇志知島	北海道根室支庁/新知郡
	第14「ケトイ」島	計吐夷島	北海道根室支庁/新知郡
	第15「シムシル」島	新知島	北海道根室支庁/新知郡
	第16「ブロトン」島	武魯頓島	北海道根室支庁/新知郡
	第17「チェルボイ」並ニ「ブラット、チェルボエフ」島	知李保以島	北海道根室支庁/新知郡
	第18「ウルップ」島	得撫島	北海道根室支庁/新知郡
南千島	（エトロフ島）	択捉島	北海道根室支庁/新知郡
	（クナシル島）	国後島	北海道根室支庁/新知郡

（注）エトロフ海峡以南を南千島とし、したがって以北は北千島とされるが、その南部を中千島と区分して扱った。

第二　右島上にて方今日本へ屬せる漁業等は向後とも總て是までの通り
　　　　其所得とすへし
　　第三　魯西亞所屬の「ウルップ」を其近傍に在る「チルボウ、プラツ、
　　　　チルボイ、ブロトン」の三島の小島と共に日本へ譲り全く異論
　　　　なき日本所領とすへし
　　第四　右條々承諾難致節は是迄の通り兩國の所領と致置くへし
　　　前書の廉々互に協同せさるに付「カラフト」島は是迄の通り兩國の所領
　　と為し置き且兩國人民の平和を保たんか為左に條々を仮に議定せり
　　第1條　「カラフト」島に於て兩國人民は睦しく誠意に交るへし萬一総論
　　　　ある歟又は不和のことあらは裁斷は其所の方法の可人共へ任すへし若其
　　　　司人にて決し難き事件は双方近傍の奉行にて裁斷すへし
　　第2條　……

樺太千島交換条約、1875年7月20日の抜萃は、以下の通りである。
　　大日本國皇帝陛下ト
　　全魯西亞皇帝陛下ハ今般樺太島即薩哈嗹是迄兩國雑領ノ地タルニ由リテ
　　屢次其間ニ起レル紛議ノ根ヲ断チ現下兩國間ニ存スル交誼ヲ堅牢ナラシメ
　　ンカ爲メ……
　　第1款　大日本國皇帝陛下ハ其後ハ胤ニ至ル迄現今樺太島即薩哈嗹ノ一
　　　　部ヲ所領スルノ權理及君主ニ屬スル一切ノ權理ヲ全魯西亞皇帝陛下
　　　　ニ譲リ而今而後樺太全島ハ悉ク魯西亞帝國ニ屬シ「ラベルーズ」海峡
　　　　ヲ以兩國ノ境界トス
　　第2款　全魯西亞國皇帝陛下ハ第1款ニ記セル樺太島即薩哈嗹ノノ權
　　　　理ヲ受シ代トシテ其後胤ニ至留迄現今所領「クリル」群島即チ第1
　　　　「シュウシュ」島第2「アライド」島第3「パラムシル」島第4「マカ
　　　　ンルシ」島第5「ヲネコタン」島第6「ハリムコタン」島第7「エル
　　　　カルマ」島第8「シャスコタン」島第9「ムシル」島第10「ライコケ」
　　　　島第11「マツア」島第12「ラスウア」島第13「スレドネワ」及「ウ

シヌル」島第14「ケトイ」島第15「シムシル」島第16「ブロトン」島第17「チェルポイ」並ニ「プラット、チェルボエフ」島第18「ウルップ」島共計18島ノ權理及ビ君主ニ屬スルー切ノ權理ヲ大日本國皇帝陛下に讓リ而今而後「クリル」全島ハ日本帝國に屬シ東察加地方「ラパッカ」岬ト「シュムシュ」島ノ間ナル海峡ヲ以テ兩國ノ境界トス

　第3款　……

　1945年8月ソ連は、千島全域に進駐し、9月20日千島全域をサハリン州に編入した。スターリンはヤルタ会談で、参戦の代償として千島列島を要求し、ルーズベルト米大統領はこれを是認した。

　日本は、1951年サンフランシスコ講和条約で千島列島の領有権を放棄した。但し、ソ連は、この条約に参加していないために、ソ連支配の千島帰属は未定という立場にある[11]。また、日本は、国後、択捉、歯舞、及び色丹の諸島は日本固有の領土としており、ソ連は、1956年の日ソ共同宣言で、平和条約の締結後、歯舞諸島及び色丹島を日本に引き渡すと約束していたが、未だ引き渡されてはいない。

　間宮海峡の発見者、間宮林蔵には、『東韃紀行』3巻（1818年）があって、それはカラフト（樺太）の記述が主である[12]。その探険はあまりにも有名で、彼の測量で日本の輪郭が画定された。伊能忠敬の「大日本沿海輿地全圖」（1821年）の完成には、間宮の貢献が大きい。間宮は1779年蝦夷地に入り、1800年に蝦夷地御用掛雇として近藤重蔵を同行して、エトロフ開島に従事した。伺書に、以下の記述がある。

　「寛政12申年8月、蝦夷地御用御雇罷成。亨和2戌年8月、病気ニ付、願ノ通リ御雇罷成。同3亥年4月、猶又蝦夷地雇用御雇罷成。……右林蔵儀、蝦夷地御用御雇ノ最初ヨリ、離島「クナシリ」「エトロフ」「シコタン」其外島ノ地境、寒地積雪ノ時節モ不相厭、廻島測量致、地圖相仕立。」

　「蝦夷クナシリ地圖」は国後の西半分だけのもので、林蔵の作製によるが、全

体の蝦夷地図は近藤重蔵の作製のもので、このエトロフの南千島調査・測量は北方領土が日本固有の領土であることを確認している。エトロフの開島は1800年（寛政12年）で、漁場17カ所が開かれ、郷村の制がひかれ、7郷25カ村の郷村名が定められ、村の酋長が乙名あるいは土産取に任命され、その上に総乙名1名が置かれた。同島のアイヌは1118人で、総乙名のいたシャナがエトロフの中心地であった。ここには会所元が置かれ、幕史、番所の士卒、雇医師、船手、船大工、大工、働方など300人がいた。林蔵もここで活動し、測量と新道地開きに従事した。その記録の一端は、雇医師久保田見達の『北地日記』上・中・下（1810年）に伺える。

人類学の先駆者鳥居龍蔵は、燕京大学客座教授として、中国東北の考古學開拓者として活動し、民族学の分野で台湾原住民、千島アイヌの調査に従事した。その日本民族形成論の展開に寄与し[13]、彼は千島諸島の地図を確認している。

日本の北辺地域の認識と地図を手掛かりに、表3-2により日本領土を確認できる。そこでは、ロシアの極東探険と千島南下に対処して生活圏にある南千島が幕府の蝦夷地直轄となり、ハボマイ島、シコタン島、クナシリ島、及びエトロフ島が確認され、実測地図が作成された[14]。

村上貞廉編、『北地日記』（1810年）は、1807年エトロフ島ナイホ番屋へのロシア人の襲撃事件に対処した様を、記述している。

> 波是する内9半時過8時頃[午後1〜2時]とも覺しに、異國船は段々近寄、下船2艘は沖に懸り、橋舟3艘會所向の方をさして來る。前後の舟貳艘其形沓の如し。又小児の虎子ごとく小判なりにあとさき丸し。何れも皆座してかいをかく。見請たる所四五拾人も乗し様に見ゆ。中の舟壹艘は至て細長く、丸太のごとし。前後に1人ヅヽ、中に1人、都合3人乗なり。大筒は此舟にのせ來りしと見ゆ。支配人陽命を請て、付添い6人銘々鐵砲持、橋向敵の寄來る方をさして行。此時間宮林蔵は。只今異國人上陸す、如何被成候哉といふては、會所へ驅出、見切ては立歸る。狂氣の如くに叫び、如何被成候哉、去とは御手薄なる事と又馳り出す。……

> 扨、晝頃出船、1里餘も出船の所風逆故又々タン子ムイへ出戻り、8時

頃沖合に白帆45合に持て、モイケシの方をさしてはせ來る船1艘あり。是を見ると、すはや赤人來れりとて、此所に居りし人々立ツ大騒にて、皆々八家へ逃れんといふ。……其内によく見れば日本船也。是は大方クナシリより禮常丸へ番人共渡りおくれの者の乗來るならんといふ。……

　結局、彼らは、クナシリへ逃れ、反撃に成功し、事態は回復した。日本領土の保全機能は維持されていて、領土支配が確認された。

表3-2　北辺地図の日本領土と認識

製作年/製作地	製作者	地図名	備考
1643年 オランダ	フリース	エゾ地図	北海道東部、クナシリ島、サハリン島南部は一つの陸地となり、ウルップ島は大きな島となっている
1667年 日本	民間人	蝦夷圖	北海道はいくつもの島に書かれ、周辺の島とともに蝦夷千島を構成している
1700年 日本	松前藩	元禄圖繪圖	ゑさん岬、是より蝦夷地の記述がある
1701年 ロシア	レーメゾフ	カムチャダール地方新地図	千島南方に日本の島がある
1712年 日本	寺島良安	「和漢三才圖繪」蝦夷之圖	北海道にエリモ岬があり、北東に千島もある
1712年 ロシア	レーメゾフ	カムチャーダール地方陸海新地図	ロバカト岬の南に千島の第1島、第2島、マツマイ島、そして日本が存在している。当時のロシア認識を代表している
1722年 ロシア	エビレイノフ、ルージン	千島探険図	最初の実測図で、北千島諸島には日本諸島の記載がある
1734年 フランス	ベラン	日本及びカムチャッカ地図	サンガール海峡（津軽海峡）と小さな島マツマイ島（北海道）がある
1752年 フランス	ベラン	日本、エゾ及び周辺諸国図	小さな島マツマイ島（北海道）がある
1778年 ロシア	シャバーリン	南千島諸島図	ウルップ島から根室海峡まで描かれ、シコタン島とハボマイ諸島は一つとなっており、彼ら探検隊が到達した根室地方は第22島アトゥキスとなっている
1781年 日本	松前廣長	愚考新圖大略	イシカリで北海道は二分され、エルモもある
1785年 日本	林子平	「三國通覽圖」蝦夷國全圖	クナシリ、エトロフ、猟虎島（ウルップ）を記述している
1789年 日本	青島俊哉	東山径陸奥松前千嶋及方州掌覽之圖	千嶋では、ハボマ諸島・シコタン島への航路とともに、クナシリ、エトロフ、猟虎島を経て北千島への航路を明記している
1791年 日本	加藤肩吾	松前地圖	クナシリ、エトロフ、ハボマイ諸島を明記している

1798年/1799年日本	近藤重藏	蝦夷地繪圖	蝦夷地経営の計画のために作成し、北海道の姿が明確にされた
1800 ロシア	ロシア科学アカデミー	山田聯「北裔撓攷」所載の魯西亜地圖所見蝦夷島及滿洲全圖	1734年地図の復活で、クナシリ、チコタ／ブナシリ、アトルク、ウルツプシーウツコイ、ツエイルタイ、サマシル……の島名が並ぶ。その南部はエゾ又ゼゾ、マツマイ島となっている
1802年日本	近藤重藏	蝦夷地圖式 乾	蝦夷地繪圖とカラフト見分圖を合体し、これに南千島地図を加え、ハボマ諸島、シコタン島など、アイヌ語で地名が記されている
1804年日本	近藤重藏	「邊要分界圖考」今所考定分界之圖	南千島はクラシリ、シコタン、エトロフ、ウルツプ、シモシリ、…と並んでいる
1806年日本	岡部牧太	松前繪圖	「蝦夷地圖式 乾」に従っている
1808年日本	村上島之允	松前蝦夷地嶋圖	3枚で構成され、3枚目はクナシリ、エトロフ、シコタン、ハボマイ諸島を含んでいる。アイヌ地名が記入されている
？日本	民間人	蝦夷之地畧圖	実用地図で、東蝦夷海にヱドロフ、クナシリ、シコタン島、タフラがある
1809年日本	山田聯	拙作エゾ地略圖	北海道はエゾで、チュブカ諸島にクナシリ、シコタン、エトロフ、ツシマム、ウルツフの島が並ぶ
1809年日本	高橋景保	日本邊界略圖	クリルスカヤ諸島ニクンシリ、シコタン、ヱトロフ、ウルップ…が明記されている
1853年日本	民間人	滿州魯西亜疆界圖	愛吾山房から刊行された実用蝦夷地図で、千島はクリルスキヤ諸嶋と記され、「今所考定分界之圖」に従いナシリ島、シコタン嶋、ヱトロフ嶋、ウルツプ嶋一名猟虎島などを明記している
1854年日本	藤田良(惇齋)	蝦夷闔境輿地全圖	播磨屋から刊行された実用蝦夷地図で、千島一名チュブカ諸島、またクリル諸島にクナシリ島、シコタン島の規模が明記されている
1874年日本	甘利俊知	千島州択捉嶋概測圖	開拓使技師甘利俊知によるエトロフ島の実測図
1878年日本	海軍省水路局	海図第93号北海道東部	1874年測量艦大坂と鳳翔が測量した北海道東部とクナシリ、エトロフ、シコタン島の港湾海図。エトロフ島のヒトカップ湾、クナシル島のトマリ湾、シコタン島のシャコタン湾などの詳細図が付されている
1881年日本	間宮林藏	蝦夷地遠海實測圖	北海道の輪郭は見事に描かれているが、クナシリ島東部は未測量である。
1903年日本	鳥居龍藏	「千島アイヌ」明治17年以前千島付近ニ於ケル各種族分布圖	南千島は、スイショウ島、シボツ島、タラク島、シコタン嶋、クナシリ島、エトロフ島が蝦夷アイヌ、ウルップ島、南島、北島、チリホイ島、ブロトン島、トケイ島がアリュート、以北は、千島アイヌとカムチャダールとなっている

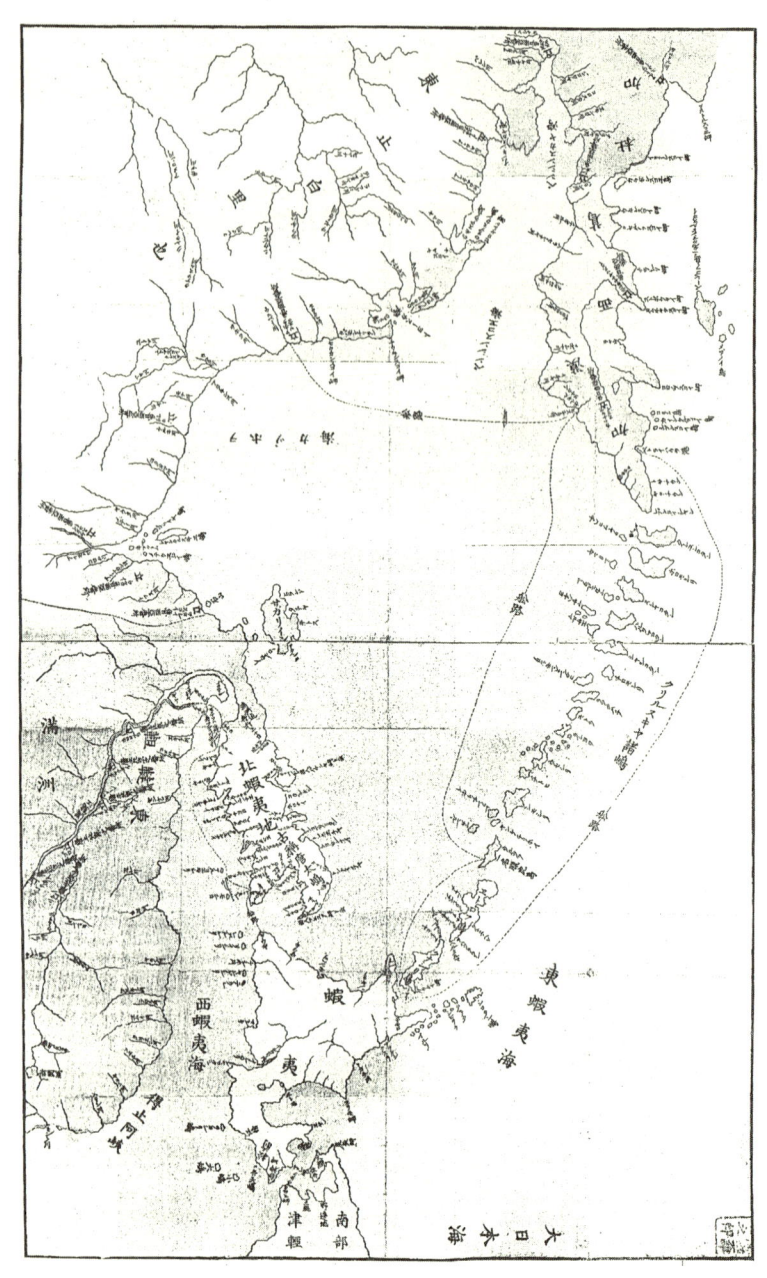

図3-9 「滿州露西亞疆界圖」 1853年

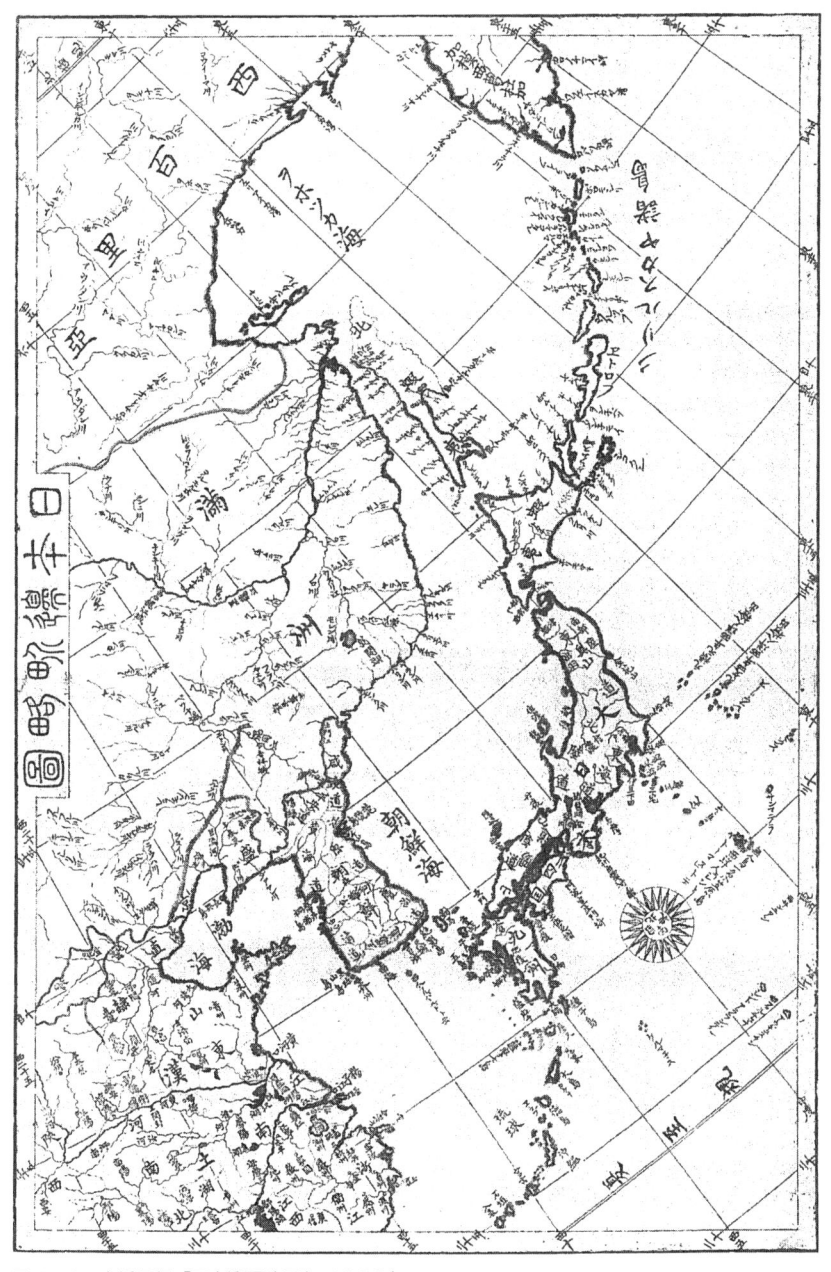

図3-10　高橋景保「日本邊界略圖」　1809年

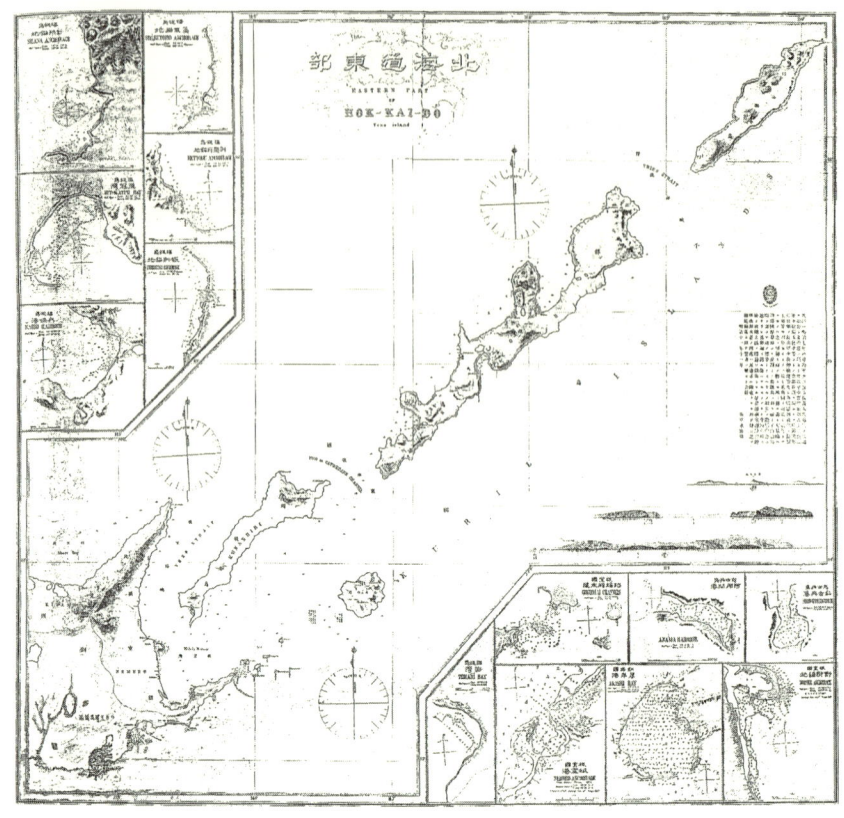

図3-11　海軍省水路局「北海道東部」海図第93号　1878年

6、日本の領土購入建議

　日本は、列国に並んで中国大陸に進出した。その足跡は、以下の通りであった。
　1895年台湾・澎湖島領有。
　1895年遼東半島領有、1905年関東州租借。
　1905年満鉄付属地の行政権取得、1937年満州国へ移譲。

1905年大韓帝国の保護国化、1910年併合。

1914年膠州湾占領、1920年租借。

1914年ドイツ領南洋群島占領。

これと並んで、日本は、米国のアラスカ取得、フィリピン取得に倣い、南進論の見地で外交交渉による南洋群島の買収工作が建議された。しかし、日本の外交交渉能力の限界及び国家利益の未確認あるいはそれを遂行する国家資源能力の制約から、いずれも目的は達成されなかった[15]。

(1) 南洋群島買収建議

1876年駐英公使上野景範がスペイン・ポルトガルを訪問することになった。この際、1875年樺太・千島交換条約を締結した駐露公使榎本武揚は、スペインに対してマリアナのロドロン島の日本買収につき打診してほしいと、上野に求めた。これは、当時のスペインが国内の政変で混乱して、植民地を維持できる状況になかったからであった。上野は、同76年4月スペイン外相と会談した際、この件を持ち出し、好意的な回答を得た。榎本は、上野公使の打診結果を受けて、樺太・千島交換条約で得た償金を利用してマリアナのロドローン群島とパラオのペリュウ群島をスペインから買収するとの南洋群島買収建議を岩倉具視右大臣に提出した。榎本提案には、スペインで反乱を引き起こした政治犯の新殖民への入所国も交渉の一条件とされていた[16]。

英國駐箚上野景範公使ヨリ寺島宗則外務卿ヘノ報「西、葡兩國聘問に關スル件」1876年12月9日の抜萃は、以下の通りである。

> 魯國在留日本全權公使榎本武揚曾テ以テ卑官ニ依頼スルニ日本近海ニ西國ノ所屬ロドロン島ナルモノ有リ寄港稍温熱ナリト雖モトモ草木能ク塾シ茶可非等ヲ培植スルニ最適當ノ地ナル西政府ノ同島ヲ目スル敢テ意トセサルカ如シ若抵價ヲ以テ是レヲ日本に購求シ將來ノ所益モ亦大ナル可シ幸ニ今回卑官奉使ノ序ヲ以テ西政府ハ果シテ同島ヲ以テ必用ノ地ト認ムル乎如何ヲ聞合報知ス可シト素ヨリ斯ノ如キ事件ハ卑官職掌上ニ於テ公然談判ス

可キ事ニ非ラザレハ機會ヲ得テ外務卿ト内話シ顛末詳カニ榎本氏ヘモ猶爰ニ其概略ヲ擧テ閣下ニ報告ス

　一日卑官外務卿ン面接ス公談終リ四方ノ雜談ニ渉リ語次遂ニ日本近海西政府ノ所屬ヒリピン島ノ事ニ轉ス兼テ榎本氏依頼ナルロドロン島ノ事ヲ發言スルノ好機ナリト察シ先以テ此事件ハ我政府ノ指令ニ依テ接話スルニ非ス單ニ一友人ノ需ニ應シテ西政府ノ所見如何ヲ内質スルノミナレハ案ヨリ公然タル談判ニ非ラザルヲ明ニ辨述シ然シテロドロン島環海ハ數個ノ小峡群列シ人民未開互ニ刧倫ヲ事トシ頗ル野蕃ノ悪風ヲ存ス航者不幸ニ風波ノ難ニ罹リ其島嶼ニ漂流スレバ忽チ土賊無慚ニ難人ヲ暴殺シ競テ船貨ヲ奪掠スル事已ニ屢々々ナリ嚮ニ日本難民ホルモサ島ニ漂着シ數人殘酷ノ殺害ヲ受ケタルニヨリ我政府ハ巨額ノ浪費ヲ不厭直ニ兵ヲ出シテ罪ヲ問ヒ是レヲ挫懲シテ航者ノ為メニ聊後害ノ危機ヲ除キタル是レ獨リ日本人民ノミナラズ萬國航者ノ為メニモ其所益亦大ナリト云可シ方今ノ如ク各國互ニ交通來往シ航海ノ繁盛ヲ致スノ時ニ際シテハ将來其安全ヲ保護スルノ方法ヲ保ツハ實ニ亦忽ニス可カラサルノ要點ニシテ乃同島ノ如キハ漸ニ其民ヲ教可シ而シテ野蕃ノ殘暴海賊ノ危害ヲ豫防スルノ根據トナスニ必適ノ地ナリト雖トモ西政府ノ所屬ニ有チテハ沿海隔絶運輸不便從ツテ其所益薄キニ似タリ故ニ萬一日本政府同島ヲ請求セント欲スルノ意アタハ西政府ハ應諾アルヘキカ如何ンヲ質セシニ卿下吏ニ命シテ同島オ顛末ヲ調査セシメ然シテ答ルニ同島ハ任期酷悪屢々島中ノ闘争混雑ヲ來タシ西政府送ル所ノ官員モ大ニ其統轄ニ困シミ警吏等ノ力ヲ假リテ暫ク全島ノ一部落ヲ治メ從來流罪ノ者ヲ置クノ地トナシ決シテ所費ヲ償ノ益ナキナリ然リレトモ卿ハ近來當職ニ任セラレ東洋屬地實際ノ景況ニ暗キヲ以テ在和西國欽差ニ指揮ヲ下シ日本政府ト此事ヲ至當ニ議定セシム可シトナリ此ニ於テ卑官官吏ニ卿ニ請ニ冀クハ其指揮所中ニ「日本公使ト公然ナラサル談判中ノ云々故ニ萬一日本政府ヨリ希望スル事アラハ」云々ノ數語ヲ記入アリタキ事ヲ談セシニ容易ニ承諾アリラリ右ヲ以テ考察スルニ同島ハ西政府ノ為メニ必用ナラス若日本政府航海者ノ安全ヲ保護スルノ目的ヲ以是ヲ要求セハ以テ購トモ或ハ他島

ヲ以テ交換スルトモ便利ノ望ニ應シ決シテ辭スルノ意ナキハ明瞭ナリ亦談話中一友人ヨリノ需マナリトハ其姓名ヲ知リ得可キ乎ノ問ヲ受ケタルニヨリ魯國在留日本全權公使榎本武揚ノ依頼スル所ナルヲ答タリ右ノ如ク顛末公然ノ應接ニ非ラスモ已ニ其事ヲ在和西國欽差ニ指揮スルノ歩順ニ至リシテ以テ或ハ却テ欽差ヨリ發言スルノ機アルモ知リ難タシ故ニ爰ニ其ノ詳細ヲ報告ス

(2) 蘭領ニューギニア買収建議

1934年、オランダ政府のオランダ領ニューギニア（西イリアン・ジャ）への100万人移住計画の発表で、松江春次は同地域の買収・開発案を日本政府に提議した。それは、松江の持論たる吉田松陰・橋本左内らのいわゆる南進論に従うところで、彼は1931年マリアナ諸島に糖業確立のため南洋興発株式会社を設立し、水産・鉱業・公易・運輸面でも成功していた。次いで、1932年7～8月ニューギニア北岸を調査し、人口問題解決の唯一の道としてこの構想を提起した[17]。

松江春次「蘭領ニューギニア買収案」1934年、秘扱い、の抜萃は、以下の通りである。

　　　　日本の人口問題［略］
　　　　日本は過剰人口を何處に出すべきか［略］
　　　　日本の人口問題を解決すべきニューギニア
　　……臺灣と云ひ南洋と云ひ、南方の熱帯植民地は土地の生育力に優れ、寒温帯に比し數倍の光と熱とに恵まれ、自然に生物を育て人口を養ふことに出來て居るが故に斯く急速なる國民的發展を遂ぐることが出來るのである。
　　之は國民の大いに考へなければならない問題である。朝鮮、樺太或はそれ以北の寒冷地帯は1年のうち3分の1乃至2分の1にも亘って全く活動を停止しなければならない處である。斯う云附地方と年中旺盛なる生産力に恵まれた南方に對する殖民の難易は問はずして明かである。然らば兎も

すれば北方にのみ伸びんとして従來の我國の殖民政策は非常に不經濟なものではあるまいか。之れ則ち吾人をしてニューギニアに注目せしめた根本の動機である。

そこで群島の經營に主力を注ぎ乍らも絶えず機會を窺つて居たのであるが、昭和6年偶々絶好の機會に恵まれ、蘭領ニューギニアに於て獨逸會社の經營して居た事業權を買收することが出來た。其の權利は蘭領ニューギニアに於ても尤も樞要地に當るゲールフィンク灣の最奥部に臨むナレビ地方に於て3萬餘町歩に達するコンセンション及ヌシ島全部並に灣口のビヤツク島に於ける店舗、貿易權等であるが、吾人は其の權利の果して有利なりや否や等は深く問ふ處なく、專ら先づニューギニアに足場を造ることを主眼としたのである。……

斯くの如く吾人はニューギニアに對し既に相當の研究と經驗とを持つに至ったのであるが、之じゃ總て前々から吾人の抱いて居たニューギニアに對する希望を裏書きするものであったのである。以下順次曩に掲げて置いた諸條件に照してニューギニアが如何に我國民の大量移住地として適するものであるかを説明するであろう。

(1) 面積が宏潤で人口が希薄なこと。……
(2) 氣候風土が日本人の居住に適すること。只耐へ得るばかりでなく適することが必要である。……
(3) 日本から距離の近いこと。……
(4) 地味が日本よりも肥沃で無肥料を以て希望作物が出來ること。……
(5) 日本と貿易關係を有する農作物工産物鑛物等が出來、此等のものが日本の輸入品でそれを移民及び我が經營者の手により日本に入れ統一的な經濟活動を營み得ること。……
(6) 先住民族に對して努力其他の問題を起さず、之を日本化し得ること。……
(7) 日本政府の威權が相當行はれる土地であること。……

蘭領ニューギニア買収の可能性〔略〕
　　具体的買収案の提唱
　　……今や蘭英提携の進展及び英領印度より蘭領印度に亘り澎湃として漲る國民運動の深刻なる動きを考ふるとき、南洋問題はどうしても近く一大展開を行ふべき必至の形勢に在るのであって、吾人は速に一大決意を以て此の機運に善處し、大和民族の膨張に不安なき發展地を確保すると共に、東洋永遠の平和の礎石を築き以て昭和維新の大業を成就すべきである。而して之は又和蘭にとりても東印度の安全保證を確立し、更に財政的不安をも除去し得るのであるから其の利益は決しては決して鮮少でないのである。
　　切に識者の御賢察に訴ふる次第である。

7、海図の作製

　海図は航海の必要から生まれ、羅針盤が中国からもたらされた13世紀のヨーロッパで、航海技術の進歩と共に発達した。15世紀以降の大航海時代に、航路の開拓とともに、海の深さも記入されるようになり、投影法もメルカトル図法が用いられた。

　幕末には、欧米諸国が寄港地付近を測量し、海図を作っていた。幕府も、1862年に日本近海の測量を始めたが、本格的な海図の作製は、明治期以降である。1859年日本最初の海図が江戸海軍操練所の指導館の測量に基づいて作製され、発行された。1869年丙部省海軍部主任少輔川村淳義が水路部創設に着手した。1870年6月三重県の的矢湾と尾鷲湾の測量、8月香川県の塩飽諸島の測量が行われ、翌71年9月海軍水路局が創設され、北海道の港湾、岩手県の宮古湾と釜石湾が測量され、9月刊行の釜石湾の海図「陸中國釜石港之圖」が日本の海図第1号となった。そして、1874年8月単冠湾の地名命名に始まり、地名調査が実施された[18]。

　海図は、日本船舶に提供されるだけでなく国際航海にも提供されており、陸図

との違いは常に最新図を維持することである。目に見えない海底の状況は海図に頼るほかはないので、海岸や海底の変化に対して常に測量している。日本の海図は、日本周辺地域を中心に太平洋、インド洋を含めたものを刊行しており、国際水路機関、アジア国際水路機関が水路業務の国際協力を担っている。

1877年遠洋航海のための「太平洋航海図」が作製され、1879年日本で外国の水路図誌が公刊されるようになった。1883年に東洋灯台表が作成された。

1915年1月東京-グアム島経度測量に着手し、これにより海図の新基礎が確立されるところとなった。1917年千島列島、大東島の測量をもって、日本の第1次沿岸測量が完了した。1975年日本水路局は、マラッカ・シンガポール海峡測量調査が完了し、続いてロンボク・マッカサル海峡水路調査に入った。1976～79年マラッカ・シンガポール海峡統一基準点海図が完成した。1985年離島の測量と海図の作製に着手した。1992年には電子海図が活用されるに至った。1995年大陸棚の基本海図が刊行された[19]。

関係の動向は、以下の通りである。それは、日本の国家要請に応えていた。

　　1875年4月那覇・台湾関係図を急ぎ作製。

　　1875年8月『支那東岸水路誌』刊行。

　　1877年8月インド海上測量極地図誌交換条約締結。

　　1878年1月内務地理局、伊能図300枚の複写。

　　1880年6月瀬戸内海の区域再設定。

　　1881年10月『瀛寰水路誌』創刊。

　　1905年6月間宮海峡・その他樺太地方の日本名称決定。

　　1911年3月父島・硫黄島測量、11月太平洋海流調査。

　　1914年10月南洋群島方面の測量。

　　1915年1月東京-グアム島経度測量。

　　1916年11月東京-ウラジオストック経度測量。

　　1917年9月千島列島測量。

　　1918年8月シベリア出兵による間宮海峡測量。

　　1927年9月『ニューギニア水路誌』刊行。

1929年4月新南群島講談航路調査。

1935年3月『ペルシア湾水路誌』刊行。

1938年4月新南群島島嶼の日本名称付与。

日本水路部「東京グアム島経度測量上申理由書」、1915年1月提出の全文は、以下の通りである。

　　　當部測量ニ於テ經度ハ常ニ東京天文臺ヲ基トシテ之ヲ實測ス故ニ東京天文臺ノ經度ニ差異アリトスレハナ即チ海圖ノ位置悉ク同様ノ差異アルコトトナル

　　　現今採用ノ東京天文臺經度ハ明治19年海軍觀象臺ニ於テ決定セル緑威東經9度18分58秒02ニシテ其ノ出所ハ次ノ如シ即チ明治7年英國人ノ測定ニ依リ印度「マドラス」ノ經度5度20分59分秒42ト決定セラレ而シテ明治14年及同15年米海軍ニ於テ浦塩斯徳、長崎、上海、廈門、香港、馬尼刺、聖「ゼームス」、新嘉坡、「マドラス」以上9個所ノ東洋諸港ノ經度測量ヲ思考シタル結果「マドラス」、長崎間ノ經度差之ニ據リ決定シ而シテ一方ニハ明治7年ヨリ同14年ニ渉リ數回本邦諸官廳又ハ外人ノ行ヒタル經度測量ノ結果ヲ纏メテ長崎、東京天文臺間ノ經度ヲ定メ上記三首ノ成果ヲ結合シテ前記ノ決定經度ヲ得タルモノナリ

　　　然ルニ前記米海軍測量ニ於テ凡ソ經度則呂欧ニ見逃ス可カラサル個人差ノ改正ヲ欠キアルヲ以テ此之測量結果ハ東洋諸港ノ經度連絡ニ唯一ノ材料ナルニ關セス到底ヲ精確タルヲ免レストハ一般ノ定評ナリ、近年ニ至リ印度測量部ニ於テ明治33年迄ノ諸測量結果ヲ研究シ「マドラス」經度ハ前記ノモノヨリ時ノ0秒2（即チ角度ニ於テ3秒）ヲ増加スベキモノト決定シタルタメ今般英國水路部ハ當部ニ公文ヲ發シ英國海軍海圖ニ於テハ自今「マドラス」以東東洋諸地ノ海圖上ノ經度ヲ時ノ0秒2ニ増加セシメ従テ東京天文臺ノ經度ヲ9時18分58秒22ニ改ム可キノ通知ヲナシ且當部ニモ同様ノ改正ヲ採用スルノ意ナキヤ問合デ來リタル當部ノ意見ニ依レバ經度基準ノ改正ハ全海圖ノ改正トナリ其ノ關係スル處大ナルヲ以テ軽々ニ之ヲ

ナス能ハス而シテ現今採用ノ經度ハ畢竟「マドラス」經度ニ基キタルヲ以テ同地の經度ニシテ確ニ改正ヲ要ス可キモノトセンカ當部發行海圖ノ經度ニモ當然同量ノ改正ヲ施ス可キカ如シト雖モ「マドラス」長崎間ノ經度差ハ前記ノ如キ不確實ノ測定ニ成リ「マドラス」迄ヲ如何ニ改正スルモ同地以東ノ連絡ニ於テ夫以上ノ差異アリ後日再改正ノ必要ニ迫ラルルヤ明カナルヲ以テ右ニ關シテハ當部ニ於テ只目下研究中ナル旨ヲ回答シ置ケリ

明治7・8年ノ交露國陸軍ニ於テ露本國ヲ經テ西比利亞ヲ横斷シ經度測量ヲ施行シ其ノ結果浦塩斯徳ノ經度決定セリ、之ト前記米海軍ノ明治14・5年測量ノ際長崎浦塩斯徳間ヲモ連絡シタルヲ以之ヲ用ヒ東京天文臺灣經度ヲ誘出セハ現今採用ノ價ヨリ時ノ0秒4大トナル、又米国ニ於テ十餘年前太平洋海底電信線ヲ利用シテ桑港「ホノルル」「ミッドウェー」「グァム」馬尼剌ノ經度精測量ヲ施行セリ、之ニ基キ且前記ノ馬尼剌、香港、廈門、上海、長崎ノ連絡ニ依リ東京天文臺ノ經度ヲ誘出セハ現今ノ經度ト殆ト一致ス、又同年頃加奈陀政府ニ於テ「バンクーバー」ヨリ太平洋ヲ南西方ニ傾斷シテ「ニュージーランド」ヨリ遠ク豪州「シドニー」ニ達スル海底線ニ依リ「ニュージーランド」ノ諸地及豪州中「シドニー」迄ノ經度連絡ヲ施行セリ、而シテ之ヲ明治7・8年頃迄ニ英人ノ行ヒシ「シドニー」新嘉坡間ノ連絡及前記米海軍所測中新嘉坡、長崎間ノ連絡ヲ利用シテ同様東京天文臺經度ヲ誘出セハ現今採用ノモノヨリ時ノ0秒25小トナル

之を要スルニ今日ニ於テハ大體4個ノ連絡系統ニ依リ我カ經度ノ基準タル東京天文臺經度ノ誘出シ得可キモ何レモ明治14・5年米海軍所測ノ不確実ナル連絡ニ據ルコトトナリ到底深ク信頼シ難ク且「マドラス」經由ノモノ米国及ヒ馬尼剌經由ノモノ及加奈陀豪州經由ノモノハ香港又ハ新嘉坡以東ハ共通ニシテ且不完全ナル連絡線ニ據ルヲ以テ3個独立ノ測定トシテノ價値ハ大部没却セラルルモノト云フ可シ

常ニ今東京天文臺經度ヲ確實ナラシメント欲セハ明治14・5年海軍測定ノ東洋沿岸經度連絡ニ據ルヲ止メ別ニ直接確カナル地點ニ連絡ヲ行ウニアリ、而シテ此ノ目的ニ對シ實行可能ノ方法ハ米領「グァム」島ニ當部員ヲ

派遣シ、東京「グァム」間ノ海底電信線ヲ利用シテ東京「グァム」間ノ經度精測ヲ施行シ以テ米大陸ヨリ馬尼刺ニ達スル確實ナル經度連絡點ト直接連絡ヲ採ルニアリトス

曾テ十餘年前桑港、馬尼刺間海底電信線開通スルヤ直チニ米國沿岸測地局ニ於テ桑港、馬尼刺間經度精測ヲ施行シ又之ト前後シ加奈陀「バックーバー」豪州間海底電信線開通スルヤ加奈陀政府ニ於テ直チニ加奈陀「ニュージーランド」豪州間ノ經度精測ヲ施行シ之ニ據リ何レモ大西洋北米大陸及太平洋ヲ横斷スル確實ナル連絡ヲ以テ一ツハ比律賓群島一ツハ「ニュージーランド」豪州各地ノ經度決定スルニ到レリ

今ヤ我カ政府及米國電信會社ノ共同使用ノ海底電信線東京「グァム」間ニ直通シリアリ、本邦測量ノ體面上ヨリモ此ノ際當部ニ於テ至急東京「グァム」間ノ經度測量ヲ決行シ以テ我カ基準經度確定ニ歩ヲ進ムルノ要アリト認ム

8、日本近海の火山活動

日本周辺には、北米プレート、太平洋プレート、及びフィリピン海プレートが存在し、さらに大陸との間にはユーラシア・プレートが確認されている。

日本近海では、大規模で激しい海底火山活動が、数年に1度日本近海で起こっている。これによって海底に生じた火口から各種噴出物が供給され、西之島、昭和硫黄島が出現した。火

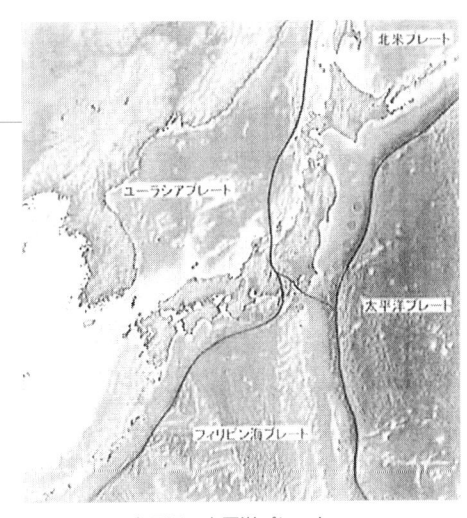

図3-12　日本周辺の太平洋プレート
（出所）海上保安庁資料。

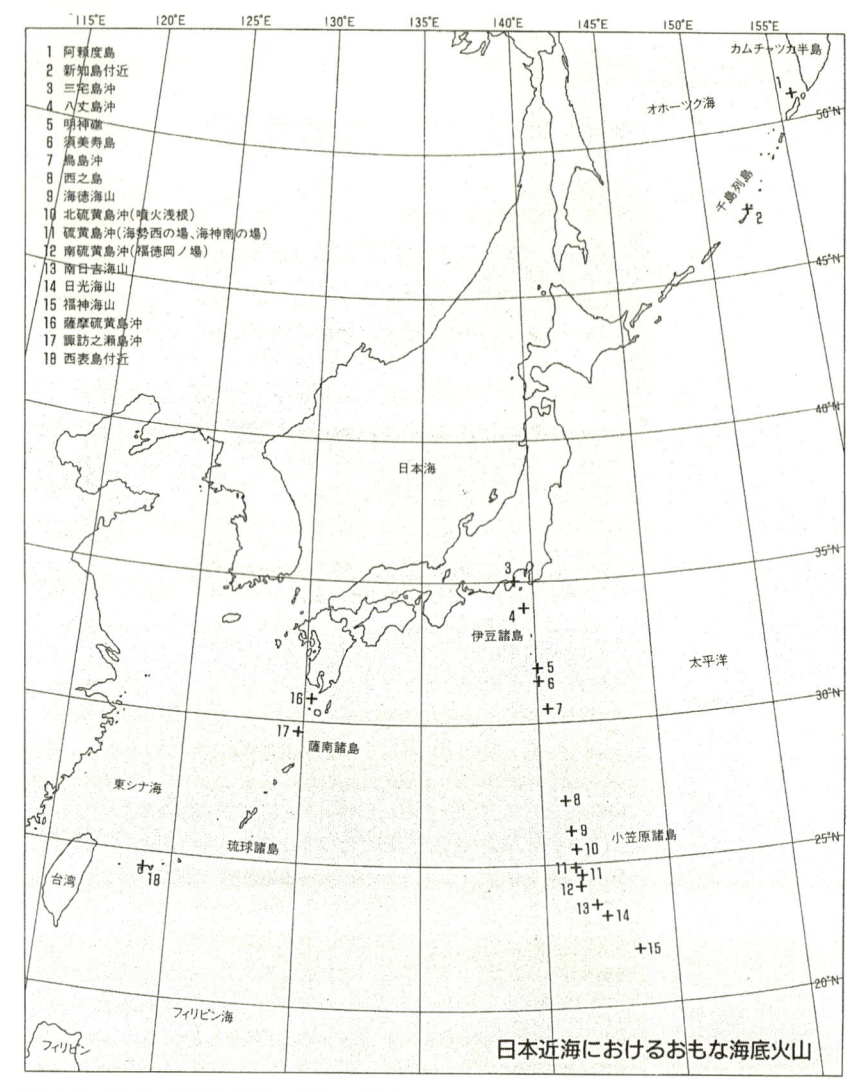

図3-13　日本の200海里海域と海底火山活動
（出所）小坂丈予『日本近海における海底火山の噴火』東海大学出版会、1991年、273頁。

第3章　日本国境の成立

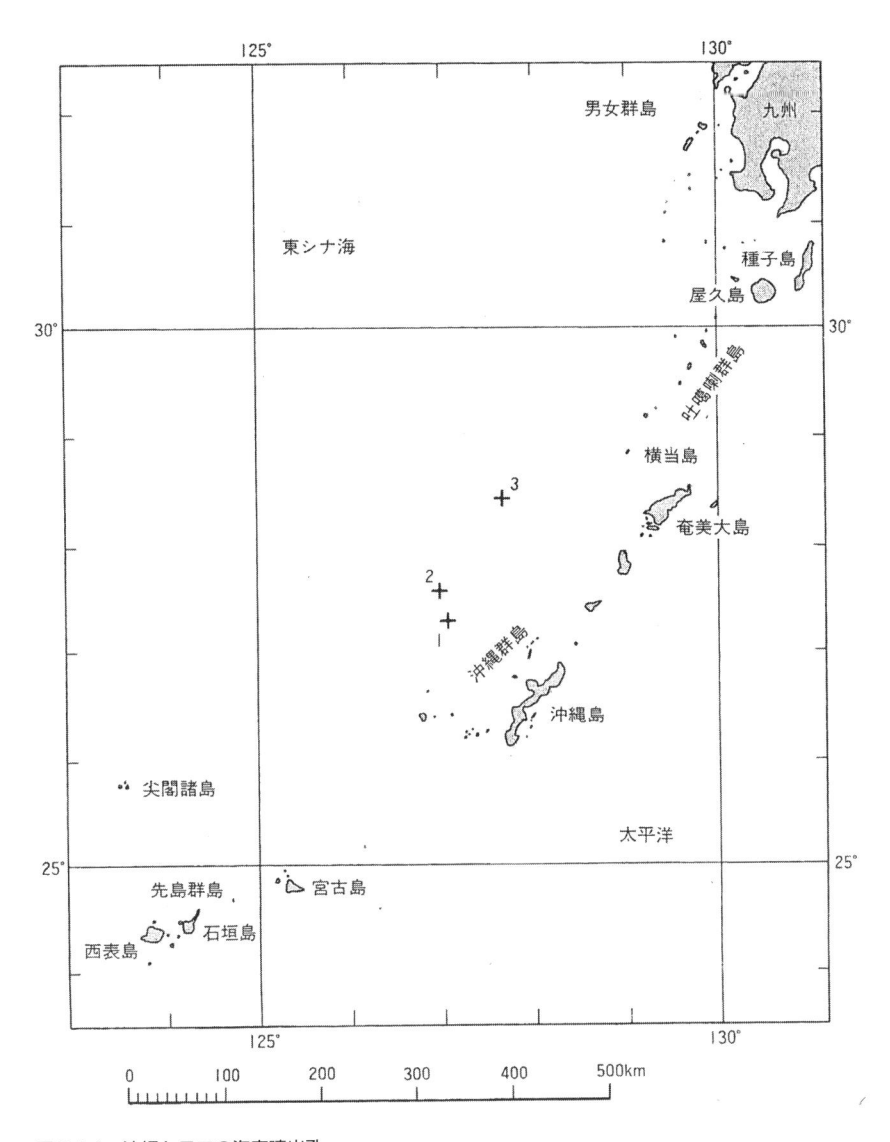

図3-14　沖縄トラフの海底噴出孔
（出所）小坂丈予『日本近海における海底火山の噴火』東海大学出版会、1991年、274頁。

山島は、噴石丘など脆弱なものが多く、それが海面上に露出しても、新火山島は数年で消滅することが多い。しかし、新島の出現は国土の拡張において無視できない。西之島新島の出現の意義は大きい。

　海底火山の活動は、1979年南米ガラパゴス沖におけるブラックスモーカチムニーの発見によって海底熱水噴出が注目されるところとなった。日本では、1977年7月鹿児島湾北部調査が着手され、海底噴出孔が確認された。以後も、海洋科学技術センターも潜水艇しんかい2000などを通じて、南西諸島・沖縄群島では、伊是名海穴・伊平屋海嶺・南庵西海丘で、海底熱水鉱床が発見された。次いで、沖縄トラフや南方諸島の小笠原近海で海底熱水鉱床が発見され、海底熱水噴出による金属鉱床の探査が進捗している[20]。

　この新島出現は、自動的に当該国領土となっており、先占ないし実効支配を確認する必要はない。

図3-15　西之島新島
(注) 下側の黒い部分が新島。旧島部分を含めた西之島全島は0.29平方キロ、新島部分は0.25平方キロである。
(出所) 海上保安庁資料。

表3-3 海底火山の噴火

名称	位置	事項
明神礁／ベヨネーズ列岩	伊豆諸島南方 北緯31度54分9秒、東経140度1分4秒	1896年、1906年、1915年噴火 1946年2月、新火山島出現、12月水没 1952年9月噴火、1953年1月火山島現、9月火山消失、調査船遭難・沈没 1970年1月〜4月爆発、環状波浪礁出現
西之島新島（西之島の旧島を除く範囲）	火山列島北端 北緯27度15分、東経140度53分	1973年4月噴火、9月新島出現、1974年3月西之島と接合、7月噴火停止、湾口が閉じて湖化 1974年〜1982年新島上陸調査
福神海山	南硫黄島北方 北緯21度56分、東経143度28分	1951年、1952年、1958〜59年、1968年噴火、1973年1月噴火、1974円3月新火山島の形成に至っていないと確認。1981年1月噴火活動を確認
南日吉海山	南硫黄島南東 北緯23度29分8秒、東経141度56分4秒	1977年1月噴火、火山島は形成されていない、3月活動停止
海徳海山	西之島南方、北硫黄島北方 北緯31度54分9秒、東経140度1分4秒	1884年3月噴火、4月衰退
福徳丘ノ場海底火山	南硫黄島北北東 北緯24度17分0秒、東経141度29分1秒	1904年、1914年噴火 1986年1月噴火、新島形成、3月新島消滅
手石海丘	伊豆半島東方沖 北緯34度58分3秒、東経139度06分6秒	1989年7月噴火、伊豆半島以東3.4キロメートルの海底で火山出現、以後変化はない
昭和硫黄島／硫黄新島	薩摩硫黄島沖 北緯30度47分9秒、東経130度20分6秒	1934年9月噴火、12月新火山島出現、1935年3〜7月火山活動は終息、1936年3月新小島は殆ど海に没し、だが、岩礁の存在を確認
三宅島	伊豆諸島の真中 北緯34度02分5秒、東経139度30分2秒	1085年、1154年、1469年、1535年、1595年、1643年、1712年、1763年、1811年、1835年、1874年噴火 1940年7月噴火、死亡11名 1962年8月噴火、消失家屋5棟 1983年10月噴火、消失家屋380棟
伊豆大島	伊豆諸島北端 北緯34度43分、東経139度25分	5世紀から16世紀までに10回噴火 1684〜90年、1777〜92年、1876〜77年、1912〜14年、1950〜51年噴火 1986年11月三原山噴火、1987年11月再噴火、1987年3月正常化確認

（参照）小坂丈予『日本近海における海底火山の噴火』東海大学出版会、1991年。

9、日本の外邦測量

　日本は、日本領土の測量に続いて、日本が管轄した植民地でも測量を実施した。

　これと並んで、日本軍が外邦測量に着手した。それは、日本の主権下にない地域の測量で、決して合法といえるものではなく、その地図作製の作業は極秘にされてきた。にもかかわらず、かかる危険な外邦測量に従事してきた測量技術や作業員の足跡が記録され、その成果が極秘に検証された。その成果が『外邦測量沿革史　草稿』の作製は、1880年代に中国・朝鮮・台湾で日本陸軍将校の管役測量による旅行図の作製に始まり、1884年に朝鮮で本格的測量が着手され、日清戦争期の1888年に陸地測量部が設置され、全面的活動に入った。その成果は、植民地政府がその統治のために活用しただけでなく、軍用地図として活用されたことはいうまでもない。臨時測図部の作業は現地での反発が強く、1896年に同部は解散となった。にもかかわらず、秘密測量は引続き清國駐屯軍司令部のもとで継続されており、1904年に臨時測図部が再編設置され、1918年のシベリア出兵では、この地域で臨時測図部が活動した。その作製の領域範囲は、朝鮮、シベリア、満州、中国本土から、さらに東南アジアにまで拡大された。1921年には東三省陸軍測量總局で当時の中国地図が押収される事件が起こり、日本作製の地形図が出回った。以来、この地図の扱う範囲は、日本の国家権力の及ぶ範域でもあったが、現地では、地図作製・複製論争となった。特に、資源図・航空図について、それが著しかった[21]。

　臨時測図ノ義ニ付上申、1894（明治27）年10月9日の臨時測図部編成の提案書は、以下の通り、言及している。

　　　清國測圖ノ義ハ御計画モ有之候得共今回ノ事件結了ノ後ハ假令密行等ノ手段ニ依ルモ容易ニ為シ得可キノ事業ニ無之ト存候果シテ然ラハ此際陸地測量部ニテーツノ臨時測圖部ヲ編成シ之ヲ大本營ノ管轄ニ屬シ最モ簡易ナル測圖式ニ依リ我軍隊ノ占領進軍セシ後方ノ地形ヲ可成測圖セシメ他日ノ

資料ヲ収集シ置クハ此時モ措テ他ニ得ルノ途無之トト存候……

[注]

1) 荒野泰典・石井正敏・村井章介編『地域と民族（エトノス）』アジアのなかの日本史第4巻、東京大学出版会、1992年。
2) 桜井光堂「日本古代国家連合の領土規定——記紀の法律的研究と解読法の法権」法学論集、第4号、1967年。
   桜井光堂『古事記は神話ではない——日本古代国家の発見』人物往来社、1968年。
   桜井光堂「記紀の国家公文書的性格の解明と解決法の発見」駒澤大学法学部紀要、第26号、1968年。
   桜井光堂『古事記の研究——古代国家連合の成立』評論社、1969年。
   桜井光堂「古代国家連合の分裂と神聖条約の締結——宇気比の分析と条約内容の復原」駒澤大学法学部紀要、第27号、1969年。
   桜井光堂「日本古代における統治権の表示と国境の画定」法学論集、第6号、1969年。
   桜井光堂『古事記は神話ではない』秋田書店、1970年。
   桜井光堂「先史時代日本列島における領域表示大系の展開」法制史研究、第21号、1971年。
   桜井光堂「日本古代国家における出雲政権の東方移動と領土権の拡張」駒澤大学法学部紀要、第29号、1971年。
   桜井光堂「日本古代国家の領土構成と記紀の検証」法学論集、第9号、1972年。
   桜井光堂「帝位継承に関する古代条約論争について——古事記・日本書記による」駒澤大学法学部紀要、第30号、1972年。
   桜井光堂『古代日本の領土——領土画定と記紀解読の実証的研究』公論社、1975年。
   桜井光堂「日本領土成立論序説」駒澤大学法学部紀要、第33号、1975年。
   桜井光堂『先史時代の領土形態』公論社、1976年。
   桜井光堂「日本領土祖型論」1、駒澤大学法学部紀要、第34号、1976年、2、第35号、1977年、3、第36号、1978年、4、法学論集、第23号、1980年、5、第24号、1981年、6、第25号、1982年、7、1983年、8、第29号、1984年、9、第31号、1985年、10、第35号、1987年。
   桜井光堂『古事記は神話ではない　続々』秋田書店、1980年。
   桜井光堂『古代日本領土の起源——日本領土の発祥的形態に関する研究』新有堂、1996年。
3) 申淑舟『海東諸國紀』1473年、宇佐美正利訳、朝鮮史料叢刊、京城、朝鮮總督府、1933年／日本庶民生活史料集成第27巻三国交流誌、三一書房、1981年／田中健夫訳『海東諸国紀——朝鮮人の見た中世の日本と琉球』岩波文庫、岩波書店、1991年。

4) 松浦允任、田中健夫・田代和生校訂『朝鮮通交大紀』名著出版、1978年。
田中健夫『前近代の国際交流と外交文書』吉川弘文館、1996年。
田中健夫『東アジア通交圏と国際認識』吉川弘文館、1997年。
田中健夫『倭寇——海の歴史』講談社学術文庫、講談社、2012年。
高橋公明「境界としての対馬島と喜界ケ島」、『日本歴史』第14巻周縁から見た中世日本、講談社、2003年。

5) 田保橋潔『近代日鮮關係の研究』上、京城、朝鮮總督府中樞院、1940年。
日野清三郎、長正統編『幕末における対馬と英露』東京大学出版会、1968年。
木村直也「文久3年対馬藩援助要求運動について——日朝外交貿易体制の矛盾と朝鮮進出論」、田中健夫編『前近代の国家と対外関係』吉川弘文館、1987年。
木村直也「幕末期の幕府の朝鮮政策」、田中健夫編『前近代の日本と東アジア』吉川弘文館、1995年。
木村直也『幕末期の朝鮮進出論とその政策化』歴史学研究、第679号、1995年。
沈箕載『幕末維新日朝外交史の研究』臨川書店、1997年。
玄明喆「対馬藩「攘夷政権」の成立について」北大史学、第32号、1993年。
玄明喆「文久元年対馬藩の移封運動について」日本歴史、第536号、1993年。
玄明喆「対馬藩攘夷政権と援助要求運動」、田中彰編『幕末維新の社会と思想』吉川弘文館、1999年。

6) 川村博忠『江戸幕府撰国絵図の研究』古今書院、1984年。
川村博忠『国絵図』吉川弘文館、1990年。
川村博忠『江戸幕府の日本地図——国絵図・城絵図・日本図』吉川弘文館、2010年。
国絵図研究会編『国絵図の世界』柏書房、2005年。
高木崇世芝「江戸幕府の国絵図作製と松前藩の対応」、北海道史研究協議会編『北海道の歴史と文化——その支店と展開・北海道史研究協議会創立四十周年記念論集』北海道出版企画センター、2006年。

7) 沖縄県教育委員会文化課琉球国絵図史料集編集委員会『琉球国絵図史料集』3冊、榕樹社。
　第1集　『正保国絵図及び関連史料』1992年。
　第2集　『元禄国絵図及び関連史料』1993年。
　第3集　『天保国絵図・首里古地図及び関連史料』1994年。
川村博忠編『江戸幕府撰慶長国絵図集成付江戸初期日本総図』柏書房、2000年。
川村博忠編『寛永十年巡見使国絵図日本六十余洲図』柏書房、2002年。
小野寺淳編集代表『江戸幕府撰国絵図の画像データベース』CD-ROM20枚、国絵図研究会データベース作製委員会、2002年。
近世繪圖地圖資料研究会編『近世繪圖地圖資料集成』科學書院。
　第1期第13・14巻「天保國繪圖」2008-09年。
　第1期第15・16巻「正保國繪圖」2010-12年。

8) 末廣重恭（鐵膓）『北征録──附・北遊草』青木嵩山堂、1892年／明治北方調査探険記集成第3巻、ゆまに書房、1988年。

百足登『我千島』五城樓、1892年。

岡本監輔『千島聞見録』岡本監輔、1892年／明治北方調査探険記集成第2巻、ゆまに書房、1988年。

田中東編『北航艦隊探討』好文堂、1893年。

郡司成忠『千島拓殖論』昌榮社、1893年。

笹森儀助『千島探験』笹森儀助、1893年／明治北方調査探険記集成第2巻、ゆまに書房、1988年／至言社、1977年。

太田代十郎『千島實業地誌』公明館、1893年。

藤井直喜『千島拓殖事業』有斐閣、1896年。

白瀬蟲『千島探験録』東京圖書出版、1897年／シリーズ出にっぽん記・明治の冒険者たち弟11巻、ゆまに書房、1994年。

高岡直吉『北千島調査報文──北海道廳参事官高岡直吉復命』北海道廳、1901年／北海道出版企画センター、1975年。

武藤勘蔵「エトロフ島漂着記」、「蝦夷日記」、高倉新一郎篇『日本庶民生活史料集成』第4巻探険・紀行・地誌・北辺篇、三一書房、1969年。

鳥居龍藏『千島アイヌ』吉川弘文館、1903年／鳥居竜蔵全集第7巻、朝日新聞社、1976年。

農商務省水産局『千島及海豹島』農商務省水産局、1913年。

水路部『北海道樺太沿岸水路誌』水路部、1928年。

水路部『樺太南部沿岸千島列島水路誌──千島列島南部』水路部、1937年。

本城玉藻編『根室千島兩國郷土史』本城寺、1933年。

北海道廳『千島概況』北海道廳、1934年。

今田清二『千島漁業國策論』北海道水産協會、1936年。

上野貫一編『千島視察録』北海道協會、1942年。

吉尾なつ子『千島──北方探檢記』三崎書房、1942年／ゆまに書房、2002年。

M・A・セルゲイエフ、有村俊雄訳『ソ聯領太平洋諸島』日本讀書協會會報、第278号、1943年12月／『戦時下における外国分遣解説』第17巻、ゆまに書房、2008年。

北海道庁千島調査所『千島調査書』北海道総務部領土復帰北方漁業対策本部、1957年──1939～40年調査の成果を収録した。

帯広営林局編『千島森林誌』帯広営林局、1959年／大空社、2005年。

高倉新一郎『千島概史』南方同胞援護會、1960年。

千島土地『千島土地株式会社五十年小史』千島土地、1962年。

ナムロシ総務部企画過領土対策係編『北方領土──終戦前後の記録』根室市、1970年。

山県泰三『千島は訴える──屈従の29年』日本教文社、1973年。

多羅尾忠郎『千島探険実記』国書刊行会、1974年。

北海道庁編『千島概誌』国書刊行会、1977年。

綜合北方文化研究会編『千島博物誌』国書刊行会、1977年。

別所二郎『わが北千島記——占守島に生きた一庶民の記録』講談社、1977年／別所夫二編『回想の北千島——別所二郎随想録』北海道出版企画センター、1999年。

H・J・スノー、馬場脩・大久保義昭訳『千島列島黎明記』講談社学術文庫、講談社、1980年。

北構保男編『千島・シベリア探険史』名著出版、1982年。

木村信六・他『千島・樺太の文化誌』北海道出版企画センター、1984年。

水津満『北方領土解決の鍵——元北千島師団参謀の実証と提言』謙光社、1987年。

ステン・ベルクマン、加納一郎訳『千島紀行』加納一郎著作集第2巻、教育社、1986年／朝日文庫、朝日新聞社、1992年。

福田俊司、A・オメリヤネンコ『北方四島・千島列島紀行』日本放送出版協會、1983年。

金丸知好『素顔のサハリン千島』連合出版、1993年。

池田誠『北千島占守島の五十年』国書刊行会、1997年。

竹内春雄『目で見る北方4島——日ロ平和条約の締結に向けて』北方領土問題審議会、1998年。

ミハイル・ヴソーコフ、松井憲明訳「サハリンと千島列島編年史」釧路公立大学紀要 人文・自然科学研究、第13号、第14号、第15号、第16号、釧路公立大学紀要地域研究第12号、第14号2冊／北海道豊原会、2001-02年。

林啓介『樺太・千島に夢をかける——岡本韋庵の生涯』新人物往来社、2001年。

北方領土文化日露協同学術交流実行委員会編『北方領土の神社——千島・北方領土社寺協會日露共同調査報告書』北海道神社庁、2005年。

9) 山下礎一郎編「南海偉人高田屋嘉兵衛傳——一名・日魯若井の媒」吾妻屋書店、1884年。

足立栗園『高田屋嘉兵衛』積善館、1904年。

碧瑠璃園『高田屋嘉兵衛』大鐙閣、1922年。

故高田敬一『高田屋嘉兵衛翁傳』高田權平／寶文館、1933年。

瀬川亀・岡久殻三郎『高田屋嘉兵衛』堀書店、1942年。

五色町教育委員会編『高田屋嘉兵衛』兵庫県教育委員会、1960年。

柴村羊五『北方の王者高田屋嘉兵衛——北方領土問題のルーツ』亜紀書房、1978年／『北海の豪商高田屋嘉兵衛　日露危機を救った幕末傑物伝』亜紀書房、2000年。

須藤隆仙『高田屋嘉兵衛——日露交渉の先駆者』国書刊行会、1989年。

「高田屋嘉兵衛北前船と択捉航路」週刊真説歴史の道、小学館ウィークリブック第47号、2011年2月。

生田美智子『高田屋嘉兵衛——ただ転嫁のためを存おり候』ミネルヴァ書房、2012年。

10) 大熊良一『北方領土問題の歴史的背景——樺太千島交換条約に関する一史稿』南方同胞援護会、1964年。

安岡昭男『明治維新と領土問題』教育社、1980年。

安岡昭男『幕末維新の領土と外交』清文堂、2002年。
和田春樹『開国――日露国境交渉』日本放送出版協会、1991年。
11) 渡邊藤四郎『北の第一線――北千島従軍記』豊原、北方日本社、1944年。
浜西健次郎『掠奪者の海――千島は還らざる島か』東南アジア社、1959年。
鈴木俊平『北溟の記――北千島薄井部隊の記録』青河書房、1984年。
ボリス・N・スラヴィンスキー、加藤幸廣訳『千島占領――1945年夏』共同通信社、1993年。
ボリス・N・スラヴンスキー、加藤幸広訳『日ソ戦争への道――ノモンハンから千島占領まで』共同通信社、1999年。
ワレンチン・M・ベレズホフ、栗山洋児約『私は、スターリンの通訳だった。第二次世界大戦秘話』同朋舎出版、1995年。
長谷川毅『暗闘――スターリン、トルーマンと日本降伏』中央公論新社、2006年。
12) 間宮林蔵、村上貞助記『東韃紀行』北斗社、1911年／村上貞助編『東韃地方紀行編』東韃地方紀行』東洋文庫、平凡社、1988年／『東韃地方紀行他』東洋文庫、平凡社、2008年／南滿洲鐵道株式會社大連圖書館編『東韃紀行』大連、南滿洲鐵道株式會社総裁室庶務課、1938年／大谷恒彦訳『東韃紀行』教育社新書、教育社、1981年。
13) 鳥居龍蔵『千島アイヌ』吉川弘文館、1903年／『鳥居龍蔵・濱田耕作・松村瞭』日本の人類学文献選集・近代篇第1巻、クレス出版、2005年。
鳥居龍蔵『ある老学徒の手記』朝日新聞社、1953年／『ある老学徒の手記――考古学とともに六十年』ネスト企画、2003年、改訂増補版2006年。
鳥居龍蔵『鳥居龍蔵全集』12巻・別巻計13冊、毎日新聞社、1975―77年。
14) 近藤重蔵『邊要分界圖考』近藤正齋全集第一、國書刊行會、1905年。
高倉新一郎・柴田定吉『我國における千島地圖作製史』北海道帝國大學北方文化研究報告、第3輯、1940年。
高倉新一郎編『古地図と歴史――北方領土』北方領土問題調査会、1971年。
秋岡武次郎編『日本古地図集成』鹿島出版会、1971年。
依田武雄・室賀信夫・海野一隆編『日本古地図大成（本編）』講談社、1974年。
梅木通徳『蝦夷古地図物語』北海道新聞社、1974年。
船越昭生『北方図の歴史』講談社、1976年。
山田聯「北裔備攷」北方史料集成、第1巻、北海道出版企画センター、1991年。
高木崇世芝「近藤重蔵作製の蝦夷地図」古地図研究、第289号、1994年。
高木崇世芝「近藤重蔵蝦夷地図の系譜」古地図研究、第296号、1994年。
吉田厚子「近世の北方事情と地理学の発達――幕府の北辺地図・世界地図編纂を通して」、『近世日本の海外情報』岩田書店、1997年。
秋月俊幸『日本北辺の探険と地図の歴史』北海道大学図書刊行会、1999年。
15) 入江寅次『明治南進史論』井田書店、1943年。
16) 『日本外交文書』第9巻自明治9年1月至明治9年12月、7英國駐箚上野公使西、葡兩國訪問

ニ關スル件、365-392頁。

高村聡史「榎本武揚の殖民構想と南洋群島買収建議」国史学、第167号、1999年。

17) 松江春次『南洋開拓拾十年誌』南洋興發株式會社、1932年。

松江春次「ニゥギニアと蘭領印度」1・2、南洋協會雜誌、第18巻第12号、第19巻第1号、1932-33年。

松江春次『自國の人口問題と大南洋の確保の急務』松江春次、1935年。

松江春次『世界平和と植民地再分割論』松江春次、1936年。

能仲文夫『南洋と松江春次』時代社、1941年。

木村国太郎編『松江春次を偲ぶ』南興会、1966年。

武村次郎「松江春次の「蘭領ニューギニア買収案」を回顧する」太平洋学会会誌、第24号、1984年

松江春次「復刻――蘭領ニューギニア買収案」太平洋学会会誌、第24号、1984年。

高木茂樹「南洋興発の財政状況と松江春次の南進論」アジア経済、第39巻第11号、2008年。

18) 桂忠彦「電子海図の現状と将来」公開、第91号、1987年。

倉本茂樹「電子海図と水路部の対応」水路、第21巻第2巻、1992年。

杏名景義・坂戸直輝『海図の知識』成山堂書店、1967年。

水路部『水路部沿革史』第1巻明治2年～同18年、水路部、1916年。

水路部『水路部沿革史』第2巻明治19年～大正15年、水路部、1935年。

水路部『水路部沿革史』第3巻昭和2年～同16年、水路部、1942年。

水路部『水路部沿革史』第4巻昭和17年～同20年、水路部、1951年。

海上保安庁水路部編『日本水路史 HYDROGRAPHY IN JAPAN』日本水路協会、1971年。

19) 宇田道隆『海の探求史』河出書房、1943年。

宇田道隆・安井善一『海と生活』目黒書店、1949年。

川上喜代四「新しい海図のありかた」日本航海学会誌、第31号、1964年。

川上喜代四「わが国における海の地図と問題点」海洋科学、第8号、1966年。

川上喜代四「日本における水路測量と海底地形図作成の現状」地学雑誌、第79巻第1号、1970年。

川上喜代四『海の地図と海底地形』古今書院、1971年。

川上喜代四「海の基本図」地学雑誌、第81巻第1号、1972年。

川上喜代四『海の地図――航海用海図から海底地形図まで』朝倉書店、1974年。

川上喜代四・瀬川七五三男「沖縄・グァム間の海底地形調査」地学雑誌、第84巻第1号、1975年。

川上喜代四「海洋調査と国際協力」成城法学、第10号、1981年。

20) 青木斌・小坂丈予編『海底火山の謎――西之島踏査記』東海大学出版会、1974年。

小坂丈予『日本近海における海底火山の噴火』東海大学出版会、1991年。

加藤祐三『軽石――海底火山からのメッセージ』八坂書房、2009年。

21) 陸地測量部『陸地測量部沿革誌』陸地測量部、1922年。

陸地測量部『陸地測量部沿革誌　終篇』築地測量部、1930年。

参謀本部・北支那方面軍司令部編『外邦測量沿革史、自明治二十八年至三十九年断片記事』ユニコンエンタプライズ、1979年。

参謀本部・北支那方面軍司令部編『外邦測量沿革史、明治四十年度記事』ユニコンエンタプライズ、1979年。

高木菊三郎、藤原彰編『外邦兵要地図整備誌』5冊、十五年戦争極秘資料集第30集、不二出版、1992年。

小林茂『近代日本の地図作製とアジア太平洋地域——「外邦図」へのアプローチ』大阪大学出版会、2008年。

第4章

領土の帰属

1、領土の帰属

　領土は、そこに住んでいる住民のものである。政府は、その支配の過程で統治権を確認した。こうして、領土の確認がなされ、その過程では、領土の探険も行われた。北方探険がそれである。

　しかし、1945年に日本は敗戦となり、米国の占領下に置かれ、統治は中断した。この敗戦で、本土以外の対外領土、外地といわれた植民地は、元の帰属国に戻され、あるいは自決を達成した。しかし、日本が敗戦となる過程で、北方地域はソ連が占領した。ソ連が旧領土の統治を回復したのは当然のこととしても、日本の旧領土、北方4島までも占領し、日本との国交を回復しても、平和条約が成立しておらず、その北方4島を占領したままである。

　内地は、現在、米国の占領から解放され、北海道から沖縄県まで都道府県の統治にある。内地では大日本帝国憲法が施行され、外地も天皇の統治にあったが、外地では大日本帝国憲法は施行されなかった。外地を喪失したため、内地という用語の使用はなくなった。

　以上は、陸地の生活地に対して適用されたもので、その陸地の防衛のために領

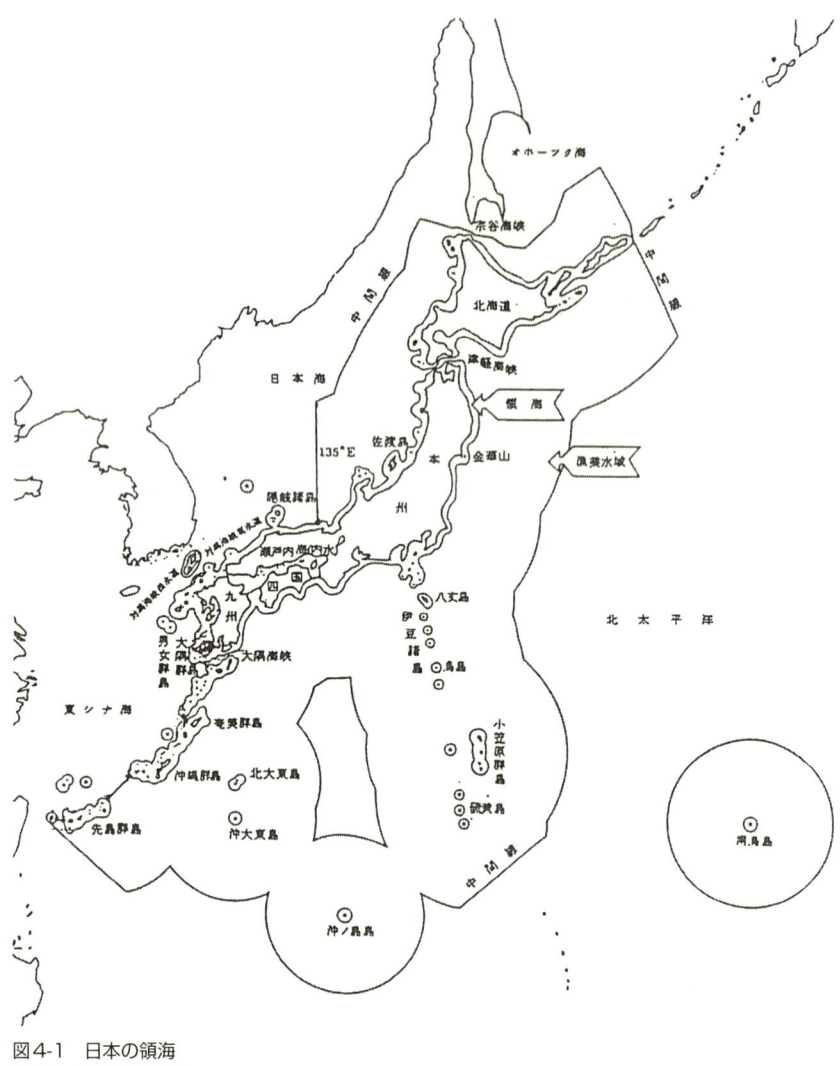

図4-1 日本の領海
（出所）海上保安庁資料。

海、領土の基線である海岸の低潮線から12海里（1852メートル）を領海としてきた。領海内は、国の統治権下にあるものの、外国に対して、無害航行権、つまり潜水せず、漁労せずに通航する権利が認められている。但し、宗谷海峡、津軽海峡、対馬海峡東水道、対馬海峡西水道、大隅海峡については、領海法で3海里を領海として認めている。領海に対して領水というときは、陸地の河川・湖沼を含める。そして、領海の外側12海里、いいかえれば、基線から24海里が接続水域とされ、国家権力による秩序維持の適用地域である。さらに、現在では、基線から200海里が排他的経済水域とされた。沿岸国は、この内側では、漁業、鉱産物・油田開発、海底施設の建設を排他的に行うことができる。但し、外国は、通航、上空飛行、海底電線・パイプラインの敷設が可能である。

　海洋国家である日本は、2007年4月海洋基本法を制定し、7月施行されたことで、海洋構築物などの周囲に排他的経済水域内の人工島・採掘施設などの構造物の周囲、半径500メートルにわたり安全水域が設定され、船舶の航行の安全を確保されることになった。

　領海および接続水域に関する法律、1977年5月2日制定、2001年2月1日最終改正の全文は、以下の通りである。

　第1条（領海の範囲）
　　1　我が国の領海は、基線からその外側12海里の線（その線が基線から測定して中間線を超えているときは、その超えている部分については、中間線（我が国と外国との間で合意した中間線に代わる線があるときは、その線）とする。）までの海域とする。
　　2　前項の中間線は、いずれの点をとつても、基線上の最も近い点からの距離と、我が国と向かい合つている外国の海岸に係るその外国の領海の幅を測定するための基線上の最も近い点からの距離とが等しい距離とする。
　第2条（基線）
　　1　基線は、低潮線、直線基線及び湾口若しくは湾内又は河口に引かれ

る直線とする。ただし、内水である瀬戸内海については、他の海域との境界として政令で定める線を基線とする。

2　前項の直線基線は、海洋法に関する国際連合条約（以下「国連海洋法条約」という。）第7条に定めるところに従い、政令で定める。

3　前項に定めるもののほか、第1項に規定する線を基線として用いる場合の基準その他基線を定めるに当たつて必要な事項は、政令で定める。

第3条（内水又は領海からの追跡に関する我が国の法令の適用）

　我が国の内水又は領海から行われる国連海洋法条約第111条に定めるところによる追跡に係る我が国の公務員の職務の執行及びこれを妨げる行為については、我が国の法令（罰則を含む。第5条において同じ。）を適用する。

第4条（接続水域）

1　我が国が国連海洋法条約第33条に定めるところにより我が国の領域における通関、財政、入出国管理及び衛生に関する法令に違反する行為の防止及び処罰のために必要な措置を執る水域として、接続水域を設ける。

2　前項の接続水域（以下単に「接続水域」という。）は、基線からその外側24海里の線その線が基線から測定して中間線（第1条第2項に規定する中間線をいう。以下同じ。）を超えているときは、その超えている部分については、中間線（我が国と外国との間で合意した中間線に代わる線があるときは、その線とする。）までの海域（領海を除く。）とする。

3　外国との間で相互に中間線を超えて国連海洋法条約第33条に定める措置を執ることが適当と認められる海域の部分においては、接続水域は、前項の規定にかかわらず、政令で定めるところにより、基線からその外側24海里の線までの海域（外国の領海である海域を除く。）とすることができる。

第5条（接続水域に対する我が国の法令の適用）
　　前条第1項に規定する措置に係る接続水域における我が国の公務員の職務の執行（当該職務の執行に関して接続水域から行われる国連海洋法条約第111条に定めるところによる追跡に係る職務の執行を含む。）及びこれを妨げる行為については、我が国の法令を適用する。
附則
（施行規則）
1　この法律は、公布の日から起算して2月を超えない範囲において政令で定める日から施行する。
（特定海域に係る領海の範囲）
2　当分の間、宗谷海峡、津軽海峡、対馬海峡東水道、対馬海峡西水道及び大隅海峡（これらの海域にそれぞれ隣接し、かつ、船舶が通常航行する経路からみてこれらの海域とそれぞれ一体をなすと認められる海域を含む。以下「特定海域」という。）については、第1条の規定は適用せず、特定海域に係る領海は、それぞれ、基線からその外側3海里の線及びこれと接続して引かれる線までの海域とする。
3　特定海域の範囲及び前項に規定する線については、政令で定める。

　海洋構築物等に係る安全水域の設定等に関する法律、2007年4月27日制定の抜萃は、以下の通りである。
　　第1条　この法律は、海洋構築物等の安全及び当該海洋構築物等の周辺の海域における船舶の航行の安全を確保するため、海洋法に関する国際連合条約に定めるところにより、海洋構築物等に係る安全水域の設定等について必要な措置を定めるものとする。
　　第2条　この法律において「海洋構築物等」とは、排他的経済水域および大陸棚に関する法律（平成8年法律第74号）第1条第1項の排他的経済水域又は同法第2条の大陸棚（以下「大陸棚」という。）における同法第3条第1項第1号から第3号までに規定する行為（以下「特定行為」

という。）に係る工作物（その新設又は除去に関する工事の途中のものを含む。）及び大陸棚の掘削に従事する船舶（掘削をするために進行を停止しているものに限る。）をいう。

　2　この法律において「安全水域」とは、海洋法に関する国際連合条約第60条4（同条約第80条において準用する場合を含む。）に規定する安全水域であって、海洋構築物等の周辺に次条第1項の規定により設定されるものをいう。

　3　この法律において「特定行政機関の長」とは、海洋構築物等に係る特定行為を行う事業者の事業を所管する行政機関の長をいう。

第3条　国土交通大臣は、海洋構築物等の安全及び当該海洋構築物等の周辺の海域における船舶の航行の安全を確保するため、海洋法に関する国際連合条約に定めるところにより、安全水域を設定することができる。

　2　前項に規定する安全水域の設定は、特定行政機関の長の要請に基づき行うものとする。

　3　国土交通大臣は、安全水域を設定しようとするときは、外務大臣、農林水産大臣、経済産業大臣、防衛大臣その他の関係行政機関の長に協議しなければならない。これを廃止しようとするときも、同様とする。

　4　安全水域は、海洋構築物等の性質及び機能に応じ合理的に必要とされるものでなければならない。

　5　安全水域の幅は、海洋構築物等の外縁のいずれの点から測定した距離についても500メートルを超えるものであってはならない。

　6　安全水域は、国際航行に不可欠と認められた航行帯の使用の妨げとなるような海域に設定してはならない。

第4条　国土交通大臣は、安全水域を設定したときは、遅滞なく、当該安全水域の位置及びその範囲を告示しなければならない。これを廃止したときも、同様とする。

　2　国土交通大臣は、安全水域を設定したときは、当該安全水域に係る

前条第2項に規定する要請を行った特定行政機関の長に対し、当該安全水域の付近を航行する船舶に当該安全水域の位置及びその範囲を周知させるために必要な措置を講ずべきことを要請することができる。

第5条　何人も、国土交通省令で定めるところにより、国土交通大臣の許可を受けなければ、安全水域に入域してはならない。ただし、次の各号のいずれかに該当する場合は、この限りでない。

　（1）　船舶の運転の自由を失った場合
　（2）　人命又は急迫した危険のある船舶の救助に従事する場合
　（3）　国又は都道府県の機関が海上の安全及び治安の確保のための業務を実施する場合
　（4）　当該安全水域に係る海洋構築物等の業務に従事する場合

2　国土交通大臣は、前項の許可の申請があった場合において、海洋構築物等の安全の確保に支障がないと認められるとき、又は災害の復旧その他公益上必要やむを得ず、かつ、一時的なものと認められるときでなければ、同項の許可をしてはならない。

3　国土交通大臣は、第1項の許可をしようとするときは、あらかじめ、当該安全水域に係る第3条第2項に規定する要請を行った特定行政機関の長に協議しなければならない。

4　国土交通大臣は、第1項の許可に、必要な条件を付することができる。

5　国の機関又は地方公共団体が安全水域に入域しようとする場合（第一項ただし書に規定する場合を除く。）においては、当該国の機関又は地方公共団体と国土交通大臣との協議が成立することをもって第1項の許可があったものとみなす。

6　第3項の規定は、国土交通大臣が前項の規定による協議を受けた場合について準用する。

第6条　この法律の施行に当たっては、我が国が締結した条約その他の国際約束の誠実な履行を妨げることがないよう留意しなければならない。

第7条　次の各号のいずれかに該当する者は、一年以下の懲役又は50万円以下の罰金に処する。……

2、北方探険

　　1848年から8年間、琉球に滞在した英人宣教師ベッテルハイムは、中国との関係もあって、琉球は一応の独立はあるものの、日本の一部である、と理解していた。参議井上馨は、琉球の制度を日本と同様のものに改めるべきだとしており、薩摩の大久保利通は、琉球の内情に通じ、琉球が米国（1854年）、フランス（1855年）、そしてオランダ（1859年）と独立国として条約を締結しているため、外国の動向に目配りしていた。そこで、1871年の廃藩置県で薩摩藩が鹿児島県となると、翌72年那覇当局にもその措置が説明され、改革となった。西郷隆盛の征韓論を潰した大久保は、台湾との国境画定に入り、日清交渉に成功し、琉球処分も乗り越えた。

　　北方地域はどうか。松前藩は、17世紀初頭以来、既に北方4島を松前藩と認識しており、その統治を確立してきた。1644年の正保御国絵図には、国後島、択捉島の地名があった。近藤重蔵は1798～99年に国後・択捉を探険し、間宮林蔵は1806年に松前から国後島、択捉島、得撫島へ旅行した。間宮は伊能忠敬に測量を学び、1808年幕府の命で北カラフトを探険した。翌09年カラフトと大陸、東韃靼の大陸沿海州の間にある間宮海峡を発見し、大陸に渡って黒龍江まで到着した[1]。この間宮の踏査によって日本の北方地域の領土画定が成立した[2]。

　　伊能は、江戸中期の測量家で、50歳で酒造業を退き隠居して天文学を学び、緯度の里程数が定まっていなかったのを解決すべく、北辺防備の必要から幕府の許可を得て蝦夷地南東沿岸の測量に出向き、1800年期待通りの成果をあげ、以後、全国測量へと拡げた。その測量は、陸上測量距離4万3708キロメートル、包囲測定15万回に達する大事業となり、1816年に測量は終了した。その測量は現在の測定値と約1000分の1しか誤差はなかった[3]。

　　松前藩は、徳川家康から北海道の統治を委ねられ、和人の住む地域は松前地、

第4章　領土の帰属

アイヌの住む地域は蝦夷地として支配しており、1754年国後に前進基地として国後場所を開設し、千島との日本の往来も進んで交易ルートを開設した。1772〜86年最上徳内が現地調査し作製した「蝦夷風俗人情之沙汰付図」は日本の北辺認識を明らかにしている。ロシアの千島列島調査は、1711年シュムシュ島、パラムシル島の探険に始まる。ピョートル大帝は、日本人の漂流民から日本の北方知識の情報を得ていたが、千島方面への進出は1792年に根室に送ったラックスマン使節が最初である。以来、ロシアがカラフト・千島での襲撃を起こし、日本はロシアの脅威に対し北方警備を強化した。1811年ゴロブニンは国後島に上陸し、藩士に逮捕された。逮捕されたゴロブニンは、豪商高田屋嘉兵衛の働きで、2年後に釈放された。1853年長崎に到着したロシアのプチャーチン使節へのニコライ1世の訓令は、北方4島の日本統治を認める交渉方針を指していた。以来、1855年日露通好条約、1875年に樺太・千島交換条約がそれぞれ締結された。

　これらの条約調印で、多くの人材が北方へ向かった。

　笹森儀助は、津軽藩士で、勤皇思想を学んで藩主の忌諱に触れ、禁錮となった。のち許されて、1891年辺地探険に着手し、千島、琉球・奄美大島を探険した[4]。岡本監輔は、1861年江戸に赴き、松浦武四郎に会い、蝦夷へ向かった。1864年

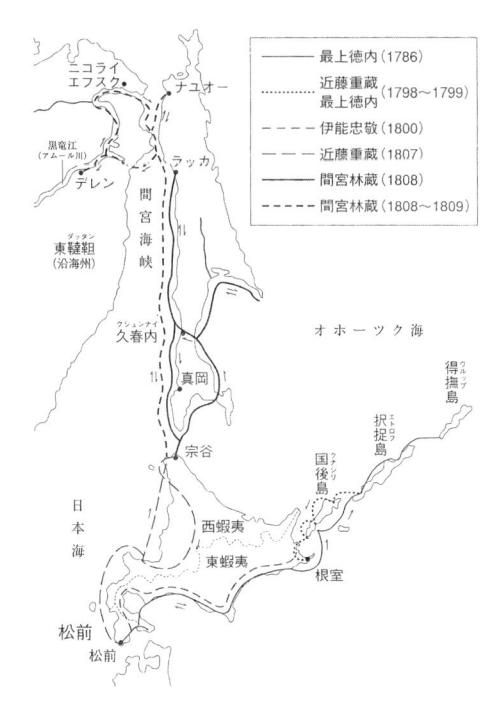

図4-2　北方探険
（出所）浜島書店編集部編『綜合資料日本史——地図・資料・年表』浜島書店、2012年。

彼は樺太在住の機会を幕府から与えられ、現地に向かい、1866年帰国した。彼の『窮北日誌』（1871年）、『北門急務』（1871年）に示された樺太事情は、以後の日本政府にとって大きな貢献となった。1868年に着手した念願の樺太開拓は黒田清隆の樺太放棄論で挫折した[5]。

3、領土問題——外交交渉と帰属確認

　一般的に、「固有の領土」という表現が当然のように使用される。日本では、これが常套語句とされる。しかし、厳密には、日本主権領土の「不可分の一部」でなければならない。かつてポーランドは、一度もポーランド支配にない領土でも「分ち難い領土」であると主張し続けた。その相手のドイツの領土といえば、ドイツの統一領土があっても、「固有の領土」は存在しなかったといってよい。ブランデンブルグ王国、プロイセン、ドイツ帝国、ヒトラーのドイツ、占領分割下のドイツ、東西分割のドイツ、そして統一ドイツ、さらにヨーロッパ連邦下のドイツといったそれぞれの領土主権の存在を、どう説明したらよいか[6]。

　この領土の現実に対して、日本の領土問題は、3つのパタンで説明できる。その多くの領土は、領土存在の確認に従うところが多い。

（1）当然に領土の存在を認識される領土の確認

　伊豆諸島、隠岐、竹島、対馬、硫黄島、南鳥島、沖ノ鳥島、奄美群島、吐噶喇列島、大東島は、もともと日本人の自然的境界にあった。そこでは、日本人の生活世界があり、国家権力の支配が進行するなかで、住民が国家管轄の要請を提起して、中央政府がその管轄を確認する手続きをとってきた。だから、国家権力と国民による領土の囲い込みによる領土支配はなく、占領宣言もなかった。必要な手続きとして管轄権力による現地調査が実施され、必要な場合には、標杭が建設された。日本人には、内庭の領土ということで、そこには対外的認識もないままに、自らの生活圏を形成しており、住民は、生活圏の塀についての確認を求めた。そして、政府は、島国国家としての対外意識も前提にせず、それに応えたと

いうのが実情であった。

表4-1 領土と外交交渉

領土をめぐる外交交渉	事例	理由
領土存在の確認	伊豆諸島、隠岐、竹島、対馬、硫黄島、南鳥島、沖ノ鳥島、奄美群島、吐噶喇列島、大東島	古来からの生活地域
領土画定	小笠原諸島	外国人も居住していたために交渉で日本支配を確認した
領土支配	琉球諸島、北方四島	古来からの生活地域であったが、外国の占領を受けた

(2) 住民の移動・交替・継続、もしくは生活圏の維持・変更による領土画定の確認

　小笠原諸島は、太平洋の貿易・漁業中継基地として存在し、住民の生活世界が維持される一方、支配の枠組は外交交渉により解決され、適切な領土維持が図られた。この事例では、日本人の生活圏が存在した一方で、その世界は外国人が重複して生活圏を形成していたので、国民国家の形成過程において、国民の確認が行われ、領土の存在が確認され、そしてその領土主権の設定における関係国との外交交渉による確認手続きが実施され、日本領土の管轄が成立することになった。

(3) 領土支配をめぐる交渉の結果としての領土の確認

　両属にあった琉球王国においては、日本帰属の決定と清国交渉での確認をもって、その領土支配が確認された。それは、琉球王国支配者の決断にあったが、国際環境がその選択と決定を可能にしたといえる。いいかえれば、国民国家の形成過程において国内統一手続きが完了し、その手続きの一側面として関係国との外交交渉による確認を得て、領土主権が成立したからである。その国内主権は、かかる交渉を通じた対外主権の確認を経て、日本の同地域に対する国家主権が確立した。

[注]

1) 林顕三『北海紀行』6冊、如蘭堂、1874年／『明治北方調査探検記集成』第1巻、ゆまに書房、1988年。

林顕三『北海紀行』冨山房、1902年。

依田勉三『北海紀行』1883年／晩成会、1975年。

多羅尾忠郎『千島探検實記』石塚猪男蔵、1893年／国書刊行会、1974年——1891年12月〜1892年9月の気象観測表を収める。

郡司成忠『千島國古守島探検誌』1894年／『千島探検誌』3冊、郡司すみ、1987年。

梅津寛『近藤重蔵實傳——樺太探険』瀬山順成堂、1905年。

ウェ・カー・アルセニエフ、山岸守永『ウスリー地方探検記』満鐵調査部、1939年／長谷川四郎訳『ウスリー紀行』世界探検紀行全集第10巻、河出書房、1954年。

I・W・ハッチスン、春山行夫訳『アリューシャン探検』新潮社、1942年。

寺島柾史『北進日本史　我等の北方』霞ヶ関書房、1942年。

高倉新一郎『北の先覚』北日本社、1947年／新知、改訂版1987年。

華岳撰『翠微先生北征録』2冊、台北、藝文印書館、1971年／『翠微先生北征録・翠微先生南征録』台北、廣文書局、1972年。

大熊良一『幕末北方関係史攷』北方領土問題対策協会、1972年／近藤出版社、増補版1990年。

推理史話会編『オホーツク探検史——北方領土を拓いた人たち』波書房、1973年。

船越昭生『北方図の歴史』講談社、1976年。

柴村羊五『北方の王者高田屋嘉兵衛——北方領土問題のルーツ』亜紀書房、1978年。

北構保男編『千島・シベリア探検史』名著出版、1982年。

S・ズナメンスキー、秋月俊幸訳『ロシア人の日本発見——北太平洋における航海と地図の歴史』北海道大学図書刊行会、1986年。

ワシリー・ゴロウニン、徳力真太郎訳『南千島探検始末記』同時代社、1994年。

田中明『ウラー・ディアナ——知られざる日本北辺関係史』近代文芸社、1995年。

相原秀起『新サハリン探険記——間宮林蔵の道を行く』社会評論社、1997年。

秋月俊幸『日本北辺の探険と地図の歴史』北海道大学図書刊行会、1999年。

高倉新伊知郎『探険・紀行・北辺篇』日本庶民生活史料集成第4巻、三一書房、1969年。

寺澤一・他編『北方未公開古文書集成』10冊、叢文社、1978-79年／『蝦夷・千島古文書集成——北方未公開古文書集成』教育出版センター／冬至書房新社、1985年。

　　第1巻　新井白石『蝦夷志』、坂倉源次郎『蝦夷随筆』、松前広長『松前志』、1979年。

　　第2巻　平沢元愷『瓊浦偶筆』、1979年。

　　第3巻　工藤平助『赤蝦夷風説考』、林子平『三国通覧図説』、本多利明『赤夷動静』、1978年。

　　第4巻　羽太庄左衛門正養『休明光記』1978年。

第5巻　クルーゼンシュテルン、青地盈訳『奉使日本紀行』1979年。
　　第6巻　グローヴニン、馬場佐十郎訳『遭厄日本記事』1979年。
　　第7巻　A・S・ボロンスキー、榎本武揚・他訳『千島誌』1979年。
　　第8巻　『蝦夷風俗図絵』、1979年。
　　第9巻　「北方史・年表・条約・文献総覧」1978年。
　　第10巻　『蝦夷古地図』1979年。
『明治北方調査探検記集成』11巻・別巻3巻計14冊、ゆまに書房、1988－89年。
　　第1巻　岡本監輔『窮北日誌』、林顕三『北海紀行』、鈴木大亮『浦塩斯徳紀行』。
　　第2巻　仁礼敬之『北清見聞録』、岡本監輔「千島聞見録」、川上俊彦『浦潮斯徳』。
　　第3巻　笹森儀助『千島探検』、末廣鐵腸『北征録』。
　　第4巻　久永廉三『短艇遠征』、横川勇次『千島紀行』、森川桟一『福島中佐遠征實記』。
　　第5巻　矢津昌永『朝鮮西伯利紀行』、小西増太郎『露國一班』。
　　第6巻　波多野承五郎『北支那朝鮮探檢案内』、松原岩五郎『征塵餘録』。
　　第7巻　小越平隆『滿洲旅行記』、長田忠一『新々赤毛布』。
　　第8巻　内田良平『勘察加薩哈連』、鵜飼退藏『韓滿行日記』。
　　第9巻　小山田剣南『征塵録』、円城寺清『韓國の實情』。
　　第10巻　松川木公『樺太探檢記』、夏目漱石『滿韓ところどころ』。
　　第11巻　勝田主計『清韓漫遊余瀝』。
　　別巻1　田中真弓『外國地名人名辞書』。
　　別巻2・3　石井研堂『漂流奇談全集』。
2)　「間宮林藏――樺太並滿州探檢事蹟」、前篇・小川琢治「間宮林藏先生の生涯と事蹟」、後篇・間宮林藏「間宮林藏先生遺稿」、地學雑誌第16年第189号、1904年／東京地学協会、1904年。
　　長田偶得『近藤重藏・間宮林藏――樺太占領紀念』裳華房、1905年。
　　佐佐木千之『間宮林藏』國民社／至玄社、1940年／大日本雄辨會講談社、1942年。
　　和田政雄『間宮林藏』鶴書房、1941年。
　　二反長半『間宮林藏の探険』紀元社、1942年。
　　洞富雄『間宮林藏』吉川弘文堂、1960年。
　　佐佐木喜千之『間宮林藏――北海の先驅者』三省堂、1942年。
　　洞富雄『間宮林藏』吉川弘文館、1960年。
　　赤羽栄一『間宮林藏――北方地理学の建設者』清水書院、1974年。
　　赤羽栄一「間宮林藏逸事」、三古会編『近世の学芸――史伝と考証』八木書店、1976年。
　　赤羽栄一『未踏世界の探檢・間宮日田市藏』清水新書、清水書院、1984年。
　　荒井庸夫『間宮林藏――日本測地学の先達』筑波書林、1979年。
　　中村整史朗『北方千里をゆく――間宮林藏の生涯』評伝社、1982年。

吉村昭『間宮林蔵』講談社文庫、講談社、1982年／講談社文庫、講談社、2011年。

高橋大輔『間宮林蔵・探検家一代——海峡発見と北方民族』中公新書、中央公論新社、2008年。

3) 伊能忠敬『大日本沿海実測録』13巻、須原屋茂兵衛／大學南校、1870年。

伊能登『伊能忠敬』忠敬會、1911年。

幸田露伴『伊能忠敬』博文館、1899年。

大谷亮吉編『伊能忠敬』岩波書店、1917年／名著刊行会、1979年。

伊達牛助『伊能忠敬』古今書院、1937年。

伊藤至郎『伊能忠敬・鈴木雅之』伊東書店、1941年。

藤田元春『伊能忠敬の測量日記』ラジオ新書、日本放送出版協會、1941年。

伊東彌太郎『伊能忠敬』新潮社、1943年。

清水信夫『伊能忠敬——日本地図の創始者』ポプラ社、1952年。

清水信夫監修、今野武雄『伊能忠敬』新潮社、1958年／『伊能忠敬』徹底大研究日本の歴史人物シリーズ第6巻、ポプラ社、2003年。

『伊能忠敬—1745-1818——世界に誇る近代日本地図創成の父』東京地学協会、1961年。

三枝博音『伊能忠敬』国土社、1973年。

小島一仁『伊能忠敬』三省堂、1978年。

保柳睦美編『伊能忠敬の科学的業績——日本地図作製の近代化への道』古今書院、1974年、訂正版1980年。

伊能忠敬研究会編『伊能忠敬研究—史料と伊能図』伊能忠敬研究会、1996年。

渡辺一郎『伊能忠敬の歩いた日本』ちくま新書、筑摩書房、1999年。

今野武雄『伊能忠敬』新日本新書、新日本出版社、1977年／現代教養文庫、社会思想社、2002年。

星埜由尚『伊能忠敬——日本をはじめて図った愚直の人』山川出版社、2010年。

4) 笹森成忠（儀助）『千島探檢』3冊、笹森儀助、1893年／至言社、1977年／野間すみ、1987年／『明治北方調査探検記集成』第3巻、ゆまに書房、1988年。

笹森儀助『南島探驗』笹森儀助、1894年／国書刊行会、1973年／『南嶋探險』2冊、東洋文庫、平凡社、1982-83年。

笹森儀助『笹森儀助西伯亜旅行日記第一、並露・清・韓三国境界線視察日記』青森県中央図書館、1935年。

笹森儀助「捨島状況録」、『日本庶民生活史料集成』第1巻、三一書房、1968年。

笹森儀助書簡集編纂委員会編『笹森儀助書簡集』東奥日報社、2008年。

横山武夫「笹森儀助と藤井富伝」、『ドキュメント日本人第7巻無告の民』学芸書林、1969年。

5) 岡本文平『窮北日誌』上・下、北門社、1871年／岡本韋庵銅像建設委員会編『岡本氏自伝・窮北日誌』徳島県教育委員会、1964年・明治北方調査探険記集成第1巻、ゆまに書房、1988年。

岡本文平『北門急務』2冊、北門社、1871年。

岡本文平『北蝦夷新志』北門社、1867年。

岡本監輔『萬國史記』20巻5冊、岡本監輔、1879年。

岡本監輔『萬國通典』12巻6冊、集義館、1884年。

岡本監輔『要言類纂───一名・經世叢言』6巻3冊、岡本監輔、1885年。

岡本監輔『國史紀要』3冊、報告堂、1886年。

岡本監輔『勸業新書───普通物産學』4冊、菱谷六右衛門、1887年。

岡本監輔・内田周平『儒學───孔孟學・老荘學』哲學館、1888年。

岡本監輔『千島聞見録』岡本監輔、1892年／明治北方調査探険記集成第2巻、ゆまに書房、1988年。

岡本監輔『岡本子』哲學書院、1899年───いわゆる百科全書である。

岡本監輔『耶蘇新論』哲學書院、1892年。

岡本監輔『支那學・經學』哲學館、1894年。

岡本監輔『名神序頌』黒崎精二、1895年。

岡本監輔『鐵鞭』吉田章五郎、1899年───内容は政治哲学である。。

岡本監輔『亞細亞之存亡』哲學書院、1900年。

岡本監輔『日本維新人物誌』2冊、金港堂、1903年。

『岡本韋庵先生略傳』韋庵會、1917年。

林啓介『樺太・千島に夢を賭ける───岡本韋庵の生涯』新人物往来社、2001年。

阿波学会・岡本韋庵調査研究委員会編『アジアへのまなざし岡本韋庵───阿波学会五十周年記念』阿波学会・岡本韋庵調査研究委員会、2004年。

6) 佐瀬昌盛『領土と国境───欧州からのヒント』北方領土問題対策協議会、2005年。

第5章

領土存在の確認

1、領土存在の確認

　日本本土の中央統治下においても、周辺の世界では独自の生活が続いた。国民国家への移行とともに、国家管轄が確認されるところとなり、国家支配ないし国家編入の法的措置がとられた。しかし、その領土には、人々が居住していない、あるいは途中で居住しなくなったところもあった。そうした生活条件がないところでも、現在では、海底資源の開発が注目されるところになり、そうした領土の多様な価値は現在、極めて大きいものとなっている。

　南方諸島の拡がりは海洋国家日本の存在を示して余りある。

　ここで取り上げる島嶼は、以下の通りである。

　有人島（人民が日常に生活している）——伊豆諸島、隠岐、対馬、奄美諸島、吐噶喇列島。

　　　（一般人は生活していない）——硫黄島、南鳥島、沖ノ鳥島。

　無人島——鳥島、竹島、大東島、尖閣諸島、昭和硫黄島。

　疑存島——中ノ鳥島。

2、伊豆諸島

　伊豆諸島は、伊豆半島の南東部から南北に拡がる主島の伊豆七島（大島、利島、新島、神津島、三宅島、御蔵島、八丈島）の他、多くの属島で構成され、富士火山帯に属する。これら諸島は伊豆国に属し、1670年（寛文10年）伊豆代官所の支配となった。八丈島は1717年（亨保2年）以降、代官の巡見するところとなり、また流刑地となり、江戸幕府の直轄地、つまり、天領であった。明治期の1876年静岡県に編入され、1878年東京府に編入された[1]。

　代官の日記やその口述記が残されている。以下、1797年（寛政9年）の古河古松軒「八丈筆記」の一節を引用する。

　　　八丈島は、いつの頃よりひらけしといふこと、詳ならず、土人の傳へには、何國の人にや有けん、金川宗林といふ人渡り來り、縞を織ることを教へしとて、一嶋の開祖と稱す。しかれとも、時代もしらす、また子孫といふ家もなし。夫より島の産物をのせて、伊豆・相模・安房へ渡りしことありしに、日本、戰國となりては應仁の頃ならん歟、濱浦にて奪取ることある故、數十年の間、たへて來らす、稀に三宅島まで來り交易せしに、伊勢新九郎北条早雲、豆州韮山の城主となりて、伊豆一國を領し、制度正しと聞傳へ、下田浦へ渡海せしに、北条家よりも恵みなつけん為にや、縞の價に米・酒あまたあたへられしかは、是を大によろこひて、これより北条家の下地に應して、伊豆の屬島とはなりたり是迄、島人のつたへなり當御代となりて、豆州韮山御代官の支配所にて、流罪場となし給ふ故、貢の定法もなし。近年、御普請役の人、渡海ありつれとも、地役人の仕向にまかせて、島の法もたゝす、様子もくわしからさるにより、寛政8年丙辰のはる、命を奉して、三河口某君太忠、名輝昌、御代官なり・百々彦一御手附なりなる人、渡海ありて、八丈を始め、伊豆七島殘りなく御見分の上、島法例・貢の制度をさため給ひ、其人を撫育し、生暁のみちも、それくに教訓有りて、同年極月、東都に歸着し給ふ。こゝにおゐて、人物・言語・産業・風俗に至迄、詳にしられたり。

第 5 章 領土存在の確認

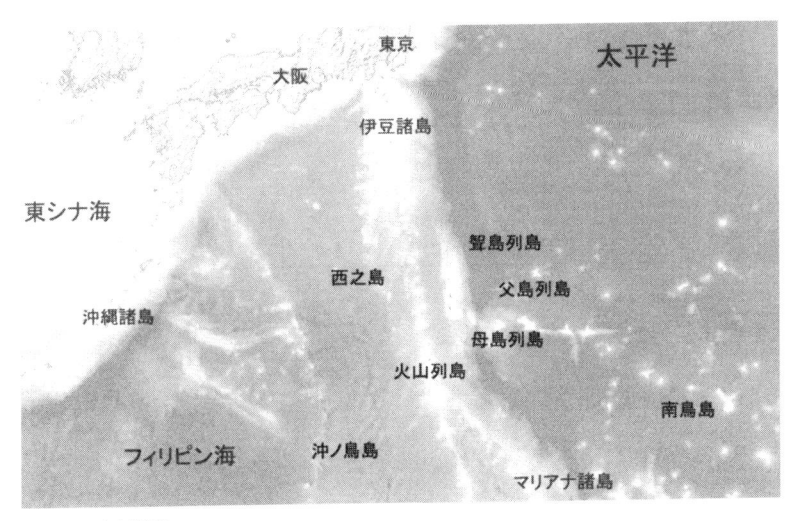

図5-1 南方諸島

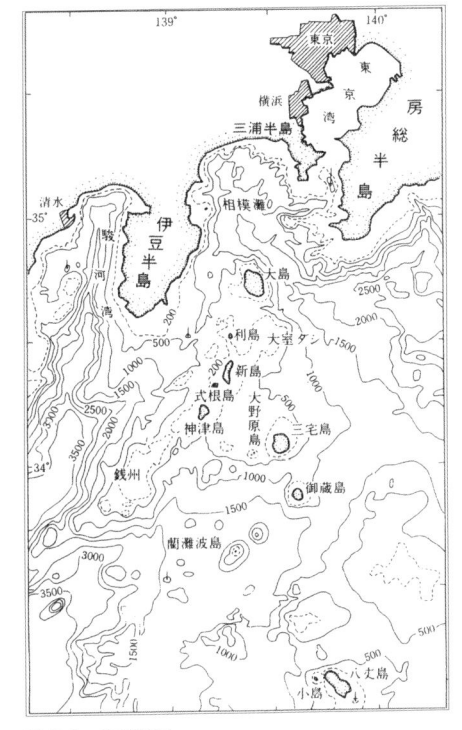

図5-2 伊豆諸島

117

八丈の渡海は至て険難にて、日本より渡る所、中華・朝鮮及ひ壹岐・對馬・佐渡・松前、いつれやすからすといへとも、此渡りをもって第一とす。豆州下田浦より巳午の間に當り、百里といへとも、さたからす。先、三宅島にわたり、此風にては、たやすかうへしといふ程の日和を待居されは、いく十日も船をいたさす南海の島人は、いかがの子とにや、天気を見るも至て上手にて、見違ること更になしと云三宅島よりは、未に當りて56里といふ。……

　島人すへて七千余任、流人貳百餘人。地役人と稱するもの菊池恒七・同左内・同左平治、神主にて地役人兼帯奥山式部・同左京、此五家、家名帯刀御免、給米もなく、格もなくて流人支配す。

3、鳥島

　伊豆諸島の無人島。周囲7キロメートルの火山島で、最高峰は硫黄山394メートルである。全島が天然保護区で、アホウドリの生息地である。伊豆鳥島とも呼ばれ、明治期には人が生活していた。東京府の下に、1897年小笠原島の付属島となり、1901年八丈島に付属した。1929年から1939年まで奥山秀作が開拓した。1952年開設の気象庁観測所は、1965年の群発地震で閉鎖された。

　東京府は1897年8月小笠原島の付属とし、1901年4月八丈島への帰属とした。1980年八丈町が先住権を理由に八丈町への編入を申し出ると、同じく八丈島への中間距離に位置する青ヶ島村が反発し、自治省へ裁定が委ねられるも、決着は付いていない。所属は未定のままで、鳥島には本籍を置くことは出来ない。

　アホウドリは羽毛採取と食肉の目的で、1887年八丈島出身の実業家玉置半右衛門によるアホウドリ捕獲で、1万羽が乱獲され、捕獲禁止となった。1949年アメリカ人研究者により絶滅の可能性が指摘され、1965年無人島となった。1981年の生態調査でアホウドリの棲息が確認された[2]。

　鳥島は、1902年、1939年、2002年に噴火があり、1902年の噴火では住民125人全員が死亡した。港湾は1939年の噴火で埋没し、現在、ボートでしか接岸で

きない。

　なお、日本には、以下の鳥島がある。

　鳥島、母島列島、東京都小笠原村。

　鳥島（聟島）、聟島列島の聟島の西、東京都小笠原村。

　鳥島（媒島）、聟島列島の媒島の西、東京都小笠原村。

　鳥島、佐賀県唐津市。

　鳥島、肥前鳥島、長崎県五島市。

　鳥島（南小島）、尖閣諸島、石垣市。

　鳥島、久米鳥島、。沖縄県島尻郡久米町で、鳥島米軍射爆撃場がある。

　他に、南鳥島（東京都小笠原村）、沖ノ鳥島（東京都小笠原村）、硫黄鳥島（沖縄県島尻郡久米島町）がある。他に、疑存島の中ノ鳥島もあった。

　中国にも、青海省青海湖に鳥島がある。

4、竹島

　竹島には、朝鮮人も日本人も往来していた。そこでの住民の対立も生じることになり、韓国の抗議もあった。抗議の申入れは、日本人の世界における朝鮮人の安全保証要求であった。徳川幕府は、対立を懸念して渡航制限もとったが、それは領土支配の停止といえる措置ではなく、生活圏での対立を事前に回避しようとする日本人特有の対処であった。その自然的生活圏は、住民の帰属確認要請で、1905年1月先占の原則に従う日本支配を確認し、のち日本の朝鮮併合で問題は解消された[3]。

　韓国では、『高麗史』に同島の記述があり[4]、それら国家文献の記述は名称が多様であっても、自国領土として独島の名称での領有を確認している。日本では、竹島は松島ともいわれ、その名で使用されてもいる。韓国は否定しているが、欝陵島との混乱がある[5]。

　第二次世界大戦後の日本処理においては、日本領土として確認された[6]。にも

図5-3　鬱陵島と竹島

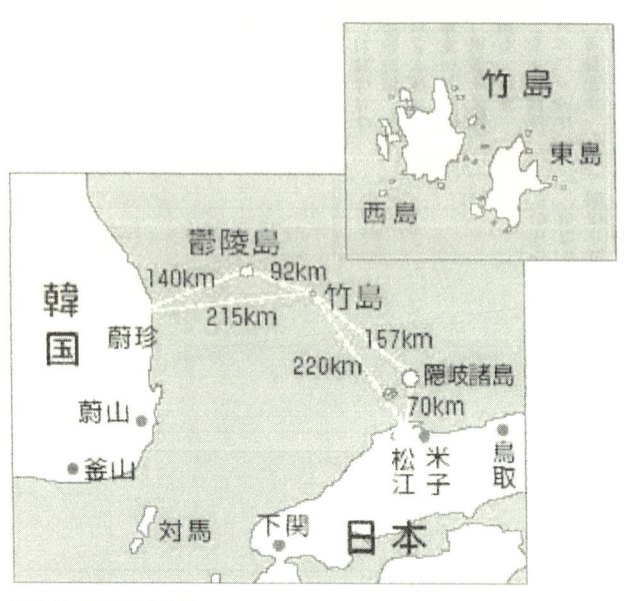

かかわらず、前記の記述を根拠に、既に韓国は一方的に支配を強行し、小中華主義に従う文明対立の文脈で、その国民的領土要求のナショナリズム運動が強く噴出してきた。1965年6月日韓交渉の国交正常化では、やむなく日本と韓国の間で「解決せざるをもって、解決したと見做す」との秘密合意が成立し、領土の要求と国民的対立は事前に回避された。しかし、韓国は、独島を一方的に占拠したままである。金泳三政権は、その合意を公式に拒否した。これとともに、日本では竹島をめぐる反感運動が高まる一方、韓国は独島領有権の歴史的主張が根強く、強行支配を維持し強化していて、その方策は政権の維持を補強している。日本人研究者内藤正中は竹島の韓国溶融説を展開している[7]。

竹島の島根県編入に対する閣議決定、1905年1月28日は、以下の通りである。
別紙内務大臣請議無人島ニ關スルニ右ハ北緯37度9分30秒東經131度55分隱岐島ヲ距ル西北85浬ン在ル無人島ハ他國ニ於テ之ヲ占領シタリト

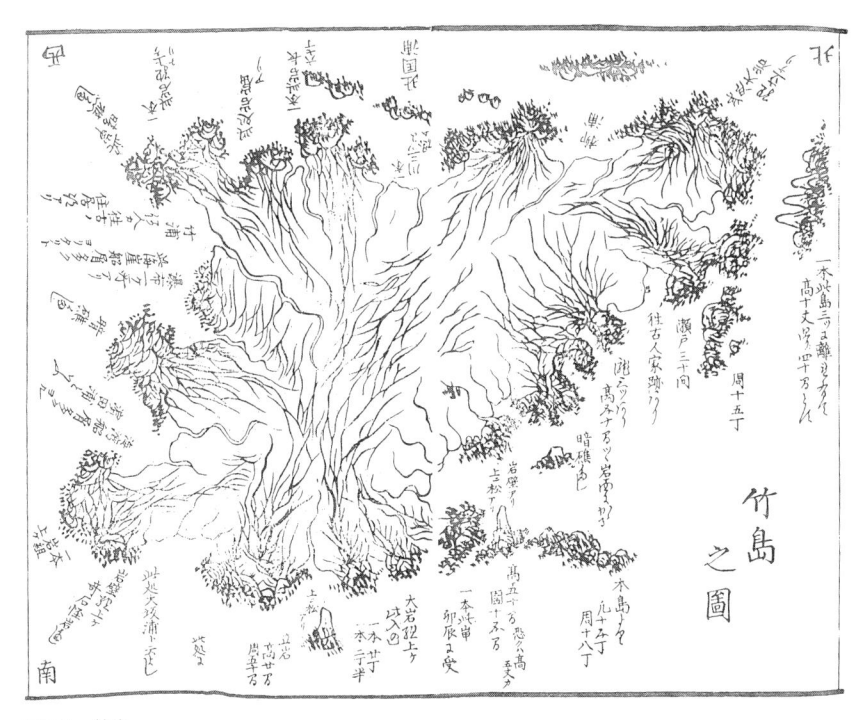

図5-4 竹島
(出所) 多氣志樓主人『竹島雜誌』青山堂、1871年。

　　認ムヘキ形跡ナク一昨36年本邦人中井養三郎ナル者ニ於テ漁舎ヲ構ヘ人
　夫ヲ移シ猟具ヲ撓ヘテ海驢猟ニ着手シ今回領土編入竝ニ貸下ヲ出願セシ所
　此際所屬及島名ヲ確定スルノ必要アルヲ以テ該島ヲ竹島ト名ツケ自今島根
　縣所屬隠岐島司ノ所管と為サントスト謂フニ在リ依テ審査スルニ明治36
　年以來中井養三郎ナル者ハ該島ニ移住シ漁業ニ從事セルコトハ關係書類ニ
　依リ明ナル所ナレハ國際法上占領ノ事實アルモノト認メ之ヲ本邦所屬トシ
　島根縣所屬隠岐島司ノ所管と為シ差支無之儀ト思考ス依テ請議ノ通閣議決
　定相成可然ト認ム
　　　(別紙) 無人島所屬ニ關スル件　1905年1月10日
　　　北緯37度9分30秒東經131度55分隠岐島ヲ距ル西北85浬ニ在ル無

　　　　人島ハ他國ニ於テ之ヲ占領シタリト認ムヘキ形跡ナク一昨36年本邦人
　　　　中井養三郎ナル者ニ於テ漁舎ヲ構ヘ人夫ヲ移シ猟具ヲ備ヘテ海驢猟ニ着
　　　　手シ今回領土編入竝ニ貸下ヲ出願セシ所此際所屬及島名ヲ確定スルノ必
　　　　要アルヲ以テ該島ヲ竹島ト名ツケ自今島根縣所屬隠岐島司ノ所管と為サ
　　　　ントス
　　　　右閣議ヲ請フ

島根縣の竹島告示、1905年2月22日は、以下の通りである。
　　　　　　北緯37度9分30秒東經131度55分隠岐島ヲ距ル西北85浬ニ在ル無人
　　　　島ハ竹島ト稱シ自今本縣所屬隠岐島司ノ所管と定メラル

5、隠岐

　隠岐諸島は、隠岐海峡を隔てて島根半島北方約50キロメートルのところにある。島後島が主島で、付属の小島は約180を数える。古代は隠岐国といわれ、遠流の島として知られた。中世には、国府尾城の隠岐氏が隠岐守護代として隠岐を支配した。隠岐守護代は出雲の京極氏や尼子氏が兼ねつつも、本人が渡海することはなかった。近世は京極氏や尼子氏の分国となり、のち幕府天領となり、天領の統治は出雲の松平氏に委ねられた。

　1868年神宮と庄屋の正義党が松江藩隠岐郡代を追放し、王制復古で隠岐は朝廷御料地になったと宣言し、自治を行った。松江藩は隠岐に出兵して一時、隠岐を奪回するが、鳥取藩が仲介して松江藩兵は撤退し、自治が復活し、明治政府は、鳥取藩に隠岐一時預かりとした[8]。1869年隠岐国は隠岐県となり、最終的に1876年島根県所属となった。

　これまで隠岐は、海史、地夫、周吉、隠地の4郡に分かれていたが、1888年島根県庁は郡制を廃止して隠岐島庁を設置し、1904年に西郷町、五箇村が設置された。1905年2月15日竹島の日本領が確認されて、のち竹島は五箇村の所属となった。2004年10西郷町、布施村、五箇村、都万村が合併して、隠岐の島町が

第5章 領土存在の確認

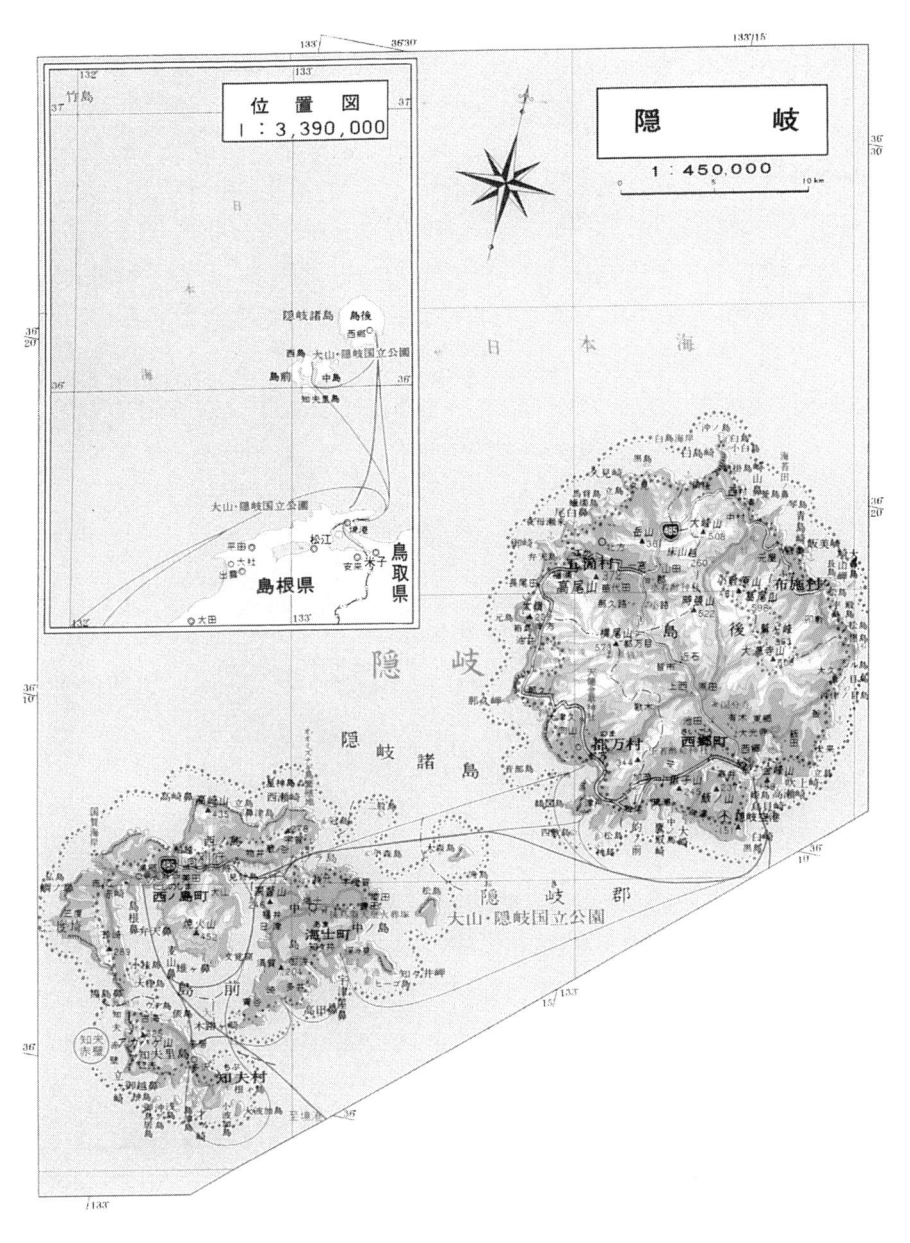

図5-5 隠岐

誕生した[9]。

　三澤喜左衛門撰『隠州往古以來諸色年略記』（1174年／宝暦11年）は、以下の記述に始まる。

1、隠岐國ハ伊弉諾命幷冊尊ノ四番目に産給フ洲ナリ　此洲二高さ四拾餘丈ノ木有リ此木ヲ天照大神御覧有テ美々ト名附ケ給フニヨリ御木國と云云故二式内銃六社ノ明神ノ御番二高天原ヨリ天降リ給フ故神代ナレハ大山ノ御鎮座ハ知レス　宮造リノ始ハ寶暦十一年迄千四百四十一年二成ル故二大山大明神ノ宮ハ當國營ノ始ナリ……

1、當國御支配ハ人王拾七代之帝之御宇武内ヨリ寶暦十一巳年マデ千四百四十五年二至ツ……

1、天平神護巳年ヨリ隠岐治郎右衛門様御支配の初ヨリ同年まで九百八十四年二成　承和元年三月二　小野篁左迂ニテ雲州三保關　廿七日二御着四月三日産保關ヨリ當國へ御來嶋　七日二海士郡豊田村ノ野田ト云所二住給フ初ヨリ同年迄九百十五年成ル

6、対馬

　対馬は、南北に細長い形状の対馬島、及び100を越える小島で構成され、九州本土の日本海西の入口に位置し、玄界灘と対馬海峡東水道（狭義の対馬海峡）を挟んで約132キロメートル、朝鮮半島へは対馬海峡西水道（朝鮮海峡）を挟んで約49.5キロメートルの距離にある。主島は、かつて1つの島だったが、地峡部分が1672年に大船越瀬戸で、1900年に万関瀬戸でそれぞれ開削され、細長い主島は南北3島に分離された。

　この対馬は縄文時代から九州北部と同一の文化圏にあり、『古事記』の建国神話には大八州の1つとして「津島」と記され、『日本書記』の国生み神話には「対馬洲」、「対馬島」として登場し、歴史的には朝鮮半島と倭国・倭人・ヤマトを結

第5章 領土存在の確認

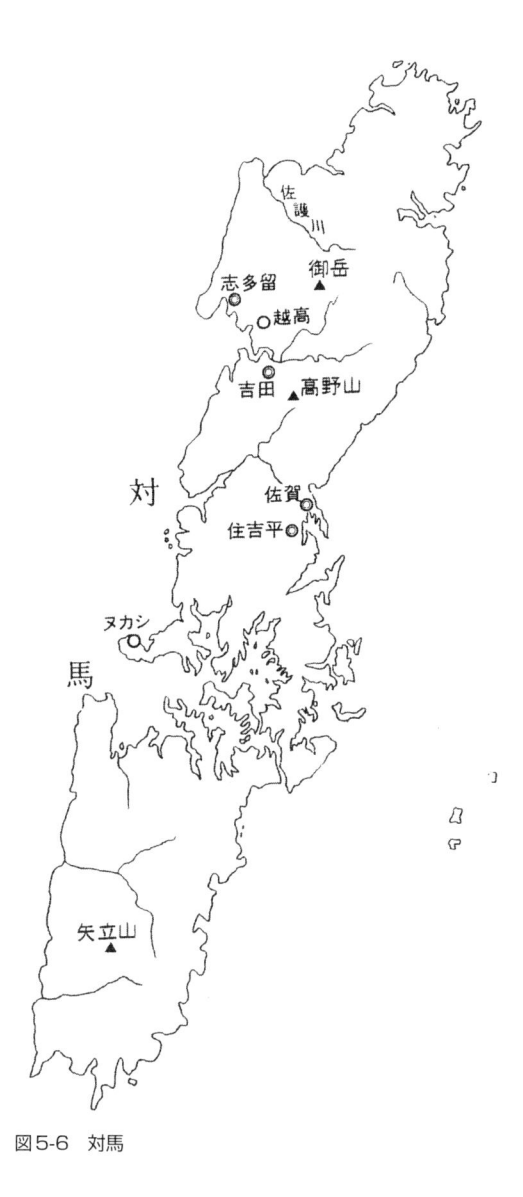

図5-6 対馬

ぶ交通の要衝であった。そして『魏志』倭人傳では、「対馬国」が倭の一部として登場する。大化改新で律令制が施行され、対馬には西海道に属する令制国として厳原に国府が置かれた。ヤマト政権では、朝鮮半島出兵の中継地となり、遣唐使も壱岐と対馬が航路の寄港地であった。

　鎌倉時代に、日本は2度、元とその属国高麗の侵略（元寇）を受け、対馬はその最初の攻撃目標となり、ここから宗と中央の統制が深まる一方、宗氏の領国支配が確立していった。1587年豊臣秀吉の九州平定で、宗義智は対馬守に任じられ、明治維新までその支配が続いた。そして、1889年対馬は、伊豆諸島、隠岐諸島、鹿児島県三島村、吐噶喇列島、奄美群島、沖縄と同様に、市制・町制が施行された[10]。

　対馬は九州の一部として統治された。民俗学的調査のため対馬を踏査した宮本常一は、対馬開発の遅れに胸を痛め、離島振興法の制定に奔走し、同法は1953年に成立した[11]。1952年頃から日韓片貿易が始まり、1961年の朴正熙のクーデタまで続いた。島の14町村は1956年までに6町村に再編され、この時代には、対馬近海は西日本屈指の漁場として栄えた。しかし、片道貿易が終息し、200海里問題での水産業の不信、さらに航空機時代の到来による人の往来低迷で、過疎化に入り、2004年3月対馬6町すべてが合併して対馬1市体制となった。

　対馬は、日本文化圏にあるが、依然、日韓交流の拠点である[12]。その一方、韓国では、対馬を自国領土とする主張が強い[13]。

7、硫黄島

　硫黄島は、東京都小笠原諸島南西の火山列島（硫黄列島）にあり、1922～80年に水蒸気爆発を繰り返した。この島の存在は、16～17世紀に欧米人によってその存在が確認されていたが、絶海の孤島のため、無主の地として放置されていた。1887年日本人による漁業や硫黄の採取が行われ、1891年9月硫黄列島と命名され、小笠原諸島の所轄となった。住民は内地からの移住者であったが、1944年太平洋戦争で住民全員1164人が引き揚げた。1945年に米軍が上陸し、硫

黄島の戦闘となり、陥落後は日本本土攻撃の基地となった[14]。1968年小笠原諸島の日本復帰とともに、小笠原支庁に帰属した。現在は、海上自衛隊が駐留し、電波燈台ロラン局に従事していた米沿岸警備隊は引き揚げた。そして、自然環境保護活動が実施されている[15]。

硫黄島勅令第190号、1891年9月9日は、以下の通りである。
　　　　東京府管下小笠原島南南西沖緯24度零分ヨリ同25度30分東経141度零分ヨリ同141度30分ノ間ニ散在スル三島嶼ヲ小笠原島ノ所属トシ其中央ニ在ルモノヲ硫黄島ト称シ其南ニ在ルモノヲ南硫黄島其二ニ在ルモノヲ北硫黄島ト称ス

8、中ノ鳥島

1908年4月発見届が提出され、7月北緯30度5分、東経154度2分に存在するガンジス島と称されていた島の東京府編入が決まった。1922年日本軍艦満州が島を測量し、1929年に水路部海図に沖ノ鳥島と記入され、1931年内務省告示で沖ノ鳥と明示され、東京府小笠原支庁に編入された。

1908年4月28日東京の山田禎三郎が発見届を提出し、7月22日の閣議で中ノ鳥島として、日本領となった。当時の『日本水路誌』（1900年）には、北緯30度47分、東経154度15分にガンジス島が存在するとあり、「他日確定スルノ必要アルヘキ」とされていた。そして、1932年世界地図にも北緯30度、東経155度付近にガンジス島が記入されており、1939年神祥丸の調査が実施され、1939～41年に気象測量所・燈台建設に着手した。しかし、太平洋戦争で中断されたまま、以来、再び発見することはできず、1943年海軍水路告示により日本海軍の機密水路図誌から削除された。但し、地図には記載が残り、1946年1月連合軍司令部の日本から除外される範囲の中には、「(a) 欝陵島、竹島、済州島、(b) 北緯30度以南の琉球（南西）列島、伊豆、南方、小笠原、硫黄群島、及び大東群島、沖の鳥島、南鳥島、中ノ鳥島を含む、その他の外廓の太平洋全島、(c) 千島列島、歯舞

群島…」と明記されていたものの、サンフランシスコ平和条約には言及はない。

山田禎三郎の小笠原島所属島嶼発見届、1908年4月28日は、以下の通りである。

　　拙者儀明治40年8月中北緯30度5分東經154度2分ノ所ニ於テ一島嶼を探檢シ其面積地質等左記諸項ノ如クシテ當然小笠原島所屬ニ屬スベキモノナルヲ發見致候間概略圖面相添ヘ此段御届申上候也
　　　1　該島ハ小笠原島ヲ距ル560哩ニシテ全島周圍1里25町ナリ
　　　2　島内全面積64萬3千7百坪
　　　3　地積8分通リ沍燐鑛推積シ其厚サハ平均6尺位ニシテ之ニ含有セル燐酸石灰は20パーセント乃至25パーセントナリ
　　　4　樹木ハタコノ樹1坪平均1本アリ稀ニカヤ樹ヲ見ル引用水ノ自然ニ湧出スルモノナシ
　　　5　鳥類ハ馬鹿鳥（白黒）一見数百萬里羽ヲ算ス
　　　6　該島ハ海圖ニ於ケルガンジスアイランド（Ganges I）ニ相當スト思惟ス
　　　7　探檢ノ上別紙圖面ノ如ク島内ヲ3分シ仮ニ小字を日向平、眞島山及西向平ト命名セリ
　　船付場所ハ西向平ニシテ之ヲ西湊と仮稱セリ
　　　　右
　　　　明治41年4月28日
　　　　　　　東京市小石川區諏訪町20番地
　　　　　　　　　　　　発見者　山田禎三郎

中ノ鳥島の東京府編入の閣議決定、1908年7月23日は、以下の通りである。

　　別紙内務大臣請議無人島名稱并所屬ニ關スル件ヲ審査スルニ右ハ東京市小石川區諏訪町山田禎三郎ナル者北緯30度5分東經154度2分即チ東京府小笠原島を距ル560哩ノ位置ニ於テ一島嶼ヲ發見シ海圖ノ「ガンヂスアイランド」ニ相當スル旨届出タルニ依リ行政上ノ所屬ヲ定メラレンコトヲ東

表5-1 日本に関係のある疑存島

島名	所在地	規模	行政管轄	備考
中ノ鳥島／ガンジス島	小笠原から560哩、北緯30度47分・東経154度15分	周囲6.7キロメートル、面積2.1平方キロメートル	1908年発見届 1908年小笠原帰属 1942年日本海軍、海図から削除	付近にガンジス礁の記述、北緯31度5分・東経154度16分 1828年9月米ジャーナリスト、疑存島の指摘 1910年代に水路部は確認できないと確認
新硫黄島／昭和硫黄島 福得岡ノ場	父島南方、北緯30度48分15秒／東経130度20分25秒	周囲5.6キロメートル	1914年現地確認	1904年12月出現、1905年に消滅 1986年1月出現、3月に消滅
アブレオジョス島／ラングディル島	沖大東島南西、北緯23度10分・東経129度25分45秒	周囲1.8キロメートル	1910年7月アベジョース島拝借願、10月アブレジョース島借地願 1911年政府編入見送り	1912年2月発見出来ない
イキマ島	南西諸島宮古島南方、北緯24度25分30秒・東経125度28分	面積10平方キロメートル	1909年陸地測量部「東亞輿地圖」 1906年地図から削除	
グランパス島／セバスティアン・ロボス島	火山列島と南鳥島の間、北緯25度10分・東経146度48分	2～3の小島	1885年水路部、確認 1900年8月水路部、海図から削除	

京府知事ヨリ上申セリ然ルニ水路部ニ於ケル日本水路誌ニハ北緯30度47分東経154度15分ニガンヂス島アリ一疑ハシトノ符號ヲ置ケル趣ニテ其ノ位置ニハ多少ノ差異アルニ依リ他日確定スルノ必要アルヘキモ帝國ノ版圖ニ屬スヘキハ論ナキヲ以テ自今該島ヲ中ノ鳥島と名ケ東京府小笠原廳の所管と為サムト云ウニ在リ

案スルニ發見ニ係ル島嶼ハ小笠原群島其ノ他我版圖ニ屬スル島嶼ソノ距ルコト甚タ遠ク且其ノ位置ニ付之ヲ判定スルモ當然我版圖ニ屬スルヘキモノト為スハ其ノ理由乏シキカ如シ然レトモ本島ニ關シテハ別紙海軍水路部長ノ回答書ニ在ルカ如ク從來其ノ位置及存否スヲ確定セサルモノニシテ勿論他國ニ於テ之ヲ占領シタリト認ムヘキ事實ナク帝國臣民山田禎三郎之ヲ發見シ實地踏査ノ上別紙發見届ヲ提出シ猶同島ニ於テ燐鑛採掘捕事業ヲ營マントスルモノナウニ於テハ之ヲ以テ國際法上占領ノ事實ト認メ該島ヲ本

邦所属屬トシ可然仍テ結局請議決定セラレ可然ト認ム
　　指令案
　　無人島名稱並所屬ニ關スル件請議ノ通

　中ノ鳥島があったとされる海域は水深5000メートルの火山帯で、それから500キロメートル離れた水深1万4000メートルの地帯には、4000メートル級の海底山が存在し、かつて列島であった可能性はないわけではない。だが、それだけではその存在を十分説明出来ないとすれば、南鳥島ではないかとされるが、双方の発見報告では、島の規模がまったく違う。太平洋海域はこうした幽霊島あるいは疑存島が存在している。

　中ノ鳥島が不存在と確定されたのは1972年であった。現在では、中ノ鳥島の存在は、詐欺事件の一部ではなかったかという説も有力である[16]。

　疑存島には、新硫黄島、福得岡ノ場、アブレオジョス島、ラングディル島、イキマ島などがある。

9、昭和硫黄島

　日本の領海内に火山活動で出現し、残存しているのは、小笠原諸島の西之島新島と昭和硫黄島である。この新硫黄島は、鬼界ケ島と呼ばれる硫黄島（薩摩硫黄島）の火山地帯にあり、薩摩半島南端より南約30キロメートル、薩摩硫黄島の東約2キロメートルの海上に位置し、面積0.07平方キロメートル、最高地点は24メートルの無人島である。

　この島が誕生したのは1934年9月で、12月新島が出現したのち、海水に水没し消滅したが、翌年1月再び出現し、3月硫黄島住民が新島に上陸し、1カ月で火山活動は終息した。現在も岩礁は存在し、鹿児島県鹿児島郡三島村に属し、薩摩硫黄島は上三島ともいわれる[17]。

図5-7　昭和硫黄島
（出所）海上保安庁資料（空中写真）

10、南鳥島

　小笠原諸島父島の南東1200キロメートルの西太平洋上に南鳥島の孤島があり、面積は約1平方キロメートル、周囲約6キロメートル、標高約9メートルの三角形の隆起サンゴ礁で成り立つ。1896年水谷新六が踏査し、アホウドリを採取し、漁業の目的で日本人が移住し、1898年7月小笠原島庁の所属となり、南鳥島と命名された。第二次世界大戦後、米軍政下に入り、1968年小笠原諸島とともに返還された。現在、海上自衛隊員、海上保安庁職員、気象庁観測員が滞在している[18]。

　南鳥島の東京府編入令、1898年7月1日は、以下の通りである。
　　　南鳥島ヲ東京府所屬小笠原島司ノ所管ト爲ス
　　　1898年7月1日閣議決定
　　　東京府告示第58号、1899年7月24日
　　　北緯24度14分東經154度ニ在ル島嶼ヲ南鳥島ト稱シ自今本府配屬と爲シ小笠原島々廳所管ニ屬セラル

11. 沖ノ鳥島

　沖ノ鳥島は、南硫黄島の南西約685キロメートルにあり、東西4.5キロメートル、南北約1.8キロメートルの楕円形の環礁である。ほとんどすべてが海面下で、北と東にある2つの岩礁が満潮時に約70センチメートル、海上に出現している。17世紀のスペイン人がその存在を確認し、島の大部分が海面下のために、帰属問題は起こらなかった。1565年スペイン船サンペドロ号によりパレセル・ヴェラ（帆のように見える）と命名され、のちオランダ船エンゲルス号によりエンゲルス礁と名付けられ、英国船イピゲネイヤ号によりダグラス・リーブと名付けられた。海軍司令部からの水上機基地建設の要求、1931年水路部の領土主権の確認要請で、内務省が同年6月その帰属を決定した。

　沖ノ鳥島の所属名称に関する閣議決定、1931年6月23日は、以下の通りである。

　　別紙内務大臣請議島嶼所屬名稱ニ關スル件ヲ審査スルニ右ハ北緯20度25分東經136度5分小笠原群島ノ南西約500浬ノ洋中ニ存在スル孤立礁ハ西歴1789年英国汽船「イフイゲニー」船長「ドウグラス」ノ發見ニ係リ通稱「ドウグラスリーブ」（「一名パレスヴェラ」）ト稱セラレアルモ地理上ヨリ見ルトキハ當然本邦の所屬タルモノト認ムルヲ相當トスルヲ以テソノ旨ヲ確認シテ之ヲ「沖ノ鳥島」ト名付ケ又之ガ行政區劃ハ從前ヨリ東京府ノ區域に屬シ東京府直轄タリシモノナルモ其ノ位置比較的小笠原群島ニ接近セルヲ以テ東京府小笠原支廳ノ所管ト為サント云フニ在リ
　　案ズルニ該島ハ東西2浬半南北半浬乃至1浬ノ珊瑚礁ニシテ小笠原群島ヲ距ツコト遠ク之ヲ小笠原群島ノトハ認メ難キモ他國ニ於テ占領シタル形跡ナク其ノ地理上ノ關係ヨリ云ヘバ我ガ版圖に所屬シ且東京府ノ區域ニ屬スルト見ルヲ相當ト認メラルルノミナラズ同島は軍事上漁業上将來重要ナル地點ナルヲ以テ今度ノ地域ガ本邦ノ所屬ナルコトヲ確認シ之ニ「沖ノ鳥島」ナル名稱ヲ附シ小笠原支廳ノ所管ト為スヲ相當ト思考ス仍テ請議ノ

通閣議決定セラレ可然と認ム
　　追テ本件ニ付テハ外務海軍拓務ノ3省トモ協議済ナリ
　　指令案
　　島嶼所屬名稱ニ關スル件請議ノ通

そしてさらに、1931年7月6日、以下の沖ノ鳥島布告がされた。
　　内務省告示163
　　　　大正15年6月内務省告示第82号府縣支廳ノ名稱、位置及管轄區域別表
　　　　中東京府小笠原支廳區域「中ノ鳥島」ノ下ニ「沖ノ鳥島」ヲ加フ
さらに、1940年3月30日、以下の沖ノ鳥島布告がされた。
　　勅令138
　　　　「小笠原島及伊豆七島」ヲ「伊豆七島中小島及び鳥島竝ニ小笠原島中硫
　　　　黄島、南硫黄島、南鳥島、中ノ鳥島及沖ノ鳥島」ニ改ム

　第二次世界大戦後、1952年4月米国の施政下に置かれ、1968年6月返還された。1987年海岸保全区に指定され、1988〜93年気象施設が設置され、北小島・東小島の保全工事が着工された。そして、2007年灯台の運用が開始された[19]。2005年以降、海洋政策研究財団により沖ノ鳥島再生計画が着手されている[20]。

12、奄美諸島

　奄美大島は最大の島で、『日本書記』に記述があり、貴海国に属し、琉球国とは異域であった。『平家物語』の記載でも、両者は別であった。鎌倉時代は北条得宗領で、1266年奄美群島から英祖王への入貢記録が『中山世鑑』にあるが、それは伝承とされる。琉球王国の成立で、徳之島が服属し、1466年に尚徳王が喜界ケ島を制圧し、1571年奄美大島の大親らを制圧し、同71年の戦闘では彼らは琉球王国の側で戦い、馬氏を賜った。以来、奄美大島は琉球による大島奉行の

統治となった。1609年島津家久が奄美大島、徳之島、沖永良部島、そして琉球を漸次、征服して以後、薩摩藩の直接統治に置かれた[21]。

　1945年9月米軍統治となり、1946年2月沖縄と一括統治に移った。同年10月臨時北部南西諸島政庁が成立し、1950年11月奄美群島民政府に改称された。この琉球からの分離直後に、奄美群島祖国復帰運動が展開され、小中学生が血判状を提出する事態ともなった。1952年10月吐噶喇列島が、続いて1953年12月奄美諸島は日本に復帰した[22]。

　奄美大島が日本に復帰後、沖縄の奄美群島出身者6万人は、戸籍上、外国人となり、公職追放ともなった。その差別の1つは、日本共産党指導下の奄美共産党の闘争に対する彼らの権利剥奪と沖縄への波及防止にあったとされている。

　なお、歴史的に日本の境界とされてきた喜界ケ島は、中世以来、琉球王国や薩摩藩の支配を受けてきている一方、流刑地として鬼界ケ島の伝説がある。喜界ケ島は火山島でないため、鬼界ケ島は火山島の硫黄島であるとみる方が正しい。喜界ケ島には、『平家物語』にある鬼界ケ島に流された逸話の俊寛像がある。太宰府で南蛮人と言及されているのは、喜界ケ島人のことである。喜界ケ島は、奄美群島の他の島嶼とともに米軍政に入り、1953年日本に復帰した[23]。

図5-8　奄美諸島

13、吐噶喇列島

　トカラ列島は、南西諸島の鹿児島県の薩南に属する諸島群で、北緯29度8分、東経29度13分から北緯29度59分30秒、東経129度55分1秒の間、屋久島と奄美大島の間の約160キロメートルに散在する。その列島は、面積101.35平方キロに及び、総周囲は148.53キロメートルである。日本最大の距離のある村で、住所の名称は鹿児島県鹿児島郡十島村、人口は600人に満たない。有人島7島、無人島5島で、以下の通りである。

　口之島（有人島）
　臥蛇島（無人島）
　小臥蛇島（有人島）
　中之島（有人島）
　平島（有人島）
　諏訪之瀬島（有人島）
　悪石島（有人島）
　小島（無人島）
　小宝島（有人島）
　宝島（有人島）
　上ノ根島（無人島）
　横当島（無人島）

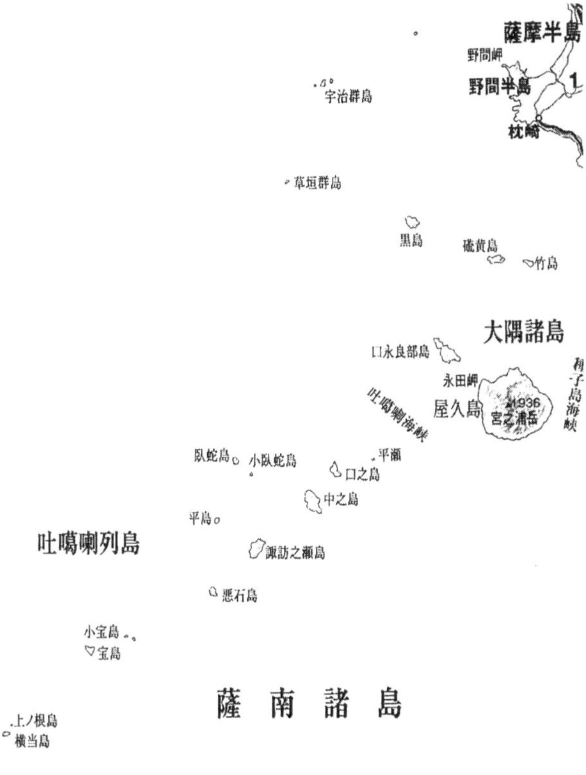

図5-9　吐噶喇列島

トカラ列島は、南方文化の姿と生活を残し、日本文化の原型を提供している。『続日本書紀』の699年8月19日に「度感」とある。地目の由来は、「沖の海原」とされ、本土の認識のなかにあった。1946年2月北緯30度以南が米軍政下に入り、奄美と同一軍政へ移行し、1951年12月琉球臨時政府にも組み込まれた。1952年7月下七島が十島村として日本に復帰した。1956年村役場は鹿児島市へ移転した[24]。

吐噶喇列島の返還文書、1951年12月5日の抜萃は、以下の通りである。
    3、日本政府は、連合軍最高司令官の権威の下にあるこれら列島に対する統治・行政管轄権を回復するよう指示する。

吐噶喇列島を奄美群島管轄とした米国政府の行政管轄権に関する北部境界変更文書、1951年12月10日の抜萃は、以下の通りである。
    1、琉球諸島米国民生府の北部境界線は、1951年11月14日以降、北緯29度に定められた旨、琉球諸島民政府副長官から、当地民政府に公式通牒があった。
    2、奄美群島のうち、北緯29度と30度の間に在る地域は、連合軍最高司令官の行政管轄下に置かれる。
    3、……

14、大東島

沖縄諸島の東部、約40キロメートルの太平洋上にある北大東島、南大東島、及び無人島の沖大東島で大東諸島が構成され、通称大東島といわれ、沖縄県島尻郡北大東村に属する。明治期に開拓団が入植するまでは、無人島であった。1630年頃、オランダの地図に南大東島がアムステルダムの名で登場していたが、琉球人の間では遥か東方の大東島、ウファガリジマと呼ばれていた。1820年ロシア人ポチフィディンが大東諸島を発見し、ボロジノ諸島と言及され、現在の欧

米地図ではボロジノ諸島が使用される。

　大東島は1885年日本領土となった。1900年八丈島から玉置半右衛門らの入植が開始され、そのサトウキビ栽培は玉置商会から東洋製糖、大日本製糖へと引き継がれ、島の機能は町村制によらず、企業による島の自治にあった。沖大東島は、1900年に日本管轄となった[25]。

　沖大東島の呼称と所属の内務大臣訓令、1900年9月26日は、以下の通りである。
　　訓第913號
　　　北緯24度32分30秒東經131度19分ニ在ル島嶼ヲ沖大東島ト稱シ自今其縣島尻郡大東島ノ區域ニ編入ス此ノ旨管内ニ告示セラルヘシ

　1942年日本軍が駐屯し、1944年戦況の悪化で強制疎開となった。1919年建立の南大東島の大東寺は、1945年4月米軍の激しい空爆で消失した。大東島は1946年米軍政となり、1972年沖縄返還で日本に復帰した。南大東島は現在も会社の所有地で、製糖工場がすべての公共機関を運営する特殊な自治体制にあった。北大東島は、戦争末期に農業労働者が島を離れており、1946年米軍政下に製糖会社の統治から村制へ移行し、1972年沖縄とともに日本に復帰した。

　沖大東島は、ラテン語で「平坦なラサ」という意味のラサ島である。隆起珊瑚礁の無人島で、ラサ工業の所有地であるが、現在は、在日米軍の沖大東島射撃場となっており、一般人の立入りはできない。島のほとんどが鳥の糞と珊瑚の石灰質が化学変化した燐鉱石（グアノ）である。

　沖大東島の歴史は、以下の通りである。
　1543年スペイン人B・デ・ラ・トーレ、大東諸島発見。
　1807年フランス軍艦カノニエル号、ラサ島の命名。
　1885年7月15日沖縄県、大東島調査命令、9月3日調査報告。
　1900年沖大東島、日本編入。
　1906年大東諸島開拓団（玉置半右衛門）、15年間の無償開拓許可、沖大東島で

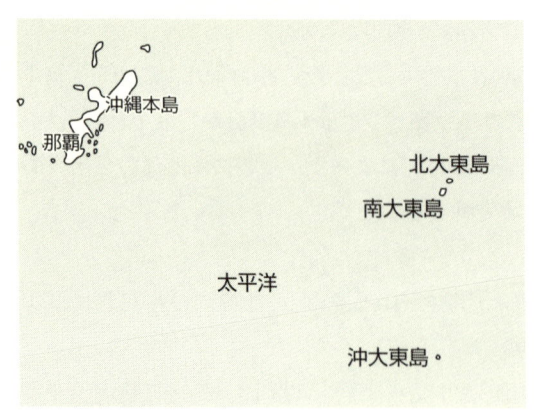

図5-10　大東島

は開拓されていない。

1907年農商務省元官吏恒藤規喬、資源調査、燐鉱席採掘。

1911年ラサ島燐鉱合資會社設立、操業、1929年世界恐慌で中止。

1941年太平洋戦争で採掘再開。

1945年資源枯渇と米軍攻撃で、民間会社関係者引揚げ。

1956年沖大東島射撃場設置、全島が米海軍管理、1958年射撃場使用。

1972年日本に返還、北大東村編入、1973年ラサ工業の所有地を確認、引続き射撃場使用。

2012年沖大東島西部沖合の岩礁、南西小島と命名。

大東島調査命令、1885年7月15日は、以下の通りである。
　　　沖縄縣大書記官守長魏
　　　大東島巡視取調要綱の儀に付伺
　　　　沖縄縣近海無人島巡視取調可き御内命を蒙り候就ては海軍省の都合を以て來る明治19年1月中旬会可致に付該取調に係る要綱を掲げ予め御式を請置度此段伺候也
　　　1　大東島經緯度取調の件

2　同島の幅員地勢禽獣草木物産気候将來人民居住に敵するや否や取調べ

　3　同島は無人島と稱するも數十年前鹿児島藩琉球在番官田代源之丞漂流せりと言ふ右に付き本人の所置に關する件

　4　同島を沖縄縣管下と定め名稱は從來稱呼に處り大東島と唱へ國標を建設すること

　5　漂流民あらば之が處置

　6　外人占領し居らば之に對する處置

　7　經費に關スル處置

明治48年8月1日

　書面具状の趣其縣雇人汽船を以て巡視可致其他佐の通り可心得事
　第1條當度巡視の際は其議の及ばず
　第2條第3條第6條申出の通り
　第4條申出の通り尤も開拓漁業等なし得べき場所可成詳細取調ぶべし

沖大東島の沖縄県編入文書、1900年9月20日は、以下の通りである。

　沖縄縣島尻郡大東島を距ル南87海里ニ在ル無人島ヲ沖大東島ト名ツケ同郡大東島ノ區域ス

1900年9月20日閣議決定

　別紙内務大臣請議ノ件ヲ審査スルニ北緯24度32分30秒東經131度19分沖縄縣島尻郡南大東島ニ距ル南、約7海里ニ在ル無人島ハ地理上本邦ノ所屬タルヘキは疑ナキ所ナリ然ルニ今回新幡縣中頸城郡中村什作ナル者客年6月該島2回航シ島内ヲ探檢ノ本該島借用ノ儀ヲ願出タルニ依リ曾テ無人島南鳥島ヲ東京府管下小笠原の所管に屬セシメラレタルノ先例ニ倣ヒ此ノ際島名ヲ沖大東島ト名ツケ沖縄縣島尻郡大東島ノ區域ニ編入セムト謂フニ在リテ充當ノ儀ト思考ス依テ請議ノ通閣議決定セラレ可然ト認ム

15、尖閣諸島

　尖閣諸島は先占の法理で日本が領有した領土で、沖縄県の管轄にあり、1900年代初葉を通じ、古賀村（現在は石垣市）にあって、魚釣島（釣魚島）では住民の生産活動があり、私有地であった。久場島（黄尾嶼）は私有地であるが、開発されたことはなく、戦後は、米軍演習場であった。他の小島5つは、農地の2つは私有地で、3つは登記がなく、そのいずれも利用できる状況にない[26]。

　尖閣諸島の概要は、以下の通りである。
　魚釣島　琉球名ユクン、ヨコンジマ、ユクンジマ、別名魚釣台、和平山、和洋島、ホアビンス島、中国名釣魚島。
　　北緯25度45分～46分、東経123度30分～32分。東西3.5キロメートル、面積3.8平方キロ、周囲1万1128メートル。
　　旧地番　八重山大濱間切登野城（グスク）村、現沖縄県石垣市字登野城2392番、元所有者古賀善次。
　久場島　琉球名クバシマ、こうびしょう、別名チアウス島、中国名黄尾嶼。
　　北緯25度55分、東経123度40分～41分、面積0.87平方キロ、周囲3491

図5-11　尖閣諸島

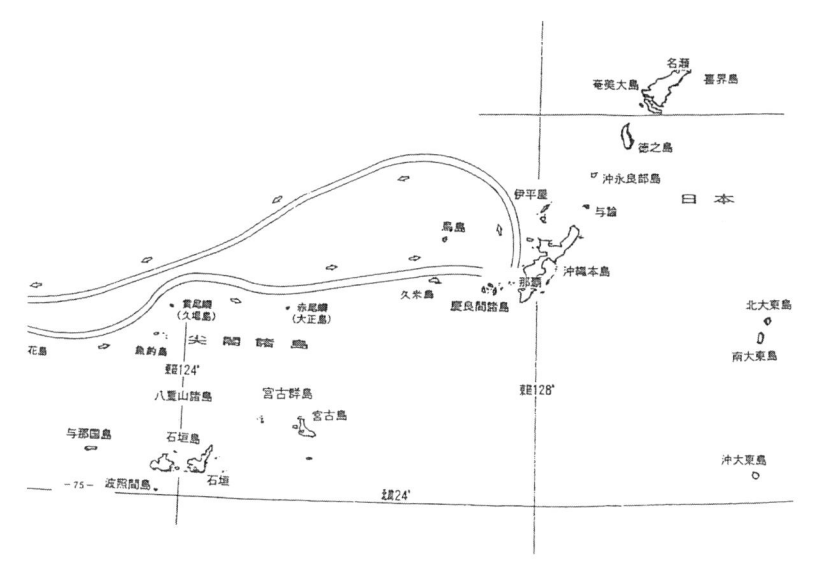

図5-12　中国—琉球航路図
(出所)浦野起央『尖閣諸島・琉球・中国—日中関係史—分析・資料・分析』三和書籍、2002年、増補版2005年、56頁。

　　メートル。
　　旧地番　八重山大濱間切登野城（グスク）村、現沖縄県石垣市字登野城久名
　　島2393番、元所有者古賀善次。
　大正島　琉球名クミアカシマ、せきびしょう、別名久米赤嶋、ラレー岩、中国
名赤尾嶼。
　　北緯25度53分、東経124度34分〜35分。面積0.05平方キロ、周囲980メー
　　トル。
　　旧地番　八重山大濱間切登野城（グスク）村、現沖縄県石垣市字登野城大正
　　島2394番、官有地。
　北小島　琉球名シマグワー、別名鳥島。
　　北緯25度44分〜45分、東経123度35分。面積0.31平方キロ、周囲3120
　　メートル。
　　旧地番　八重山大濱間切登野城（グスク）村、現沖縄県石垣市字登野城北小

島2391番、元所有者古賀善次。
南小島　琉球名シマグワー、別名鳥島。
　北緯25度44分、東経123度35分。面積0.35平方キロ、周囲2610メートル。
　旧地番　八重山大濱間切登野城（グスク）村、現沖縄県石垣市字登野城南小島2390番、元所有者古賀善次。
沖ノ北岩　中国名黄麻嶼。
　北緯25度48分、東経124度36分。面積0.05平方キロ、周囲810メートル、海抜24メートル。
　地番　土地台帳に記載はない、官有地。
沖ノ南岩　別名Pinacle。
　北緯25度47分、東経123度37分。面積0.01平方キロ、周囲420メートル、海抜5メートル。
　地番　土地台帳に記載はない、官有地。
飛瀬
　北緯25度45分、東経123度33分。面積0.01平方キロ、周囲390メートル、海抜3.4メートル。
　地番　土地台帳に記載はない、官有地。
沖ノ北岩、　沖ノ南岩、及び飛瀬は、上陸は危険とされる。

　この島嶼は、かつて中国と琉球の間での冊封琉球の往来ルートにあって、よく知られたところであった[27]。
　戦前は私有地として利用され、戦後は、米軍の支配となり、1972年に日本に戻った。1970年代以降、石油資源の埋蔵が確認され、その領有権論争となった[28]。
　その関連した事項の経過は、以下の通りである。
　1859年大城水保、魚釣島・黄尾嶼・赤尾嶼上陸。
　1879年3月31日松田道之処分官、首里城接収。
　　　　4月4日廃藩置県の布告、沖縄県設置。

7月14日日本政府、冊封停止措置。
1884年3月古賀辰四郎、尖閣諸島を巡航、黄尾嶼上陸、アホウ鳥羽毛採取。
1885年1月内務省、沖縄県に対し尖閣諸島調査命令。
　　9月6日申報記事「台湾警信」。
　　9月21日沖縄県職員石澤兵吾、久米赤嶋・久場島・魚釣島調査、11月4日報告書提出。
　　10月9日内務卿山縣有朋、久米赤嶋・久場島・魚釣島の所轄決定と国標建設につき太政大臣あて上申、文書「久米赤嶋・久場島・魚釣版図編雄経緯」作成。
　　10月21日沖縄県令西村棄三、出雲丸による尖閣諸島調査、11月2日報告。
　　11月5日政府中央、沖縄県に対し国標建設不用の回答。
1887年6月日本軍艦金剛、宮古島・八重山島・尖閣諸島調査。
1890年1月13日沖縄県知事、久米赤嶋・久場島・魚釣島の所轄決定と国標建設を認めるよう上申。
1891年井沢矢喜太、魚釣島・久場島でアホウ鳥羽毛採取。
1893年1月2日沖縄県知事、久米赤嶋・久場島・魚釣島の所轄決定と国標建設を認めるよう上申。
　　永井喜右衛門太・松村仁之助、黄尾嶼でアホウ鳥羽毛採取、野田正、魚釣島・黄尾嶼上陸は失敗。
1894年8月1日日清戦争。
　　12月27日内務大臣、国標建設で外務大臣と協議、1995年1月11日、外務大臣、同意。
1895年1月14日閣議、尖閣諸島の沖縄県所轄及び国標建設の決定、21日沖縄県へ通達。
　　3月30日日清交渉、休戦条約調印、4月17日下関講和条約調印、5月8日批准書交換。
　　5月25日台湾島民、台湾独立宣言。

5月29日日本軍艦、台湾遠征のため尖閣諸島付近に集結、6月2日台湾受渡し公文成立、7日日本軍、台北占領。

6月14日古賀辰四郎、4島借用願提出、1896年9月許可、1897年開発に着手、1918年8月辰四郎死去、善次が事業継承、1932年4島払下げ申請、3月31日許可。

1896年3月5日日本政府、勅令により編入措置、沖縄県知事、尖閣諸島を八重山郡に編入、魚釣島・久場島・南小島・北小島を国有地と決定。

1900年5月3日～20日古賀辰四郎、永康丸を尖閣諸島に派遣、現地調査。

1901年5月臨時沖縄県土地整理事務局、実施調査、1903年10月21日調査完了。

1914年4月、1915年5月海軍水路部、測量船派遣、実測調査。

1921年7月25日政府、久米赤島を国有地と決定。

1945年4月1日米軍、沖縄上陸、7月日本政府の行政権限停止、1950年8月4日尖閣諸島を含む群島組織法公布。

1953年12月19日米民政府、尖閣諸島を含む琉球列島の地理的境界再指定。

1970年5月15日尖閣諸島を含む沖縄返還協定調印、1972年5月15日発効。

1978年3月古賀善次、妻花子が栗原國起に遺産継承の確認、1988年1月花子死去、栗原國起が遺産継承

2012年9月11日国有化。

尖閣諸島の編入に関する閣議決定、1895年1月14日は、以下の通りである。

別紙内務大臣請議沖縄縣下八重山群島ノ北西ニ位スル久場島魚釣島ト稱スル無人島へ向ケ近來漁業等ヲ試ムルモノ有ノ為メ取締ヲ要スル件ニ付テハ同島の儀は沖縄縣の所轄ト認ムルヲ以テ標杭建設ノ儀全縣知事上申ノ通許可スヘシトノ件ハ別ニ差支モ無之ニ付請儀ノ通ニテ然ルヘシ

指令案

標杭建設ニ關スル件請儀ノ通

標杭建設ニ關スル件

……

琉球の日本返還をめぐって、台湾を含む、中国は旧冊封国であったことから中国への返還要求が起こった。日本青年社は1978年8月釣魚島に燈台を建設した。これに対し1990年10月香港と台湾の保釣運動突撃隊による魚釣島上陸事件が起きた。中国は、その主権要求を放棄していない[29]。

[注]

1) 浅沼悦太郎『三宅島歴史年表──附・伊豆諸島』六人社、改訂増補版1961年／島の新聞社、1974年。
　金山正好編（代官三河口太忠）『伊豆諸島巡検記録集』緑地社、1976年。
　八丈町役場編『八丈島』千曲秀版社、1986年。
　小笠原村編『小笠原』千曲秀版社、1986年。
　（東京都）総務局行政部地域振興課編『伊豆諸島／小笠原諸島の概要』総務局行政地域振興課、1988年。
　伊豆諸島・小笠原諸島民俗誌編集委員会編『伊豆諸島・小笠原諸島民俗誌』ぎょうせい、1993年。
　斎藤潤『東京の島』光文社新書、光文社、2007年。
　『島もよう──TOKYO　ISLANDS・大島、利島、新島、式根島・神津島』エスプレ、2011年。

2) 望月雅彦「玉置半右衛門と鳥島開拓──明治期邦人の南洋進出の観点から」南島史学、第40号、1992年。
　長谷川博「鳥島」、加藤陸奥雄・他監修『日本の天然記念物』講談社、1995年。
　石原俊「自由な帝国の臨界──世紀転換期の「南洋」をめぐる言説と実践を焦点に」京都社会学年報、第13号、2005年。

3) 奥原碧雲『竹島及鬱陵島』報光社／前田得一、1907年／ハーベスト出版、2005年。
　松岡布政、佐伯元吉編『伯耆民談記』横山敬次郎書店、1927年／萩原直正校註、因伯文庫、日本海新聞社、1960年。
　速水保孝『竹島漁業の変遷』外務省アジア局第二課、1953年。
　田村清三郎『島根県竹島の新研究』島根県総務部総務課、1965年、復刻版1996年。
　川上健三『竹島の歴史地理学的研究』古今書院、1966年。
　大熊良一『竹島史稿──竹島（独島）と鬱陵島の文献史的考察』原書房、1968年。
　中村榮孝『日鮮関係史の研究』吉川弘文館、1969年。
　堀和生「1905年日本の竹島領土編入」、『朝鮮古代史の争点』朝鮮史研究会論文集第24巻、

145

朝鮮史研究会、1987年。

島根県竹島問題解決促進協議会『竹島　かえれ島と海』島根県竹島問題解決促進協議会、1992年。

島根県／竹島・北方領土返還要求運動島根県民会議『竹島　かえれ　島と海』島根県、2006年。

北島正道『竹島考證』国立公文書館内閣文庫、エムティ出版、1996年。

島根県総務部総務課『竹島関係資料集』2冊、島根県総務部総務課。

　　第1集　『近世地方文書』2010年。

　　第2集　『島根県所蔵行政文書』2011年。

国立公文書館内閣文庫外務省記録『竹島関係文書集成』エムティ出版、1996年。

梁泰鎮編『獨島研究文献輯』ソウル、景仁文化社、1998年。

牧野愛博『尖閣・竹島・北方四島──領土問題テキストブック』朝日新聞社総合研究センター調査研究室、1998年。

大西俊輝『日本海と竹島──日韓領土問題』2冊、東洋出版、2003年。

竹島問題研究会編『竹島問題に関する調査研究　中間報告書』竹島問題研究会、2006年。

小簑清明『坂本龍馬と竹島開拓』新人物往来社、2009年。

4) 鄭麟趾・他奉教撰『高麗史』139巻・70冊、江戸中期／3冊・索引計4冊、國書刊行會、1908─09年、1977年／延世大學校東方研究所編、ソウル、延世大學校出版部、1961年／金鍾權訳『完譯高麗史』ソウル、凡潮社、1963年／『高麗史』3冊、台北、文史哲出版社、1972年／3冊、ソウル、亞細亞文化社、1972年／韓國學文献研究所編、3冊、ソウル、延世大學國學研究所、1981年。

5) 田保橋潔「鬱陵島──その発見と領有」青丘學叢、第3号、1931年。

上地龍典『尖閣列島と竹島──中国・韓国との領土問題』教育社、1978年。

池内敏「解体期冊封体制下の日朝交渉──7～19世紀の欝陵島海域を素材に」、朝鮮史研究会編『日朝関係史への新しい視点』朝鮮史研究会論文集第41巻、朝鮮史研究会、2003年。

池内敏『大君外交と「武威」──近世日本の国際秩序と朝鮮観』名古屋大学出版会、2006年。

宋炳基、朴炳渉訳『竹島（独島）・欝陵島歴史研究』新幹社、2009年。

6) 外務省条約局編『竹島の領有』外務省条約局、1953年。

梶村秀樹「竹島＝独島問題と日本国家」朝鮮研究、第182号、1978年／梶村秀樹著作集第1巻、明石書店、1992年。

塚本孝「サンフランシスコ条約と竹島──米外交文書集より」レファレンス、1983年6月号。

塚本孝「竹島関係旧鳥取藩文書および絵図」上・下、レファレンス、1985年4月号、5月号。

塚本孝「竹島領有権問題の経緯」調査と情報、第244号、1994年。

塚本孝「平和条約と竹島（再論）」レファレンス、1994年3月号。

金東祚、林建彦訳『韓日の和解』サイマル出版会、1993年。

梁泰鎮『韓國の領土管理政策に関する研究——周辺國との領土問題を中心に』ソウル、韓國行政研究院、1996年。

鄭一永・朴椿浩編『韓日關係國際法問題』ソウル、韓國文蘭／百想財團、1998年。

芹田健太郎『島の領有と経済水域の境界画定』有信堂高文社、1999年。

愼鏞廈『獨島領有權に對する日本主張批判』愼鏞廈著作集第38巻、ソウル、知識産業社、2001年。

岩下明裕編『国境・誰がこの線を引いたのか——日本とユーラシア』北海道大学出版会、2006年。

福原裕二「竹島／独島研究における第三の視角」、上田崇仁・他編『交渉する東アジア——近代から現代まで・崔吉城先生古稀記念論文集』風響社、2010年。

7) 内藤正中『竹島（鬱陵島）をめぐる日朝関係史』多賀出版、2000年。

内藤正中・金炳烈『竹島＝独島論争　歴史史料から考える』新幹社、2007年。

内藤正中・朴炳渉『竹島＝独島問題入門——日本外務省『竹島』批判』新幹社、2008年。

8) 内藤正中・他『隠岐国維新史——隠岐騒動の再評価』山陰中央新報社、1986年。

松本健一『隠岐島コミューン伝説』河出書房新社、1994年。

9) 島根縣隠岐支廳内隠岐島誌編纂係編『隠岐島誌』島根縣隠岐支廳、1933年／名著出版、1972年／臨川書店、1987年。

隠岐郷土研究会編『隠岐島史料』4冊、隠岐郷土研究会、1963年。

萩原彦太郎『隠岐島誌梗概』島根縣立隠岐高等女學校學友會、1931年。

田中豊治『隠岐——島嶼経済の構造と変貌』ぎょうせい、1977年。

田中豊治『隠岐の歴史地理学的研究』古今書院、1979年。

永海一正『隠岐の歴史』今井書店、改訂版1986年。

小坂勝昭編『離島「隠岐」の社会変動と文化——学際的研究』御茶の水書房、2002年。

10) 金城霽編『對島外寇史料』金城霽、1895年。

松尾鐵次編『對馬近代史』對馬日日新聞社、1930年。

新対馬島誌編集委員会『新対馬島誌』新対馬島誌編集委員会、1964年。

長崎県史編集委員会『長崎県史　藩政編』吉川弘文館、1973年。

永留久恵『古代史の鍵・対馬——日本と朝鮮を結ぶ島』大和書房、1975年。

佐藤隼人『戦後対馬三十年史』対馬新聞社、1983年。

長節子『中世日朝関係と対馬』吉川弘文館、1987年。

木村著也「文久3年対馬援助要求運動について——日朝外交貿易体制の矛盾と朝鮮進出論」、田中健夫編『日本前近代の国家と対外関係』吉川弘文館、1987年。

山本博文『対馬藩江戸家老——近世日朝外交をささえた人びと』講談社、1995年／講談社学術文庫、講談社、2002年。

泉澄一『対馬藩の研究』関西大学出版部、2002年。

ヒョン・ミョンチョル『19世紀後半の對馬洲と韓日關係』ソウル、國學資料院、2003年。

鶴田啓『対馬からみた日朝関係』山川出版社、2006年。
佐伯弘次『壱岐・対馬と松浦半島』吉川弘文館、2006年。
荒木和憲『中世対馬氏領國と朝鮮』山川出版社、2007年。
田代和生『日韓交易と対馬藩』創文社、2007年。
木村直也「移行期の相克――幕末における対馬の"位置"、近代日本と千島アイヌ」、浪川健治、デビッド・ハウエル、河西英通編『周辺史から全体史へ――地域と文化』清文堂出版、2009年。
関周一『対馬と倭寇―境界に生きる中世びと』高志書院、2012年。

11) 宮本常一『対馬漁業史』宮本常一著作集第28巻、未来社、2008年。
宮本常一『壱岐・対馬紀行』宮本常一著作集第15巻、未来社、2009年。

12) 嶋村初吉編『対馬新考――日韓交流「宝の島」を開く』梓書院、2004年。

13) 李炳銑『對馬島は韓國の屬島だった――地名考證のための關係史研究』ソウル、以會文化社、2005年。
長崎文献社編『対馬――朝鮮外交への道・海神の島大陸交流のかけ橋』長崎文献社、2009年。

14) 防衛庁防衛研修所戦史室『中部太平洋陸軍作戦』第2巻ペリリュー・アンガウル・硫黄島、朝雲新聞社、1968年。
防衛庁防衛研修所戦史室『沖縄・臺灣・硫黄島方面陸軍航空作戦』朝雲新聞社、1970年。
堀江芳孝『硫黄島――激闘の記録』光文社、1973年。
越村敏雄『硫黄島守備隊――戦争と人間の記録』現代史出版会、1978年。
ビル・D・ロス、湊和夫監訳『硫黄島――勝者なき死闘』読売新聞社、1986年。
ジェイムズ・ブラッドリー＆ロン・パワーズ、島田三蔵訳『硫黄島の星条旗』文春文庫、文藝春秋、2002年。
五百旗頭真「硫黄島の戦をめぐって」、村井友秀・真山全編『現代の国際安全保障』明石書店、2007年。
多田実『硫黄島玉砕――海軍学徒慟哭の記録』朝日文庫、朝日新聞出版、2008年。
ロバート・D・エルドチッヂ『硫黄島と小笠原をめぐる日米関係』南方新社、2008年。
栗林忠道『栗林忠道 硫黄島からの手紙』文春文庫、文藝春秋、2009年。

15) 環境庁自然保護局編『南硫黄島の自然――南硫黄原生自然環境保全地域調査報告書』日本野生生物研究センター、1983年。
東京都総務局多摩島しょ対策部編『硫黄島及び北硫黄島視察調査報告書』東京都、1986年。

16) 長谷川亮一「幻の日本領。中ノ鳥島をめぐるミステリー」中央公論、204年10月号。
長谷川亮一『地図から消えた島々――幻の日本領と南洋探検家たち』吉川弘文館、2011年。

17) 団伊政磨監修『にっぽん島の旅5沖縄・薩南の島々』中央公論社、1984年。

18) 竹下源之介「南鳥島占領秘話――米の野望砕いた水谷新六」週刊朝日、1943年9月12号。
野呂恒夫「南鳥島について」測候時報、第25号、1958年6月

手塚豊「南鳥島先占前後の一考察」法學研究、第36巻第1号、1963年。
松本利秋「硫黄島・南鳥島で働く隊員」Securitarian、第456号、1997年1月。

19) 長岡信治「南鳥島及び沖ノ島の地形と地質」小笠原研究年報、1987年。
山本浩一『日本人が行けない「日本領土」──北方領土・竹島・尖閣諸島。南鳥島・沖ノ鳥島上陸記』小学館、2007年。
山本浩一『誰も見たこともない日本の領土DVD──尖閣・竹島・北方四島・南鳥島・沖ノ鳥島・対馬・与那国島 – 報道写真家・山本浩一20年の軌跡』別冊宝島、宝島社、2011年。
沖ノ鳥島災害復旧工事誌編集委員会『沖ノ鳥島災害復旧工事誌』建設省関東地方建設局京浜工事事務所、1994年。

20) 海洋政策研究財団『沖ノ鳥島再生計画』海洋政策研究財団、2004年。
海洋政策研究財団『沖ノ鳥島再生に関する調査研究報告書』海洋政策研究財団、2005年。
海洋政策研究財団『沖ノ鳥島の維持再生に関する調査研究報告書』海洋政策研究財団、2006年。
海洋政策研究財団『沖ノ鳥島の維持再生に関する調査研究報告書平成18年度』海洋政策研究財団、2007年。
海洋政策研究財団『沖ノ鳥島の維持再生に関する調査研究報告書平成19年度』海洋政策研究財団、2008年。
海洋政策研究財団『沖ノ鳥島の維持再生に関する調査研究報告書平成20年度』海洋政策研究財団、2009年。

21) 永井龍一『藩治時代諸布令──奄美大島』山元徳二、1933年。
昇曙夢『大奄美史──奄美諸島民俗誌』奄美社、1949年／原書房、1975年／南方新社、2009年。
昇曙夢『奄美の島々　文化と民俗』奄美社、1963年。
自治庁『奄美群島復興関係法令資料』自治庁、1956年。
奄美群島振興信用基金『創立10年のあゆみ』奄美群島振興信用基金、1965年。
東京都総務局行政部『奄美群島関係条約及び法令』東京都総務局行政部、1968年。
皆村武一『奄美近代経済社会論』晃洋書房、1988年。
皆村武一『村落共同体　崩壊の構造──トカラの島じまと臥蛇島無人島への歴史』南方新社、2006年。
山里純一『古代日本と南島の交流』吉川弘文館、1999年。
宮下正治『聖堂の日の丸──奄美カトリック迫害と天皇教』南方新社、1999年。
中村明蔵『薩摩民衆支配の構造』南方新社、2000年。
義高之『奄美夜話』南方新社、2001年。
南海日日新聞社編『それぞれの奄美論・50──奄美21世紀への序奏』南方新社、2001年。
名越護『南島雑話──名越左源太の見た幕末の奄美』南日本新聞社、2002年。
赤嶺守『琉球王国』講談社、2004年。
豊見山和行『琉球王国の外交と王権』吉川弘文館、2004年。

「奄美学」刊行委員会編『奄美学——その地平と彼方』南方新社、2005年。

吉成直樹・福寛美『琉球王国誕生』森話社、2007年。

22) 沖縄小笠原返還同盟奄美支部『日本人は日本に帰せ——奄美の祖国復帰運動の記録』名瀬、沖縄小笠原返還同盟奄美支部、1966年。

崎田実芳『米軍政の鉄壁を越えて——私の証言と記録でつづる奄美の復帰運動史』奄美瑠璃懸巣之会、1997年。

奄美大島日本復帰協議会編『日本復帰に関する請願・最終草案・祝電』名瀬、鹿児島県立図書館奄美分館、2002年。

間弘志『全記録——分離期・軍政下時代の奄美復帰運動、文化運動』南方新社、2003年。

鹿児島県教育庁大島教育事務局祖国・復帰十周年記念誌刊行委員会編『戦後の奄美の教育——祖国復帰10周年記念誌』鹿児島県教育庁大島教育事務局祖国・復帰十周年記念誌刊行委員会、1965年。

藤原南風『新奄美史——奄美祖国復帰25周年記念版』2冊、奄美春秋社、1980年。

ロバート・D・エルドリッチ『奄美返還と日米関係——戦後アメリカの奄美・沖縄占領とアジア戦略』南方新社、2003年。

佐竹京子編『軍政下奄美の密航・密貿易』南方新社、2003年。

日本共産党奄美地区連合会編『奄美の烽火——1947-1953年奄美共産党史』あけぼの印刷、2004年。

松本泰丈・田畑千秋編『奄美復帰50年——ヤマトとハナのはざまで』至文堂、2004年。

23) アチックミューゼアム編『喜界島代官記』アチックミューゼアム、1939年。

鹿児島縣・大島郡喜界島小野津小學校『喜界島郷土史』小泉印刷所、1939年。

竹内譲『趣味の喜界島史』黒潮文化会、1960年。

竹内譲『喜界島の民俗』黒潮文化会、1969年。

椛嘉一郎『喜界島風土記』平凡社、1990年。

いいだもも『「日本」の原型——鬼界ケ嶋から外ケ濱まで』これからの世界史第3巻、平凡社、1994年。

鹿児島県地方自治研究所編『奄美戦後史——揺れる奄美、変容の様相』南方新社、2005年。

岩瀬博・高橋一郎・松浪久子編『喜界嶋の伝説・昔話』三弥井書店、2006年。

福寛美『喜界島・鬼の海域——キカイガシマ考』新典社新書、新典社、2008年。

池田榮史編『古代中世の境界領域——キカイガシマの世界』高志書院、2008年。

ヨーゼフ・クライナー&吉成直樹・小口雅史編『古代末期・日本の境界——城久遺跡跡群と石江遺跡群』森話社、2010年。

24) 『トカラ列島有形民俗資本調査報告書』鹿児島県明治百年記念館建設調査室、1971年。

稲垣尚友編『トカラの地名と民俗』2冊、ボン工房、1973年。

稲垣尚友『海上の集落——薩南諸島トカラ』ナツメ社、1979年。

稲垣尚友『悲しきトカラ——平島生活記録』未來社、1980年。

稲垣尚友『棄民列島——吐火羅人国記』未來社、1983年。

稲垣尚友『十七年目のトカラ・平島』梟社、1995年。
斎藤毅・塚田公彦・山内秀夫編『トカラ列島——その自然と文化』古今書院、1980年。
南日本進運社編『トカラ海と人と』誠文堂新光社、1981年。
中野卓編『離島トカラに生きた男』2冊、御茶の水書房。
　　第1部　『流浪・開墾・神々』1981年。
　　第2部　『霊界・覚醒・開拓』1982年。
仲松弥秀・他『はるかなる海の道——沖縄・奄美・トカラ』小学館、1982年。
鳥越浩之『トカラ列島社会の研究——年齢階梯制と土地制度』御茶の水書房、1982年。
下野敏見『トビウオ招き——にっぽん文化を薩南諸島に探る——種子島・屋久島・奄美諸島・トカラ列島の民俗』八重岳書房、1984年。
下野敏見『トカラ列島民俗誌』第一書房、1994年。
下野敏見『奄美・吐噶喇の伝統文化——祭りとノロ、生活』南方新社、2005年。
下野敏見『トカラ列島』南方新社、2009年。
尾竹俊亮『幻の琉球——トカラ列島』まろうど社、1993年。
十島村役場編『吐噶喇』チクマ秀版社、1995年。
村上修一『絶海の孤島——トカラ列島・平島』新風舎、2005年。
皆村武一『村落共同体　崩壊の構造——トカラの島じまと臥蛇島無人島への歴史』南方新社、2006年。
斎藤潤『吐噶喇列島——絶海の島々の豊かな暮らし』光文社新書、光文社、2008年・
斎藤潤『島で空を見ていた——屋久島・トカラ・奄美・加計呂麻島の旅』アメーパブリックス新社、2010年。

25)　小瀬佳太郎「大東島探険記事」地學雜誌、第15輯第177巻、第178巻、1903年。
岩堀春夫『南大東島のさとうきび列車』エリエイ出版部、1989年。
平岡昭利「沖大東島（ラサ島）の領土の確定と燐鉱採掘」長崎県立大学論集、1992年。
前原信松・前原寿子『黒潮しぶくキビの島——戦後・南大東糖業復興小史』前原寿子、1996年。
奥平一『大東島の歩みと暮らし——北大東島を中心に』ニライ社、2003年。

26)　東海大学『尖閣列島周辺海底地質調査報告書』3冊、東海大学、1969年。
和田久徳『明実録——沖縄資料』1、御茶の水人文科学紀要、第24巻第2号、2、南島史学、第1号、1971 – 72年。
緑間宋『尖閣列島』ひるぎ社、1984年。
浦野起央・劉甦朝・植榮邊吉『釣魚臺（尖閣諸島）問題研究資料匯編』香港、勵志出版社／東京、刀水書房、2001年。
金城宏幸『尖閣海底資源は沖縄の財産——「沖縄問題」を解決する鍵は東シナ海にある！』ボーダーインク、2005年。
尖閣諸島文献資料編纂会編『尖閣研究——高良学術調査団資料集』上・下、データム・レキオス、2007年——1950年月〜4月、1952年4月、1953年8月、1963年5月の4次の現地調査報告の集成である。

27)『順風相送』1403年／向達校注『兩种海道針經』北京、中華書局、1961年。

陳侃『使琉球錄』1巻・附1巻、1534年／原田禹雄訳、榕樹社、1995年。

郭汝霖『重刻使琉球錄』2巻、1561年／原田禹雄訳、榕樹書林、2000年。

蕭崇業・謝杰『使琉球錄』2巻、附1巻、1579年／台北、臺灣學生書房、1969年。

張學禮『使琉球記』1663年／原田禹雄訳、言叢社、1985年／原田禹雄訳『張学礼　使琉球記・中山紀略』榕樹書林、1998年。

程順則（名護寵文）『指南廣義』1708年／嘉手納宗德編『指南廣義』那覇、球陽研究会、1970年。

汪楫『使琉球雑録』5巻、1683年／原田禹雄訳『冊封琉球使録三篇』榕樹書林、1997年。

李鼎元『使琉球記』1800年、原田禹雄訳言叢社、1985年。

原田禹雄『尖閣諸島――冊封琉球使録を読む』榕樹書林、2006年。

比嘉実『「唐旅」紀行――琉球進貢使節の路程と遺跡、文書の調査』法政大学沖縄文化研究所、1996年。

夫馬進『使琉球録解題及び研究』京都大学文学部東洋史研究室、1998年／榕樹書林、増訂版1999年

28) 楊仲揆「從史地背景看釣魚臺列島」文藝復興月刊、1970年10月号。

楊仲揆『中國・琉球・釣魚臺』香港、友聯研究所、1972年。

楊仲揆『琉球古今談――兼論釣魚臺問題』台北、臺灣商務印書館、1990年。

奥原敏雄「尖閣列島の地位」季刊・沖縄、第52号、1970年。

奥原敏雄「尖閣列島の領有権問題」季刊・沖縄、第56号、1971年。

奥原敏雄「明代および清代における尖閣列島の法的地位」季刊・沖縄、第63号、1972年。

奥原敏雄「尖閣列島の領土編入経緯」政経學会誌、第4号、1975年。

尖閣列島研究会「尖閣列島と日本の領有権」季刊・沖縄、第56号、1971年。

尖閣列島研究会「尖閣列島と日本の領有権」季刊・沖縄、第63号、1972年。

入江啓四郎「尖閣列島海洋開発の法的基礎」季刊・沖縄、第56号、1971年。

入江啓四郎「日清講和と尖閣列島の地位」季刊・沖縄、第63号、1972年。

牧野清「尖閣列島小史」季刊・沖縄、第56号、1971年。

牧野清「南島属領の歴史――京大井上教授の「尖閣列島は中国に属する」という所論に反論す」季刊・沖縄、第63号、1972年。

井上清「釣魚列島（尖閣列島等）の歴史と帰属問題」歴史学研究、第181号、1972年。

井上清『「尖閣」列島――釣魚諸島の史的解明』現代評論社、1972年／第三書館、1996年。

尾崎重議「尖閣諸島の帰属について」上・中・下1・2、レファレンス、第260号、第261号、第262号、第263号、1972年。

吴天穎「日本窃我的釣魚列嶼的歴史考察」抗日戦争研究、1988年第2期。

吴天穎『甲午戦前釣魚列嶼帰属考――兼質日本奥原敏雄諸教授』北京、社会科学文献出版社、1994年／青山治世訳『甲午戦前釣魚列嶼帰属考――奥原敏雄諸教授への反証』北京、

外文出版社、1998年。

趙欣燕「釣魚台列嶼地理研究」地理教育、第18期、1992年6月。

呂一然編『中国海疆歴史与現状研究』哈爾浜、黒龍江教育出版社、1995年。

王暁波『尚未完成歴史――保釣二十五年』台北、海峡學術出版社、1996年。

牧野清・仲間均『尖閣諸島尖閣上陸――日本領有の正当性』尖閣諸島を衛る会、1997年。

牧野愛博『尖閣・竹島・北方四島――領土問題テキストブック』朝日新聞社総合研究センター調査研究室、1998年。

浦野起央『尖閣諸島・琉球・中国――日中関係史―分析・資料・分析』三和書籍、2002年、増補版2005年。

村田忠禧『尖閣諸島・釣魚島問題をどう見るか――試される二十一世紀に生きるわれわれの英知』日本僑報社、2004年。

尖閣諸島文献資料調査会編『尖閣研究　高良学術調査団資料集』上・下、データム・レキオス、2007年。

29) 恵忠久『尖閣列島波高し!!――台湾は元来中国の領土ではない』日本民政会出版部、1972年。

上地龍典『尖閣列島と竹島――中国・韓国との領土問題』教育社、1978年。

高橋庄五郎『尖閣列島ノート』青年出版社、1979年。

岩下明裕編『国境・誰がこの線を引いたのか――日本とユーラシア』北海道大学出版会、2006年。

歳田啓三『「竹島・尖閣問題」解決の秘策』郁朋社、2007年。

第6章

領土画定と外交交渉

1、領土画定をめぐる外交交渉

　領土における住民の生活圏は島嶼などの環境では変更されることが多い。海洋空間では、特に住民が定着せず、したがって土着性が維持される傾向は少ない。それは、生活などの環境条件に左右されるためで、一定の生活が続いても、無人島に戻ることもある。火山島では、噴火などで生活の条件が一変してしまうからである。そこでは、国家の支配権力の干渉も弱く、国家間での支配をめぐる対立もあまりない。そういった状況下に国民国家の確認段階に入ると、領土主権の確認がなされ、外交手続きを経て、概して安定的に領土の統治が設定される。小笠原諸島はその典型的な事例であった。

2、小笠原諸島

　小笠原諸島は、太平洋にあって、東京の南南東ほぼ1000〜1250キロメートルの海域に散在する島嶼で、江戸時代の無人嶋(ぶにんしま)が転訛したボニン諸島とも称される。北緯27度45分から24度14分の辺りにほぼ南北に並ぶ諸島で構成され、小

笠原群島、火山列島（硫黄列島）、沖ノ鳥島、南鳥島からなり、沖ノ鳥島は日本最南端である。そのなかで小笠原群島は、父島列島、母島列島で構成される。父島は最大の島で、面積は23.99平方キロメートルである[1]。

小笠原諸島は、以下の通り、構成される。

南方諸島

小笠原群島

聟島列島　聟島、嫁島、媒島、北ノ島、他。

父島列島　父島、兄島、弟島、他。

母島列島　母島、姉島、妹島、他。

西之島。

火山列島（硫黄列島）北硫黄島、硫黄島、南硫黄島。

（孤立した存在）　南鳥島、沖ノ鳥島。

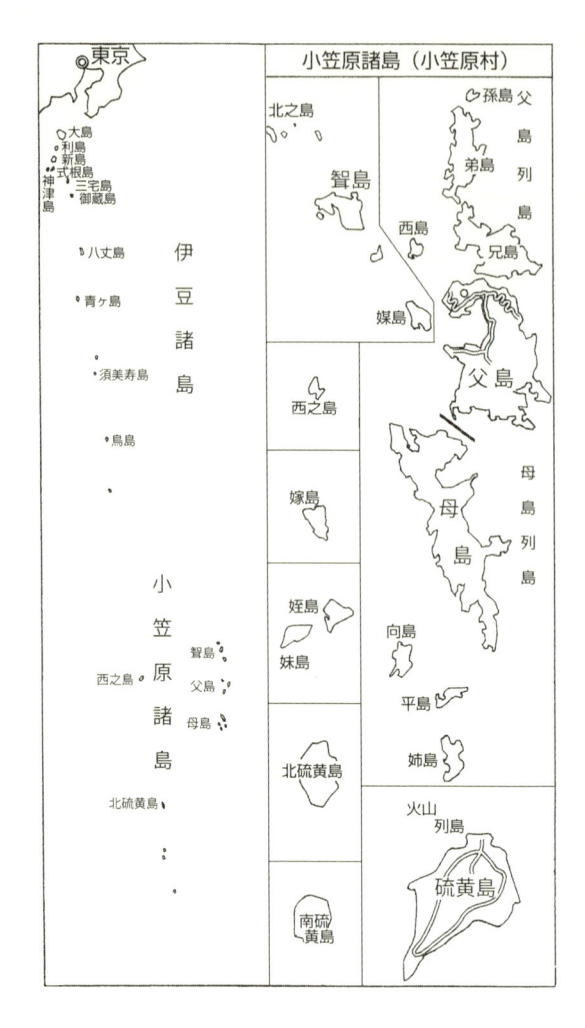

図6-1　小笠原諸島

　父島と母島のみ一般住民が居住し、他に硫黄島は海上自衛隊基地隊、航空自衛隊の硫黄島分屯基地があり、南鳥島には海上自衛隊硫黄島基地隊基地隊の分遣隊が常駐し飛行場建設に従事している。住民は父島と母島しか居住できなく、硫黄

島と南鳥島の常駐者は小笠原村の行政下にある。

　小笠原諸島は、大陸から隔絶していたたために、島の生物は独自の進化を遂げ、東洋のガラパゴスとも呼ばれた。1972年10月小笠原国立公園と指定され、1980年3月国定小笠原諸島鳥獣保護区（気象鳥獣棲息地）に指定された（面積5.899ヘクタールのうち、特別保護区は1.331ヘクタール）。小笠原諸島は、2011年に世界遺産に登録され[2]。

　1593年信州松本の城主小笠原貞頼の発見とされ、島名もそれに由来すると記録されるが、そのことは確認できていない。領有目的の現地踏査は、1675年江戸幕府の第1次巡見使の派遣に始まる。太平洋捕鯨により寄島者・居住者の生活が始まり、1827年英グンタンブロッサム号が英領を宣言した。1853年米東インド艦隊が寄港してハワイ人を米東インド艦隊司令長官ペリーが首長に任命して、領有権が問題となった。1861年幕府は、第2次巡見使を派遣し、管理に入った。1876年関係諸国の承認を経て日本の領有となり、1886年小笠原庁が父島に設けられた。イギリス系、アメリカ系、カナカ人の住民は1882年までに、すべて日本に帰化した[3]。

　関係の動向は、以下の通りである。
　1543年スペイン人、母島を発見。
　1593年（文禄2年）信濃国深志の城主小笠原貞頼の発見、命名。
　1670年（寛文10年）2月蜜柑船、母島に漂着、伊豆下田に帰還。
　1675年（延宝2年）1月江戸幕府、現地調査、「此島大日本之内也」碑建立。
　1727年（亨保12年）貞頼子孫と称する小笠原貞任、貞頼の探険確認と領有権
　　を幕府に提起、探険の事実は否定され、1735年に追放処分。
　1733年（亨保18年）幕府、無人島の届。
　1785年林子平、『三国通覧図説』に小笠原を明記。
　1827年英国、領有宣言。
　1830年ラセニエル・セボレーら白人5人及びハワイ人25人、ハワイ・オアフ
　　島から父島に入植。

1847年ジョン万次郎、米捕鯨船で小笠原に寄港。

1853年米東インド艦隊司令官ペリー、父島に寄港、石炭補給地としての調達。米国、領有宣言、アメリカ人ナサニエル・サブリー、土地所有を明示、ピール・アイルランド植民政府構成法公布。

1861年11月6日幕府外国奉行水野忠徳、伊豆諸島及び小笠原諸島調査の意見具申。

　　　12月16日幕府、小笠原諸島に関する外国公使あて覚書提出、1862年1月8日駐日ハリス米国公使の返書、21日日本政府、返書、2月駐日オールコック英国公使の返書。

1862年2月22日幕府、サブリー家に対し統治の通告、小笠原諸港規則公布。

1866年フレデリック・ロース、母島に居住。

1874年1月29日政府、小笠原諸島の処理につき上申。

1876年7月5日小笠原諸島港規則・税則の指令、10月7日各国に対し送付、11月24日英国、受諾、29日米国、受諾。

1877年年3回の定期航路開設。

1878年父島に内務省勤能局出張所設置。

1879年日本人6人、母島に定住。

1880年10月8日東京府へ移管、28日父島に東京府小笠原出張所設置。

1882年欧米系住民、日本に帰化。

1927年昭和天皇、父島・母島行幸。

1944年住民6,886人、本土へ強制疎開、残留者825人。

　　　9月2日米軍、父島攻撃。

　徳川幕府より外国公使あて小笠原群島に関する通知、1861年12月17日は、以下の通りである。

　　　以書翰申入候我南海屬島中小笠原渡航開墾中絶之處今般外國奉行水野筑後守日付服部歸一等差交し追々開拓之擧ニ及ハんとす然ルニ信偽は難計候得共近來貴國人移住之者も有之由傳聞および候間為念申入置候

　　　　　　　　　　　　　　　　　　　　背具謹言

　　文久元年酉11月16日

　　　　　　　　　　　　　　　　　　　　久世大和守
　　　　　　　　　　　　　　　　　　　　安藤對馬守

　　　亞米利加合衆國全權ミニストルエキセルレンシー
　　　トウンセントハルリス・ロ

小笠原諸港規則、1862年2月22日制定は、以下の通りである。
　1、諸國の商船、鯨漁船等港内へ碇泊の節はその國名、船号、船長の名、頓数、並びに渡來の趣意早速日本政府へ申し立て、すべてその役人の差圖に従ふべき事
　1、諸國の船々、出入港の船税、並びに輸出入の商税は差し出すに及ばざる事
　1、港内碇泊の船には漁業に妨あるを以って發砲すべかざる事
　1、港内碇泊の船に乗組のもの上陸の上、遊猟し田畑を荒し、その外不法ノモノアラバ召捕り、その船長へ引渡し、相當の過料を差出し為すべき事
　1、乗組人の内、當島へ在留し、或は一時滞在することを願ふものあらば、その段船長より申し立て、役人の指圖に従ふべき事
　1、渡來の船により、立退き候在島も同断の事。右の條々、文久2年壬戌正月小笠原島に於て、水野筑後守、服部歸一之を定めるもの也」

小笠原諸島直轄に関する外務卿通知、1876年10月17日は、以下の通りである。
　　以手紙致啓上候然派我南海中の一屬島小笠原島の儀、昨明治8年中我政府より官吏を派遣して實際を檢せしめ候處追々移住の者相殖候に付今般該島に官廳を設け官吏を派任せしめ別紙規則に従ひ取締り為途條此段及御通知候

　　　　　　　　　　　　　　　　　　　　　　　　敬具

9年10月17日
　　　　　　　　　　　　　　　　　　　寺島外務卿
　　　各國公使閣下　　イギリス、イタリア、アメリカ、オランダ、デンマーク、ベルギー、オーストリア、ロシア、ペルー、スペイン、フランス、ドイツ宛
　　　（貼紙）［略］

　これら文書は、新たに領有した形式の領有宣言ではなく、かねてからの属領とする立場を確認したものであった。
　米国の交渉では、林子平『三国通覧図説』（1785年）の「無人嶋」の記述に、以下の一節がある、これが日本領有の1つの材料となった。
　　　此無人嶋ハ延寶3年肥前國長崎ニ於テ唐船仕立ノ船ヲ造營有ヲ其船ヲ伊豆國へ廻シ長崎ノ住人嶋谷市左衛門、中尾庄左衛門、嶋谷太郎左衛門此3人ハ學術有テ天文地理ヲ知者也江戸小網町ノ大工八兵衛等ヲ首立トシテ惣人數30余任、御印ノ旗ヲ賜テ同年潤4月5日伊豆ノ下田ヲ出帆シ先ツ八丈ニ至テソレヨリ段々東南ノ用中ソ探テ終に80余嶋ヲ見定メ、嶋の大小、天度の高下、草木産物等ヲ祥ニシテ同年6月20日再ヒ伊豆江皈帆スト云リ此ニ記ス所は彼ノ嶋谷家ノ記録ニ據モノ也

　なお、1940年3月30日の勅令は、小笠原諸島につき、以下の通り、規定している。
　　　大正10年勅令第190号中左ノ通改正ス
　　　「小笠原島及伊豆七島」ヲ「伊豆七島中小島及鳥島竝ニ小笠原島中北硫黄島、南硫黄島、南鳥島、中ノ鳥島及沖ノ鳥島」に改ム

　第二次世界大戦で米軍の施政に入ったが、1968年6月日本に復帰した。その際、旧小笠原諸島は小笠原群島となった。

その動向は、以下の通りであった。

1968年6月12日小笠原返還協定成立、26日返還。

1970年小笠原諸島復興計画成立。

1994年2月12日—14日天皇・皇后、小笠原諸島行幸啓。

1998年11月15日硫黄島で陸海空自衛隊2,350人の初の統合演習。

2002年ブッシュ元米大統領、1944年9月自らも従軍した米軍父島攻撃事件に関して父島訪問。

[注]

1) 磯村貞吉『小笠原島要覧』便益舎、1888年。
東京府小笠原島廳編『小笠原島島治一斑』小笠原島廳、1903年。
山方石之助『小笠原島志・全』東陽堂支店、1906年。
山田毅一『南進策と小笠原群島』放天義塾、1916年。
南方同胞援護会『小笠原問題の概要』南方同胞援護会、1963年、増補改訂版1964年。
大隈良一『歴史の語る小笠原島』南方同胞援護会／小笠原協会、1966年。
大熊良一『千島小笠原史考』しなの出版、1969年。
小笠原協会『小笠原諸島調査報告』小笠原協会、1969年。
小笠原協会編『小笠原の現況——付小笠原返還の記録』小笠原協会、1969年。
段木一行『離島小笠原と伊豆七島の歴史——風土・伝説・流人』武蔵野郷土史刊行会、増補版、1978年。
安岡昭男「小笠原島と江戸幕府の施策」、岩生成一編『近世の洋学と海外交渉』巌南堂書店、1979年。
鹿野政直『「鳥島」は入っているか——歴史意識の現在と歴史学』岩波書店、1988年。
小笠原協会・小笠原諸島返還30周年記念誌編集委員会編『小笠原諸島返還30周年記念誌』小笠原諸島返還30周年記念誌実行委員会、1998年。
石原俊『近代日本と小笠原諸島——移動民の島々と帝国』平凡社、2007年。
ダニエル・ロング編『小笠原学ことはじめ』南方新社、2002年。

2) 小野幹雄『孤島の生物たち——ガラパゴスと小笠原』岩波新書、岩波書店、1994年。
青山潤三『小笠原緑の島の進化論』白水社、1998年。
榊原秀雄・福田素子『世界遺産小笠原』JTBパブリッシング、2012年。

矢野和成編『南の島自然誌——沖縄と小笠原の海洋生物研究のフィールドから』東海大学出版会、2005年。

鈴木佑二「東アジアの安全保障と沖ノ鳥島」海外事情、2007年7・8月号。

3) 大熊良一『小笠原諸島異国船来航記』近藤出版社、1985年。

石井通則『小笠原諸島概史——日米交渉を中心として』2冊、小笠原協会、1967－68年。

田中弘之『幕末の小笠原——欧米の捕鯨船で栄えた緑の島』中公新書、中央公論社、1997年。

石原俊『近代日本と小笠原諸島——移動民の島々と帝国』平凡社、2007年。

ロバート・D・エルドリッヂ『硫黄島と小笠原をめぐる日米関係』南方新社、2008年。

藤岡信勝・自由主義史観研究会編『国境の島を発見した日本人の物語——教科書が教えない領土問題』祥伝社、2012年。

第7章

領土支配と外交交渉

1、領土支配をめぐる外交交渉

　一般的に、領土支配は分割統治を手段とし、ナショナリズムを通じて民族の統一へ向かうと、民族の政治化となり、民族の自決となる。他方、支配の段階で、民族の統一が成立し、民族の政治化が実現していれば、国民国家の形成に参加することで、伝統的政治体は解体し、その境界も消滅して、共同政治権力に参加するところとなる。琉球王国の日本国家への参加がそれであり、インドの独立に伴う藩王国の解体もそれである。領土支配をめぐる外交交渉では、民族の共同生活圏の確認が前提とされ、領土主権の確認は2つ以上の政治体に分割される場合は、共同分割（フィフティ・フィフティ）の方式か、分割主権の共同利用の方式をとるところとなる。この交渉が成立しないと、その交渉による領土支配の確認と解決は成立しないことになる。北方領土の解決が達成されないのは、この点にかかわる。中ソ／中ロの国境問題が解決できたのは、この共同分割の手続きに成功したからである[1]。

2、琉球諸島

　琉球は沖縄の別称で、南西諸島の拠点、琉球諸島を範囲とし、753年には遣唐使一行が阿児奈波島（沖縄島）に漂着したとの記録がある。日本では、沖縄と呼称していたが、のち中国の呼称に従い琉球と呼ばれた。1605年の『中山世鑑』には琉球と表記され、その由来は『隋書』東夷侍の「流求」による。その流求という表記は、明治期から昭和初期にかけて、現在の琉球を指すか台湾を指すかをめぐって論争となったものの、定説は生まれなかった[2]。

　沖縄島は中山・南山・北山に三分されて抗争していたが、1429年に尚巴志が三山を統一し、琉球王国が誕生した。さらに、1609年島津氏の侵攻で、琉球は薩摩藩の支配下に置かれ、中華国の支配と薩摩支配の両属関係が維持された。琉球王国は、中国福建省福州と鹿児島に出先機関として琉球館を置き、この中国の滞在施設は柔遠駅といわれ、15世紀以降、存在した。それは、1879年の琉球処分まで、琉球使臣の宿泊所及び交易連絡所として活用された。鹿児島の琉球館は琉球仮屋または琉仮屋と呼ばれ、1784年に琉球館と改称され、琉球からの在番親方の応対には薩摩藩聞役が当たった[3]。

　琉球王朝では、これまで主流を占めてきた支那党の暴走が続き、1859年、ペリーの琉球訪問で交渉に当たった日帳主取役牧志朝忠は支那党によって投獄され、薩摩藩武士により救出されたが、彼は自殺した。明治維新の報が薩摩藩を通じて琉球に伝達され、1871年8月日本政府は、廃藩置県で琉球諸島を鹿児島県の管轄とした。翌72年鹿児島県庁は、琉球の薩摩藩に対する負債4850万両を鹿児島県の棄損として処理し、9月琉球国の対外的権利を剥奪し、10月天皇は国王尚泰を琉球藩王に任じた。この際、尚泰に同行して上京した副使三司官宜野湾親方朝保（向有恒）はかねて日琉同祖論を主張していたが、帰郷後、支那党により迫害を受け、程なく死亡した。1873年3月琉球藩は日本国旗を掲げた。1875年6月内務大丞松田道之が首里城に入り、9項目の琉球処分を突きつけ、9月25日手続きを完了した。しかし、琉球藩は中央の命に服さず、清国との関係の離脱を欲しないことを明らかにし、1876年9月藩士は現状維持を訴えた。政府はこの訴えを

第 7 章　領土支配と外交交渉

拒否した。琉球の廃藩置県の断行が決せられ、政府は琉使の退京と処分方針を固め、1878 年 12 月内務大書記官松田道之を現地に派遣した。交渉の結果、翌 79 年 3 月 27 日松田は、尚泰に対し 31 日正午までに首里城からの立退きを含む太政大臣達書を通告し、士族 50 人にも告諭を下した。こうして、4 月 4 日琉球藩は廃さ

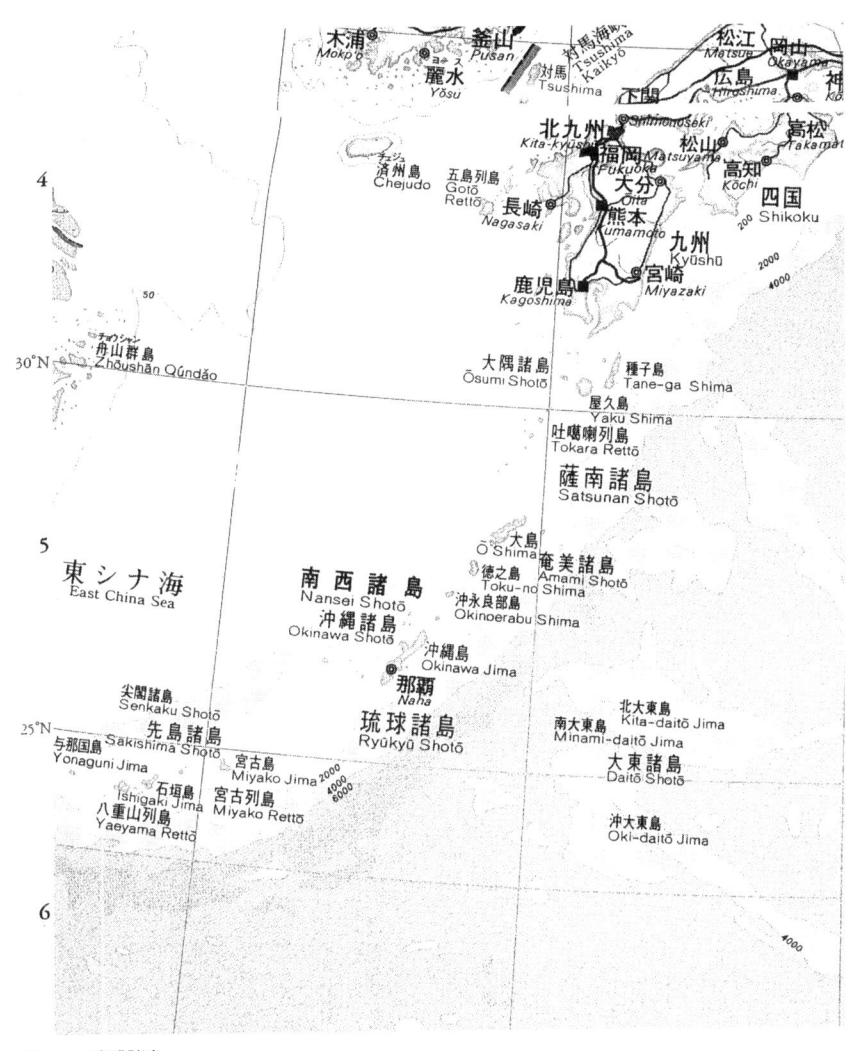

図 7-1　琉球諸島

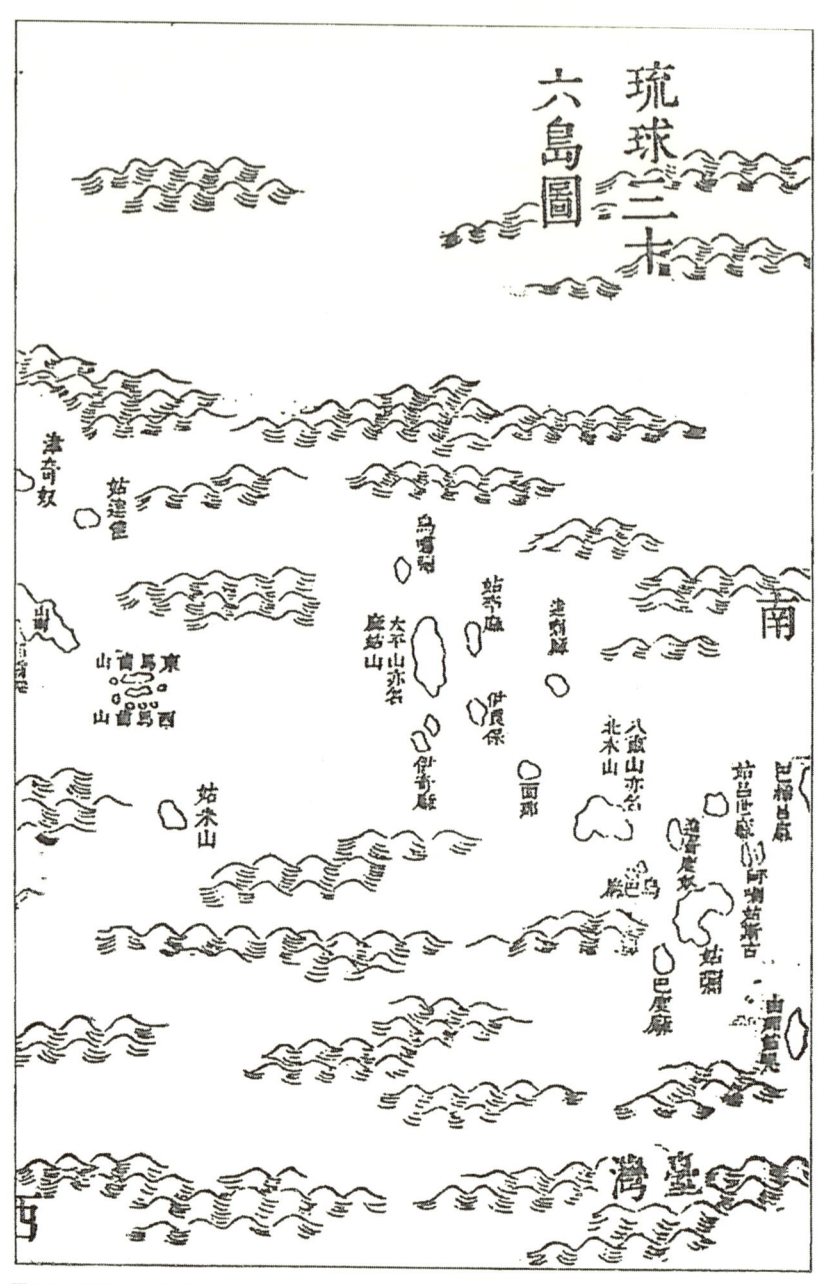

図7-2　琉球三十島圖
（出所）徐葆光『中山傳信録』1721年。

れ沖縄県となった。

　琉球藩を沖縄県にするとの日本政府の布告、第14号、1879年4月4日は、以下の通りである。
　　琉球藩ヲ廢シ沖縄縣ヲ被置條此旨布告候事
　　但縣廳ヲ首里ニ被置候事

　1872年8月山縣有朋は、琉球処分の建議のなかで、清国との交渉の必要を提議していた。そこで、9月琉球藩の外国交際事務を外務省管理とし、フランス・米国・オランダに通報し、1873年4月外務省は琉球藩に国旗を公布し、久米・宮古・石垣・入表・与那国の5島の島庁に掲揚された。そして、1876年6月この琉球帰属措置は、清国との交渉に入るも、その談判は清国の抗議で難航した。この日清交渉は、結局、日清戦争での日本の勝利で決着が付いた。伊波普猷は、「琉球処分は一種の奴隷解放也」と1914年4月の沖縄毎日新聞で総括した[4]。

　日本政府の琉球の外国条約等に関する日本外務省への管轄移転に関する外国への通達、1872年9月28日は、以下の通りである。
　　琉球各國ト條約ノ儀自今外務省ニ於テ管轄ニ付諸達付米國公使往復
　　　　　　　　　　　　　　　　　　　　　　　　　　外務省
　　先年來琉球藩ニ於テ各國ト取結候條約并今後交際事務其省ニテ管轄可致事
　　壬申9月28日
　　　　　　　　　　　　　　　　　　　　　　　　　　太政官

　琉球藩の日本国旗と律令布告の件、1873年3月6日下付、14日受理は、以下の通りである。
　　御國旗並律書下付ノ事
　　　　　　　　　　　　　　　　　　　　　　　　　　琉球藩
　　海中ノ弧島境界分明ニ無之候テハ外國掠奪ノ憂モ難計候間今般其藩ニ

御國旗大中七流御渡相成候條日出ヨリ日没迄久米宮古石垣入表與那國三島ノ廳エ可掲エ司掲示尤道回ハ伸張被相渡候得共今後破裁ノ節ハ藩費ヲ以可致修繕此旨相達候事
　　明治6年3月6日　　　　　　　　　　　　　　　　外務省

　當管内久米島ヲ始メ外4島エ
　可掲示御國旗大壱流中六音書付添御渡正ニ落手御達ノ趣承知仁候也
　　明治6年4月14日
　　　　　　　　　　　　　　　　　　　　　　琉球藩　在琉球
　外務省六等出仕伊地知馨殿

　1875年3月28日清国の寺島外務卿あて書簡に対する5月20日返書の抜萃は、以下の通りである。
　　以別信申候琉球藩ノ儀ニ付別紙甲号ノ通内務省伺諸ニ御指令有之猶乙号ノ通實際着手ノ順叙内務卿ヨリ伺ノ通御指令相成候玉混心得兩様共寫御廻シ申候右ニ付本月27日頃内務大丞松田道之奉特旨該藩ニ被差遣近々下手相成右成果ノ實況都度々々報告可有之積ニ付追々可及御報知候尤貴下御職務上清國政府ニ對シ該藩人取扱方ハ右處分行届候後ニ無之テハ都テ不都合可有之ニ付右ニ付改テ及指令候迄ハ萬先便申進置候通御心得何事モ其其儘ニ被成置經易ノ擧動無ノ様御注意有之度候尤前文別紙ハ兩般トモ福島良治エモ相廻シ廟算所在ヲモ示喩有之候事ニ候右可得貴意如此候也
　　第8年5月20日
　　　　　　　　　　　　　　　　　　　　　外務卿　寺島宗側
　鄭永寧
　　……

3、先島諸島

　南西諸島を構成する琉球諸島のうち、南西部に位置する宮古列島・八重山列島の総称が先島諸島である。

　先島諸島は、台湾・フィリピン方面との文化関係が確認される一方、『続日本紀』には714年に信覚からの人々が来朝したとある。信覚は石垣島である。これら諸島は、14～15世紀に沖縄本島に興った琉球王国による海上貿易の中継地として琉球圏に組み込まれた。1500年石垣島の按司オヤケアカハチが反旗を翻し、尚真王は征討軍を編成し、宮古島の豪族仲宗根豊見親が先鋒となって石垣島に上陸し、オヤケアカハチを討ち取り、先島のほぼ全域が琉球王国の支配下に入った。与那国島では、女首長サンアイイソバの孤立状態が続いた、1609年薩摩の島津侵攻以降、薩摩の過酷な搾取に窮した琉球政府は、先島諸島に人頭税を導入した。

　1872年琉球藩が設置された。日本が琉球領有を正当化したため、台湾先住民による琉球人殺害宮古島島民遭難事件の報復として、1874年台湾出兵を行った。この事件は、首里王府に年貢を納めて帰途についた宮古・八重山の船4隻のうち宮古の船1隻が台湾近海で遭難し、台湾先住民によって殺害されるという始末であった[5]。

　1879年明治政府は、琉球藩を廃止し、沖縄本島を日本領とし、八重山諸島及び宮古列島を清国領とする分島改約案（先島諸島割譲案）を作成するも、琉球帰属問題は棚上げとなった。かくて、琉球王国領全域が日本領となった。

　先島諸島は、太平洋の戦場とはならなかった。しかし、守備隊は進駐していた。さらに戦後の混乱で、1945年12月八重山自治会が成立し、自警団を結成した。12月米軍政が布告され、1952年米国の統治に入った。そして、沖縄復帰とともに1972年復帰した[6]。

　宮古列島は、宮古島、池間島、大神島、来間島、伊良部島、下地島、多良間島、水納島で構成され、沖縄本島から南西300キロメートルの位置にある。

　石垣島は、八重山列島の主島で、『続日本書紀』には、わが国に渡来した信覚

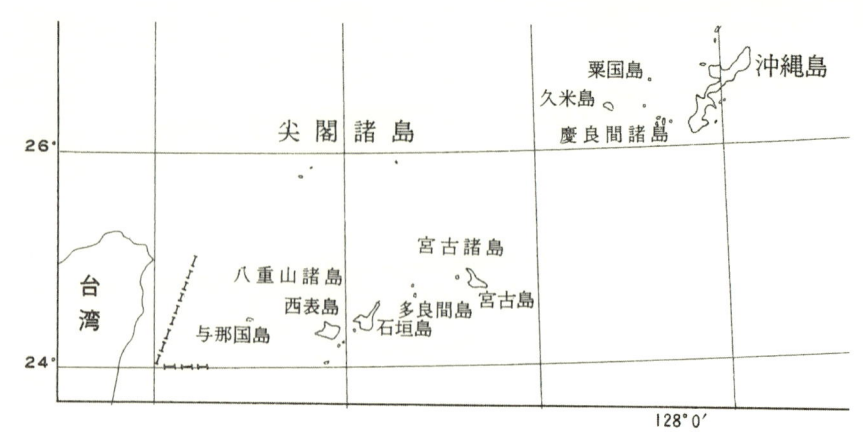

図7-3　先島諸島

の名に擬せられて、石垣の名がある。近年まで、支配階級の存在が確認されていた。ほかに、竹富島、小浜島、黒島、新城島（上地島、下地島）、西表島、鳩間島、由布島、波照間島、与那国島の有人10島と周辺の無人島からなる。八重山の名称は、1719年の『中山伝信録』に、「八重山、一名北木山、土名彝師加紀、又名爺馬」とあり、彝師加紀はいしかき、爺馬はやまである。このやまの当て字が八重山である。石垣島・竹富島・小浜島・黒島・新城島・西表島・鳩間島・波照間島の有人8島は、八重を背景として眺められたとの伝承が八重山とされる[7]。

4、琉球・台湾法的地位論争

　1871年12月台湾東南沿岸に漂着した琉球人66人のうち54人が原住民によって殺害され、他は清国人によって救出される事件が起こり、琉球より日本中央に報告された。さらに、1873年3月備中小田県管下浅江郡の4人が台湾東南沿岸に漂着し、掠奪される事件が起きた。そこで、副島種臣外務卿が清国との交渉をしたが、清国は、台湾東部の生蕃は化外の民で清国政教の及ばないところであると、その国家責任を回避した。そこで、台湾出兵の方針が検討され、その準備に入り、1874年5月日本軍は現地の蕃地を平定した。

　1873年6月日清交渉の際、清国は琉球国の藩属を主張し、日本はこれに対して

琉球は日本領土と反論した。1874年10月清国は台湾生蕃につき処置することに合意し、解決した[8]。これにより、日本は南西諸島の支配を確立した。

1874年10月31日成立の日清台湾事件交換條款の抜萃は、以下の通りである。
　　　　……茲ニ臺灣ノ生蕃曽テ日本國所屬人民ニ對シ妄ニ害ヲ加ヘタルヨリ日本國ハ該蕃人ノ罪ヲ問ハントシテ遂ニ兵ヲ派シテ彼ニ至リ該生蕃等ニ向ツテ詰責セリ今清國ト撤兵及善後辨法ヲ議明セルカ後ニ3條ヲ開列ス
　1、日本國此次辨スル所ハ原ハ保民ノ義擧ニ基クモノニシテ清國ハ認メテ不可トナサス
　2、前次過害難民ノ家ハ清國ニ於テ撫恤ノ資ヲ給ス、……
　3、本事件ニ觀スル兩國一切ノ來往公文ハ彼此撤回シ今後之ニ關シ論スル處ナカルヘク該生蕃ニ至リテハ清國自ヲ法ヲ設ケテ取締以テ将來永ク船客ノ兇害ヲ受クルコトナキ樣ニスヘシ
　　　　同治13年9月26日
　　　　　　　　　　　　　　　　　　　衙門諸大臣　（花押）
　　　明治7年10月31日
　　　　　　　　　　　　　　　　　　　大久保大臣　（花押）
　　　　　　　　　　　　　　　　　　　柳原公使　　（花押）

附屬議定書［略］

5、北方4島

　日本は、ロシアの干渉以前から、得撫島以南を支配しており、ロシアは、太平洋戦争以前、この地域を一度も支配していない。択捉島は、アイヌ人が先住しており、1661年に伊勢国七郎兵衛が漂流していた。1760年代にロシアのイワン・チョールヌイがアイヌからサヤーク（毛皮税）を取り立てたとの記録があり、最上徳内が択捉を探険した1780年代には、ロシア人3名が居住していた。それで、1855年日露和親下田条約は、択捉島と得撫島の間を境界線と定めた。1869年蝦

夷地は北海道と改称され、旧名七島・択捉島の行政区分を併せて千島国とし、5郡を置いた。1875年に樺太・千島交換条約が締結され、得撫島以北は千島列島となされた。この条約で、国後島・択捉島の千島国に得撫島以北を編入し、国後島から占守島までが千島国となった。

　第二次世界大戦末期以後、この4島、国後、択捉と北海道の一部であった歯舞、色丹の4島を含む千島全体がソ連軍に占領され、以来、ソ連の占領下にある。日本は、この北方4島を「本来の領土」であるとして返還を要求しており、たとえ未返還であっても根室市に属するとしている。1982年北方領土問題等の解決の促進のための特別措置法で、この4島に本籍を置くことができる。したがって、各自治体は実質的統治の存在を欠いているものの、その自治体の機能は存在している。1961年9月池田首相は、参議院本会議で、択捉・国後・歯舞・色丹は日本領土である、と確認した。1964年6月日本外務省は、国後・択捉を従前の南千島と呼ぶことを撤回し、明確に千島列島と区別することにし、国後・択捉の南千島も歯舞・色丹とともに北方領土と称することにした[9]。

表7-1　北方4島

島名	面積　平方キロ	行政名
歯舞群島	99.94	花咲郡歯舞村
水晶島	14	
秋勇留島	3	
勇留島	11	
志発島	60	
多樂島	12	
色丹島	253.33	色丹郡色丹村
国後島	1498.83	国後郡泊村・留夜別村
択捉島	3184.04	択捉郡留別村・紗那郡紗那村・蘂取郡蘂取村
計	5036.14	

　池田勇人首相の北方領土に関する国会答弁（1961年9月30日）は、以下の通りである。

　　1、択捉、国後、歯舞、色丹は日本国有の領土である。フルシチョフ首相

図7-4 北方4島

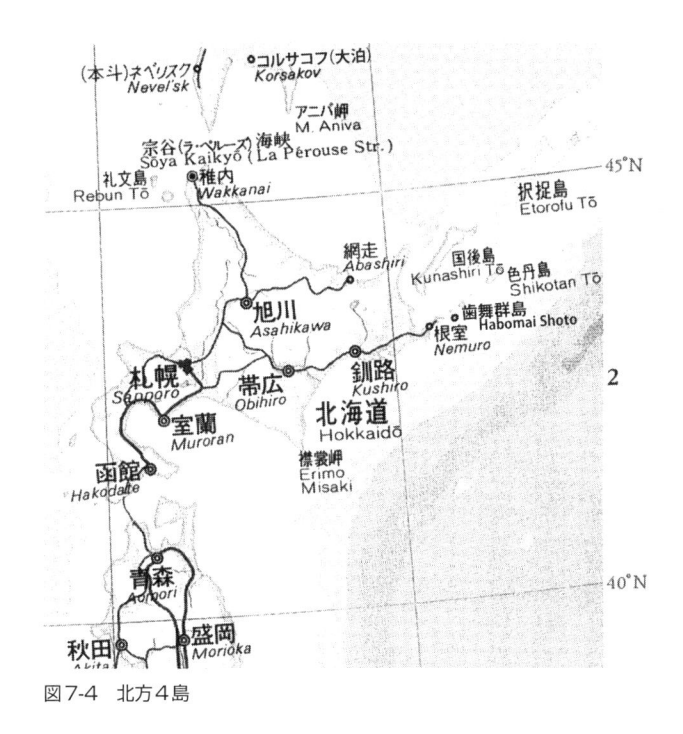

のヤルタ会談の結果をうんぬんしても、これは関係国間の秘密協定であってこれをみとめるわけにもいかない。われわれが認めるのはポツダム宣言とそのもととなったカイロ宣言である。カイロ宣言では「固有の領土は侵害しない」といっており、これを守るべきだ、フルシチョフの考えに反対だ。

1、対日平和条約では南樺太、千島の権利、権原、請求権は放棄することになったが、この放棄は対日平和条約締結国に対してであって、締結しなかったソ連に対して放棄したのではない。アメリカも歯舞、色丹はもちろん択捉、国後も日本のものであると認めている。これら固有の領土問題については一歩も譲らない。

北方領土の名称についての外務省事務次官通達、1964年6月17日は、以下の通りである。

　　北方領土問題に関連して、国後、択捉両島を指すものとして南千島という用語が使用されている場合が散見されるところ、このようなことは左記の理由から一切避けることが適切であり、また地図等において、国後、択捉両島（止むを得ない場合を除き漢字表示とする）が千島列島とは明確に区別されていることが望ましいので、関係機関に対して、しかるべく御指導方御配慮を煩わしたい。

　　　　　　　　　　記

　　わが国は、サンフランシスコ平和条約によって「Kurile Islands」（日本語訳千島列島）を放棄したが、わが国固有の領土である国後、択捉両島は、同条約で放棄した「Kurile Islands」の範囲に中に含まれていないとの立場をとっている。

　　上記の立場からして、国後、択捉両島を呼ぶことは、これら両島があたかもサンフランシスコ条約によりわが国の放棄した「Kurile Islands」の一部であるがごとき印象を与え、無用の誤解を招くおそれがあり、北方領土に関するわが方の立場上好ましくない。

　この地域のロシア行政では現在は、サハリン州に属する。そのサハリン／樺太は、樺太・千島交換条件以前は日本領土であったが、ソ連は、日ソ中立条約を破棄した1945年8月9日にサハリン州を設立している。これにより、日本の樺太庁は消滅したものの、そのサハリン／樺太の帰属は日ソ平和条約が成立していないために、未確定のままである。ロシアは、4島を含む千島一帯をクリスキー自然保護区に設定して環境規制をとっているが、適切とはいえない。さらに、4島の旧島民の土地所有権及び漁業権は不透明なままで、日本政府は一時可能であった4島との交流を規制しており、現状では、共存ではなくいまだ対立状態にあると解することが正しい。

6、北方領土交渉

　北方領土の返還交渉は実現をみていない。日本とソ連は、1956年10月戦争状態を終結した日ソ共同宣言に調印しているが、ソ連はそこでの合意を1960年1月グロムイコ通告で不履行とし、日本に約束されていた同宣言の2島返還に同意していない。領土の帰属問題で合意に達しなければ、国際司法裁判所に付託するのが慣例で、日本は、1972年10月大平正芳外相がグロムイコ・ソ連外相に提議したが、拒否されて実現しなかった。

　そこでの日本の外交選択としては、以下の方策が提起されている[10]。

(1) 4島返還論
(2) 2島譲渡論
(3) 2島放棄批判論
(4) 2島先行返還論
(5) 3島返還論
(6) 共同統治論
(7) 面積2等分論
(8) 千島列島全島論
(9) 全面放棄論
(10) 北方領土不要論
(11) 3.25島返還論

　いずれの議論も、決定的な解決策とはなっていない。

　日ソ共同宣言、1956年10月19日の抜萃は、以下の通りである。
　　　相互理解と協力のふん囲気のうちに行われた交渉を通じて，日本国とソヴィエト社会主義共和国連邦との相互関係について隔意のない広範な意見の交換が行われた。日本国及びソヴィエト社会主義共和国連邦は，両国間の外交関係の回復が極東における平和及び安全の利益に合致する両国間の理解と協力との発展に役だつものであることについて完全に意見が一致し

た。

　日本国及びソヴィエト社会主義共和国連邦の全権団の間で行われたこの交渉の結果、次の合意が成立した。

1　日本国とソヴィエト社会主義共和国連邦との間の戦争状態は、この宣言が効力を生ずる日に終了し、両国の間に平和及び友好善隣関係が回復される。

2　日本国とソヴィエト社会主義共和国連邦との間に外交及び領事関係が回復される。両国は、大使の資格を有する外交使節を遅滞なく交換するものとする。また、両国は，外交機関を通じて、両国内におけるそれぞれの領事館の開設の問題を処理するものとする。

3　日本国及びソヴィエト社会主義共和国連邦は、相互の関係において、国際連合憲章の諸原則、なかんずく同憲章第2条に掲げる次の原則を指針とすべきことを確認する。

　（a）その国際紛争を、平和的手段によつて、国際の平和及び安全並びに正義を危くしないように、解決すること。

　（b）その国際関係において、武力による威嚇又は武力の行使は、いかなる国の領土保全又は政治的独立に対するものも、また、国際連合の目的と両立しない他のいかなる方法によるものも慎むこと。

　日本国及びソヴィエト社会主義共和国連邦は、それぞれ他方の国が国際連合憲章第51条に掲げる個別的又は集団的自衛の固有の権利を有することを確認する。

　日本国及びソヴィエト社会主義共和国連邦は、経済的，政治的又は思想的のいかなる理由であるとを問わず、直接間接に一方の国が他方の国の国内事項に干渉しないことを、相互に、約束する。

6　ソヴィエト社会主義共和国連邦は、日本国に対し一切の賠償請求権を放棄する。

9　日本国及びソヴィエト社会主義共和国連邦は、両国間に正常な外交関係が回復された後、平和条約の締結に関する交渉を継続することに同意

する。
　ソヴィエト社会主義共和国連邦は、日本国の要請にこたえかつ日本国の利益を考慮して、歯舞諸島及び色丹島を日本国に引き渡すことに同意する。ただし、これらの諸島は、日本国とソヴィエト社会主義共和国連邦との間の平和条約が締結された後に現実に引き渡されるものとする。……

(1) 4島返還論

　日本政府が主張する公式見解は、現在のところ、4島返還論である。その根拠は、北方4島は一度も外国の領土となったことはなく、カイロ宣言においても占領されるとはされていない、したがって、ソ連の併合は容認できない、ということにある。

　1961年10月4日外務省は、南千島に関する北方領土見解を調整し、以下の統一見解をまとめた。

　　①サンフランシスコ平和条約締約当時は「千島列島」の地理的範囲が不明確であった。
　　②その範囲は、昭和31年の日ソ交渉を契機として固まった。
　　③政府は、国後、択捉の南千島を固有の領土として、あくまで返還を求める。
そこでの根拠は、以下の2文書に基づく[11]。
1956年8月1日の日ソ交渉における重光葵日本外相声明。

　　日本はすでにサンフランシスコ平和条約における南樺太および千島を連合国に対して放棄した。日本固有の領土である国後、択捉の両島に対する日本側の立場が認められれば、平和条約はこの規定をソ連に対して確認することに異議はない。日本はいかなる国に対しても固有領土を放棄することはできない。国後、択捉両島は固有領土であり、平和条約に規定された千島列島にふくまれず、この島は日本人だけが定住していた。いまだかって国際的に問題となったことのない日本領土である。

1956年9月7日米国政府が、日ソ交渉について外務省に覚書通達。

米国は、歴史上の事実を注意深く検討した結果、択捉、国後両島は北海道の一部である歯舞諸島および色丹とともに、つねに固有の日本領土の一部をなしてきたものであり、日本国の主権下にあるものとして認められなければならないとの結論に達した。

(2) 2島譲渡論

　日ソ共同宣言に基づき平和条約の締結後、歯舞・色丹の2島だけを引き渡す（返還ではない）というのが、ロシア政府の公式見解で、唯一の解決策とされた。その根拠は、千島列島の領有権を日本はサンフランシスコ条約で放棄しており、その領土権はロシアにあるためとしている。ロシアは、この放棄された千島列島には北方4島が含まれるとしており、樺太・千島交換条約のフランス語原文に依拠している。日ソ共同宣言は、1956年交渉担当者松本俊一の回想録からも、この解決策を意図していた、と解釈される[12]。

　のち、吉田政権の成立以後、日本社会党や日本共産党など野党が現実的外交を標榜し、4島返還要求が日本の国策となった。これに対し、ロシアの立場は、日本の領有権そのものがすでに消滅しており、両国の平和条約の締結条件は、日ソ共同宣言で確認済であるとしており、この合意を破棄した日本に問題の根源がある、としている。日本は、北方4島すべての領土権を主張したものであるとしており、両国の交渉条件は平行線にある。

(3) 2島放棄批判論

　これに関連して、日ソ平和条約を望まない米国は、残り2島の返還を放棄でもすれば沖縄を米国に併合すると、米国務長官ダレスが日本に伝えたという経緯があった[13]。

　このいわゆるダレス声明問題は、1956年8月31日日本青年館での日本共産党主催の日ソ国交回復促進演説会で野坂参三第一書記が「日本の領土要求は、ダレスを除いては世界のどこからも支持されていない。ダレスの子分李承晩、蒋介石さえ一言もいっていない。それは、日本の要求が国際条約を無視しており、その

なかに日本軍国主義復活の危険を直視するからである」と指摘していた点にある[14]。外務省事務官であった清水威久は、ダレス声明を以下のように、説明している。「第一次モスクワ交渉の首席全権重光［葵］外相は8月13日のシェピーロフ・ソ外相との会談をもって交渉を打ち切り、ロンドンで開催されるスエズ問題会議に出席のため、同地に赴き、19日、米国大使館にダレス国務長官を訪問、日ソ交渉の経過を説明したところ、長官は、日本が千島列島のソ連への帰属を認めた場合には、米国はサンフランシスコ条約第26条に基づいて琉球諸島を併合し得ることになるわけだが、ソ連の言い分は全く理不尽であり、ことにヤルタ協定を盾に取ってのソ連の立場は不可解で、領土問題は平和条約によって初めて決定されるべきであると述べ、このことが日本に報道されて、世論に衝撃を与え、国会でも論議された。というのは、日本側は当初ダレス長官の発言を米国のおどしのように受け取ったからであるが、24日、重光外相が再び長官を訪ね、日本の立場を詳しく説明したところ、長官は、前とは異なった態度で、米国としては日本のソ連にたいする立場を強めてやる積りなのだと述べた由で、それから2週間後の9月7日、同長官は谷［正之］駐米大使に「日ソ交渉に対する覚書」（ヤルタ協定とサンフランシスコ条約にたいする米国の見解を表明し、かかる、国後・択捉両島が、北海道の一部である歯舞・色丹と共に、日本の固有の領土であることを認めたもの）を手交した上、あらためて米国の真意が日本を支援するにあった旨を言明し、日本側を安心させたのであった。[15]」

ここに、4島返還論が堅持される一つの背景がある。

(4) 2島先行返還論

ロシアは、前提として日本は4島の領有権を放棄していると見做しており、平和条約の締結後に、そのためにロシア領である2島を「引き渡す」という解決案が成立している、としている。これに対し、その解決案につき議論する立場での日本は、未だ領土権を保持している──サンフランシスコ条約で千島の主権を放棄したが、ソ連は同条約に調印していないために、千島、特に北方4島の主権は保持していない──との前提に立つからである。この議論の狙いは、まず歯

舞・択捉2島の返還を受けて、残った択捉・国後2島は継続協議とするというにある。

根室では、2島の先行返還における海上境界線の設定は排他的経済水域に影響するために、一部の懸念を残していつつも、住民は現実的議論であるとして支持が高い。この展開は、外交官東郷和彦が支持しており、北海道出身の代議士鈴木宗男は「段階的返還論」といいつつも、内容は同じである。この問題は、2001年3月森喜朗首相のロシア訪問の際に提案し、共同宣言は確認されたが、残り2島の返還については、ロシアに拒否された[16]。

小泉純一郎首相は、2002年3月参議院予算委員会で、「二島返還論」について、「そういう意見があったとしてもそういう意見にはくみしないということで一貫していましたから、一部の人が言っているんだなという程度にしか認識はしていませんでした」と発言した。

(5) 共同統治論

同様に、2島の返還後、同じ前提に立って、残りの択捉島・国後島を日本とロシアの共同統治とする構想が提起される[17]。これは、日本・ロシア両国の択捉・国後両島への潜在主権を認め、住民に自治権を与えることで、自治地域とする方向が考えられている。日本にとっての利点は、難解で解決不可能な国後・択捉の領有権を棚上げすることで、日本漁民の両島周辺での漁業活動を可能とするというもので、ロシアにとっては、当該地域の投資や援助が期待でき、同地域圏での貿易拡大の機会も増大するとみられる。住民自治が成立すれば、両政府が施政権を委任することで、混乱が防止でき、かくて発展が期待できるとするものであった。

ここでの施政権の共同分担問題は、国際連合の信託統治方式も考えられるが、コンドミニウム方式は先例として成功している。この共同統治論は、エリツィン、鳩山由紀夫、ロシュコフ駐日ロシア大使らが言及している[18]。

(6) 面積2等分論

同様に同じ前提に立って、歯舞群島・色丹島・国後島の3島と国後島の25パー

セントを日本に移譲し、択捉島の75パーセントをロシアに提供するという提案がある。これは、2006年12月13日麻生太郎外相が衆議院外務委員会で明らかにした。但し、2007年8月再任された町村信孝外相は、「論外だ」とこれを批判し、4島返還に固執した。

平和条約の締結後に歯舞島・色丹島を日本に返還することは、両国で合意している。この際、ロシアは、領土問題は国際法上、解決済の立場である。日本は、平和条約の締結後に残りの返還を要求する立場にある。そこでのロシアの選択が問題となるが、その論点は国際法上の主権認識にかかわるところとなっている[19]。

(7) 3島返還論

共同宣言の前提にたって、国後島は日本領、択捉島をロシア領とする妥協案の可能性が提起されたもので、この提案は、2007年2月フラトコフ・ロシア前首相の訪日における音羽御殿会談で、鳩山由紀夫が持ち出した。それは、2006年12月の麻生太郎の面積2等分論を批判する形でなされた。岩下明裕はこれを支持している[20]。

(8) 千島列島全島返還論

日本共産党は、2島返還方式を主張してきたが、それを転換して北千島を含めた千島列島全体が日本固有の領土であり、全島が日本に返還されるべきである、としている。それは、ソ連の千島列島占領は、ヤルタ協定に違反しており、サンフランシスコ条約の千島放棄条項は前提にすることはできないというにある。歯舞群島と色丹島は北海道の一部で、占領は認められないとしている。

日本共産党の見解とその修正経過は、以下の通りである。
1949年12月23日「アカハタ」――吉田内閣の千島・樺太返還運動はソ連の反駁を招くと指摘した。

 12月30日「アカハタ」――野坂参三「南樺太・千島の帰属問題」が吉田全権のいう南樺太・千島の日本帰属を「軍国主義の再版」と指摘した。

1956年8月7日「アカハタ」記事「日ソ交渉——領土問題をなぜ固執するか——反共体制の強化への利用、対外従属外交の点かせぎ」——日ソ交渉で日本が領土問題を持ち出す根拠はない、と指摘した。

　　8月8日「アカハタ」主張「《領土問題》とわれらの立場」——歯舞・色丹が北海道の一部であるという日本政府の主張は明らかに矛盾する、と指摘した。

1956年8月31日日本共産党主催日ソ国交回復促進演説会の宮本顕治演説（宮本『わが党のたたかった道』（日本共産党出版局、1961年、1977年5月13日「平和と社会主義」号外「日ソ間に領土問題は存在しない」）——1956年7月外務省が国後・択捉2島返還要求は全国民の要求で、共産党・社会党も一致しているとしたことに対して、8月2日共産党中央委員会は、声明「領土問題にかんする《外務省の見解》について」で、日本政府が千島を放棄していることは重大であると指摘し、この立場を確認して、千島列島は南千島に入らないとの政府の主張は根拠がないとした。但し、1959年訪ソした宮本は、2島の日本返還に合意した。

1969年3月6日赤旗「千島問題についての日本共産党の政策と主張」（『千島問題と日本共産党』日本共産党出版局、1974年）——千島列島のソ連引渡しは無条件降伏した日本が連合国の決定に従ったものである、と指摘した上で、「日本の人民と民主勢力は、主権の完全な回復をめざして千島列島の公正な解決をかちとるためにも、日ソ平和条約の即時締結を要求し、さらに、安保条約の廃棄、沖縄全面返還、独立・民主・平和・中立の日本の実現のためにも、全力をあげて奮闘しなければならない」とした。

1974年2月27日～28日若林遥赤旗論文「千島問題での志賀一派の党攻撃と反国民性の深化」——わが党は千島返還要求に反対してきたのではなく、千島問題の公正な解決を追求してきたことを確認した。

1977年5月27日宮本顕治委員長のソ連共産党への公開書簡への談話（5月29日赤旗）——わが党は、第二次世界大戦後に千島問題の処理の不公正さを明確に指摘するにいたらなかったと発言し、現在、択捉・国後・歯舞・色丹

周辺の線引きをすべきでないと日本政府に申し入れているとしており、われわれは進歩・発展する共産党にあるというのがその立場であるとしていた。1977年7月6日「赤旗」記事「千島問題と社会主義の大義」——8月2日党声明を確認して、「国際正義に立つ千島問題の正しい解決のためには、千島問題がひきおこされた歴史出発点にまでさかのぼって、原則的な評価と態度を明確にし、適切な是正措置を講じることが必要であります」とし、「全千島列島が日本に返還されるべきだということ、日本政府が千島問題を解決する合法的根拠を保つためには、サンフランシスコ条約第2条C項の千島列島の部分の廃棄を関係諸国に通告する」と提案した[21]。

(9) 返還運動

元島民は、1945年12月1日根室町長安藤石典が連合軍最高司令官マッカーサー元帥に陳情して北方領土返還運動を起こし、北海道附属島嶼復帰懇請委員会が結成され、1950年11月北方領土返還要求運動を目的とした歯舞諸島返還懇請同盟が発足し、それは1963年3月北方領土復帰期成同盟（北方同盟）と改組され、全国的運動を強化した。また、1955年5月千島列島居住者連盟が成立し、それは1958年7月千島歯舞諸島居住者連盟に移行した。他方、1961年に特殊法人北方協会、1969年に北方領土問題対策協会、2003年に独立行政法人北方領土問題対策協会がそれぞれ設立され、支援活動が行われている。

同返還運動は千島全島ないし歯舞群島の返還を求めていたが、のち4島返還に主張が変化し、現在、彼らの意識は2島返還への支持を現実的方策として強めてきている。日本外務省は4島返還論の立場をとっており、住民のロシア人との交流も認めていないが、旧島民はロシア支配の4島への往来を希望し、あるいは2島返還の立場が強くもあり、その意識は政府に十分理解されていない[22]。

(10) 全面放棄論

2010年以降、日本は領土返還要求を全面放棄し、ロシアの支配を現実としてのみならず、法的にも正当なものとして承認すべきとの主張が登場した。それに

よって、日本は経済開発に入るべきとする解決法で、経済投資・進出を歓迎するロシアの政策に対処すべきというにある。この考えは、交渉の展望がまったく見透せない現下にあって一部の市民・財界人・知識人の間で浮上している。表7-2、表7-3、表7-4の2005年10月の北海道における世論調査をみよ。

(11)「北方領土不要論」論争

2002年3月11日衆議院予算委員会において、民主党の上田清司議員が、鈴木宗男に対し、以下の通り発言した。「そもそも、北方領土問題というのは、国のメンツから領土返還を主張しているにすぎず、実際には、島が返還されても国として何の利益にもならない。そうであれば、戦後五十年もたって返還されないという事実を踏まえ、我が国は、領土返還要求を打ち切って、4島との経済交流を進めて行くべきと考える。……同じような意見を持った人もいる。」

その根拠とされたのは、「秘　無期限」、秘密指定解除の1995年6月13日外務省内部文書「北方4島へのプレハブ診療建設問題」であり、その抜萃は、以下の通りであった。

> [1995年6月] 13日、西田欧亜局参事官は求めにより鈴木宗男議員を往訪の上、標記問題の検討状況を説明したところ、同議員は検討に時間がかかっていることが理解できないとし、強く反論の上、今後、自分は本件に反対する立場をとる旨述べた。
>
> ……自分としては、今後は診療所建設には反対の立場をとる。そもそも、北方領土問題というのは、国の面子からの領土返還を主張しているに過ぎず、実際には、島が返還されても国として何の利益にもならない。そうであれば、戦後50年もたって返還されないという事実を踏まえ、我が国は領土返還要求を打ち切って、4島との経済交流を進めていくべきと考える。領土返還運動に従事している人たちは大変な被害にあっているので、自分と同じような意見を持った人がいる。……

この文書の上田議員による公表に対して、鈴木宗男は、以下の質問主意書をもって、外務省にその文書の意図をただした。鈴木は、「「北方領土不要論」を主

張しているのではなく、あくまでも北海道の羅臼町ではこの様に考えている人もいる旨を述べたものである。当方は自身の政治的使命として北方領土問題の解決に取り組んでおり、断じて「北方領土不要論」を唱えることはない。したがって、「文書」にある当方の主張に係る文言は、意図的な悪意を持っているのか……」、と外務省に求めた。

以上が平成20年5月22日鈴木宗男提出、質問第415号、いわゆる「北方領土不要論」に関する質問主意書の引用である。それに対する同年5月30日の政府答弁書は、「外務省として、国会議員の発言を網羅的に把握していないため、お尋ねについてお答えすることは困難である」と回答されており、文書記録は記述の「とおりであると理解している」と外務省は内容を確認した。

平成20年6月13日鈴木宗男提出、質問第469号いわゆる「北方領土不要論」に関する質問主意書――その答弁書は、「国会議員の個々の発言についてコメントすることを差し控えたい」とするもので、お答えすることは困難である、とあった。

平成20年11月19日鈴木宗男提出、質問第256号、いわゆる北方領土不要論を過去に唱えたとされる国会議員への外務省の対応に関する質問主意書――その答弁書は、文書は「秘密指定が解除されており、ご指摘は当たらないものと考えている」ということにとどまった。

平成20年12月2日提出、質問第306号、いわゆる北方領土不要論を過去に唱えたとされる国会議員への外務省の対応に関する質問主意書――その答弁書は、「文書は残されておらず、これまで以上のお答えをすることは困難である」との回答であった。

平成20年12月22日鈴木宗男提出、質問第380号、いわゆる北方領土不要論を過去に唱えたとされる国会議員への外務省の対応に関する第3回質問主意書――主意書で、外務省「メモ」を私は確認していないとしており、その確認を求めたのに対し、その答弁書は「外務省としてお答えすることは困難であ」り、秘密指定解除は「「外務省の対応として瑕疵」があるとのご指摘は当たらない」との回答であった。

平成21年1月19日鈴木宗男提出、質問第35号、いわゆる北方領土不要論を過去に唱えたと外務省が認識している国会議員に対する同省の対応等に関する質問主意書——主意書で、鈴木が「西田氏に対して、北海道根室管内の羅臼町では、「文書」にあるような意見が多く見られると述べた」ことへの明確な回答を求めたのに対し、外務省は「一概にお答えすることは困難である」と回答した。

　平成21年11月19日鈴木宗男提出、質問第90号、いわゆる北方領土不要論を過去に唱えたと外務省が認識している国会議員に対する同省の対応等に係る鳩山由紀夫内閣の見解に関する質問主意書——主意書で、鈴木が「西田氏に対して、北海道根室管内の羅臼町では、「文書」にある様な意見が多く見られると述べた」との確認に対して、「外務省として報告書の内容を否定するような判断材料を持ち合わせていない」と回答した。

　この議論は、鈴木発言の内容はどうかということにつきるが、外務省は、その北方領土不要論発言の確認あるいは撤回あるいは修正に応じていない。しかし、鈴木議員が不要論者であるとはだれもが思わない[23]。とすれば、鈴木の主張する交流論を何らかの意図で不要論に転嫁されてしまい、交流・支援も中止されることに至った力学がどこかで働いていたとみるのが現実であろう。交渉の行き詰まりのなかで提起された不要論が、羅臼町での議論ないし認識があったか、そうなっていたことは事実であろう。そうした世論も登場するなか、解決をめぐるジレンマと政策の限界がいよいよ噴出してしまったという事態が生じているのは実情で、局面を転換させるに足る打開策が切に求められている。

　その問題点については、以下の指摘ができる。

1、諸々の模索にもかかわらず、交渉の進展と展望に懸念があった。
2、不要論が主題であるが、そこには交渉の行き詰まりを背景にした、なし崩しの事態への懸念ないし回避があった。
3、日本には、交渉の雰囲気醸成のための交流・支援の限界に関連して、交流の原則の貫徹か否かの選択に直面した状況があった。
4、政府当局と住民の間の信頼が揺らぎつつあるとされる、対応もできない現実への落とし穴があった。

5、交渉の無策への反省が露呈した雰囲気への懸念がうかがえ、関与者ないし関心者には危機感があった。

その事件は、実際、現地で交流を進めた鈴木個人及び現地の関係者と政府中央及び外務省担当者の間の認識ギャップの次元の問題として生じたものだった。そこでは、それを超えた交渉の選択への示唆と行動が求められていた。しかし、その回答は官僚的支配の文脈では引き出されない。政治決断しか打開の道はない。

(12) 3.25島返還論

事態の打開に向けて、フィフティ・フィフティ方式が提起された。これは、2006年10月11日参議院予算委員会で、元外務省事務官、高野博師公明党議員が提起したもので、中間値を目指す思考で、3島（歯舞・色丹・国後）プラス択捉の4分の1で決着するというもので、3.25島返還論である。これは、フィフティ・フィフティによる解決の模索として評価される一方、中間値を目指す敗北的な思考であるとの指摘もある。

(13) 北方領土をめぐる世論

4島一括返還が提起されてから60年、交渉は、まったく進展していない。そこで、早期解決に向けて発想の転換が求められている。2005年10月～11月岩下明裕が北海道新聞社及び北海道大学の協力で、根室市民に対する世論調査を実施しており、その結果は、以下の通りであった[24]。

問 「4島一括返還」が日本の立場であるが、この立場は、今後も堅持すべきか。
　堅持すべきである　56パーセント
　見直すべきである　42パーセント
問　どのように見直すべきか。
　歯舞・色丹をまず返還させ、国後・択捉は継続協議とする　64.3パーセント
　歯舞・色丹に加えて残り2島（国後・択捉）の一部返還を目指す　28.6パーセント
　ロシアと日本で4島を共有する　4.8パーセント

返還はまったく不要　0パーセント

その他　2.3パーセント

表7-2　北方領土交渉における日本の立場についての北海道民の意見、2005年10月〜11月

地域	4島一括返還を厳守	見直すべき	返還はまったく必要ない	分からない
5都市全体	72.6	23.0	3.4	1.4
札幌市	72.0	24.0	3.0	1.0
釧路市	68.0	31.0	1.0	0.0
根室管内	66.2	28.4	3.2	2.2
根室市	56.0	42.0	0.0	2.0
羅臼町	64.0	26.0	8.0	2.0

(注) 5都市は、札幌市、函館市、小樽市、稚内市、釧路市で、根室管内は根室市、中標津町、別海町、標津町、羅臼町である。
(出所) 岩下明裕『日ロ関係の新しいアプローチ』北海道大学スラブ研究センター、2006年、26頁。

表7-3　北方領土交渉を見直すべきとする選択についての北海道民の意見、2005年10月〜11月

見直すべき選択1 日本とロシアで4島を共有する。
　　　　　　2 返還は歯舞・色丹2島とし、残り2島は共有する。
　　　　　　3 返還は歯舞・色丹2島とし、残り2島はロシアに残す。
　　　　　　4 返還は歯舞・色丹2島プラス1島とし、残り1島はロシアに残す。
　　　　　　5 歯舞・色丹2島を返還し、残りは今後の話合いに委ねる。

地域	選択1	選択2	選択3	選択4	選択5	分からない
5都市全体	15.7	15.7	10.4	1.7	53.9	2.6
札幌市	16.7	8.3	0.0	4.2	70.8	0.0
釧路市	6.5	12.9	9.7	0.0	64.5	6.5
根室管内	17.6	14.8	2.1	5.6	57.0	2.8
根室市	4.8	23.8	0.0	4.8	64.3	2.4
羅臼町	26.9	7.7	0.0	7.7	57.7	0.0

(注) 5都市は、札幌市、函館市、小樽市、稚内市、釧路市で、根室管内は根室市、中標津町、別海町、標津町、羅臼町である。
(出所) 岩下明裕『日ロ関係の新しいアプローチ』北海道大学スラブ研究センター、2006年、30頁。

以上をめぐる島民関係者の回答についての理由は、以下にあった。
　——4島一括返還は、到底、望み得ない。
　——現実的な解決が必要である。
　——ロシアの2島返還は日本の4島返還とは相容れないもので、どこかで交差

点を見い出すことができる解決があると考えるべきである。
——現実的な選択が必要である。
——相手側が返還し交渉する機会を失したら、また長い歳月が無駄となり、当該地域が経済的に衰退する。
——領土問題が決着すれば、自由に観光でも訪問でき、また水産資源の共同開発のための持続可能な資源量の管理も可能となる。
——戦後60年経っても未だ解決できなければ、一括返還を主張していては、100年経っても返還されないと思うのは、当然である。
——北方領土返還の第一歩としての動きを捉えるレールを敷くことが必要である。
——4島返還は、ロシアの政府と国民の理解が得られない。
——歯舞・色丹・国後3島一括返還プラス α （択捉の継続協議）、あるいは日本は4島の主張、ロシアは2島返還という対立のなか、単純に3島で交渉するしかない。
——国後を日本、択捉をロシアとする妥協が必要である。
——4島返還にこだわらず、2島を先に方策として行う。
——とりあえず根室から近い歯舞・色丹から返還してもらえたらいい、2島返還の現実的な領土交渉を行うべきである。
そこでは、以下の島民関係者の背景意見が提出された。
——一括返還も大事だが、旧島民及び地域における経済的損失を補填することも必要である。
——日本外交の姿勢は一元化されていない。国論が分裂していては、交渉もできないのではないか。
——領土問題の交渉であるのに、なぜ妥協を考えないのか。
以上の議論を北海道全体に拡大して調査した世論に照らしてみれば、結論的に、以下の通り、要約できる。

1、2島プラス α の決着を望む声が大きい。但し、2島のみで最終決着してよいとはしない。

2、旧島民とそうでない市民との間には、もはや意見の対立はない。旧島民の意見も、根室一般市民の見解に急速に近づいている。
3、北方領土に住んでいた親族の有無とは相関関係がみられず、羅臼町よりも根室市の市民の方が見直し論が極端に強い。羅臼町では、「返還はまったく必要ない」見解が8パーセントある。
4、「4島一貫返還」の立場を守るべきにつき、根室では、3人に2人が見直すべきとしており、4島一括返還に消極的である。年代別には、20年代は35.2パーセントとなっている。これに比し、守るべきは60年代は70パーセント、70歳以上では78.2パーセントを示している。
5、返還は必要ないとの意見には、その理由として基盤整備に費用がかかるとの理由が大きく、その理解は消極的であった。関心がないのが12.5パーセントであった。

表7-4 北方領土返還は必要ないとする理由についての北海道民の意見、2005年10月〜11月

必要ない理由　1 既にロシア人が住んでいるから。
　　　　　　　2 返還されてもだれも住む人がいないから。
　　　　　　　3 返還後、道路や電力など社会基盤整備に大きな費用がかかるから。
　　　　　　　4 この問題に関心がないから。
　　　　　　　5 その他。

地域	理由1	理由2	理由3	理由4	理由5	分からない
5都市全体	20.0	0.0	46.7	26.7	6.7	0.0
札幌市	33.3	0.0	0.0	33.3	33.3	0.0
釧路市	0.0	0.0	100.0	0.0	0.0	0.0
根室管内	18.8	0.0	50.0	12.5	18.8	0.0
根室市	0.0	0.0	0.0	0.0	0.0	0.0
羅臼町	12.5	0.0	37.5	25.0	25.0	0.0

(注) 5都市は、札幌市、函館市、小樽市、稚内市、釧路市で、根室管内は根室市、中標津町、別海町、標津町、羅臼町である。
(出所) 岩下明裕『日ロ関係の新しいアプローチ』北海道大学スラブ研究センター、2006年、32頁。

(14) 北方領土をめぐるロシア住民の世論

2005年10月北方4島のうち、3島（択捉島・国後島・色丹島）のロシア島民

300人に対しても、北海道新聞が北方領土住民意識調査を実施した。その結果は、以下の通りであった。

1、日本との平和条約には21.0パーセントが無条件で賛成し、44.7パーセントが条件付賛成であった。反対は16.7パーセントであった。
2、北方領土の日本返還を盛り込んだ平和条約には、2.0パーセントが無条件で賛成し、28.7パーセントが条件付賛成であった。反対は61.3パーセントであった。条件付賛成は金銭補償が83.7パーセント、日本国籍をとれること8.1パーセントであった。返還後、23.3パーセントが島に残るとしていて、島から出て行く方が大きく、43.0パーセントとなっている。日本人との共存は、可能が20.3パーセント、条件付可能が23.7パーセントの計43.7パーセントで、不可能は38.7パーセントである[25]。

表7-5　北方領土に関するロシア島民の世論、2005年10月

質問	無条件賛成	条件付賛成	反対	分からない	無回答
平和条約への賛否	21.0	44.7	16.7	13.7	4.0
領土の日本返還	2.0	28.7	61.3	7.3	0.7
	島に残る	島から出る			
返還後の対応	23.3	43.0	—	24.0	9.7
	可能	条件付可能	不可能		
日本人との共存	20.0	23.7	38.7	15.0	2.3

(注) 条件付賛成の条件の内訳は、以下の通りである。
　　　金銭補償　　　　　　83.7パーセント
　　　ロシア国籍の残存　　16.3
　　　島への残存　　　　　15.1
　　　日本国籍の取得　　　8.1
　　　その他　　　　　　　5.9
　　　無回答　　　　　　　0.0

(出所) 岩下明裕『日ロ関係の新しいアプローチ』北海道大学スラブ研究センター、2006年、43-63頁。

他方、ロシア側にも、北方領土を返還すべきとの主張がある。グローバル化問題研究所長ミハイル・デリャーギンが、ロシアの返還選択の議論を提起した[26]。作家アレクサンドル・ソルジェニツィーンは、『廃墟のなかのロシア』のなかで、ロシアは「エセ愛国主義」で日本に領土を返還していない、とロシア政府を批判した[27]。彼は、日本の返還要求を支持し、これにより日ロ善隣関係が実現できる

としている。毛沢東中国共産党主席は、1964年7月10日日本社会党訪中代表団に対し、「とにかく自分の領内に入れることの出来るところは、残らず自国の領内に入れる」としたソ連の態度を批判し、千島列島の日本への領土返還を取り上げていた。2010年11月15日ロシアの「ベドモスチ」社説は、台頭する中国に日本と協力して対抗するための第一歩として、歯舞群島・色丹島を引渡しあるいは共同統治とする必要がある、と指摘した[28]。

(15) 欧州議会の北方領土問題決議

欧州議会は、2005年7月7日「EUと中国・台湾関係及び極東における安全保障」決議を採択し、「極東関係諸国が未解決の領土問題を解決する二国間協定の締結を目指すことを求める」として、竹島問題及び尖閣諸島問題の解決と並記して、「第二次世界大戦の終結時にソ連により占領され、現在、ロシアにより占領されている北方領土の日本への返還」を求めた。ロシア外務省は、この決議に対し二国間問題の解決に第三者の注解は不要である、と論評した。日本では、論議されなかった。

モスクワ特派員記事は、以下の通り、伝えた。「ロシア通信によると、ウラジーミル・チジョフ露外務次官は18日、欧州連合（EU）の欧州議会が今月7日、北方領土の返還をロシアに促す決議を採択したことについて、「馬鹿げている。欧州議会は、別の惑星に住んでいるようだ」と強く反発した。欧州議会の決議は、極東の安全保障強化を東アジア諸国に呼びかけたもので、北方領土については「第二次世界大戦末期にソ連によって占領された」とし、日本への返還を求めた。北方領土問題をめぐり、主要国で日本を支持しているのは米国だったが、欧州議会が日本支持の決議を採択したのは初めてであった」[29]。

(16) 日ソ／日ロ交渉の総括

これまでの日ソ／日ロ交渉の主要経過は、以下の通りである。

1947年10月6日衆議院外務委員会、択捉・国後・色丹諸島領土復帰の請願を審議。

1951年3月31日衆議院、歯舞諸島返還懇請決議成立。

歯舞諸島返還懇請に関する衆議院決議は、以下の通りである。

　　現在ソ連軍の占領下にある歯舞諸島は、地理的には花咲半島の延長であり、古來より根室の一部として日本人が居住していたのである。又行政区域からも歯舞諸島は根室國であり、明らかに北海道本土の一部をなしてわが國固有の領土であり、天然的、歴史的環境をもつものである。

　　しかるに終戦当時これらの島に駐とんせる日本軍隊が千島と同一の指揮系統にあって降伏した事情等のため、北海道と分離せられ、ソ連邦に引き渡されたのである。しかもこれらの諸島は、わが國水産業の上からは國民榮養の重要要素である水産物生産地としてまことに重要なる地域である。

　　さらにこれらの海域はしばしば濃霧が発生し、船舶の運航は困難であり、なお且つ、彼我の領土が指呼の間にある現在においては領海侵犯あるいはだ捕等の事件はひん発する常態である。このように國際的紛争がじゃっ起することは、平和国家として再発足せるわが國将来に暗影を投ずることなり憂慮される次第である。

　　よって連合國各國の深い御理解と御同情により、講和条約締結に當っては、歯舞諸島はわが國に返還されるよう懇請する。

　　右決議する。

　　11月13日参議院特別委員会、歯舞・色丹諸島返還の司法裁判所付託を審議。

1955年6月14日ソ連、ソ日平和条約案提出、8月16日日本、日ソ平和条約案提出。

1956年7月31日重光葵外相の訪ソ、日ソ領土交渉、10月7日鳩山一郎首相の訪ソ、19日日ソ共同宣言調印。

1959年4月4日ソ連、日本の核武装・中立問題で口上書。

1960年1月27日ソ連、外国軍隊が日本から撤兵しない限り、歯舞・色丹は日本に引き渡さないと通告（いわゆるグロムイコ通告）、28日日本外務省、反

論、2月5日日本政府、反論覚書、岸信介首相、歯舞・色丹は日本固有の領土と衆議院予算委員会で答弁。
1961年9月池田勇人首相、参議院本会議で択捉・国後・歯舞・色丹は日本領土であると確認。
　　　10月11日〜12日モスクワ放送、千島列島は戦略的価値があり、歯舞・色丹は外国軍隊が日本から撤退するまで引き渡さないと指摘。
　　　12月13日米国務省、日本の北方領土の立場は正当であると声明、28日タス、反論。
1962年3月9日衆議院、日本固有の北方領土返還決議成立、3月14日参議院、同決議成立。
1964年11月18日日本、国連植民地24カ国委員会に北方領土問題覚書提出。
1965年4月6日衆議院、北方領土返還決議成立、28日参議院、同決議成立。
1969年3月5日元島民が色丹島・国後島への転籍届提出。
1970年5月1日法務省通達で北方領土の土地・建物など不動産登記受理。
　　　10月18日モスクワ放送、日ソ国交回復共同宣言14周年の主張「南クリル諸島の帰属問題は解決済」。
1971年9月20日〜26日日本共産党幹部会議長宮本顕治の訪ソ、歯舞・色丹2島の返還をソ連に申入れ。
1976年5月14日モスクワ放送「領土問題で日本に例外要求の権利はない」。
日本向け放送の抜萃は、以下の通りである。

　　ソ連と日本の平和条約の問題は、残念なことに、いまだに両国の重要な懸案の1つとなっている。しかし、この懸案を解決するための客観的な条件は、全体として、とっくに熟している。

　　例えば、ソ連と日本の関係は、1956年の共同宣言の調印後、約20年の間に、双方の努力によって史上かつてなかったような水準に達した。政治的接触が発展し、通商・経済関係の規模は著しく大きくなり、……

　　日本側の態度には、これとまったく別なものがみられる。日本側は、平和調整のすべてを1つの問題、いわゆる領土問題に結び付けるだけでなく、

さらに、これを平和調整の前提条件として打ち出している。既に何度も日本の国家活動に対して声明されたように、このような態度は、平和条約交渉の土台にならない。……

ソ連と日本の平和調整問題に関連して根拠のない不等な要求を持ち出すべく企む、ソ連との平和条約の締結を人為的に妨げられようとする日本内外の一定勢力の野望の現れ以外のなにものでもない。醜い……反ソ分子と同調して各種の北方領土返還キャンペーンを実施することによって、ソ連への非友好的な態度を呼び起こそうとする人びとは、将にこのような考えに基づいている。このような態度が善隣関係を維持する道ではないことは勿論である。

北京が日本に加えている圧力は、極東情勢の険悪化を孕む反ソ陰謀に日本を引き摺り込もうとする中国の毛沢東指導部の野望を反映している。それは、平和と善隣の利益となんら縁のない危険な道である。日本は、それを理解しないわけにはいかない。……

1978年3月6日ソ連外務省、日本との領土問題声明、20日日本、拒否。
ソ連声明の抜萃は以下の通りである。

……日本では、公権力の側よりの直接的な奨励の下に、ソ連領土——クリル列島南部諸島——に対する要求というソ連に非友好的なキャンペーンが続けられているが、このことに対して、ソ連では、注意を払わざるを得ない。……日本の領土要求に対するソ連の立場は、何度となく説明されており、かつ日本政府は、これをよく承知している。なかんずく最近においては、本年［1978年］園田［直］日本外相のモスクワ訪問の過程において、これは確認され、ソ連と日本の関係においては、これはいかなる領土問題も存在しないこと、及びソ連は自国領を他国に引き渡さないことが声明された。……

1991年4月16日～19日ゴルバチョフ大統領、訪日——領土問題の存在が初め

て文書で確認された。

共同声明の抜萃は、以下の通りである。

　　これまでに行われた共同作業、特に最高レベルでの交渉により、一連の概念的な考え方、すなわち、平和条約が、領土問題の解決を含む最終的な戦後処理の文書であるべきこと、友好的な基盤の上に日ソ関係の長期的な展望を拓くべきこと、及び相手側の安全保障を害すべきでないことを確認するに至った。

　　ソ連側は、日本国の住民と蒸気の諸島の住民との間の交流の拡大、日本国民によるこれらの諸島訪問の簡素化された無査証の枠組みの設定、この地域における共同の互恵的経済活動の開始、及びこれらの諸島に配置されたソ連の軍事力の削減に関する措置を近い将来とる旨の提案を行った。日本側は、これらの問題につき今後更に話し合うこととしたい旨、述べた。

　　総理大臣及び大統領は会談において、平和条約の準備を完了させるための作業を加速することが、第一義的に重要であることを強調するとともに、この目的のため、日本国及びソヴィエト社会主義共和国連邦が戦争状態の終了、及び外交関係の回復を共同で宣言した1966年以来長年にわたって二国間交渉を通じて蓄積されたすべての肯定的要素を活用しつつ、建設的かつ精力的に作業するとの確固たる意思を表明した。……

1993年10月日本外務省、日ロ関係5原則成立。
5原則の要旨は、以下の通りである。
　①ソ連の改革への連帯と支持を表明し、支援を強化・拡大する。
　②ロシア共和国との多面的協力を飛躍的に拡充・強化する。
　③開かれたソ連をアジア・太平洋地域に受け入れるために協力する。
　④ソ連のIMF／世界銀行などとの協力関係の拡大を支持する。
　⑤最重要問題として、法と正義に基づき、1日も早く領土問題を解決して平和条約を締結し、両国関係の改善を図る。

10月11日～13日日ロ首脳会談、17日日ロ共同宣言の確認のみの東京宣言。

東京宣言の抜粋は、以下の通りである。

　　日本国総理大臣及びロシア連邦大統領は、

　　冷戦の終焉により、世界が、地球的レベル及び地域的レベルにおいて、更には諸国家間の二国間関係において、対立構造から脱却して国際協力の発展に対し新たな展望を開くような協力へと向かいつつあり、このことは、日露二国間関係の完全な正常化のために好ましい前提を作り出しているとの認識に基づき、

　　日本国及びロシア連邦が、自由、民主主義、法の支配及び基本的人権の尊重という普遍的価値を共有することを宣言し

　　市場経済及び自由貿易の促進が、両国経済の繁栄及び世界経済全体の健全な発展に寄与するものであることを想起し、

　　ロシア連邦において推進されている改革の成功が、新しい世界の政治経済秩序の構築にとって決定的な重要性を有するものであることを確信し、

　　国連憲章の目的及び原則の尊重の上に両国関係を築くことの重要性を確認し、

　　日本国及びロシア連邦が、全体主義の遺産を克服し、新たな国際秩序の構築のために及び二国間関係の完全な正常化のために、国際協力の精神に基づいて協力していくべきことを決意して、

　　以下を宣言する。

1. 日本国総理大臣及びロシア連邦大統領は、ロシア連邦で行われている民主的変革と経済改革が、同国の国民のみならず世界全体にとって極めて重要な意義を有しているとの認識を共有するとともに、同国が真の市場経済への移行に成功し、民主的な国際社会に円滑に統合されることが、世界の安定を強化し、新しい国際秩序の形成過程を不可逆的なものとする上で、不可欠の要因であるとの見解を有する。……
2. 日本国総理大臣及びロシア連邦大統領は、両国関係における困難な

過去の遺産は克服されなければならないとの認識を共有し、択捉島、国後島、色丹島及び歯舞群島の帰属に関する問題について真剣な交渉を行った。双方は、この問題を歴史的・法的事実に立脚し、両国の間で合意の上作成された諸文書及び法と正義の原則を基礎として解決することにより平和条約を早期に締結するよう交渉を継続し、もって両国間の関係を完全に正常化すべきことに合意する。この関連で、日本国政府及びロシア連邦政府は、ロシア連邦がソ連邦と国家としての継続性を有する同一の国家であり、日本国とソ連邦との間のすべての条約その他の国際約束は日本国とロシア連邦との間で引き続き適用されることを確認する。

　日本国政府及びロシア連邦政府は、両国間の平和条約作業部会において建設的な対話が行われ、その成果の一つとして1992年9月に「日露間領土問題の歴史に関する共同作成資料集」が日露共同で発表されたことを想起する。

3. 日本国政府及びロシア連邦政府は、また、これまで両国間で合意の上策定された枠組みの下で行われてきている前記の諸島に現に居住している住民と日本国の住民との間の相互訪問を一層円滑化することをはじめ、相互理解の増進へ向けた一連の措置を採ることに同意する。

　日本国総理大臣及びロシア連邦大統領は、政治対話の拡大が日露関係の発展にとって有益かつ効果的な手段であることを確信し、最高首脳レベル、外務大臣レベル及び外務次官級レベルでの定期的な相互訪問による政治対話を継続し、深化させ、発展させることに同意する。……

5. 日本国総理大臣及びロシア連邦大統領は、自由と開放性という共通の原則を基礎として、アジア・太平洋地域が21世紀の世界において目覚ましい発展を遂げる可能性があることについて共通の見解を有する。双方は、ロシア連邦が法と正義の原則を実践することにより、この地域において積極的かつ建設的なパートナーとなり、この地域の諸

国間の政治・経済関係の発展に一層貢献していくことの意義を確認するとともに、この課題を実現するためには、この地域において重要な役割を果たしている日本国とロシア連邦の関係の完全な正常化が、この地域を平和で安定した地域とすること並びにロシア連邦を含むすべての国々及び地域に開放された自由貿易体制を基礎とする経済面での協力の発展の場とすることとの関連で、本質的に重要であるとの認識を共有する。
　　日本国総理大臣及びロシア連邦大統領は、アジア・太平洋地域における平和と安定の強化が必要であるとの共通の認識に立脚しつつ、安全保障面を含む広範な諸問題に関する両国政府当局間の対話の重要性を確認し、このような交流を更に活発化させることに同意する。……

1997年11月1日〜2日クラスノヤルスク合意——「東京宣言に基づき、2000年までに平和条約を締結するよう全力を尽くす」ことが確認された。
11月2日記者会見の抜萃は、以下の通りである。
　　日本側記者　93年の東京宣言を前進させるということは領土問題を解決することも含んでいるが、大統領の今後3年の任期中に具体的にどのような形で前進させることを考えているか。
　　エリツィン大統領　我々は、これまでもずっと同じ所に立ち止まっていたわけではない。1993年の宣言の5項目は、徐々に前進してきている。今回は、その問題についての具体的な時期を付すことができた。これからは、両国が共同行動をとりつつ、43項目の問題や平和条約の問題が2000年までに解決するよう一緒に努力しなければならない。
　　今回の我々の仕事には、我々両首脳以外のネムツォフ他の同僚が徹夜して働いてくれ、その結果としての文書が作られたわけであるが、この文書について我々に対する批判があるかもしれないし、また、この結果はすべての者を満足させるものでないかもしれない。できあがった文書について発表するかどうかはこの後で決めたい。ただ、プレスの皆さんにお願いし

たいのは、今回我々は「橋本・エリツィンプラン」［1日の記者会見］という非常に重要な行動計画に合意したということを世界中に報道してもらいたいということである。

1998年4月18日～19日川奈合意成立──「平和条約が東京宣言第2項に基づき4島問題を解決することを内容とし、21世紀に向けての日露の遊行協力に関する原則などを盛り込む」ことが確認された。
橋本龍太郎首相の共同記者における発言の抜萃は、以下の通りである。

　　日本側記者　橋本総理にうかがいます。昨夜の総理とエリツィン大統領との会談で平和友好協力条約に関する提案がありましたが、これについては合意したと解釈してよろしいのでしょうか。また、この中に4島の主権の問題はきちんと含まれると考えてよろしいのでしょうか。また、北方領土について先ほどエリツィン大統領より興味ある提案が橋本総理よりあったと述べておりましたが、差し支えなければ少しでもその内容を教えて頂けないでしょうか。

　　橋本総理　私が誤解が生じないよう正確に申し上げたことは、これからボリスとまとめていく平和条約は東京宣言第2項に基づく4島の帰属の問題の解決を内容とする、さらに21世紀に向けた日ロの友好協力に関する原則も盛り込まれるべきだと私はそう申し上げました。我々の関係は、これをしてくれればこれもする、これをしてくれないとこれもしない、といったゼロからマイナスの関係を作るのではありません。そしてボリスと私が一生懸命築こうとしているのは、私もこうする、あなたもこうするよう努力してほしい、といったよりよい将来をつくるものです。私としては当然、東京宣言第2項といえば分かるので、これ以上は付け加えません。こうした努力に並行して我々としてはボリスの言う4島での水産加工プロジェクトについて相談していくことができると思います。平和条約にとどまるのか、それとも友好と協力を加えることになるのか、我々も努力し、また次官級分科会も早く行おうということで合意しました。そして私はボ

リスに真剣な提案をしました。ロシア側はそれを真剣に受けとめて検討してくれるものと信じております。しかし私はボリスとロシア政府に対して先に提案し、ボリスに真剣に検討してもらっています。これを皆さんに先に検討してもらうのでは順番が違うのではないでしょうか。いずれにせよ我々はこれから頻繁に会いますし、ハイレベルの交流もあります。何よりも次官級分科会を非常に早く開くようにお互い指示しました。いずれにせよ2人とも後ろに戻るつもりはありません。ありがとう。

　　11月11日〜13日小渕恵三首相、ソ連訪問、エリツィン大統領と会談、国境確定委員会及び共同活動委員会の設置、元島民の北方領土への自由往来などのモスクワ宣言調印、クラスノヤルスク及び川奈合意に基づき2000年までの日ロ平和条約締結への決意を公式文書で確認。
2000年9月3日〜5日プーチン大統領、訪日──領土問題解決による日ロ平和条約の締結交渉の継続を確認した。プーチン大統領は、1956年共同宣言は有効であると発言した。
平和条約問題に関する共同声明の全文は、以下の通りである。
　1. 日本国総理大臣及びロシア連邦大統領は、日本国とロシアとの間にその戦略的・地政学的利益に合致する創造的パートナーシップを構築するとの志向に則り、本年9月4日及び5日東京にて、平和条約の問題を含め、二国間関係全体について詳細な交渉を行った。
　2. 双方は、1997年のクラスノヤルスクにおける日露首脳会談において、東京宣言に基づき2000年までに平和条約を締結するよう全力を尽くすことが合意されて以降、次のような肯定的実績を上げたことを確認した。
　　──外務大臣レベルの平和条約締結問題合同委員会が設置された。
　　──国境画定に関する委員会が設置され、その枠内において積極的な交渉が継続されている。
　　──共同経済活動に関する委員会が設置され、積極的に作業している。

「択捉島、国後島、色丹島及び歯舞群島（以下「諸島」という。）における共同経済活動の発展に関する日露協力プログラム」が署名された。
―― 海洋生物資源についての操業の分野における協力の若干の事項に関する協定が署名され、成功裡に実施されている。
―― 諸島への最大限に簡易化された手続によるいわゆる自由訪問について達成された合意が実施されている。
―― 1991年の合意に従って実施されている諸島に現に居住している住民と日本国の住民との間の相互訪問の参加者の範囲が1998年から拡大されている。
―― 1994年の地震に関連して実施が開始された人道支援の分野に、緊急の支援を要する場合が含められている。

3. 双方は、クラスノヤルスク合意の実現のための努力を継続すること及びその肯定的実績を一層強固なものとするよう最大限助長していくことが不可欠であることを一致して認めた。

4. 双方は、1993年の日露関係に関する東京宣言及び1998年の日本国とロシア連邦との間の創造的パートナーシップの構築に関するモスクワ宣言を含む今日までに達成された全ての諸合意に依拠しつつ、「択捉島、国後島、色丹島及び歯舞群島の帰属に関する問題を解決することにより」平和条約を策定するための交渉を継続することに合意した。

　交渉のプロセスの効率性を高めるとの志向に則り、双方は、平和条約締結問題合同委員会における各々の代表者に対し、以下の措置をとるよう指示を与えた。

―― 平和条約締結問題合同委員会及び国境画定に関する委員会の作業を一層加速化するための新たな方策を策定すること。
―― 日露間領土問題の歴史に関する共同資料集につき、これに93年以降の時期に関わる資料を含めることをはじめとして、その新しい版を準備するための措置をとること。

——平和条約締結の重要性を各々の国の世論に説明するための努力を活発化させること。
5．Ｖ・Ｖ・プーチン・ロシア連邦大統領は、様々な分野における二国間関係の一層の発展及び平和条約交渉の積極的前進を図るため、ロシア連邦を公式に訪問するよう森喜朗日本国総理大臣を招待した。森喜朗日本国総理大臣は、感謝をもって招待を受け入れた。訪問の時期は外交ルートで合意される。
　　双方は、できる限りの機会を活用し、今後とも積極的な対話を維持することが有益であると認めた。
6．交渉は、率直、信頼及び相互尊重の雰囲気の下で行われた。

2001年3月25日イルクーツク首脳会談——1956年文書の法的有効性を確認した。
平和条約問題に関する交渉の今後の継続に関する日本国総理大臣及びロシア連邦大統領のイルクーツク声明の全文は、以下の通りである。

　2000年9月5日に署名された平和条約問題に関する日本国総理大臣及びロシア連邦大統領の声明において合意された諸点を踏まえて、平和条約問題についての突っ込んだ意見交換が行われた。
　双方は、90年代において、交渉プロセスが質的に活発化し、相互の立場に関する認識が深化したことを表明する。交渉に対し、重要で肯定的な弾みを与えたのは、1993年の日露関係に関する東京宣言に基づき、2000年までに平和条約を締結するよう全力を尽くすというクラスノヤルスク合意である。双方は、クラスノヤルスク合意の実現に関する作業が重要な成果をもたらしたこと及びその創造的な力を今後とも維持しなくてはならないことを指摘した。
　双方は、この関連で、平和条約の締結が、日露関係の前進的発展の一層の活発化を促し、その関係の質的に新しい段階を開くであろうとの確信に基づき、

――平和条約締結に関する更なる交渉を、1956年の日本国とソヴィエト社会主義共和国連邦との共同宣言、1973年の日ソ共同声明、1991年の日ソ共同声明、1993年の日露関係に関する東京宣言、1998年の日本国とロシア連邦の間の創造的パートナーシップ構築に関するモスクワ宣言、2000年の平和条約問題に関する日本国総理大臣及びロシア連邦大統領の声明及び本声明を含む、今日までに採択された諸文書に基づいて行うことに合意した。

――1956年の日本国とソヴィエト社会主義共和国連邦との共同宣言が、両国間の外交関係の回復後の平和条約締結に関する交渉プロセスの出発点を設定した基本的な法的文書であることを確認した。

――その上で、1993年の日露関係に関する東京宣言に基づき、択捉島、国後島、色丹島及び歯舞群島の帰属に関する問題を解決することにより、平和条約を締結し、もって両国間の関係を完全に正常化するため、今後の交渉を促進することで合意した。

――相互に受け入れ可能な解決に達することを目的として、交渉を活発化させ、平和条約締結に向けた前進の具体的な方向性をあり得べき最も早い時点で決定することで合意した。

――平和条約の早期締結のための環境を整備することを目的とする、択捉島、国後島、色丹島及び歯舞群島を巡る協力を継続することを確認した。

――2001年1月16日にモスクワで河野外務大臣とイワノフ外務大臣により署名された「日露間領土問題の歴史に関する共同作成資料集の新版及び平和条約締結の重要性に関する世論啓発事業に関する覚書」の実施の重要性を確認した。

双方は、交渉を行う上で極めて重要なのは、日露関係において相互理解、信頼及び多様な方面における幅広い互恵的な協力に基づく雰囲気を維持することであることを基本とする。

2003年1月9日〜12日小泉首相、ソ連訪問——プーチン大統領の間で両国関係をあらゆる分野にわたって発展させていく上での共通の指針を示した日露行動計画に合意。

日露行動計画の採択に関する共同声明の抜萃は、以下の通りである。

> 両国関係における困難な過去の遺産を最終的に克服して広範な日露パートナーシップのための新たな地平線を開くことを志向し、1956年の日本国とソヴィエト社会主義共和国連邦との共同宣言、1993年の日露関係に関する東京宣言、1998年の日本国とロシア連邦の間の創造的パートナーシップ構築に関するモスクワ宣言、2000年の平和条約問題に関する日本国総理大臣及びロシア連邦大統領の声明及び2001年の平和条約問題に関する交渉の今後の継続に関する日本国総理大臣及びロシア連邦大統領のイルクーツク声明を含むこれまでに達成された諸合意に基づき、精力的な交渉を通じて、択捉島、国後島、色丹島及び歯舞群島の帰属に関する問題を解決することにより平和条約を可能な限り早期に締結し、もって両国間の関係を完全に正常化すべきであるとの決意を確認し、……
>
> 日露協力の飛躍的かつ全面的な発展を確保するために具体的施策を採ることの重要性を強調して、附属する日露行動計画を採択するとともに、本行動計画を着実に実現していくために共同作業を行うとの両国の意思を表明した。

日露行動計画、2003年1月10日の抜萃は、以下の通りである。

1. 政治対話の深化——「重層的かつ全面的な対話の推進」

    近年、様々なレベルにおける活発な対話が行われた結果、両国関係において信頼及び相互理解が深化するとともに、両国関係は歴史上これまでになく高い段階に達し、創造的パートナーシップの構築に向けた行動の主要な方向性が示された。首脳会談は、2000年9月のV・V・プーチン大統領の公式訪日以降、2003年1月の小泉純一郎総理大臣の訪露までの短い期間に5回行われた。……

    今後の行動

両国関係の更なる発展及び国際舞台における協力の強化を図るため、両国は今後とも以下を目指すこととする。

両国は、首脳間の定期的な交流を定着させること、多国間協議の場における首脳間の会談の機会を積極的に利用すること、東京の総理大臣官邸とモスクワのクレムリンの間に設置することが調整されている「ホットライン」の活用を含め、電話会談を頻繁に実施すること等を通じて、首脳レベルの対話を活発化させる。

両国は、外相間の頻繁な接触、日本国防衛庁長官及びロシア連邦国防大臣の間の相互訪問の継続、貿易経済に関する日露政府間委員会の定期的な開催及び同共同議長間会合の活用並びに多国間協議の場における会談を含む大臣・長官レベルのその他の接触を通じて、閣僚レベルの接触の拡大に引き続き努める。……

2. 平和条約交渉──「困難な過去の遺産の克服と広範な日露パートナーシップの新たな地平線の開拓」

これまで継続されてきた両国間の精力的な交渉の結果、1956年の日本国とソヴィエト社会主義共和国連邦との共同宣言、1993年の日露関係に関する東京宣言、1998年の日本国とロシア連邦の間の創造的パートナーシップ構築に関するモスクワ宣言、2000年の平和条約問題に関する日本国総理大臣及びロシア連邦大統領の声明、2001年の平和条約問題に関する交渉の今後の継続に関する日本国総理大臣及びロシア連邦大統領のイルクーツク声明を含む重要な諸合意が達成された。この困難な問題の解決策を用意することを目的として、両国外務大臣を議長とする平和条約締結問題合同委員会が、また、その下で国境画定に関する委員会及び共同経済活動に関する委員会が設立された。

日露関係の着実な発展及び平和条約締結の重要性についての一連の両国世論への働きかけが実施された。日露フォーラム「グローバル化の下でのアジア太平洋地域における日露関係」を含む様々な両国間のフォーラム及びセミナーが開催され、日露間領土問題の歴史に関する共同作成

資料集が作成され、両国の識者、学者及び専門家の間における平和条約問題についての活発な議論を促した。この議論には両国議会の議員も積極的に参加した。こうした議論を経て、平和条約締結交渉を前進させるためには、感情と先入観から解放された雰囲気を両国関係において確保する必要があるとの共通の結論が導かれた。

　択捉島、国後島、色丹島及び歯舞群島（以下、「諸島」という。）の住民と日本国民との間の4島交流、いわゆる自由訪問等の実施により、両国国民間の相互理解が深化した。1991年以来、約1万人の両国民がこうした交流に参加した。

　1998年に署名された日本国政府とロシア連邦政府との間の海洋生物資源についての操業の分野における協力の若干の事項に関する協定の下で、日本漁船による諸島の水域における円滑な操業が確保されている。諸島の住民に対して、過去10年にわたり、日本国政府により支援委員会を通じて支援が行われてきた。

　今後の行動

　両国は、質的に新たな両国関係を志向しつつ、相互に対する理解及び敬意の一層の深化並びに相互信頼の強化を進めていくことが重要であるとの認識に立脚し、平和条約締結問題の相互に受け入れ可能な解決を模索するプロセスを精力的に継続する。その際、両国は、以下を行う。

　両国は、1956年の日本国とソヴィエト社会主義共和国連邦との共同宣言、1993年の日露関係に関する東京宣言、2001年の平和条約問題に関する交渉の今後の継続に関する日本国総理大臣及びロシア連邦大統領のイルクーツク声明及びその他の諸合意が、諸島の帰属の問題を解決することにより平和条約を締結し、もって両国関係を完全に正常化することを目的とした交渉の基礎であるとの認識に立脚し、引き続き残る諸問題の早期解決のために交渉を加速する。両国は、交渉を行うにあたり、両国関係において相互理解、信頼及び様々な分野における広範かつ互恵的な協力の雰囲気を維持することが極めて重要であることを確認する。

両国は、2000年の平和条約問題に関する日本国総理大臣及びロシア連邦大統領の声明に立脚し、然るべき啓発資料の共同作成及び配布を含め、平和条約締結及びあらゆる分野における両国関係の着実な発展の重要性を両国の世論に説明するための努力を継続する。
　　両国は、四島交流事業を今後も発展させていくべく努力する。その際、青年及び児童の交流並びに互いの言語の習得といった活動に特別の注意を払う。また、両国は、いわゆる自由訪問の実施方法を、最大限に簡易化された方式で行うとの合意を念頭に置きつつ、改善するべく努力する。……
　　両国は、四島交流の枠組みにおいて実施された諸島の地域における環境に関する共同調査を踏まえた環境問題に関する意見交換を、日露環境保護合同委員会の場で行っていく。
　　行動計画に基づく協力の進捗状況については、今後、両国の外務省が定期的に、これを確認する。

2004年11月14日〜16日ラブロフ・ロシア外相、ロシア放送で、1956年日ソ共同宣言の存在を確認。
2005年11月20日〜21日プーチン大統領、訪日──プーチンは、平和条約が存在しないことが日ロ経済関係の発展を阻害していると発言した。但し、交渉は進展せず、共同声明もなかった。
2008年7月8日G8洞爺湖サミットでの首脳会談──平和条約交渉の進展につき合意。
2009年2月19日麻生太郎首相、訪ソ、サハリンでメドベージェフ大統領と首脳会談──「新たな独創的で型にはまらない取組みをとる」ことで合意。

　以上にみるように、日本政府首脳と外務当局の北方領土交渉に注いだ熱意と努力は高く評価される。にもかかわらず、北方領土交渉は、いっこうに進展していない。その理由は、以下に帰せられる。

1、日本の外交方針及び取組みに政策遂行の一貫性と徹底遂行の決意で取り組んでいない。既に、日本の外交的敗北が内在している。
2、領土問題は解決済とソ連が言い出したが、日本は、現在、その神話を自ら表明して、問題解決を回避している。日本は、ソ連／ロシアの要求にも応えていない。
3、ロシアは、領土問題の解決と極東の新展望を外交的課題とし、その遂行を急務としている。外交交渉では、日本の原則はあるものの、ソ連の大国主義を理解していないため、その原則は動揺し、一貫性がなく、場当たり的で、多くの方策が矛盾を露呈している。そこでは、外交交渉は成立しない。
4、日本は、中国がダマンスキー島／珍宝島交渉で成功した教訓を学んでいない。分割利用とか共同利用とかの発想が日本にはない。したがって、外交交渉は進展する方向にない。
5、日本の外交政策には、選択がない。国際環境の変容を確認して、新選択がなされない限り、外交交渉は現下の行詰り状況を脱出できない。

　ロシアは着々と北方領土のロシア化を進めてきている。2012年7月メドベージェフ・ロシア首相は国後島を訪問した。これに対し、日本の民主党政権はその訪問は日本の立場と相容れないとの言及にとどまった。事実上、事態を是認してきた。
　その交渉における展開と問題点は、表7-6のように、整理できる。
　2012年12月安倍晋三自由民主党政権の成立で、民主党政権のもと不在となっていた外交が復活した。そこでは、従前の外交ネットワークが活用され、国益外交の遂行がなされるところで、エリツィン・ロシア大統領も一つの外交課題として日ロ外交の懸案課題の解決に深い関心をみせてきている。どこまで日本が外交を転換して活路を見い出せるかに、北方領土問題はかかっている。

表7-6 北方領土交渉の経過と問題点

局面	時期	交渉	問題点
第1局面	1986年1月シュワルナゼ外相、訪日	シュワルナゼ、交渉に前向き	
	1987年ゴルバチョフ書記長、訪日延期	ソ連秘密警察KGB、日ソ関係断絶で在ソ連公館から大量引揚げ	東芝潜水艦スクリュー音事件で関係悪化
第2局面	1988年7月中曽根前首相、訪ソ	地ならし工作	ペレストロイカ外交
	1989年1月パリ日ソ外相会談	宇野外相、領土問題の進捗なしには、ゴルバチョフの訪日は成功しないと指摘	シュワルナゼ外相、反発、1989年6月宇野の訪ソで拡大均衡取組みを提起
	1991年4月ゴルバチョフ書記長、訪日	4島の確認、拡大均衡の具体化（北方交流）実現、1956年共同宣言の確認は不成立	ゴルバチョフは「氷が動いた」と認識、千島返還を検討、色丹・歯舞の引渡しの討論
第3局面	1993年エリツィン政権、国際関係打開の要請	1993年10月外務省、返書、日ソ関係5原則を誓約	1993年エリツィンの権力掌握成功
	11月エリツィン大統領、訪日	共同宣言の確認のみの東京宣言、ロシア、4島の存在を確認、但し4四島返還による平和条約締結の日本提案拒否	ロシア、経済・政治改革の混乱で日本の4島提案固執に反発
	1997年11月橋本首相、訪口	クラスノヤルスク合意、12月平和条約締結問題日ロ合同委員会設立合意	エリツィン政権、政治的安定回復 1996年7月海上自衛隊艦船、ウラジオストック訪問
	1998年11月小渕首相、訪口	元島民の4島自由往来で合意	
第4局面	2000年9月プーチン大統領、訪日	領土問題解決の交渉継続合意	交渉の継続に合意
	2001年3月森首相、訪口	イルツーク合意で共同宣言を確認	
第5局面	2003年1月小泉首相、訪口	行動計画に合意、1956年宣言、1993年東京宣言、2001年イルツーク合意を確認	
	2005年11月プーチン大統領、訪日	プーチン、領土討議を拒否	成果なし
	2008年7月洞爺湖サミット会談	平和条約交渉を確認	
	2009年2月麻生首相、サハリン訪問	独創的で型にはまらない取組み合意	

7、北方交流

　元島民の最大の念願は、北方墓参であった。1964年9月一部地域で実現した。しかし、1968年の中断に続き、1971～73年にも中断した。1974年は実施され

たものの、手続きをめぐって1976年から1985年まで実施できなかった。1986年の日ソ外相協議で再開となった。択捉島訪問は1990年に初めて実現した。

　北方4島との交流は、日本国民と北方4島在住ソ連人の相互訪問を指し、1991年10月の閣議了解で、4島関係者、報道関係者、特定の専門家の往来が始まった。これは、これまでの友好関係を土台として、正しい領土認識、さらなる日本に対する理解、及び住民同士の友好・信頼関係の構築のための環境醸成が目的とされた。しかし、その成果は限定され、評価も一様でない。

　さらに、1998年11月小渕恵三首相の訪ソに際しての日ロ間の創造的パートナーシップに関するモスクワ宣言で、翌99年9月4島自由訪問が始まった。にもかかわらず、北方交流が日ロ交渉を大きく動かすまでには至っていない[30]。

　日本とロシア連邦間の創造的パートナーシップ構築に関するモスクワ宣言、1998年11月13日の抜萃は、以下の通りである。
　　　日本国総理大臣及びロシア連邦大統領は、
　　21世紀を目前に控え、国際社会において、民主化のプロセスが進むとともに、現代世界の現実に対応した新たな形の国家間相互関係の形成が活発に進む中で、日露両国の役割と責任が増大しつつあること、及び、両国は一層緊密に協力を進める必要があることについて認識を共有し、
　　自由、民主主義、法の支配及び基本的人権の尊重という普遍的価値で今や結びつけられている日本国とロシア連邦が、1993年10月13日の日露関係に関する東京宣言及びこの宣言に基づき両国関係を完全に正常化することを含め、その戦略的・地政学的利益に合致する創造的パートナーシップを構築すべきであることを確信し、
　　この創造的パートナーシップ構築に向けての基礎となった東京宣言に基づく日本国とロシア連邦の関係の発展を肯定的に評価するとともに、両国関係をあらゆる分野で一層発展させることを決意し、
　　クラスノヤルスク及び川奈での非公式首脳会談を含む両国家首脳の建設的対話の結果、現在、二国間関係は急速な進展を見ており、東京宣言にい

う過去の困難な遺産を克服すべき時が到来しつつあるとの共通の認識を確認し、……

　以下を宣言する。
　I　二国間関係
　　1　日本国総理大臣及びロシア連邦大統領は、両国の関係がそれぞれの国家の対外政策の中で重要な地位の一つを占めるものであることを表明する。日本国総理大臣及びロシア連邦大統領は、信頼、相互利益、長期的視点及び緊密な経済的協力という原則に立脚して、長期的な創造的パートナーシップを構築することが両国の最重要課題であることを認識する。

　　　両首脳は、このパートナーシップの下で、二国間の諸問題を共同して解決するばかりでなく、国際的な場における協力を通じて、アジア太平洋地域及び国際社会の平和と安定に寄与するとともに、地球的規模の諸問題の解決のための協力を活発化し、「信頼」の強化を通じて「合意」の時代へと両国関係を発展させることを決意する。
　　2　日本国総理大臣及びロシア連邦大統領は、本年4月の川奈における首脳会談において日本側から提示された択捉島、国後島、色丹島及び歯舞群島の帰属に係る問題の解決に関する提案に対してロシア側の回答が伝えられたことにかんがみ、東京宣言並びにクラスノヤルスク及び川奈における首脳会談に際して達成された合意に基づいて平和条約の締結に関する交渉を加速するよう両政府に対して指示する。

　　　　両首脳は、平和条約を2000年までに締結するよう全力を尽くすとの決意を再確認する。このため、両首脳は、既存の平和条約締結問題日露合同委員会の枠内において、国境画定に関する委員会を設置するよう指示する。

　　　　両首脳は、また、国境画定に関する委員会と並行して活動し、上記の諸島においていかなる共同経済活動を双方の法的立場を害する

ことなく実施し得るかについて明らかにすることを目的とする、上記の諸島における共同経済活動に関する委員会を設置するよう指示する。

　両首脳は、人道的見地から、旧島民及びその家族たる日本国民による、上記の諸島への最大限に簡易化されたいわゆる自由訪問を実施することにつき原則的に合意し、このような訪問手続の法的・実際的側面を検討するよう指示する。

3　日本国総理大臣及びロシア連邦大統領は、日露両国の隣接する地域の住民の間の相互理解の促進及び多面的、互恵的な協力の発展を図り、もって平和条約の早期締結のための環境を整備することを目的とする、択捉島、国後島、色丹島及び歯舞群島をめぐる協力の重要性を認識する。

　この関連で、両首脳は、人道的観点から緊急の対応を要する場合の両国間の協力の枠組みが拡充されたことを歓迎する。

　また、両首脳は、日本国政府とロシア連邦政府との間の海洋生物資源についての操業の分野における若干の事項に関する協定の締結及びこの協定の下での操業の円滑な実施を高く評価するとともに、これが両国間の信頼関係の強化に大きく貢献していることを確認する。

4　日本国総理大臣及びロシア連邦大統領は、両国間の政治対話を深め、強化するとの確固たる意図を有する。双方は、毎年首脳レベルでの公式の接触を実現し、両首脳間の非公式会談の慣行を積極的に利用し続ける意図を表明する。

5　日本国総理大臣及びロシア連邦大統領は、最近発展してきている日露間の安全保障及び防衛の分野における交流を肯定的に評価し、このような交流が、単に二国間関係における信頼と相互理解を強化しているのみならず、アジア太平洋地域の安全保障の分野において、信頼醸成措置の向上及び透明性の確保という肯定的プロセスを

促進するものであることを考慮し、これを継続及び深化させる用意があることを確認する。

6 　日本国総理大臣及びロシア連邦大統領は、組織犯罪及び密輸防止の分野における協力の重要性を考慮し、両国の治安当局間の交流の活発化を促進する。

7 　日本国総理大臣及びロシア連邦大統領は、日露関係の更なる着実な発展のために好ましい雰囲気を確保する上で、社会レベルでの幅広い交流が極めて重要な役割を担うとの点で一致した。双方は、上記の目的の下、ロシア連邦においてロシア21世紀委員会が設立され、また、日本において日ロ友好フォーラム21が設立されたことを歓迎し、それらの活動にあらゆる支持を行う意図を有する。

　　また、両首脳は、日本国及びロシア連邦の間の国家及び地域レベルでの広範な交流の重要性を指摘する。

8 　日本国総理大臣及びロシア連邦大統領は、両国の文化、伝統及び国民の世界観に多くの共通点があること、並びに、日本及びロシアの国民の文化を相互に豊かにするよう協力することの重要性を指摘するとともに、文化及び情報の交換の分野における多様な両国関係を一層促進する意図を有する。

9 　日本国総理大臣及びロシア連邦大統領は、両国の青少年同士の交流の活性化が、日露関係の重要性に関する彼らの正確かつ客観的な理解及びその将来に対する責任感の形成を促進することを考慮し、両国の青少年の交流に特別な意義を認める。

10 　日本国総理大臣及びロシア連邦大統領は、貿易・経済分野における両国の協力の更なる強化が、双方の利益に合致することを確認するとともに、この分野の協力を、長期的視点に立ち、一層発展させる決意を表明する。両首脳は、この関連で、両国首脳によって合意された包括的な日露経済協力プログラムである「橋本・エリツィン・プラン」の重要な役割に留意し、引き続き同プランを着実に実

施し、その更なる拡大のために可能な方法を検討する。

　両首脳は、シベリア及びロシア極東の豊富な天然資源の開発を含め、両国間の経済分野における協力に充分な潜在力が存在するとの共通の認識の下、この協力を更に促進する意図を表明する。両首脳は、このような方向に向けた両国の協力が、二十一世紀における両国及びアジア太平洋地域全体の繁栄に貢献するものであるとの認識を共有する。……

II　国際問題における協力

　……

　国際問題に関する協議

14　日本国及びロシア連邦は、国際問題に関する日露間の協力を強化し、より効果的なものとするため、様々な地域・分野に係わる国際問題について両国間の定期的な協議及び情報交換を積極的に実施していく。

[注]

1) 岩下明裕編『国境・誰がこの線を引いたのか――日本とユーラシア』北海道大学出版会、2006年。
2) 幣原担『南島沿革史論・全』冨山房、1899年。
  『伊波普猷全集』第2巻歴史論考、平凡社、1974年。
3) 小林居敬編、青江秀刪補『琉球藩史』2冊、ND、1874年／有隣堂、ND。
  島津斉彬文書刊行会編『島津斉彬』上・下1、吉川弘文館、1959年。
  横山健堂『薩摩と琉球』中央書院、1914年／榕樹書林、2003年。
  仲原善忠「島津侵入の歴史的意義と評価」、『仲原善忠選集』第1巻、沖縄タイムス社、1969年。
  喜舎場一隆「島津氏琉球侵入原因の再吟味」海事史研究、第13号、1969年。
  喜舎場一隆「琉球国における明末清初の朝貢と薩琉関係」、田中健夫編『日本前近代の国家と対外関係』吉川弘文館、1987年。

英修道「沖縄帰属の沿革」國際法外交雑誌、特集沖縄の地位、第54巻第1・2・3号、1955年／「沖縄帰属の由来」、『外交史論集』慶応義塾大学法学研究会、1969年。

梅木哲人「近世における薩藩琉球支配の形成」史潮、第112号、1973年。

菊山正明「琉球王国の法的・政治的地位——幕藩体制との関連において」沖縄歴史研究、第11号、1974年。

毛利敏彦「薩琉関係論——日本ナショナリズムの一前提」、徳本正彦・他編『ナショナリズムの動態——日本とアジア』九州大学出版会、1989年。

上原兼善『鎖国と薩摩藩の琉球密貿易』八重岳書房、1981年。

紙屋敦之『幕藩体制の琉球支配』校倉書房、1990年。

真栄平房昭「薩摩藩の海事政策と琉球支配」、柚本学編『日本本上交通史論集』第5巻九州本上交通史、文献出版、1993年。

上原兼善『幕藩制形成期の琉球支配』吉川弘文館、2001年。

紙屋敦之『薩摩と琉球』早稲田大学事業部、2002年／『歴史のはざまを読む——薩摩と琉球』榕樹書林、2009年。

植原兼善『島津氏の琉球侵略——もう一つの慶長の役』榕樹書林、2009年。

渡辺美季「琉球館と倭館」、『日本の対外関係』第6巻、吉川弘文館、2010年。

松浦章『清代中国琉球交渉史の研究』関西大学出版部、2011年。

4) 松井順時編『琉球事件』松井忠兵衛、1880年／本邦書籍、1980年。

大久保常吉『琉球事件日清談判始末』前編、兔屋誠、1881年。

横山学編『琉球所属問題資料』8冊、本邦書籍、1980年——松田道之編『琉球處分』上・中、下2冊、本邦書籍、1980年を所収。

伊波普猷「琉球處分は一種の奴隷解放也」沖縄毎日新聞、1914年4月3日〜4日／喜舍場朝賢『琉球見聞録』親泊朝燿、1914年／東汀遺著刊行會、1952年／至言社、1977年／伊波普猷『古琉球』糖業研究會出版部、1916年。

喜舍場朝賢『琉球見聞録——一名廢藩事件』親泊朝摧、1914年／東汀遺著刊行会、1952年／至言社、1977年。

山本美越乃「誤れる植民政策の畸形児 琉球の廃藩と日支同屬關係の終末」經濟論叢、第25巻第3号、1927年。

三浦周行「明治時代における琉球租屬問題」1・2, 史學雜誌、第42巻第7号、第12号、1931年。

桑江常格「琉球における廃藩置県の實相」歴史科學、第2巻第6号、1933年。

三國谷宏「琉球歸屬に關するグランド調停」東方學報、第10冊3分、1939年。

石原道博「明末清初請援琉球始末」、文求堂編『東亞論叢』第2輯、文求堂、1940年。

東恩納寬惇『南島論考』實業之日本社、1941年。

植田捷雄「琉球の歸屬を繞る日清交渉」東洋文化研究所紀要、第2冊、1951年。

佐藤三郎「琉球藩處分問題の考察」山形大學紀要（人文科学）、第3巻第1号、1954年／『近代日中交渉史の研究』吉川弘文館、1984年。

英修道「沖縄歸屬の沿革」國際法外交雑誌、特集沖縄の地位、第54巻第1・2・3号、1955年／「沖縄帰属の由来」、『外交史論集』慶応義塾大学法学研究会、1969年。
我部政男「「琉球処分」（1872年～1879年）の一考察――支配階級の反応の分析を中心に」人文社会科学研究（琉球大学）、第3号、1964年。
我部政男「近代日本国家の統合と琉球藩の反抗」琉大法学、第20号、1977年。
我部政男『明治国家と沖縄』三一書房、1979年。
我部政男『近代日本と沖縄』三一書房、1981年。
我部政男「明治初期の政府と沖縄地方――脱清行動と血判誓約書を中心に」、日本政治学会編『近代日本政治における中央と地方』年報政治学1984年、岩波書店、1985年。
桑原直人・我部政男編『蝦夷地と琉球』幕末維新論集第9巻、吉川弘文館、2001年。
　安良城盛昭「琉球処分論」。
　　我部政男「明治初期の政府と沖縄地方――脱清行動と血判誓約書を中心に」。
　　伊東昭雄「「琉球処分」と琉球救国運動――脱清舎たちの活動を中心に」など。
宮城栄昌「明治政府の沖縄県治に対する態度――琉球処分の経過から」日本歴史、第250号、1969年。
仲地哲夫「『琉球処分』反対巡勤の歴史的意義」沖縄歴史研究、第6号、1968年。
仲地哲夫「『琉球処分』研究の成果と課題」歴史評論、第266号、1972年。
仲地哲夫汀『琉球処分』における若干の問題点」歴史評論、第271号、1972年
仲原善忠「琉球の歴史」、仲原善忠選集第1巻、沖縄タイムス社、1969年。
大山梓「琉球帰属と日清紛議」政経論叢、第38巻第1・2号、1970年・
大山梓「琉球処分と駐日公使」南島史学、第2号、1973年。
新里恵二編『沖縄文化論集』第1巻歴史編、平凡社、1972年――伊波普猷「琉球処分は一種の奴隷解放也」、佐藤三郎「琉球館処分問題の考察」、遠山茂樹「明治初年の琉球問題」、井上情「琉球処分とその後」、下村富士男「「琉球王国」論」、金城正篤「琉球処分と民族統一の問題」などを収める。
新川明『異族と天皇の国家――沖縄民衆史への試み』上・下、二月社、1972年／『琉球処分以後』上・下、朝日新聞社、増補版1981年。
新川明『琉球処分前後』上・下、朝日新聞社、1981年。
金城正篤『琉球処分論』沖縄タイムス社、1978年。
紙屋敦之『幕藩制国家の琉球支配』校倉書房、1990年。
紙屋敦之「国際関係の軋轢と調整――王国末期首里王府の異国人対応と薩摩藩」、深谷克己編『東アジアの政治文化と近代』有志舎、2009年。
安岡昭男『明治前期日清交渉史研究』嚴南堂書店、1995年。
毛利敏彦「副島種臣の対清外交」法学雑誌、第41巻第4号、1995年。
赤嶺守「嘆願書にみる「脱清人」の国家構想」、高宮廣衞先生古稀記念論集刊行会編『琉球・東アジアの人と文化――高宮廣衞先生古稀記念論集』下、高宮廣衞先生古稀記念論集刊行会、2000年。

与並岳生『尚泰王　琉球処分』新星出版、2006年。

山口栄鉄編訳『琉球王国の崩壊——大動乱期の日中外公戦　明治初期英字新聞琉球資料集成』榕樹書林、2002年、増補版2005年。

銭文華「清政府弱化琉球宗主権的歴史的考察」中国辺疆史地研究、2006年第2期。

5) 宮國文雄『宮古島民台湾遭難事件』那覇出版社、1998年。

加藤三吾『琉球文化の研究』沖縄郷土文化研究、1971年。

6) 慶世村恒任『宮古史傳』ND、1927年／吉村玄博、1976年。

沖縄協会『宮古および周辺離島の実態調査』壱岐協会、1974年。

沖縄県教育庁文化課編『宮古諸島の道』沖縄県教育委員会、1991年。

仲間井左六編『宮古風土記』ニュース宮古出版部、1977年／『宮古風土記』近代情報、1997年

仲宗根将二『宮古風土記』上・下、おきなわ文庫、ひるぎ社、1997年。

宮古市教育委員会編『宮古市民の語る戦前・戦中・戦後——宮古市戦後五十年誌』宮古市教育委員会、1996年。

宮古市教育委員会編『遺跡から見る宮古の中世——閉伊川流域の城館跡』宮古市教育委員会、2007年。

沖縄県宮古支庁編『宮古行政史』沖縄県宮古支庁、1997年。

久貝克博『新宮古回帰——ふるさと再発見』海門出版、2001年。

宮古毎日新聞社『行雲流水——宮古毎日新聞創刊五十周年記念』宮古毎日新聞社、2005年。

砂川玄徳『宮古の新聞百年史——宮古毎日新聞創刊50周年企画』宮古毎日新聞社、2005年。

沖縄県歴史教育者協議会宮古支部編『宮古の歴史と文化を歩く』沖縄県歴史教育者協議会宮古支部、2006年。

比嘉朝進『沖縄戦国時代の謎——南山中山北山久米島宮古八重山』那覇出版社、2006年。

山本英史編『近世の海域世界と地方統治』汲古書院、2010年。

比嘉重徳『先島の研究』沖縄日乃出出版社、1924年。

沖縄歴史研究会編『近代沖縄の歴史と民衆』沖縄歴史研究会、1970年。

真栄田勇『先島要覧　宮古・八重山編昭和45年版』琉球出版社、1970年。

7) 浦崎純『死のエメラルドの海——八重山群島守備隊始末記』月刊沖縄社、1970年。

瀬名波栄『石垣島防衛戦史——太平洋戦争記録』沖縄春秋社、1970年。

谷真介『台風の島に生きる——石垣島の先駆者。岩崎卓爾の生涯』偕成舎、1976年。

沖縄地域科学研究所『島嶼社会の変化と生活圏編成に関する研究——八重山群島の事例研究』沖縄地域科学研究所、1978年。

鵜飼照喜『沖縄・巨大開発の論理と批判——新石垣空港建設反対運動から』社会評論社、1992年。

崎間敏勝『「オモロ」風俗考』琉球の文化と歴史の考察第3集、琉球文化歴史研究所、1993年。

石垣市総務部市史編集室編『石垣村むら探訪——野底・伊原間・開拓のむら・桴海・安良』石垣市、1998年。

田嶋信洋『石垣島唐人墓事件——琉球の苦悩』同時代社、2000年。

法政大学沖縄文化研究所沖縄八重山調査委員会『沖縄八重山の研究』相模書房、2000年。

松田良孝『八重山の台湾人』南山舎、2004年。

沖縄県文化振興会史料編集室編『古琉球』沖縄県史・沖縄県立図書館史料編集室編各論篇第3巻、沖縄教育委員会、2010年。

8) 田保橋潔「琉球藩民蕃害事件に關する考察」、市村博士古稀記念東洋史論叢慣行會編『東洋史論叢——市村博士古稀記念』冨山房、1933年。

英修道「沖縄帰属の沿革」國際法外交雑誌、特集沖縄の地位、第54巻第1・2・3号、1955年／「沖縄帰属の由来——1874年台湾蕃社事件」、『外交史論集』慶応義塾大学法学研究会、1969年。

許世楷「台湾事件」、『日本外交史の諸問題2』国際政治28、1964年。

中島昭三「台湾出兵」國學院法學、第7巻第3号、1970年。

金城正篤「台湾事件（1871—74年）についての一考察」、新里恵二編『沖縄文化論叢』第1巻歴史編、平凡社、1972年。

瀬川善信「台湾出兵（明治7年）」法学新報、第80巻第6号、1973年。

栗原純「台湾事件（1871～1874年）——琉球政策の転機としての台湾出兵」史學雑誌、第87巻第9号、1978年。

石井孝『明治初期の日本と東アジア』有隣堂、1982年。

家近良樹「「台湾出兵」方針の転換と長州はの反対運動」史學雑誌、第92巻第11号、1983年。

藤井志津枝『日本軍國主義的原型——剖折1871～74年臺灣事件』台北、三民書局、1983年。

趙國輝『近代初期中日台灣事件外交史』台北、海峽學術出版社、2008年。

9) 北海道庁『北方領土のあらまし』北海道庁総務部、1977年。

北海道庁総務部北方領土対策本部『北方領土のあらまし』北海道庁、1989年。

北海道庁南方同胞援護会編『北海道の北方領土対策のあらまし』北海道庁、2002年。

国際法学会編『北方領土の地位——千島・樺太をめぐる諸問題』南方同胞援護会、1962年。

吉田嗣延『北方領土』時事新書、時事通信社、1962年／増補版1968年。

大熊良一『千島小笠原史考』しなの出版、1969年。

大熊良一『幕末北方関係史考』近藤出版社、1972年、増補版1990年。

宮崎繁樹『北方地域住民の財産保障請求権』南方同胞援護会、1964年。

渡辺明『千島・南樺太は日本領だ』国民新聞社、1968年。

遠藤晴久『北方領土問題の真相』有信堂、1968年。

時局研究会編『沖縄・北方領土——付・小笠原諸島』北海タイムス社、1970年／岡山日日新聞社、1970年／やまと新聞社／大阪日日新聞社／防長新聞社／夕刊京都新聞社／新潟新

聞社、1971年。

渡瀬修吉『日ソ国境交渉史』回天発行所、1971年。

志賀義雄編『千島問題——アジア集団安全保障への道』日本のこえ出版局、1971年。

油橋重遠『戦時日ソ交渉小史　1941年〜1945年』霞ヶ関出版、1974年。

高城重吉『還れ北方領土——ある千島島民の遺書』有信堂、1970年。

根室市総務部企画課編『北方領土——日本の領土』根室市／根室新聞社、1970年、第20版1989年、第36版2012年。

北方領土問題対策協会編『北方領土』北方領土問題対策協会、1970年。

北方領土問題調査会編『北方領土——古地図と歴史』北方領土問題調査会／中央社、1971年。

北方領土問題研究会編『日本の領土——北方の島々』北方領土問題調査会、1983年。

北方領土問題対策協会編『北方領土——ソ連の言説に対するわが方の反論』北方領土問題対策協会、1977年。

北方編纂会編『北方領土』国勢研究所、1971年。

落合忠士『北方領土——その歴史的事実と政治的背景』鷹書房、1971年。

洞富雄『北方領土の歴史と将来』新樹社、1973年。

三田英彬『北方領土』講談社、1973年。

北方領土復帰期成同盟『北方領土』北方領土復帰期成同盟、1977年。

外務省情報文化局編『われらの北方領土』外務省大臣官房国内広報課、1970年、1972年、1977—2011年。

平竹伝三『ソ連研究五十年のあしあと』紀伊國屋書店、1980年。

森繁弘・他『最北端国境の四島（しま）——日本の領土・今、その現況』北方領土返還促進協議会、1985年。

酒井良一『北方領土』教育社、1985年。

村山七郎『クリル諸島の文献学的研究』三一書房、1987年。

恵谷治『北方領土の地政学』光文社、1989年。

小坂洋右『流亡——日露に追われた北千島アイヌ』北海道新聞社、1992年。

竹内春雄『目で見る北方四島——日ロ平和条約の締結に向けて』北方領土問題審議会、1998年。

全国領土返還推進協議会編『よみがえる北方四島』政経問題調査会、1998年。

ザヨンツ・マウゴジュータ『千島アイヌの軌跡』草風館、2009年。

麓慎一「近代日本と千島アイヌ」、浪川健治、デビッド・ハウエル、河西英通編『周辺史から全体史へ——地域と文化』清文堂出版、2009年。

上坂冬子『「北方領土」上陸記』文藝春秋、2003年。

10)　清水威久『レーニンと下田条約——北方領土問題のレーニン主義的解決の模索』原書房、1975年。

清水威久『北方領土解決の4方式——提案・評論・資料』霞ヶ関出版、1977年。

V・N・ベレンジ、江川昌訳『「北方領土」はないという現実——ソ連からみた日ソ関係の歴史と展望』世紀社、1979年。

西口光・他『日ソ領土問題の真実』新日本出版社、1981年。

木村汎『北方領土を考える』北海道新聞社、1981年。

木村汎『北方領土——軌跡と返還への助走』時事通信社、1989年。

木村汎編『北方領土——ソ連の5つの選択肢』讀賣新聞社、1991年。

木村汎『日露国境交渉史——領土問題にいかに取り組むか』中公新書、中央公論社、1993年／『日露国境交渉史——北方領土返還への道』角川学芸出版、2005年。

和田敏明『北方領土の幻覚』叢文社、1981年。

和田敏明『北方領土と日ソ打開』叢文社、1982年。

David Rees, *Soviet Border Problem: China and Japan*, Conflict Studies No. 139, London: The Institute for the Study of Conflict, 1982.

山県泰三『なぜ「北方領土」か』三省堂、1983年。

細谷典男『奪われた北の島々——北方領土返還を求めて』晩稲社、1984年。

水津満『北方領土解決の鍵——元北千島師団参謀の実証と提言』謙光社、1987年。

和田春樹『北方領土問題を考える』岩波書店、1990年。

和田春樹『北方領土問題——歴史と未来』朝日新聞社、1999年。

上田哲『北方領土史』政治刷新同友会、1991年。

アレクサンドル・パノフ、高橋実・佐藤利郎訳『不信から信頼へ——北方領土交渉の内幕』サイマル出版会、1992年。

中名生正昭『北方領土の真実——300年の歴史と将来への提言』南雲堂、1996年。

牧野愛博『尖閣・竹島・北方四島——領土問題テキストブック』朝日新聞社研究センター調査研究室、1998年。

安全保障問題研究会編『変わる日ロ関係——ロシア人からの88の質問』文春新書、文藝春秋、1999年。

長谷川毅『北方領土関係と日露関係』筑摩書房、2000年。

佐藤和雄・駒木明義『検証 日露首脳交渉——冷戦後の模索』岩波書店、2003年。

長瀬隆『日露領土紛争の根源』草思社、2003年。

イーゴリ・ラティシェフ、藤田昌男訳『ロシアと日本行き詰まった領土論争』丸昌翻訳書院、2005年。

エス・ビー・ビー編纂『日本の領土——北方領土・竹島・尖閣諸島のすべて』政治経済研究会、2005年。

塚本孝「冷戦終演後の領土問題」國際法外交雑誌、第105巻第1号、2006年。

11) 重光晶『「北方領土」とソ連外交』時事通信社、1983年。

重光葵記念館編『重光葵・外交意見集』3冊、現代史料出版、2007－10年。

12) 松本俊一『モスクワにかける虹　日ソ国交回復秘録』朝日新聞社、1966年、117頁／日本外交史人物叢書第25巻、ゆまに書房、2002年／『日ソ国交回復秘録――北方領土交渉の真実』朝日新聞出版、2012年。

松本俊一「北方領土問題―最近のソ連の発展とその対策」時事評論、第1巻第21号、1969年。

原喜美恵『サンフランシスコ平和条約の盲点――アジア太平洋地域の冷戦と「戦後未解決の諸問題」』渓水社、2005年。

13) Gregory Clark, "Northern Territories dispute highlights flawed diplomacu," *The Japan Times*, March 24, 2005. クラークは、秋田国際大学副学長で、彼はこう指摘した。「1956年のスエズ運河危機で、重光はダレスに合い、19日再会談した。松本に従い、苦境につつまれれていた重光に対し、会議から戻ると、「ダレスがまったく震え上がらせる何事かをいった。彼は、日本がソ連に択捉と国後の保持を委ねれば、米国は、沖縄を自国領土とするであろう」といった。」

14) 岡野進（野坂鐵）『建設民主的日本』解放社、1945年。

野坂参三（岡野進）『民主的日本の建設――1945年4月』暁書房、1946年。

野坂参三『平和へのたたかい――反戦同盟實戰記』暁書房、1947年。

徳田球一・野坂参三、日本共産黨宣伝教育部編『民族の危機と斗う――第三・第四國會演説集』日本共産黨出版部、1949年。

野坂参三『野坂参三選集　戰時編（1933－45年）』日本共産党中央委員会出版部、1962年。

野坂参三『独立・民主の明るい日本のために――野坂参三国会演説集』日本共産党中央委員会出版部、1962年。

野坂参三『野坂参三選集』北京、人民出版社、1963年。

野坂参三、野坂参三資料編纂委員会編『野坂参三のあゆんだ道』新日本出版社、1964年。

野坂参三『平和と民主主義のたたかい』新日本文庫、新日本出版社、1975年。

野坂参三・他『新転向者論――袴田転落の本質』日本共産党中央委員会出版部、1978年。

和田春樹『歴史としての野坂参三』平凡社、1996年。

15) 清水威久『北方領土問題と日本共産党――自民・共産両党の対決《北方四島》かそれとも《全千島》か？』国書刊行会、1981年、209頁。

16) 東郷和彦「日露新時代への助走――打開のカギを」サイマル出版会、1993年。

東郷和彦『北方領土交渉秘録――失われた五度の機会』新潮社、2007年／新潮文庫、新潮社、2011年。

東郷和彦「北方領土交渉秘録――失われた五度の機会――批判的要約」産大法学、第43巻第3・4号、2010年。

鈴木宗男・佐藤優『北方領土「特命交渉」』講談社、2006年。

岩下明裕『北方領土問題――4でも0でも、2でもなく』中公新書、中央公論新社、2005年。

岩下明裕編『国境・誰がこの線を引いたのか――日本とユーラシア』北海道大学出版会、2006年。

17) Robert Lamb, *Saints and Savages: The Story of Five Years in the New Hebrides*,

Edinburgh: William Blackwood, 1905.

Great Britain, *New Hebrides*, London: HMSO, 1920.

南洋廳長官官房調査課『英佛共同統治ニューヘブリヂス諸島事情』コロール島、南洋廳長官官房調査課、1939年。

18) 富田武「南クリル《北方4島》をめぐる議論――最近のロシア中央・極東紙から」アジア太平洋研究、第15号、1997年。

19) エリツィン政権は、1996年11月5日「ロシア連邦の国境政策の基礎」の決定を採択し、「ロシア連邦に対する隣国の領土要求、国境線の一方的変更の企ては、いっさい認められない」と宣言した。

20) 岩下明裕『日露国境交渉史――領土問題にいかに取り組むか』中公新書、中央公論社、1993年／translated by Mark Eark Ealey, *The Kurillian Knot: A History of Japanese-Russian Border Negotiations*, Stanford: Stanford U. P., 2008／『日露国境交渉史――北方領土返還への道』角川書店、増補版2005年。

21) 日本共産党『日本共産党と領土問題』新日本出版社、1979年。

清水威久『北方領土問題と日本共産党――自民・共産両党の対決《北方四島》かそれとも《全千島》か？』国書刊行会、1981年。

日本共産党『千島問題――早わかり』日本共産党中央委員会出版局、1982年。

日本共産党『日ソ領土問題――全千島への日本共産党の提言』日本共産党中央委員会出版局、1991年。

不破哲三『千島問題と平和条約』新日本出版社、1998年。

「歴代自民党政権の日ロ領土交渉方針の根本的再検討」日本共産党、2010年11月9日。

「志位日本共産党委員長、北方領土返還要求大会での挨拶」しんぶん赤旗、2005年2月8日。

22) 小林武二『千島――日本復帰を世界に訴える』千島返還懇請促進連盟、1950年。

北方領土復帰期成同盟『北方領土返還運動の歩み』北方領土復帰期成同盟、1993年。

渡邊明『われら千島・南樺太を放棄せず』國民會舘、1998年。

堂垣内尚弘『北方領土返還運動と私』産経新聞社、2000年。

23) 鈴木宗男・佐藤優『北方領土「特命交渉」』講談社、2006年、153－4頁に、以下の指摘がある。

> 「佐藤　元島民の感覚としては、四島一括返還という強硬論が主流派なのでしょうか。それとも、56年共同宣言を基礎に「2＋」という枠組みが可能なのだから、このなかで段階的に解決していくという現実的な考え方が多いのでしょうか。
>
> 鈴木　殆どの人が現実的な解決を望んでいます。同時に、最近は具体的に外に出してきている。
>
> 　2世の人たちも現実的な解決を望んでいます。56年共同宣言の効力を互いの国が認めているのですから、これを突破口とすべきだと、シンポジウムなどで堂々と発言するようになりました。
>
> ……
>
> 佐藤　私と鈴木さんの大きな失敗であり誤算は、「二島先行返還論」などという誤解を生

むレッテルを貼られたことです。あたかも、国後、択捉はどうでもいいのだととられてしまった。そうではなくて、当時から「現実的四島返還論」であることをきちんと伝えるべきでした。

そして、「四島一括返還などといっているのは、空想的四島返還論だ」とはっきり批判していくべきでした。……」

24) 岩下明裕『日ロ関係の新しいアプローチ』北海道大学スラブ研究センター、2006年
25) 北海道新聞、2005年11月13日、21日。
    岩下明裕『日ロ関係の新しいアプローチ』北海道大学スラブ研究センター、2006年
26) 「北方四島は日本のもの」国後島に28年在住ロシア人が1人で表明」北海道新聞、2009年7月23日。
27) アレクサンドル・ソルジェニツィーン、行桁貞義・上野理恵・坂庭淳史訳『廃墟のなかのロシア』草思社、2000年、60－61頁。
28) 「2島返還で日ロ接近を＝中国に対抗——ロシア紙が異例の社説」時事ドットコム、2010年11月15日。
29) 「北方領土返還促進決議　露次官「ばかげている」欧州議会採択に反発」読売新聞、2005年7月20日朝刊。
30) 根室市総務部企画課編『北方領土——日本の領土』根室市／根室新聞社、1970年、第20版1989年、第36版2012年。

第8章

領海・排他的経済水域

1、領海と排他的経済水域

　海洋は地球の全表面積5億995万平方キロメートルのうち、70.8パーセントにあたる3億6106万平方キロメートルを占める。その海洋は海水をたたえた深い海盆ばかりでなく、大陸の縁辺部は広範囲な陸棚となっている。海洋と陸地の面積を、海水面を基準とした高さと深さ別にプロットしたヒプソグラフ曲線（測高測深グラフ）によると、陸地では高さ1万メートルまでの部分、海洋では深さ約5000メートルの部分が、際だって広い面積を占めている。陸地の平均海抜が約840メートルであるのに対し、全海洋の平均水深は約3800メートルである。海の面積は陸の面積の24倍で、海洋の体積は陸地の体積の10倍余になる。3800メートルという平均水深は、地球の半径（約6400キロメートル）の1700分の1にすぎない。したがって、「薄く、広く広がっている」のが海洋の特徴であり、海洋国家の存在は大きい。

　生命体の起源には多くの議論があるが、太古の海洋で発生した単細胞の原始的植物、藻類がその初めと考えられている。南アフリカ共和国東北部のバーバートン山脈で発見された変成作用を受けていない堆積岩は、33億年前のものとされ、

生命の起源といえる微細な炭素の細片を含んでいた。生物の生存に不可欠の酸素量についても、有力な説の一つとして、先カンブリア紀末期（約6億年前）には、動物が藻類という「酸素のオアシス」を宿主とし、呼吸作用を藻類に依存していた生活態があった。

海はわれわれ人類の、そして日本の発展の根源であり、日本の庭であり、生活の場である。

(1) 海洋の国際法秩序

オランダの法学者コメリウス・ヴァン・ビンクエリショエクは、『海洋支配』(1702年) で、当時の軍艦が備える大砲の砲弾が届く範囲の海域の支配権は、その沿岸国の保有する地域に及ぶと主張した。この着弾距離説は各国において支持され、海岸線から3海里を領海とする見解が確立した。

20世紀に入り、領海の拡張、あるいは領海を超える海域までも領海とする主張が提起されるようになり、日本は、1977年5月排他的経済水域及び大陸棚に関する法律を制定した。1982年の第3次国連海洋法会議で国連海洋法条約が作成され、1983年同条約が調印され、1994年に発効し、日本は1996年に批准した。同条約において、領海の外側に対する沿岸の基線から200海里までの水域が、水産資源及び鉱物資源など非生物資源の探査と開発に関する排他的経済水域としての権利を有するところとなり、同時に資源の管理及び海洋汚染防止の義務を負うことになった[1]。

海洋資源の開発は、各国にとって至上の課題であり、国際社会は海洋戦争に突入している[2]。

領海の外側に連なる水深200メートルまでの海底、または沿岸国による天然資源の開発が可能な海底が大陸棚で、そこでの地下資源の開発から、1958年の第1次海洋法会議で大陸棚に関する条約が採択された。その後、沿岸国による大陸棚を超えた資源開発が進むと、第3次海洋法会議で沿岸国の主権的権利を200海里の排他的経済水域にまで認めるところとなり、さらにその外縁が200海里外にまで伸びている場合には、200海里外の海底についてだけ大陸棚制度が適用される

ことになった。

　国連海洋法条約、1982年12月10日作成、1983年2月7日日本調印、1994年11月16日発効、1996年7月12日日本公布、20日日本発効の関係条文は、以下の通りである。

　　第2部　領海及び接続水域
　　第1節　総則
　　　第2条　領海、領海の上空並びに領海の海底及びその下の法的地域
　　　　1　沿岸国の主権は、その領土若しくは内粋又は群島國の場合にはその群島水域に接続する水域で領海といわれるものに及ぶ。
　　　　2　沿岸国の主権は、領海の上空並びに領海の海底及びその下に及ぶ。
　　第2節　領海の限界
　　　第3条　領海の幅　いずれの国も、この条約の定めるところにより決定される基線から測定して12海里を超えない範囲でその領海の幅を定める権利を有する。
　　　第4条　領海の外側の限界　領海の外側の限界は、いずれの点をとっても基線上の最も近い点からの距離が領海の幅に等しい線とする。
　　　第7条　直接基線
　　　　1　海岸線が著しく曲折しているか又は海岸に沿って至近距離に一連の島がある場所においては、領海の幅を測定するための基線を引くに当たって、適当な点を結ぶ直線基線の方法を用いることができる。
　　　　6　いずれの国も、他の国の領海を航海又は排他的経済水域から切り離すように直線基線の方法を適用することができない。
　　第4節　接続水域
　　　第33条　接続水域
　　　　1　沿岸国は、自国の領海に接続する水域で接続水域といわれるものにおいて、次のことに必要な規制を行うことができる。

（a）自国の領土又は領海内における通関上、財政上、出入国管理上又は衛生上の法令の違反を防止すること。
　　（b）自国の領土又は領海内で行われた（a）の法令の違反を処罰すること。
　2　接続水域は、領海の幅を測定するための基線から24海里を超えて拡張することができない。

第5部　排他的経済水域
　第55条　排他的経済水域の特別の法制度　排他的経済水域とは、領海に接続する水域であって、この部に定める特別の法制度によるものをいう。この法制度の下において、沿岸国の権利及び管轄権並びにその他の国の権利及び自由は、この条約の関連する規定によって規定される。
　第57条　排他的経済水域の幅　排他的経済水域は、領海の幅を測定するための基線から200海里を超えて拡張してはならない。

第6部　大陸棚
　第76条　大陸棚の定義
　1　沿岸国の大陸棚とは、当該沿岸国の領海を越える海面下の区域の海底及びその下であってその領土の自然の延長をたどって大陸縁辺部の外縁に至るまでのもの又は、大陸縁辺部の外縁が領海の幅を測定するための基線から200海里の距離まで延びていない場合には、当該沿岸国の領海を越える海面下の区域の海底及びその下であって当該基線から200海里の距離までのものをいう。
　2　沿岸国の大陸棚は、4から6までに定める限界を越えないものとする。
　3　大陸縁辺部は、沿岸国の陸塊の海面下まで延びている部分から成るものとし、棚、斜面及びコンチネンタル・ライズの海底及びその下で構成される。ただし、大洋底及びその海洋海嶺又はその下を含まない。

4
   (a) この条約の適用上、沿岸国は、大陸縁辺部が領海の幅を測定するための基線から200海里を超えて延びている場合には、次のいずれかの線により大陸縁辺部の外縁を設定する。
      (i) ある点における堆積岩の厚さが当該点から大陸斜面の脚部までの最短距離の1パーセント以上であるとの要件を満たすときにこのような点のうち最も外側のものを用いて7の規定に従って引いた線
      (ii) 大陸斜面の脚部から60里を超えない点を用いて7の規定に従って引いた線
   (b) 大陸斜面の脚部は、反証のない限り、当該大陸斜面の基部における勾配が最も変化する点とする。
5 4 (a) の (i) 又は (ii) の規定に従って引いた海底における大陸棚の外側の限界線は、これを構成する各点において、領海の幅を測定するための基線から350海里を超え又は2500メートル等深線（2500メートルの水深を結ぶ線をいう。）から100海里を超えてはならない。
6 5の規定にかかわらず、大陸棚の外側の限界は、海底海嶺の上においては領海の幅を測定するための基線から350海里を超えてはならない。この6の規定は、海台、海膨、キャップ、堆及び海脚のような大陸縁辺部の自然の構成要素である海底の高まりについては、適用しない。
7 沿岸国は、自国の大陸棚が領海の幅を測定するための基線から200海里を超えて延びている場合には、その大陸棚の外側の限界線を経緯度によって定める点を結ぶ60海里を超えない長さの直線によって引く。
8 沿岸国は、領海の幅を測定するための基線から200海里を超える大陸棚の限界に関する情報を、衡平な地理的代表の原則に基づき附

属書Ⅱに定めるところにより設置される大陸棚の限界に関する委員会に提出する。この委員会は、当該大陸棚の外側の限界の設定に関する事項について当該沿岸国に対し勧告を行う。沿岸国がその勧告に基づいて設定した大陸棚の限界は、最終的なものとし、かつ、拘束力を有する。

　9　沿岸国は、自国の大陸棚の外側の限界が恒常的に表示された海図及び関連する情報（測地原子を含む。）を国際連合事務総長に寄託する。同事務総長は、これらを適当に公表する。

　10　この条の規定は、向かい合っているか又は隣接している海岸を有する国の間における大陸棚の境界画定の問題に影響を及ぼすものではない。

第8部　島の制度

　第121条　島の制度

　1　島とは、自然に形成された陸地であって、水に囲まれ、満潮時においても水面上にあるものをいう。

　2　3に定める場合を除くほか、島の領海、接続水域、排他的経済水域及び大陸棚は、他の領土に適用されるこの条約の規定に従って決定される。

　3　人の居住又は独自の経済的生活を維持することのできない岩は、排他的経済水域又は大陸棚を有しない。

(2) 日本の海洋法秩序

　日本の領土面積は約38万キロメートルで、世界第60位にあるが、領海及び排他的経済水域の面積は約447万9358平方キロメートルに達し、世界第9位である。ここに、海洋支配の大国である日本は、新たな海底分割戦争に突入することになった。まず、日本は、排他的経済水域の外縁を設定するところの離島39島の名称を2012年3月決定し、さらに追加の決定を行っている。

　日本は、四方を海に囲まれた海洋国家であり、石油などのエネルギー資源の輸

入のほぼすべてを海上輸送に依存している。その一方、国土面積が小さく、天然資源に乏しい島国では、海洋の生物資源や周辺海域の大陸棚・深海海底に堆積される海底資源は、経済的観点のみならず安全保障の観点からも重要である。

第二次大戦後、海洋法は、その法典化の取組みが進み、国連海洋法条約の秩序が確立しており、日本も、そのための法的枠組みを制定し、以下の関連法律を制定している。

1977年5月2日領海および接続水域に関する法律。
　　　　　排他的経済水域及び大陸棚に関する法律。
　　　　　漁業水域に関する暫定措置法。
1996年6月14日排他的経済水域における漁業等に関する主権的権利の行使等に関する法律。
2001年6月14日海洋生物資源の保存及び管理に関する法律。

水域地域の用語は、朝鮮休戦協定で公海における警戒海域というものが登場し、1955年日中漁業協定で、黄海北部の中国軍の軍事警戒線、及びその南方での漁船の漁業禁止線、ならびに台湾北部の軍事作戦線以北の東海につき、漁業禁止地域が設定され、その概念が確立した。

1977年米国・ソ連が200海里の漁業専管水域を実施し、漁業水域が一般化した。これにより日本も、1977年に200海里漁業水域を設定した。但し、1977年漁業水域に関する暫定措置法は、1975年日中漁業協定には適用されなかった。

その後も、日本は海洋政策に取り組み、2007年に海洋基本法に基づく綜合海洋政策本部が内閣官房に設置され、国の基本的施策をまとめた海洋基本計画が制定された。日本は、200海里を超える大陸棚の設定のための申請を国連大陸棚限界委員会に提出し、2012年4月大陸棚限界委員会の勧告を受理した。

さらに、海上の安全確保にも取り組み、2005年4月アジア海賊対策地域協力協定を締結した。同協定は2006年9月発効し、マラッカ海峡をはじめとするアジア地域の海上安全確保のための情報共有センターが、シンガポールに設立された。

排他的経済水域及び大陸棚に関する法律、法律第74号、1996年6月14日は、以下の通りである。

第1条（排他的経済水域）我が国が海洋法に関する国際連合条約（以下「国連海洋法条約」という。）に定めるところにより国連海洋法条約第5部に規定する沿岸国の主権的権利その他の権利を行使する水域として、排他的経済水域を設ける。

2　前項の排他的経済水域（以下単に「排他的経済水域」という。）は、我が国の基線（領海及び接続水域に関する法律（昭和52年法律第30号）第2条第1項に規定する基線をいう。以下同じ。）から、いずれの点をとっても我が国の基線上の最も近い点からの距離が200海里である線（その線が我が国の基線から測定して中間線（いずれの点をとっても、我が国の基線上の最も近い点からの距離と、我が国の海岸と向かい合っている外国の海岸に係るその外国の領海の幅を測定するための基線上の最も近い点からの距離とが等しい線をいう。以下同じ。）を超えているときは、その超えている部分については、中間線（我が国と外国との間で合意した中間線に代わる線があるときは、その線）とする。）までの海域（領海を除く。）並びにその海底及びその下とする。

第2条（大陸棚）我が国が国連海洋法条約に定めるところにより沿岸国の主権的権利その他の権利を行使する大陸棚（以下単に「大陸棚」という。）は、次に掲げる海域の海底及びその下とする。

1　我が国の基線から、いずれの点をとっても我が国の基線上の最も近い点からの距離が200海里である線（その線が我が国の基線から測定して中間線を超えているときは、その超えている部分については、中間線（我が国と外国との間で合意した中間線に代わる線があるときは、その線及びこれと接続して引かれる政令で定める線）とする。）までの海域（領海を除く。）

2　前号の海域（いずれの点をとっても我が国の基線上の最も近い点

からの距離が200海里である線によってその限界が画される部分に限る。）の外側に接する海域であって、国連海洋法条約第76条に定めるところに従い、政令で定めるもの

第3条（我が国の法令の適用）次に掲げる事項については、我が国の法令（罰則を含む。以下同じ。）を適用する。

（1）排他的経済水域又は大陸棚における天然資源の探査、開発、保存及び管理、人工島、施設及び構築物の設置、建設、運用及び利用、海洋環境の保護及び保全並びに海洋の科学的調査

（2）排他的経済水域における経済的な目的で行われる探査及び開発のための活動（前号に掲げるものを除く。）

（3）大陸棚の掘削（第1号に掲げるものを除く。）

（4）前3号に掲げる事項に関する排他的経済水域又は大陸棚に係る水域における我が国の公務員の職務の執行（当該職務の執行に関してこれらの水域から行われる国連海洋法条約第111条に定めるところによる追跡に係る職務の執行を含む。）及びこれを妨げる行為

2　前項に定めるもののほか、同項第1号の人工島、施設及び構築物については、国内に在るものとみなして、我が国の法令を適用する。

3　前2項の規定による我が国の法令の適用に関しては、当該法令が適用される水域が我が国の領域外であることその他当該水域における特別の事情を考慮して合理的に必要と認められる範囲内において、政令で、当該法令の適用関係の整理又は調整のため必要な事項を定めることができる。

第4条（条約の効力）この法律に規定する事項に関して条約に別段の定めがあるときは、その定めるところによる。

附則

（施行期日）第1条　この法律は、国連海洋法条約が日本国について効

力を生ずる日から施行する。

　漁業水域に関する暫定措置法、法律第31号、1977年5月2日は、以下の通りである。
　（趣旨）
　　第1条　この法律は、最近における新しい海洋秩序への国際社会の急速な歩みその他の漁業を取り巻く国際環境の著しい変化等に対処し、並びに水産資源の適切な保存及び管理を図るため、漁業水域における漁業等に関する管轄権の行使に関し必要な暫定措置を定めるものとする。
　（漁業水域における管轄権）
　　第2条　我が国は、漁業水域における漁業（水産動植物の採捕又は養殖の事業をいう。以下同じ。）に関する管轄権を有する。
　　2　我が国は、漁業水域における水産動植物の採捕（漁業に該当するものを除く。以下同じ。）に関しても、管轄権を有する。
　　3　我が国は、前2項の管轄権の行使に当たつては、我が国の加盟する国際機関の水産資源の保存及び管理についての勧告等を尊重するものとする。
　（定義）
　　第3条　この法律において「我が国の基線」とは、領海法（昭和52年法律第30号）第2条第1項に規定する基線をいう。
　　2　この法律において「中間線」とは、いずれの点をとつても、我が国の基線上の最も近い点からの距離と、我が国の海岸と向かい合つている外国の海岸に係るその外国の領海の幅を測定するための基線上の最も近い点からの距離とが等しい線をいう。
　　3　この法律において「漁業水域」とは、我が国の基線から、いずれの点をとつても我が国の基線上の最も近い点からの距離が200海里である線（その線が我が国の基線から測定して中間線を超えている

ときは、その超えている部分については、中間線（我が国と外国との間で合意した中間線に代わる線があるときは、その線）とする。）までの海域（領海及び政令で定める海域を除く。）をいう。
 4　この法律において「外国人」とは、次に掲げるものをいう。
　(1)　日本の国籍を有しない者。ただし、適法に我が国に在留する者で農林大臣の指定するものを除く。
　(2)　外国、外国の公共団体若しくはこれに準ずるもの又は外国法に基づいて設立された法人その他の団体

（漁業水域における法令の適用）
 第4条　外国人が漁業水域において行う漁業及び水産動植物の採捕に関しては、政令で定めるところにより、我が国の法令を適用する。この場合において、必要な技術的読替えは、政令で定める。

（漁業等の禁止）
 第5条　外国人は、漁業水域のうち次に掲げる海域においては、漁業又は水産動植物の採捕を行つてはならない。ただし、その水産動植物の採捕が農林省令で定める軽易なものであるときは、この限りでない。
　(1)　領海法附則第2項に規定する特定海域である海域（我が国の基線から、いずれの点をとつても我が国の基線上の最も近い点からの距離が12海里である線までの海域に限る。）
　(2)　水産資源の保護又は漁業調整のため必要な海域として農林大臣の定める海域

（漁業等の許可）
 第6条　外国人は、漁業水域（前条各号に掲げる海域を除く。次条及び第9条第1項において同じ。）においては、農林省令で定めるところにより、農林大臣の許可を受けなければ、漁業又は水産動植物の採捕を行つてはならない。ただし、次の各号の1に該当するときは、この限りでない。
　(1)　その漁業又は水産動植物の採捕が政令で定める高度回遊性魚

　　　　種に係るものであるとき。
　　（2）その水産動植物の採捕が第9条第1項の承認を受けて行われる
　　　　ものであるとき。
　　（3）その水産動植物の採捕が前条ただし書の農林省令で定める軽
　　　　易なものであるとき。
　2　農林大臣は、前項の許可をしたときは、農林省令で定めるところ
　　により、その外国人に許可証を交付する。
　3　第1項の許可を受けた外国人は、農林省令で定めるところにより、
　　その行う漁業又は水産動植物の採捕に係る船舶にその旨を見やすい
　　ように表示し、かつ、当該船舶に前項の許可証を備え付けておかな
　　ければならない。
（許可の基準等）
　第7条　農林大臣は、前条第1項の許可の申請があつた場合において、
　　その申請に係る漁業又は水産動植物の採捕が、国際約束その他の措置
　　により適確に実施されると認められること、外国人が漁業水域におい
　　て行う漁業又は水産動植物の採捕につき農林省令で定める区分ごとに
　　農林大臣の定める漁獲量の限度を超えないと認められることその他政
　　令で定める基準に適合すると認めるときでなければ、同項の許可をし
　　てはならない。
　2　前項の規定による漁獲量の限度の決定は、政令で定めるところに
　　より、漁業水域における科学的根拠を有する水産資源の動向及び我
　　が国漁業者の漁獲の実情を基礎とし、漁業水域における外国人によ
　　る漁獲の実情、外国周辺水域における我が国漁業の状況等を総合的
　　に考慮して行われなければならない。
（入漁料）
　第8条　外国人は、第6条第2項の規定により許可証の交付を受けると
　　きに、政令で定める額の入漁料を国に納付しなければならない。
　2　特別の事由がある場合には、政令で定めるところにより、前項の

入漁料を減額し、又は免除することができる。

　3　前2項に定めるもののほか、入漁料に関し必要な事項は、政令で定める。

（試験研究等のための水産動植物の採捕の承認）

　第9条　外国人は、漁業水域において試験研究その他の農林省令で定める目的のために水産動植物の採捕を行おうとするときは、農林省令で定めるところにより、農林大臣の承認を受けなければならない。ただし、その水産動植物の採捕が、第6条第1項第1号の政令で定める高度回遊性魚種に係るものであるとき、又は第5条ただし書の農林省令で定める軽易なものであるときは、この限りでない。

　2　前項の承認の申請をする外国人は、政令で定めるところにより、政令で定める額の手数料を国に納付しなければならない。

　3　第6条第2項及び第3項の規定は第1項の承認について、前条第2項の規定は前項の手数料について準用する。

（制限又は条件）

　第10条　第6条第1項の許可又は前条第1項の承認には、制限又は条件を付し、及びこれを変更することができる。

（許可等の取消し等）

　第11条　農林大臣は、第6条第1項の許可を受けた外国人が法令又は前条の制限若しくは条件に違反したときは、期間を定めて漁業若しくは水産動植物の採捕の停止を命じ、又は同項の許可を取り消すことができる。

　2　農林大臣は、第9条第1項の承認を受けた外国人が法令又は前条の制限若しくは条件に違反したときは、同項の承認を取り消すことができる。

（溯河性魚種の保存及び管理）

　第12条　我が国は、漁業水域の外側の海域（外国の内水、領海及び漁業水域に相当する海域を除く。）においても我が国の内水面において

産卵する溯河性魚種については管轄権を有するとの見地から、国際的協調の下に、当該海域における溯河性魚種の適切な保存及び管理に努めるものとする。

（政令等への委任）

第13条　この法律の規定に基づき政令又は農林省令を制定し、又は改廃する場合においては、その政令又は農林省令で、その制定又は改廃に伴い合理的に必要と判断される範囲内において、所要の経過措置（罰則に関する経過措置を含む。）を定めることができる。

第14条　第5条から第11条までの規定については、政令で、当該規定ごとに外国人及び海域を指定して適用しないこととすることができる。

第15条　この法律に別段の定めがあるものを除くほか、この法律の実施に必要な手続その他その施行に必要な事項については、農林省令で定める。

（条約の効力）

第16条　この法律に規定する事項に関して条約に別段の定めがあるときは、その規定による。

（罰則）

第17条　次の各号の1に該当する者は、1千万円以下の罰金に処する。

(1) 第5条又は第6条第1項の規定に違反した者

(2) 第10条の規定により第6条第1項の許可に付された制限又は条件（第10条の規定により変更されたものを含む。）に違反した者

(3) 第11条第1項の規定による命令に違反した者

第18条　第10条の規定により第9条第1項の承認に付された制限又は条件（第10条の規定により変更されたものを含む。）に違反した者は、50万円以下の罰金に処する。

第19条　前2条の場合においては、犯人が所有し、又は所持する漁獲

物及びその製品、船舶又は漁具その他漁業若しくは水産動植物の採捕の用に供される物は、没収することができる。ただし、犯人が所有していたこれらの物件の全部又は一部を没収することができないときは、その価額を追徴することができる。

第20条　第6条第3項（第9条第3項において準用する場合を含む。）の規定に違反した者は、20万円以下の罰金に処する。

第21条　法人の代表者又は法人若しくは人の代理人、使用人その他の従業者が、その法人又は人の業務又は財産に関して、第17条、第18条又は前条の違反行為をしたときは、行為者を罰するほか、その法人又は人に対し、各本条の刑を科する。

第22条（第一審の裁判権の特例）　この法律の規定に違反した罪に係る訴訟の第一審の裁判権は、地方裁判所にも属する。

附　則

（施行期日）

1　この法律は、公布の日から起算して2月を超えない範囲内において政令で定める日から施行する。

（外国人漁業の規制に関する法律の一部改正）

2　外国人漁業の規制に関する法律（昭和42年法律第60号）の一部を次のように改正する。

　　第3条の見出しを「（漁業等の禁止）」に改め、同条中「漁業を行なつてはならない」を「漁業又は水産動植物の採捕（漁業に該当するものを除く。以下同じ。）を行つてはならない。ただし、その水産動植物の採捕が農林省令で定める軽易なものであるときは、この限りでない」に改め、同条第2号を次のように改める。

　　2　外国、外国の公共団体若しくはこれに準ずるもの又は外国法に基づいて設立された法人その他の団体

　第6条の次に次の1条を加える。

　　（経過措置）

第6条の2　この法律の規定に基づき政令又は農林省令を制定
　　　し、又は改廃する場合においては、その政令又は農林省令
　　　で、その制定又は改廃に伴い合理的に必要と判断される範囲
　　　内において、所要の経過措置（罰則に関する経過措置を含
　　　む。）を定めることができる。
　　第9条第2項中「漁業」の下に「若しくは水産動植物の採捕」を加
　　　える。

　排他的経済水域における漁業等に関する主権的権利の行使等に関する法律、
1996年6月14日法律第76号、最終改正2001年6月29日法律第91号は、以下の
通りである。
　　（趣旨）
　　第1条　この法律は、海洋法に関する国際連合条約に定める権利を的確
　　　に行使することにより海洋生物資源の適切な保存及び管理を図るた
　　　め、排他的経済水域における漁業等に関する主権的権利の行使等につ
　　　いて必要な措置を定めるものとする。
　　（定義）
　　第2条　この法律において「漁業」とは、水産動植物の採捕又は養殖の
　　　事業（漁業等付随行為を含む。）をいう。
　　2　この法律において「漁業等付随行為」とは、水産動植物の採捕又
　　　は養殖に付随する探索、集魚、漁獲物の保蔵又は加工、漁獲物又は
　　　その製品の運搬、船舶への補給その他これらに準ずる行為で農林水
　　　産省令で定めるものをいう。
　　3　この法律において「探索」とは、水産動植物の採捕に資する水産
　　　動植物の生息状況の調査であって水産動植物の採捕を伴わないもの
　　　をいい、「探査」とは、探索のうち漁業等付随行為に該当しないも
　　　のをいう。
　　4　この法律において「外国人」とは、次に掲げるものをいう。

（1）日本の国籍を有しない者。ただし、適法に我が国に在留する者で農林水産大臣の指定するものを除く。
　（2）外国、外国の公共団体若しくはこれに準ずるもの又は外国法に基づいて設立された法人その他の団体
（排他的経済水域における外国人の漁業等に関する法令の適用等）
第3条　外国人が我が国の排他的経済水域（以下単に「排他的経済水域」という。）において行う漁業、水産動植物の採捕（漁業に該当するものを除き、漁業等付随行為を含む。以下同じ。）及び探査（以下この条において「排他的経済水域における外国人の漁業等」という。）に関しては、この法律の定めるところによる。
2　排他的経済水域における外国人の漁業等に関しては、排他的経済水域及び大陸棚に関する法（平成8年法律第74号）第3条第1項の規定にかかわらず、政令で定める法律（これに基づく命令を含む。）の規定は、適用しない。
3　排他的経済水域における外国人の漁業等に関する法令の適用に関する技術的読替えについては、政令で必要な規定を設けることができる。
（漁業等の禁止）
第4条　外国人は、排他的経済水域のうち次に掲げる海域（その海底を含む。以下「禁止海域」という。）においては、漁業又は水産動植物の採捕を行ってはならない。ただし、その水産動植物の採捕が農林水産省令で定める軽易なものであるときは、この限りでない。
　（1）領海及び接続水域に関する法律（昭和52年法律第30号）附則第2項に規定する特定海域である海域（我が国の基線（同法第2条第1項に規定する基線をいう。以下この号において同じ。）から、いずれの点をとっても我が国の基線上の最も近い点からの距離が12海里である線までの海域に限る。）
　（2）海洋生物資源の保護又は漁業調整のため必要な海域として農

林水産大臣の定める海域

　2　外国人は、禁止海域（前項第1号の海域に限る。）においては、政令で定める場合を除き、漁獲物又はその製品を転載し、又は積み込んではならない。

（漁業等の許可）

第5条　外国人は、排他的経済水域（禁止海域を除く。次条第1項及び第2項、第8条並びに第9条において同じ。）においては、農林水産省令で定めるところにより、漁業又は水産動植物の採捕に係る船舶ごとに、農林水産大臣の許可を受けなければ、漁業又は水産動植物の採捕を行ってはならない。ただし、次の各号の1に該当するときは、この限りでない。

　（1）その水産動植物の採捕が前条第1項ただし書の農林水産省令で定める軽易なものであるとき。

　（2）その水産動植物の採捕が第8条の承認を受けて行われるものであるとき。

　（3）その漁業等付随行為が第9条の承認を受けて行われるものであるとき。

　2　農林水産大臣は、前項の許可をしたときは、農林水産省令で定めるところにより、その外国人に許可証を交付する。

　3　第1項の許可を受けた外国人は、農林水産省令で定めるところにより、その行う漁業又は水産動植物の採捕に係る船舶にその旨を見やすいように表示し、かつ、当該船舶に前項の許可証を備え付けておかなければならない。

（許可の基準等）

第6条　農林水産大臣は、前条第1項の許可の申請があった場合において、その申請に係る漁業又は水産動植物の採捕が、国際約束その他の措置により的確に実施されること、外国人が排他的経済水域において行う漁業又は水産動植物の採捕につき農林水産省令で定める区分ごと

に農林水産大臣の定める漁獲量の限度を超えないことその他政令で定める基準に適合すると認められるときでなければ、当該申請に係る許可をしてはならない。

2　前項の規定による漁獲量の限度の決定は、政令で定めるところにより、排他的経済水域における科学的根拠を有する海洋生物資源の動向及び我が国漁業者の漁獲の実情を基礎とし、排他的経済水域における外国人による漁業の状況、外国周辺水域における我が国漁業の状況等を総合的に考慮して行われなければならない。

3　海洋生物資源の保存及び管理に関する法律（平成8年法律第77号）第2条第2項に規定する漁獲可能量を定める同条第6項に規定する第一種特定海洋生物資源について第1項の規定による漁獲量の限度の決定を行う場合には、前項に定めるところによるほか、当該漁獲可能量を基礎としなければならない。

（入漁料）

第7条　外国人は、第5条第2項の規定により許可証の交付を受けるときに、政令で定める額の入漁料を国に納付しなければならない。

2　特別の事由がある場合には、政令で定めるところにより、前項の入漁料を減額し、又は免除することができる。

3　前2項に定めるもののほか、入漁料に関し必要な事項は、政令で定める。

（試験研究等のための水産動植物の採捕の承認）

第8条　外国人は、排他的経済水域において、試験研究その他の農林水産省令で定める目的のために水産動植物の採捕を行おうとするときは、農林水産省令で定めるところにより、水産動植物の採捕に係る船舶ごとに、農林水産大臣の承認を受けなければならない。ただし、その水産動植物の採捕が第4条第1項ただし書の農林水産省令で定める軽易なものであるとき、又はその漁業等付随行為が次条の承認を受けて行われるものであるときは、この限りでない。

（外国人以外の者が行う漁業に係る漁業等付随行為等の承認）
　第9条　外国人は、排他的経済水域において、外国人以外の者が当該水域において行う漁業又は水産動植物の採捕に係る漁業等付随行為を行おうとするときは、農林水産省令で定めるところにより、漁業等付随行為に係る船舶ごとに、農林水産大臣の承認を受けなければならない。
（探査の承認）
　第10条　外国人は、排他的経済水域において、探査を行おうとするときは、農林水産省令で定めるところにより、探査に係る船舶ごとに、農林水産大臣の承認を受けなければならない。
（手数料等）
　第11条　前3条の承認の申請をする外国人は、実費を勘案して政令で定める額の手数料を国に納付しなければならない。
　2　第5条第2項及び第3項の規定は前3条の承認について、第7条第2項の規定は前項の手数料について準用する。
（制限又は条件）
　第12条　第5条第1項の許可又は第8条から第10条までの承認には、制限又は条件を付し、及びこれを変更することができる。
（許可等の取消し等）
　第13条　農林水産大臣は、第5条第1項の許可又は第9条の承認を受けた外国人が法令又は前条の制限若しくは条件に違反したときは、期間を定めて排他的経済水域における漁業又は水産動植物の採捕の停止を命じ、又は第5条第1項の許可又は第9条の承認を取り消すことができる。
　2　農林水産大臣は、第8条又は第10条の承認を受けた外国人が法令又は前条の制限若しくは条件に違反したときは、第8条又は第10条の承認を取り消すことができる。
（大陸棚の定着性種族に係る漁業等への準用等）

第14条　第3条から前条までの規定は、大陸棚（排他的経済水域及び大陸棚に関する法律第2条に規定する区域をいう。）であって排他的経済水域でない区域の定着性種族（海洋法に関する国際連合条約第77条4に規定する定着性の種族に属する生物をいう。次項において同じ。）に係る漁業、水産動植物の採捕及び探査について準用する。この場合において、必要な技術的読替えは、政令で定める。

　2　前項において読み替えて準用する第4条第1項、第5条第1項及び第8条から第10条までの定着性種族は、農林水産大臣が告示する。

（溯河性資源の保存及び管理）

第15条　我が国は、排他的経済水域の外側の海域においても我が国の内水面において産卵する溯河性資源について、海洋法に関する国際連合条約第66条1の第一義的利益及び責任を有する。

（行政手続法の適用除外）

第16条　この法律の規定による処分については、行政手続き法（平成5年法律第88号）第2章及び第3章の規定は、適用しない。

（政令等への委任）

第17条　この法律の規定に基づき政令又は農林水産省令を制定し、又は改廃する場合においては、その政令又は農林水産省令で、その制定又は改廃に伴い合理的に必要と判断される範囲内において、所要の経過措置（罰則に関する経過措置を含む。）を定めることができる。

　2　この法律に別段の定めがあるものを除くほか、第24条から第26条までの規定の実施に必要な手続その他これらの規定の施行に必要な事項については、主務省令で、その他この法律の実施に必要な手続その他その施行に必要な事項については、農林水産省令で定める。

（罰則）

第18条〜第26条

（主務大臣等）

第27条

附　則

（施行期日）

第1条　この法律は、海洋法に関する国際連合条約が日本国について効力を生ずる日から施行する。

（対象水域の明確化）

第1条の2　第3条第1項の規定の適用については、当分の間、同項中「排他的経済水域」とあるのは「排他的経済水域（排他的経済水域及び大陸棚に関する法律（平成8年法律第74号）第4条の条約の規定により我が国が漁業、水産動植物の採捕（漁業に該当するものを除き、漁業等付随行為を含む。以下同じ。）及び探査に関する主権的権利を行使する水域の範囲について調整が行われるときは、その調整後の水域とする。」と、「水産動植物の採捕（漁業に該当するものを除き、漁業等付随行為を含む。以下同じ。）」とあるのは「水産動植物の採捕」とする。

第1条の3　前条の規定により読み替えて適用される第3条第1項に規定する調整が行われる場合における同項に規定する主権的権利に関する排他的経済水域及び大陸棚に関する法律第3条の規定の適用については、同条第1項第1号中「排他的経済水域」とあるのは、「排他的経済水域（排他的経済水域における漁業等に関する主権的権利の行使等に関する法律（平成8年法律第76号）附則第1条の2の規定により読み替えて適用される同法第3条第1項の排他的経済水域をいう。以下この条において同じ。）」とする。

（適用の特例）

第2条　第4条から第13条まで（第14条第1項において準用する場合を含む。）及び第14条第2項の規定については、政令で、当該規定ごとに外国人及び海域を指定して適用しないこととすることができる。ただし、政令で期限を定めたときは、その期限までの間に限る。

（漁業水域に関する暫定措置法の廃止）

　第3条　漁業水域に関する暫定措置法（昭和52年法律第31号）は、廃止する。

附　則（平成10年12月18日法律第149号）

（施行期日）

　第1条　この法律は、漁業に関する日本国と大韓民国との間の協定の効力発生の日から施行する。

附　則（平成13年6月29日法律第91号）

（施行期日）

　第1条　この法律は、公布の日から起算して9月を超えない範囲内において政令で定める日から施行する。

海洋生物資源の保存及び管理に関する法律、2001年6月14日法律第77号、最終改正2007年6月6日法律第77号の抜萃は、以下の通りである。

（目的）

　第1条　この法律は、我が国の排他的経済水域等における海洋生物資源について、その保存及び管理のための計画を策定し、並びに漁獲量及び漁獲努力量の管理のための所要の措置を講ずることにより、漁業法（昭和24年法律第267号）又は水産資源保護法（昭和26年法律第313号）による措置等と相まって、排他的経済水域等における海洋生物資源の保存及び管理を図り、あわせて海洋法に関する国際連合条約の的確な実施を確保し、もって漁業の発展と水産物の供給の安定に資することを目的とする。

（定義等）

　第2条　この法律において「排他的経済水域等」とは、我が国の排他的経済水域、領海及び内水（内水面を除く。）並びに大陸棚（排他的経済水域法及び大陸棚に関する法律（平成8年法律第74号）第2条に規定する大陸棚をいう。）をいう。

2　この法律において「漁獲可能量」とは、排他的経済水域等において採捕することができる海洋生物資源の種類ごとの年間の数量の最高限度をいう。

　3　この法律において「漁獲努力量」とは、海洋生物資源を採捕するために行われる漁ろう作業の量であって、採捕の種類別に操業日数その他の農林水産省令で定める指標によって示されるものをいう。

　4　この法律において「漁獲努力可能量」とは、排他的経済水域等において、海洋生物資源の種類ごとにその対象となる採捕の種類並びに当該採捕の種類に係る海域及び期間を定めて漁獲努力量による管理を行う場合の海洋生物資源の種類ごとの当該採捕の種類に係る年間の漁獲努力量の合計の最高限度をいう。

　5　この法律において「特定海洋生物資源」とは、第一種特定海洋生物資源及び第二種特定海洋生物資源をいう。

　6　この法律において「第一種特定海洋生物資源」とは、排他的経済水域等において、漁獲可能量を決定すること等により保存及び管理を行うことが適当である海洋生物資源であって、政令で定めるものをいう。

　7　この法律において「第二種特定海洋生物資源」とは、排他的経済水域等において、漁獲努力可能量を決定すること等により保存及び管理を行うことが適当である海洋生物資源であって、政令で定めるものをいう。

　8　農林水産大臣は、前2項の政令の制定又は改廃に当たってその立案をするときは、水産政策審議会の意見を聴かなければならない。

（基本計画）

第3条　農林水産大臣は、排他的経済水域等において海洋生物資源の保存及び管理を行うため、海洋生物資源の保存及び管理に関する基本計画（以下「基本計画」という。）を定めるものとする。

　2　基本計画においては、次に掲げる事項を定めるものとする。

(1) 海洋生物資源の保存及び管理に関する基本方針
(2) 特定海洋生物資源ごとの動向に関する事項
(3) 第一種特定海洋生物資源ごとの漁獲可能量に関する事項
(4) 前号に掲げる漁獲可能量のうち漁業法第52条第1項に規定する指定漁業、同法第65条第1項若しくは第2項又は水産資源保護法第4条第1項若しくは第2項の規定に基づく農林水産省令の規定により農林水産大臣の許可その他の処分を要する漁業その他農林水産省令で定める漁業（以下「指定漁業等」という。）の種類別に定める数量に関する事項
(5) 前号に掲げる数量について、操業区域別又は操業期間別の数量を定める場合にあっては、その数量に関する事項
(6) 第3号に掲げる漁獲可能量（第4号に掲げる数量及び政令で定める者が行う第一種特定海洋生物資源の採捕に係る数量を除く。）について、海面がその区域内に存する都道府県（以下単に「都道府県」という。）別に定める数量に関する事項
(7) 第4号に掲げる数量（第5号に掲げる数量を定めた場合にあっては、その数量。以下「大臣管理量」という。）に関し実施すべき施策に関する事項
(8) 第二種特定海洋生物資源ごとの漁獲努力量による管理の対象となる採捕の種類並びに当該採捕の種類に係る海域及び期間並びに漁獲努力可能量に関する事項
(9) 前号に掲げる漁獲努力可能量のうち指定漁業等の種類（漁獲努力量による管理の対象となる採捕の種類に限る。）別に定める量（以下「大臣管理努力量」という。）に関する事項
(10) 第8号に掲げる漁獲努力可能量（大臣管理努力量を除く。）について、都道府県別に定める量に関する事項
(11) 大臣管理努力量に関し実施すべき施策に関する事項
(12) その他海洋生物資源の保存及び管理に関する重要事項

3　前項第3号及び第8号に掲げる事項は、最大持続生産量を実現することができる水準に特定海洋生物資源を維持し又は回復させることを目的として、同項第2号に掲げる事項及び他の海洋生物資源との関係等を基礎とし、特定海洋生物資源に係る漁業の経営その他の事情を勘案して定めるものとする。

4　農林水産大臣は、基本計画を定めようとするときは、水産政策審議会の意見を聴かなければならない。

5　農林水産大臣は、第2項第6号に掲げる数量又は同項第10号に掲げる量を定めようとするときは、あらかじめ、その関係部分について関係する都道府県の知事の意見を聴くものとし、当該数量又は量を定めたときは、遅滞なく、当該関係部分について関係する都道府県の知事に通知するものとする。

6　農林水産大臣は、基本計画を定めたときは、遅滞なく、これを公表しなければならない。

7　農林水産大臣は、特定海洋生物資源ごとの動向、特定海洋生物資源に係る漁業の経営その他の事情を勘案して、毎年少なくとも1回、基本計画に検討を加え、必要があると認めるときは、これを変更しなければならない。

8　農林水産大臣は、前項の検討を行うに当たっては、水産政策審議会の意見を聴かなければならない。

9　第4項から第6項までの規定は、第7項の規定による基本計画の変更について準用する。

（都道府県計画）

第4条　都道府県の知事は、基本計画に即して、前条第2項第6号に掲げる数量又は同項第10号に掲げる量に関し実施すべき施策に関する都道府県の計画（以下「都道府県計画」という。）を定めるものとする。

2　都道府県計画においては、次に掲げる事項を定めるものとする。

(1) 海洋生物資源の保存及び管理に関する方針
(2) 前条第2項第6号に掲げる数量に関する事項
(3) 前号に掲げる数量について、第一種特定海洋生物資源の採捕の種類別、海域別又は期間別の数量を定める場合にあっては、その数量に関する事項
(4) 第2号に掲げる数量（前号に掲げる数量を定めた場合にあっては、その数量。第8条第2項において「第一種特定海洋生物資源知事管理量」という。）に関し実施すべき施策に関する事項
(5) 前条第2項第10号に掲げる量に関する事項
(6) 前号に掲げる量のうち第二種特定海洋生物資源の採捕の種類（漁獲努力量による管理の対象となる採捕の種類であって指定漁業等以外のものに限る。）別に定める量（以下「第二種特定海洋生物資源知事管理努力量」という。）に関する事項
(7) 第二種特定海洋生物資源知事管理努力量に関し実施すべき施策に関する事項
(8) その他海洋生物資源の保存及び管理に関する重要事項

3 都道府県の知事は、都道府県計画を定めようとするときは、農林水産大臣の承認を受けなければならない。

4 都道府県の知事は、都道府県計画（第2項第2号及び第5号に掲げる事項を除く。第8項において同じ。）を定めようとするときは、関係海区漁業調整委員会の意見を聴かなければならない。

5 都道府県の知事は、都道府県計画を定めたときは、遅滞なく、これを公表しなければならない。

6 農林水産大臣は、基本計画の変更により都道府県計画が基本計画に適合しなくなったと認めるときは、当該都道府県計画に係る都道府県の知事に対し、当該都道府県計画を変更すべき旨を通知しなければならない。

7 都道府県の知事は、前項の規定により通知を受けたときは、都道

府県計画を変更しなければならない。
8 　都道府県の知事は、前項の場合を除くほか、指定海洋生物資源（次条第1項の第一種指定海洋生物資源及び第二種指定海洋生物資源をいう。以下同じ。）の動向、特定海洋生物資源又は指定海洋生物資源に係る漁業の経営その他の事情を勘案して、毎年少なくとも1回、都道府県計画に検討を加え、必要があると認めるときは、これを変更しなければならない。
9 　都道府県の知事は、前項の検討を行うに当たっては、関係海区漁業調整委員会の意見を聴かなければならない。
10 　第3項から第5項までの規定は、第7項又は第8項の規定による都道府県計画の変更について準用する。

（指定海洋生物資源の保存及び管理）
第5条　都道府県の知事は、特定海洋生物資源でない海洋生物資源のうち、都道府県の条例で定める海域（以下「指定海域」という。）において、都道府県漁獲限度量（指定海域において、指定漁業等を営む者及び第3条第2項第六号の政令で定める者以外の者が採捕することができる海洋生物資源の種類ごとの年間の数量の最高限度をいう。以下同じ。）を決定すること等により保存及び管理を行う海洋生物資源として都道府県の条例で定める海洋生物資源（以下「第一種指定海洋生物資源」という。）又は都道府県漁獲努力限度量（指定海域において、海洋生物資源の種類ごとにその対象となる採捕の種類並びに当該採捕の種類に係る海域及び期間を定めて都道府県漁獲努力量（海洋生物資源を採捕するために行われる漁ろう作業（指定漁業等を営む者に係るものを除く。）の量であって、採捕の種類別に操業日数その他の都道府県の規則で定める指標によって示されるものをいう。以下同じ。）による管理を行う場合の海洋生物資源の種類ごとの当該採捕の種類に係る年間の都道府県漁獲努力量の合計の最高限度をいう。以下同じ。）を決定すること等により保存及び管理を行う海洋生物資源として都道

府県の条例で定める海洋生物資源（以下「第二種指定海洋生物資源」という。）について、都道府県計画において、次に掲げる事項を定めるものとする。
　（1）指定海洋生物資源ごとの動向に関する事項
　（2）第一種指定海洋生物資源ごとの都道府県漁獲限度量に関する事項
　（3）前号に掲げる都道府県漁獲限度量について、第一種指定海洋生物資源の採捕の種類別、海域別又は期間別の数量を定める場合にあっては、その数量に関する事項
　（4）第2号に掲げる都道府県漁獲限度量（前号に掲げる数量を定めた場合にあっては、その数量。第8条第2項において「第一種指定海洋生物資源知事管理量」という。）に関し実施すべき施策に関する事項
　（5）第二種指定海洋生物資源ごとの都道府県漁獲努力量による管理の対象となる採捕の種類並びに当該採捕の種類に係る海域及び期間並びに都道府県漁獲努力限度量に関する事項
　（6）前号に掲げる都道府県漁獲努力限度量のうち第二種指定海洋生物資源の採捕の種類（当該都道府県漁獲努力量による管理の対象となる採捕の種類に限る。）別に定める量（以下「第二種指定海洋生物資源知事管理努力量」という。）に関する事項
　（7）第二種指定海洋生物資源知事管理努力量に関し実施すべき施策に関する事項
2　前項第2号及び第5号に掲げる事項は、最大持続生産量を実現することができる水準に指定海洋生物資源を維持し又は回復させることを目的として、同項第1号に掲げる事項及び他の海洋生物資源との関係等を基礎とし、指定海洋生物資源に係る漁業の経営その他の事情を勘案して定めるものとする。
3　第1項の海域及び海洋生物資源を定める都道府県の条例は、都道

府県が当該都道府県の地先水面（排他的経済水域等に限る。第17条第3項において同じ。）の全部又は一部の海域において都道府県漁獲限度量又は都道府県漁獲努力限度量を決定すること等により特定の海洋生物資源の保存及び管理を行う必要があると認める場合に定めることができる。

第6条　都道府県の知事は、都道府県計画（前条第1項に掲げる事項に限る。）の実施の効果が適切に確保されるようにするため特に必要があると認めるときは、農林水産大臣又は関係する都道府県の知事に対し、農林水産大臣又は関係する都道府県の知事が講ずべき措置について、必要な要請をすることができる。

（基本計画等の達成のための措置）

第7条　農林水産大臣は基本計画（第3条第2項第6号及び第10号に掲げる事項を除く。）の達成を図るため、都道府県の知事は都道府県計画の達成を図るため、この法律の規定による措置のほか、漁業法第34条第1項（同法第63条第1項において読み替えて準用する場合を含む。）、第3項若しくは第4項、第39条第1項（同法第63条第1項において読み替えて準用する場合を含む。）若しくは第5項、第63条第1項若しくは第2項若しくは第66条第1項又は水産資源保護法第4条第1項若しくは第2項の規定による水産動植物の採捕の制限等の措置その他の必要な措置を講じなければならない。

2　都道府県の知事は、都道府県計画の達成を図るため漁業第34条第4項の規定を適用しようとするときは、同項に規定する海区漁業調整委員会の申請によらず、漁業権に制限又は条件を付けることができる。この場合においては、同条第2項及び同法第37条第4項の規定を準用する。

（採捕の数量又は漁獲努力量等の公表）

第8条

（助言、指導又は勧告）

第9条
（採捕の停止等）
　第10条
（割当てによる採捕の制限）
　第11条
（停泊命令）
　第12条
（協定の締結）
　　第13条　大臣管理量又は大臣管理努力量に係る採捕を行う者は、当該大臣管理量又は大臣管理努力量に係る特定海洋生物資源の保存及び管理に関する協定を締結し、当該協定が適当である旨の農林水産大臣の認定を受けることができる。
　　2　知事管理量又は知事管理努力量に係る採捕を行う者は、当該知事管理量又は知事管理努力量に係る特定海洋生物資源又は指定海洋生物資源の保存及び管理に関する協定を締結し、当該協定が適当である旨の都道府県の知事の認定を受けることができる。
　　3　前2項の協定（以下単に「協定」という。）においては、次に掲げる事項を定めるものとする。
　　　（1）協定の対象となる海域並びに特定海洋生物資源又は指定海洋生物資源及びその採捕の種類
　　　（2）特定海洋生物資源又は指定海洋生物資源の保存及び管理の方法
　　　（3）協定の有効期間
　　　（4）協定に違反した場合の措置
　　　（5）その他農林水産省令で定める事項
（協定の認定等）
　第14条
（協定への参加のあっせん）

第15条
（漁業法等による措置）
　　第16条
（採捕の数量又は漁獲努力量等の報告）
　　第17条
（報告及び立入検査）
　　第18条
（水産政策審議会による報告徴収等）
　　第19条
（事務の区分）
　　第20条
（罰則）
　　第21条―第25条
附　　則
（施行期日）
　　第1条　この法律は、海洋法に関する国際連合条約が日本国について効力を生ずる日から施行する。
（対象水域の明確化）
　　第1条の2　第2条第1項の規定の適用については、当分の間、同項中「我が国の排他的経済水域」とあるのは「我が国の排他的経済水域（排他的経済水域及び大陸棚に関する法律（平成8年法律第74号）第4条の条約の規定により我が国が海洋生物資源の採捕に関する主権的権利を行使する水域の範囲について調整が行われるときは、その調整後の水域とする。）」と、「排他的経済水域及び大陸棚に関する法律（平成8年法律第74号）」とあるのは「同法」とする。
　　第1条の3　前条の規定により読み替えて適用される第2条第1項に規定する調整が行われる場合における同項に規定する主権的権利に関する排他的経済水域及び大陸棚に関する法律第3条の規定の適用につい

ては、同条第1項第1号中「排他的経済水域」とあるのは、「排他的経済水域（海洋生物資源の保存及び管理に関する法律（平成8年法律第77号）附則第1条の2の規定により読み替えて適用される同法第2条第1項の排他的経済水域をいう。以下この条において同じ。）」とする。

（適用の特例）

　第2条　第7条から第25条までの規定については、政令で、第一種特定海洋生物資源を指定して適用しないこととすることができる。ただし、政令で期限を定めたときは、その期限までの間に限る。

（基本計画及び都道府県計画に係る経過規定）

　第3条　基本計画及び都道府県計画は、平成九年以降の漁獲可能量について定めるものとする。

附　則（平成10年12月18日法律第149号）

（施行期日）

　第1条　この法律は、漁業に関する日本国と大韓民国との間の協定の効力発生の日から施行する。

（罰則の適用に関する経過措置）

　第3条　この法律の施行前にした行為に対する罰則の適用については、なお従前の例による。

附則（平成11年7月16日法律第87号）

（施行期日）

　第1条　この法律は、平成12年4月1日から施行する。ただし、次の各号に掲げる規定は、当該各号に定める日から施行する。……

　この協定の締結時には、大陸棚自然延長論が広く主張されていたが、現在では、排他的経済水域の重複する地域については、中間線を優先する等距離・中間線の原則が主流となってきており、日本は、その方向で韓国及び中国の大陸棚自然延長論に対抗している。

(3) アジア海賊対策地域協力

日本にとってシーレーン（海上通路）の問題は、関係アジア沿岸国とも共通の関心事であった。このシーレンの存在から1971年11月インドネシア・マレーシア・シンガポール3カ国はマラッカ海峡協定に調印した。そして、その取組みはテロリズム対策へと進んだ[3]。

その経過は、以下の通りであった。

2000年3月船舶に対する海賊行為と武装強奪会議開催、東京アピール發出。
　　　　4月アジア反海賊チャレンジ2000措置。
2001年11月テロリズムに対する協同行動ASEAN宣言2001。
2002年11月テロリズムASEAN宣言。
2003年6月ARF、国際管理に関するテロ対策声明。
2004年6月アジア海上セリュティ2004。

1999年にマラッカ海峡で発生したアロンドラ・レインボー号襲撃事件以来、日本及び沿岸各国紛争対策の合同訓練を実施してきたが、2001年11月小泉純一郎日本首相がアジア海賊問題に有効に対処するための地域協力促進のための法的枠組みにつき提案し、2004年11月日本、ASEAN10カ国、中国、韓国、インド、スリランカ、バングラデシュの16カ国で採択され、同協定は2006年9月発効した。同協定の目的は、以下の3点にある。

(1) 海賊に関する情報共有センターISCの設立。2006年11月設立された。
(2) ISCを通じた海賊に対する情報共有体制・協力体制の構築。
(3) ISCを経由しない締約国同志の二国間協力、違反者の引渡し、法律上の相互援助の円滑化及び能力の開発などの促進。

現在の加盟国は、以下の通りである。

日本、シンガポール、ラオス、タイ、フィリピン、ミャンマー、韓国、カンボジア、ベトナム、スリランカ、中国、ブルネイ、バングラデシュ、ノルウェー、オランダ、デンマーク、英国、計18カ国。

アジアにおける海賊行為及び船舶に対する武装強盗との戦いに関する地域協力協定、2004年11月採択、2006年9月発効の抜萃は、以下の通りである。

……各締約国が海賊行為及び船舶に対する武装強盗を防止し、及び抑止するための措置を強化することが、この協定の一層の実効性を確保するために不可欠であることを確認し、地域協力を更に促進し、及びそのような揚力の実効性を高めることを決意して、次のとおり協定した。

第1部　序

　第1条　定義

　　1　この協定の適用上、「海賊行為」とは、次の行為をいう。

　　　(a) 私有の船舶または航空機の乗組員または旅客が私的目的のために行うすべての不法な暴力行為、抑留、又は掠奪行為であって、次のものに対し行われるもの

　　　　(i) 公海における他の船舶または当該船舶内にある意図若しくは財産

　　　　(ii) いずれの国の管轄権にも服さない場所にある船舶、人又は財産

　　　(b) いずれかの船舶又は航空機を海賊船舶又は海賊航空機とする事実を知って当該船舶又は航空機の通航に自動的に参加するすべての行為

　　　(c) (a) 又は (b) に規定する行為を扇動し、又は好意に助長するすべての行為

　　2　この協定の適用上、「船舶に対する武装強盗」とは、次の行為をいう。

　　　(a) 私的目的のために船舶又は当該船舶内にある人物若しくは財産に対して行われるすべての不法な暴力行為、抑留又は掠奪行為であって、締約国がそのような犯罪について管轄権を有する場所において行われるもの

　　　(b) いずれかの船舶を船舶に対する武装強盗を行うための船舶と

する事実を知って当該船舶の運航に自動的に参加するすべての行為

(c) (a) 又は (b) に規定する行為を扇動し、又は好意に助長するすべての行為。

第2条　総則

1　締約国は、自国の国内法令に従い、かつ、利用可能な資源又は能力の範囲内で、最大限可能な限りこの協定を実施する（海賊行為及び船舶に対する武装高等を防止し、及び抑止することを含む。）。

第3条　一般的義務

1　締約国は、次の事項について効果的な措置をとるため、自国の国内法及び適用可能な国際法の諸規則に従ってあらゆる努力を払う。

(a) 海賊行為及び船舶に対する武装強盗を防止し、及び抑止すること。

(b) 海賊又は船舶に対する武装強盗を行った者を逮捕すること。

(c) 海賊行為又は船舶に対する武装強盗に用いられた船舶又は航空機を拿捕すること、海賊又は船舶に対する武装強盗を行った者によって掠奪され、かつ、それらの者の支配にある船舶を拿捕すること及び当該船舶内の財産を押収すること。

(d) 海賊行為又は船舶に対する武装強盗の被害船舶及び被害者を救助すること。

2　この条のいかなる規定も、締約国がその領土において (a) から (d) までの規定について追加的な措置をとることを妨げるものではない。

第2部　情報共有センター

第4条　構成

1　海賊行為及び船舶に対する武装強盗を防止し、及び抑止することについて締約国間の緊密な協力を促進するため、情報共有センター（以下「センター」という。）を設立する。

かくして、確立が展望される海洋ガバナンスへの移行展望は、以下の点にある[4]。

1、国家管轄水域を超克した海洋ガバナンスの確立。海洋空間次元の新秩序の構想と構築。
2、沿岸国の十分適切とはされない管理の超克。資源は沿岸国の独占とはいえない。そこでは、国家の独占的管轄は許されえない。沿岸国海軍力の覇権支配は認められない。
3、海洋の自由の新しい概念と次元。新国連海洋法条約に対応した海洋調査を可能にする沿岸国の措置の対処が課題とされる。それは、多くの海洋調査船事件、例えば、2001年1月インド洋英海洋調査船スコット号事件、2009年3月南シナ海米調査船チンペッカプル号事件、あるいは1990年以降、日本近海における一連の中国調査船事件などがあり、新しい取組みが求められる。
4、海洋管理の新しい概念。海洋の平和的共同利用と平和地帯化。1971年11月ASEAN外相会議は、東南アジア中立化構想が提起されており、その構想は生きている。
5、海洋管理の新しいレジーム。国家管轄を残しつつも、その枠内で、市民社会も参加した機能的で多重かつ争点別の地域レジームの創成が課題とされる。

2、日本の海洋開発

　海洋を人類の生活に役立てようとする人間の行動は、海洋空間の活用、海底鉱物資源の利用、海洋エネルギーの活用、及び海水の直接利用に及ぶ。
　その海洋空間利用の代表的事例は、ソ連原子力砕氷船レーニン号、アルクチカ号、シビリ号の北氷洋での運航であり、そしてオランダの海面空間の利用である。1918年にオランダのゾイデル海干拓法が制定され、干拓が行われてきたが、1991年干拓事業の中止となった。代わって1953年に着手されたデルタ・プランといわれる堤防建設のスケルダム工事が1986年に完了した[4]。日本では、八郎潟や児島の干拓が行われ、1972年大村湾に長崎海上空港が建設され、関西国際

空港建設が続いた。1984年には和歌山県御坊市沖合の富島に人工島方式の火力発電所が建設された[5]。有明海諫早干拓では、漁民の激しい反対と自然保護運動の支援で、中断撤回を余儀なくされた[6]。

海底鉱物資源の利用は、現状では、石油が中心であるが、それ以外に、石炭、マンガン団塊、コバルト、チタン鉱石、モナズ石、ジルコン、ルチル、一般的にレアメタルの鉱物資源があり、調査が不完全であるため、開発は遅れている。1945年トルーマン米大統領の大陸棚宣言で、大陸棚の地下及び海底における石油開発が進んでおり、1959年に始まった北海油田の開発は海底油田開発の先駆であった。日本の海底油田開発は1981年渤海湾の試掘に成功し、アブダビあるいはワイ湾で進んだ。マンガン団塊は水深4000〜6000メートルの海底に広く分布しており、太平洋の堆積量は1012億トンといわれ、それは開発技術に係る。

海洋エネルギーの利用は、潮汐・波浪・海流などの利用によるところで、1961年にフランス北西部サン・マロ湾で潮汐発電構想が始まり、1967年に本格稼働となった。日本は、海岸線が3万2170キロメートルに達し、波力利用の潜在的可能性は極めて大きい。利用できる海岸線は30パーセントで、約8000万キロワットと推定されている。

日本の海洋開発は、1978年2月「長期的展望に立つ海洋開発の基本的構想及び推進方策について」の諮問に応えて、2002年8月持続可能な海洋利用の実現に向けた21世紀初期の海洋政策のあり方の答申が提出された[7]。

日本の海洋開発の歩みは、以下の通りである。

1869年海軍水路部、水路測量開始。新潟尼ケ崎海底油田、初の採掘。

1872—76年英海洋調査船チャレンジャー号、大西洋海底でマンガン団塊発見。

1893年ナンセン（ノルウェー）、クラム号で北極海探険。

1906年松島探鉱、海底採炭開始。

1918—26年水産講習所海洋調査部天鷗丸、海洋調査。

1925年三池炭田・三井三池炭鉱、海底地震調査。蒼鷹丸、大陸棚海底漁場生物調査。

1929年世界初の深海作業船西村式豆潜水艇第1号完成。

第 8 章 領海・排他的経済水域

1932年日本海全面海洋調査。

1940年日本海洋学会発足。

1946年青函海底トンネル調査開始。

1950年マリアナ海溝でチャレンジャー海淵（10915メートル）確認。

1958年潜水調査船城鯨号竣工。

1959年6月気象観測船凌風丸、日本海溝深海調査。

1960年6月資源調査会「海洋資源の総合調査について」勧告。

1961年10月海洋科学技術審議会「海洋科学技術を推進するため緊急に行うべき重要な研究及び調査について」答申、1963年6月「海洋科学技術推進の基本方策について」第1次答申、1964年9月「海洋科学技術に関する審議体制、資料処理体制」第2次答申、1966年10月「海洋科学技術に関する総合調査研究計画実施方策について」第3次答申、1969年7月「海洋科学技術に関する開発計画」答申。

1971年3月科学技術庁、シートピア計画着手、1972年8月海洋科学技術センター、シートピア水深30メートル海中実験成功、1973年9月水深60メートル海中実験、1975年10月水深100メートル海中実験。

　　5月海洋水産資源開発促進法公布。

　　7月海洋科学技術審議会改組、海洋開発審議会設置。

1972年2月阿賀沖で最大規模の油ガス層発見。

　　12月産業構造審議会海洋開発部会「海洋開発及び海洋開発政策」についての中間答申。

1974年5月学術会議、「国際海洋研究十年計画」実施勧告。

1977年5月領海および接続水域、漁業水域に関する暫定措置法公布、7月施行。

　　6月運輸技術審議会「海洋構造物の建造に関する技術的審議事項とその実施方策について」答申。

　　8月気象審議会「海洋観測システム整備とその成果の利用促進方針について」答申。

1978年7月工業技術院、海底石油生産システム研究開発基本計画策定。

8月海洋科学技術センター、波力発電実験装置「海明」による海上実験開始。

1979年8月海洋開発審議会、長期的展望にたつ海洋開発の基本構想及び推進方策の第1次答申、1980年1月第2次答申。

1980年5月日韓大陸棚石油試掘開始。

6月深海艇鉱物資源探査専用船第2白嶺丸竣工。

1981年10月2000メートル級潜水調査船しんかい2000及び支援母艦なつしま竣工、1983年3月しんかい2000潜水、2000メートル到達、7月調査活動開始。

1983年2月日本、国連海洋法条約調印、1996年7月発効。

1984年7月運輸省、下関北浦・秋田湾・清水湾・大村湾の4海域沖に人工島建設推進方針決定。

11月大分県海洋牧場開所。

1987年2月海洋観測衛星MISI打ち上げ成功、もも1号と命名。

1989年4月海洋科学技術センター、6000メートル級潜水調査船しんかい6500、初の深航試験。

2002年8月海洋開発審議会科学技術・学術審議会「長期的展望に立つ海洋開発の基本的構想及び推進方策について」答申『21世紀初頭の日本における海洋政策』――海洋政策は、海洋保全、海洋利用、及び未知の領域への挑戦としての海洋研究にあると、提起された[8]。

3、日本の200海里水域の海洋管理

　日本の周辺海域では、石油鉱区が設定され、あるいは日米安全保障体制のもと軍事演習区域が設定され、その海域管理は、海上保安庁が11の管区をもって管理している。そして排他的経済水域の管理が設定されている。そして、いまや海洋権益の維持は現下の課題となっており、離島の管理及び新しい役割とともに海上基地の建設と管理・運用という新しい課題が登場してきている。

2007年4月20日日本は食糧・資源・エネルギーの確保と物資の輸送、及び地球環境の維持において海が果たす役割の増大、並びに海峡環境の汚染、水産資源の減少、海岸浸食の進行、重大海難事故の発生、海賊事件の頻発、海洋権益の確保に影響を及ぼしかねない事案の発生など、さまざまな海の問題の顕在化から、海洋政策の新たな制度的枠組みの構築という課題に応えて、2007年4月海洋基本法を制定し、7月施行し、総合海洋政策本部を設置した。そして、翌2008年3月海洋に関する施策の基本方針、及び政府が総合的に計画的に講ずべき施策を規定した海洋基本計画を策定した。

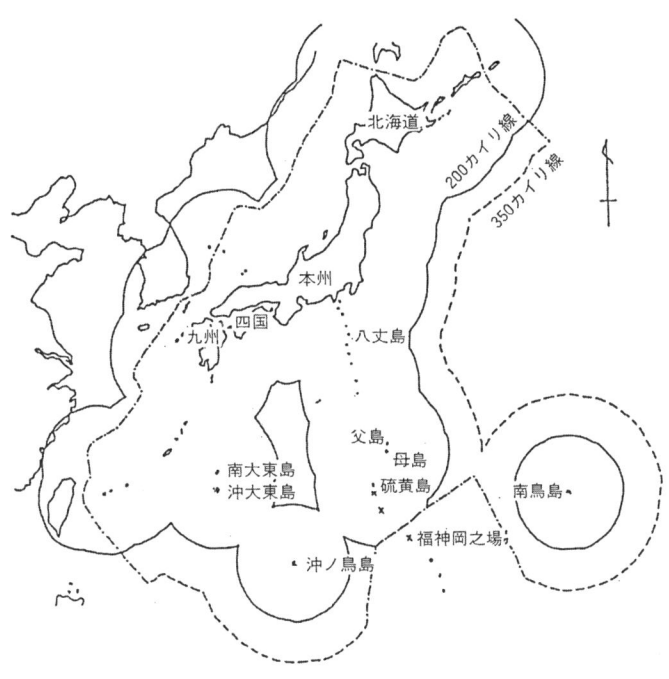

図8-1　日本の排他的経済水域
（出所）海上保安庁資料。

□ ……… 海上保安庁海洋情報部
◎ ……… 管区海上保安本部海洋情報部
◉ ……… 水路観測所
● ……… 観測所

管区名	本部所在地	担当地区
第一管区	北海道小樽市	北海道（北方領土含む）
第二管区	宮城県塩竈市	青森県、岩手県、宮城県、秋田県、山形県、福島県（沖合い水域は太平洋側のみ担当）
第三管区	横浜市中区	茨城県、栃木県、群馬県、埼玉県、千葉県、東京都、神奈川県、山梨県、静岡県
第四管区	名古屋市港区	岐阜県、愛知県、三重県
第五管区	神戸市中央区	滋賀県、京都府（南丹市以南）、大阪府、兵庫県（瀬戸内海側）、奈良県、和歌山県、徳島県、高知県
第六管区	広島市南区	岡山県、広島県、山口県（山口市以東の瀬戸内海側）、香川県、愛媛県
第七管区	北九州市門司区	山口県（宇部市以西の瀬戸内海側、日本海側）福岡県、佐賀県、長崎県、大分県（水域上は熊本県の有明海も担当）
第八管区	京都府舞鶴市	京都府（京丹波町以北）、福井県、兵庫県（日本海側）、鳥取県、島根県（竹島含む）
第九管区	新潟市中央区	新潟県、富山県、石川県、長野県（沖合い水域は東北地方の日本海側も担当）
第十管区	鹿児島市	熊本県（水域上は有明海を除く）、長崎県、鹿児島県
第十一管区	沖縄県那覇市	沖縄県（尖閣諸島含む）

図8-2　海上保安庁の管轄海域区分
（出所）海上保安庁資料。

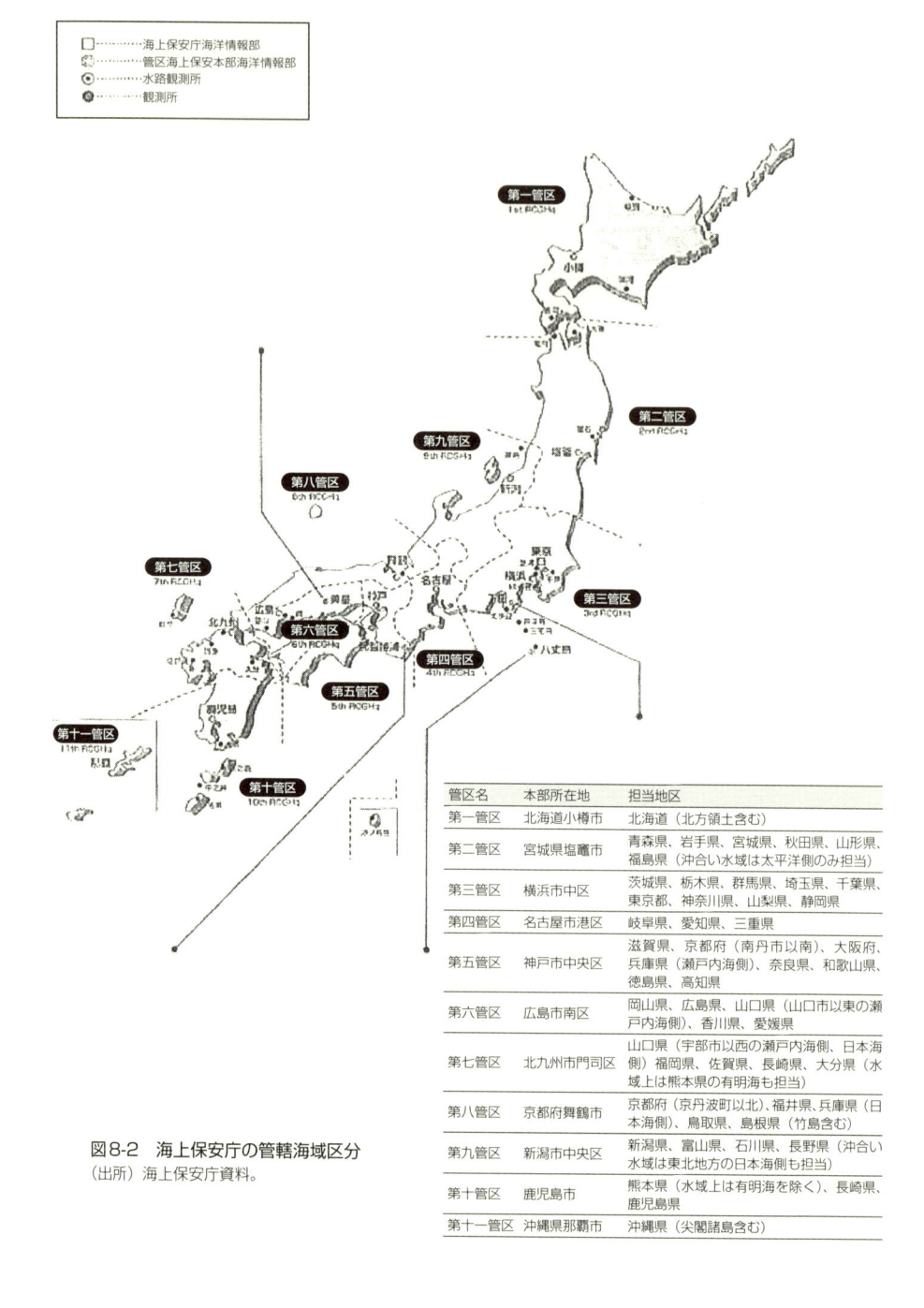

第 8 章　領海・排他的経済水域

Ⅰ　海軍訓練区域
　1．ホワイト・ビーチ区域
　2．久米島射爆撃場
　3．黄尾嶼射爆撃場
　4．赤尾嶼射爆撃場
　5．沖大東島射爆撃場
　6．ホテル・ホテル訓練区域
　7．インディア・インディア訓練区域
　8．マイク・マイク訓練区域
　9．ゴルフ・ゴルフ訓練区域〔空域〕

Ⅱ　空軍訓練区域
　1．伊江島補助飛行場
　2．鳥島射爆撃場
　3．出砂島射爆撃場
　4．沖縄北部訓練区域〔空域〕
　5．沖縄南部訓練区域〔空域〕
　6．アルファ区域〔空域〕

Ⅲ　陸軍及び海兵隊訓練区域
　1．北部訓練場
　2．キャンプ・シュワブ
　3．キャンプ・ハンセン
　4．金武レッド・ビーチ訓練場
　5．金武ブルー・ビーチ訓練場
　6．キャンプ・コートニー
　7．浮原島訓練場
　8．津堅島訓練場

図8-3　日本周辺海域の在日米軍軍事演習区域
（出所）海上保安庁水路部。

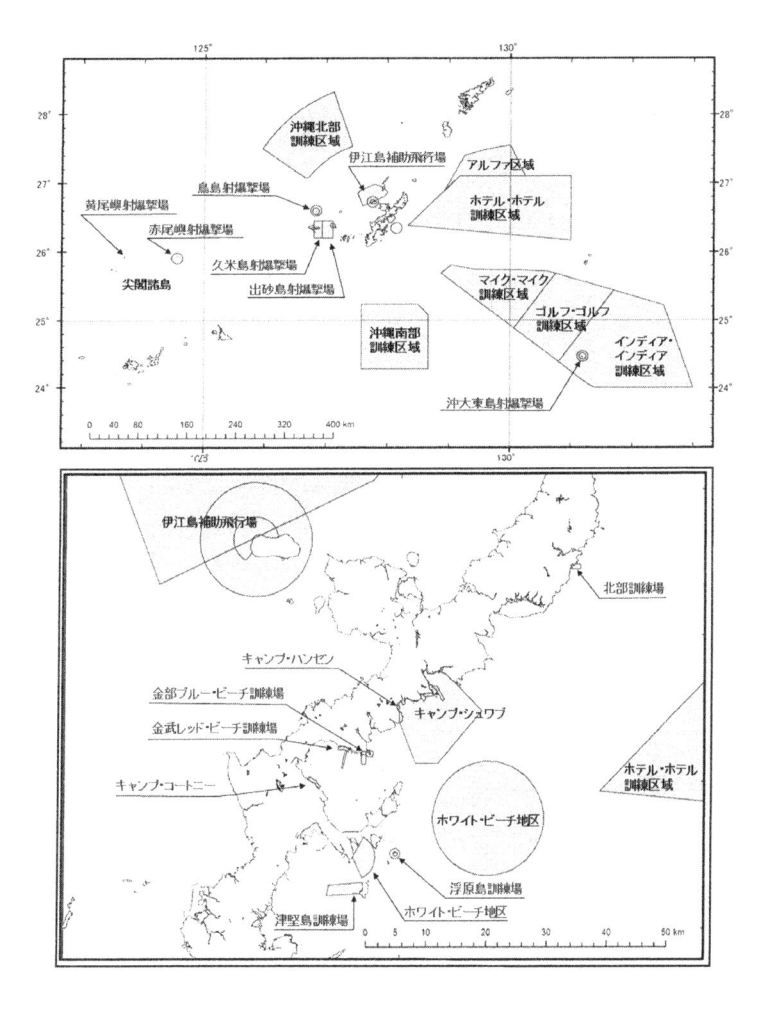

267

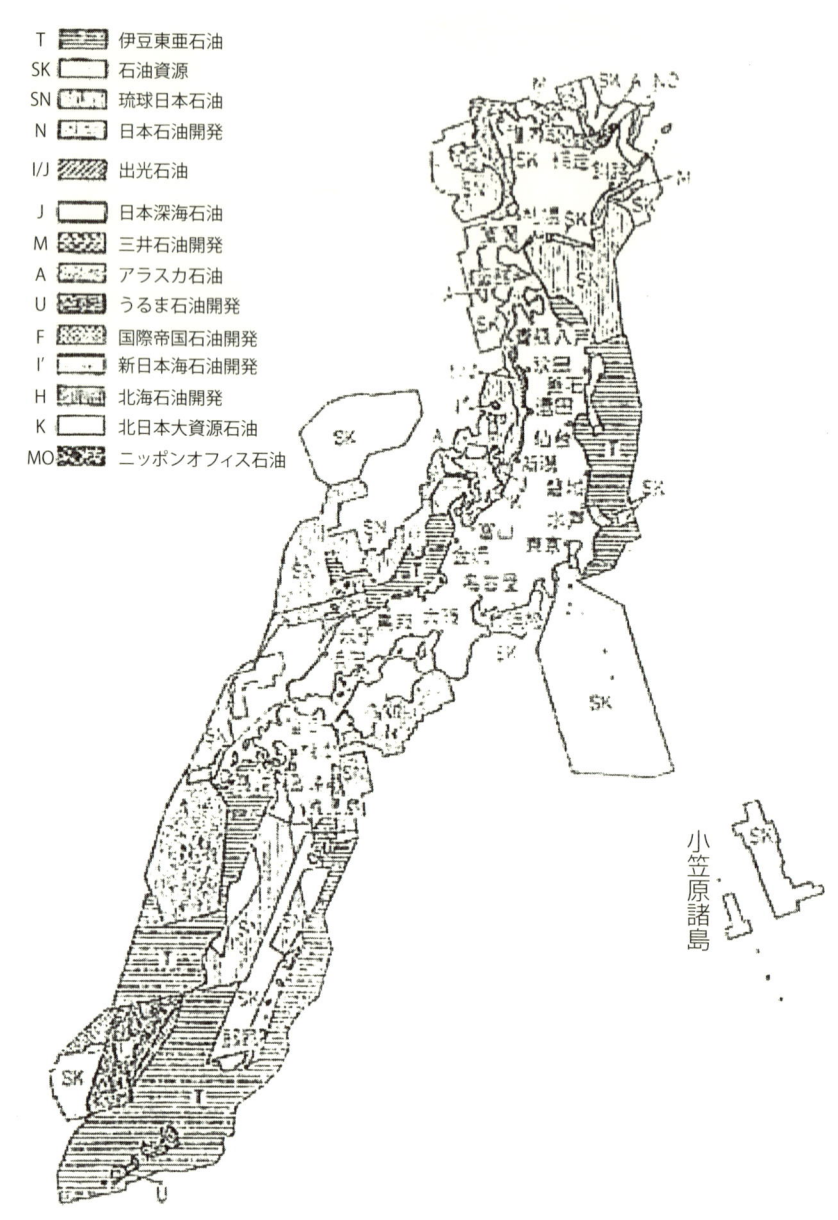

T		伊豆東亜石油
SK		石油資源
SN		琉球日本石油
N		日本石油開発
I/J		出光石油
J		日本深海石油
M		三井石油開発
A		アラスカ石油
U		うるま石油開発
F		国際帝国石油開発
I'		新日本海石油開発
H		北海石油開発
K		北日本大資源石油
MO		ニッポンオフィス石油

図8-4 日本周辺海域における石油鉱区、1979年
（出所）資源エネルギー庁資料、以降は公表されていない。

その2007年海洋基本法の基本理念は、以下の通りである。
1、海洋の開発及び利用と海洋環境の保全との調和。
2、海洋の安全の確保。
3、科学的知見の充実。
4、海洋産業の健全な発展。
5、海洋の総合的管理。
6、国際的協調。

その基本的施策は、次の通りである。
1、海洋資源の開発及び利用の推進。
2、海洋環境の保全など。
3、排他的経済水域などの推進。
4、海上輸送の確保。
5、海洋の安全の確保。
6、海洋調査の推進。
7、海洋科学技術に関する研究開発の推進など。
8、海洋産業の振興及び国際競争力の強化。
9、沿岸域の総合的管理。
10、離島の保全など。
11、国際的な連携の確保及び国際協力の推進。
12、海洋に関する国民の理解の増進など。
なお、この法案には、社民党のみが反対した。

以後、海洋産業の技術化が進み、海洋計画2008年では、主要産業の振興及び国際競争力の強化が打ち出された。現在、日本の周辺海域をめぐる状況の厳しさが高まるなか、海洋基本計画2014年が検討中で、そこでは、日本最東端南鳥島と最南端沖ノ鳥島への輸送・補給が可能な活動拠点の整備が盛り込まれ、エネルギー確保の海洋産業開発、将来の資源大国にもつながる海洋開発が提起されている。同時に、与那国島への陸上自衛隊の沿岸監視部隊配置、航空自衛隊の移動警

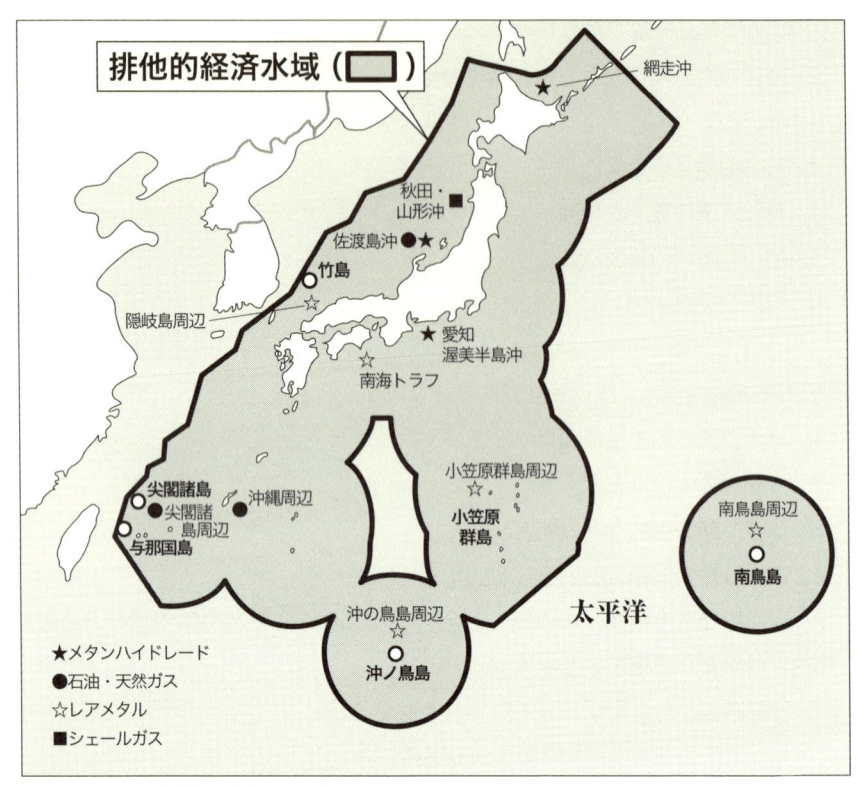

図8-5　日本の排他的経済水域の海底資源

戒管制レーダーの展開、早期警戒機E2Cの継続的運用といった離島保全計画も導入されている。

　南鳥島の高濃度レアアースの存在は既に確認されており、さらに、新潟湾・三河湾でのシェールガスの採掘は確認されており、メタンハイドレードは2018年には商業化に入る。

　海洋基本計画の特徴は、表8-1の通りである。

表8-1　海洋基本計画の論点

論点	海洋基本計画2013年（予定）	海洋計画基本計画（2008年）
現状分析	外国漁船の違法操業の頻発、新たな地域での海洋調査の必要性	密輸・密入国の激増、工作船の侵犯、周辺国海軍艦艇の活動の活発化
海洋の安全確保	海上保安庁・自衛隊の装備・体制の整備	
離島の保全	与那国島の陸上自衛隊配備	メタンハイドレードの開発
海洋資源開発	レアアースの資源調査	レアアースの開発

　海洋政策研究財団の総合的海洋政策研究委員会は、2011年3月「排他的経済水域及び大陸棚の総合的な管理に関する法制のあり方について」の報告で、日本の排他的経済水域の特性及びその海域の潜在性（高度回遊魚類の回遊ルートと水産資源、海底鉱物資源の鋨存）を踏まえた管理の課題に関して離島が存在しない海域における洋上基地設置、海洋観測・科学調査・資源探査などの支援基地の構想、排他的経済水域などの開発・利用の進展に対応した戦略的管理のための新法制の必要性を提起した。さらに、「排他的経済水域及び大陸棚の総合的な開発、利用、保全等に関する法的整備」（骨子案）で、国連大陸棚限界委員会への大陸棚延長申請という取り組みにおける排他的経済水域と大陸棚との関係の検討を踏まえた排他的経済水域管理法制の必要性、海洋基本法の基本方針、海域計画、及び特別海域計画の関係を確認した制度構築、開発行為及び海洋構築物の設置提案を提出した[9]。

　海洋基本法、2007年4月20日制定、7月20日施行は、以下の通りである。
　　第1章　総則
　（目的）
　　第1条　この法律は、地球の広範な部分を占める海洋が人類をはじめとする生物の生命を維持する上で不可欠な要素であるとともに、海に囲まれた我が国において、海洋法に関する国際連合条約その他の国際約束に基づき、並びに海洋の持続可能な開発及び利用を実現するための

国際的な取組の中で、我が国が国際的協調の下に、海洋の平和的かつ積極的な開発及び利用と海洋環境の保全との調和を図る新たな海洋立国を実現することが重要であることにかんがみ、海洋に関し、基本理念を定め、国、地方公共団体、事業者及び国民の責務を明らかにし、並びに海洋に関する基本的な計画の策定その他海洋に関する施策の基本となる事項を定めるとともに、総合海洋政策本部を設置することにより、海洋に関する施策を総合的かつ計画的に推進し、もって我が国の経済社会の健全な発展及び国民生活の安定向上を図るとともに、海洋と人類の共生に貢献することを目的とする。

(海洋の開発及び利用と海洋環境の保全との調和)

　第2条　海洋については、海洋の開発及び利用が我が国の経済社会の存立の基盤であるとともに、海洋の生物の多様性が確保されることその他の良好な海洋環境が保全されることが人類の存続の基盤であり、かつ、豊かで潤いのある国民生活に不可欠であることにかんがみ、将来にわたり海洋の恵沢を享受できるよう、海洋環境の保全を図りつつ海洋の持続的な開発及び利用を可能とすることを旨として、その積極的な開発及び利用が行われなければならない。

(海洋の安全の確保)

　第3条　海洋については、海に囲まれた我が国にとって海洋の安全の確保が重要であることにかんがみ、その安全の確保のための取組が積極的に推進されなければならない。

(海洋に関する科学的知見の充実)

　第4条　海洋の開発及び利用、海洋環境の保全等が適切に行われるためには海洋に関する科学的知見が不可欠である一方で、海洋については科学的に解明されていない分野が多いことにかんがみ、海洋に関する科学的知見の充実が図られなければならない。

(海洋産業の健全な発展)

　第5条　海洋の開発、利用、保全等を担う産業(以下「海洋産業」とい

う。）については、我が国の経済社会の健全な発展及び国民生活の安定向上の基盤であることにかんがみ、その健全な発展が図られなければならない。

（海洋の総合的管理）

第6条 海洋の管理は、海洋資源、海洋環境、海上交通、海洋の安全等の海洋に関する諸問題が相互に密接な関連を有し、及び全体として検討される必要があることにかんがみ、海洋の開発、利用、保全等について総合的かつ一体的に行われるものでなければならない。

（海洋に関する国際的協調）

第7条 海洋が人類共通の財産であり、かつ、我が国の経済社会が国際的な密接な相互依存関係の中で営まれていることにかんがみ、海洋に関する施策の推進は、海洋に関する国際的な秩序の形成及び発展のために先導的な役割を担うことを旨として、国際的協調の下に行われなければならない。

（国の責務）

第8条　国は、第2条から前条までに定める基本理念（以下「基本理念」という。）にのっとり、海洋に関する施策を総合的かつ計画的に策定し、及び実施する責務を有する。

（地方公共団体の責務）

第9条　地方公共団体は、基本理念にのっとり、海洋に関し、国との適切な役割分担を踏まえて、その地方公共団体の区域の自然的社会的条件に応じた施策を策定し、及び実施する責務を有する。

（事業者の責務）

第10条　海洋産業の事業者は、基本理念にのっとりその事業活動を行うとともに、国又は地方公共団体が実施する海洋に関する施策に協力するよう努めなければならない。

（国民の責務）

第11条　国民は、海洋の恵沢を認識するとともに、国又は地方公共団

体が実施する海洋に関する施策に協力するよう努めなければならない。

（関係者相互の連携及び協力）

第12条　国、地方公共団体、海洋産業の事業者、海洋に関する活動を行う団体その他の関係者は、基本理念の実現を図るため、相互に連携を図りながら協力するよう努めなければならない。

（海の日の行事）

第13条　国及び地方公共団体は、……国民の間に広く海洋についての理解と関心を深めるような行事が実施されるよう努めなければならない。

（法制上の措置等）

第14条　政府は、海洋に関する施策を実施するために必要な法制上、財政上又は金融上の措置その他の措置を講じなければならない。

（資料の作成及び公表）

第15条　政府は、海洋の状況及び政府が海洋に関して講じた施策に関する資料を作成し、適切な方法により随時公表しなければならない。

第2章　海洋基本計画

第16条　政府は、海洋に関する施策の総合的かつ計画的な推進を図るため、海洋に関する基本的な計画（以下「海洋基本計画」という。）を定めなければならない。

2　海洋基本計画は、次に掲げる事項について定めるものとする。

(1)　海洋に関する施策についての基本的な方針

(2)　海洋に関する施策に関し、政府が総合的かつ計画的に講ずべき施策

(3)　前2号に掲げるもののほか、海洋に関する施策を総合的かつ計画的に推進するために必要な事項

3　内閣総理大臣は、海洋基本計画の案につき閣議の決定を求めなければならない。

4　内閣総理大臣は、前項の規定による閣議の決定があったときは、遅滞なく、海洋基本計画を公表しなければならない。

5　政府は、海洋に関する情勢の変化を勘案し、及び海洋に関する施策の効果に関する評価を踏まえ、おおむね5年ごとに、海洋基本計画の見直しを行い、必要な変更を加えるものとする。

6　第3項及び第4項の規定は、海洋基本計画の変更について準用する。

7　政府は、海洋基本計画について、その実施に要する経費に関し必要な資金の確保を図るため、毎年度、国の財政の許す範囲内で、これを予算に計上する等その円滑な実施に必要な措置を講ずるよう努めなければならない。

第3章　基本的施策
（海洋資源の開発及び利用の推進）

第17条　国は、海洋環境の保全並びに海洋資源の将来にわたる持続的な開発及び利用を可能とすることに配慮しつつ海洋資源の積極的な開発及び利用を推進するため、水産資源の保存及び管理、水産動植物の生育環境の保全及び改善、漁場の生産力の増進、海底又はその下に存在する石油、可燃性天然ガス、マンガン鉱、コバルト鉱等の鉱物資源の開発及び利用の推進並びにそのための体制の整備その他の必要な措置を講ずるものとする。

（海洋環境の保全等）

第18条　国は、海洋が地球温暖化の防止等の地球環境の保全に大きな影響を与えること等にかんがみ、生育環境の保全及び改善等による海洋の生物の多様性の確保、海洋に流入する水による汚濁の負荷の低減、海洋への廃棄物の排出の防止、船舶の事故等により流出した油等の迅速な防除、海洋の自然景観の保全その他の海洋環境の保全を図るために必要な措置を講ずるものとする。

2　国は、前項の措置については、科学的知見を踏まえつつ、海洋環境

に対する悪影響を未然に防止する観点から、これを実施するとともに、その適切な見直しを行うよう努めるものとする。

（排他的経済水域等の開発等の推進）

　第19条　国は、排他的経済水域等（排他的経済水域及び大陸棚に関する法律（平成8年法律第74号）第1条第1項の排他的経済水域及び同法第2条の大陸棚をいう。以下同じ。）の開発、利用、保全等（以下「排他的経済水域等の開発等」という。）に関する取組の強化を図ることの重要性にかんがみ、海域の特性に応じた排他的経済水域等の開発等の推進、排他的経済水域等における我が国の主権的権利を侵害する行為の防止その他の排他的経済水域等の開発等の推進のために必要な措置を講ずるものとする。

（海上輸送の確保）

　第20条　国は、効率的かつ安定的な海上輸送の確保を図るため、日本船舶の確保、船員の育成及び確保、国際海上輸送網の拠点となる港湾の整備その他の必要な措置を講ずるものとする。

（海洋の安全の確保）

　第21条　国は、海に囲まれ、かつ、主要な資源の大部分を輸入に依存する我が国の経済社会にとって、海洋資源の開発及び利用、海上輸送等の安全が確保され、並びに海洋における秩序が維持されることが不可欠であることにかんがみ、海洋について、我が国の平和及び安全の確保並びに海上の安全及び治安の確保のために必要な措置を講ずるものとする。

　2　国は、津波、高潮等による災害から国土並びに国民の生命、身体及び財産を保護するため、災害の未然の防止、災害が発生した場合における被害の拡大の防止及び災害の復旧（以下「防災」という。）に関し必要な措置を講ずるものとする。

（海洋調査の推進）

　第22条　国は、海洋に関する施策を適正に策定し、及び実施するため、

海洋の状況の把握、海洋環境の変化の予測その他の海洋に関する施策の策定及び実施に必要な調査（以下「海洋調査」という。）の実施並びに海洋調査に必要な監視、観測、測定等の体制の整備に努めるものとする。

2　国は、地方公共団体の海洋に関する施策の策定及び実施並びに事業者その他の者の活動に資するため、海洋調査により得られた情報の提供に努めるものとする。

（海洋科学技術に関する研究開発の推進等）

第23条　国は、海洋に関する科学技術（以下「海洋科学技術」という。）に関する研究開発の推進及びその成果の普及を図るため、海洋科学技術に関し、研究体制の整備、研究開発の推進、研究者及び技術者の育成、国、独立行政法人（独立行政法人通則法（平成11年法律第103号）第2条第1項に規定する独立行政法人をいう。以下同じ。）、都道府県及び地方独立行政法人（地方独立行政法人法（平成15年法律第118号）第2条第1項に規定する地方独立行政法人をいう。以下同じ。）の試験研究機関、大学、民間等の連携の強化その他の必要な措置を講ずるものとする。

（海洋産業の振興及び国際競争力の強化）

第24条　国は、海洋産業の振興及びその国際競争力の強化を図るため、海洋産業に関し、先端的な研究開発の推進、技術の高度化、人材の育成及び確保、競争条件の整備等による経営基盤の強化及び新たな事業の開拓その他の必要な措置を講ずるものとする。

（沿岸域の総合的管理）

第25条　国は、沿岸の海域の諸問題がその陸域の諸活動等に起因し、沿岸の海域について施策を講ずることのみでは、沿岸の海域の資源、自然環境等がもたらす恵沢を将来にわたり享受できるようにすることが困難であることにかんがみ、自然的社会的条件からみて一体的に施策が講ぜられることが相当と認められる沿岸の海域及び陸域につい

て、その諸活動に対する規制その他の措置が総合的に講ぜられることにより適切に管理されるよう必要な措置を講ずるものとする。

2　国は、前項の措置を講ずるに当たっては、沿岸の海域及び陸域のうち特に海岸が、厳しい自然条件の下にあるとともに、多様な生物が生息し、生育する場であり、かつ、独特の景観を有していること等にかんがみ、津波、高潮、波浪その他海水又は地盤の変動による被害からの海岸の防護、海岸環境の整備及び保全並びに海岸の適正な利用の確保に十分留意するものとする。

（離島の保全等）

第26条　国は、離島が我が国の領海及び排他的経済水域等の保全、海上交通の安全の確保、海洋資源の開発及び利用、海洋環境の保全等に重要な役割を担っていることにかんがみ、離島に関し、海岸等の保全、海上交通の安全の確保並びに海洋資源の開発及び利用のための施設の整備、周辺の海域の自然環境の保全、住民の生活基盤の整備その他の必要な措置を講ずるものとする。

（国際的な連携の確保及び国際協力の推進）

第27条　国は、海洋に関する国際約束等の策定に主体的に参画することその他の海洋に関する国際的な連携の確保のために必要な措置を講ずるものとする。

2　国は、海洋に関し、我が国の国際社会における役割を積極的に果たすため、海洋資源、海洋環境、海洋調査、海洋科学技術、海上における犯罪の取締り、防災、海難救助等に係る国際協力の推進のために必要な措置を講ずるものとする。

（海洋に関する国民の理解の増進等）

第28条　国は、国民が海洋についての理解と関心を深めることができるよう、学校教育及び社会教育における海洋に関する教育の推進、海洋法に関する国際連合条約その他の国際約束並びに海洋の持続可能な開発及び利用を実現するための国際的な取組に関する普及啓発、海洋に

関するレクリエーションの普及等のために必要な措置を講ずるものとする。

2　国は、海洋に関する政策課題に的確に対応するために必要な知識及び能力を有する人材の育成を図るため、大学等において学際的な教育及び研究が推進されるよう必要な措置を講ずるよう努めるものとする。

第4章　総合海洋政策本部

（設置）

第29条　海洋に関する施策を集中的かつ総合的に推進するため、内閣に、総合海洋政策本部（以下「本部」という。）を置く。

（所掌事務）

第30条　本部は、次に掲げる事務をつかさどる。

1　海洋基本計画の案の作成及び実施の推進に関すること。
2　関係行政機関が海洋基本計画に基づいて実施する施策の総合調整に関すること。
3　前二号に掲げるもののほか、海洋に関する施策で重要なものの企画及び立案並びに総合調整に関すること。

（組織）

第31条　本部は、総合海洋政策本部長、総合海洋政策副本部長及び総合海洋政策本部員をもって組織する。

（総合海洋政策本部長）

第32条　本部の長は、総合海洋政策本部長（以下「本部長」という。）とし、内閣総理大臣をもって充てる。

2　本部長は、本部の事務を総括し、所部の職員を指揮監督する。

（総合海洋政策副本部長）

第33条　本部に、総合海洋政策副本部長（以下「副本部長」という。）を置き、内閣官房長官及び海洋政策担当大臣（内閣総理大臣の命を受けて、海洋に関する施策の集中的かつ総合的な推進に関し内閣総理大

臣を助けることをその職務とする国務大臣をいう。）をもって充てる。

2　副本部長は、本部長の職務を助ける。

（総合海洋政策本部員）

第34条　本部に、総合海洋政策本部員（以下「本部員」という。）を置く。

2　本部員は、本部長及び副本部長以外のすべての国務大臣をもって充てる。

（資料の提出その他の協力）

第35条　本部は、その所掌事務を遂行するため必要があると認めるときは、関係行政機関、地方公共団体、独立行政法人及び地方独立行政法人の長並びに特殊法人（法律により直接に設立された法人又は特別の法律により特別の設立行為をもって設立された法人であって、総務省設置法（平成11年法律第91号）第4条第15号の規定の適用を受けるものをいう。）の代表者に対して、資料の提出、意見の表明、説明その他必要な協力を求めることができる。

2　本部は、その所掌事務を遂行するために特に必要があると認めるときは、前項に規定する者以外の者に対しても、必要な協力を依頼することができる。

（事務）

第36条　本部に関する事務は、内閣官房において処理し、命を受けて内閣官房副長官補が掌理する。

（主任の大臣）

第37条　本部に係る事項については、内閣法（昭和22年法律第5号）にいう主任の大臣は、内閣総理大臣とする。

（政令への委任）

第38条　この法律に定めるもののほか、本部に関し必要な事項は、政令で定める。

第1号関係　海洋に関する施策についての基本的な方針について、2007年3月は、以下の通りである。

「海洋に関する施策についての基本的な方針」については、まず、海洋と人類とのかかわり、海洋に関する昨今の情勢変化と海洋施策を総合的に推進する必要性の高まり等を概観した上で、我が国の海洋政策は、「新たな海洋立国の実現」を目指して推進すべきことを明示する。さらに、その実行は、総合海洋政策本部が中心となり、関係者相互の連携・協力の下で集中的・計画的に推進されるべきことを明示の上、計画期間中に目指すべき一定の政策目標を設定し、基本法第2条から第7条に掲げる6つの基本理念、

① 海洋の開発及び利用と海洋環境の保全との調和
② 海洋の安全の確保
③ 海洋に関する科学的知見の充実
④ 海洋産業の健全な発展
⑤ 海洋の総合的管理
⑥ 海洋に関する国際的協調

に沿って、政策目標に向けた施策展開の基本的な方針を定めることとする。

なお、政策目標については、当面、以下を想定して計画案の策定を進めることとする。

目標1　海洋における全人類的課題への先導的挑戦
目標2　豊かな海洋資源や海洋空間の持続的利活用に向けた礎づくり
目標3　安全・安心な国民生活の実現に向けた海洋分野での貢献

また、各基本理念に沿った施策展開の基本的な方針の記述に際して、主要と思われる項目例は、以下の通りである。

――海域特性を踏まえた開発・利用・保全とその前提となる大陸棚限界画定調査や排他的経済水域等での計画的な調査の推進
――深海底の未開発エネルギー資源等についての、将来を見据えた調

査・開発スケジュール等の明確化
　——法制度を含む海洋の安全確保体制の一層の強化
　——津波・高潮対策、海底地震観測網の整備等国民の生命・財産を守るための施策の推進
　——海洋調査研究体制の充実・強化とデータ共有化等の推進
　——海運業や水産業の体質改善と海洋産業の国際競争力の強化
　——産・官・学連携による海洋新産業の積極的な創出
　——総合的な海洋施策の立案・実行の基礎となる諸情報を収集・整備・管理する体制の構築
　——海上交通の自由等国際秩序の形成・発展や海洋における地球環境問題に関する国際的活動等についての先導的貢献。

4、東シナ海の石油開発

　東シナ海海域は、1960年頃までは、大変恵まれた漁場で、漁業規制もなく、水産資源は激減した。そのため1980年代以降、日本漁船は撤退し、代わって中国漁船が進出してきた。

　日本では、1961年に大見謝恒寿が沖縄・宮古島・八重山島周辺海域の石油・天然ガス調査に着手し、大見は、1968年10月～12月ECAFE海域アジア海域沿岸海底鉱物資源共同調査委員会CCOPが尖閣諸島海域を含む東シナ海海域での海底資源調査を実施した後に、1969年2月尖閣諸島周辺海域に対する工業開発申請5219件を提出した。

　同69年5月前記ECAFR/CCOPの調査結果が公表され、石油資源の確認とともに、中国の関与が始まった。中国は、1970年代にこの大陸棚海域での資源開発に着手し、1995年に石油試掘を行ってきた中国国務院地質鉱山局上海地質調査局は、日本の石油企業に対し、日中中間線の日本側大陸棚開発に関する共同調査を申し入れた。これに対し、日中中間線の日本側は日本の主権下にあり、既に4つの企業による石油開発の申請があるので、共同調査はできない、と回答し

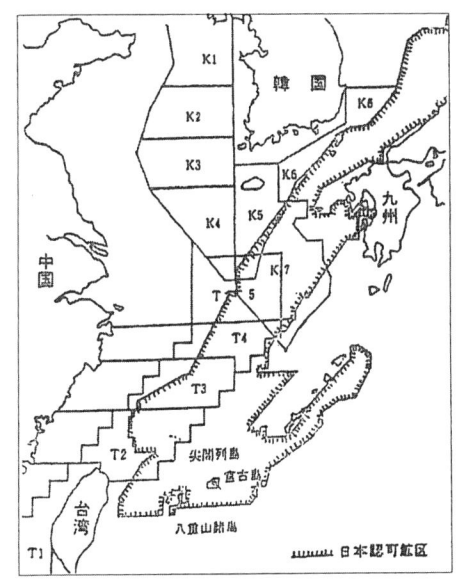

図8-6　東シナ海石油鉱区図

<韓国>
K1,K5…テキサコ/シェブロン
K2,K4…ガルフ
K3,K6…シェル
K7…ウェンデル・フィリップス

<台湾>
T1…アモコ
T2…オセアニック
T3…中国石油公司
T4…クリントン
T1…テクスフェル

（出所）セーリング・S・ハリソン、中原伸之訳『中国の石油戦略——大陸棚資源開発をめぐって』日本経済新聞社、1978年。

た。その中国側の要請は、平湖及び周辺の大陸棚試掘が完了した結果からであった[10]。そこで、同95年6月、中国海洋調査船向陽紅9号（4500トン）が、最大豊富な油田海域とされる日中中間線の日本側の、奄美大島から尖閣諸島までの海域、つまり沖縄トラフを包む形地での大規模な資源調査を実施し、以来、中国調査船の激しい日本領海侵犯が続いた[11]。

表8-2　東シナ海の大陸棚石油資源

海域	採掘可能量	(億バレル)		埋蔵量	(億バレル)	
	最低	中間	最高	最低	中間	最高
渤海	13	35	131	52	140	529
黄海	16	42	158	64	168	632
東シナ海　浅部	1	21	600	4	85	2400
東シナ海　深部	37	104	1750	148	4416	7000
台湾海峡	8	10	23	32	135	304

（出所）*The Chinese Business Review*, July-Aug. 1997.

沖縄トラフのこの地域は、日本と中国の排他的経済水域にあり、日本は日中中間線を設定しているが、中国は大陸棚の先端が沖縄トラフという説をとっており、日本の提起する国際司法裁判所や国連海洋法裁判所への付託に、中国は応じていない。
　さらに、中国は、その海洋調査を一方的に強行する一方、1992年2月の領海法及び接続水域に続き、1998年6月専管水域経済特区及び大陸棚法を制定し、大陸棚の自然延長の原則を確認した海洋戦略に着手した。日本は、中国との対立を終始避けるべく努め、開発調査に着手せず、事態を静観した。その間にも、中国は、日中中間線の中国側にある1999年平湖ガス田での天然ガスの生産に入った。
　2003年8月中国が日中境界線に隣接する春暁油田の本格的開発に着手したことで、日本は中国側にデータの提供を求めたが、拒否された。2004年5月春暁ガス田に施設が完成し、同油田の開発は日本側資源の窃取ではないかと懸念される事態となった。そこで、資源エネルギー庁は同04年7月この海域での資源調査を実施し、その結果、中国の春暁と断橋の2つのガス田は日本側の排他的経済水域にまで続いていることが判明した。2005年2月18日中国も、その事実を認めた。2005年2月2日中国海洋石油は、その石油開発の開始を明らかにした。この中国による開発に対抗して、日本は2005年7月帝国石油に試掘権を認めたが、それは中国側を牽制する狙いからであった。帝国石油は1969年と1970年に同地域4万2000平方キロメートルの試掘権を申請しており、それは1981年と1984年の解析結果に従っていた。2005年10月中国は日本に共同開発を提案したが、その提案は日中中間線の日本側領域のみを対象としており、日本は拒否した。加えて、中国は、日本との突発的な軍事衝突に備えて、第一級の警戒態勢をとった。
　2008年6月両国は、(1) 白樺（春暁）開発に日本も参加する、(2) 翌檜（龍井）南側の日中中間線を跨ぐ海域の共同開発区域で共同開発に入るとの合意をみた。但し、樫（天外天）と翌檜（龍井）、さらに楠（断橋）については合意にいたらず、協議継続となった。しかし、中国が事実上、一方的な生産を継続する態度は変わらず、2008年7月その事実が判明し、中国報道官は、日本との共同開発の問題は存在しない、と発言した[12]。

第 8 章　領海・排他的経済水域

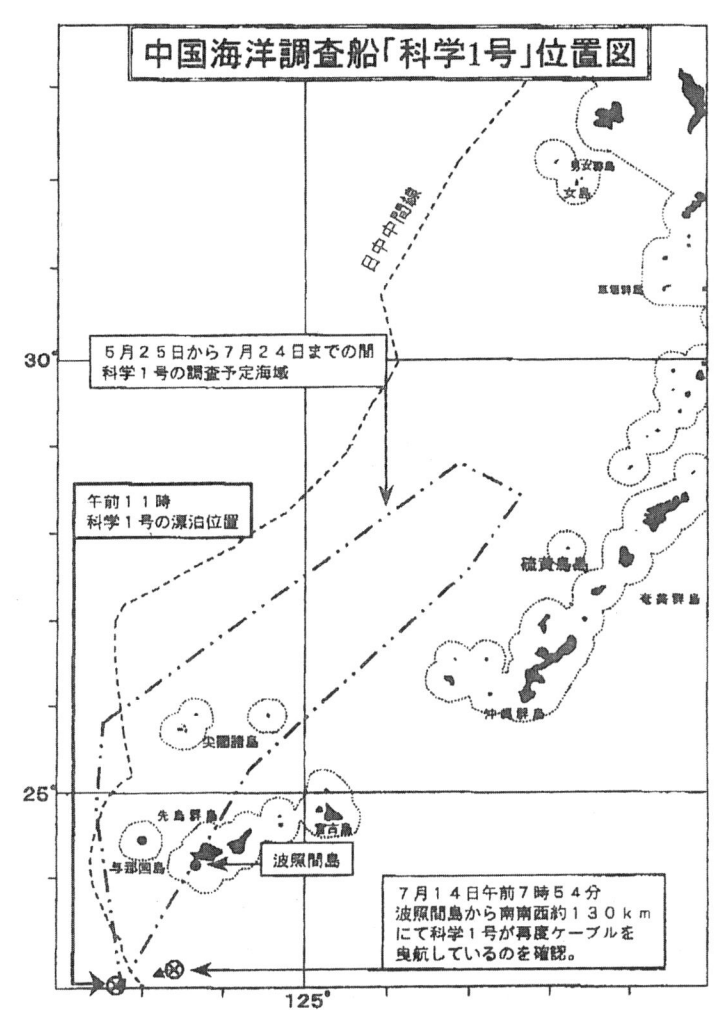

図8-7　東シナ海における中国海洋調査船科学1号の行動
（出所）海上保安庁、2001年7月14日公表。

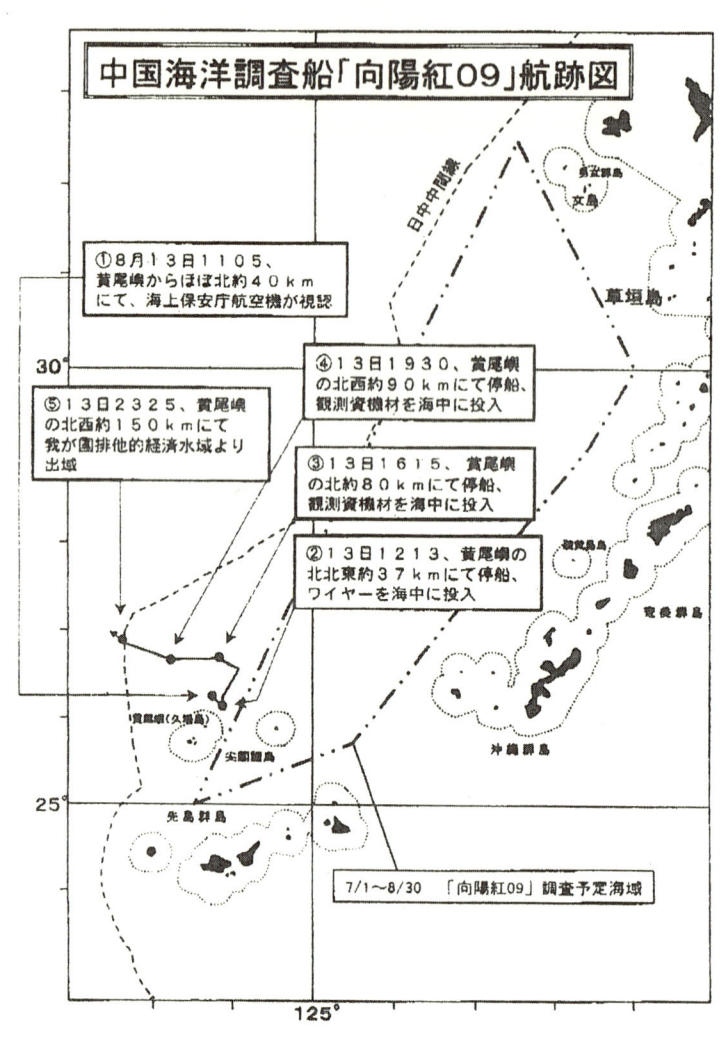

図8-8　東シナ海における中国海洋調査船向陽紅091号の行動
（出所）海上保安庁、2001年8月14日公表。

経済産業省・資源エネルギー庁の「平成16年基礎物理探査「沖縄北西海域(3D) 解釈作業中間報告」について」2005年2月18日公表は、全文、以下の通りである。

　平成16年7月より、経済産業省は、沖縄北西海域において、三次元物理探査を行っている＊。

　資源エネルギー庁から独立行政法人天然ガス・金属鉱物資源機構（JOGMEC）への委託により実施。データ取得作用にはランフォーム・ヴィクトリー号（ノルウェー船籍）を傭船。

　今般、これまでの作業により物理探査データを取得した海域の一部について、地質構造の解釈結果が得られたところ、概要以下の通り（別添参照）。

　＊今回解釈を終了した物理探査データは、中間線から平均約3キロメートル（最大6キロメートル）東側以東のもの。春暁油ガス田に関連する部分は、中間線からの約2~3キロメートル東側以東のもの、天外天ガス田に関する部分については、同じく約4キロメートル東側以東のもの、断橋ガス田に関連する部分にかんしては、同じく3~4キロメートル東側以東のもの。

　なお、今回の解釈結果は、物理探査予定海域の一部に係るものであり、引き続きデーター取得を進めるとともに、解釈作業を速やかに行っていく予定である。

別添　物理探査データの解釈結果

1、油ガス田に係る構造の位置

　（1）春暁油ガス田については、その構造が中間線の日本側まで連続している蓋然性が高いという結論を得た。ただし現実に構造の日本側にも石油又はガスが存在するのか否かについては、物理探査データでは確定できない。

　（2）天外天ガス田については、その構造が中間線の日本側まで連続しているか否かは、現時点では確定できなかった。

(3) これまで国が実施した二次元物理探査では把握できなかった石油・天然ガスを含みうる構造の存在及び形状が明らかになった。さらに、過去に把握していた構造についても、その詳細を把握することができた。
　2、断層の存在及びその影響
　　(1) 春暁油ガス田、断橋ガス田の中間線の構造に東西方向及び南北方向に走る複数の影響が確認された。ただし、物理探査だけでは、構造の中における油層またはガス層の存在及び精密な位置が特定できないため、断層が現実に沖を遮断しているのかなど、その影響は明かではない。
　　(2) また、中間層に沿って地質構造を分断する形で現実に断層があるか否かは中間線間間際の海域に係る解釈結果を待つ必要がある。
　　(3) したがって、断層について得られた解釈結果は、中間域の中国側の資源開発が日本の資源に影響を与えるという懸念を払拭するものではない。

2008年6月18日日本・中国間の共同合意文書3通は、以下の通りであった。
　「東シナ海における日中間の協力について」（日中共同プレス発表）2008年6月18日
　　日中双方は、日中間で境界がいまだ画定されていない東シナ海を平和・協力・友好の海とするため、2007年4月に達成された日中両国首脳の共通認識及び2007年12月に達成された日中両国首脳の新たな共通認識を踏まえた真剣な協議を経て、境界画定が実現するまでの過渡的期間において双方の法的立場を損なうことなく協力することにつき一致し、そして、その第一歩を踏み出した。今後も引続き協議を継続していく。
　「日中間の東シナ海における共同開発についての了解」2008年6月18日

双方は、日中間の東シナ海における共同開発の第一歩として以下を進めることとする。

 1、以下の座標の各点を順次に結ぶ直線によって囲まれる区域を双方の共同開発区域とする。

  (1) 北緯29度31分東経125度53分30秒
  (2) 北緯29度49分東経125度53分30秒
  (3) 北緯30度04分東経126度03分45秒
  (4) 北緯30度00分東経126度10分23秒
  (5) 北緯30度00分東経126度20分00秒
  (6) 北緯29度55分東経126度26分00秒
  (7) 北緯29度31分東経126度26分00秒

 2、双方は、共同探査を経て、互恵の原則に従って、上述の区域の中から双方が一致して同意する地点を選択し、共同開発を行う。具体的な事項については、双方が協議を通じ確定する。

 3、双方は、上述の開発の実施に必要な二国間合意をそれぞれの国内手続を経て早期に締結すべく努力する。

 4、双方は、東シナ海のその他の海域における共同開発をできるだけ早く実現するため、継続して協議を行う。

「白樺（中国名「発暁」）油ガス田開発についての了解」2008年6月18日

中国企業は、日本法人が、中国の海洋石油資源の対外協力開発に関する法律に従って、白樺（中国名「春暁」）の現有の油ガス田における開発に参加することを歓迎する。

日中両政府はこれを確認し、必要な交換公文に合意し、早期に締結すべく努力する。双方はその締結のために必要な国内手続をとる。

 2010年3月18日中国海軍の示威行動が華々しく沖縄・沖ノ鳥島海域で展開され、4月10日東シナ海での示威行動が続いた。5月3日中国の海洋調査船が日本

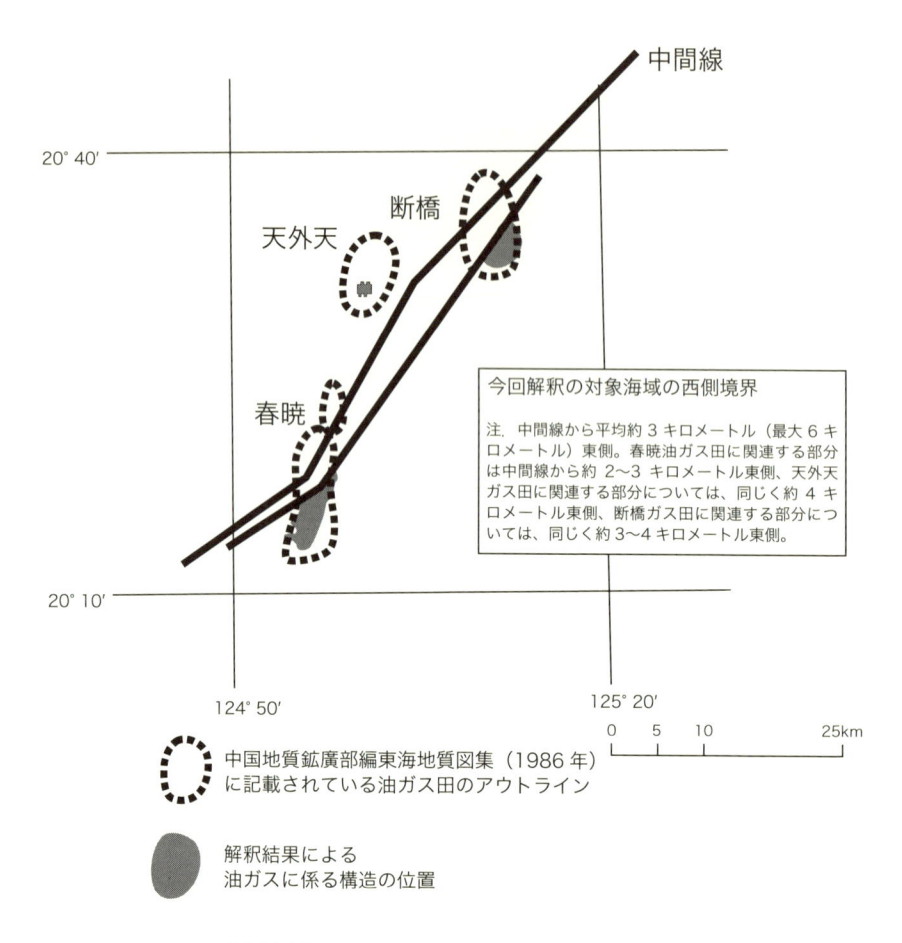

図8-9　沖縄北西海域（3D）の構造位置
（出所）浦野起央『尖閣諸島・琉球・中国——日中国際関係史』三和書籍、増補版2005年、285頁。

第8章　領海・排他的経済水域

の排他的経済水域に立ち入り、調査中の海上保安庁測量船に対し、調査中止を要求した。中国はいよいよ圧力外交に転じ、鳩山由紀夫首相は5月、共同開発ではなく資本の出資協力に応じ、日本はその対価を求めない、とした[13]。

この地域の事態は、現在、尖閣諸島／釣魚島領有権紛争に焦点を移して激化している。

5、北洋地域及び北方領土周辺の排他的経済水域

北洋地域は日本漁業が活動してきたところで、ソ連／ロシアの沿岸に日本漁業は拠点を設けて展開した。

現在、北海道の東北、千島列島南部の位置する北方領土、歯舞諸島、色丹島、国後島、及び択捉島は、ロシアにより実効管理されており、日本はその領有権及び漁業管轄権を主張している。したがって、この北方領土を構成する諸島周辺の排他的経済水域は、ロシアの支配にある。

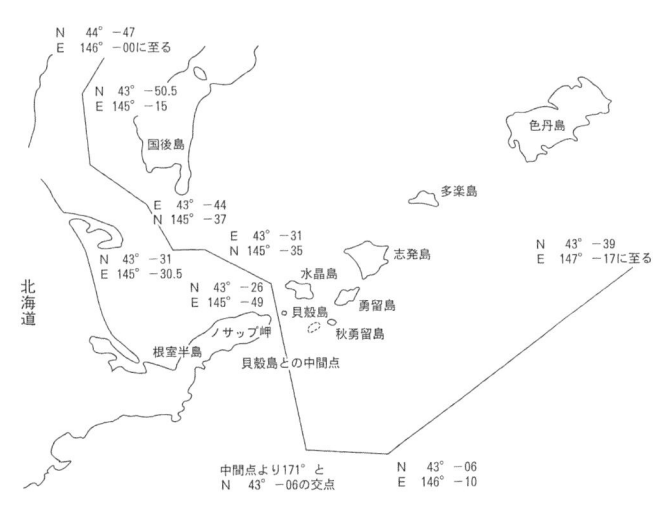

図8-10　北方海域拿捕危険水域、1961年
（出所）根室市総務部北方領土対策課編『日本の領土――北方領土』根室市／北方領土問題対策協会、2012年、92頁。

(1) 北洋漁業

　北緯45度以北の太平洋、ベーリング海、オーホック海などの北洋地域で操業される漁業の操業が北洋漁業といわれるもので、それは日露戦争終了後の1907年7月に日露漁業協約が締結されて、沿海洲・カムチャッカ沿岸での鮭・鱒定置網を主としたロシア領での漁業が始まった。1920年代には母船式蟹漁業、さらに1930年代以降、母船式鮭・鱒漁業、北千島鮭・鱒流し網漁業が加わって、第二次世界大戦期まで続いた。1952年に戦中・戦後に中断されていた北洋漁業が再開されたが、1952年日米加漁業条約で西経175度以北の北太平洋海域でのオヒョウ・ニシン・鮭の漁獲権は放棄するに至り、さらに1956年の日ソ漁業条約で、北洋海域での鮭・鱒・蟹の漁獲量は制限された。1960年以降、これら条約規制のない鱈・鰈類の底引網・トロール漁業は、東経170度以西の鰊沖刺網が主体となった[14]。

　1977年から200海里漁業水域が設定され、沿岸国が排他的管轄権を行使するようになると、北洋漁業はソ連と米国両国の200海里漁業水域に囲い込まれたことで、外国200海里への入漁という形となり、新たな漁業外交の展開となって、1984年日ソ地先沖合漁業協定が締結され、毎年、具体的な漁場・魚種・漁獲量の交渉が取り決められることになった。そして、鮭・鱒については、資源保護の立場から沖取漁業の漁獲量割当制が維持される一方、ロシア海域への入漁代償として漁業協力費がソ連／ロシアに支払われることになった。一方、米国とも同様であったが、ロシア・米国に対する日本の漁獲規制は年々厳しくなり、1988年米国は自国200海里水域内での日本の漁業割当をゼロとし、米漁船の水揚げを洋上で買い上げる漁獲物確保も1991年に終了した。

　鮭・鱒の沖取漁業について、遡河性魚種は産卵のために回帰する母なる河川を有する国に帰属する母川国主義の国際的合意により、1992年以降、操業は全面停止となり、北太平洋の公海域での流し網漁業は操業を中止した。北洋漁業は現在、日本とロシアの取決めと協議で、限定的ながら維持されている。

　日本は、江戸時代に北海道から千島列島へ勢力を拡大し、漁業・毛皮交易の活

動が行われ、北方海域での漁業が拡大してきた。その時点では、ロシアや米国もこの海域での漁業を重視しておらず、北洋漁業は日本の独壇場となった。日露戦争の終結で、ポーツマス条約の第11条に日本海、オホーツク海、及びベーリング海における日本の漁業権が約束され、1907年日露漁業協約が締結されたが、そこでの交渉の争点は、漁業権の行使区域と漁業の目的に魚類以外の水産動物（ラッコ・オットセイなど）を加えるか否かの問題にあった[15]。その協約の要点は、以下にあった。

1、ロシア沿岸全域における日本人の漁業権が認められた。但し、それは沿岸のみで、河川・入江は条約の適用地域が及ばないとされた。
2、漁業の目的物として、日本が要求した海産哺乳動物を含む、あらゆる海産動植物についてはロシアが拒否し、ラッコ・オットセイなど海産哺乳動物以外の水産動植物についてに限って認められた。
3、日本は、原住民の食糧確保と生存に必要な海面を除いて、入江などそれ以外の海面に対する日本人の漁業権を要求したが、ロシア側は、屈折した海岸線の大部分の沿岸部での適用を除外し、日本人の漁業権を有名無実とするべくした。実際には湾口の3倍以上の入江が除外され、他に4カ所も軍事上の理由で除外された。

日露漁業協約、1907年7月28日調印、9月9日批准書交換の抜萃は、以下の通りである。

  第1條（漁類及水産物捕獲製造の權利）露西亞帝國政府ハ本協約ニ依リ河川及入江（インレット）ヲ除キ日本海、「オコーツク」海及「ベーリング」海ニ於テ圍胸獸臘虎以外ノ一切ノ魚類及水産物ヲ捕獲、採取及加製造スルノ權利ヲ日本國臣民に許與ス前記入江ハ本條約附屬議定書第1條ニ之ヲ列擧ス

  第2條（漁區ノ貸下方法及右ニ關スル内國待遇）日本國臣民ハ魚類及水産物ノ捕獲及製造ノ目的ヲ以テ特ニ設ケラレタル水陸兩面ニ亙ル漁區ニ於テ魚類及水産物ノ捕獲及製造之ニ從事スルコトヲ得ヘシ前記漁區

ノ貸下ハ其ノ短期タルト卜長期タルトヲ問ハス競賣ニ方法ニ依リテ之ヲ為シ日本國臣民ト露西亞國臣民トノ間ニ何等ノ區別ヲ設クルコトナク該事項ニ關シ日本國臣民ハ本協約第1條ニ特定シタル各方面ニ於テ漁區ノ貸下ヲ受ケタル露西亞國臣民ト同一ノ權利ヲ享有スヘシ

　前記發賣ノ為メニ指定シタル時日及場所並各種漁區ノ貸下ニ關シ必要ナル細目ハ競賣施行ヨリ少クトモ2箇月前浦潮斯徳駐在日本國領事ヘ公然通牒セラルヘシ

　（特別ノ免許状ヲ備フル船舶ニ在ル日本國臣民ハ鯨、鱈其ノ他特定漁區内ニ於テ捕獲スルコト能ハサル一切ノ魚類及水産物ノ漁獲ニ從事スルコトヲ得ヘシ

第3條（岸地ノ使用權）本協約第2條ノ規定ニ依リ漁區ノ貸下ヲ受ケタル日本國臣民ハ其ノ漁區ノ限界内ニ於漁業ニ從事スルカ為貸與セラレタル岸地ヲ自由ニ使用スルノ權利ヲ有スルノ權利ヲ有スヘシ前記日本國臣民ハ該岸地ニ於テ漁船及漁網ニ必要ナル修繕ヲ如ヘ、漁網ヲ曳キ、魚類及ビ水産物ヲ掲陸シ竝漁獲物及採取物ヲ鹽漬シ、乾燥シ、製造シ又ハ貯蔵スルコトヲ得ヘシ且此等ノ目的ヲ以テ建物、操舩、小屋及乾燥場ヲ自由ニ築造シ又ハ移轉スルコトヲ得ヘシ

同上附屬議定書

日本國皇帝陛下ノ政府及全露西亞皇帝陛下ノ政府ハ本日調印シタル漁業協約ヨリ生スル或種ノ問題ヲ決定スルノ必要アルヲ認メタルニ因リ兩國全權委員ハ左ノ諸條ヲ協議決定セリ

第1條（除外入江ノ名稱）本日調印シタル漁業協約第1條ニ記載シタルレイガイトナルヘキ入江（インレット）ハ左ノ如シ

　1 「ラウシンチイヤ」灣（「プナウグン」岬ト「カルギラク」岬トヲ連結スル直線ニ至ル迄）

　2 「メチグメンスカヤ」灣

　3 「コニアム」灣一名ベンケグネイ」灣（「ネチホノン」岬ト「カラブ、ピーク」トヲ連結スル直線ニ至ル迄）

4 「アボレシエフ」灣一名「コロガン」灣
5 「ルメレート」灣
6 「プロヴェデエーニエ」灣(「レソフスキー」岬ト「ルィテヤ、ガラツ」トヲ連結スル直線ニ至ル迄)
7 「ケレスト」灣(「メエチケン」岬ト同緯線ニ至ル迄)
8 「アナドイル」灣(「ワシィリヤ」岬ト「グエック」岬トヲ連結スル直線ニ至ル迄)
9 「パアウエル」灣
10 「シリューボチャ、ガーワニ」
11 「チュレニエ」湖
12 「シエシデフワトーオエ」灣
13 「バロン、コルファ」灣ノ北部
14 「カラーガ」港
15 「ペチェヴキンスカヤ」灣
16 「アヴァチンスカヤ」灣(「ベヅイミャンヌイ」岬ト「ダルニー」岬トヲ連結スル直線ニ至ル迄)
17 「ベンヂンスカヤ」灣(「マメート」岬ト同緯線ニ至ル迄)
18 「コンスタンチン」大公灣
19 「ニコライ」灣(「ラムズドルフ」岬ト「グロテ」岬トヲ連結スル直線ニ至ル迄)
20 「スチヤスチヤ」灣
21 「バイカル」灣(「テ、ウノ」岬ト「ヴヰトフトフ」岬トヲ連結スル直線ニ至ル迄)
22 「ヌイスキー」灣
23 「ナビルスキー」灣
24 「クレストーワヤ」灣
25 「スタルク」灣
26 「ワニン」灣(「ヴエッセリ」岬ト「プールニー」岬トヲ連結ス

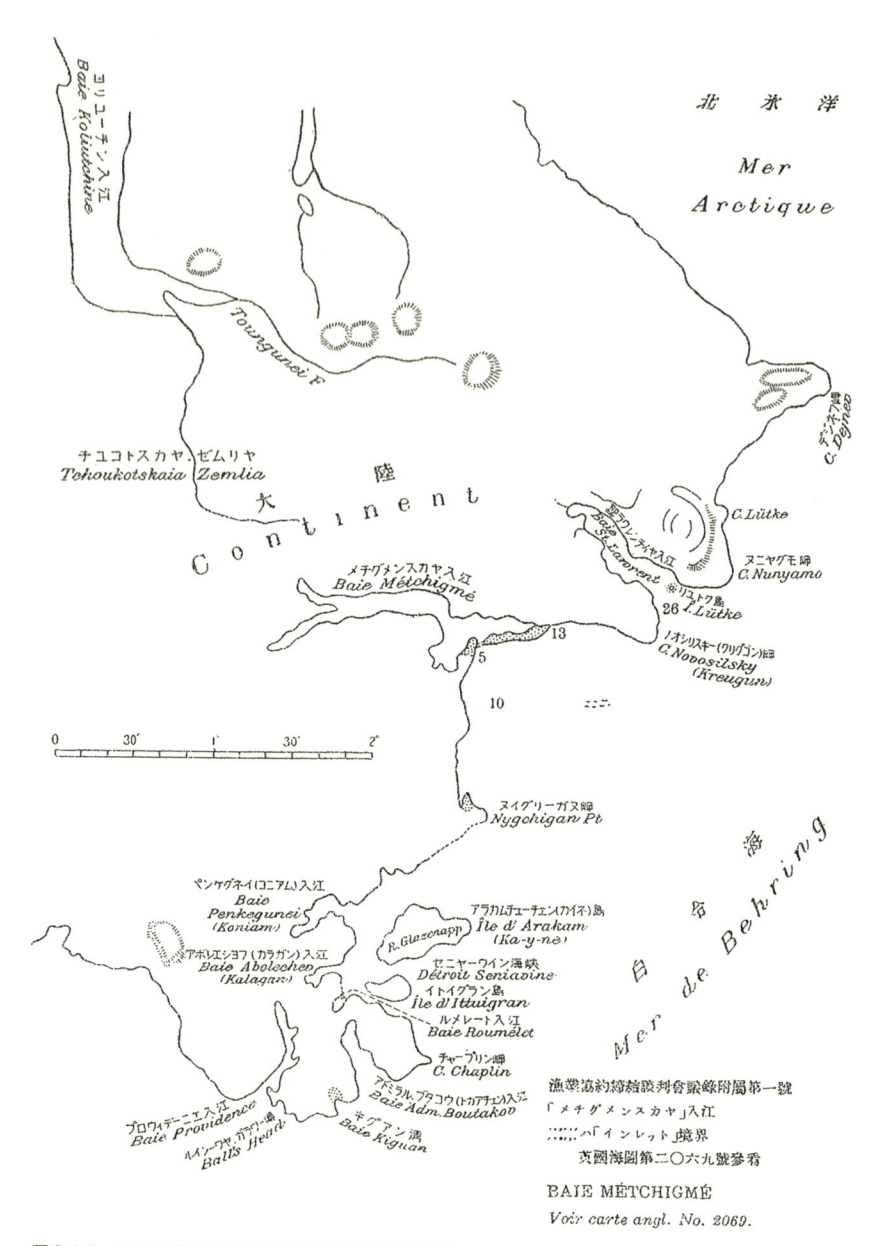

図8-11　1907年日露漁業条約附属議定書第1号
(出所)『條約彙纂』第1巻、外務省條約局、1923年、1205頁。

27 「イムペラートルスカヤ、ガーワニ」(「ミリワテン」岬ト「プチャーテン」岬ロヲ連結シタル直線ニ至ル迄)

28 「テルネイ」灣(「ストラーシヌイ」岬ト同子午線ニ至ル迄)

29 「ヴラヂーミル」灣(「パリューゼク」岬ト「パトフスキー」岬トヲ連結スル直線ニ至ル迄)

30 「プレオブラジエーニエ」灣ノ北東部ニ在ル小ナル入江(「マトヴエーエフ」岬ト同子午線ニ至ル迄)

前記例外ハ露西亞國領水ノ範圍内ニ於テノミ其ノ效力ヲ及ホスヘキモノタルハ別ニ當テ俟タサルモノトス

(オコーツク海北岸ニ於ケル入江ノ定義)「ポドカゲルナヤ」河口ヨリ「アヤン」港ニ至ル「オコーツク」海ノ北岸ニ於テハ「ペンヂンスカヤ」灣(第7條參照)ヲ除キ前記例外トナルヘキ入江(インレット)ハ下ノ定

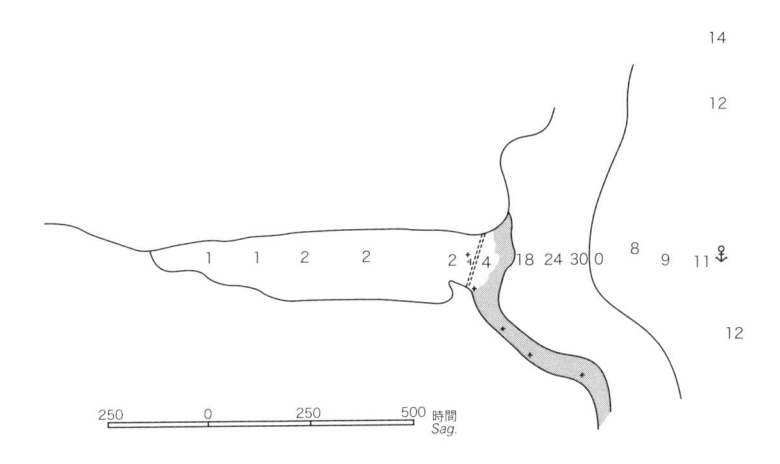

図8-12　1907年日露漁業條約附屬議定書第8号
(出所)『條約彙纂』第1巻、外務省條約局、1923年、1212頁。

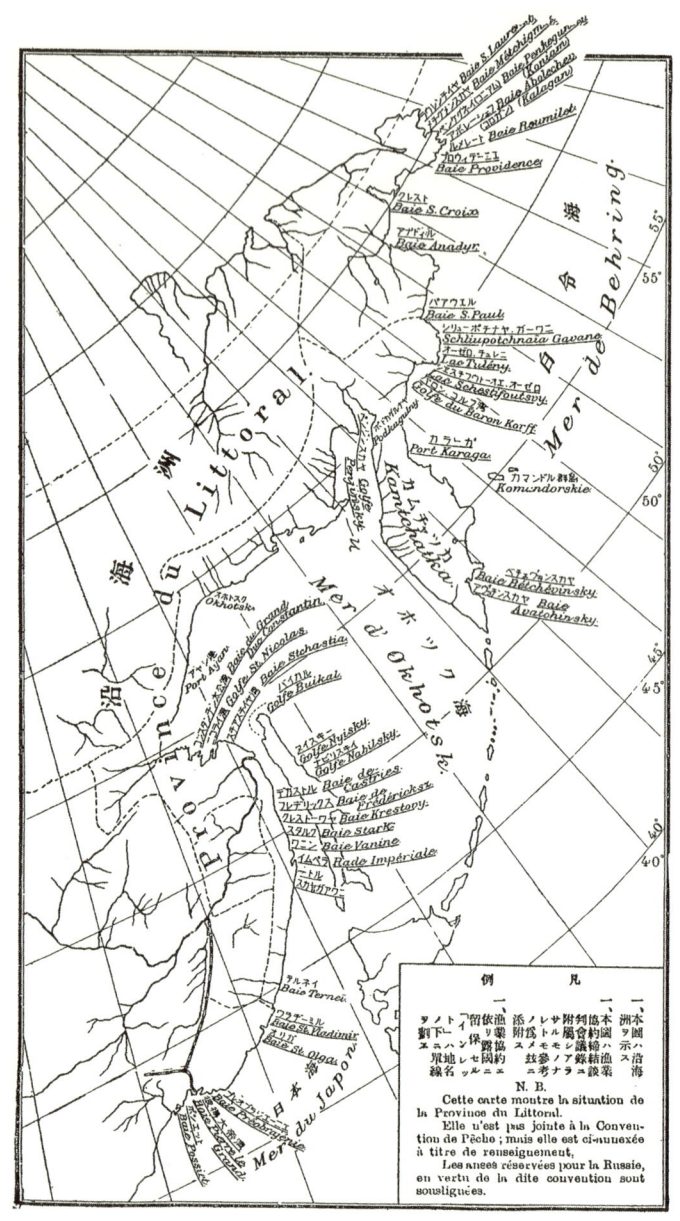

図8-13　1907年日露漁業条約附属議定書附属
（出所）『條約彙纂』第1巻、外務省條約局、1923年、1213頁。

義ニ從ヒ之ヲ決定スヘシ即陸地ニ灣入セル部分ノ長（「タルウェッグ」ノ長）江口ノ幅ノ3倍以上ニ及フ灣ハ之ヲ例外トナルヘキ入江トス

　（漁業禁止區域）右ノ外左記ノ港灣ノ領水範圍内ニ於テハ軍略上ノ理由ニ依リ日本國臣民及他ノ外國人ニ對シテ漁業ヲ禁止スヘシ

　　1　「デ、カストリー」灣及「フレデリックス」灣（「カストリー」岬ト「クロステル、カンプ」岬トヲ連結スル直線及「クロステル、カンプ」岬ト「オストルイ」岬トヲ直結スル直線ニ至ル迄）

　　2　「オリガ」灣（「マネフスキー」岬ト「シユコート」岬トヲ連結スル直線ニ至ル迄）

　　3　彼得大帝灣（「パヲロートヌイ」岬ヨリ「ガモウ」岬トヲ連結スル直線ニ至ル迄）

　　4　「ポシェト」灣（「ガモウ」岬ヨリ「プタコウ」岬ニ至ル迄）

第2條（河島ノ境界）河ト海トノ境界ニ關シテハ兩締約國ハ國際法ノ原則及ヒ償例ニ從テ之ヲ決定スヘシ

第3條（黑龍江海灣漁業權ノ特別條件）漁業協約ニヨリ黑龍江海灣（リマン）ニ於テ日本國臣民に許與セラレタル漁業權ハ左ノ特別條件ニ從フヘキモノトス

　　1　日本國臣民ハ該方面ニ於テ露西亞國臣民ト均シク競賣ノ方法ニ依リ漁區ノ貸下ヲ受クルコトヲ得ヘシ

　　2　漁區ノ貸下ヲ受ケタル日本國臣民ハ漁業上一切ノ關係ニ於テ漁區競落人タル露西亞國臣民ト均シク黑龍江沿岸河川漁業ニ關シ制定セラルヘキ法律、命令及規則に從フヘク特ニ該方面ニ於ケル漁區借受人ニ對し外國勞働者ノ使用ヲ禁止スル規則に從フヘキモノトス

第13條（魚類及水産物ノ定義）漁業條約及附屬議定書中ニ使用セル「魚類及水産物」ナル文字ハ圜肭獸及臘虎ヲ徐ク外一切の魚類、水産動植物其ノ他一切ノ水産物ヲ指示スルモノトス

北洋漁業は日魯漁業（のちニチロ）、大洋漁業（のちマルハ）、日本水産などが

担い、日本国民の生活を支えた一方、「低気圧の墓場」とよばれたベーリング海での操業は厳しく、労働条件の悪化で労働争議ともなり、それは小林多喜二『蟹工船』(戦旗、1929年5月号、6月号)の主題ともなった。

こうして北洋漁業は日本にとり重要な食糧調達手段となり、1917年ロシア革命にもかかわらず、旧漁業条約による日本漁船の操業は同条約失効のまま続いた。1925年の日露基本条約での国交回復に従い、同条約第3条に基づき交渉に入り、1928年1月日ソ漁業条約が締結され、5月発効した。但し、スターリン体制では、日本に提供される漁業海域は徐々に陸地から遠ざけられて、北洋漁業の主要海域は、ベーリング海域及び千島列島北部の沿岸海域に移った。1930年代後半、日中戦争の長期化で北洋海域への船団の出港も難しくなり、函館・根室・宮古・石巻など漁港での缶詰加工と欧米への輸出も停まった。1943年母船式鮭・鱒漁業は出漁中止となり、1945年までにソ連領内の基地も漸次、解消された[16]。

日露漁業新条約調印の顚末についての外務省発表、1928年1月14日は、以下の通りである。

> 明治40年7月締結の日露漁業条約は大正8年9月の有効期限満了したるも當時露國は正當政府と認むべきものなかりしをもってこれが更新又は改正を正式に能かりしところ大正4年12月帝國政府は同年1月締結の日露基本條約第3條の規定に従ひ漁業協約の改訂商議に付「ソ」聯邦政府と協議し兩國全權の間に交渉を開始したり以來年を閲すること2年余幾多の曲折を經たる後昭和3年1月23日露都において改訂條約並に付屬文書一切の正式調印を了しこゝに多年の懸案を解決せり、本條約は舊條約の規定中(イ)不便なる點を矯正すること(ロ)不備なる點を補正することおよび(ハ)協約締結以後發生したる諸般の變化就中技術の進歩に間はざる點を改正することの趣旨をもって折衝し來りたるもその間彼我の交讓妥協により今回の成案を見るに至りたる次第なるがその内容を表記すれば
>
> 漁業の意義、漁業區域、漁業經營權の獲得方法、漁區の競賣と最低價格、漁區貸下機関、漁業使用人の國籍、漁業越年者、漁業關係者の密航、

船舶ノ回航、漁獲標準高、漁務方法、漁獲物ノ製造方法、カン詰工場、漁業用物件ノ輸入、漁獲物ノ輸出、税金公課、勞働條件

等ヲ規定シ條約文ハ英文ヲモッテ作製シ條約ノ存續期間ハ8年トシ12年毎ニ更新若クハ改訂スル事トセリ又本條約ハ調印後4ケ月以内ニ東京ニオイテ批准交換ヲ行ヒ批准交換ノ日ヨリ第5日ニオイテ有効トナルコトナリヲレリ

日ソ漁業条約、1928年1月23日調印、5月27日発効の抜萃は、以下の通りである。

第1條（漁業權ノ許與）「ソヴィエト」社會主義共和國ハ河川及入江ヲ除キ日本海、「オホーツク」海及「ベーリング」海ニ於ケル「ソヴィエト」社會主義共和國聯邦ノ屬地ノ沿岸ニ於テ圜胸獸及臘虎ヲ徐キタル一切ノ種類ノ魚類及水産物ヲ捕獲シ、採取シ及加工スルノ權利ヲ本條約ノ規定ニ従ヒ日本國臣民ニ許與ス右價外ニ含マルル入江ハ本條約附屬議定書（甲）第1條ニ之ヲ列擧ス

第2條（漁區ノ貸下方法）日本國臣民ハ魚類及水産物ノ捕獲、採取及加工ノ目的ヲ以テ特ニ指定セラレタル海上及陸地ニ亙ル漁區ニ於テ之ニ従事スルコト自由タルベシ右漁區ノ貸付ハ競賣ニ依リテ之ヲ為シ日本國臣民ト「ソヴィエト」社會主義共和國聯邦人民トノ間ニ何等ノ差別ヲ設クルコトナカルベシ

（競賣ニ依ラサル貸下漁區）尤モ前項ニ對スル例外トシテ兩締約國政府ノ合意アリタル漁區ハ競賣ニ依ラズシテ之ヲ貸付スルコトヲ得ルモノトス……

議定書（甲）

本日日本国「ソヴィエト」社會主義共和國聯邦間漁業條約ニ署名スルニ當リ兩締約国ノ全權委員ハ左ノ如ク協定セリ

第1条（除外入江及其ノ境界）漁業條約第1条ニ掲ゲラルル例外タル入江ハ左ノ如シ

1 「セント、ローレンス」灣（「プナウグン」岬ヨリ「ハルギラフ」岬ニ引キタル直線ニ至ル）
2 「メチダメ」灣
3 「コニヤム」灣（「ベンケグネイ」灣）（「ネチホノン」岬ヨリ「グラブ、ピーク」ニ引キタル直線ニ至ル）
4 「アボレシェフ」灣（「カラガン」灣）
5 「ルミレート」灣
6 「プロヴィデンス」灣（「リソフスキー」岬ヨリ「ルィテヤ、ガラヴァ」ニ引キタル直線ニ至ル）
7 「ホーリー、クロッス」灣（「メエチケン」岬ノ緯線ニ至ル）
8 「アナディル」灣（「セント、パジリアス」岬ヨリ「ゲーカ」岬ニ引キタル直線ニ至ル）
9 「セント、パヴラ」灣
10 「シリューボチナヤ」灣
11 「テュイレン」湖
12 「シックス、フィート」灣
13 「バロン、コルファ」灣ノ北部
14 「カラーガ」灣
15 「ペチェヴィンスカ」灣
16 「アヴァチャ」灣（「ベズィミャンヌィ」灣ヨリ「ダルニー」岬ニ引キタル直線ニ至ル）
17 「ベンヂンスク」灣（「マメート」岬ノ緯線ニ至ル）
18 「ミルカチンスキー」灣
19 「ヤムスカヤ」灣
20 「アヤン」灣
21 「コンスタンチン」太公灣
22 「セント、ニコラス」灣（「ラムズドルフ」岬ヨリ「グロト」岬ニ引キタル直線ニ至ル）

23 「シァースチア」灣

24 「バイカル」灣（「チァウノ」岬ヨリ「ヴィトフク」岬ニ引キタル直線ニ至ル）

25 「ヌイスキー」灣

26 「ナビルスキー」灣

27 「クレストヴァヤ」灣

28 「スタルカ」灣

29 「ヴァニナ」灣（「ヴェッセリ」岬ヨリ「プールヌィ」岬ニ引キタル直線ニ至ル）

30 「ソヴエト」港（「ミリュウーチナ」岬ヨリ「プチァチナ」岬ニ引キタル直線ニ至ル）

31 「テルネ」灣（「ストラシヌイ」岬ノ經線ニ至ル）

32 「セント、ヴラヂーミル」灣（「パリューセク」岬ヨリ「ヴァトフスカゴ」岬ニ引キタル直線ニ至ル）

33 「プレオブラジェーニヤ」灣ノ北東部ニ在ル小ナル入江（「マトヴェーエヴァ」岬ノ經線ニ至ル）

右例外ハ公海ニ適用セラレザルベキハ勿論トス

ポドカゲルナヤ」河ノ河口ヨリ「アヤン」灣ニ至ル迄ノ「オホーツク」海ノ北岸ニ付テハ前記例外中ニ入ルベキ入江ハ「ベンジンスク」灣（第17參照）、「ミルカチンスキー」（第18參照）、「ヤムスカヤ」灣（第19）及「アヤン」灣（第20參照）ヲ徐キ左ノ定義ニ從ヒ決定セラルベク本土ニ入込メル灣ニシテ其ノ長サ（最深キ水道ニ依リ測リタル）灣口ノ幅ノ3倍ヲ超ユルモノ

右ノ外左ノ灣内ニ於テハ漁業ハ他ノ外國人ニ對スルト同樣日本國臣民ニ對シ禁止セラルベシ但シ公海ヲ含マザルハ勿論トス

1 「デ、カストリー」灣及「フレデリックス」灣（「カストリー」灣ヨリ「クロスター、カンプ」岬ニ引タル直線及「クロスター、カンプ」岬ヨリ「オーストルィ」南ニ引キタル直線ニ至ル）

  2 「セント、オルガ」灣（「マネフスカゴ」岬ヨリ「シュコク」岬ニ引キタル直線ニ至ル）

  3 「ピーター」大帝灣（灣内ニ在ル諸島ヲ包含シ「シュヴァロートヌィ」岬ヨリ直線ニ至ル）

  4 「ポシエット」灣（「ガモヴァ」岬ヨリ「プタコフ」岬ニ至ル）

第2條（日本国臣民ノ漁業區域ヨリ除外サレタル河川ト海トノ境界）河川ト海トノ境界ニ關スル事項に付テハ兩政府ハ國際法ノ原則及慣例ニ從フベシ

第3條（黒龍江隣ニ於ケル漁業權ニ關スル特別條件）漁業條約ニ依リ日本国臣民ニ許與セラレタル黒龍江海灣（「リマン」）ニ於ケル漁業權ハ左ノ特別規定ニ從フベシ

  （1）日本國市民ハ「ソビエト」社會主義共和國聯邦人民ト同一ノ地歩ニ於テ競賣ニ依リ右地方ニ於テ漁區ヲ取得スルコトヲ得

  （2）漁區ヲ取得シタル日本國臣民ハ漁業ノ關スル限リ一切ノ點ニ付漁區ノ競落者タル「ソヴィエト」社會主義共和國聯邦人民ト均シク黒龍江流域ニ於ケル河川漁業ニ關シ制定セラレ又派生亨セラルルコトアルベキ法律、規則及命令竝ニ殊ニ右地方ニ於ケル漁區借受人ガ外國人タル勞働者ヲ使用スルコトヲ禁止セル規定ニ從フベシ

最終議定書

  本日日本國「ソヴィエト」社會主義共和國聯邦漁業條約竝ニ同條約附屬ノ議定書（乙）ニ署名スルニ當リ日本國及「ソヴィエト」社會主義共和國聯邦ノ全權委員ハ左ニ聲明ヲ爲セリ……

  10（議定書（甲）第3條）議定書（甲）第3条ニ關スルモノ
   日本國及「ソヴィエト」社會主義共和國聯邦ノ全權委員ハ左ノ如ク協定セルコトヲ聲明ス

   （1）「黒龍江洰灣（「リマン」）ナル語ハ左ノ境界内ニ包含セラルル水域ヲ表示ス

第 8 章　領海・排他的経済水域

北ハ「ペトロフスコエ」沙嘴ヨリ「チャウノ」岬ニ引キタル直線
南ハ「ラザンフ」岬ヨリ「ポゴビ」岬ニ引キタル直線
西ハ「ソヴィエト」社會主義共和國聯邦ノ極東地方ノ海岸線
東ハ北「サガレン」ノ海岸線……

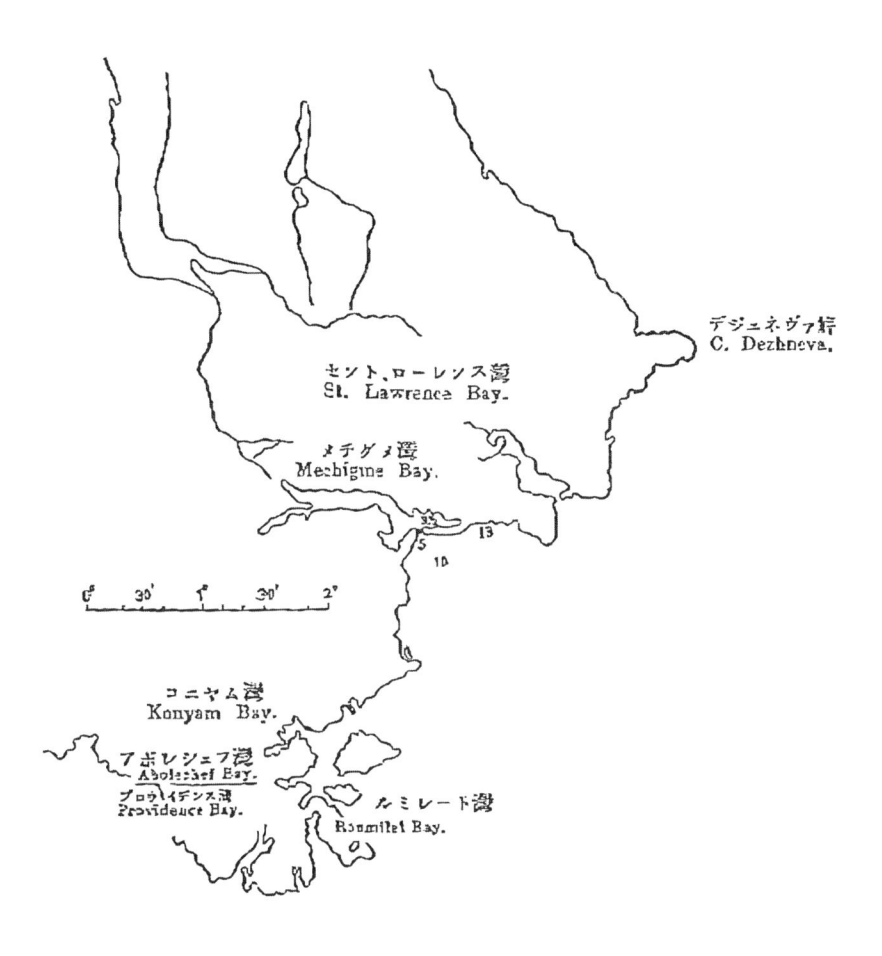

図8-14　1928年日ソ漁業条約第二附属書
(出所)『條約彙纂』第1巻、外務省條約局、1936年6月改訂、2684頁。

(2) 1956年日ソ漁業協定

　1945年日本を占領した連合国軍司令部GHQは日本漁船の遠洋漁業を禁止したが、日本の独立回復で1952年に解禁された。日本は米国・カナダとの漁業条約で、太平洋北東部海域での鮭・鱒漁業が復活となり、続いて1956年5月ソ連と日本海、オホーツク海、及びベーリング海峡を含む、北西太平洋区域の公海における漁業協定を締結し、これが日ソ国交樹立宣言の調印につながり、同協定は国交樹立後の同56年12月12日発効した。この協定は、領海及び漁業管轄権に影響を与えるものでないとの前提において、以下の内容を確認した。

1、条約区域における協同規制措置をとる。
2、西太平洋日ソ漁業委員会を設けて、協同措置及び漁獲総領を決定する。
3、魚類規制は、以下の魚種にわたる。

　　　さけ（オンコリンカス・ケタ）
　　　ます（オンコリンカス・ガルブーシヤ）
　　　ぎんざけ（オンコリンカス・キジューチ）
　　　べにざけ（オンコリンカス・ネルカ）
　　　ますのすけ（オンコリンカス・チャウィーチャ）
　　　にしん（クルベア・バラシイ）
　　　たらばがに（パラリトーデス・カムチャティカ）
　　　あぶらがに（パラリトーデス・プラティプス）

4、漁船は、操業においては、締約国が発給する許可証及び証明書を携帯する。
　少なくとも、これによって北洋漁業の実施が確保されるところとなり、同時に、両国は海上遭難者の救助協力協定を締結し、同協定も同56年12月12日発効した。北洋海域での漁業再開にもかかわらず、日本は厳しい各年の漁業割当量に悩まされ、ソ連国境警備隊の拿捕事件も続いた。

　北西太平洋の公海における日ソ漁業条約、1956年5月14日調印、12月12日発効の抜萃は、以下の通りである。

第1条
1 この条約が適用される区域（以下「条約区域」という。日本海、オホーツク海及びベーリング海を含む。）は、北西太平洋の全水域（領海を除く。）とする。
2 この条約のいかなる規定も、領海の範囲及び漁業管轄権に関する締約国の立場になんらの影響を与えるものとみなしてはならない。

第2条
1 両締約国は、魚類その他の水産動物の資源（以下「漁業資源」という。）の保存及び発展のため、条約区域においてこの条約の附属書に掲げる共同措置を執ることに同意する。
2 この条約の附属書は、この条約を構成する不可分の一部とする。すべて「条約」というときは、現在の字句における、又は第4条（イ）の規定に従つて修正されたこの附属書を含むものと了解する。

第3条
1 両締約国は、この条約の目的を達成するため、北西太平洋日ソ漁業委員会（以下「委員会」という。）を設置する。
2 委員会は、2の国別委員部で構成し、各国別委員部は、それぞれの締約国の政府が任命する3人の委員で構成する。
3 委員会のすべての決議、勧告その他の決定は、国別委員部の間の合意によつてのみ行うものとする。
4 委員会は、その会議の運営に関する規則を決定し、及び、必要があるときは、これを修正することができる。
5 委員会は、少なくとも毎年1回会合し、また、そのほかに一方の国別委員部の要請により会合することができる。第1回会議の期日及び場所は、両締約国の間の合意で決定する。
6 委員会は、その第1回会議において、議長及び副議長を異なる国別委員部から選定する。議長及び副議長は、1年の任期をもつて選定される。国別委員部からの議長及び副議長の選定は、各年におい

て各締約国がそれらの地位に順番に代表されるように行うものとする。

7 委員会の公用語は、日本語及びロシア語とする。

8 委員が委員会に出席するために生ずる経費は、その任命する政府が支払うものとする。委員会の共同の経費は、委員会が勧告しかつ両締約国が承認する形式及び割合において両締約国が負担する分担金により、委員会が支払うものとする。

第4条 委員会は、次の任務を遂行する。

（イ）定例年次会議において、その時に実施されている協同措置が適当であるかどうかを検討するものとし、必要に応じ、この条約の附属書を修正することができる。この修正は、科学的基礎に基いて決定されなければならない。

（ロ）附属書において年間総漁獲量の決定を要する魚類がある場合は、当該魚類について両締約国の年間総漁獲量を決定し、これを両締約国に通知する。

（ハ）この条約の実施のために委員会に各締約国が提出する統計その他の資料の種類及び範囲を決定する。

（ニ）漁業資源の研究を目的とする科学的な協同調査計画を作成し、及び調整し、これを両締約国に対して勧告する。

（ホ）毎年委員会の事業報告を両締約国に提出する。

（ヘ）前各号に掲げる任務のほか、条約区域における漁業資源の保存及び増大の問題について両締約国に勧告を行うことができる。

第5条 両締約国は、漁業資源の研究及び保存並びに漁業の規制についての経験を相互に交換するため、漁業に関する学識経験者の交換を行うことに同意する。これらの人々の交換は、そのつど双方の合意によつて行われるものとする。

第6条

1 両締約国は、この条約を実施するため、適当かつ有効な措置を執

るものとする。
2　両締約国は、第4条（ロ）に基き委員会から各締約国について定められた年間総漁獲量について通知を受けた場合にはそれに基き漁船に対し許可証又は証明書を発給し、かつ、発給されたすべての許可証及び証明書について相互に通報し合うものとする。
3　両締約国が発給する許可証及び証明書は、日本語及びロシア語をもつて記載し、かつ、漁船は、操業の際に必ずこれを備え置くものとする。
4　両締約国は、この条約の規定を実効的にするため、その国民、団体及び漁船について、違反に対する適当な罰則を伴う必要な法令を制定施行し、かつ、このことに関し自国が執つた措置の報告を委員会に提出することに同意する。

第7条
1　いずれか一方の締約国の権限を有する公務員が、他方の締約国の漁船が現にこの条約の規定に違反していると信ずるに足りる相当の理由があるときは、その公務員は、その漁船がこの条約の規定を遵守しているかどうかを認定する目的をもつてその漁船に臨み捜索することができる。
　　前記の公務員は、船長の要求があつたときは、その公務員の所属する締約国の政府が発行し、かつ、日本語及びロシア語をもつて記載した身分証明書を提示しなければならない。
2　前記の公務員が当該漁船の捜査を行つた結果、漁船又はその船上にある人がこの条約の規定に違反していることを証する事実が判明するときは、その公務員は、その漁船をだ捕し、又はその人を逮捕することができる。
　　この場合において、当該公務員の所属する締約国は、できる限りすみやかに、前記の漁船又は人の所属する他方の締約国にそのだ捕又は逮捕を通告し、かつ、できる限りすみやかに、両締約国が別の

場所について合意しない限りその場所でその漁船又は人をその所属する締約国の権限を有する公務員に引き渡さなければならない。但し、前記の通告を受領した締約国が直ちにその引渡しを受けることができずかつ他方の締約国に要請をしたときは、その要請を受けた締約国は、前記の漁船又は人を両締約国が相互に合意する条件により自国の領域内で監視の下に置くことができる。

3　前記の漁船又は人の所属する締約国の当局のみが本条に関連して生ずる事件を裁判し、かつ、これに対する刑を科する管轄権を有する。違反を証明する調書及び証拠は、違反を裁判する裁判管轄権を有する締約国にできる限りすみやかに提供されなければならない。

第8条

1　この条約は、日本国とソヴィエト社会主義共和国連邦との間の平和条約の効力発生の日又は外交関係の回復の日に効力を生ずる。

2　いずれの一方の締約国も、この条約の効力発生の日から10年の期間を経過した後はいつでも、他方の締約国に対してこの条約を廃棄する意思を通告することができる。その通告があつたときは、この条約は、他方の締約国が廃棄通告を受領した日の後1年で終了するものとする。

附属書

両締約国は、条約区域において次に掲げる魚類その他の水産動物の漁獲を規制することに同意する。

　　1　さけ
　　　さけ（オンコリンカス・ケタ）
　　　ます（オンコリンカス・ガルブーシヤ）
　　　ぎんざけ（オンコリンカス・キジューチ）
　　　べにざけ（オンコリンカス・ネルカ）
　　　ますのすけ（オンコリンカス・チャウィーチャ）
　　　（イ）規制を行う区域は、ナワリン岬より南東に向い北緯55度と西

経175度との交点に至り、更に南転して北緯45度と西経175度との交点に至り、更に西進して北緯45度と東経155度との交点に至り、その後南西方秋勇留島に至る線をもつて、東及び南より区画される北西太平洋（オホーツク海及びベーリング海を含む。）及び北緯45度の線以北の日本海とする。

（ロ）1956年の漁期については、（イ）に掲げる区域のうちいずれかの締約国に所属する島しよ及び大陸沿岸の海岸線より沖合40海里の条約区域において、移動漁具による海上漁業は、禁止される。

　前記の禁止区域は、将来科学的資料に基きできる限りすみやかに委員会において再検討するものとする。

　前記の禁止区域のうち北海道に近接する区域においては、前記の移動漁具による海上漁業の禁止の規定は、日本の小漁船には適用しない。

（ハ）総漁獲量は、委員会において決定される。条約実施第1年の総漁獲量は、第1回の委員会において決定される。

（ニ）母船式漁業については、漁船及び調査船の1隻当り年間漁獲量（生魚の重量による。）はそれぞれ300メトリックトン及び150メトリックトンをこえることができない。

　1隻の母船に属するすべての漁船及び調査船の総漁獲量は、1隻の母船につき定められた総漁獲量をこえないものとする。その総漁獲量の範囲内においては、各漁船及び調査船の漁獲量は、それぞれ各漁船及び調査船につき定められた前記の漁獲量を若干こえることができる。

（ホ）各年の漁撈の終期は、8月10日までとする。

（ヘ）1隻の漁船が海中に浮設する流網の長さは、次のとおりとする。

　オホーツク海においては、10キロメートル以下

オリュートル岬、北緯48度と東経170度25分との交点及び秋勇留島を結ぶ線をもつて東及び南より区画される太平洋水域においては、12キロメートル以下

その他の水域においては、15キロメートル以下

1隻の漁船が浮設した流網の網と網との間の間隔は、投網直後に確認されるものとする。一つの網と最も近い他の網との間隔は、すべての方向に向つて次のとおりとする。

オホーツク海域においては、十二キロメートル以上

オリュートル岬、北緯48度と東経170度25分との交点及び秋勇留島を結ぶ線をもつて東及び南より区画される太平洋水域においては、10キロメートル以上

その他の水域においては、8キロメートル以上

但し、前記の規定は、北緯48度以南において操業し、かつ日本国の港を根拠地とする小漁船については、適用しない。流網の網目については、結節から結節までの長さを55ミリメートル以上とする。

2　にしん（クルペア・パラシイ）

長さ20センチメートル（ふん端から尾びれの中央ぎよう骨の末端まで）未満の未成熟小にしんの漁獲は、行わないものとする。

小にしんの混獲は、多量でない限り、認められる。その限度は、委員会において決定される。

3　かに

たらばがに（パラリトーデス・カムチャティカ）

あぶらがに（パラリトーデス・プラティプス）

（イ）めすがに及び胸甲の巾13センチメートル未満の子がにの漁獲は、禁止される。網にかかつて引き揚げられためすがに及び前記の子がにには、すみやかに水中に放さなければならない。

めすがに及び前記の子がにの混獲は、多量でない限り、認められ

る。その限度は、委員会において決定される。

委員会は、また、ある区域におけるめすがに及び前記の子がにの混獲がいかなる限度に達したときにその区域における漁獲を停止すべきかについて決定する。

（ロ）かに網の配列の長さ、一線上にある配列の間の間隔及び線の間の距離については、資源の保護及び操業能率を考慮して制限を設けるものとし、委員会がこれを決定する。」

(3) 1978年日ソ漁業協力協定

排他的経済水域への移行で、従前の北西太平洋漁業協定は、1978年4月29日ソ連により破棄され、同年4月新たに漁業協力協定が締結され、早々に発効した。その新協定の要点は、以下にあった。

1、排他的経済水域の適用にともない、新たな両国の漁業協力の発展を確認した。
2、北西太平洋の200海里水域の外側水域における、遡河性魚類を含む漁業資源の保存及び合理的利用についての協力に合意した。
3、このため、各国別委員部で構成される日ソ漁業委員会を設置し、少なくとも毎年1回交互に開催されることになった。

漁業の分野における協力に関する日本国とソ連の協定、1978年4月21日調印、28日発効の抜萃は、以下の通りである。

日本国政府及びソヴィエト社会主義共和国連邦政府は、

北西太平洋の漁業資源の保存、増大及び最適利用に関する共通の関心を考慮し、

両締約国間の漁業の分野における科学技術協力の促進に関し相互に関心を有し、

国際海洋法の新たな発展及び第3次国際連合海洋法会議における作業を考慮し、

977年5月2日付けの日本国の漁業水域に関する暫定措置法に基づく漁業に関する日本国の管轄権並びに1976年12月10日付けのソヴィエト社会主義共和国連邦沿岸に接続する海域における生物資源の保存及び漁業の規制に関する暫定措置に関するソヴィエト社会主義共和国連邦最高会議幹部会令に規定されている探査、開発及び保存のための生物資源に対するソヴィエト社会主義共和国連邦の主権的権利を認め、

両締約国間の漁業の分野における互恵的協力を発展させることを希望して、

次のとおり協定した。

第1条　この協定は、両締約国間の漁業の分野における互恵的協力を発展させることを目的とする。

第2条　両締約国は、次に掲げる事項に関する協力を含む漁業の分野における協力の発展を促進する。

(a) 海水及び淡水における生物の漁獲の技術及び方法の改善

(b) 海水及び淡水における生物の増殖及び養殖の技術及び方法の改善

(c) 海水及び淡水の生物並びにこれらの製品の利用、加工、保蔵及び輸送の方法の改善

(d) 科学的調査の実施（科学的情報及び資料の収集及び交換を含む。）

第3条　両締約国は、北西太平洋の距岸200海里水域の外側の水域における漁業資源（溯河性魚類を含む。）の保存及び合理的利用について協力を行う。

協力の具体的な措置は、この協定に基づいて毎年作成されかつ署名される議定書により、両締約国の間で決定される。

第4条

1　両締約国は、この協定の目的を達成するため、日ソ漁業委員会（以下「委員会」という。）を設置する。

2　委員会は、2の国別委員部で構成し、各国別委員部は、それぞれの締約国の政府が任命する3人以内の委員で構成する。

3　委員会の決定及び勧告は、国別委員部の間の合意によつて行う。

4　委員会は、その会議の運営に関する規則を決定し、及び、必要があるときは、これを修正することができる

5　委員会は、少なくとも毎年1回交互に東京及びモスクワにおいて会合するものとし、また、そのほかに、いずれか一方の国別委員部の提案により会合することができる。委員会の第1回会議の期日及び場所は、両締約国間の合意で決定する。

6　委員会は、議長を委員会の会議が行われる締約国の国別委員部から選定する。議長は、1年の任期をもつて選定される。

7　委員会の公用語は、日本語及びロシア語とする。

8　委員会の委員が会議に出席するために生ずる経費は、その任命する政府が支払う。委員会の共同の経費は、委員会が勧告しかつ両締約国が承認する形式及び割合において両締約国が負担する分担金により、委員会が支払う。

第5条　委員会は、次に規定する任務を遂行する。

（a）各締約国から提出される科学的情報及び資料に基づき、両締約国が共通の関心を有する北西太平洋の漁業資源の状態について検討し、並びに当該漁業資源の保存及び合理的利用について協議する。

（b）第2条に規定する協力に関する計画を作成し、及びこれを両締約国に勧告し、並びにその実施状況につき意見の交換を行う。

（c）この条の規定の実施のために各締約国が委員会に提出する統計その他の資料の種類及び範囲を決定する。

（d）漁業の分野における共同事業の実施の妥当性を検討する。

（e）この協定の実施に関連するその他の問題を検討する。

第6条　この協定のいかなる規定も、第3次国際連合海洋法会議において検討されている海洋法の諸問題についていずれの政府の立場又は見

解をも害するものとみなしてはならない。

(4) 日ソ漁業操業協定

日・ソは、平和条約交渉をめぐり揺れ動いたが、1975年6月漁業操業の事故防止協定が締結された。その内容は、以下を骨子とした。

1、この協定は、日本沿岸の地先沖合の公海水域に適用するもので、領海の範囲及び漁業管轄権に関するものでない。
2、漁業に従事する船舶及び関連物の海上事故の防止及びその再の円滑な処理のためのもので、委員会による解決を図ることにある。

日本・ソ連漁業操業協定、1975年6月7日調印、10月22日発効の抜萃は、以下の通りである。

  両国の漁船による漁業の操業の安全及び秩序を確保することを希望し、両国の漁船の活動及びその漁具の使用に関連する海上における事故を防止する措置をとること並びに事故が発生した場合にはその迅速かる円滑な処理を保護することが望ましいと考えて、
次のとおり協定した。

第1条
 1　この協定は、日本国沿岸の地先沖合の公海水域について適用する。
 2　この協定のいかなる協定も、領海の範囲及び漁業管轄権の問題に関する両政府の立場に影響をも与えるものとみなしてはならない。

第3条
 1　各政府は、自国の漁船（総トン数1トン未満の無動力線を除く。）が、海上におけるその識別を確実にするため、自国の法令に従って登録されること及びこの協定の附属書Iの規定を遵守することを確保するため必要な措置をとる。
 2（1）両政府は附属書Iの規定に関して既に実施している制度について相互に通報する。

(2) 両政府は、(1) にいう制度について行った変更についても、できる限り速やかに、相互に通報する。

第6条
1 各政府は、自国の漁船が、運航し及び漁業の操業を行うに当たって、この協定の附属書Ⅳの規定を遵守することを確保するための措置をとる。
2 1の規定を一層確実に実施するために、両政府は、両国の漁船及び漁具の特に密集する水域に関する臨機の情報の交換のための通信が、両政府の権限のある当局の間で、必要に応じ、直ちにかつ効果的におこなわれるよう必要な措置をとる。
3 両政府は、両国の漁船による漁業の実態に関する情報(漁具、漁法等に関する情報を含む。)を交換し、必要な場合には、その情報に基づいてとるべき適当な措置を決定することについて適宜協議する。

附属書Ⅰ 漁船に関する標識その他の事項
附属書Ⅱ 漁船の燈火及び信号
附属書Ⅲ 網、はえなわその他の漁具の標識
附属書Ⅳ 漁船の運航及び漁業の操業に関する規則

(5) ソ地先沖合漁業暫定協定

1976年、米国は自国の漁業専管水域を領海12海里から200海里に拡大した。ソ連も、同様に1977年にその措置が実施された。

関係の文書は、以下の通りである。

ソ連邦沿岸に接続する海域における生物資源の保存及び漁業規制に関する暫定措置に関するソ連邦最高会議幹部会令、1976年12月10日

ソ連邦最高会議幹部会は、最近、ソ連の隣国を含む、ますます多くの国が、第3回国連海洋法会議において作成されつつある国際条約の締結を待

たずに、自国沿岸において200海里までの経済水域または漁業専管水域を設定していることを指摘する。

　ソ連邦は、今後とも、国際的基盤に基づく世界の海洋の法的制度の緊急な諸問題の解決、及びこの目的のため、沿岸海域の生物資源利用問題を含むこれらの問題が総合的に、その相互関連において、またすべての国の正当な利益を考慮して解決されるような条約の締結を支持する。

　かかる条約の締結まで、ソ連邦沿岸に接続する海域の生物資源の保存、再生産、並びに最適利用に関しソ連国家の利益の保護のための措置を緊急にとる必要があることを考慮し、ソ連邦最高会議は、次の通り、決定する。

1　ソ連邦の領海と同じ基線から算定される200海里までのソ連邦の沿岸に接続する海域において、本幹部会令の諸規定に従い、生物資源の保存及び漁業規制に関する暫定措置が実施される。このような暫定措置の設定は、ソ連邦の領海制度に抵触するものではない。

2　本幹部会令の第1条に規定される海域内において、ソ連邦は、魚類及びその他の生物資源に対し、その探索、開発、及び保存のため主権的権利を行使する。ソ連邦のこれら権利は、回遊水域における遡河性魚類にも及ぶものとする。但し、それら魚類が、ソ連により他国の領海、経済水域又は漁業専管水域と認められる水域にある場合には、この限りではない。

3　魚類及び他の生物資源の操業、並びにかかる漁業に関連する探索及びその他の作業（以下、「漁業操業」という）は、外国の法人及び自然人により、本幹部会令の第1条に規定される海域において、ソ連邦と外国との間の協定又はその他の合意に基づいてのみ行われ得る。

4　本幹部会令の第1条に規定される海域における魚類及び他の生物資源の最適利用は、必要な科学的資料に基づき、また必要な場合には、権限ある国際機関の勧告を考慮して実施されるものとする。な

かんずく右目的のため、以下の事項が定められる。

 （A）　魚類及び他の生物資源の各種類についての毎年度総許容漁獲量。

 （B）　何らかの操業対象魚種の資源の総許容漁獲量が、ソヴィエトによる漁業操業の作業能力を超えている場合には、魚類及び他の生物資源の毎年度許容漁獲量のうち外国の漁船が捕獲出来る部分。

 （C）　漁業操業の合理的実施の保証及び生物資源の保存と再生産のための措置。

5　本幹部会令の第2条、第3条、及び第4条の規定を遵守して、外国に対して漁獲割当量を定めることは可能であり、その割当量に基づき外国の漁船に対し漁業操業の許可証が発給される。

右許可証なしには、漁業操業は認められない。

6　ソ連邦沿岸に接続する具体的海域についてとられる生物資源の保存及び漁業規制のための暫定措置の実施の条件及び期間、本幹部会令の諸規定の遵守状況の監督措置の確定、並びに本幹部会令の第2条、第3条、及び第5条の適用方法は、ソ連邦大臣会議が規定する。

7　本幹部会令の諸規定又は本幹部会令の実施のために発布される規則の違反に対しては、その違反者は、罰金による処分を課されるものとする。

 行政手続で課せられる罰金は、1万ルーブルまでとする。

 上記の違反が重大な損害を与えるか、その他の重大な結果を招来したか、又はその違反が繰り返されたときは、その違反者は、裁判責任に問われるものとする。裁判手続によって課される罰金は、その額を10万ルーブルまでとする。本幹部会令の第1条に規定される海域における魚類・その他の生物資源の保護を担当する機関の申入れにより、裁判所は、違反者が使用した漁船、漁具、及び器具、並びに不法に捕獲したすべてのものを没収することができる。

　　　　外国漁船の逮捕又は拿捕の場合には、ソヴィエトの権限ある関係
　　　　機関は、遅滞なく、旗国に対し、とられた措置及びすべてのその後
　　　　の処罰措置を通報するものとする。拿捕漁船及びその乗組員は、そ
　　　　れ相当の担保又は他の保証が納入された後、直ちに釈放されるもの
　　　　とする。
　　 8　本幹部会令の規定は、今後、第3回国連海洋法会議の作業を考慮
　　　　に入れて本幹部会令の第1条に規定される海域制度を定める他のソ
　　　　連邦法律が採択されるまで、効力を有する。

ソ連邦沿岸に接続する太平洋及び北氷洋水域における生物資源の保存及び漁業
規制に関する暫定措置の実施に関するソ連邦大臣会議の決定、1977年2月24日
　　ソ連邦大臣会議は、「ソ連邦沿岸に接続する太平洋及び北氷洋水域にお
ける生物資源の保存及び漁業規制に関する暫定措置の実施に関する」決定
を採択した。
　　同決定においては、1976年12月10日付「ソ連邦沿岸に接続する水域
における生物資源の保存及び漁業規制に関する暫定措置に関する」ソ連邦
最高会議幹部会令の第6条に従い、同会令に規定される措置は、ソ連邦に
属する諸島周辺の水域を含め、ソ連邦の領海基線から幅200海里までに至
る、ベーリング海、オホーツク海、日本海、チェコトカ海、太平洋、及び
北氷洋のソ連邦沿岸に接続する水域において、1977年3月1日から実施
される、と指摘されている。
　　ソ連邦大臣会議の決定においては、ソ連邦沿岸と隣接諸国沿岸との間の
距離が400海里以下の前記水域の部分で、1976年12月10日付ソ連邦最
高会議幹部会令に基づく暫定措置の効力の及ぶ水域を限定する線となるの
は、次の通りである旨が規定されている。ベーリング海及びチェコトカ
海、及び北氷洋では、1867年4月18日（30日）付露米条約で設定された
線、太平洋・クリル諸島南グループ水域では、右諸島及び日本領土からの
同等距離の線、ソヴィエト海峡及びクナシリ海峡ではソ連邦国境、オホー

ツク海及び日本海では中央線又はソ連邦沿岸及び隣接諸国沿岸からの同等距離の線である。

なお、この際、200海里漁業水域の暫定措置の実施に関するソ連邦大臣会議の決定について、日本は、官房長官談話が、1977年2月25日発表された。

　　タス通信によれば、2月24日、ソ連邦大臣会議は客年12月10日付ソ連邦最高会議幹部会令第6条に基づく暫定措置を一定の対象水域において3月1日より実施する旨決定した。

　　右対象水域には、わが国固有の領土であり、政府が日ソ平和条約交渉においてその一括返還を求めている北方4島の周辺水域が含まれている。

　　今般、ソ連側が、これら北方4島の周辺水域を一方的にソ連邦の漁業規制対象水域に含めたことは極めて遺憾であり、わが国としてはこれを認めることができない。

結局、1976年12月ソ連が200海里漁業水域の設定に続いて、1977年5月日本も200海里水域を設定したことで、1977年5月27日モスクワで調印の協定に代えて東京で8月4日日ソ地先沖合漁業暫定協定が締結され、さらに1984年12月7日新協定が締結された。新協定は、1977年協定による延長議定書に従ってきたが、漁業関係を安定した基礎に置くために2つの協定を一本化し、日ソ漁業委員会の設置を明確化した。ともあれ、北洋漁業は継続された[17]。

一方、ソ連は1978年4月北西太平洋沿岸水域の漁撈実施暫定規則を制定した。

北西太平洋のソ連邦沿岸接続海域における外国の漁撈実施暫定規則、1978年4月7日公布の要旨は、以下の通りである。

　　総則
　　　1　本規則は、ソ連の領海と同じ基線から算定される200海里までの幅の北西太平洋沿岸に接続する海域（以下、「海域」）に対して適用される。

2　本規則は、ソ連閣僚会議が定める北西太平洋海域における生物資源保護と漁業規則に関する暫定措置の実施の日から発効する。

3　外国漁船は、外国に割り当てられる漁獲量について、ソ連邦と外国との間の協定またはその他の取決めに基づいて漁業操業を行うことが出来る。外国漁船は、漁業操業許可証なしには漁業操業はできない。

4　漁業操業許可証の発給手続・様式は、附属書Ⅰに定める。

5　海域で漁業操業を行う外国漁船は、ウラジオストック市の極東水域全連邦漁業講談（ダリ・ルイバ）に、附属書Ⅱに定める様式により、毎週の操業通知を送付しなければならない。

6　海域で漁業を行う外国漁船は、操業日誌を船上に備えなければならない。記載方法は、附属書Ⅲに定める。

7　外国漁船は、船名及び船番号を表示しなければならない。

8　外国漁船は、ソ連監視船から国際信号書に基づく信号を受けたときは、権限を与えられた者が容易に乗船し、検査を行い得るよう必要な措置を採らねばならない。

9　ソ連邦の権限ある機関は、科学資料の収集及び漁業規制措置に関する任意の他の活動を行うため、海域で漁業操業を行う外国漁船に監視員を乗船させることができる。

10　海域における漁業に関する外国とソ連邦との協定は、外国漁船の漁業操業のその他の規定を含めることができる。

11　ソ連邦漁業省は、追加的規制措置を定め、海域における外国漁船の漁業操業実施手続きに変更を加えることができる。

漁業規制措置

12　禁止魚種は、以下の通りとする。鰊、海獣、遡河性魚（回遊水域の範囲にあるもの。但し、ソ連邦が認める他国の領海、経済水域、または漁業水域にある期間は除く。

13　禁止区域は、以下の通りである。

（1） 北緯53度以北のオホーツク海。

（2） 北緯51度から北緯52度のカムチャッカ半島西岸のヤピンスカヤ堆。

（3） アブチンスキー、クロノツキー、カムチャッカ湾内（カムチャッカ）、アナディール湾内（ユコトカ）、アニワ湾、多来加湾（カラフト）。

（4） オリュートル岬及びオゼルナヤ岬を結ぶ線以北及び以西のベーリング海。

（5） コマンドルスキー諸島及びチュレーニ島周辺30海里。

（6） トロール禁止区域　オゼルナヤ岬及びナバリン岬を結ぶ線以北のベーリング海。

15　小型の漁の漁獲・収納・加工・保存の禁止。

16　商業規模の設定（鮮魚、単位センチメートル）こまい19、鱈28、助宗鱈30、鰈21、鮎魚女25。

17　非商業規模魚の捕獲は88パーセント以内、超過の場合は、漁獲中止または漁具取替え禁止魚種の偶然的捕獲。最低限の損害で速やかに海中へ投下する。

18　違反による漁獲物の没収。

19　トロール網などの網目規制（単位ミリメートル）

	袋網	胴網	袖網
鰈	50	60	75
助宗鱈・鮎魚女・その他	30	30	75

20　ソ連邦漁業省の発給する特別許可証により、科学的調査を実施する外国業線に対する適用は、この限りでない。

外国規制の違反に対する責任

21　本規則に違反した場合、外国業線及び違反者には、ソ連邦の関係法律が適用される。

北西太平洋のソ連地先沖合における1977年漁業に関する日・ソ協定、1977年5月27日調印、12月31日までの有効期間を1977年12月16日議定書で1978年12月31日まで延長、は、以下の通りである。

　　日本国政府及びソヴィエト社会主義共和国連邦政府は、
　　北西太平洋の漁業資源の保存及び最適利用に関する共通の関心を考慮し、
　　沿岸国の地先沖合における漁業に関する当該沿岸国の権利に関する諸問題についての第3次国際連合海洋法会議における審議を考慮し、
　　1976年12月10日付けのソヴィエト社会主義共和国連邦最高会議幹部会令に規定されている探査、開発及び保存のための生物資源に対するソヴィエト社会主義共和国連邦の主権的権利を認め、
　　日本国の国民及び漁船が、北西太平洋のソヴィエト社会主義共和国連邦の地先沖合において伝統的に漁業に従事してきたことを考慮し、
　　日本国とソヴィエト社会主義共和国連邦との間の漁業の分野における互恵的協力を発展させることを希望し、
　　相互に関心を有し、かつ、ソヴィエト社会主義共和国連邦が主権的権利を行使する生物資源の利用の手続及び条件を定めることを希望して、
　　次のとおり協定した。
　　第1条　この協定は、1976年12月10日付けのソヴィエト社会主義共和国連邦沿岸に接続する海域における生物資源の保存及び漁業の規制に関する暫定措置に関するソヴィエト社会主義共和国連邦最高会議幹部会令第6条及びソヴィエト社会主義共和国連邦政府の決定に従って定められる北西太平洋のソヴィエト社会主義共和国連邦沿岸に接続する海域において日本国の国民及び漁船が漁獲を行う手続及び条件を定めることを目的とする。
　　第2条　日本国の国民及び漁船が前条の漁獲を行う権利は、ソヴィエト社会主義共和国連邦の国民及び漁船のために日本国の地先沖合における伝統的操業を継続する権利を維持するとの相互利益の原則に立って与えられる。

第3条　この協定において、

  1　「生物資源」とは、第1条にいう海域におけるすべての種類の魚類の資源、ソヴィエト社会主義共和国連邦の淡水水域において産卵し、外洋水域に回遊するすべての種類の溯河性魚類の資源及びソヴィエト社会主義共和国連邦の大陸棚の定着性の種族に属するすべての生物をいう。

  2　「魚類」とは、ひれを有する魚類、軟体動物、甲殻類その他のすべての海産動植物（ただし、鳥類を除く。）をいう。

  3　「漁獲」とは、次の（A）から（D）までをいう。

    （A）魚類を採捕すること。

    （B）魚類を採捕しようと試みること。

    （C）魚類を採捕する結果になると合理的に予想し得るその他の活動

    （D）（A）から（C）までに掲げる活動を直接に補助し又は準備するための海上における作業

  4　「漁船」とは、次の（A）又は（B）のために使用されているか又は使用されるよう設備がされている船舶その他の舟艇をいう。（A）漁獲（B）漁獲に関係する作業（漁獲の準備、船舶への補給、魚類の貯蔵、輸送及び加工並びに積卸し作業を含む。）

    この定義には、ソヴィエト社会主義共和国連邦の権限のある当局が発給する特別許可証により漁獲に関連する科学的調査を行う日本国の漁船は含まれない。

第4条

  1　第1条にいう海域の範囲について、ソヴィエト社会主義共和国連邦の権限のある当局により定められる日本国に対する1977年の漁獲割当ての量及び魚種別組成並びに日本国の国民及び漁船が漁獲を行う具体的な区域及び条件は、この協定の署名の日に交換される日本国及びソヴィエト社会主義共和国連邦の権限のある当局の間の書

簡に掲げられる。

  2 1にいう1977年の漁獲割当てには、第1条にいう海域において1977年3月中に日本国の漁船が漁獲した魚類が含まれる。

第5条

  1 ソヴィエト社会主義共和国連邦の権限のある機関は、第1条にいう海域において漁獲に従事することを希望する日本国の漁船に対し、当該漁獲を行うことに関する許可証を発給する。日本国の漁船は、この許可証を有していない場合には、同条にいう海域において漁獲に従事することができない。

  2 1にいう許可証の申請及び発給の手続、日本国の漁獲に関する情報の提出の手続並びに日本国の漁船の操業日誌の記載の手続は、この協定の不可分の一部をなす附属書に定められる。

  3 ソヴィエト社会主義共和国連邦の権限のある機関は、1にいう許可証の発給に関し妥当な料金を徴収することができる。

第6条 日本国政府は、日本国の国民及び漁船が、この協定の規定並びに第1条にいう海域における生物資源の保存及び漁業の規制のためにソヴィエト社会主義共和国連邦において定められている規則に従うことを確保する。これらの規定又は規則に従わない日本国の国民及び漁船は、ソヴィエト社会主義共和国連邦の法律に従い責任を負う。

第7条

  1 日本国政府は、ソヴィエト社会主義共和国連邦の権限のある機関によつて任命された公務員が、第5条1にいう許可証を有し、かつ、この協定に従つて漁獲を行つているすべての日本国の漁船に支障なく乗船する機会が与えられることとなること並びに当該公務員が漁船にある間、当該漁船の船長及び船員が検査（検査の結果発見された違反を除去するための措置をとることを含む。）の実施について当該公務員に協力することを確保する。

  2 日本国政府は、1にいうソヴィエト社会主義共和国連邦の公務員

の日本国の漁船における滞在に関連する経費がソヴィエト社会主義共和国連邦の権限のある機関に償還されることを確保する。

3　ソヴィエト社会主義共和国連邦の権限のある機関によつて日本国の漁船が拿捕されたときは、日本国政府に対し、その旨が外交上の経路を通じて遅滞なく通報される。拿捕された漁船及びその乗組員は、適当な担保又はその他の保証が提供された後に遅滞なく釈放される。

第8条　この協定のいかなる規定も、第3次国際連合海洋法会議において検討されている海洋法の諸問題についても、相互の関係における諸問題についても、いずれの政府の立場又は見解を害するものとみなしてはならない。

附属書

ソヴィエト社会主義共和国連邦が主権的権利を行使する生物資源の漁獲を日本国の漁船が1977年に行うことができるための許可証の申請及び発給、当該漁獲に関する情報の提出並びに操業日誌の記載は、次の手続及び条件に従つて行われる。……

日ソ地先沖合漁業暫定協定、1977年8月4日調印、12月9日発効の抜萃は、以下の通りである。

第1条（協定の目的）

この協定は、1977年5月2日付けの日本国の漁業水域に関する暫定措置法に従つて定められる漁業水域においてソヴィエト社会主義共和国連邦の国民及び漁船が漁獲を行う手続及び条件を定めることを目的とする。

第2条（用語の定義）

この協定において、

1「魚類」とは、ひれを有する魚類、軟体動物、甲殻類その他のすべての軟体動植物（ただし、鳥類を除く。）をいう。

……この定義には、1977年6月17日付けの漁業水域に関する暫定措

置法施行令第3条に掲げる高度回遊性魚種に係る漁獲は含まれない。……この定義には、日本国の権限ある当局が発給する特別許可証により漁獲に関連する科学的調査を行うソヴィエト社会主義共和国連邦の漁船は含まれない。

第3条（漁獲割当ての量及び魚種別蘇生並びに漁獲の具体的な区域及び条件）

第1条にいう漁業水域について、日本国の権限ある当局により定メラレルソヴィエト社会主義共和国連邦に対する1977年の漁獲割当ての量及び魚類別蘇生並びにソヴィエト社会主義共和国連邦の国民及び漁船が漁獲を行う具体的な区域及び条件は、この協定の署名の日に交換される日本国及びソヴィエト社会主義共和国連邦の権限ある当局の間の書簡に掲げられる。

第4条（許可証の発給）

第5条（協定の規定及び日本国の法令に従うことの確認、日本国の法律に従っての責任）

第6条（日本国の公務員による漁船の検査、拿捕等）

1　ソビエト社会主義共和国連邦政府、日本国の権限のある当局によって任命された公務員が、第4条1にいう許可証を有し、かつ、この協定に従って漁獲を行っているすべてのソヴィエト社会主義連邦の漁船に遅滞なく乗船する機会が与えられることとなること並びに当該公務員が漁船にある間、当該漁船の船長及び船員が検査（検査の結果発見された違反を除去するための措置をとること含む。）の実施について当該公務員に協力することを確保する。

2　ソヴィエト社会主義共和国連邦は、1にいう日本国の公務員のソヴィエト社会主義共和国連邦の漁船における滞在に関連する経費が日本国の権限なる期間に償還されることを確保すること。

3　日本国の権限ある機関によってソヴィエト社会主義共和国連邦の漁船が拿捕されたときは、ソヴィエト社会主義共和国連邦政府に対し、その旨が外交上の経路を通じて遅滞なく通報される。拿捕された漁船

及びその乗組員は、適当な担保又はその他の保障が提供された後に遅滞なく釈放される。
第7条（協定の規定と海洋法及び相互の関係における諸問題との関係）
　この協定のいかなる規定も、第3次国際連合海洋法会議において検討されている海洋法の諸問題についても、相互の関係における諸問題についても、いずれの政府の立場又は見解を害するものととみなしてはならない。

日ソ両国の地先沖合における漁業の分野の相互の関係に関する協定、1984年12月7日調印、12月14日発効の抜萃は、以下の通りである。
　1977年5月2日付けの日本国の漁業水域に関する暫定措置法に基づく漁業に関する日本国の管轄権並びに1984年2月28日付けのソヴィエト社会主義共和国連邦最高会議幹部会令に基づく生物資源の探査、開発、保存及び管理のためのソヴィエト社会主義共和国連邦の主権的権利を認め、……

次のとおり協定した。
第1条（自国の200海里水域での他方の国の漁獲の許可）
　各締約国政府は、相互利益の原則に経って、自国の関係法令に従い、自国の北西太平洋の沿岸に接続する200海里水域（以下「水域」という。）において他方の国の国民及び漁船が漁獲を行うことを許可する。
第2条（操業の条件の決定）
　各締約国政府は、予見されない事態において調整することがあることを条件として、自国の水域における他方の国の漁船のための漁獲割当量、魚種別蘇生及び操業区域並びに自国の水域におけるこれらの漁船による操業の具体的な条件についての決定を毎年行う。この決定は、第6条にいう日ソ漁業委員会において行われる協議の後、資源状態、自国の漁獲能力、他方の国の伝統的な漁獲量及び漁獲の方法その

他の関連する要因を考慮して行われる。

第3条（許可証の申請、発給等）

第4条（漁船の取締り等）

1 各締約国政府は、自国の国民及び漁船が、他方の国の水域において漁獲を行うときには、当該地方の国の法令に定める生物資源の保存措置その他の条件に従うことを確保するために必要な措置をとる。

2 各締約国政府は、自国の法令に定める生物資源の保存措置その他の条件を他方の国の国民及び漁船が遵守することを確保するために、国際法に従って、自国の水域において、必要な措置をとることができる。

　各締約国政府の権限ある機関は、他方の国の漁船を拿捕し又は抑留した場合には、他方の締約国政府に対し、とつた措置及びその後に科した刑について、外交上の経路を通じて速やかに通報する。

　拿捕された漁船及びその乗組員は、適当な担保又はその他の保障が提供された後に速やかに釈放される。

3 各締約国政府は、他方の締約国政府に対し、自国の法令に定める生物資源の保存措置その他の条件につき、時宜を失することなく適当な通報を行う。

第5条（生物資源の保存及び最適利益）

　両締約国は、両国の水域に存在する生物資源の保存及び最適利用について協力する。

第6条（日ソ漁業委員会の設置）

1 両締約国政府は、この協定の目的を達成するため、日蘇漁業委員会（以下「委員会」という。）を設置する。

2 委員会は、各締約国政府がそれぞれ任命する1人の代表及び2人以内の代表代理で構成する。

3 委員会は、少なくとも毎年1回交互に両国において会合する。委員会の会議の運営に関する共同の経費は、受入側が負担する。

4　委員会は、第2条に定めるところに関連する問題に関し協議を行うものとともに、この協定の実施に関連するその他の問題につき検討する。

第7条（この協定の規定と海洋法の諸問題との関係）

この協定のいかなる協定も、海洋法の諸問題についても、相互の関係における諸問題についても、いずれの締約国政府の立場又は見解を害するものとみなしてはならない。

第8条（効力の発生及び有効期間）

1　この協定は、それぞれの邦の国内法上の手続に従って承認されなければならない。この協定は、その承認を通知する外交上の公文が交換された日に効力を生じ、1987年12月31日まで効力を有する。

2　この協定は、いずれか一方の締約国政府がこの協定の有効期間の満了の日の6箇月までにこの協定を終了させる意志を他方の締約国政府に書簡によって通告しない限り、順次1年間効力を存続する。

(6) 日ソ貝殻島昆布採取協定

もともと昆布漁業は、納沙布岬から1850メートルのところにある日本・ロシア暫定境界域、特に貝殻島周辺が昆布漁場にあった。1945年11月納沙布岬と貝殻島の間の珸瑤瑁水道（幅3.7キロメートル）にマッカーサー・ラインが設定され、昆布漁業を中断されるところとなり、ソ連の支配するところとなった。当時、納沙布岬の沿岸零細漁民は生活に苦しみ、出漁すればソ連に拿捕される事態が続いた。そこで、大日本水産会長高崎達之助がソ連との交渉で、ソ連国民経済会議付属漁業委員会との間で、1963年6月10日民間協定として貝殻島昆布採取協定を締結した。これにより、日本小型漁船操業及び採取に始まった[18]。しかし、ソ連官憲による日本船拿捕事件が続発し、1957年6月日本政府は操業の安全協議を要請したが、翌58年2月ソ連は日本に平和条約締結の意図がないとして、交渉を拒否し、1976年で昆布採取は終わった。度重なる日本の要請で、1981年8月25日日本漁民によるコンブ採取に関する北海道水産会とソヴィエト社会主義

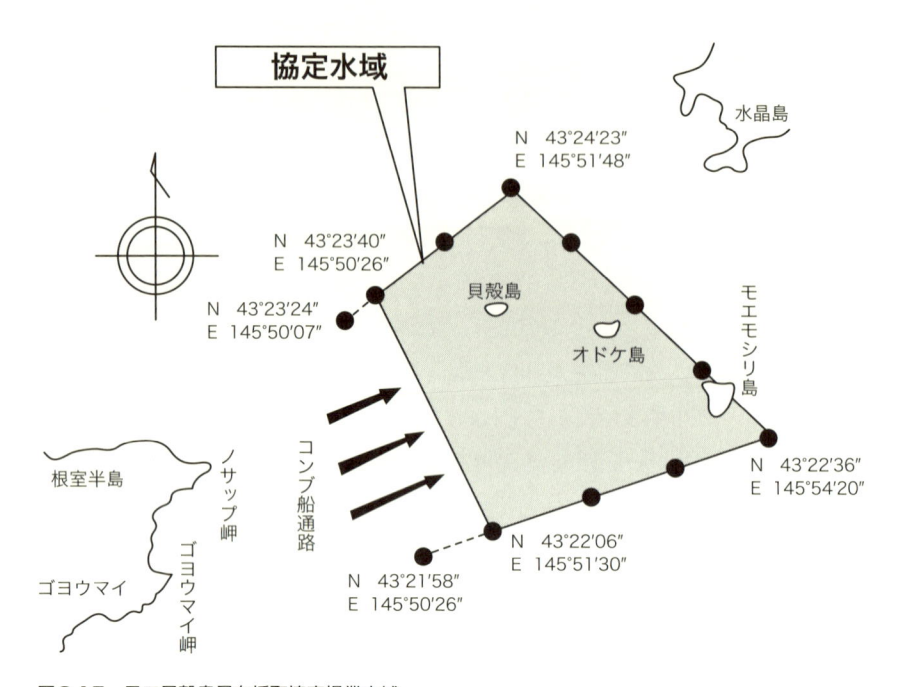

図8-15　日ロ貝殻島昆布採取協定操業水域
(出所) 根室市総務課北方領土対策課編『日本の領土――北方領土』根室市、2012年、101頁。

共和国連邦漁業省間協定が成立した[19]。その内容は、以下の通りであった。

1、6月10日から9月30日日出から日没までを操業期間とし、出漁日は6月19日とする。
2、操業区域を設定し、操業隻数は300隻とし、乗組員は1隻当たり3人以内とする。2011年は259隻であった。
3、1隻当たり12,000円をソ連側に支払う。2011年は329,730円であった。
4、1965年以降、個人消費のための1日10キロ以内の手釣小魚の漁獲が認められた。

(7) 1985年日ソ漁業協力協定

北西太平洋の200海里水域での鮭・鱒の漁獲量交渉は、1978年4月21日日ソ

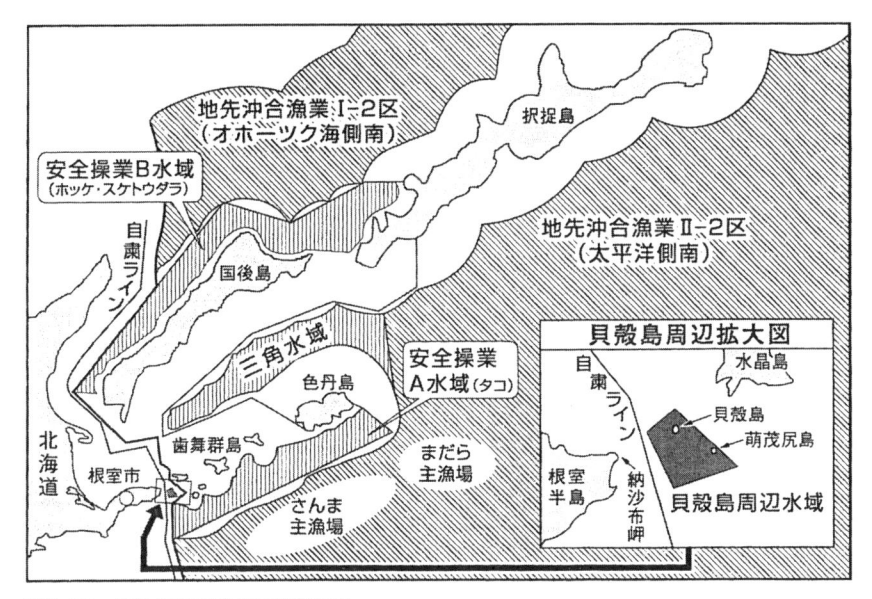

図8-16　北方4島周辺海域の操業区域
（出所）岩下明裕『日ロ関係の新しいアプローチ』北海道大学スラブ研究センター、2006年、129頁。

漁業協力協定第3条の基本的枠組みに従ってきた。そして1985年5月12日日ソ漁業協力協定に従うことになった。新協定は、遡河性魚種の母川国によるその200海里水域における当該魚種の保存が強調されており、そのための関係国との協議について基本的枠組みを確認している。

　日ソ漁業協力協定、1978年4月21日調印、4月28日発効の抜萃は、以下の通りである。
　　　第1条（漁業の分野における協力）両締約国政府は、北西太平洋の生物資源の保存、再生産、最適利用及び管理に関する協力を含む漁業の分野における互恵的協力を発展させる。
　　　第2条（北西太平洋の200海里水域の外側の水域における遡河性魚種の我が国による漁獲についての基本的枠組み）

1　両締約国は、遡河性魚種の発生する川の所在する国（以下「母川国」という。）が当該魚種に監視第一義的利益及び責任を有することを認める。

2　両締約国政府は、遡河性魚種の母川国がその200海里水域の外側の限界より陸側のすべての水域における当該魚種の漁獲及び200海里水域の外側の水域における当該魚種の漁獲に対する適当な規制措置を定めることによって当該魚種の保存を確保することを認める。両締約国政府は、また、母川国が、200海里水域の外側水域において母川国との合意に基づき母川国の川に発生する遡河性魚種の漁獲を行っている国並びに200海里水域の外側の限界より陸側の水域に入るか又はこの水域を通過して回避する当該魚種の保存及び管理について母川国と協力しつつ当該魚種の漁獲を行っている国と協議の上、当該魚種の総漁獲可能性を定めることができることを認める。

3（1）両締約国政府は、遡河性魚種の漁獲が200海里水域の外側の限界より陸側の水域においてのみ行われる（この規定の適用が母川国以外の国に経済的混乱をもたらす場合を除く。）ことを認める。両締約国政府は、北西太平洋の200海里水域の外側の水域におけるソヴィエト社会主義共和国連邦の川に発生する遡河性魚種の漁獲に関し、当該魚種に関する保存上の要請及びソヴィエト社会主義共和国連邦の必要性に妥当な考慮を払って、日本国による当該漁獲の条件に関する合意に達するため協議を行う。

　　ソヴィエト社会主義共和国連邦政府は、日本国による遡河性魚種の通常の漁獲量及び操業の形態並びにその漁獲が行われてきたすべての水域を考慮する。

　（2）ソヴィエト社会主義共和国連邦は、日本国がソヴィエト社会主義共和国連邦の川に発生する遡河性魚種の再生産のための措置に参加し、特に、この目的のための経費を負担している場合には、日本国に対し、当該魚種の漁獲について特別の考慮を払う。

4（1）両締約国政府は、200海里水域の外側の水域における遡河性魚種に関する規制の実施は母川国と他の関係国との間の合意によることを認める。

（2）北西太平洋の200海里水域の外側の水域におけるソヴィエト社会主義連邦の川に発生する遡河性魚種に関する規制の実施は、両締約国政府の間の合意に基づき、次の規定に従って行われる。

(a) 日本国の漁船に対し北西太平洋の200海里水域の外側の水域においてこの条の規定に基づき遡河性魚種の漁獲を行う許可を与える許可証は、日本国政府の権限のある機関が発給する。日本国政府の権限のある機関は、ソヴィエト社会主義共和国連邦政府の権限のある機関に対し、当該許可証を発給した漁船の船那及び特徴、許可番号その他の必要な事項を速やかに通報する。

　　ソヴィエト社会主義共和国政府の権限ある機関は、その通報に基づく当該許可証に関する登録を行う。……

第3条（科学的調査についての協力）

第4条（生物資源の保存及び管理）

第5条（国際機関について検討される漁業の問題についての協議）

第6条（団体及び企業の間の協力についての協議）

第7条（合同委員会の設置）

第8条（海洋法との関係）

　日ソ漁業協力協定、1985年5月12日調印、5月13日発効の抜萃は、以下の通りである。

　　日本国政府及びソヴィエト社会主義共和国連邦政府は、

　　北西太平洋の生物資源の保存、再生産、最適利用及び管理に関する共通の関心を考慮し、

　　海洋法に関する国際連合条約が採択されたことを考慮し、

　　1977年5月2日付けの日本国の漁業水域に関する暫定措置法及び1984

年2月28日付けのソヴエト社会主義共和国連邦最高会議幹部会命令の関係諸規定を考慮し、

漁業の分野における科学技術協力の促進に監視に関して相互に関心を有し、

北西太平洋の生物資源の保存、再生産、最適利用及び管理のための漁業の分野における科学的調査の重要性に留意し、

漁業の分野における互恵的協力を発展させることを考慮して、

次のとおり協定した。

第1条（漁業の分野における協力）

両締約国政府は、北西太平洋の生物資源の保存、再生産、最適利用及び管理に関する協力を含む漁業の分野における互恵的協力を発展させる。

（第1条を含め、第8条までの条文は、1978年4月20日協定と同じである。）

第9条（効力の発生及び有効期間）

1　この協定は、それぞれの国の国内法上の手続に従つて承認されなければならない。この協定は、其の承認を通知する外交上の公文が交換された日に効力を生じ、1987年12月31日まで効力を有する。

2　この協定は、いずれか一方の締約国政府がこの協定の有効期間の満了の日の6箇月までにこの協定を終了させる意思を他方の締約国政府に書面によって通知しない限り、順次1年間効力を存続する。」

(8) 日本漁船の安全操業枠組み協定

そして、1993年根室・歯舞漁協協会所属の鰈刺し網漁船がロシア警備艇から銃撃される事件以降、安全操業交渉に入り、1994年3月南クリル地区長から根室市長あて貝殻島周辺協定の拡大提案に従い、1998年2月21日北方周辺水域における日本漁船の安全操業枠組み協定が成立した。但し、議定書には、違反操業が起きた場合、いずれの締約国が取り締まるかの規定はない。そこでは、ロシア側

は、日本漁船の臨検はしないという暗黙の合意が成立しているとされていたが、事実としては、ソ連の厳しい臨検が続いた[20]。

この協定で、毎年2000万トン程度の漁獲量が設定され、北海道の漁業団体からその見返りとして約2000万円の協力金及び2000万円相当の機材がロシア側に提供されることになった。ソ連は、日ソ平和条約の締結がなければ、安全操業は考えられないとの立場にあった。日本政府は、安全操業について、ソ連に協定締結を申し入れて、異例の昆布協定が1963年6月民間協定として成立したことで、地元における安全操業の要請を受けて、1965年赤城試案による安全操業の内容を提起し、それは、以下の通りであった。

1、 対象地域　歯舞群島・色丹島周辺の海域とする。
2、 操業区域　歯舞群島・色丹島を2つの長方形で囲み、その外側を日本漁船の操業区域とする。

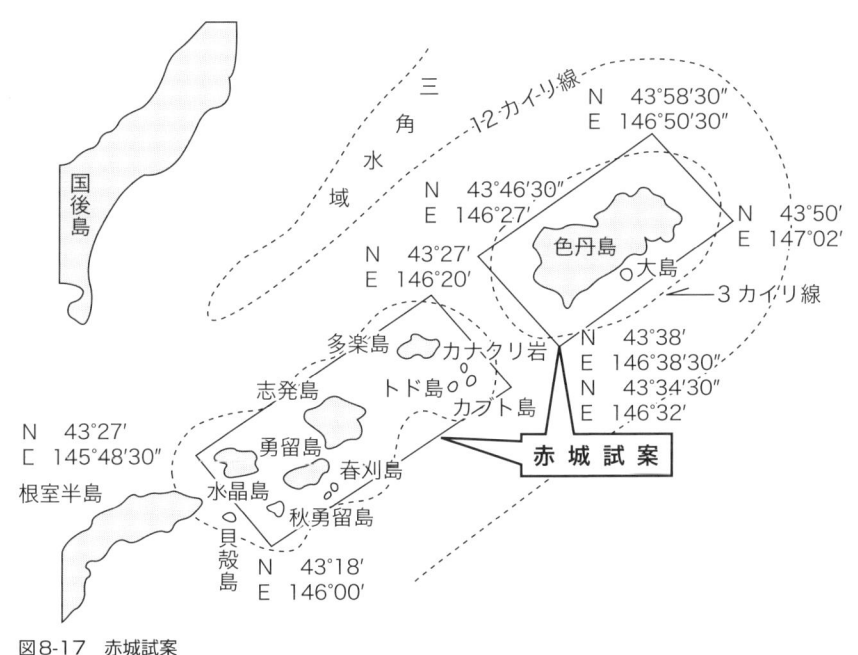

図8-17　赤城試案
(出所) 根室市総務課北方領土対策課編『日本の領土――北方領土』根室市、2012年、101頁。

3、対象魚種　鱈、助惣鱈、鮪、鰈類、ホタテ貝、昆布、鱈場蟹、毛蟹、花咲蟹、鮫類、あぶらこ、目貫など。
4、漁期　周年とする。但し、漁業計画により魚種別ごとに漁期を決めることができる。
5、漁業種別　鱈、助惣鱈、延縄漁業など9種類とする。
6、397隻とする（最高85万トン以下）。
7、協定期間　2年都市、両国協議で更新できる。

それを拡大して、1981年昆布民間協定が成立したことで、本協定の成立となった。この協定は、政府間協定の形式をとる実質的な民間協定として、北海道水産界とロシア連邦農業省及びロシア連邦国境警備隊で取り交わされる領海内での具体的な運用が定められた。北海道水産会が、毎年の交渉に従い、漁獲枠、操業水域、魚種などの自主管理を行っている。

海洋生物資源の操業の分野における協力の若干の事項に関する日本・ロシア協定、1998年2月21日、の全文は、以下の通りである。

第1条　両政府は、この協定の定めるところにより、択捉島、国後島、色丹島及び歯舞群島の周辺に示される緯度及び経度の点を順次結ぶ測地線により囲まれる水域において日本国の漁船による生物資源についての操業が実施されるため、また、当該水域における生物資源の保存、合理的利用及び再生産のため、協力する。

第2条
1　第1条に規定する水域における日本国の漁船による生物資源についての操業は、両政府が外交上の経路を通じて相互に通報することにより画定されるそれぞれの国の団体の間で毎年合意される了解覚書に従って実施されることとなる。
2、両政府は、この条の1にいうそれぞれの国の団体の間で合意される取決めをこの条の1にいう了解覚書として認知する宗を外交上の公文の交換により相互に通報する。

3 日本国政府は、生物資源についての操業、保守及び再生産に関連して、この条の1にいう日本国の団体により、この協定及びこの条の1にいう了解覚書に従い、支払が行われるよう日本国の法令の範囲内で措置をとる。

第3条 両政府は、相互に関心を有する場合に、漁獲ものの市場価格の動向に関する情報の交換及び漁獲物の加工を含む両国間の漁業一般の分野における協力の発展に務める。

両政府は、適当な場合には、それぞれの国の関係法令の範囲内で、相互の漁業関係の分野における両国の団体及び企業の協力の発展を奨励する。

第4条 両政府は、相互に合意する時期に、原則として1年に1回、この協定の実施に関連する諸問題につき協議を行う。

第5条 両政府は、適当な場合には、この協定の実施に関連し、日本国農林水産省水産庁、日本国運輸省海上保安庁、ロシア連邦農業食糧省、ロシア連邦国境警備庁その他の両政府の関係機関の間の連絡を促進する。

第6条 この協定、この協定に従って行われる活動及びこの協定の実施のための措置並びにこれらに関連するいかなる活動及び措置も、相互の関係における諸問題についてのいずれの政府の立場及び見解をも害するものとみなしてはならない。

第7条

1 この協定は、両政府がこの協定の効力発生のために必要なそれぞれの国内法上の手続が完了したことを外交上の経路を通じて相互に通告した日に効力を生じ、いずれか一方の政府がこの協定を終了させようとする日の少なくとも6箇月までに他方の政府に書面によってその旨を通告しない限り、3年間効力を有する。

2 この協定は、3年間効力を有した後、いずれか一方の政府がこの協定の有効期間の満了の日の6箇月までこの協定を通告させる意志

を他方の政府に書面によって通告しない限り、自動的に順次1年間効力を延長される。

付表

第1点　北緯43度23分00秒　東経145度56分00秒
第2点　北緯43度25分30秒　東経145度49分12秒
第3点　北緯43度28分36秒　東経145度45分29秒
第4点　北緯43度34分00秒　東経145度43分00秒
第5点　北緯32度23分00秒　東経145度34分00秒
第6点　北緯43度47分00秒　東経145度15分00秒
第7点　北緯44度00分00秒　東経145度23分02秒
第8点　北緯44度04分00秒　東経145度28分30秒
第9点　北緯44度41分00秒　東経146度01分00秒
第10点　北緯44度37分00秒　東経146度25分00秒
第11点　北緯44度40分00秒　東経146度41分00秒
第12点　北緯44度49分00秒　東経146度49分00秒
第13点　北緯44度50分00秒　東経147度06分00秒
第14点　北緯44度35分00秒　東経147度13分00秒
第15点　北緯44度22分00秒　東経147度15分00秒
第16点　北緯44度14分00秒　東経147度01分00秒
第17点　北緯44度16分00秒　東経146度46分00秒
第18点　北緯44度03分00秒　東経146度15分00秒」
第19点　北緯43度43分00秒　東経145度49分00秒
第20点　北緯43度36分00秒　東経145度49分00秒
第21点　北緯43度51分00秒　東経146度18分18秒
第22点　北緯43度42分00秒　東経146度38分48秒
第23点　北緯43度50分00秒　東経146度55分12秒
第24点　北緯43度44分00秒　東経147度09分00秒
第25点　北緯43度10分00秒　東経145度55分00秒

第26点　北緯43度19分00秒　東経145度52分31秒

第1点　北緯43度23分00秒　東経145度56分00秒

6、隠岐・韓国周辺の漁業専管水域と共同規制水域

　隠岐・韓国周辺の海域では、1965年6月日韓漁業協定の成立で、1952年1月の李ラインは廃止され、この地域での正常な漁業活動が復活した。この協定では、韓国漁業の育成のために日本として多くの妥協に応じていたが、韓国漁業の

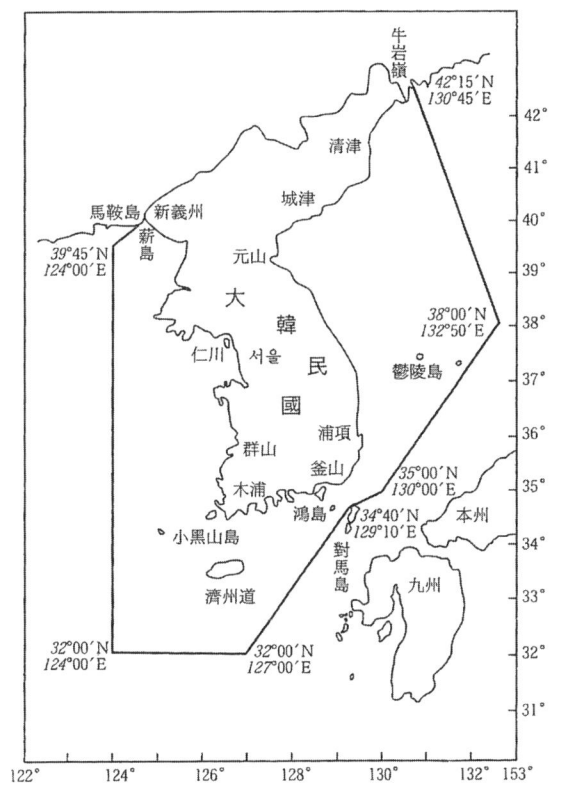

図8-18　李ラインの適用地域
（出所）池鐵根『平和線』ソウル、汎友社、1979年。

能力が向上するとともに、日本漁業が封じ込められる事態にいたった。この協定では、韓国が竹島支配を強化していて、その地域での日本の操業は可能でなかった。結局、日本は、同協定を中断し、1998年9月新協定の締結となった[21]。

(1) 1965年日韓漁業協定

　朴正煕韓国政権は、念願の日韓協定を締結した。韓国では対日屈辱外交反対闘争のさなか、1965年6月国交正常化に入るとともに、日本漁業を封じ込めてきた李ラインは廃止され、排他的経済水域が相互に確認され、両国は、韓国の要求する直線基線、韓国の特別漁業水域を認め、漁業協力につき約束した[22]。協定交渉では、日本は多くの例外的な譲歩を強いられ、隠岐海域については合意が成立したが、竹島海域については協定が成立していない。それは、1946年6月22日SCAPIN第1033号文書第3項「日本の漁業及び捕鯨業の許可区域に関する覚書」及びマッカーサ・ラインの指示、並びに李ラインの画定に従う領土権の主張をもって、韓国が応じなかったからであった[23]。

　この協定の成立は、1951年の日韓予備交渉以来15年、7次にわたる交渉の結果成立したものであった。しかも、韓国の特異な要求条件に応える形で、実現可能な協定の早期締結、資源保護のための合理的で実現可能な規制措置の公平な適用、及び韓国の発展のための日本の漁業協力の原則に立って締結したもので、多くの問題を含んでいた。その論点は、以下にあった。

(1) 漁業水域　排他的管轄権があることを相互に認めた12海里の漁業水域を相互に認めた。法理的には、外国漁船の操業禁止を意味するものではないが、自国監視船による侵犯事実の確認とその漁船及び乗組員の取扱いにつき規定した。これには、日本の領海3海里主張を、1958年及び1960年の国連海洋法会議の動向から、漁業管轄水域12海里とする政策的意図があった。

(2) 漁業水域の基線　漁業水域は、自国沿岸の基線から12海里とされ、沿岸の低潮線とする国際慣行が合意をみており、湾の場合には、一定条件のもとで湾口の閉鎖線とされていた。にもかかわらず、済州島付近では、韓国の要求で、基線とは関係なく、済州島北岸と本土南岸に挟まれた海域に対して日本漁船の

立入禁止線が設定された。また、付属公文で、韓国4カ所の直線基線、韓国東岸の（1）小長鬐岬と達萬岬を結ぶ湾口閉鎖線、（2）花岩湫及び凡月岬を結ぶ湾口閉鎖線、韓国東南岸の1.5メートル岩・生島・鴻島・干汝岩・上白島・巨文島を結ぶ線、及び韓国西岸の小鈴島・西格列飛島・於青島・磯島・上旺島・横島（鞍馬群島）の西端を結ぶ線を認めた。この領海帯の確定は日本の政治的妥協であった。

(3) 共同規制水域　朝鮮半島の周辺に共同規制水域が設定され、漁業規制措置がとられた。それは、漁業資源の保護のために、その持続的生産性を確保するために必要とされる保存措置が科学的調査に基づいて実施されるまでの間、底びき網漁業、巻網漁業、及び60トン以上の漁船による鯖釣り漁業について暫定的漁業規制の実施を定めた。

共同規制水域における取締り及び裁判管轄権については、これまで韓国側による著しい李ラインの外における日本漁船の拿捕が続いたことから、ともかく両国の監視船による取締りにつき相互に連絡することが約束された。しかし、日本の権限行使は限定されたものに留まった。

(4) 共同規制水域の規制措置

漁船規模

　1　底びき網漁業

　　トロール漁業以外は30トン以上、170トン以下、トロール漁業は100トン以上、550トン以下とする。

　2　巻網漁業

　　網船は40トン以上、100以下とする。

　　360トン以上の漁船による鯖釣り漁業は100トン以下とする。

網目

　1　50トン未満の漁船による底びき網漁業は、33ミリ以上とする。

　2　50トン以上の漁船による底びき網漁業は、54ミリ以上とする。

　3　巻網漁業の鯵は鯖をも対象とするのは、30ミリ以上とする。

集魚灯の光力

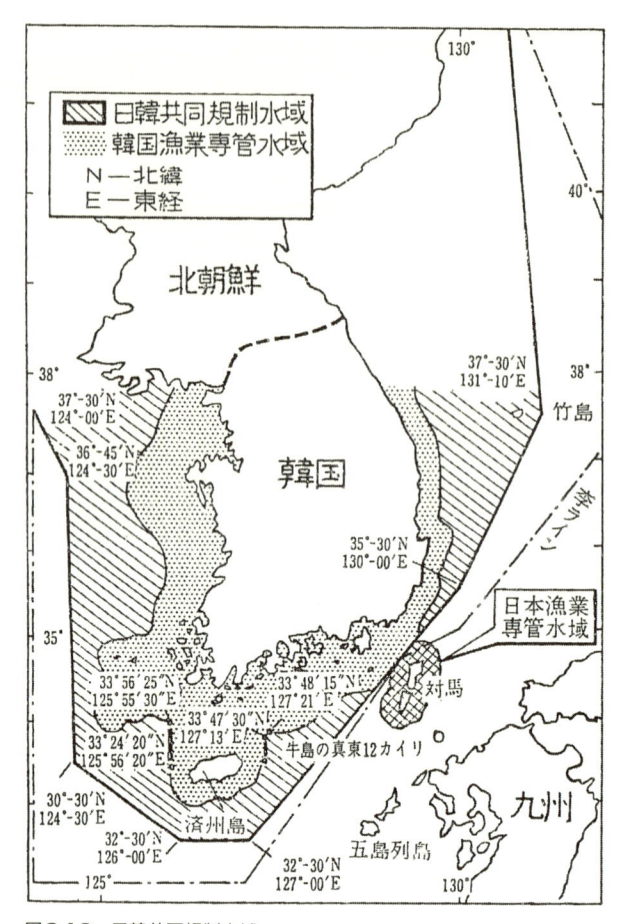

図8-19 日韓共同規制水域
(出所) ジュリスト、1965年8月1日号、20頁。

設定された規制は、資源保存上、適切かどうかの問題が残った。

最高出漁数又は統数、同時に出漁している漁船の最高限度

1　50トン未満の底びき網漁船は115隻。
2　50トン以上の底びき網漁船は、11月1日～4月30日27隻、5月1日～10月31日110隻。

3　40トン以上の網船による巻網漁船は、1月16日〜5月15日60統、5月16日〜1月15日60統。
　4　60トン以上の鯖釣り漁船は15隻。
年間漁業基準量
　共同規制水域における底びき網・巻網・60トン以上の漁船による鯖釣り漁業は、日韓それぞれ15万トンとする。日本側は1700隻を上回らないよう行政指導するが、韓国側はこの規制は負わない。また、漁業規制の適用外の60トン未満25トン以上の鯖釣り漁船について、日本側のみ175隻を上回る内容は行政指導することになった。
(5) 日韓漁業共同委員会
　設立　共同の合意により実施される漁業共同委員会が設立され、科学的調査水域の設定による規制措置について勧告することになった。日本側は、安全操業の確保を期待するところであった。

　日韓漁業協定、1965年6月22日調印、1965年12月18日発効は、以下の通りである。
　　　　日本国及び大韓民国は、
　　　両国が共通の関心を有する水域における漁業資源の最大の持続的生産性が維持されるべきことを希望し、
　　　前記の資源の保存及びその合理的開発と発展を図ることが両国の利益に役立つことを確信し、
　　　公海自由の原則がこの協定に特別の規定がある場合を除くほかは尊重されるべきことを確認し、
　　　両国の地理的近接性と両国の漁業の交錯から生ずることのある紛争の原因を除去することが望ましいことを認め、
　　　両国の漁業の発展のため相互に協力することを希望して、
　　　次のとおり協定した。
　　　第1条

1　両締約国は、それぞれの締約国が自国の沿岸の基線から測定して12海里までの水域を自国が漁業に関して排他的管轄権を行使する水域（以下「漁業に関する水域」という。）として設定する権利を有することを相互に認める。ただし、一方の締約国がこの漁業に関する水域の設定に際し直線基線を使用する場合には、その直線基線は、他方の締約国と協議の上決定するものとする。

2　両締約国は、一方の締約国が自国の漁業に関する水域において他方の締約国の漁船が漁業に従事することを排除することについて、相互に異議を申し立てない。

3　両締約国の漁業に関する水域が重複する部分については、その部分の最大の幅を示す直線を二等分する点とその重複する部分が終わる2点とをそれぞれ結ぶ直線により二分する。

第2条　両締約国は、次の各線により囲まれる水域（領海及び大韓民国の漁業に関する水域を除く。）を共同規制水域として設定する。

　（a）北緯37度30分以北の東経124度の経線
　（b）次の各点を順次に結ぶ線
　　（i）北緯37度30分と東経124度との交点
　　（ii）北緯36度45分と東経124度30分との交点
　　（iii）北緯33度30分と東経124度30分との交点
　　（iv）北緯32度30分と東経126度との交点
　　（v）北緯32度30分と東経127度との交点
　　（vi）北緯34度34分30秒と東経129度2分50秒との交点
　　（vii）北緯34度44分10秒と東経129度8分との交点
　　（viii）北緯34度50分と東経129度14分との交点
　　（ix）北緯35度30分と東経130度との交点
　　（x）北緯37度30分と東経131度10分との交点
　　（xi）牛岩嶺高頂

第3条　両締約国は、共同規制水域においては、漁業資源の最大の持続

的生産性を確保するために必要とされる保存措置が十分な科学的調査に基づいて実施されるまでの間、底びき網漁業、まき網漁業及び60トン以上の漁船によるさばつり漁業について、この協定の不可分の一部をなす附属書に掲げる暫定的漁業規制措置を実施する。（トンとは、総トン数によるものとし、船内居住区改善のための許容トン数を差し引いたトン数により表示する。）

第4条
1 漁業に関する水域の外側における取締り（停船及び臨検を含む。）及び裁判管轄権は、漁船の属する締約国のみが行ない、及び行使する。
2 いずれの締約国も、その国民及び漁船が暫定的漁業規制措置を誠実に遵守することを確保するため適切な指導及び監督を行ない、違反に対する適当な罰則を含む国内措置を実施する。

第5条 共同規制水域の外側に共同資源調査水域が設定される。その水域の範囲及びその水域内で行なわれる調査については、第6条に定める漁業共同委員会が行なうべき勧告に基づき、両締約国間の協議の上決定される。

第6条
1 両締約国は、この協定の目的を達成するため、日韓漁業共同委員会（以下「委員会」という。）を設置し、及び維持する。
2 委員会は、2の国別委員部で構成し、各国別委員部は、それぞれの締約国の政府が任命する3人の委員で構成する。
3 委員会のすべての決議、勧告その他の決定は、国別委員部の間の合意によつてのみ行なうものとする。
4 委員会は、その会議の運営に関する規則を決定し、必要があるときは、これを修正することができる。
5 委員会は、毎年少なくとも1回会合し、また、そのほかに一方の国別委員部の要請により会合することができる。第1回会議の期日

及び場所は、両締約国の間の合意で決定する。
6 　委員会は、その第1回会議において、議長及び副議長を異なる国別委員部から選定する。議長及び副議長の任期は、1年とする。国別委員部からの議長及び副議長の選定は、各年においてそれぞれの締約国がそれらの地位に順番に代表されるように行なうものとする。
7 　委員会の下に、その事務を遂行するため常設の事務局が設置される。
8 　委員会の公用語は、日本語及び韓国語とする。提案及び資料は、いずれの公用語によつても提出することができ、また、必要に応じ、英語によつても提出することができる。
9 　委員会がその共同の経費を必要と認めたときは、委員会が勧告し、かつ、両締約国が承認する形式及び割合において両締約国が負担する分担金により、委員会が支払うものとする。
10 　委員会は、その共同の経費のための資金の支出を委任することができる。

第7条
1 　委員会は、次の任務を遂行する。
　(a) 両締約国が共通の関心を有する水域における漁業資源の研究のため行なう科学的調査について、並びにその調査及び研究の結果に基づき執られるべき共同規制水域内における規制措置について両締約国に勧告する。
　(b) 共同資源調査水域の範囲について両締約国に勧告する。
　(c) 必要に応じ、暫定的漁業規制措置に関する事項につき検討し、及びその結果に基づき執られるべき措置（当該規制措置の修正を含む。）について両締約国に勧告する。
　(d) 両締約国の漁船間の操業の安全及び秩序に関する必要な事項並びに海上における両締約国の漁船間の事故に対する一般的な取

扱方針につき検討し、並びにその結果に基づき執られるべき措置について両締約国に勧告する。

(e) 委員会の要請に基づいて両締約国が提供すべき資料、統計及び記録を編集し、及び研究する。

(f) この協定の違反に関する同等の刑の細目の制定について審議し、及び両締約国に勧告する。

(g) 毎年委員会の事業報告を両締約国に提出する。

(h) そのほか、この協定の実施に伴う技術的な諸問題につき検討し、必要と認めるときは、執られるべき措置について両締約国に勧告する。

2 委員会は、その任務を遂行するため、必要に応じ、専門家をもつて構成される下部機構を設置することができる。

3 両締約国政府は、1の規定に基づき行なわれた委員会の勧告をできる限り尊重するものとする。

第8条

1 両締約国は、それぞれ自国の国民及び漁船に対し、航行に関する国際慣行を遵守させるため、両締約国の漁船間の操業の安全を図り、かつ、その正常な秩序を維持するため、及び海上における両締約国の漁船間の事故の円滑かつ迅速な解決を図るために適切と認める措置を執るものとする。

2 1に掲げる目的のため、両締約国の関係当局は、できる限り相互に密接に連絡し、協力するものとする。

第9条

1 この協定の解釈及び実施に関する両締約国間の紛争は、まず、外交上の経路を通じて解決するものとする。

2 1の規定により解決することができなかつた紛争は、いずれか一方の締約国の政府が他方の締約国の政府から紛争の仲裁を要請する公文を受領した日から30日の期間内に各締約国政府が任命する各

1人の仲裁委員と、こうして選定された2人の仲裁委員が当該期間の後の30日の期間内に合意する第三の仲裁委員又は当該期間内にその2人の仲裁委員が合意する第三国の政府が指名する第三の仲裁委員との3人の仲裁委員からなる仲裁委員会に決定のため付託するものとする。ただし、第三の仲裁委員は、両締約国のうちいずれかの国民であつてはならない。

3 いずれか一方の締約国の政府が当該期間内に仲裁委員を任命しなかつたとき、又は第三の仲裁委員若しくは第三国について当該期間内に合意されなかつたときは、仲裁委員会は、両締約国政府のそれぞれが30日の期間内に選定する国の政府が指名する各1人の仲裁委員とそれらの政府が協議により決定する第三国の政府が指名する第三の仲裁委員をもつて構成されるものとする。

4 両締約国政府は、この条の規定に基づく仲裁委員会の決定に服するものとする。

第10条
1 この協定は、批准されなければならない。批准書は、できる限りすみやかにソウルで交換されるものとする。この協定は、批准書の交換の日に効力を生ずる。
2 この協定は、5年間効力を存続し、その後は、いずれか一方の締約国が他方の締約国にこの協定を終了させる意思を通告する日から1年間効力を存続する。

(2) 日韓漁業協定の中断

日本と韓国は、1965年6月国交樹立と同時に、漁業協定を締結した。それは、漁業発展のために相互に協力するのが目的で、沿岸から12海里は排他的管轄権を有するとあった。しかし、協定の締結後、共同規制水域での混乱が続発した。竹島紛争も起こり、交渉を進める状況になく、1998年1月日本は、韓国に協定の終了を通告した。日本世論は国民感情の激化を反映したが、1月23日通告当日の

中日新聞社説は「このままでは海が涸渇する」であった。翌24日の毎日新聞社説「国民感情の悪化は避けよ」、神戸新聞社説「波立てど『共存の道』を目指せ」、沖縄タイムス社説「資源管理は関係国の責務」であった[24]。

終了通告にいたるまでの経過は、以下の通りであった。

1993年10月全漁連、200海里確立全国漁民大会開催。

1994年11月200海里確立緊急漁業代表者集会開催。

1995年3月全漁連、200海里全面適用・漁業経営危機突破全国漁民大会開催。

1996年1月全漁連、200海里確立全国漁協組合長代表者集会開催。

　　2月日本の食糧と漁業・漁村を守200海里確立全国漁民大会開催。

　　3月漁業界、韓国との合意がなされないと見做される場合は、我が国の関係法規をその1年後に全面適用と政府が合意。

　　5月日韓漁業協定の改訂交渉開始。

　　7月国連海洋法条約発効、関連の国内法施行。

1997年3月200海里確立全国漁業代表者集会開催。

　　4月自民党国際漁業問題特別委員会、7月20日までに解決できなければ協定破棄と決定。

　　6月全漁連・大日本水産界、国会議員と200海里早期完全実施を要求。

　　6月衆議院・参議院、200海里体制の早期実現に関する決議採択。

　　7月自民党国際漁業問題特別委員会、1月の日韓外相会談、9月の橋本首相の訪中で日中漁業協定締結を決断と申し合わせ。

　　7月日韓外相会談、日中外相会談開催。

　　9月日中漁業協定基本合意、11月調印。

　　11月日韓外相会談、交渉は成功せず。

1998年1月13日関係閣僚会議、韓国への終了通告を決定、21日通告方針を確認。

　　1月23日閣議、終了通告につき決定。

終了通告に先だち、日本は、国連海洋法条約の批准で、領海基線につき、

1977年領海法を改正した。それは、韓国が主張し適用してきた海域に直線基線を適用したことにあり、このため、1965年日韓漁業協定では操業可能であった海域では、韓国漁船の拿捕が起きた。韓国は、その日本の裁判管轄権は無効と主張し、日韓漁業協定は領海協定でないので、日本の行為は適法でないとした。この海域事件については、以下の3つの判決が出された[25]。

1997年8月15日松江地方裁判所浜田支部判決――漁業協定の外側で生じた事件であるから、日本の領海であっても、日本には裁判管轄権はないとした。この件は、広島高等裁判所に持ち込まれた。

1998年9月11日広島高等裁判所松江支部判決　沿岸国が自国の領海に国家主権を行使し得るのは国際法上の確立した原則である。本件が漁業水域の外側での事件であることはあり得ない。したがって、条約と法律の抵触という事態は生じていない。

1998年6月24日長崎地方裁判所判決――日韓漁業協定は日本の領海における主権行使として裁判管轄権を制限するものではない。

(3) 1998年日韓漁業協定

1994年日韓大陸棚協定の成立は、海洋秩序の再編を意味し、韓国では、新たな東海／日本海の主権管理に直面した。日本は、日中漁業協定を適用して、80海里を当事国のすべての管轄水域とする提案を行い、結局、35海里とすることで合意した。但し、独島／竹島は除外とした。1998年11月新協定が調印され、1999年1月発効した。新協定は、かくして排他的経済水域を設定し、同水域内では操業条件を定め、双方が違法操業の取締りをする権原を有することになった。竹島に関しては、双方が領有権を主張したことから、竹島を除いた海域の中間線付近に暫定水域を設け、規則に従い操業することになった。

新協定の概要は、以下の点にあった[26]。

(1) 協定の適用水域　日本及び韓国の排他的経済水域全体を適用対象とする。

(2) 沿岸国主義による水域／相互入会の措置　各締約国は、自国の排他的経済水域における資源状況を考慮して、相手国漁船に対する許可及び取締りを行

ういわゆる相互入会措置を基本とした。排他的経済水域の漁業に関する主権的権利の行使は、日韓北部大陸棚協定で定めている日韓境界線に従うことになった。

(3) 暫定水域の設定　日韓北部大陸棚協定に定める境界線より北側及び南側の水域については、竹島及び領土基点の問題もあって合意が得られなかったので、暫定水域と東シナ海の暫定水域を設けた。暫定水域においては、相手国漁船に対し漁業に関する自国の関係法令を適用しない、いわゆる旗国主義をとり、日韓漁業委員会を通じて漁業種ごとに最高操業数の設定を含む、適切な資源管理を実施していくことになった。

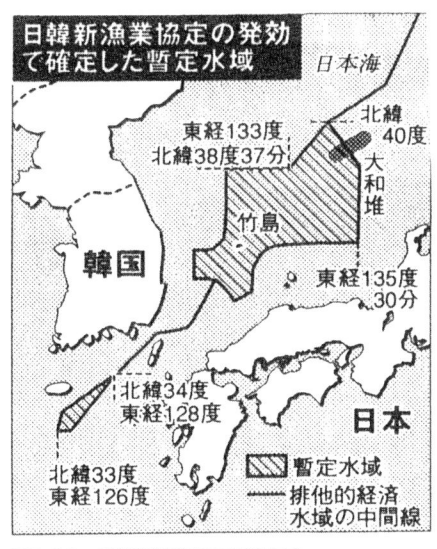

図8-20　日韓漁業協定の経済水域
(出所) 水産界、2000年3月号、22頁。

(4) 日韓漁業共同委員会　年1回開催する。
(5) 付属書　排他的経済水域の早急な画定のため、誠意を持って交渉を継続する。当該水域における海洋生物資源の維持のために、①他方の締約国の国民及び漁船に関する自国の関係法令を適用しない、②海洋生物資源の保存及び漁業種類別の漁船の最高隻数を含む適切な管理に必要な措置を、自国の国民及び漁船に対してとり、その違反が発見された場合には、他方の締約国に通報し、通報を受けた締約国は、自国母国民及び漁船に対する必要な措置をとった後、その結果を当該一方の締約国に通報する。

1998年9月25日「新たな日韓漁業協定について」の高村正彦外相の談話は、以下の通りであった。

1　今般、新たな日韓漁業協定につき基本合意したことを心から歓迎する。
2　国連海洋法条約の締約国である日韓両国は、同条約の趣旨を踏まえ、新たな漁業秩序を構築するための協議を進めてきた。その結果、日韓漁業協定が今般基本合意に至り、両国の漁業が今後長きにわたり共存していく基礎が作られた。
3　両国間の大きな懸案であった漁業問題が、金大中大統領の訪日を控えたこの時期に基本合意に至ったことは、両国が協力して困難な問題を解決する能力を有していることを示すものであり、まさに、21世紀に向けた両国のパートナーシップを構築していく上で極めて意義深いことである。

しかし、実際には、韓国漁船による暫定水域での乱獲による資源の枯渇となり、今度はさらに日本の排他的経済水域での違法操業となった[27]。

日韓漁業協定、1998年11月28日調印、1999年1月22日発効の抜萃は、以下の通りである。
　　……国連海洋法条約を基礎として、両国の間に新しい漁業秩序を確立し、両国の間の漁業の運用における協力関係を更に発展させることを希望して、
　　次のとおり協定した。
　　第1条（適用範囲）
　　　　この協定は、日本国の排他的経済水域及び大韓民国の排他的経済水域（以下「経済水域」という。）に適用する。
　　第6条（自国の排他的経済水域において相手国漁船に対してとる措置）
　　　　1　各締約国は、他方の締約国の国民及び漁船が自国の排他的経済水域において漁獲を行うときには、第3条の規定に従い自国が決定する自国の排他的経済水域における操業に関する具体的な条件及びこ

の協定の規定を遵守するよう、国際法に従い、自国の排他的経済水域において必要な措置をとることができる。
2 　各締約国の権限ある当局は、1の措置として、他方の締約国の漁船及びその乗組員を拿捕し又は抑留した場合には、とられた措置及びその後科された罰について、外交上の経路を通じて他方の締約国に迅速に通報する。
3 　拿捕され又は抑留された漁船及びその乗組員は、適切な担保金又はその提供を保証する書面を提供した後に速やかに釈放される。
4 　各締約国は、漁業に関する自国の関係法令に定める海洋生物資源の保存措置その他の条件を他方の締約国に遅滞なく通報する。

第7条（漁業に関する主権的権利を行使うる水域の境界線）
1 　各締約国は、次の点を順次に直線により結ぶ線より自国領の協定水域において漁業に関する主権的権利を行使するものとし、第2条から前条までの規定の適用上もこの水域を自国の排他的経済水域とみなす。
　　(1)　北緯32度57・0分、東経127度41・1分の点
　　(2)　北緯32度57・5分、東経127度41・9分の点
　　(3)　北緯33度1・3分、東経127度44・0分の点
　　(4)　北緯33度8・7分、東経127度48・3分の点
　　(5)　北緯33度13・7分、東経127度51・6分の点
　　(6)　北緯33度16・2分、東経127度52・3分の点
　　(7)　北緯33度45・1分、東経128度21・7分の点
　　(8)　北緯33度47・4分、東経128度25・5分の点
　　(9)　北緯33度50・4分、東経128度26・1分の点
　　(10)　北緯34度8・2分、東経128度41・3分の点
　　(11)　北緯34度13・0分、東経128度47・6分の点
　　(12)　北緯34度18・0分、東経128度52・8分の点
　　(13)　北緯34度18・5分、東経128度53・3分の点

(14) 北緯34度24・5分、東経128度57・3分の点
(15) 北緯34度27・6分、東経128度59・4分の点
(16) 北緯34度29・2分、東経129度0・2分の点
(17) 北緯34度32・1分、東経129度0・8分の点
(18) 北緯34度32・6分、東経129度0・8分の点
(19) 北緯34度40・3分、東経129度3・1分の点
(20) 北緯34度49・7分、東経129度12・1分の点
(21) 北緯34度50・6分、東経129度13・0分の点
(22) 北緯34度52・4分、東経129度15・8分の点
(23) 北緯34度54・3分、東経129度18・4分の点
(24) 北緯34度57・0分、東経129度21・7分の点
(25) 北緯34度57・6分、東経129度22・6分の点
(26) 北緯34度58・6分、東経129度25・3分の点
(27) 北緯35度1・2分、東経129度32・9分の点
(28) 北緯35度4・1分、東経129度40・7分の点
(29) 北緯35度6・8分、東経130度7・5分の点
(30) 北緯35度70・0分、東経130度16・4分の点
(31) 北緯35度18・2分、東経130度23・3分の点
(32) 北緯35度33・7分、東経130度34・1分の点
(33) 北緯35度42・3分、東経130度42・7分の点
(34) 北緯36度3・8分、東経131度8・3分の点
(35) 北緯36度10・0分、東経131度15・9分の点

2　各締約国は、1の線より他方の締約国側の協定水域において漁業に関する主権的権利を行使しないものとし、第2条から前条までの運用上もこの水域を他方の締約国の排他的経済水域とみなす。

第8条（相互入会い措置をとらない水域）

(1) 次条1に定める水域
(2) 次条2に定める水域

第9条（相互入会い措置をとらない水域の扱い）
1 次の各点を順次に直線により結ぶ線によって囲まれる水域においては、附属書Ⅰの2の規定を適用する。
   (1) 北緯36度10・0分、東経131度15・9分の点
   (2) 北緯35度33・75分、東経131度46・5分の点
   (3) 北緯35度59・5分、東経132度13・7分の点
   (4) 北緯36度18・5分、東経132度13・7分の点
   (5) 北緯36度56・2分、東経132度55・8分の点
   (6) 北緯36度56・2分、東経135度30・0分の点
   (7) 北緯38度37・0分、東経135度30・0分の点
   (8) 北緯39度51・75分、東経134度11・5分の点
   (9) 北緯38度37・0分、東経132度59・8分の点
   (10) 北緯38度37・0分、東経131度40・0分の点
   (11) 北緯37度25・6分、東経131度40・0分の点
   (12) 北緯37度8・0分、東経131度34・0分の点
   (13) 北緯36度52・0分、東経131度10・0分の点
   (14) 北緯36度52・0分、東経130度22・5分の点
   (15) 北緯36度10・6分、東経130度22・5分の点
   (16) 北緯36度10・0分、東経131度15・9分の点
2 次の各線によって囲まれる水域であって、大韓民国の排他的経済水域の最南端の緯度線以北の水域においては、附属書Ⅰの3の規定を適用する。
   (1) 北緯32度57・0分、東経127度41・1分の点と北緯32度34・0分、東経127度9・0分の点を結ぶ線
   (2) 北緯32度34・0分、東経127度9・0分の点と北緯31度0・0分、東経125度51・5分の点を結ぶ線
   (3) 北緯31度0・0分、東経125度51・5分の点と北緯30度56・0分、東経125度52・0分の点を通過する線

(4) 北緯32度57・0分、東経127度41・1分の点と北緯31度2・0分、東経127度13・0分の点を結ぶ線

(5) 北緯31度20・0分、東経127度13・0分の点と北緯31度0・0分、東経127度5・0分の点を通過する線

第10条（資源管理についての協力）　両締約国は、協定水域における海洋生物資源の合理的な保存及び管理並びに最適利用に関し相互に協力する。この協力は、当該海洋資源の統計学的な情報及び水産業資料の交換を含む。

第15条（国際法上の問題との関係）　この協定のいかなる規定も、漁業に関する事項以外の国際法上の問題に関する各締約国の立場を害するものとみなしてはならない。

附属書I

1　両締約国は、排他的経済水域の早急な境界確定のため、誠意をもって交渉を継続する。

2　両締約国は、この協定の第9条1に定める水域で海洋生物資源の維持が過度により脅かされないようにするため、次の規定に従い協力する。

(1) 各締約国は、この水域で他方の締約国の国民及び漁船に対して漁業に関する自国の関係法令を適用しない。

(2) 各締約国は、この協定の第12条の規定に基づき設置される日韓漁業共同委員会（以下「委員会」という。）における協議の結果を尊重して、この水域における海洋生物資源の保存及び漁業種類別の漁船の最高操業隻数を含む適切な管理に必要な措置を、自国の国民及び漁船に対してとる。

(3) 各締約国は、この水域でそれぞれ自国の国民及び漁船に実施している措置を他方の締約国に通報するものとし、両締約国は、委員会の自国の政府の代表を(2)の韓国のための協議に参加させるに当たってその通報された内容に十分配慮する。

(4) 各締約国は、この水域で漁獲を行う自国の国民及び漁船による漁業種類別及び魚種別の漁獲量その他の関連情報を他方の締約国に提供する。

(5) 一方の締約国は、他方の締約国の国民及び漁船がこの水域において他方の締約国が（2）の規定に従い実施する措置に違反していることを発見した場合には、その事実及び関連状況を他方の締約国に通報することができる。当該他方の締約国は、自国の国民及び漁船を取り締まるに当たり、その通報と関連する事実を確認して必要な措置をとった後、その結果を当該一方の締約国に通報する。

3　両締約国は、この協定の第9条2に定める水域で海洋生物資源の維持が過度な開発により脅かされないようにするため、次の規定に従い協力する。

(1) 各締約国は、この水域で他方の締約国の国民及び漁船に対して漁業に関する自国の関係法令を適用しない。

(2) 各締約国は、委員会の決定に従い、この水域における海洋生物資源の保存及び漁業種類別の漁船の最高操業隻数を含む必要な措置を、自国の国民及び漁船に対してとる。

(3) 各締約国は、この水域でそれぞれ自国の国民及び漁船に実施している措置を他方の締約国に通報するものとし、両締約国は、委員会の自国の政府の代表を（2）の決定のための協議に参加させるに当たってその通報された内容に十分配慮する。

(4) 各締約国は、この水域で漁獲を行う自国の国民及び漁船による漁業種類米及び魚種別の漁獲量その他の関連情報を他方の締約国に提供する。

(5) 一方の締約国は、他方の締約国の国民及び漁船がこの水域において他方の締約国が（2）の規定に従い実施する措置に違反していることを発見した場合には、その事実及び関連状況を他方の

締約国に通報することができる。当該他方の締約国は、自国の国民及び漁船を取り締まるに当たり、その通報と関連する事実を確認して必要な措置をとった後、その結果を当該一方の締約国に通報する。

附属書II

1 各締約国は、この協定の第9条1及び2に定める水域より自国領の協定水域において漁業に関する主権的権利を行使するものし、この協定の第2条から第6条までの規定の適用上もこの水域を自国の排他的経済水域とみなす。

2 各締約国は、この協定の第9条1及び2に定める水域より他方の締約国別の協定水域において漁業に関する主権的権利を行使しないものとし、この協定の第2条から第6条までの規定の運用上もこの水域を他方の締約国の排他的経済水域とみなす。

3 1及び2の規定は、次の各点を順次に直線により結ぶ線より北西側の水域の一部の協定水域には適用しない。また、各締約国は、この水域においては、漁業に関する自国の関係法令を他方の締約国の国民及び漁船に対しては適用しない。

(1) 北緯38度37・0分、東経131度10・0分の点
(2) 北緯38度37・0分、東経132度59・8分の点
(3) 北緯39度51・75分、東経134度11・5分の点

合意された議事録

日本国政府代表及び大韓民国政府代表は、本日署名された漁業に関する日本国と大韓民国との間の協定(以下「協定」という。)の関係条項に関連し、次の事項を記録することに合意した。

1 両政府は、東シナ海における円滑な漁業秩序を維持するために、緊密に協力する。

2 大韓民国政府は、協定第9条2に定める水域の設定に関連し、東シナ海の一部水域において日本国が第三国との間で構築した漁業関

係が損なわれないよう、日本国政府に対して協力する意向を有する。ただし、このことは、日本国が当該第三国と締結した漁業協定に関する大韓民国の立場を害するものとみなしてはならない。

3　日本国政府は、協定第9条2に定める水域の設定に関連し、大韓民国の国民及び漁船が、東シナ海の他の一部水域において日本国が第三国との間で構築した漁業関係の下で一定の漁業活動を行うことが可能となるよう当該第三国の政府に対して協力を求める意向を有する。

4　両政府は、協定及び両国がそれぞれ第三国と締結したか、又は締結する漁業協定についても東シナ海における円滑な漁業秩序を維持するための具体的な方策を、協定第12条に基づき設置される日韓漁業共同委員会及び当該第3国との漁業協定に基づいて設置される類似の委員会を通じて協議する意向を有する。

（大韓民国の国民及び漁船に対する漁獲割当量に関する日本側書簡）
（略）
（協定の規定に反する操業が行われた場合の措置に関する書簡）（略）

2006年4月韓国は、日本に対し海上保安庁測量船が独島周辺の排他的経済水域で海洋調査を強行すれば、あらゆる手段で阻止する、と通告した。日本は、海洋調査を実施せず、韓国も6月の国際会議で海底地名の変更提案をしないことで応じた。廬武鉉韓国大統領は、さらに日本の調査には物理的抵抗をとると強行姿勢を確認した。7月韓国国立海洋調査院は、独島周辺海域で海流調査を実施した。

7、九州西方の排他的経済水域

大陸棚の共同開発は、新たな海底油田開発の取組みとして、現実的で画期的な開発構想として提起された。この構想を実現して、1974年1月日本・韓国は、両国に隣接する大陸棚北部の境界画定協定とともに、両国に隣接する大陸棚南部共

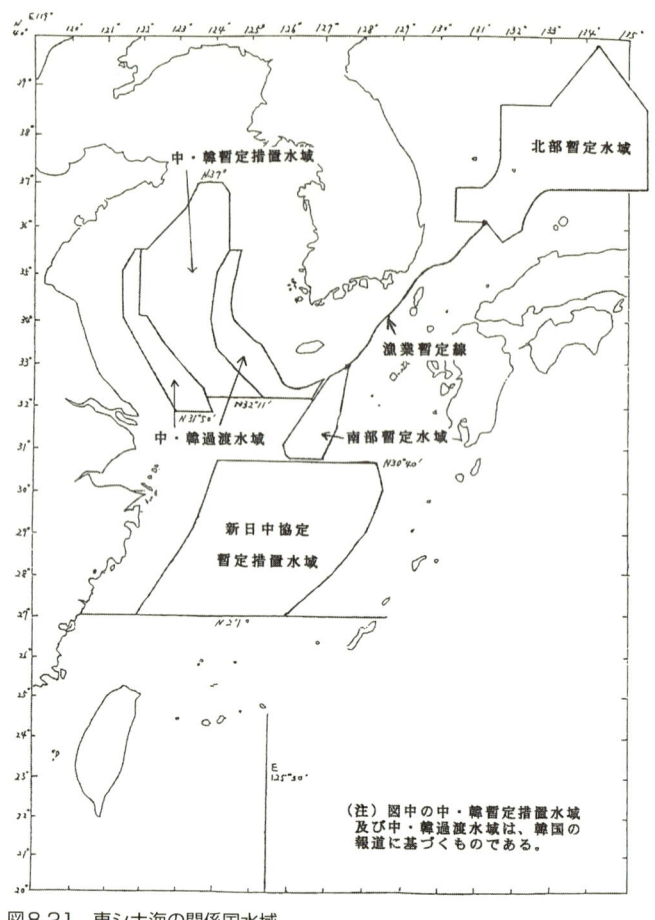

図8-21　東シナ海の関係国水域
（出所）外務省。

同開発に関する協定に調印した。

　大陸棚開発地域については、日本が中間線の境界を主張したのに対し、韓国は大陸棚の画定をめぐり多数派とされる自然延長論に立っており、少数派の理論を貫徹した日本の交渉は国際的に先駆的な意義があった[28]。日本が交渉をめぐり、日本の内部でも譲り過ぎたとの批判も強かった。しかし、日本としては、共同開

発こそ現実的な選択であるとする外交方針を貫くことが出来た。他方、日本には、韓国による一方的な開発を封じるという使命があった。そこでは、以下の議論が残り、回答が引き出された。

1、共同開発で、日本の漁業は維持できるか。法的措置は十分確立している。
2、この境界画定で中国が反発しないか。中国は自然延長論の立場にあるが、日本としては、境界線は中国との交渉の余地を残した形で、韓国との間で決着した。但し、中国は、その原則的立場を、大陸棚協定の調印後、確認した。
3、経済水域理論は、大陸棚理論に優先するのか。日本が200海里経済水域を設定しても、韓国は、この協定の対象地域である海底区域は韓国に帰属するとの大陸棚の立場は維持される。にもかかわらず、日韓協定の共同開発の権原は損なわれることはない。
4、領海12海里が適用されると、領海の拡張になり、当該地域はどうなるか。当該地域は、当然に領海の適用を受けることになり、この点では、日本、韓国に見解の相異はない。
5、共同開発の最大期間50年に混乱は生じないか。このために、探査権は8年、採掘権30年とし、それぞれ延長を認めて48年から50年と設定された。日本の鉱業権は、試掘期間2年と規定されており、2回の延長しか認められない。但し、採掘権は無期限となっている。

（1）北部境界協定

韓国は、自国領土の大陸棚の自然延長論に基づく排他的な権利を主張している。そして、韓国は、1972年に日韓中間線を越えて南側の東シナ海の大陸棚及び沖縄舟状海盆の一部に鉱区を設定した。そこで、1974年1月に日韓大陸棚協定が締結され、日韓中間線から沖縄トラフに至る九州西方の海域について共同開発区域を設定した。

この協定については、日本側の大幅な譲歩のために審議が混乱したが、1977年6月にようやく日本の国会で成立し、翌78年6月発効した。協定の期間は50

年とされているが、日本は新たに合意された共同開発には消極的で、大陸棚の石油資源の探査も進んでいない。

北部境界画定協定、1974年1月30日調印、1978年6月22日発効は、以下の通りである。

第1条

1、両国に隣接する大陸棚の北部において日本国に属する大陸棚と大韓民国に属する境界線は、次の座標の各点を順次に結ぶ直線とする。

座標1　　　北緯32度57・0分東経127度41・1分
座標2　　　北緯32度57・5分東経127度41・9分
座標3　　　北緯33度　1・3分東経127度44・0分
座標4　　　北緯33度　8・7分東経127度48・3分
座標5　　　北緯33度13・7分東経127度51・6分
座標6　　　北緯33度16・2分東経127度52・3分
座標7　　　北緯33度45・1分東経128度21・7分
座標8　　　北緯33度47・4分東経128度15・5分
座標9　　　北緯33度50・4分東経128度26・1分
座標10　　北緯34度　8・2分東経128度41・3分
座標11　　北緯34度13・0分東経128度47・6分
座標12　　北緯34度18・0分東経128度52・8分
座標13　　北緯34度18・5分東経128度53・3分
座標14　　北緯34度24・5分東経128度57・3分
座標15　　北緯34度27・6分東経128度59・4分
座標16　　北緯34度29・2分東経129度　0・2分
座標17　　北緯34度32・1分東経129度　0・8分
座標18　　北緯34度32・6分東経129度　0・8分
座標19　　北緯34度40・3分東経129度　3・1分

座標20　　　北緯34度49・7分東経129度12・1分

座標21　　　北緯34度50・6分東経129度13・0分

座標22　　　北緯34度52・4分東経129度15・8分

座標23　　　北緯34度54・3分東経129度18・4分

座標24　　　北緯34度57・0分東経129度21・7分

座標25　　　北緯34度57・6分東経129度22・6分

座標26　　　北緯34度58・6分東経129度25・3分

座標27　　　北緯35度　1・2分東経129度32・9分

座標28　　　北緯35度　4・1分東経129度40・7分

座標29　　　北緯35度　6・8分東経130度　7・5分

座標30　　　北緯35度　7・0分東経130度16・4分

座標31　　　北緯35度18・2分東経130度23・3分

座標32　　　北緯35度33・7分東経130度34・1分

座標33　　　北緯35度42・3分東経130度34・1分

座標34　　　北緯36度　3・8分東経131度　8・3分

座標35　　　北緯36度10・0分東経131度15・9分

第2条　海底下の鉱物の単一に地質構造が境界線にまたがって存在し、かつ、当該地質構造のうち境界線の一方の側に存在する部分の全体又は一部を境界線の側から採掘することができる場合には、両締約国は、当該地質構造をもっとも効果的に採掘するための方法について合意に達するよう努力する。当該地質構造をもっとも効果的に採掘するための方法に関連して両締約国で合意することができる。すべての問題は、いずれか一方の締約国の要請があったときは、第三者による仲裁に付託する。この仲裁の決定は、両締約国を拘束する。

　この北部協定は、北緯33度付近から36度付近にかけての両国大陸棚を画定したもので、対馬海峡西水道を通過しており、両国の領海基線のほぼ中間線となっている。

海洋境界の画定は、国連海洋法条約に従い等距離中間線が原則である。それにつき、日本・韓国は、立場が対立しているわけではない。但し、中国の立場は大陸棚自然延長論である。このために、境界画定をめぐって、同74年2月中国が反発した。

(2) 南部共同開発協定

　次いで、南部共同開発協定は、以下の通り、共同開発区域を設定し、そこでの共同開発手続きを設定した。

南部共同開発協定、1974年1月30日調印の抜萃は、以下の通りである。
日本国と大韓民国は、
　　両国の間に存在する友好関係を助長することを希望し、
　　両国に隣接する大陸棚の南部において共同して石油資源を探査し及び採掘することが両国に共通の利益であることを考慮し、
　　その石油資源の開発の問題について最終的な実際的解決に到達することを決意して、
　　次のとおり協定した。
　　　第1条　この協定の適用上、
　　　　(1)「天然資源」とは、石油資源（石油ガス資源を含む。）及びこれに付随して産出されるその他の地下の鉱物をいう。
　　　　(2)「開発権者」とは、いずれか一方の締約国により、当該一方の締約国の法令に基づき、共同開発区域において天然資源を探査し又は採掘することを認可された者をいう。
　　　　(3)「両締約国の開発権者」とは、共同開発区域内の同一の小区域についてそれぞれ認可された一方の締約国の開発権者及び他方の締約国の開発権者をいう。
　　　　(4)「事業契約」とは、共同開発区域において天然資源を探査し及び採掘するために両締約国の開発権者の間で締結される契約をいう。

(5)「操業管理者」とは、共同開発区域内の一の小区域につき、事業契約の下で、操業管理者として指定され及び行動する開発権者をいう。

第2条

1　共同開発区域は、次の座標の各点を順次に結ぶ直線によって囲まれている大陸棚の区域とする。

座標1　　　北緯32度57・0分東経127度41・1分
座標2　　　北緯32度53・4分東経127度36・3分
座標3　　　北緯32度46・2分東経127度27・8分
座標4　　　北緯32度33・6分東経127度13・1分
座標5　　　北緯32度10・5分東経126度51・5分
座標6　　　北緯30度46・2分東経125度55・5分
座標7　　　北緯30度33・3分東経126度　8・8分
座標8　　　北緯30度18・2分東経126度　5・5分
座標9　　　北緯28度36・0分東経127度38・0分
座標10　　北緯29度19・0分東経128度　0・0分
座標11　　北緯29度43・0分東経128度38・0分
座標12　　北緯30度19・0分東経129度　9・0分
座標13　　北緯30度54・0分東経129度　4・0分
座標14　　北緯31度13・0分東経128度50・0分
座標15　　北緯31度47・0分東経128度50・0分
座標16　　北緯31度47・0分東経128度14・0分
座標17　　北緯32度12・0分東経127度50・0分
座標18　　北緯32度27・0分東経127度56・0分
座標19　　北緯32度27・0分東経128度18・0分
座標20　　北緯32度57・0分東経128度18・0分

第5条

1　両締約国の開発権者は、共同開発区域において天然資源を共同し

て探査及び操業するために、事業契約においては、特に、次の事項について定める。

(a) 第9条の規定に基づく天然資源の分割及び費用の分担に関する詳細。
(b) 操業管理者の指定。
(c) 単独危険負担操業の取扱い。
(d) 漁業上の利益との調整。
(e) 紛争の解決。

第10条

1　この協定に基づく開発権者の権利は、探査権及び採掘権とする。

2　探査権の存続期間は、4(3)の規定が適用される場合を除くほか、事業契約の効力発生の日から8年とする。

3　採掘権の存続期間は、採掘権の設定の日から30年とする。両締約国の開発権者は、それぞれ自国に対し、更に5年間の期間の延長を申請することができる。この延長の申請は、必要に応じ、何回でも行うことができる。両締約国は、その申請があったときは、その申請を承認するかどうかを決定するため相互に協議する。

4

(1) 探査権の存続期間中に天然資源の商業的発見があつたときは、両締約国の開発権者は、それぞれ自国に対し、採掘権の設定を申請することができる。両締約国は、その申請があったときは、速やかに協議し、その申請を遅滞なく承認する。

(2) 両締約国が商業的発見があったと認めるときは、各締約国は、自国の関係開発権者に対し、採掘権の設定の申請を行うよう要請することができる。当該開発権者は、その要請を受けた後3箇月以内に採掘権の設定の申請を行わなければならない。

(3) 探査権の存続期間中に採掘権が設定されたときは、探査権の存続期間は、採掘権の設定の日に満了する。

5 一方の締約国の開発権者に変更があったときは、新たな開発権者の探査権又は採掘権の存続期間は、当初の開発権者の探査権又は採掘権の存続期間の満了の日に満了する。

6 開発権者の探査権又は採掘権は、その開発権者を認可した締約国の承認及び同一の小区域について認可された他方の開発権者の同意を得て、当該小区域の全体について移転することができる。ただし、この協定及び事業契約に基づくその開発権者の権利及び義務が、全体として移転されることを条件とする。

第12条　両締約国の開発権者は、探査権又は採掘権の設定の日から6箇月以内に操業に着手しなければならず、かつ、引き続き6箇月以上操業を停止してはならない。

第13条

1 2の規定に従うことを条件として、両締約国の開発権者は、事業契約の効力発生の日から起算して、3年以内に当初の当該小区域の25パーセント、6年以内に当初の当該小区域の50パーセント、8年以内に当初の当該小区域の75パーセントを放棄しなければならない。

2 放棄される区域の大きさ、形状及び位置並びに放棄の時期は、両締約国の開発権者の間の合意によって決定される。ただし、3の規定が適用される場合を除くほか、75平方キロメートルよりも小さい区域に分割して放棄してはならない。

3

(1) 両締約国の開発権者が1の規定に従って放棄すべき区域について合意することができない場合には、両締約国の開発権者は、当該放棄期間の満了の日に、共通して放棄が提案されている区域に加えて、それぞれ放棄が提案されている区域の50パーセントずつを、放棄される区域が全体として可能な限り単一の区域となるように、放棄する。

(2) 共通して放棄が提案されている区域がないときは、両締約国の開発権者は、それぞれ放棄が提案されている区域の50パーセントずつを放棄する。
　4　両締約国の開発権者は、2の規定に従うことを条件として、いかなる区域をも任意に放棄することができる。
　5　2の規定にかかわらず、一の開発権者は、事業契約の効力発生の日から2年が経過した後は、単独で当該小区域を全体として放棄することができる。

　南部共同開発協定は、日本と韓国が境界画定を50年間棚上げして、両国の大陸棚の主張が重複する海域を共同開発によって解決し使用するものであった。日本側は、南部についても中間線によって境界を画定すべきであるとしたが、韓国は、自らの大陸棚が九州南西部のトラフに自然延長していると主張し、さらに日本側は、国際司法裁判所への付託も提案したが、結局、共同開発の合意となった。
　その協定は、日韓中間線、日中中間線、日本を排除した中韓中間線、及び韓国の主張である大陸棚の自然延長としての自然延長論に対する日本の拒否のなかで、共同開発の操業者を1つに限定することで、管轄権の配分問題も解決され、紛争手続きを仲裁委員会へ付託することにより、選択的除外宣言で共同開発の境界協定が成立した。但し、南部対象地域では、商業的生産活動は行われていない。
　そこにおける共同開発の利点は、以下にあった。
1、共同開発は大陸棚開発をめぐる資源開発をめぐる対立を、一定の範囲において解決し、安定した状況の創出に成功したこと。
2、境界未画定の大陸棚開発の枠組みにおいて民間企業の開発参加を可能にしたこと。
3、開発の社会的・経済的効能を最大限にする仕組みを創出したこと。

　残された課題は、共同開発の対象地域の外側での処理はどうあるべきか、いいかえれば、中間線のそれぞれの側での共同開発の在り方という新たな問題が提起

された。そして、開発企業主体の国内管轄権の行使の矛盾と限界という事実が提起された。

　日本には、韓国にも中国にも自然延長論に対して中間線より日本側寄りに区域を設定したことで一方的に譲歩し、主権的権利を損なうことになったという議論が残った。一方、交渉の担い手による外国企業との提携下の日韓協力、そして日韓協力委員会の主導する共同海洋開発の推進という事前の動きも明白となり、その疑惑が指摘された[29]。現在のところ、南部協定の共同開発地域でのみ、規制の対象となるが、その外でも規制できないわけではない。

　なお、境界画定を棚上げして有効期間中に画定交渉を進める義務は否定されているが、当事国は、状況に応じて協商することが義務とされている。

　これに対し、中国は、以下の通り主張した。

　1974年4月中国外交部は、東シナ海の大陸棚は中国大陸大陸棚の延長にあるとの立場から、日韓大陸棚南部共同開発協定に関する声明を発した。

　日韓大陸棚開発協定に対する中国の無効声明、1974年4月23日は、以下の通りである。

> 　東海大陸棚は、中国大陸領土の自然延長であり、中国は、東海大陸棚に対して侵すかすべからざる主権を有している。東海大陸棚の他の国家にかかわる部分は、中国と関係国との話合いによっていかに確定するかを決めるべきものである。日本政府は、南朝鮮当局と共に、中国をさしおいて、いわゆる「日韓大陸棚開発協定」に一方的に調印したが、それは、完全に非合法であり、無効である。いかなる国家、いかなる個人も、中国政府の同意なくして、東海大陸側でかってに開発結果をとってはならない。さもなければ、それによって引き起こされるすべての結果に対して、いっさいの責任を負わなければならない。

　さらに、同年6月16日中国外交部は、大陸棚主権声明で、東中国海／東シナ海大陸棚に対する中国主権を確認し、日本・韓国の大陸棚開発を拒否した。さら

に、1978年6月中国外交部は、再び共同開発協定の批准文書交換に際し、その無効を確認した。以後、中国の横やりと3国間の対立・混乱で、共同開発は中断となった。

　南部共同開発協定については、1987年8月31日、共同開発区域と掘削義務に関する取決めを修正した大陸棚南部の共同開発協定の修正交換公文の成立で発効した。それは、1974年協定の付表にある開発区域を1987年8月31日交換公文の付表をもって代えるものであった。

　南部開発協定、1987年8月31日交換公文による修正は、以下の通りである。
　　付表
　　　第1小区域
　　　　　座標1 北緯32度57・0分東経127度41・1分
　　　　　座標2 北緯32度53・4分東経127度36・3分
　　　　　座標3 北緯32度46・2分東経127度27・8分
　　　　　座標4 北緯32度33・6分東経127度13・1分
　　　　　座標5 北緯32度10・5分東経126度51・5分
　　　　　座標6 北緯31度47・0分東経126度35・6960分
　　　　　座標7 北緯31度47・0分東経128度14・0分
　　　　　座標8 北緯32度12・0分東経127度50・0分
　　　　　座標9 北緯32度27・0分東経127度56・0分
　　　　　座標10 北緯32度27・0分東経128度18・0分
　　　　　座標11 北緯32度57・0分東経128度18・0分
　　　　　座標1 北緯32度57・0分東経127度41・1分
　　　第2小区域
　　　　　座標1 北緯31度47・0分東経126度35・6960分
　　　　　座標2 北緯30度46・2分東経125度55・5分
　　　　　座標3 北緯30度46・2分東経127度22・5569分
　　　　　座標4 北緯31度47・0分東経127度38・6139分

座標1 北緯31度47・0分東経126度35・6960分
第3小区域
　座標1 北緯31度47・0分東経127度38・6139分
　座標2 北緯30度46・2分東経127度22・5569分
　座標3 北緯30度46・2分東経129度5・1187分
　座標4 北緯30度54・0分東経129度4・0分
　座標5 北緯31度13・0分東経128度50・0分
　座標6 北緯31度47・0分東経128度50・0分
　座標1 北緯31度47・0分東経127度38・6139分
第4小区域
　座標1 北緯30度46・2分東経125度55・5分
　座標2 北緯30度33・3分東経126度0・8分
　座標3 北緯30度18・2分東経126度5・5分
　座標4 北緯29度18・5378分東経127度0・0分
　座標5 北緯30度46・2分東経127度22・5569分
　座標1 北緯30度46・2分東経125度55・5分
第5小区域
　座標1 北緯30度46・2分東経127度22・5569分
　座標2 北緯30度0・0分東経127度10・5854分
　座標3 北緯30度0・0分東経128度52・5772分
　座標4 北緯30度19・0分東経129度9・0分
　座標5 北緯30度46・2分東経129度5・1187分
　座標1 北緯30度46・2分東経127度22・5569分
第6小区域
　座標1 北緯30度0・0分東経127度10・5854分
　座標2 北緯29度18・5378分東経127度0・0分
　座標3 北緯28度36・0分東経127度38・0分
　座標4 北緯29度19・0分東経128度0・0分

座標5 北緯29度43・0分東経128度38・0分
座標6 北緯30度0・0分東経128度52・5772分
座標1 北緯30度0・0分東経127度10・5854分

　韓国は、1999年済州島南方150キロの海中岩礁、離於島をめぐる対立が中国との間で激化した。韓国は、2009年に国連大陸棚限界委員会に大陸棚の延長を提出した。この地域は、日韓大陸棚協定の共同開発区域で、韓国国土のほぼ2割、1万9000平方キロの区域で、その境界の設定については、当事国間の合意が必要となっている。同地域の海底資源、天然ガス及び石油の存在は既に確認済である。2012年7月5日朝鮮日報は、政府がかかる大陸棚拡張を国連大陸棚限界委員会に正式に提出すると決定した、と報じた。この東シナ海大陸棚は、韓国大陸棚の外部にあって、沖縄トラフの一部であるが、済州島海域である。そこでは、新たな東シナ海資源戦争の再燃となるのは必然であろう。

　この大陸棚の拡張が認められれば、200海里の外でも、海底資源の探査・開発が可能となる。日本は、中国や韓国との間で中間線を境界とするよう主張してきた。中国は、大陸棚の拡張を既に2012年12月14日国連大陸棚限界委員会へ提出した。韓国は12月27日大陸棚拡張文書を提出した。その韓国の要求は中国に対抗して自国の海洋権益を国際社会にアピールする狙いが大きいと解されるものの、東シナ海における大陸棚戦争は新しい段階に入った。日本は韓国と共同開発区域を設定しているが、それも機能しているとはいえない。中国は、日本の中間線設定を無視する事態を進行させている。

8、沖縄西方の排他的経済水域

　沖縄西方は沖縄トラフで、東シナ海の最も深い海域である。九州の西方から台湾島の北方まで、南西諸島・琉球諸島の西方に沿った円弧状の長さ1000キロメートル、幅100キロメートルの細長い海底の窪みで、最も深い部分は2200メートルに達する。沖縄トラフは、地質学では背弧海盆と呼ばれる。この沖縄トラフ

（海底の溝）は、沖縄世界の中心にあった。なお、尖閣諸島は、沖縄本島からみて沖縄トラフの反対側に位置する。

(1) 中国の沖縄トラフ要求

中国は、沖縄トラフを自国の大陸棚権原の外縁と解しており、大陸棚自然延長論に基づき、2000年代以降、その日中中間線を東方に大きく拡大して、沖縄諸島西方の沖縄トラフまでが排他的経済水域に含まれる、と主張している。これに対して、日本は、国連海洋法条約の関連規定に基づき等距離・中間線の原則に従う排他的経済水域を主張している。

外務省文書『東シナ海における資源開発に関する我が国の法的立場』2006年11月は、以下の通りである。

    1

        日中双方は、国連海洋法条約の関連基底に基づき、領海基線から200海里までの排他的経済水域及び大陸棚の権原を有している。東シナ海をはさんで向かい合っている日中それぞれの領海基線の間の距離は400海里未満であるので、双方の200海里の排他的経済水域及び大陸棚が重なり合う部分について、日中間の合意により境界を画定する必要がある。国連海洋法条約の関連規定及び国際判例に照らせば、このような水域において境界を画定するに当たっては、中間線を基に画定することが衡平な解決となるとされている。

        （注：1海里1.852キロメートル、200海里＝370キロメートル）

    2

      (1) これに対して、中国側は、東シナ海における境界画定について、大陸棚の自然延長、大陸と島の対比などの東シナ海の特性を踏まえて行うべきであるとしており、中間線による境界画定は認められないとした上で、中国側が想定する具体的な境界線を示すことなく、大陸棚について沖縄トラフまで自然延長している旨主

張している。

(2) 他方、自然延長論は、1960年代に、隣り合う国の大陸棚の境界画定に関する判例で用いられる等、過去の国際法においてとられていた考え方である。1982年に採択された国連海洋法条約の関連規定とその後の国際判例に基づけば、向かい合う国同志の間の距離が400海里未満の水域において境界を画定するに当たっては、自然延長論が認められる余地はなく、また、沖縄トラフ（海底の溝）のような海底地形に法的な意味はない。したがって、大陸棚を沖縄トラフまで主張できるとの考えは、現在の国際法に照らせば根拠に欠ける。

3

　このような前提にたってこれまで、我が国は、境界が未画定の海域では少なくとも中間線から日本側の水域において我が国が主権的権利及び管轄権を行使できることで当然との立場をとってきた。これは中間線以遠の権原を放棄したということではなく、あくまでも境界が画定されるまでの間はとりあえず中間線までの水域で主権的権利及び管轄権を行使するということである。したがって、東シナ海における日中間の境界画定がなされておらず、かつ、中国側が我が国の中間線にかかる主張を一切認めていない状況では、我が国の領海基線から200海里までの排他的経済水域及び大陸棚の権原を有しているとの事実に何ら変わりはない。

中国は、日中中間線以西において、2000年代以降、天然資源開発に着手した。このため2008年日・中両国は、共同開発に合意し、具体的な合意を煮詰めることになった。しかし、中国は、その実務交渉に極めて消極的で、一方的に鉱区開発を増進している。

日本は、2012年9月、中国が国連大陸棚限界委員会の沖縄トラフの大陸棚延伸問題を持ち込んできても、これまでは「尖閣諸島に領有権は存在しない」との立

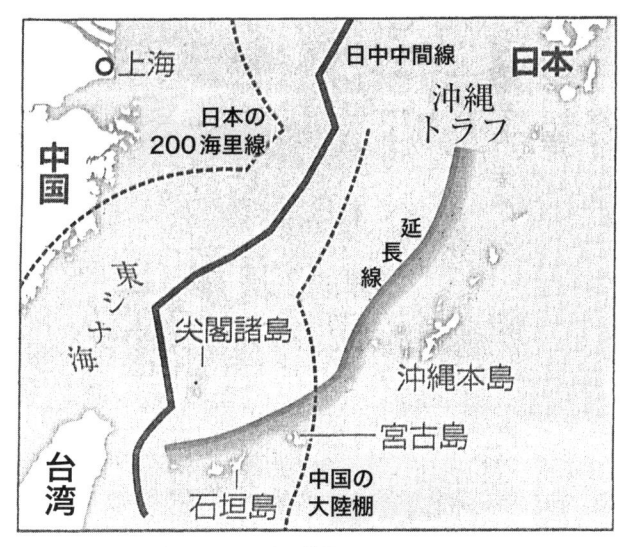

図8-22　東シナ海をめぐる日中の境界

場で反論を差し控えてきたが、これに反論する方針を決定した。

　2012年12月14日中国は、国連大陸棚限界委員会に東シナ海の大陸棚は中国の沿岸から200海里を超えて沖縄トラフまでの延伸をもとめる境界画定の要求を提出した。中国は、日本の尖閣諸島国有化直後の同年9月、大陸棚の延伸を求める案を正式に提出すると発表した。同案は、「地形と地質的な特徴から東海の大陸棚は中国の陸地から自然に延びたもので、沖縄トラフはその終点にある」と申し立てた。これによる中国の狙いは、大陸棚の延長による排他的経済水域の拡大延長、及び尖閣諸島水域の囲い込みにあった。

(2) 1955年日中漁業協定

　日本の中国侵略戦争が終わり、一方、中国は国共内戦に直面した。新中国が樹立され、米国の中国封じ込めが続くなか、日本では、1954年11月日中漁業協議会が発足し、1955年1月〜4月の民間交渉で、第1次日中漁業協定が成立した。

　日中漁業協定は、黄海・東海／東シナ海の一定海域における漁撈問題における

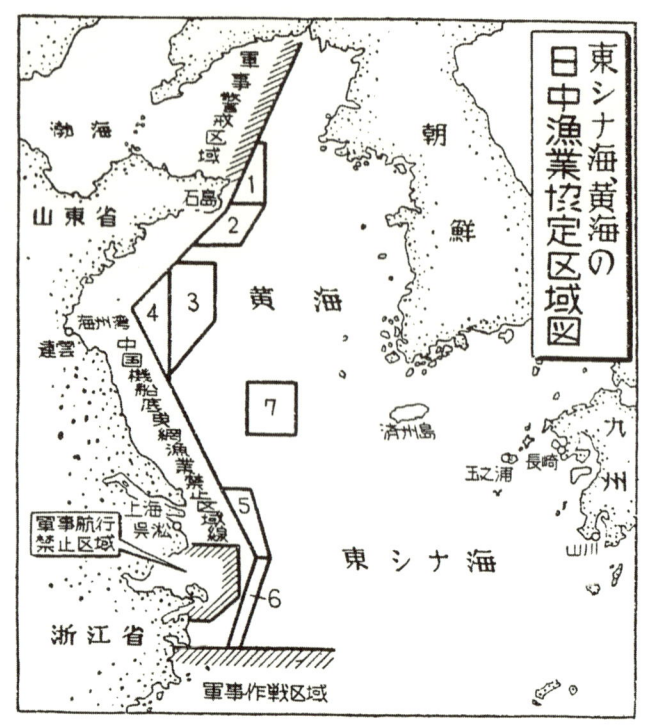

図8-23 日中漁業協定の適用水域、1955年
（出所）ジュリスト、1955年6月15日号、29頁。

操業秩序の維持、緊急時における漁船の寄港及び海難援助、漁業資料の交換及び技術交流が主題であった。締約者は、日本の日中漁業協議会と中国漁業協会で、協定は、両国の正常な関係が回復されていないため、暫定的民間協定で限定的なものであった。双方の間では、主張の対立があったが、対立回避の合意をみた[30]。

漁業協定の内容は、以下の通りであった。
1、南シナ海／東海及び黄海に6つの協定漁区を設定し、それぞれ制限期間を設ける。この協定は、この協定海域における航行を制限するものでない。
2、漁区における一定の機船底曳漁船の最高隻数を定める。

3、相互の操業の安全を図り、秩序を維持する措置をとる。
4、双方は、漁業資源を保護し、漁業生産を発展させるために、漁業の調査・研究及び技術的改善の資料を交換する。
5、協定の有効期間は1年である。実際、1964年まで継続された。
6、双方の漁協は、協定の第9条で、自国政府に対し、日中漁業問題の解決について速やかに会談を行い、漁業協定を締結するよう求めた。
7、軍事地域あるいは演習地域など除外地域につき中国が通告し、それを理解する形で、その地域への日本の立入りが除外された。

日中東海・黄海漁業協定、1955年4月15日調印、6月13日発効は、以下の通りである。

　　　日本国の日中漁業協議会と中華人民共和国の中国漁業協会（以下双方「漁協」と略称する）の委任を受けた代表全員は、平等互恵、平和共存の原則にもとづき、黄海・東海の漁場を合理的に利用し、漁業資源を保護し、双方漁船の操業中の紛争を避け、これによって日中両国漁業界の友好協力を増進するため、協議の結果、次の通り協定した。

　第1条　本協定を適用する海域（以下「協定海域」と略称する）は、北緯39度46分48秒・東経124度10分の点、北緯37度20分・東経23度3分の点、北緯36度48分10秒・東経122度43分の点、北緯35度11分・東経120度38分の点、北緯30度44分・東経123度23分の点、北緯29度・東経122度45分の点を、順次に連ねて生ずる線の以東、北緯29度以北の黄海・東海の公海とする。

　第2条
　　1　双方漁協は、協定海域の6つの漁区について、それぞれ一定の期間内、日中双方の機船底曳網漁船（トロール漁船を含む、以下同じ）の実際に漁獲に従事する最高の隻数を規定するものとする。その方法は附属書第1号の通りとする。
　　2　本条の規定は、協定海域における航行を制限するものではない。

第3条　日中双方の機船底曳網漁船は、機船底曳網漁船相互間または機船底曳漁船と他種漁船との間の海上における操業の安全をはかり、正常なる秩序を維持するため、附属書第2号の規定を遵守するものとする。

第4条
　1　日中双方機船底曳網漁船が、海難その他不可抗力による災害に遭遇し、または乗組員の重傷、急病により緊急避難もしくは救助の必要ある場合は、双方漁協および漁場にある機船底曳網漁船は、出来る限りその支援と救助に努めるものとする。
　2　双方の機船底曳網漁船は、緊急事故により、相手側の港に寄港する必要ある場合は、附属書第3号の規定を遵守するものとする。

第5条　双方漁協は、漁業資源を保護し、双方の漁業生産を発展させるため、漁業の調査研究および技術改善に関する資料を交換する用意がある。その方法は附属書第4号の通りとする。

第6条
　1　一方の機船底曳網漁船は、相手側の機船底曳網漁船が第1条の規定に違反する行為を発見した場合、その所属側の漁協を通じて相手側の漁協に対し、これを処理するよう通知するものとする。通知を受けた側の漁協は第2条の規定に違反した機船底曳網漁船に対し、警告その他の処分を加え、その処理の結果を相手側の漁協に通知するものとする。
　2　日中双方の機船底曳網漁船相互間、または機船底曳網漁船と他種漁船との間で、紛争の発生した場合は、出来得る限り現場において話合いの上解決するものとする。もし現場において解決困難の場合は、それぞれその所属側の漁協にこの旨を報告し、双方漁場がその実際の状況を調査した上解決するものとする。
　3　一方の機船底曳網漁船が第3条の規定に違反して、相手側の機船底曳網漁船または他種漁船に損害を与えた場合は、双方の漁船は、

それぞれその所属側の漁協にこの旨を報告し、双方漁協は、実際の状況を調査したのち、これを処理するものとする。

第7条　本協定の附属書は、協定本文と同等の効力を有するものとする。

第8条　本協定は、双方漁協が責任をもって、これを施行するものとする。

第9条　双方漁協は、それぞれ自国政府に対し、日中漁業問題の解決について速かに会談を行い、日中両国の間に漁業協定を締結するよう促すことに努めるものとする。

第10条

1　本協定は、署名の日より起算し、第60日から効力を発生するものとする。

2　双方は、署名の日より45日以内に必要な手続および準備を終り、相互に通知するものとする。

第11条　本協定の有効期間は、効力発生の日より1カ年とする。

（附属書第1号）漁区の呼称、位置、定めた期間および漁船の数に関する規定

本協定第2条にもとづき、6つの漁区の呼称、位置、定めた期間および双方機船底曳網漁船の実際の漁獲に従事する隻数を次の通り規定する。

第1漁区

1　漁区の位置は、北緯38度・東経123度22分の点、北緯38度・東経123度30分の点、北緯37度・東経123度30分の点、北緯37度・東経122度48分の点、北緯37度20分・東経123度3分の点を順次に連ねて再び起点に至るまでの線に囲まれた海域とする。

2　定めた期間は、3月1日より4月30日まで、および11月1日より12月15日までとする。

3　漁船の数は、日本漁船46隻、中国漁船112隻とする。

第2漁区
  1　漁区の位置は、北緯37度・東経122度48分の点、北緯37度・東経123度30分の点、北緯36度15分・東経123度の点、北緯36度15分・東経122度1分の点、北緯36度48分10秒・東経122度43分の点を順次に連ねて再び起点に至るまでの線に囲まれた海域とする。
  2　定めた期間は、2月1日より3月31日まで、および12月16日より翌年1月15日までとする。
  3　漁船の数は、日本漁船60隻、中国漁船150隻とする。

第3漁区
  1　漁区の位置は、北緯36度・東経121度40分の点、北緯36度・東経122度30分の点、北緯35度・東経122度30分の点、北緯34度・東経1321度30分の点、北緯35度52分・東経121度30分の点を順次に連ねて再び起点に至るまでの線に囲まれた海域とする。
  2　定めた期間は、8月1日より10月31日までとする。
  3　漁船の数は、日本漁船80隻、中国漁船40隻とする。

第4漁区
  1　漁区の位置は、北緯35度52分・東経121度30分の点、北緯33度48分・東経121度30分の点、北緯35度11分・東経120度38分の点を順次に連ねて再び起点に至るまでの線に囲まれた海域とする。
  2　定めた期間は、4月1日より10月31日までとする。
  3　漁船の数は、日本漁船50隻、中国漁船50隻とする。

第5漁区
  1　漁区の位置は、北緯32度・東経122度37分の点、北緯32度・東経123度15分の点、北緯30度44分・東経123度40分の点、北緯30度44分・東経123度23分の点を順次に連ねて再び起点

に至るまでの線に囲まれた海域とする。
　2　定めた期間は、5月1日より7月31日まで、および11月1日より11月30日までとする。
　3　漁船の数は、日本漁船70隻、中国漁船100隻とする。
第9漁区
　1　漁区の位置は、北緯30度44分・東経123度23分の点、北緯30度44分・東経123度40分の点、北緯29度・東経123度の点、北緯29度・東経122度45分の点を順次に連ねて再び起点に至るまでの線に囲まれた海域とする。
　2　定めた期間は、3月1日より4月30日まで、および10月1日より11月30日までとする。
　3　漁船の数は、日本漁船70隻、中国漁船44隻とする。
　本規定記載の漁船数は、機船底曳網漁船1隻をもって計算単位とし、トロール漁船1隻を機船底曳網漁船2隻と換算する。
（附属書第2号）　漁船の操業秩序に関する規定
　本協定第3条にもとづき、日中双方の機船底曳網漁船（以下双方『機船』と略称する）の相互間または機船と他種漁船との間の海上における操業の安全をはかり、正常な秩序を維持するため、国際航行に関する一般慣例を遵守する他、左の規定に従うものとする。
　1　標識および信号……
　2　操業中の遵守事項
　　（1）　双方機船は、曳網中の機船の正船首前方において、投網、投錨または該機船の操業を妨害する行為をしてはならない。
　　　……
　6　双方の機船は、操業の安全をはかるため、航行または漁撈中の当直見張および慣習上の予防措置を怠ってはならない
（附属書第3号）　漁船が緊急事故により寄港する際および海難救助後の処理方法に関する規定

（附属書第4号）漁業資料の交換および技術の交流に関する規定

往復書簡　中国漁業協会代表団より　日本の日中漁業協議会代表団あて

　中華人民共和国の中国漁業協会代表団は、中華人民共和国政府の指示にもとづき、ここに日本国の日中漁業協議会代表団に次の事項を通知いたします。
1　中華人民共和国政府は、国防の安全と軍事上の必要により、中国沿岸一帯の海域について次の諸事項を規定いたしました。
　（1）北緯39度46分48秒・東経124度10分の点から北緯37度20分・東経123度3分の点に至るまで連ねて生ずる線以西の海域は軍事警戒区域であり、中国政府の関係部門の許可がなければ、日本漁船はこの区域に入ることはできません。
　（2）北緯31度・東経122度の点、北緯30度55分、東経123度の点、北緯30度・東経123度の点、北緯29度30分・東経122度30分の点、北緯29度30分・東経122度の点、この5つの点を連ねて生ずる線に囲まれた海域は航行禁止の軍事区域であり、日本漁船がこの区域内に立ち入る事は禁じられています。
2　北緯29度以南、台湾周辺をふくむ中国大陸沿岸以東の海域は、今なお軍事作戦の行動が行われている状況の下にあるので、日本漁船がこの海域に入って操業をしないよう、特に勧告いたします。もし、日本漁船がこの海域に入って操業したならば、それによって生ずる一切の結果については、当該漁船自らが責任を負わなければなりません。
3　中華人民共和国政府は中国沿岸の漁業資源を保護するため、北は北緯37度20分・東経123度3分の点から、北緯36度48分10秒・東経122度43分の点、北緯35度11分・東経120度38分の点、北緯30度44分・東経123度23分の点、北緯29度・東経

122度45分の点に至るまでの5つの点を連ねて生ずる線以西の海域を機船底曳網漁業禁止区域と規定しており、中国の機船底曳網漁船がこの区域で漁撈をする事は禁止されています。同時に、日本の機船底曳網漁船もこの区域に入って漁撈をしてはなりません。

　ここに、中国漁業協会代表団は、日本の日中漁業協議会代表団に対し、同代表団が、前述の通知事項について最も深い注意を払い、日本の日中漁業協議会をして有効措置をとらしめ、すべての日本漁船が前述の規定を遵守することを保証するよう要請します。

日中漁業協議会代表団より 中国漁業協会代表団あて

　日本国の日中漁業協議会代表団は1955年4月15日、北京において締結された「日本国の日中漁業協議会と中華人民共和国の中国漁業協会との黄海・東海の漁業に関する協定」に附随して発せられた、1955年4月15日附の貴翰に対し、左の如く回答致します。

1、左記3つの軍事区について、我が代表団は、貴国政府の措置が、国籍の如何に拘らず総ての船舶に対し適用され、特に日本漁船のみを対象とするものではないとの理解のもとに、

　(1) 北緯39度46分48秒・東経124度10分の点、北緯37度20分・東経123度3分の点を連ねて生ずる線以西の軍事警戒区域については、貴国政府の関係部門の承認なくしては、日本漁船は立入らぬ事とします。

　(2) 北緯31度・東経122度の点、北緯30度55分・東経123度の点、北緯30度・東経123度の点、北緯29度30分・東経122度30分の点、北緯29度30分・東経122度の点の5つの点を連ねて生ずる線に囲まれた軍事航行禁止区域については、日本漁船は立入らぬ事とします。

　(3) 北緯29度以南の軍事作戦区域については、貴代表団の勧告

の趣旨を諒とし、その旨を日本漁船に周知徹底させます。

2、貴国政府が、中国沿海の漁業資源を保護する目的を以て、北緯37度20分・東経123度3分の点、北緯36度48分10秒・東経122度43分の点、北緯35度11分・東経120度38分の点、北緯30度44分・東経123度23分の点、北緯29度・東経122度45分の点の5つの点を連ねて生ずる線以西の機船底曳網漁禁止区域については、我が代表団は一国の国内法が、公海において、直ちに他国民を拘束することは出来ないものであると理解するものであるが、貴国政府が機船底曳網漁業禁止区域を設定した趣旨に注意を払い、日本機船底曳網漁船が右禁止区域において操業しないよう、自主的に制止することを約束します。

　我が代表団が貴代表団の勧告にもとづき、右措置を表明したのは、黄海・東海漁場における日中双方漁船の平和共存を保障し、日中友好の増進を念願する為であります。

貴代表団は我が代表団の右念願が達成されるよう、あらゆる有効な御協力を特に希望するものであります。

備忘録

　中国漁業協会代表団より　日本の日中漁業協議会代表団あて

　黄海中部における北緯34度・東経123度の点、北緯34度・東経124度の点、北緯33度・東経124度の点、北緯33度・東経123度の点を連ねて生ずる線に囲まれた海域は、キグチの密集する場所であり、毎年の10月、11月ならびに翌年の1月、2月等の4カ月間中国からは常におよそ80組の機船底曳網漁船が同漁場において操業し、又これと同じ時期に、日本からも多くの機船底曳網漁船が、この漁場において操業をおこなっています。それで中国漁業協会代表団は会談の過程において、中日双方の漁船の競合の激しい漁場に合理的な按配をおこなうという原則にもとづき、同海域を1つの漁区として区画し、

この漁場およびその盛漁期における双方の操業船数を合理的に限定するようにと再三提案しました。

しかし、貴方代表団は、同海域で操業する日本の機船底曳網漁船はおよそ50組であり、中日双方の漁船で激しい競合は起らない等の理由を再三表明して同海域を1つの漁区として区画する事に同意しませんでした。同時に貴方代表団は、同海域において、中国漁業界の利益を考慮に入れ、漁場を独占せず、中国漁船の操業を排斥しないことを約束すると表明しました。上にのべたような状況にもとづき、わが方代表団は日本漁業界との友好協力の願いから出発し、黄海・東海における中日双方の漁業問題の速やかな協議達成を促すため、暫時同海域を一つの漁区として区画しなくても良いと考えるに至りました。

同海域の漁業資源を保護し、漁業上の紛争をさけるため、わが方は貴方代表団に対し、同海域に対するわが方代表団の見解に注意を払い、貴方漁船が同漁場において、中国漁船を排斥するような事が起らないよう適切な措置をとるよう希望すると共に、貴方漁船の乗組員にこの度の中日双方の民間漁業団体によって調印された協定の附属書第2号「漁船の操業秩序維持に関する規定」を確実に遵守するよう通告し、それによって、中日両国漁業界の友好と協力の増進をはかるよう希望いたします。

日中漁業協議会代表団より 中国漁業協会代表団あて

このたびの漁業会談において、貴方代表団が最後まで熱心に主張されたにかかわらず、日本代表団の反対によって決定を見なかった問題について、話合の経過を備忘録として交換したいという、貴方代表団の提案にもとづき、日本代表団は以下の如き見解を表明致します。

日本代表団は、このたび貴方代表団との友好的な会談を通じて、相互に理解を深めると共に、幾つかの重要な問題についての一致を見ました。それは、漁業資源を保護し、漁場を合理的に利用し、紛争を避けつつ生産の発展をはかることが、両国漁業界の利益と繁栄に合致す

るという見解から、双方の間で、当面必要な、具体的かつ実行可能な方法を決定したものであります。

　しかし、日本代表団は、黄海・東海の中部の北緯34度・東経123度の点、北緯34度・東経124度の点、北緯33度、東経124度の点、北緯33度・東経123度の点を結んで囲まれた水域において、一定の期間に限り、双方のトロール漁船および機船底曳網漁船（以下単に「漁船という」）の操業船数を、相互に自発的に限定したいという、貴方代表団の提案については、遺憾ながら同意致しかねたのであります。それについては、日本代表団は次の如く主張しました。

　同方面の水域は、広い区域に亘る普遍的な漁場であるから、盛漁期であっても両国漁船の競合することはすくない。さらにこのたびの会談の結果、両国漁船の友好的な操業が可能になり、また日本漁業界に協定の趣旨が徹底すれば、日本漁船は漁場の選択に一層注意を払い、それぞれの漁場に広く分散することが予想される。

　諸般の状況から判断して、今後日本の漁船が前記水域で同時に操業する数は、50組乃至60組の程度であると思われるが、同方面の漁場の状態から見て、日本漁船が狭い区域に過度に集中するとは考えられない。従って、日本代表団は、貴方代表団の言われる如く、日本漁船が同水域の漁場を独占したり、中国漁船の操業を排斥したりするような事態は、事実上起らないと信ずる。

　これに対して貴方代表団は次の如く主張されました。

　日本代表団は5、60組と言われるが、過去において日本漁船は一時に100組以上同水域で操業した事実がある。同水域は中国にとっても極めて重要な漁場であり、10月、11月および翌年1月、2月の4カ月には、70組乃至100組の中国漁船が出漁する。従って双方が何等の制限も加えないならば、必ず両国漁船が激しく競合し、競合による紛争発生の懸念があるのみでなく、中国漁船は優秀な日本漁船に圧倒され、その生産を遂行出来なくなる。このような懸念を無くするため、

これを1つの漁区として区画し、双方漁船の数を合理的に按配すべきである。

しかしながら、日本代表団は、前述の理由および国際的な影響を考慮して、これに同意し得なかったのであります。勿論日本政府代表団は、日中両国漁業界の友好増進の立場から、貴方提案の趣旨に充分の注意を払って居ります。

更に日本代表団は、協定の附属書第2号、即ち「漁船の操業秩序維持に関する規定」を確実に遵守することにあらゆる努力を払うことを、特に申し添えます。同時に日本代表団は、単に前記の水域のみでなく広く黄海・東海のすべての漁場において、日中両国の漁船が、相互に信義誠実を旨として、操業上の規律を守り、秩序を維持することを信じて疑いません。日本代表団は、このたびの会議の経過に鑑み、貴方代表団と協力し、会談の成果を一層有意義なものとするよう、熱望するものであります。

(3) 1975年日中漁業協定

1972年に日中国交が回復し、日中共同宣言第9項で、「貿易・海運・航空・漁業に関する協定の締結のための交渉の合意」が明記され、1975年8月15日日中漁業協定が締結された。

1955年漁業協定では、漁業資源の利用及び保存制度が維持され、内容的には、1965年協定とは基本的に変わっていない。但し、日本漁業の中国漁業に対する圧倒な優位を前提とした形で協定は締結されており、日本漁船の中国沿岸における活動に対して厳しい制限が設けられるところとなった[31]。

協定の内容は、以下の通りであった。

1、黄海・東海/東シナ海に協定水域を設け、資源管理及び操業秩序に関して実効的な措置をとる。
2、違反船舶の扱いは、1955年協定と同様とする。
3、日中漁業共同委員会を設けて、協定の実施状況を年1回検討する。

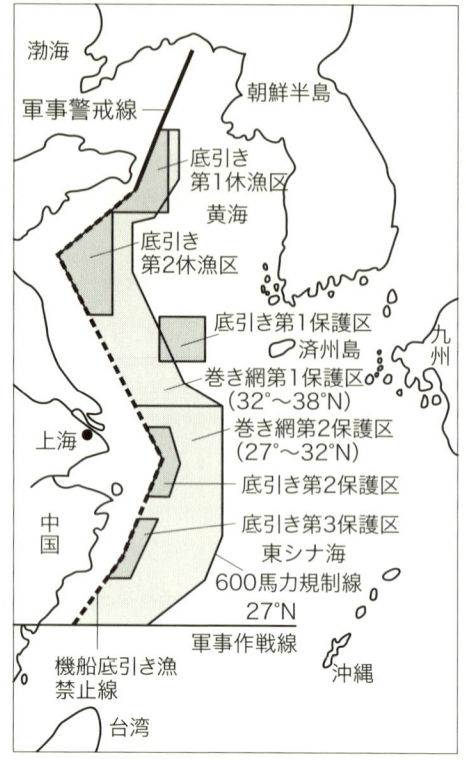

図8-24 日中漁業協定の規制適用水域、1975年
（出所）外務省資料。

　日本は、1977年漁業水域暫定措置法で日本の基線から200海里の範囲における日本の管轄権を設定し、外国漁船による漁獲を取り締まることになった。それで、同法は、日本海及び東シナ海においては、その適用を除外した。これは、日中漁業協定及び日韓漁業協定に基づく資源管理が比較的円滑に実施されていることへの配慮にあった。
　さらに、日中漁業協議会と中国漁業協議会の間で、同75年9月22日漁業の安全操業に関する議定書が調印された。

日中漁業協定1975年8月15日調印、12月22日発効の抜萃は、以下の通りである。

　日本国政府及び中華人民共和国は、

　1972年9月29日に北京で発出された両国政府の共同声明に基づき、

　黄海・東海の漁業資源を保存し及び合理的に利用するため並びに海上における正常な操業の秩序を維持するため、

　友好的な協議を経て、

　次のとおり協定した。

　第1条

　　1　この協定が適用される水域（以下「協定水域」という。）は、次に規定する黄海・東海の水域（領海部分を除く。）とする。

　　　（1）次に掲げる各点を結ぶ直線以東

　　　　（i）北緯39度45分、東経124度9分12秒の点

　　　　（ii）北緯37度20分、東経123度3分の点

　　　（2）次に掲げる各点を順次に直線で結ぶ線以東

　　　　（i）北緯37度20分、東経123度3分の点

　　　　（ii）北緯36度48分10秒、東経122度44分30秒の点

　　　　（iii）北緯35度11分、東経120度38分の点

　　　　（iv）北緯30度44分、東経123度25分の点

　　　　（v）北緯29度、東経122度45分の点

　　　　（vi）北緯27度30分、東経121度30分の点

　　　　（vii）北緯27度、東経121度10分の点

　　　（3）北緯27度の線以北

　　2　この協定のいかなる規定も、海洋に関する管轄権についての両締約国のそれぞれの立場を害するものとみなしてはならない。

　第2条　両締約国は、漁業資源を保存し及び合理的に利用するため、協定水域における機船による漁業に関し、この協定の附属書Iに規定する措置をとる。

第3条

1　いずれの一方の締約国も、自国の機船がこの協定の附属書Iの規定を誠実に遵守することを確保するため及び違反事件の発生を防止するため、自国の機船に対して適切な指導及び監督を行い、並びに違反事件を処理する。

2　いずれの一方の締約国も、他方の締約国に対し、当該地方の締約国の機船がこの協定の附属書Iの規定に違反した事実及び状況を通報することができる。当該他方の締約国は、当該一方の締約国に対し、違反事件の処理の結果を速やかに通報する。

3　協定水域において操業する両締約国の機船は、この協定の実施を確保するため、相互に協力するものとする。

第4条　両締約国は、それぞれ、自国の関係漁民及び機船に対し、航行及び操業の安全、正常な操業の秩序の維持並びに海上における事故の円滑かつ迅速な処理のため、指導その他の必要な処置をとる。

第5条

1　いずれか一方の締約国の漁船が他方の締約国の沿岸において海難その他の緊急事態に遭遇した場合には、当該他方の締約国は、当該漁船及びその乗組員に対し、できる限りの援助及び保護を与えるとともに、最も迅速な方法により、当該一方の締約国の関係当局にこれらに関する状況を通報する。

2　いずれの一方の締約国の漁船も、荒天その他の緊急事態のため避難する必要がある場合には、他方の締約国の関係当局に連絡した後、指定された港等に赴き避難することができる。当該漁船は、この協定の附属書IIの規定に従うとともに、当該他方の締約国の関係法規及び指示に従わなければならない。

第6条

1　両締約国は、この協定の目的を達成するため、日中漁業共同委員会（以下「委員会」という。）を設置する。委員会は、両締約国の

政府がそれぞれ3人ずつ任命する委員で構成する。
2　委員会のすべての決議、勧告その他の決定は、出席する双方の委員の合意によってのみ行う。
3　委員会は、毎年1回東京又は北京で交互に会合する。委員会は、また、必要に応じ、両締約国の間の合意により臨時に会合することができる。
4　委員会の任務は、次のとおりとする。
　（1）この協定の実施状況につき検討する。
　（2）必要に応じ、この協定の附属書の修正に関し、両締約国に勧告する。
　（3）漁業に関する資料を交換し、及び協定水域における漁業資源の状態につき検討する。
　（4）そのほか、必要に応じ、協定水域における漁業資源の保存その他の関連する問題につき検討し、及び両締約国に勧告することができる。

第7条
1　この協定の附属書（2の規定に従つて修正された後の附属書を含む。）は、この協定を構成する不可分の一部とする。
2　両締約国政府は、前条4（2）の規定に従つて委員会が行つた勧告を受諾する旨の公文の交換によりこの協定の附属書を修正することができる。

第8条
1　この協定は、その効力発生のために国内法上必要とされる手続がそれぞれの国において完了したことを確認する旨の通告が交換された日に効力を生ずる。この協定は、3年間効力を有するものとし、その後は、2の規定に定めるところによって終了するまで、効力を存続する。
2　いずれの一方の締約国も、3箇月前に他方の締約国に対して文書

　　　　による予告を与えることにより、最初の3年の期間の満了の際又は
　　　　その後いつでもこの協定を終了させることができる。」
　日中漁業協議会と中国漁業協会間の漁業の安全操業に関する議定書、1975年9月22日調印の抜萃は、以下の通りである。
　　　　日中漁業協議会及び中国漁業協会（以下「双方の漁協」という）は、日本国と中華人民共和国との間の漁業に関する協定（以下「漁業協定」という）第4条及び合意された議事録4に基づき、航行及び操業の安全、正常な操業の秩序の維持並びに海上における事故の円滑かつ迅速な処理のため、次のとおり取り決めた。
　　　　第1条　この議定書が適用される水域は、漁業協定第1条1に規定する水域（以下「協定水域」という）とする。
　　　　第2条
　　　　　（1）協定水域内において、航行及び操業する双方の機船は、この議定書の不可分の一部をなす附属書に掲げる事項を遵守するものとする。
　　　　　（2）いずれか一方の漁協が他方の漁協に対し、この議定書の修正を提案したときは、当該他方の漁協は、協議に応ずるものとする。この議定書の修正は、双方の漁協の合意を経て効力を生ずるものとする。
　　　　第3条　双方の漁協は、この議定書の規定の実施を確保するため、常時連絡を保つものとし、また、必要に応じ、双方の漁協の合意により会合することができる。
　　　　第4条
　　　　　（1）この議定書は、漁業協定が効力を生ずる日から効力を生ずる。
　　　　　（2）この議定書は、漁業協定の有効期間中効力を有する。
　　附属書
　　　　この議定書第2条の規定に基づき、双方の機船が遵守すべき事項は、それぞれその自国政府の認めた国際海上衝突予防規則の関係規定のほか、次

のとおりとする。

1　標識及び信号……
2　操業に当たって遵守すべき事項……
3　避航に当たって遵守すべき事項……
4　錨泊に当たって遵守すべき事項……
5　安全操業のための慣習上の予防措置……
6　海上における事故の処理に関する事項……

（4）1997／2000年日中漁業協定

　中国及び韓国が排他的経済水域を主張したことで、1997年日中漁業協定は、黄海及び特定漁区は対象範囲からはずして、東海／東シナ海に限定された。その一方、相手国の漁船が自国の排他的経済水域に相互に入ることが相互に認められた。この暫定措置水域は、中間水域として処理された。

　尖閣諸島は、八重山諸島の北方にあり、琉球世界の生活圏にある。中国、台湾はその領有権を主張しているものの、この尖閣諸島水域でも、1997年日中漁業協定において、暫定措置水域として排他的経済水域での日本と中国の漁業活動が認められた。

　その漁業協定の管理体制は、以下の要点の通りである[32]。

（1）中間水域の設定

　暫定措置水域以北に相手国の許可なしに操業できる中間水域が設定された。範囲は、東経124度45分～127度30分の間とする。また中間水域の外側の水域（双方の排他的経済水域）の操業条件（許可隻数）は、中国側①底曳網700隻（同時に最高480隻）、②巻網200隻（同）の計900隻、日本漁船は、東経125度30分以西に底曳船・大中型巻網船・延縄・曳縄・釣り船許可317隻とする。

（2）暫定措置水域北側東海水域（北緯30度40分以北水域）

　この水域は、日・中・韓排他的経済水域が画定されていないために、操業許可を要しない中間水域とすることで合意した。また、東限線の設定では、日本側・中国側が対立したが、東経127度30分で決着した。中間水域について、中国側

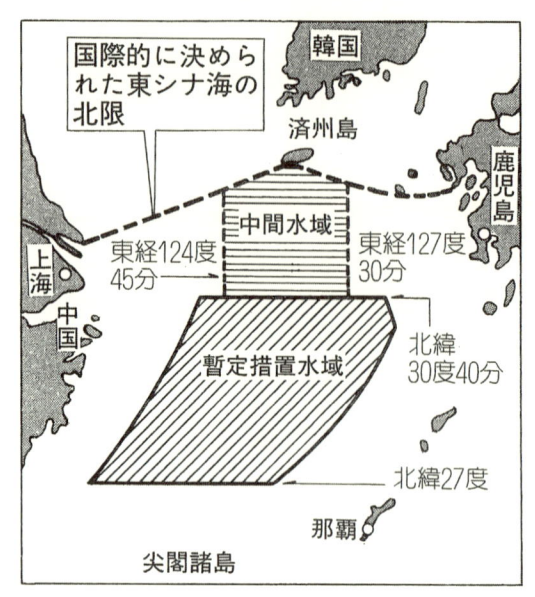

図8-25 日中漁業協定の適用水域、1997／2000年
（出所）水産世界、2000年3月号、20頁。

は、現状維持を主張したが、日本側は資源管理措置の必要性を強調して、両国は操業隻数制限、漁獲量のデータ交換など乱獲防止につき努力することで合意した。

(3) 中間水域の外側における排他的経済水域の操業条件

中国側が要求した底流刺網は資源への影響が大きく、漁場を独占するとして、日本の要求で、全面使用禁止となった。また、中国側は、底曳網・巻き網船の許可数4000隻、同時操業1200隻を要求したのに対し、半減の600隻で合意した。

新協定の問題点は、以下の3つにある。

1、 各国の自国船舶に対する指導強化についての実効性の問題である。
2、日中共同漁業委員会の定める総漁獲量制限方式では、資源管理の保全という点では十分でないことが明らかになっていることである。いいかえれば、魚種別／漁業方法別の漁獲制限を導入しなければ、実効的管理は臨め

ないとされる点である。
3、日中漁業協定と日韓漁業協定との抵触という点である。妥協的方式として中間水域が設定されたが、この中間地域は日韓漁業水域として定められた暫定水域と範囲で一部重なっている。

日中漁業協定1997年11月11日調印、2000年3月31日発効の抜萃は、以下の通りである。
　　第1条（協定の適用範囲）この協定が適用される水域（以下「協定水域」という。）は、日本国の排他的経済水域及び中華人民共和国の排他的経済水域とする。
　　第2条（相互入会いの許可制）
　　　1　各締約国は、相互利益の原則に立って、この協定及び自国の関係法令に従い、自国の排他的経済水域において他方の締約国の国民及び漁船が漁獲を行うことを許可する。
　　　2　各締約国のある当局は、この協定の附属書Iの規定に基づき、他方の締約国の国民及び漁船に対し入漁に関する許可証を発給する。当該権原のある当局は、許可証の発給に関し妥当な料金を徴収することができる。
　　　3　各締約国の国民及び漁船は、他方の締約国の排他的経済水域において、この協定及び当該能力の締約国の関係法令に従って漁獲を行う。
　　第3条（沿岸国による操業条件等の決定）
　　　　各締約国は、自国の排他的経済水域における資源状況、自国の漁業能力、伝統的な漁業活動及び相互入会いの状況の状況その他の関連する要因を考慮し、自国の排他的経済水域における他方の締約国の国民及び漁船の漁獲が認められる魚種、漁獲割当量、操業区域その他の操業の条件を毎年決定する。この決定は、第11条の規定に基づいて設置される日中漁業共同委員会における狭義の結果を尊重して行われ

る。

第4条（他国水域における操業）

1　各締約国は、自国の国民及び漁船が他方の締約の排他的経済水域において漁獲を行うときは、この協定の規定及び他方の締約国の関係法令に定める海洋生物資源の保存措置その他の条件を遵守することを確保するために必要な措置をとる。

2　各締約国は、他方の締約国に対して自国の関係法令に定める海洋生物資源の保存措置その他の条件につき、遅滞なく通報を行う。

第6条（相互入会い措置をとらない水域）

　　第2条から前条までの規定は、協定水域のうち次の（a）及び（b）の水域を除く部分について適用する。

　　（a）第7条に定める水域

　　（b）北緯27度以南の東海の協定水域及び南の東経125度30分以西の協定水域（南海における中華人民共和国の排他的経済水域を除く。）

第7条（暫定措置水域の共同規制）

1　次に掲げる各点を順次に直線で結ぶ線によって囲まれる水域（以下「暫定措置水域」という。）においては、2及び3の規定を適用する。

　　（a）北緯30度40分、東経124度10・1分の点

　　（b）北緯30度、東経122度56・5分の点

　　（c）北緯29度、東経123度25・5分の点

　　（d）北緯28度、東経122度47・9分の点

　　（e）北緯27度、東経121度57・4分の点

　　（f）北緯27度、東経125度58・3分の点

　　（g）北緯28度、東経127度15・1分の点

　　（h）北緯29度、東経128度0・9分の点

　　（i）北緯30度、東経128度32・2分の点

(j) 北緯30度40分、東経128度26・1分の点

(k) 北緯30度40分、東経124度10・1分の点

2 ……海洋生物資源の維持の開発によって脅かされないことを確保するため、適当な保存措置及び量的な管理措置をとる。

3 ……暫定措置水域において……他方の締約国の国民及び漁船に対し、取締りその他の措置をとらない。……

第8条 各締約国は、自国の国民及び漁船に対し、航行及び操業の確保、海上における正常な操業の秩序の維持並びに海上における事故の円滑かつ迅速な処理のため、指導その他の必要な措置をとる。

第9条（航行及び操業の安全の確保）

第10条（資源の保存のための協力等）

第11条（漁業委員会の設置）」

(5) 東シナ海の漁撈混乱

中国は、海洋調査船による資源調査を実施し、日本はこれら調査船の活動に抗議している。

2012年12月21日「朝日新聞」が報じた水産庁の漁業取締船記事は、2年前から始まった東シナ海の日中中間水域での巻き網漁船300隻の漁撈について、報じた。ほとんどが中国浙江省・福建省の漁船が多くが、同船は従来の巻き網船の半分ほどの乗組員ですむ。日本遠洋旋網漁業協同組合では、鯖の水揚げは2011年に、過去10年の水揚げに比し35パーセント減となり、資源の枯渇が憂慮される事態となった。日本の要請で、中国当局は、新造船を認めない通達を出した。しかし、日本としては、対応措置をとれないでいる。かつての韓国との漁業紛争の再現となる事態は予想できる。

9、沖ノ鳥島周辺排他的経済水域

沖ノ鳥島は、九州・パラオ海嶺にあって、他に島嶼が存在しないために、ほぼ

円形の広大な排他的経済水域が設定されている。中国は、沖ノ鳥島は国連海洋法条約における島の定義に当たらないとして、この地域での海洋調査を行っている。かかる中国調査船の活動に対して、日本は抗議を重ねてきた。

2008年11月日本は、南鳥島海域、四国海盆海域、小笠原海台海域、茂木海山海域、南硫黄島海域、沖大東海嶺南方海域、及び九州・パラオ海嶺南部海域の7海域に関して大陸棚の延長申請を国連大陸棚限界委員会に提出した。国連大陸棚限界委員会は、2009年9月小委員会の審査に入り、勧告となった。中国と韓国は、沖ノ鳥島は大陸棚にない岩であると主張し、同島を起点とするかかる大陸棚延長申請に反対し、日本はこれに反論してきた[33]。

中国が反対を提起したのは、2004年4月日中事務レベル協議が最初で、沖ノ鳥島は人間が居住できない岩であり、排他的経済水域又は大陸棚に当たらないとした。日本は、この環礁では、波浪に関する科学実験や珊瑚礁の培養実験などの経済活動を行っており、1987年以降、島の浸食防止の工事に着手しており、護岸整備を行ってきた。韓国の提起は、2008年の日本に申請に対してであった。

国連海洋法条約、1982年12月10日作成の付属書Ⅱ大陸棚限界委員会は、以下の通りとなっている。

 第1条　条約第76条により、200海里を超える大陸棚の限界に関する委員会は、以下の諸条に定めるところにより設置される。

 第3条

  1　委員会の任務は、次の通りとする。

   (a) 大陸棚の外側の限界が200海里を超えて延びている区域における当該限界に関して沿岸国が提出したそのための資料を検討すること並びに条約第76条の規定及び第3次国際連合海洋法会議が1980年8月29日に採択した領海声明に従って勧告を行うこと。

   (b) 関係する沿岸国側の要請がある場合には、(a)のデータの作成に関して科学上及び技術上の助言を与えること。

 第7条　沿岸国は、条約第76条8の規定及び適当な国内手続に従って大

陸側の外側の限界を設定する。

　中国と韓国は、日本の大陸棚基点として沖ノ鳥島が認められたとの公表に対して、今度は沖ノ鳥島は岩であり、基点となる島となっていないと反論し、中国は、四国海盆海域は、沖ノ鳥島を基点としなくとも本州及び周辺の島からの近くの延長で大陸棚を構成していると主張した[34]。但し、国連大陸棚限界委員会が九州・パラオ海嶺南部海域についての勧告を見送ったのは、この中国と韓国の反対からであった。沖ノ鳥島が基点となった意義は決定的で、これにより日本の海はおよそ478万平方キロメートルにまで拡大される[35]。

　日本外務報道官談話「我が国の大陸棚延長申請に関する国連大陸棚限界委員会の勧告について」2012年4月25日は、全文、以下の通りである。
　　1　4月27日（金曜日）（ニューヨーク時間26日（木曜日））、我が国は、大陸棚延長申請に関する大陸棚限界委員会の勧告を受領しました。
　　2　勧告の詳細については、現在精査しているところですが、日本が申請した7海域のうち6海域について勧告が出されており、その6海域の一つである四国海盆海域について、沖ノ鳥島を起点とする我が国の大陸棚延長が認められていることを評価します。
　　3　九州・パラオ海嶺海域については、勧告が行われず先送りとなったのは残念ですが、我が国は、同海域について早期に勧告が行われるよう、引き続き努力していく所存です。
　　4　全体として、今回の勧告は、我が国の海洋権益の拡充に向けた重要な一歩と考えております。

　今回、大陸棚の延長が認められた海域は、南硫黄島海域の一部、小笠原海台海域の大部分、沖大東海嶺南方海域の一部、四国海盆海域の大部分を含めた海域で、南鳥島海域と茂木海山海域は認められず、また沖ノ鳥島南方に拡がる九州・

パラオ海嶺南部海域については勧告が見送られた。

　四国海盆海域が認められたことで、日本近海において日本が管轄権を有しなかった空白地帯が埋まって。大陸棚が31万平方キロ拡大し、安全保障上、その意義は大きい。その上、この地域には、メタンハイドレートを初めとする海底資源の存在が期待されており、さらに、今回、大陸棚として認められた小笠原海台海域、南硫黄海域などは、レアメタルを有する海底熱水鉱床で、またコバルト・リッチ・クラストの存在が期待される海域であり、海底資源開発の希望は大である[36]。

[注]

1) 佐藤任弘『海洋と大陸棚』共立出版、1970年。
　　佐藤任弘『深海底と大陸棚』共立出版、1981年。
　　吉岡虎雄『大陸棚――その成り立ちを考える』古今書院、1997年。
　　芹田健太郎「島と大陸棚境界画定」神戸法学雑誌、第30巻第2号、1980年。
　　中村洸「排他的経済水域と大陸棚の関係」、山本草二・杉原高嶺編『海洋法の歴史と展望――小田滋先生還暦記念』有斐閣、1986年。
　　水上千之「大陸棚境界画定の法理の展開」、山本草二・杉原高嶺編『海洋法の歴史と展望――小田滋先生還暦記念』有斐閣、1986年。
　　水上千之『排他的経済水域』有信堂高文社、2006年。
2) 海洋産業研究会編訳『アメリカの海洋開発白書――海洋資源・技術に関するアメリカ大統領の報告』シーエムシー、1971年。
　　G・シュラキ、千代浦昌道訳『海洋資源戦争――新たな分割競争を生きる道』ダイヤモンド社、1981年。
　　Chisepo J. J. Mphaisha, *Conflict at Sea: Conference Diplomacy and Ocean Resouce Development,* Denver: Academic Books, 2001.
3) 飯田忠夫『海賊行為の法律的研究』海上保安研究会、1967年。
　　矢田殖朗・高山久明「主として南シナ海における遭遇船」航海、第54号、1977年。
　　山本尚史・浅川公紀「南シナ海のシーレーン防衛における日本の役割」東京家政学院大学筑波女子大学紀要、第1集、1987年。
　　読売新聞社会部『マラッカ海峡海賊』ワック、2000年。

日本海難防止協会シンガポール連絡事務所『マラッカ・シンガポール海峡の情勢』TTSRO年報平成11年度版、平成12年度版、平成13年度版、平成15年度版、日本海難防止協会シンガポール連絡事務所、2000-03年。

日本海難防止協会シンガポール連絡事務所『通航船舶実態調査報告書──シンガポール海峡における通航船舶の実態と考察』日本海難防止協会シンガポール連絡事務所、2001年。

浦野起央『南シナ海をめぐる安全保障と問題点』シップ・アンド・オーシャン財団、2004年。

坂本まゆみ『テロリズム対処システムの再構成』国際書院、2004年。

土井全二郎『現代の海賊──ビジネス化する無法社会』交通研究会、2004年。

末吉洋文「国連反テロリズム委員会の組織と課題」、姫路獨協大学「戦争と平和」研究会編『戦争と平和を考える』嵯峨野書院、2006年。

山崎正晴『ソマリアの海で日本は沈没する』ベストセラーズ、2009年。

防衛知識普及会編『海賊対策──海上警備公道と海賊対処法案』内外出版、2009年。

西村弓「マラッカ海峡およびソマリア沖の海賊・海上武装問題」国際問題、2009年7・8月号。

奥脇直也「海上テロリズムと海賊」国際問題、2009年7・8月号。

Max Boot「なぜ国際社会は海賊を退治できないのか──ウィリアム・キッドからソマリアの海賊まで」フォーリン・アフェアーズ・リポート、2009年8月号。

森本敏「ソマリアの海賊対処活動とその安全保障上の意味合い」防衛法研究、第33号特集ソマリア沖の海賊と対処活動、2009年。

酒井啓亘「ソマリア沖における「海賊」の取締りと国連安全保障理事会」、坂元茂樹編『国際立法の最前線──藤田久一先生古稀記念』有信堂高文社、2009年。

広瀬佳一・宮坂直史編『対テロ国際協力の構図──多国間連携の成果と課題』ミネルヴァ書房、2010年。

森田章夫「国際法上の海賊（Piracy Jure Gentium）─国連海洋法条約における海賊行為概念の妥当性と限界」國際法外交雑誌、第110巻第2号、2011年。

4) Thomas A.Mensah eds., *Ocean Governance: Strategies and Approaches for the 21 st Century*, Honolulu: Law of the Sea Institute, 1996.

Marcus Haward & Joanna Vince, *Oceans Governance in the Twenty-irst Century: Managing the Blue Planet*, Cheltenham: E. Elgar, 2008.

Joseph F. C. DiMento & Alexis Jaclyn Hickman, *Environmental Governance of the Great Seas*, Cheltenham: E. Elgar, 2012

Robin Kundis Craig, *Comparative Ocean Governance: Place-Based Protections in an Era of Climate Change*, Cheltenham: E. Elgar, 2012.

5) 江口堯『鵠戸沼干拓史』官界時報社、1955年。

『干拓』総覧──新しい日本の国造り』国土開発調査会、1959年。

『児島湾干拓──七区の概況と進行計画』岡山県児島郡灘崎マチ、1960年。

『オランダのポウダー開発』国際食糧農業協会、1960年。

秋田県八郎潟干拓推進委員会『八郎潟干拓——米の増産50万石世紀の大事業・計画の全貌と着工への期待』秋田県知事室公報係、1956年。

瓜生卓造『八郎潟』講談社、1962年。

菊地利夫『新田開発』古今書院、1958年、改訂増補版1977年／至文堂、1963年、増補版1966年。

農政調査委員会『日本農業の将来と八郎潟干拓』農政調査委員会、1963年。

農林省農地局開墾建設課監修『開拓・干拓総覧』土地改良新聞社、1964年。

秋田大学八郎潟研究委員会・半田市太郎編『八郎潟——干拓と社会変動』創文社、1968年。

斎藤晃吉『湖沼の干拓』古今書院、1969年。

千葉治平『八郎潟——ある大干拓の記録』講談社、1972年。

児島湖発達史編纂委員会編『児島湖発達史』2冊、児島湖関係団体記念事業協賛会、1972-77年。

富民協会編『国土はこうして創られた——八郎潟干拓の記録』富民協会、1974年。

進昌三・吉岡三平『岡山の干拓』岡山文庫、日本文教出版、1974年。

坂元進一郎『八郎潟干拓地からの報告——一入植者の記録』秋田文化出版社、1975年。

長堀金造『干拓地の農地工学』大学教育出版、1994年。

『古椋池干拓六十年史——21世紀へのあゆみ』古椋池土地改良区、2001年。

R.H.A. van Duin & G. de Kaste、鳥井清司訳『オランダ・ゾイデル海干拓プロジェクト』松香堂、2004年。

山の晃男『日本の干拓地』農林統計協会、2006年。

6) 千手正美『有明海干拓の展開過程』九州農政局、1967年。

西尾建『有明海干拓始末——たたかいぬいた漁民たち』日本評論社、1985年。

古川清久・米本慎一『有明海異変——海と川と山の再生に向けて』不知火書房、2003年。

江刺洋司『有明海はなぜ荒廃したのか——諫早干拓かノリ養殖か』藤原書店、2003年。

永尾俊彦『ルポ諫早の叫び——よみがえれ干潟ともやいの心』岩波書店、2005年。

宇野木早苗『有明海の自然と再生』築地書館、2006年。

高橋徹編『諫早湾調整池の真実』かもがわ出版、2010年。

7) 科学技術庁資源調査会『大陸棚鉱物資源開発の現状に関する報告』科学技術庁資源調査会、1966年。

佐々木忠義監修『海洋開発』6冊、海洋開発センター出版局。

 第1巻　『概論』1969年。

 第2巻　『海洋環境と海洋の基礎調査』1971年。

 第3巻　『海底鉱物資源の開発』1971年。

 第4巻　『水産資源の開発』1970年。

 第5巻　『海洋のスペース利用と海水の利用開発』1971年。

 第6巻　『開発機器・装置』1970年。

友田好文『海底物理——太平洋の海底に地球をさぐる』海洋学講座第4巻、東京大学出版会、1972年。

田中昌一編『水産資源論』海洋学講座第12巻、東京大学出版会、1973年。

西脇昌治編『資源生物論』海洋学講座第13巻、東京大学出版会、1974年。

平野敏行編『海洋生物資源環境』海洋学講座第15巻、東京大学出版会、1975年。

那須信夫編『海洋地質』海洋学講座第5巻、東京大学出版会、1976年。

科学技術庁研究調整局海洋開発課監修『日本の海洋資源と開発——無限の海洋資源に挑む科学技術』長沢出版社／北海タイムス社／神奈川県地方記者会、1985年／佐賀新聞社／山陰中央新報社、1986年。

科学技術庁資源調査所『将来の海洋資源に関する基礎資料』科学技術庁資源調査所、1971年。

8) 海洋開発審議会科学技術・学術審議会『21世紀初頭の日本における海洋政策』科学技術・学術審議会、2002年。

宇野重昭・勝村哲也・今岡日出紀『海洋資源開発とオーシャン・ガバナンス——日本海隣接海域における環境』国際書院、2004年。

海洋工事技術委員会編『21世紀の海洋エネルギー開発技術』日本海洋開発建設協会、2006年。

海洋政策研究集団『我が国における海洋政策の調査研究報告書——総合的海洋政策の策定と推進に関する調査研究』海洋政策研究財団／シップ・アンド・オーシャン財団、2010年。

山田吉彦『日本は世界4位の海洋大国』講談社+α新書、講談社、2010年。

山田吉彦『海洋資源大国日本は「海」から再生できる——国民も知らない海洋日本の可能性』海竜社、2011年。

海洋政策研究財団『総合的海洋政策の策定と推進に関する調査研究　我が国における海洋政策の調査研究報告書平成22年度』海洋政策研究財団、2011年。

9) 海洋産業研究会『わが国200海里水域の海洋管理ネットワーク構築に関する研究報告書』日本財団、2002年。

シップ・アンド・オーシャン財団／海洋政策研究財団海洋政策研究所『海洋白書』9冊、シップ・アンド・オーシャン財団／海洋政策研究財団、2004-2012年。

海洋政策研究財団『総合的海洋政策の策定と推進に関する調査研究　我が国における海洋政策の調査研究報告書平成21年度』海洋政策研究財団、2010年。

10) Hiroshi Niino & Kenneth O. Emery, "Sediment of Shallow Portions of East Asia and South China Sea," *Geological Society of America*, Vol. 72, 1962.

Kenneth O. Emery & Hiroshi Niino, "Strategraphy and Petroleum Prospects Korean Strait and the East China Sea, *Deological Survey of Korea, Report of Geographical Exploration*, Vol. 1,

Kenneth O. Emery et al., *ECAFE Committee for Co-ordination of Joint Prospecting for Mineral Resoureces in Asian Offshore Areas (CCOP), Technical Bulletin*, Vol. 2, 1969.

セーリング・S・ハリソン、中原伸之訳『中国の石油戦略——大陸棚資源開発をめぐって』日本経済新聞社、1978年。

Choon-ho Park, *East Asia and the Law of the Sea*, Seoul: Seoul National U. P., 1983.

Greg Austin, *China's Ocean Frontier: International Law, Military Force, and National Development*, St. Leonards: Allen & Unuin, 1998.

11) 浦野起央『尖閣諸島・琉球・中国──日中国際関係史』三和書籍、2005年、178-188頁。

12) 梁雲祥「日中の東シナ海に関する取り決めについての分析と日中関係」現代中国事情、第21号、2008年。

13) 「日中外相会談、日米冷却化、支持混迷…中国、圧力外交に」産経新聞、2010年5月16日。

14) 朝日新聞社東亞問題調査会編『北洋漁業』朝日新聞社、1939年。

北海道新聞政治経済部編『北洋』北洋漁業協同組合/北海道水産会/全国鮭鱒流網漁業組合連合会、1961年。

近藤康男編『北洋漁業の経済構造』御茶の水書房、1962年。

今田正美『奪われた北千島その漁業史』北方領土復帰期成同盟、1965年。

三島康雄『北洋漁業の経営史的研究』ミネルヴァ書房、1971年、増補版1985年。

青木久『危機に立つ北洋漁業』三省堂、1977年。

望月喜市編『シベリア開発と北洋漁業』北海道新聞社、1982年。

青木久・熊沢弘雄『二百海里の波紋と北洋漁業』全国鮭鱒流網漁業組合連合会、1983年。

板橋守邦『北洋漁業の盛衰──大いなる回帰』東洋経済新報社、1983年。

佐藤金勇『北洋の出稼ぎ──北辺漁場に生きた小作農民の近代史』秋田文化出版社、1985年。

日鮭連記念誌編さん委員会編『さけ、ます独航船のあゆみ』日本鮭鱒漁業協同組合連合会、1985年。

15) 北洋漁業総覧編集委員会編『北洋漁業総覧』農林経済研究所、1960年。

16) 檀野禮助『日露の漁業と新條約』國際聯盟協會、1928年。

大瀧重直『白夜の海──だれも書けなかった北洋船団ルポルタージュ』月刊ペン社、1971年。

会田金吾『漁（すなど）り工（つく）る北洋──秘録・カムチャッカ漁場とサケ工船苦悩と栄光の軌跡』五稜出版社、1988年。

17) 『日ソ関係──シベリア開発問題・日ソ漁業問題・北方領土問題』日本国際問題研究所、1963年。

青木久・熊沢弘雄『二百海里の波紋と北洋漁業』全国鮭鱒流網漁業組合連合会、1983年。

安福数夫・他編『二百海里概史』全国鮭鱒流網漁業組合連合会、1983年。

板橋守邦『北洋漁業の盛衰──大いなる回帰』東洋経済新報社、1983年。

日本水産資源保護協会『東北海域・北海道オホーツク海域の魚類』日本水産資源保護協会、1983年。

本田良一「日ロ関係と安全操業」、岩下明裕編『日ロ関係の新しいアプローチ』北海道大学スラブ研究センター、2006年。

18) 高崎達之助「貝殻島のコンブ」文藝春秋、1963年9月号。

19) 板橋守邦『北洋漁業の盛衰──大いなる回帰』東洋経済新報社、1983年。

　　本田良一「日ロ関係と安全操業」、岩下明裕編『日ロ関係の新しいアプローチ』北海道大学スラブ研究センター、2006年。

20) 本田良一『密漁の海で』凱風社、2004年。

21) 衆議院法制局『李承晩ラインと朝鮮防衛水域』衆議院法制局、1953年。

　　韓國外務部『第四次韓日會議錄──在日韓人法的地域及び漁業・平和線委員會』ソウル、外務部、1959年。

　　韓國外務部『第六次韓日會談平和線一般請求權船舶委員會會語錄──2月22日現在委員会』ソウル、外務部政務局亞洲課、1961年。

　　外務省『韓国の主張する李承認ラインについて』外務省条約局第三課、1952年。

　　杉山茂雄「李承晩ラインと朝鮮防衛水域」レファレンス、第33号、1953年11月。

　　米内震作「紛糾する李ライン問題──韓国側の言分について」海外事情、1956年2月号。

　　松隈清「国際法より見た李ライン問題と竹島の帰属」八幡大学論集、第12巻第2号、1962年。

　　川上健三『戦後の国際漁業制度』大日本水産会、1972年。

　　加藤晴子「戦後日韓関係史への一考察──李ライン問題をめぐって」上・下、日本女子大学紀要、第28号、第29号、1978-79年。

　　池鐵根『平和線』ソウル、汎友社、1979年。

　　池鐵根『水産富國の野望』ソウル、韓國水産新報社、1992年。

　　藤井賢二「李承晩ライン宣布への過程に関する研究」朝鮮学報、第185号、2002年。

　　藤井賢二「李承晩ラインと日韓会談──第1次～第3次会談における日韓の対立を中心に」朝鮮学報、第193号、2004年。

　　藤井賢二「李承晩ラインと日韓会談──日韓漁業交渉の妥結」年報朝鮮學、第13号、2010年。

　　近藤康男「李ライン撤回の経済的基礎」世界、1964年3月号／近藤康男著作集第11巻、農村漁村文化協会、1975年。

22) 小田滋「日韓漁業協定の成立」ジュリスト、第327号、1965年8月。

　　和田正明『日韓漁業の新発足』水産経済新聞社、1965年。

　　中村洸「日韓漁業協定」國際法外交雑誌、第64巻第4・5号、1966年。

23) 獨島研究保存協會編『獨島領有の歴史と國際關係』ソウル、獨島研究保存協會、1997年。

　　獨島研究保存協會編『獨島領有權及び領海と海洋主權』ソウル、獨島研究保存協會、1998年。

　　雀長根「日韓漁業協定と日本外交──領土権問題と関連して」法学新報、第107巻第3・4号、2000年。

24) 「日韓漁業協定「終了通告」へ」水産界、1998年3月号。

25) 白珍鉉「排他的経済水域の導入に伴う韓・日間での國際法問題の分析」、鄭一永・朴椿浩編『韓日關係の國際法的問題』ソウル、百想財團、1998年。

田中則夫「韓国漁船拿捕事件——日本の領海基線の変更と日韓漁業協定」龍谷法学、第31巻第4号、1999年。

坂元茂樹「1.直線基線の設定により日本の新領海となった海域で外国人漁業規制法違反として基礎された韓国漁船船長に対し、日本の取締りと裁判管轄権は日韓漁業協定により誓約されるとして公訴を棄却した一審判決を破棄した事例（1.事件）2.新領海法で内海で海域で漁業を行い、同所から追跡してきた海上保安職員に公務執行妨害を行った韓国漁船船長に対し、日本の取締りと裁判管轄権は日韓漁業協定により誓約されるものではないとした事例（2.X1.広島高裁松江支部判決平成10.9.11 2.長崎地裁判決平成10.6.24）」判例時報、第1682号、1999年10月1日。

勝亦藤彦「新領海における韓国漁船操業取締りと旧日韓漁業協定」判例タイムズ、2000年2月15日号。

鄭一永「日本國内裁判所の韓國漁船の裁判に對する抗辨」國際法論叢、第46巻第3号、2001年。

26) 杉山晋輔「新日韓漁業協定締結の意義」ジュリスト、1999年3月1日号。

坂元茂樹「新日韓協定の意義——資源管理の国際協力をめざして」關西大學法學論集、第49巻第4号、1999年。

金燦奎・廬明溶・李昌偉「韓日漁業協定及び韓中漁業協定締結以後の東北亞細亞の漁業秩序の運営法案」國際法論叢、第44巻第1号、1999年。

李明奎「韓・中・日間における海洋生物資源の管理体制の再編に関する研究」國際法論叢、第44巻第1号、1999年。

深町公信「新日韓・日中漁業漁業協定における執行の関する問題点」、海上保安国際紛争事例の研究、第2号、2001年。

河錬洙「新日韓漁業協定の現状と課題」龍谷法学、第35巻第2号、2002年。

27)「ズワイガニ密魚、韓国船と水産庁攻防、山陰沖の日本側排他的経済水域」朝日新聞、2010年1月17日。

28) 小田滋「日韓大陸棚協定の締結」ジュリスト、1974年5月1日号。

武山真行「日韓大陸棚開発区域設定をめぐる国際法理の考察」海洋問題レファレンス、第1号、1975年。

外務省『日韓大陸棚協定——早期締結の必要な理由』外務省情報文化局、1977年4月。

水上千之「大陸棚問題——日韓大陸棚協定を契機として」ジュリスト、1977年9月1日号。

金榮球「韓日大陸棚協会問題に關する法的考察」、鄭一永・朴椿浩編『韓日關係の國際法的問題』ソウル、百想財団、1998年。

村瀬信也・江藤淳一編『海洋境界画定の国際法』東信堂、2008年。

29) 籠多禎「日韓大陸棚協定に疑義あり」朝日ジャーナル、1975年9月16日号。

加賀泰之「誰のための共同開発か——疑惑の日韓大陸棚協定」[共同研究]日韓癒着の構造・報告Ⅲ、世界、1977年4月号。

宇都宮徳馬「日韓大陸棚協定は白紙撤回すべきだ」朝日ジャーナル、1977年5月6日号。

花井浩司「疑惑の日韓大陸棚協定——問題点を洗い直す」月刊社会党、1977年8月号。

30) 浅野長光「日中漁業交渉上の諸問題」日中漁業、第1巻第3号、1955年1月。

小田滋「日中漁業協定の成立をめぐって」ジュリスト、1955年4月号。

水産研究会編『東海資源の漁業資源に関する諸問題』日中漁業協会、1954年。

日中漁業協議会『日本国の日中漁業協議会と中華人民共和国の中国漁業協会との黄海・東海の漁業に関する協定』日中漁業協議会、1955年。

日中漁業協議会『日中漁業総覧』日中漁業協議会、1957年。

田口新治「日中漁業協定2年間の効果表」水産界、第868号、第869号、1957年。

31) 新川伝助「日中漁業協定の課題」公明、1974年7月号。

32) 「日中新漁業協定を早期に発効へ──日韓暫定水域の漁場を荒らすな」水産世界、第48巻第12号、1999年。

「日中新漁業協定の早期発効と日韓暫定水域の資源管理体制の確立を」水産世界、第48巻第9号、1999年。

全漁聯200海里水域資源管理推進本部「日中漁業協定の早期発効を求めて」水産週報、1999年9月5日号。

「「中間水域」設定で政治決着──資源管理体制の確立と適切な救済措置を」水産世界、2000年3月号。

深町公信「新日韓・日中漁業協定における執行に関する問題点」海上保安国際紛争の研究、第2号、2000年。

牛尾裕美「新日中漁業協定とその問題点」東海大学紀要・海洋学部一般教養、第28号、2002年。

片岡千賀之「日中韓漁業関係史」1・2、長崎大学水産学部研究報告、第87号、第88号、2006-07年。

33) 海洋政策研究財団『大陸棚の限界拡張に関する調査研究報告書平成17年度』海洋政策研究財団、2006年。

海洋政策研究財団『大陸棚の限界拡張に関する調査研究報告書平成18年度』海洋政策研究財団、2007年。

海洋政策研究財団『大陸棚の限界拡張に関する調査研究報告書平成19年度』海洋政策研究財団、2008年。

海洋政策研究財団『大陸棚の限界拡張に関する調査研究報告書平成20年度』海洋政策研究財団、2009年。

海洋政策研究財団『大陸棚の限界拡張に関する調査研究報告書平成21年度』海洋政策研究財団、2010年。

34) 林司宣「島・岩についての国際法制度」、『沖ノ鳥島の維持再生に関する調査研究報告書平成18年度』海洋政策研究財団、2007年。

栗林忠男「島の制度と「沖ノ鳥島」の法的地位」、『沖ノ鳥島の維持再生に関する調査研究報告書平成19年度』海洋政策研究財団、2008年。

論文集「国際海洋法秩序と島の制度の再検討」、『沖ノ鳥島の維持再生に関する調査研究報告書平成20年度』海洋政策研究財団、2009年。

35) 以下のシナリオがある。木村譲二『沖ノ鳥島は燃えているか──199X年日本領土防衛作戦　文庫書下ろし　朝鮮サスペンス・アクション』光文社文庫、光文社、1992年。
36) 西海区水産研究所『沖ノ鳥島周辺海域における漁業資源調査──沖ノ鳥島周辺海域の魚類』西海区水産研究所、1991年。
「南鳥島　高濃度レアアース　中国陸上鉱床の10倍」讀賣新聞、2013年3月21日夕刊。

第9章

領土防衛と対外認識

1、島嶼国家と領海

　世界は大陸と海洋で成立して、それが生存条件、発展条件、そして安全保障条件を規定している。その存立条件の認識、自覚、及び政策化は国家の基本で、カール・シュミットが『陸と海』で洞察していたところである[1]。

　島国認識を明らかにした林子平の『海国兵談』（1777年）の自序は、以下の文に始まる。

> 海国とは何の謂いぞ、曰、地続の隣國無くして四方皆海に沿ふ國を謂也、然るに海國には海國相當の武備有で、唐山の軍書及び日本にて古今傳授する諸流れの説と品替れる也、此わけを知されは、日本の武術とは云かたし、先海國は外寇の來り易きわけあり、亦來り難きいわれもあり、其の來り易しといふは、軍艦に乗じて順風を得れば、日本道二三百里の遠海も一日に走り來るなり、此如く來り易きわけあるゆへ、此備を設ざれば叶ざる事なり、亦來難しといふは、われ四方皆大海の險ある故、妄りに來得さるなり、しかれども其險を恃に怠る事なかれ、是に付て思へば、日本の武備は外寇を防ぐ術を知ること、指當ての急務なるべし

これぞ、島国認識とその防衛の古典とされる。それは海国の思想にあるが、海国という表現は確認できない。むしろ魏源が撰した『海國圖志』50巻刊行（1844年）、60巻刊行（1849年）、さらに100巻刊行（1852年）の日本への持ち込みで、海国の用語が使用されたと解され、同書は、世界各国の国情を紹介して籌海国防を論じたもので[2]、その認識は欧米勢力、特に英国のアジア進出に対する危機意識から生まれた。ここでの海国とは、四海の国という意味で、世界の諸国ということになるが、外からの脅威という点では、日本も認識を一にしていた。安政年間における日本版『海国図志』（1859年）は、いわば島国日本の防衛認識に立脚していたといえる。

　この海国の思想が島国から海外雄飛の発展思想へと転換したのは、日露戦争以後で、その転換は、第二次世界大戦で終わった。そこで、改めて回復したのは海国の思想で、グローバル世界という次元を射程にしていた。グローバル世界にあっての海国は、雄飛ではなく、世界の環の形成に1つの視点が設定された。それは、島嶼が環のネットワーク形成にあり、その環の各次元的接続、重畳化に日本の姿の原点がある。

　同じ島嶼国家でも、オーストラリアは大陸の条件にあり、フィジーなどは大洋の条件にある。これに対して、日本は大陸棚の、つまり接点の立地条件にあって、それは、海洋における島の存在を条件としている。加えて、日本は、おびただしい数の島で構成され、そのため、対外認識は本土認識の文脈で処理するところの特異性にあった。一方、その安定の維持と防衛の保持は、先手攻撃の大陸型防衛ではなく、後を追って迎撃防御で対処する島嶼型防衛でなくてはならない。島嶼性にこそ、その発想の起点がある。

表9-1　島嶼国家の類型

地質的存在条件	存在形態	国名
大陸棚	島の集団（大・小）	日本
大陸棚	主要島に集中	英国、マルタ、キプロス
2つの大陸棚	島の集団（大・小）	インドネシア
大陸	主要島に集中	オーストラリア
大洋	島の集団	コモロ、フィジー
大洋	2つの島に集中	マダガスカル

表9-2　日本の島の規模

	島名	所属	面積（平方キロ）	備考
1	本州		227,972	
2	北海道		77,984	
3	九州		36,750	
4	四国		18,299	
5	択捉島	北海道	3,183	北方領土
6	国後島	北海道	1,499	北方領土
7	沖縄島	沖縄	1,208	
8	佐渡島	新潟	855	
9	奄美大島	鹿児島	712	
10	対馬	長崎	696	
11	淡路島	標語	592	
12	天草下島	熊本	574	
13	屋久島	鹿児島	505	
14	種子島	鹿児島	445	
15	福江島	長崎	326	
16	西表島	沖縄	289	
17	色丹島	北海道	250	北方領土
18	徳之島	鹿児島	248	
19	島後	島根	242	
20	天草上島	熊本	225	
21	石垣島	沖縄	223	
22	利尻島	北海道	182	
23	中通島	長崎	168	
24	平戸島	長崎	164	
25	宮古島	沖縄	159	
26	小豆島	香川	153	
27	奥尻島	北海道	143	
28	壱岐島	長崎	134	
29	屋代島	山口	128	

（注）100平方キロ以上の島を掲げた。
（出所）国土地理院「平成22年全国都府県市区別面積調」。

日本の対外防衛は、新羅寇、刀伊賊寇、2度の元寇、そして応永の外寇、さらに安政の外寇を原型とする。それに対する防備は、「外敵は神風が討ち滅ぼす」をいう神話を生み、それで、日本においては、外敵を事前に海洋において防止するという発想が誕生することなく、内陸に備えた部隊で敵を討ち取る、いいかえれば、もし本土にでも侵攻することになれば、陸地で待ち受けて撃破するという伝統が根付いた。本土決戦という思想がそれで、そのため、16世紀初頭に外国の軍艦が日本沿海に姿をみせるまで、外敵に備える努力はなされなかった。

　こうして、外敵の侵略がない以上、外敵に備える防衛は必要はないとう道理が成り立ち、かくして外敵に対する、対応のみを主眼とする防衛思想が生まれる条件となった。この対外認識は、平和憲法第9条の信念に反映され、冷戦期にあっては、日本に対する脅威はなく、防衛は必要でないという風潮が醸成されてしまうところであった。

　それで、竹島・尖閣諸島・与那国島に対する脅威も認識しないで過ごしてしまうというパタンの形成ともなった。

2、対馬海峡防衛

　九州と朝鮮半島の間の海域が対馬海峡で、対馬はその間にある島である。古く対馬国とか対州(たいしゅう)と呼ばれた。面積は698平方キロで、大陸と日本との文化・経済・軍事上の拠点であった。日本最古の銀山があり、674年に生産されていたが、それは人とモノの往来が大きかったことを物語る。

　対馬は、博多からは壱岐を経て120キロメートル、朝鮮半島の釜山からは40キロメートルの距離がある。対馬海峡は、対馬暖流の北上通路であり、壱岐と対馬の海域が対馬海峡東水道、そして対馬と朝鮮半島の海域が対馬海峡西水道である。一般的に東水道が対馬海峡で幅約50キロメートル、西水道が朝鮮海峡で、韓国では大韓海峡と称され、狭い地点では50キロメートルで、水深は210メートルである。対馬は地理的に朝鮮半島に近く、韓国では、現在、対馬要求運動が展開されている。

この国境の島は、7世紀の防人の役、13世紀の文永・弘安の元寇の役、16世紀の文録・慶長の役を経て、明治期は全島が要塞化された。それは、欧米列強のアジア進出のためであるが、その先駆が1861年2月～8月のロシア軍艦ポサドニック号事件である。対馬藩で島民が被弾し、家臣が憤死する事件ともなった。幕府は外国奉行を対馬に派遣し、ロシア艦の退去交渉に成功し、英国も関与して日本は植民地化の危機を脱することに成功した[3]。

　19世紀ロシア・英国を初めとする列強の対馬接近に、日本は脅威を感じ、国境最前線の対馬島の要塞化を図った。1886年陸軍対馬警備隊が設置され、1887年要塞建設に着手した。1888年10月4砲台が完成し、日清戦争を迎えた。1904年日露戦争に備えて要港部司令官が任命され、バルチック艦隊に対する防衛態勢をとった。日本海海戦の聯合艦隊水雷艇は対馬の竹敷港・尾崎港から出撃した。1920年対馬警備隊司令部は対馬要塞司令部となり、対馬全島の要塞化が実現した[4]。

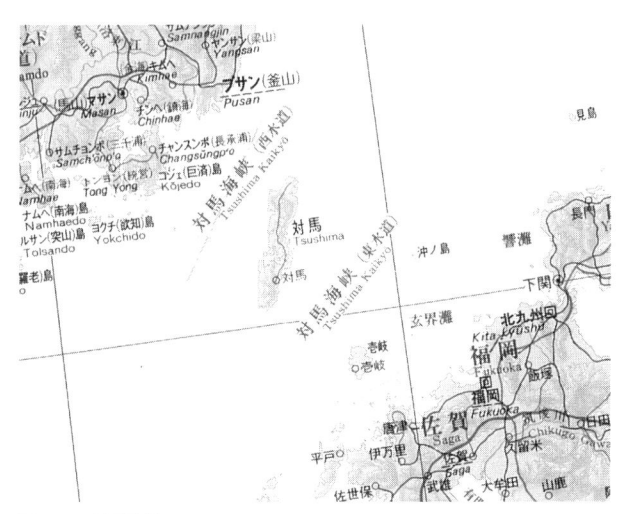

図9-1　対馬海峡

3、津軽海峡防衛

　津軽海峡は北海道南西部と本州を分かつが、ここは1つの世界にあった。海峡は太平洋と日本海を結び、最短部は津軽半島西部の龍飛崎と北海道渡島半島白神岬の間の19.5キロメートルで、海底トンネルで結ぶ。他方、下北半島大間岬と函館汐首岬の距離は19.3キロメートルである。水深は東部の最深部は260メートルである。この海峡はブラキストン境界線で、生物帯を分離する。かつて本州と北海道は陸続きであったが、第4紀頃、海峡が形成された[5]。

　津軽海峡防衛は、下北半島北部、本州最北端の大間に太平洋戦争期に海軍要塞が設置され、青函連絡船の空襲被害を想定して代替航路として、1939年に下北・大畑鉄道が開通した。この軍用鉄道の大間鉄道は、資材不足で1943年に放置された。下北風間浦の海軍防衛衛所は、太平洋戦争で米軍の標的となった。

　念願の本州と北海道を結ぶ延長5万3850メートルの青函海底トンネル（海底部は2万3300メートル）の建設調査は1954年に始まり、1971年工事は着工された。1985年3月、最終的に貫通した[6]。

4、3海峡封鎖問題

　1977年1月7日鈴木善幸農相は、領海12海里問題の協議で、津軽海峡は領外の例外とする棚上げを表明した。これは、200海里漁業専管水域の時代に対応していくべく、非核三原則に触れない、そしてマラッカ海峡の自由通航を主張している日本の立場を強化するとした観点にあった。これに対し、社会党・公明党・共産党は非核三原則のなし崩しに反発し、民社党は、新たな無害航行の原則を確立すれば、核艦船の通過を可能にすることになるとした。2月14日鈴木農相は、国会審議で、津軽・宗谷・対馬・大隅海峡の国際海峡化につき、是認すると答弁した。

　1982年12月14日中曽根康弘首相は、「ウォールストリート・ジャーナル」との単独記者会見で、米防衛当局が求めている有事の際の宗谷・津軽・対馬3海峡

の機雷封鎖措置について、「そのような具体的要請も示されていないが、3海峡封鎖はすべてわが国の防衛の範囲内にある」と発言した、中曽根は、日本の防衛上の地位は、相互補完的であるべきで、3海峡封鎖能力の問題には「強い関心を抱いてきた」と強調した[7]。

海峡封鎖については、これ以上の議論はなかった。

5、海峡防衛

　日本列島は極東戦域において大陸権力と海洋権力が接触する要線に位置づけられ、沿岸地方を基地とするソ連太平洋艦隊にとって宗谷・津軽・対馬の3海峡は、外洋進出にとって避けることのできない天然の障害となっている。また、根室海峡及び北方領土周辺の水道は、オーホック海と太平洋を結ぶ重要な海域で、ソ連／ロシアにとりその支配を放棄することはできない。したがって、次の2点を指摘できる。

　第1は、世界戦略の立場からみれば、日本の3海峡は、黒海—東地中海を扼するトルコ海峡（ダーダネルス海峡、ボスポラス海峡）、バルト海—北海ルート（カトルガット海峡、スカゲラック海峡）、北海—北大西洋を制するGIUK阻止線（グリーンランド・アイスランド・英国を結ぶ海峡）に比肩しうる存在にあって、日本の3海峡も同様に戦略上の要域を形成している。

　第2は、極東戦略の観点からみれば、ソ連／ロシアとしては、朝鮮半島38度線から日本海を横切り留萌—釧路を経てカムチャッカ半島に連なる戦略線が十分存在しうる。この戦略線内には、北海道北部と宗谷海峡・根室海峡があって、他国の国土を横断して軍事国防線が設定されることは注目すべきところで、この点に関して、1945年8月16日スターリンはトルーマン米大統領あて親展秘密書簡で、ヤルタ協定に関連して、「ソ連軍に対する日本軍隊の降伏区域に千島列島の全部を含めること」を要求しており、ソ連軍は、実際、戦争の終結にもかかわらず、その後、強行して軍事進駐した。スターリンは、同書簡の第2項で、こう述べた。

「ソ連軍に対する日本軍の降伏地域に、樺太と北海道の間にある宗谷海峡と北

方で接している北海道北半部を含めること。北海道島の北半と南半の境界線は、島の東岸にある釧路市から島の西岸にある留萌市に至る線を通るものとし、この両市は島の北半に含める。」

その結果、第1項の千島をソ連が占領し、第2項は米国が拒否し、日本の分割占領はなかった。それで、ソ連は、1951年9月5日対日サンフランシスコ講和会議で、グロムイコ代表が、平和条約改正条項の末項13に、次の2点を加えるよう、要求した。それは、ソ連のトルコ海峡政策と軌を一にする。

1、宗谷海峡・根室海峡の日本側全沿岸及び津軽海峡・対馬海峡を非武装化する。この2海峡は、常にあらゆる国の商船に対して開放される。

2、本条1項に掲げた諸海峡は、日本海に隣接する軍艦に対してのみ開放されるものとする。

以上の通り、ソ連/ロシアの脅威下にあって、日本としては、専守防衛下に、その海峡防衛は基本戦略であらねばならない。とりわけ、根室地区及び津軽地区の制圧という作戦目標に対処しなければならない。それで、そのための防衛体制、つまり指揮・統制・通信・情報機能の確立が、1980年代以降、取り組まれてきたと解される[8]。

6、島嶼防衛

島嶼防衛の戦略思想は、大陸棚の防衛思想として英国のアルマダの戦いを原型とする。英国では、1588年スペイン侵攻軍をアルマダ防衛戦において「海洋で敵を打ち破る」ことに成功した[9]。ここに、エリザベスの王室艦隊が「国民の海軍」として位置づけられ、維持されるところとなった。以来、「敵侵攻軍をイギリス海峡から一歩たりともグレートブリテン島に上陸させない」という防衛戦略が貫かれた。

この伝統的な島嶼防衛思想が蔑ろにされ、英国が危機に直面したのが、1652年～1654年の英国・オランダ戦争であった。英国はオランダ艦隊をイギリス海峡や北海で打ち破り、以来、英国は商業優先の国家運営に転換した。このため、

1667年6月英国は海上防衛に敗北した。その結果、オランダ艦隊がテムズ川を遡り、ロンドンに侵攻した。オランダは英国を占領せず、英国が賠償を支払うことで戦争の終結となった。この島嶼防衛思想は、敵侵攻軍が周辺海域・空域での行動の自由を確保する段階以前に撃破する、つまり侵攻能力を剥奪するというものである。

これに対し、日本の島嶼防衛は、敵侵攻軍の上陸が敢行される段階で迎撃し、上陸してきたら、陸上戦闘で敵を撃滅するものである。

しかし、日露戦争において、日本海軍は、ロシア極東艦隊の本拠地旅順軍港の攻略とロシア極東艦隊の撃破にこだわった。日本陸軍も、これに呼応してロシア軍が日本に上陸する以前に、満州に進撃して朝鮮半島への南下を防止するとう基本戦略を実施した。そこには、日本への侵攻を前提とし、そのために日本周辺海域を最終防衛線とする認識があった。その日露戦争の大戦略は成功した。

ところが、太平洋戦争では、日露戦争の教訓は生かされず、旧来の上陸させてから撃破する戦略に回帰してしまった。硫黄島作戦、あるいは沖縄島作戦が決行され、日本本土決戦が構想され、島嶼防衛という本来の目的に適さない戦略をとった[10]。

現在求められる島嶼防衛の基本は、以下にある。

1、攻防戦の主戦場を、外洋ではなく沿岸海域・空域で迎撃するところとする。

2、島嶼防衛戦に勝利するためには、島嶼周辺海域・空域で戦闘し、海岸線へ到達させない。

3、侵攻軍が島嶼の海岸に上陸し、陸地での攻防戦が展開された場合には、島嶼防衛は失敗する傾向にある[11]。

4、したがって、島嶼防衛は、島嶼周辺海域・空域の海洋での戦闘に勝利しなければならない。

5、このための島嶼防衛能力は、以下にある。

　(1) 適切な迎撃戦のための海軍力・空軍力を確立する。そのための水陸両用の併用戦能力を不可欠とする。

(2) 島嶼国家の本土が島嶼であるため、機動力のある海軍力と空軍力が保持されなくてはならない。このためには、本土決戦思想を脱皮しなければならない。
　(3) 作戦の過程で起こり得る離島占領に対し、離島奪回作戦を可能にする戦略とその戦闘能力を充実すべきである。そのためには、海兵隊／水陸両用戦隊の創設が必要である[12]。

　防衛省は、従前、専守防衛の自衛隊としては、島嶼作戦のための水陸両用装甲車両を必要としないとしてきた。しかし、2012年8月に南西諸島への沿岸監視隊の配置、水陸両用装甲車両の導入などによる離島／島嶼防衛の強化を打ち出した。さらに、8月～9月にグアム島及びテニアン島で米海兵隊との島嶼防衛の共同訓練を実施した。この水陸両用装甲車両の導入は、一旦奪われた離島への上陸を想定したもので、中国軍の南シナ海での活動強化を牽制する意図があった[13]。

　南西諸島防衛における1つの争点は、八重山列島の西端、国境の島、与那国島の防衛で、中国の軍事脅威に対して奇襲占領を抑止する戦略である。台湾有事あるいは尖閣諸島紛争など周辺地域の有事に巻き込まれる蓋然性が極めて高く、ようやく2010年12月閣議決定の中期防衛力整備計画2011で、陸上自衛隊の沿岸監視隊及び空上自衛隊移動警戒隊の配備が決定され、現在、進行中である[14]。

7、離島管理

　日本の国土は、6852の島嶼により構成され、本州、北海道、四国、九州、沖縄本島を除いた6847島が離島とされる。離島は1.6万平方キロ、国土全体の総面積の約0.2パーセントで、その人口は2005年時69.2万人、全人口比は約0.5パーセントと小さい。日本の広大な排他的経済水域は離島の存在に負うことが大きい。2007年4月海洋基本法が制定され、2008年2月閣議決定で海洋基本計画が制定され、離島地域の発展促進の必要が海洋の総合的管理の文脈で強調された[15]。日本の離島文化の認識も進んでいる[16]。

　離島振興の問題は、1945年後半以降、都道府県自治体において事業実施のた

めの特別法制定に向けて動き出した。1953年7月に離島航路法が制定され、離島航路の維持・改善の取組みが始まった。1953年1月長崎県の呼びかけで、東京都、新潟県、島根県、及び鹿児島県の5つの自治体要請で、7月離島振興法が10年間の時限立法として成立した。同法は、2002年7月、2013年までの適用延長となり、領海の保全に大きな役割を担った[17]。

表9-3 日本の離島振興法対象地域

離島の所属	面積 平方キロ	（所属地の割合）	人口（2005年）万人	（所属地の割合）
鹿児島県	2502	(27.7)	18.3	(10.4)
長崎県	1568	(38.2)	15.6	(10.5)
沖縄県	1018	(8.0)	13.0	(9.5)
新潟県	865	(8.0)	6.8	(2.8)
東京都	361	(17.2)	2.9	(0.2)

（出所）日本離島センター編『離島統計年報 2007』日本離島センター、2008年。

　この離島振興対策実施地域は、有人離島258島のうち、北海道の利尻島・礼文島・天売島・焼尻島・奥尻島・厚岸小島を除く252島である。他に、小笠原諸島振興特別措置法の2島、奄美群島振興開発特別措置法の8島、沖縄振興特別措置法の39島の計49島が振興対象となっている[18]。

　そして、2009年12月総合海洋政策本部は、「海洋管理のための離島の保全・管理のあり方に関する基本方針」を策定した。それは、以下の通りである。

　1　本方針の目的及び意義

　　　我が国は、北海道、本州、四国、九州、沖縄本島のほか、海上に展開する6,000余の島々（以下「離島」という。）で構成されている。これら離島は、国連海洋法条約に基づき、我が国が領海において領域主権を行使し、また、排他的経済水域等において海洋資源の開発等に関する主権的権利や海洋環境の保護及び保全に関する管轄権等の権利義務等を行使するための重要な根拠となっている。これら離島が広く海上に展開する結果、我が国は既に、国土面積の約12倍に及ぶ世界有数の管轄海域を有するに至っている。

国土面積をはるかに超える広大な管轄海域の存在は、海洋の恩恵を受けつつ発展してきた我が国にとって極めて重要である。海上輸送や水産資源等食糧確保の場として重要であるのみならず、近年では、未利用のエネルギー・鉱物資源の存在が明らかとなるなど、今後の我が国の発展及び存続の基盤としてその重要性はさらに高まっている。

　これら多様な海洋資源の活用に当たり、広く海上に展開する離島は、その活用を支え、促進する基盤となるべきものと期待される。さらに、離島には航行支援施設や気象・海象観測施設が設置されるなど、海洋における安全を確保するための基盤ともなっている。

　一方、広大な管轄海域を活用するのみならず、海洋環境を適切な状態に保全することは、人類の存続のためにも我が国に課せられた義務である。特に離島周辺海域は浅海域を形成することに加え、陸域とも関連し、多様な生物の生息・生育の場を形成するなど、広大な海洋の中にあって、生物多様性の確保等の観点からも極めて重要な海域となっている。

　さらに、長い人間と海との関わりの中で、歴史や伝統を形成している島も存在する。

　このように、我が国がその管轄海域において、適切な権利の行使及び義務の履行等を通じて海洋を管理するに当たり、離島は重要な地位を占めることから、これら離島の役割を明確化するとともに、関係府省の連携の下、離島の保全及び管理を的確に行うための指針となる「海洋管理のための離島の保全・管理のあり方に関する基本方針」を、「海洋基本計画」（平成20年3月18日）に基づき策定する。

2　海洋管理のための離島の役割及び施策の基本的考え方

　これまでの離島に関わる施策は、主として、島民の生活の安定及び福祉の向上、産業の振興等を目的とする施策であり、海洋基本計画第2部「10 離島の保全等（2）離島の振興」において言及されているが、これらの施策を今後とも推進すべきことは当然である。

一方、本基本方針は、海洋基本法及び海洋基本計画第2部「10 離島の保全等（1）離島の保全・管理」を踏まえ、海洋から見た視点、海洋を管理する視点に基づき策定するものである。言い換えれば、海洋の管理を推進するに当たり、離島がどのような役割や重要性を持ち、それを適切に発揮させるためにどのような施策を推進するべきか、という観点から策定するものである。

　このような海洋の視点に立って、離島の役割や重要性と、その実現に向けた施策の基本的な考え方を整理すると、おおむね以下の3点に集約することができるだろう。

(1) 離島が安定的に存在することで、排他的経済水域など我が国の管轄海域の根拠となる役割

　6,000余に及ぶ離島のうち、有人島は400余であり、その大部分は無人島である。有人島については、離島住民や漁業者の活動等の結果、その周辺海域も含め一定の取組がなされているが、無人島には遠隔に位置するものも多く、その状況の把握を含め、これまでに必ずしも十分な管理が行われてきたとはいえない状態にある。このため、我が国の排他的経済水域等の外縁を根拠付ける離島について、我が国の権益の確保を図るため、海図に記載される低潮線等が排他的経済水域等の根拠となることを踏まえ、低潮線の位置等を最新の調査手法により迅速に把握し、海図を更新する。また、侵食等の自然現象への適切な対応や掘削による損壊等を防止するための措置等により、その保全・管理を行うとともに、海洋管理のための秩序維持の観点から、周辺海域における監視の強化を図る。

(2) 広大な海域における様々な活動を支援し促進する拠点としての役割

　我が国の離島が広大な管轄海域に広く点在していることを踏まえ、海洋における様々な活動の状況や開発の可能性及びそれらの活動を支援し促進するニーズを把握し、遠隔に位置する離島における活動拠点

の整備等に取り組む。
 (3) 海洋の豊かな自然環境の形成や人と海との関わりにより形作られた歴史や伝統を継承する役割

　　離島周辺海域は、浅海域である等の地形的特徴をもち、陸の生態系と密接な関連を有している。このような離島及び周辺海域の自然環境の特性を把握するとともに、その状況に応じた適切な保全措置を講ずる。さらに、長い人と海との関わりの中で、海に関わる神聖なものとして人々に認識されるなど、様々な歴史や伝統を有する島も多く、その価値を適切に評価し、後世に残していく。

　　このように、広大な管轄海域を管理するための基礎として、また、海洋における様々な活動を支援するための拠点等として離島は機能するものであり、海洋における幅広い活動に対して受益をもたらし、様々なサービスを提供するものである。このため、これらの離島の機能を適切に発揮させるとともに、こうした幅広い活動が広く国際社会に貢献することを念頭に、以下に沿って施策を推進することとする。

　　なお、我が国は、離島を含む周辺海域において、周辺国との間で、排他的経済水域等の境界が画定していない海域を有しており、それに伴う問題に対しては、我が国の権益を確保しつつ、国際ルールに即し厳正かつ適切な対応を図る。
3　離島の保全・管理に関する施策のあり方
 (1) 海洋に関する我が国の管轄権の根拠となる離島の安定的な保全・管理に関する施策
　　（背景・必要性）

　　我が国は北海道、本州、四国、九州、沖縄本島と広く海上に展開する離島で構成されており、世界有数の広大な管轄海域を有している。排他的経済水域等の根拠となる基線は、国連海洋法条約において、沿岸国が公認する海図に記載される海岸の低潮線等と定められている。広大な海域に離島が展開する我が国においては、排他的経済水域等の

外縁についてその大部分は離島の低潮線を根拠としており、これら排他的経済水域等の根拠となる離島、特に、我が国の外縁に位置する離島について、適切に保全し、管理することが不可欠である。

このため、海洋に関する我が国の管轄権の根拠となる離島について、波の作用による侵食や管轄海域の設定に関わる低潮線付近の掘削等に的確に対応するため、対象となる離島の状況の把握、行為の制限、状況に応じた保全工事の実施等の施策を適切に講じ、その安定的な存置を図る。この際、我が国の排他的経済水域等の外縁を根拠付ける離島に関して、施策を優先的に講じることとし、その他の離島については、海洋管理上の重要度を勘案し、順次施策に取り組むこととする。

ア　我が国の排他的経済水域等の外縁を根拠付ける離島
（状況把握・データ収集）

排他的経済水域等の範囲を決定する基線を構成する離島及び低潮高地について、三角点や水路測量標の設置等によりその位置、形状等の基本的な情報を把握する。

また、その情報把握にあたっては、近年の調査技術の進捗により、これまで確認されていなかったような低潮高地を発見することが可能となっている。従って、海域の重要性等を考慮しつつ最新技術を用いた低潮線の調査を実施し、迅速に情報の更新を行うとともに、調査結果を基に関係する海図への反映を行う。

さらに、排他的経済水域の外縁を根拠付ける離島について、国公有地の状況等土地の保有・登記状況、当該離島及び周辺海域の利用状況、自然環境の状況、歴史的経緯等に関する調査を行い、基礎的なデータの収集、集積を行う。

（離島及び周辺海域における監視の強化）

排他的経済水域の外縁を根拠付ける離島及び低潮高地について、人工衛星画像や空中写真の周期的な撮影及び利用、関係府省

及び関係機関が行う様々な海洋における活動に併せ、監視・把握の強化に努める。その際、必要に応じ、関係地方公共団体等の協力も得ながら、一層の状況把握に努める。

また、排他的経済水域の外縁を根拠付ける離島等を適切に管理する観点から、その周辺海域における海洋の秩序を維持し、我が国の権益を確保するため、巡視船等による監視・警戒の強化を図る。

(低潮線を変更させるような行為の規制等の推進)

排他的経済水域の外縁を根拠付ける離島の基線を含む一定の区域について、国による取得を可能な限り促進するとともに、国有財産としての管理を行うための方策の検討に取り組む。

また、排他的経済水域を決定する基線を含む一定の区域について、不当な占有や低潮線を変更させるような掘削による損壊等を規制する措置を講じるとともに、継続的な状況の監視や把握を通じて、波浪による侵食等に対応すべきと判断される場合には、状況に応じて、適切にその保全に取り組む。

(離島の保全のための関係府省による情報共有・対応体制の構築等)

排他的経済水域の外縁を根拠付ける離島について、得られたデータ及び把握した状況の共有を行うとともに、侵食の進行、地震や火山噴火の発生その他の緊急時への対応を迅速に行うための体制を構築する。

また、保全措置の円滑な実施のため、人員や物資等の輸送機能を確保する。

(離島の名称の適切な管理)

排他的経済水域の外縁を根拠付ける離島について、保全・管理を適切に行うとともに、国民の理解に資するため、それら離島に付されている名称を確認し、名称が不明確な場合には関係機関協議の上、名称を決定し付す。あわせて地図・海図等に明示し、統

ーした名称の活用を図る。

　　イ　上記以外の離島に関する施策

　　　　上記以外の離島については、上記の取組の状況を踏まえつつ、当該離島の重要性に応じて、順次、上記取組に準じて取り組む。

(2) 海洋における様々な活動を支援し促進する拠点となる離島の保全・管理に関する施策

　（背景・必要性）

　　我が国周辺海域では、様々な海洋に関わる活動が行われている。また同時に、周辺海域には離島が広く展開していることから、これらの海洋に関わる活動を支援・促進するために、それら離島を活用することが有効である。

　　このため、海上安全の確保、災害に対する安全の確保、海洋資源の開発及び利用等、その役割・機能に応じて必要な拠点の整備等所要の施策を推進する。

　　ア　海洋資源の開発及び利用の支援

　　　　海上に広く展開する離島により構成される我が国周辺海域には、メタンハイドレート等のエネルギー資源、海底熱水鉱床等の鉱物資源が存在することが近年明らかになり、我が国にとって貴重な国産資源となることが期待されている。今後、平成21年3月24日に策定した「海洋エネルギー・鉱物資源開発計画」に基づき、離島の活用可能性についても念頭におきつつ、関係省庁等の関係機関及び民間企業が一体となって海洋資源の開発を推進する。

　　　　また、離島周辺はその地形的特性等のため良好な漁場を形成しているが、漁場の維持増進を図り、もって水産資源の持続的利用を促進するため、漁場環境の保全・再生に資する藻場、干潟、サンゴ礁等の維持管理、漁場の造成、漁場の開発に資する漁港の整備を推進する。

さらに、周囲を海洋に囲まれている、様々な気象・海象条件を有している、多種多様な海洋生物が生息・生育している、水質が良好である等の離島の特性を生かした、様々な調査研究の実験フィールド等としての活用を推進する。
イ　遠隔に位置する離島における活動拠点の整備
　海洋における諸活動が、本土から遠く離れた海域でも安全かつ効率的に行えるよう、遠隔に位置する離島における活動拠点について、海洋における諸活動の状況、活動拠点の必要性、ニーズ、活動拠点の整備による海洋における諸活動に与える効果等の所要の調査を行い、その結果を踏まえて、燃料や物資の輸送や補給、荒天時の待避等が可能な活動拠点の整備を推進する。
ウ　海洋の安全の確保
　我が国は世界有数の海運国、漁業国であり、我が国周辺海域では様々な目的を持つ多数の船舶が航行している。しかし、我が国は、アジアモンスーン地帯に位置し台風の常襲地帯であるほか、世界有数の地震国・火山国であるなど、様々な自然の脅威にさらされている。
　このため、海上交通の安全の確保を図る観点から、海上交通や海上利用の状況を把握した上で、必要に応じて灯台等の航路標識を整備し、機能の向上を図るとともに、適切な管理等を行う。さらに、気象、海象の急変等に伴う船舶航行上の危難を回避するため、船舶が安全に避難するための港湾等の整備を推進する。あわせて、周辺海域における海難事故や不審船の発見等に関しては、巡視船等による監視・警戒体制の強化を促進するとともに、海上犯罪の予防・取締りや海難救助体制の強化を図る。
　また、離島住民や漁業者等による海難救助活動や情報提供は、人命の保全や犯罪の防止に大きな効果を有していることから、これらの活動に対する住民等への協力依頼等の普及啓発、情報提

供等を通じて、海上における事件・事故の緊急通報用電話番号「118番」の浸透及び着実な運用を図るとともに、住民等からの情報提供の促進等を図る。さらに、これら海上交通の安全の基礎となり、また、海洋由来の災害に対応するための基礎となる気象予報等の防災対策を推進するため、気象・海象観測機能等について、その確認、維持管理、必要に応じて機能向上を図る。

(3) 海洋の豊かな自然環境の形成の基盤となる離島及び周辺海域の保全・管理に関する施策

（背景・必要性）

　離島の周辺海域は、広大な海洋の中にあって浅海域を形成しているほか、多様な生物の生息・生育の場として、海洋の生態系を支える重要な海域である。さらに、これらの海域の生態系は離島陸域の生態系とも相互に関連しており、離島が海洋により他の地域から隔絶されていること、離島の中には本土と地続きになったことがない、又は、本土から独立して長時間経過しているため固有の生態系を有するものも多い、等の特徴もこのような離島及び周辺海域の自然環境を形成する一助となっている。

　このため、離島周辺海域における自然環境の状況を把握するとともに、海域における保全措置に加え、陸域の自然環境の保全も併せて図る必要がある。

（状況把握・データ収集）

　離島及び周辺海域の抱える生態系の特性に応じ、自然環境の状況を把握すべき地域において、自然環境の状況の調査、モニタリングを適切に行う。この際、陸域の固有種や希少種等のみならず、海洋生物は陸上からの栄養塩に依存しているなど、海域の生態系と陸域の生態系は密接に関連することから、海域と陸域にまたがる生態系の全体像の把握に努める。

（海洋保護区の設定等による保全・管理の推進）

離島及び周辺海域の生態系の状況を踏まえ、各離島及び周辺海域の豊かな生物多様性が将来にわたって保全される状況の確保を目指し、必要な野生生物の保護増殖を実施するとともに、それらを含む島しょ生態系の保全・管理施策を実施する。

　このため、自然公園法、鳥獣保護法等に基づく各種保護区域等の充実や文化財保護法に基づく天然記念物等の適切な保護を図るほか、我が国における海洋保護区の設定のあり方を明確化した上で、その設定を推進することにより、離島及び周辺海域の自然環境の保全・管理を一体的に推進する。特に、自然公園法及び自然環境保全法の改正により創設された海域公園地区・海域特別地区は、従前の海中公園地区・海中特別地区に加え、干潟や岩礁など陸域との関連のもと保護措置を講ずることを可能とするものであるため、早急にその指定を推進する。

　また、生息数の増加等により生態系に影響を与える種への対策や保護上重要な地域における外来種・適正な管理が行われない飼養動物等の侵入防止・駆除・防除の強化、固有種をはじめとする希少な野生動植物種の保護増殖を図ることで、脆弱な離島とその周辺海域の自然環境の保全を図る。

（離島における自然環境保全の取組の推進）

　離島の開発等を行う際には、各々の離島の特性に応じて、自然環境への影響を回避低減するよう努めるとともに、離島の土地利用の変化や移入種の生息に伴う裸地化等に起因する土砂等の流出、生活排水の流出等に伴う海域の汚染に対する対策を講じる。

　離島周辺海域の藻場・干潟・サンゴ礁等は、魚類をはじめとする多様な生物の生息・生育の場であり、良好な海洋環境の維持に資することから、漁業者や地域住民等により行われる藻場・干潟・サンゴ礁等の維持管理等の取組を推進するとともに、海域への土砂流出の防止対策や栄養塩類等の供給・濁水の緩和等に寄与する森林の管理、整備及

び保全を推進する。

　さらに、離島の良好な景観や環境の保全を図る上で深刻な影響を及ぼし、海岸保全施設への影響等が懸念される漂流・漂着ゴミ対策を推進する。

(4) 人と海との関わりにより形作られた離島の歴史や伝統の継承に関する施策

（背景・必要性）

　離島の中には古来より航海における目印として、また、海に関わる神聖なものなどとして、人々に認識されているものもあり、それらは様々な形で今日まで伝わっている。これらを含め、人と海との関わりにより形作られた離島の歴史や伝統、景観について、適切に評価し、後世に残していく必要がある。

（状況把握・データ収集）

　これらの歴史や伝統については、人々の生活様式の変化等に伴い失われるおそれが高いため、様々な資料や伝承の調査等により、その把握に努める。

（文化財の保護の推進）

　人と海との長い関わりの中で形成された歴史や伝統、景観について、文化財保護法に基づく重要無形民俗文化財や名勝等の保護の推進を図るとともに、様々な手段により記録として残す等の措置により、これらの価値を広く周知するとともに、後世に継承するための措置を推進する。

4　離島の保全・管理に関する施策の推進体制等

(1) 3（1）の施策に関する推進体制

　国は、我が国の管轄権の根拠となる離島及び低潮高地の状況について、関係機関、地方公共団体、国民の協力を得ながら、その監視・把握に努めるとともに、離島に関する各種データの収集・蓄積を行う。的確に離島を保全・管理し、変状の確認・対応等緊急を要する場合の

意志決定を迅速に行うためには、状況の一元的な管理・把握が必要であることから、これら情報の集約および緊急時の一元的な対応を担う体制を政府部内に構築するとともに、当該事務を担う組織の整備を行う。

さらに、海洋に関する我が国の管轄権の根拠となる離島について、国及び地方公共団体による保全・管理の取組等に関して法制面も含め検討を行い、より的確な保全・管理の方策について、組織、予算、関係機関の役割分担、連携体制等を含め構築を図る。なお、検討は速やかに行い、早急に、より的確な保全・管理の方策について成案を得る。

(2) その他の施策に関する推進体制

3(2)～(4)に掲げる施策についても、複数府省に関わり、その緊密な連携を要する施策であることから、確実な推進が図れるよう、関係府省による連携体制を確立する。

また、特に、3(3)、(4)に掲げる施策の推進に当たっては、関連する情報を有効に活用するとともに、住民、NPO、専門家等との連携・協力を図ることが重要である。

5　国民等に対する普及啓発

海上に展開する離島が我が国にとって不可欠な価値の高い存在であることにかんがみ、国民に対し、我が国にとっての離島の重要性、保全管理及び自然環境保全の必要性、歴史及び文化的価値等に関して普及・啓発を行う。また、島の名称についても、積極的に地図等に明示するとともに、統一した名称の活用を図る。

この基本方針に基づき、排他的経済水域の外縁を根拠づける離島について、地図・海図に名称が記載されていない島の名称につき、2011年以降、名称を決定した。

表9-4 新たに名称が決定された離島

名称	所在地
東小島	東京都・須美寿島
涙ケ浜東小島	東京都・鳥島
後東小島	東京都小笠原村・嫁島
鮪根南小島	東京都小笠原村・姪島
松江美咲東小島、東小島、東南東小島、南東上小島、南東下小島、南南東小島、南小島、南南西下小島、南西小島	東京都小笠原村・南硫黄島
南西小島	東京都小笠原村・西之島
丸根南小島	東京都小笠原村・北硫黄島
南西小島	沖縄県北大東村・沖大東島
北西小島、北小島、北東小島	沖縄県石垣市・久場島
北小島	沖縄県石垣市・大正島
北北西児島、北小島	沖縄県久米島町・硫黄鳥島
白瀬北小島	長崎県小値賀町・白瀬
田里生先西児島、ジロウ殿瀬、ヒバン瀬	長崎県対馬市・対馬
岩瀬（中岩）	長崎県五島市・肥前鳥島
ノリ瀬	福岡県宗像市・沖ノ島
見島北オオ瀬	山口県萩市・見島
小瀬	石川県輪島市・舳倉島
十島	島根県江津市・鳥屋鼻
カジヤ碆	高知県土佐清水市・足摺岬
仲島	岩手県大船渡市・首埼
かもめ島	宮城県石巻市・金華山
トド岬西小島、西小島、北西小島	北海道松前町・（松前）大島
トド島、ボウズ岩	北海道奥尻町・奥尻島
ベンサシ大島、三ツ岩、種北小島、ゴロタ離れ島、トド打ちの島	北海道礼文町・礼文島
水かぶり岩	北海道枝幸町
幌内北小島	北海道雄武町
エタシペ岩	北海道斜里町
ジャブジャブソリ	北海道羽幌町・天売島

8、竹島紛争

　竹島の領有権に対する日本の一貫した立場について、1951年7月の問題化以来、一貫して外務省は、以下の通り表明している。
1、竹島は、歴史的事実に照らしても、かつ国際法上も、明らかに我が国固有の領土です。
2、韓国による竹島の占拠は、国際法上何ら根拠がないまま行われている不法占拠であり、韓国がこのような不法占拠に基づいて竹島に対して行ういかなる措置も法的な正当性を有するものではありません。
　韓国側からは、我が国が竹島を実効的に支配し、領有権を確立した以前に、韓国が同島を実効的に支配していたこを示す明確な根拠は提示されていません。

　竹島は、韓国では独島といい、韓国の独立後、その領土要求が提起され、古来、韓国領土であったとの学説がナショナリズム運動の一環として、国民的論議をもって展開され、1995年2月韓国は独島に接岸出来る埠頭工事を強行し、日本の抗議を韓国は拒否してきた[19]。
　その竹島領有をめぐっては、日本国内においても、その見解が対立している。

(1) 日本の竹島固有領土論

　日本政府は、1946年6月冊子『Minor Island Adjacent Japan Proper』で、竹島は日本の固有領土である、と明記した。同年9月竹島は爆撃訓練場となり、1949年11月～12月サンフランシスコ平和条約の起草段階では、韓国の領土要求もあったが、以前からの日本の領土主権が確認され、日本領土として竹島は残った。
　1953年3月日米合同委員会は、竹島を爆撃訓練場の範囲から外した。早速、翌4月韓国の独島義勇守備隊が竹島に駐屯する事態となった。韓国は、以後、竹島の武装化による実効的支配をとった。にもかかわらず、日本は、竹島は日本の固

有領土であるので領土問題はない、とした神話を維持してきた。

その固有の領土論は、外務省冊子『竹島Takeshima竹島問題を理解するための10のポイント』(2008年)で、以下の点を指摘している[20]。

① 日本は古くから竹島の存在を認識していた。竹島や磯竹島、あるいは松島の名称もあるが、日本は明確に認識していた。

② 韓国が古くから竹島を認識していた根拠はない。韓国は、欝陵島と于山島の2島は認知していて、于山島を竹島としているが、于山島は竹島ではない。

③ 日本は、欝陵島に渡海する船を利用して、1618年の渡海免許状で、漁採地として竹島を利用し、17世紀半ばには、竹島の領有権を確立していた。幕府は1635年に渡航禁止の措置をとったが、そこでは、欝陵島の竹島を外国領とは認識していなかった。

④ 日本は、17世紀末、欝陵島への渡航を禁止したが、竹島への渡航は禁止しなかった。

⑤ 韓国が自国領土の根拠としている安龍福の1693年と1696年の来日の供述は、彼は国禁を犯しての渡航であるため、根拠にはならない。

⑥ 日本政府は、1905年竹島を島根県に編入して竹島を領有する意志を閣議決定で再確認した。韓国は、1900年大韓帝国勅令第41号があるが、その竹島は石島あるいは竹島ではないかと指摘し、同勅令は実効的ではなかったとする。

⑦ サンフランシスコ条約では、米国は竹島が日本の管轄下にあるとして、韓国の要求を拒否した。

⑧ 米国は、1952年竹島を在日米軍の爆撃区域として指定した。

⑨ 韓国は、竹島を不法占拠しており、その占拠は、国際法上何ら根拠なく、日本は厳重に抗議し、その撤回を求めている。

⑩ 日本は、竹島領有権問題について国際司法裁判所への付託を提案しているが、韓国はこれを拒否している。この提案は、1954年9月(10月韓国拒否)、1962年3月(拒否)、そして2012年8月に提起なされるも、実現をみていない。1954年の米国支持提案に対し、独島は欝陵島の一部である、と韓国は

拒否した。

　これに対する韓国の見解について、韓国冊子『獨島は韓国の領土――獨島に対する大韓民国政府の基本的立場』(2008年) は、以下の通り、指摘している[21]。
　①獨島は歴史的、地理的かつ国際法的根拠から、明白に大韓民国固有の領土である。
　②地理的認識　于山（獨島）・武陵（欝陵）の2島は離れておらず、獨島は欝陵島に属すると『世宗實録』地理志（1432年）にある。
　③古文献の指摘　『高麗史』地理志（1451年）、『新増東國輿地勝覽』（1530年）、『東國文献備考』（1770年）、『萬機要覽』（1808年）、『増補文献備考』（1908年）に、于山島の記述があるのは、独島が持続的に韓国領土であったからである。
　④1693年の安龍福交渉で、1696年独島の帰属が決着した。1877年の日本内務省指令は、独島が日本の領土でないことを日本が認めた証拠である。
　⑤大韓帝国勅令第41号は、独島の統治範囲を確認した。1906年の指令第3号は、日本の領土編入の事実無根であることの調査を命じていた。
　⑥日本は、日露戦争に乗じて、無主地の先占法理で独島を侵奪した。
　⑦サンフランシスコ平和条約で、独島は日本統治から除外されたことが再確認された。かくて、韓国は、独島を一貫的に統治してきている。

　以上の主張から、竹島/独島の領有権をめぐる主張の混乱を、以下の通り、要約できる[22]。
　1、韓国の文献における于山国あるいは于山島の記述は、その通りである。但し、それが、独島であるかどうかは明確ではない。
　2、17世紀の渡海が竹島の領有権確立であるかは、はっきりいえないが、徳川幕府の竹島渡海免許状と日本人の竹島渡航記録はある。
　3、安龍福事件は、渡航禁止とか帰属問題を示すものでない。日本人と韓国人の交流の一側面に過ぎない。1693年日本人による竹島からの朝鮮人連行

の記録もある。
4、1877年の日本内務省文書は、欝陵島と独島が日本と関係がないことの指令であったとはいえない。これにより、日本は独島が日本領土でないこを認めたという韓国の説明は成立しない。それは、竹島ではなく松島に関する件であるからである。
5、1905年の日本編入は、日露戦争で先占の法理で実施されたものではない。日本は、日露戦争で韓国領土を侵奪したものではない。竹島は、当時、韓国管轄領土の一部であったとはいえないからである。そしてその法的構造は私人の行為の追認をもって国家の占有としたもので、国家管理の措置として、他の領土と同様に実施され、追認されたに過ぎない。伝統的な領土取得の方法として先占の要件は成立しており、個人の活動を国家が承認し、あるいは国家による軍事基地の建設が実効支配とする当時の国際法理論の適用は妥当である[23]。国際法上、実効性とともにその確認手続きを必要とする議論があるが、竹島外一島の一件は、その措置に充当し、もって版図外とした。
6、サンフランシスコ条約で、日本は竹島を放棄していない。カイロ宣言で韓国領土となったという指摘は、歴史記録において成立しない。独島は、サンフランシスコ条約で、韓国に属していない。この指摘は、戦勝国の論理を押し付けるものである。米占領当局は、1952年に竹島を日米合同委員会で爆撃区域とした。
7、韓国は、歴史的に一貫して独島を統治してきたとするが、韓国併合から1945年まで、そして以後、1953年韓国の囲込みまでは、独島を統治していない。

徳川幕府の竹島渡海状、1618年5月16日は、以下の通りである。
　　従伯耆國米子、竹島江先年般相渡之由、然者、地其、今度致度渡海之段、村川市兵衛、大谷甚吉申上、付而、達上聞候之處、不可有異議之旨、被仰出候聞、被得其意渡海儀可被仰付候、恐々謹言。

5月16日

永井信濃守（尚教）

井上主計頭（正就）

土井大炊頭（利勝）

酒井雅樂頭（忠世）

（鳥取城主）松平新太郎殿

　日本内務省の太政官あて日本海の竹島外一島地籍編纂方伺、1877年3月17日、全文は、以下の通りである。
　　　別紙内務省伺日本海内外一嶋（松島）地籍編纂之件　右ハ元禄5年朝鮮
　　　人入嶋以來舊政府該国ト往復ノ末遂ニ本邦關係無之相聞候段申立候上ハ
　　　伺之趣御聞置左ノ通御指令相成可然哉　此段相伺候也
　　　　院指令按
　　　伺之趣竹島外一嶋之儀本邦關係無之儀ト可相心得事

(2) 竹島韓国所有論

　内藤正中は、日本政府の主張は以下の3点において明らかに間違っていて、通用する内容ではない、と指摘する。それは、韓国による1953年から1962年までの4回の口上書によって議論が深められたからであるとしている[24]。
1、日本は固有領土説をとるが、幕府と明治政府は、2度にわたって日本の領土ではないと明言しても、固有領土とは対外的に主張していない。
2、1905年の日本領土編入は、先占の法理が合理的に適用されたものではない。日本政府は、韓国領を無主地とは一方的に断定できない。
3、対日平和条約に竹島の所属は明記されていない。したがって、竹島は日本領として残されたとは解釈できない。

　内藤は、韓国では国民的議論が深められているが、日本では50年前の議論でしかない、と指摘する。このことをもって、日本には、歴史の理解が欠けているとはいえない。竹島は松島、欝陵島は竹島・磯竹島・松島など、名称の混乱は歴

史的に解明を要するところで、ここでは、先の1877年文書のみを取り上げ、指摘できる。日本・韓国交渉のなかで、日本は、往来を規制する措置をとったが、日本領土でないとは明言していない。1905年措置は、先占の法理で解さないのが妥当であることは、前述した通りである。そして、竹島が、対日平和条約で、戦勝国韓国に属することになったわけではない。そこでは、竹島の帰属への言及がなかったのは事実で、それ故に日本の敗戦で韓国に属したという解釈は成立しない。米占領当局が竹島を日本の一部として施政したのは事実で、韓国領土であれば、そうした日本占領行政措置が適用されることはない。以上が、内藤韓国領有説についての反論解釈である。

韓国が、竹島について実効的支配としたのは事実だが、それが韓国領有説を裏付けることにはならない。その実効的支配をもって領有が成立するのは軍事占領で、それは領有説の一形態である。この占領説を、私は否定しない。

(3) 竹島放棄論

日本民主党には、竹島放棄論への支持が目立つ。日韓キリスト教議員連盟日本側会長土肥隆一衆議院議員は、2011年2月27日ソウルの3・11節行事に出席した。そして「日本政府は歴史教科書と独島の領有権主張により、後世に誤った歴史を教え、平和を損なおうとする試みを直ちに中断しなければならない」と言及した日韓キリスト教議員連盟の日韓共同宣言に、民主党を代表して署名した。

2012年8月日本政府が竹島領土問題の解決について国際司法裁判所への単独提訴を進めているなか、10月12日外務副大臣に就任した民主党吉良州司は、提訴を見送る、と発言した。これに対し、藤村修民主党政権官房長官は、政府としてはそのようなことはない、と訂正発言をした。提訴の動きは止まり、韓国は了とした。

(4) 韓国による独島囲込みと実効的支配

韓国は、大韓民国の独立直前1948年8月5日、李承晩の意を受けて、憂国老人会がマッカーサー連合軍最高司令官に、独島、波浪島、及び対馬が韓国領土であ

るとの請願書を提出した。そして1952年にマッカーサー・ライン及び李ライン、そして資源漁業法で竹島を囲い込み、そして1953年4月20日独島義勇守備隊が竹島に駐屯した。これに対して、日本は「領土問題はない」として対応措置はとっていない。海上保安庁も、竹島の独島守備隊による独島の武装化に対して、近海における漁民の保護をしてきていない。日本政府の抗議に対して、韓国は内政干渉である、と厳しく反発しているからである。

韓国の［領土の回復と東洋の平和に関する］愛国老人会の韓日間の島嶼調整のための要請、1948年8月5日提出（ソウル）の独島に関する部分の抜萃は、以下の通りである。

　　　愛国老人会本部、韓国ソウル、1948年8月5日
　　　　主題　韓日間の島嶼調整の要請
　　　　宛先　連合国最高司令官ダグラス・マッカーサー元帥
　　われら韓国国民は、対日平和条約において、貴下の折衝に強い関心を抱いている。それは、韓国が日本の間近に立地し、長年にわたる日本の過酷な圧迫を受け、常に日本に対して大きな犠牲を強いられてきたことにある。われわれは、常に貴下に対し東洋の平和と秩序を確立するために明確な計画を期待し、貴下の通報を期待する。韓国は、講和会議で実際の発言をすることはできないが、貴下の偉大な計画において十分に考慮されるとみている。
　　東洋の平和という観点から、重要な役割にある韓国の見解は、絶対に不可欠である平和条約の交渉や東洋の秩序の確立に関する種々の情報が閣下に提出されるに先だち、私ども愛国老人会が、閣下の真摯な努力に役立つよう、領土についての要請をお伝えしたいと思う。
　　国際秩序における領土の法的調整の重要性は、ベルサイユ体制における東欧回廊問題において示された。
　　一般的に論じて、法的調整の基準は、受動的には、例えば、奪われた領土の回復において、能動的には、例えば、幾つかの国民の発展を支え、ま

たある国民の平和をもたらすための領土の分割に立脚している。

　韓国と日本間の領土問題は、受動的かつ能動的の両面があり、以下に、われわれの要望を述べる。

I 「独島」の返還

　「Ulneundo」島は、まったく疑いないだけでなく、しかもそのように十分理解されていて、その帰属は歴史的にかつ現実に韓国に属している。しかしながら、日本は、国内治安のための同島への人民の立入りを禁止した韓国の引揚げ政策の下で、漁業と林業の利益を企図した。日本西海岸の武装強奪の漁民は、危険を冒して同島に侵入し、そして同島の日本への帰属を確保し、さらに混乱を引き起こした。しかし、合理的な交渉に従い、1693年の漁業禁止を、日本は認めた。1861年に、海洋防衛の空白に乗じて、日本は、そこに再侵入し、日本・韓国の両国間で、再び対立となった。東京と韓国で、全権代表、Suh Sang Kooと彼のG・フィン・ホーレンドルフは、韓国に日本が降伏し、以後、韓国政府は、法的にかつ絶対的に管理し、かかる対立が再び起きないようにした。他方、ロシアの太平洋政策で国際的対立となり、そして日本は最終的に鎖国した。

　しかしながら、日本は、「Ulneundo」島周辺の漁業禁止を続けることなく、「Ulneundo」島の領土を全体として構成する「Doksun」といわれる小島に立ち入った。1904年、日本は、中井養三郎の要請で、海軍水路部、内務省、外務省、農水産省の要請で、同島を日本領土の登録をした。

　同時に、難しい国際関係を検討して、日本官僚は実行した。しかしながら、日本は、日露戦争でのロシアの敗北で、鳥取県布告第40号で、「隠岐から85海里にある島は、竹島と称され、この件につき帰属する」と公式に発表した。かくして、これら島嶼の日本政府による占領となった。このことは、韓国政府に対し通告されず、またいずれの国にも通告されなかった。さらに、韓国政府がそれに注意を払っていれば、その政策は正しいものではなかった。以上につき、日本の意志は、それに関して成功しているとはいえない。

いわゆる独島は、韓国語で「Dockusum」であり、そしてこれは、リアンクルート岩の名称で知られ、明白である。この名称、リアンクルート岩は、フランス人により発見されたものである。以来、ロシア軍艦パレアダにより1854年発見され、そして1855年英軍艦ホーンネットにより再発見され、同島はそれぞれ同軍艦の名称が名付けられ、その島には種々の名称があるが、その存在は疑いない。
　II 「対馬」島の韓国への割譲……
　III 波浪(パラン)諸島帰属の明確化……
閣下の賢明さを十分発揮され、領土の回復と東洋の平和が確立されるよう、要望を送付する。

愛国老人会会長　　韓国、ソウル

韓国の竹島囲込みは、以下の経過を辿っている。
1947年8月20日朝鮮山岳会、竹島調査。
1952年1月18日韓国、李ライン宣言。
1953年1月12日韓国、李ライン内に出漁した日本漁船の徹底拿捕を指示、2月4日済州島付近で日本漁船に韓国軍の銃撃事件（第一大邦丸事件）。
　　2月27日韓国国防部、「米国が竹島の領有権は韓国にあると認めた」と、一方的に米国の同意なしに声明。
　　4月20日韓国の独島義勇守備隊、竹島駐屯、7月12日守備隊、海上保安庁巡視船げくらに発砲。
1954年9月20日韓国、独島の切手発行。
　　11月30日竹島の韓国軍、海上保安庁巡視船おき及びはくらに対し連続砲撃、30日日本、抗議。
1956年12月25日独島義勇守備隊解散。
1965年6月22日日韓基本条約調印、竹島問題は見送り、韓国は、以後、竹島交渉を拒否。
1977年2月5日福田赳夫首相、竹島は日本固有の領土と発言。

1982年11月16日韓国、独島天然保護区域設定。

1997年11月韓国、独島に500トン級船舶の接岸施設建設。

1998年12月韓国、独島に有人灯台設置。

2005年4月6日ヨルリン・ウリ党金元雄議員、独島の国際援助の領土紛争化戦略発表。

2009年6月26日独島平和号（177トン）就航。

2011年6月16日大韓航空、独島上空デモ飛行、日本外務省、7月18日から1カ月、大韓航空機への国家公務員の搭乗を自粛。

　7月31日韓国、日本自民党議員・大学教授に対し、欝陵島訪問計画があるとしてソウル空港で入国禁止、ハンナラ党首李在五特任相は「欝陵島訪問は主権侵害行為」と発言。

2012年8月10日李明博韓国大統領、独島を訪問して統治を内外に誇示、日本は抗議、韓国反発で論争化。

（5）竹島棚上げ論

　1965年の日韓基本条約成立で、李ラインは、その根底にある竹島領有問題は紛争処理事項の対象とされないままに終わり、棚上げ論となった、その解決の難かしさは、交渉当事者、金鍾泌韓国中央情報部長が十分理解していた[25]。

　金鍾泌部長は、1962年日本との会談後訪米し、ラスク米国務長官との会談で、独島はどう使用されているかとの質問に、私は独島破壊提案を日本側に提案した、と発言した。その内容について、1996年12月韓国内部で、独島爆破提案説が問題になったとき、金鍾泌自由民主連合総裁は、「日本には、絶対に独島を渡すことはできないとの意志の表現であった」と弁明した[26]。さらに、彼は、国際司法裁判所で日本のものだとの判決が出たとしても、すべて爆破しなくてはならないし、そうしてでも、相手に渡すつもりがないと、その真意を回想した[27]。米国の外交文書にも、ニュアンスは違うが、同じ記録がある[28]。

　そのパンドラの箱を開いてしまったのが、竹島領有紛争であった。

(6) 竹島領有紛争

　竹島領有紛争の発生で、1954年9月25日日本は、韓国に国際司法裁判所への付託を提案した。韓国は10月拒否した。1962年3月日韓外相会談で、小坂善太郎日本外相が再提案したが、韓国は拒否した。同年11月大平正芳外相が金鍾泌韓国中央情報部長に同様の提案を行ったが、韓国側に拒否された。それは、国連非加盟国（韓国）でも、その付託の同意は可能であるとする日本の見解に従うところであった。

　1954年10月28日韓国の付託拒否の公文は、以下の通り、言及している。
　　　　紛争を国際司法裁判所に付託するという日本政府の提案は、司法的な仮想で虚偽の主張をするまた一つの企てに過ぎない。韓国は、独島に対して始めから領土権を有しており、この権利に対する確認を国際司法裁判所に求めなければならない理由は認められない。いかなる紛争もありえないのに、類似の領土紛争を作り上げるのは、まさに日本である。

　2005年3月16日島根県議会が「竹島の日」制定条例を可決した。これに対し、翌17日盧武鉉韓国大統領の主導下に国家安全保障会議が「対日新ドクトリン」を発表し[29]、23日大統領は対日関係に関する国民向け談話「最近の韓日関係に関して国民の皆さんに述べる言葉」を発表した[30]。
　そこで指摘されたのは、小泉首相の靖国神社参拝、竹島の日制定、歴史教科書の歪曲などは「日本のこれまでの反省と謝罪をすべて白紙に戻す行為」で、「日本は自衛隊の海外派兵の法的根拠を設け、再武装の論議を進め」、それは「われわれに過去を想起させ、未来を不安にさせる行為」で、それは「韓半島と北東アジアの未来がかかわった問題であるため、侵略と支配の歴史を正当化し、再び覇権主義を貫徹せんとする意図を、これ以上黙ってはおられない。政府も、今や断固、対応せざるをえない。日本との厳しい外交戦争もありうるだろう。今回こそは、必ず根絶やしにする。われわれは、勝利するだろう」と宣言した[31]。さら

に、この日本との外交戦争は、経済・社会・文化交流を萎縮させ、韓国経済を萎縮させるものではなく、そんな懸念を心配することなく、国家は、解決すべき負担があれば、それに耐えなければならない、と訴え、戦争は勝利する、と強調した[32]。

韓国は、いよいよ日本との外交戦争に突入した。以後、対外的イメージ操作の増幅は止まらない。この談話は、乾坤一擲の大パフォーマンスで、ポピュリズムの政治であった。それは、外交交渉の迷路よりも国民支持のための政治操作を優先させた局面の転換にあった[33]。「中央日報」は3月23日、「韓日関係を取戻しのつかない最悪の関係に追いやることは、事態の収拾につながらない。短期的には韓国国民の感情的な支持を得ることがあろうが、長期的に韓国と韓国大統領に負担をかけることになる」と批判した[34]。

(7) 李明博韓国大統領の竹島上陸事件

この傾向は、さらに増幅した。2012年8月10日李明博韓国大統領が国民の民族ナショナリズムに訴え、国民支持を回復する方策として、独島を訪問したからである。さらに、14日李大統領は、「天皇陛下が韓国を訪問するなら、独立運動の犠牲者にまず謝罪すべきである」と発言した。この天皇発言は、日本人民衆の間に厳しい反発を生み出し、野田佳彦首相は23日衆議院予算委員会で、同大統領の発言は「相当、常識から逸脱している」と述べ、謝罪と撤回を求める考えを示した。しかし、日本の抗議に、韓国政府は、日本首相の親書の受理も拒否し、その強い態度を貫き通した。韓国言論・外交界は日韓関係の悪化を懸念するも、大統領はポピュリズムを鼓吹させた。

日本は、韓国の竹島囲込みの新局面で、8月領土紛争解決のための竹島問題の国際司法裁判所への提訴に入った[35]。これに対し、10月12日就任した民主党外務副大臣吉良州司は、民主党の竹島放棄論に同調して、提訴を見送る、と発言した。

日本政府の李明博韓国大統領の竹島上陸への対応措置、官房長官発表、2012

年8月17日の全文は、以下の通りである。
> 1　我が国政府は、竹島を巡る領土問題について、我が国の主権に関わる重大な問題と認識しており、毅然とした対応措置をとる考えである。
> 2　韓国政府に、竹島問題について、国際法に則り、冷静、公正かつ平和的に紛争を解決することを目指して、近日中に、国際司法裁判所への提訴としての合意付託及び日韓紛争解決交換公文に基づく調停を提案する。
> 3　竹島問題について関係する閣僚の会合を開催することとし、今後の体制の強化等についての諸準備も早急に実施する。また、民間分担において、竹島問題等の調査・研究、国民世論のための活動を支援するための取り組みを調整する。
> 4　李大統領の竹島上陸に関連する措置は、必ずしも上記に限定されない。韓国側の行動に対して相応する措置の検討は引き続き進め、今後の韓国側の行動も勘案しつつ、我が国として更にいかなる措置をとるか適切に判断する。

　8月24日衆議院は、李明博韓国大統領の竹島上陸と天皇陛下に関する発言に抗議する決議を採択した。同日、野田首相は、韓国大統領の竹島上陸につき記者会見で、韓国の不当な領土主権への干渉を指摘した。同日、これに対し、韓国は、首相発言の撤回を求めた。
　2012年10月16日バーンズ米国務副長官は、ソウルでの安豪栄韓国外交通商部第一次官との米韓戦略対話で、竹島の対話解決を求めたのに対し、同第一次官は、独島の領有権は「否定できない事実」である、と答えた。

　李明博韓国大統領による島根県の竹島上陸などに抗議する衆議院決議、2012年8月24日採択の全文は、以下の通りである。
> 　島根県の竹島はわが国固有の領土である。これは歴史的にも国際法上も

疑いない。

　しかしながら、韓国は、竹島を不法占拠し、施設構築等を強行してきた。韓国が不法占拠に基づいて竹島に対して行ういかなる措置も法的な正当性を有するものではなく、決して容認できない。

　今般8月10日に李明博韓国大統領が竹島に上陸した。わが国はこのことを強く非難するとともに、竹島の不法占拠を韓国が一刻も早く停止することを強く求める。また、わが国政府は、断固たる決意を持って、韓国政府に対し、毅然とした態度を取り、わが国政府が一丸となって、竹島問題について効果的な政策を立案・実施すべきである。

　さらに、8月14日、李明博大統領は、天皇陛下の韓国ご訪問について極めて不適切な発言を行った。友好国の国家元首が天皇陛下に対して極めて非礼な発言であり、決して容認できないものであり、発言の撤回を求める。

　わが国は、韓国を重要な隣国として認識していることは変わらず、韓国国民と親密な友誼を結んでいくことができると信じている。そのためにも、李明博韓国大統領をはじめとする韓国政府要人および韓国国民が賢明なる冷静な対応をすることを強く求める。

　右決議する。

2012年8月14日野田佳彦首相の記者会見の要旨は、以下の通りである。
1　周辺海域情勢
　　わが国の主権にかかわる事案が相次いで発生し、遺憾の極みである。毅然とした態度で冷静沈着に不退転の覚悟で臨む。
2　竹島
　　竹島は、歴史的にも国際法上も日本の領土であることは何の疑いもない。江戸時代初期には幕府の免許を受けて竹島が利用されていた。法と正義に照らし国際司法裁判所で議論を闘わせ決着をつけるのが王道である。今後も粘り強く訴えていく。

3　韓国側主張
　　　韓国側の主張は、根拠は曖昧で裏付けとなる明確な証拠はない。力をもって不法占拠を開始した。（親書返却は）慣例上あり得ず大変遺憾である。わが国は一貫して冷静に対応し礼を失することはしていない。思慮深く、慎重な対応を望む。
　4　その他
　　　尖閣諸島などが日本固有の領土であることに疑いはない。そもそも解決すべき領有権の問題は存在しない。中国が領有権を主張し始めたのは、東シナ海に石油埋蔵の可能性が指摘された1970年代以降に過ぎない。北方領土も穏やかな環境の下でロシアと交渉を進める。国内の強硬な世論をあおって事態がエスカレートするのは、いずれの国の利益にもならない。

竹島問題に関する問題点は、次の通りである。
1、領土問題はないとする神話的所説が、問題解決を回避する風潮を生み出し、それへの追従を可能にしてきた。
2、韓国の独島ナショナリズムの真意を理解して、対処すべきである。韓国は武装占領した竹島を占拠し、現状維持に戻すことがない現実を認識して、日本はその方策を確立し、交渉を進めるべきである。
3、以上の混乱は、日本の対内的・対外的混乱ないし空白状況から生じたもので、少なくとも国会決議は「不法占拠」と確認し、国家意志を明確にせざるをえなかった。それは、日韓関係における韓国の政策変更をもたらすことにもなりうる。その日本政府の国家意志を確認した決断は、「常識から逸脱した」李明博大統領の発言にあった。
4、日本政府は、変動する日韓関係における明確な外交の原則を策定し、遂行すべきである。

7、尖閣諸島紛争

　1971年6月沖縄返還協定の調印を前にして、注目された東シナ海における石油資源の支配という思惑もあって、1969年7月以降、中国・台湾による尖閣諸島の領有権の主張が提起され、激しい外交問題となった。1970年の第1次保釣運動に続いて、1996年に第2次保釣運動が起きた。中国は、問題が争点化する度に、その態度表明として武装船を出動させるまでに至った。そして、2012年日本政府の私有地国有化（国有地への移行）措置をとり、中国政府は中国領土の収用として反発し、政府主導の激しい反日抗日活動が中国全土で起きた。これは、一面、紛争処理における日本の政治外交不在のための措置というところがあった[36]。

（1）釣魚台論争

　米軍施政下の尖閣諸島では、日本側が一連の学術調査を実施し、その調査は地質・資源・生物相の各方面に及んだ。1968年以降、1970年まで総理府学術調査が行われた[37]。他方、1961年以降、大見謝恒寿は沖縄・宮古・八重山周辺海域で石油・天然ガス調査を実施し、さらに、ECAFEアジア海域沿岸海底鉱物資源共同調査委員会CCOPは、1968年以降、その調査報告を提出した。こうしてこの海域の海底鉱物資源が確認され、着目されるところとなった。ここに、1969年7月台湾当局は、台湾沿岸に隣接する領海外の大陸棚に存在する天然資源に対する主権の行使を声明した。そして、1970年8月台湾立法院は大陸棚条約を批准し、大陸棚限界規定を制定した。同8月「台湾新生報」社論は「釣魚台列嶼付近の大陸棚はわが国の主権に属する」と論じた。これに対し、琉球立法院は、尖閣列島の領土防衛決議を採択した。中国では、12月の「人民日報」論評は、「米・日反動派による我が国の海底資源の掠奪を絶対に許さない」と指摘し、中・台・日による尖閣諸島海域の主権論争となった。1971年6月沖縄返還協定の調印もあって、その争点をめぐる論争は激化した。そこで、1972年5月24日日本は、国連安全保障理事会に対し、尖閣諸島は日本領土であるとする文書を提出した。

沖縄・北方対策庁「尖閣列島周辺の海底地質調査について」1970年7月17日発表の抜萃は、以下の通りである。

 1 尖閣列島は琉球八重山群島の北西海上約00粁付近の東支那海に散在する魚釣島、黄尾嶼、赤尾嶼等9つの島からなり、行政上は石垣市に属している。
  この列島周辺の海域は、昭和42～43年、国連エカフェの空中磁気探査、海上音波探査などにより石油鉱物賦存の可能性が高い推積盆地の存在が予測されて以来、急速に注目を集めるに至った。
 2 この事情を背景として、総理府特連局（現在の沖縄・北方対策庁）としては、44年度9,000千円余、45年度31,200千円余の予算を計上し、（委託費）調査を実施することになった。……
 4 以上の調査結果は、第1次（44年度）については44年8月報告書が提出され、第2次（45年度）については、現在、報告書作成中であるが、2次にわたる調査の結果尖閣列島海域のみならず大陸棚と南西諸島との間の地形、底質等の関連についても、研究を併せ行うことができた。
  このことは今後の研究の進展につれて、あらたな水産・鉱物資源の所在を発見する端緒になるものと考えられる。
  特に本海域は、台湾・日本における主要産油地層である新第三紀層が尖閣列島北方海域を中心に厚く存在し、その広さはほぼ九州の面積に匹敵すると考えられること、また地質構造も、台湾西部の油田地帯と構造的に連続する可能性のあることなどが明らかとなった。……

日本の尖閣列島に関する国連安全保障理事会あて書簡、1972年5月24日は、以下の通りである。

 1972年5月20日付で中華人民共和国代表から安全保障理事会議長に提出された書簡に関し、私［中川融国連大使］は、日本政府から、中国が沖

縄の日本返還に関して尖閣諸島に言及した主張はまったく根拠のないものであることを指摘するよう指示された。

　尖閣列島は昔から南西諸島の一部である日本領土であり、この事実は、つい最近までいかなる他国からも、異論の出たことはない。

　私は、この文書を安全保障理事会の公式文書として配布されるよう、希望する。

1969年7月以降におけるその論争経過の動向は、以下の通りであった。

1969年7月台湾当局、台湾沿岸に隣接する領海外の大陸棚に存在する天然資源に対する主権行使の声明。

1970年7月台湾当局、パシフィック・ガルフ社に石油探査権許可、8月10日愛知揆一日本外相、参議院特別委員会で無効声明。

　8月25日台湾立法院、釣魚台島嶼周辺海域の石油資源探索条例採択。

　8月31日琉球立法院、尖閣列島の領土防衛決議採択。

　9月2日台湾水産試験所の海憲丸、釣魚台島に国民政府国旗を掲揚して領土権主張、9月15日琉球政府、撤去。

　9月5日魏道明台湾外交部長、立法院で「釣魚台など5島は国民政府に属する」と発言。

　9月12日愛知揆一外相、衆議院特別委員会で「尖閣諸島は日本領土沖縄県の一部」と再確認。

　9月30日台湾省議会、釣魚台島嶼は我が国固有領土とした決議採択。

　10月15日台湾国営の中国石油公司、釣魚台島嶼周辺の石油探査につき決定。

　10月16日台湾当局、釣魚台島嶼の大陸棚資源領有の声明。

　11月12日日・韓・台3国連絡委員会開催（ソウル）、3国共同開発の合意。

　12月4日「人民日報」記事「米国の支持で日本が釣魚群島を版図に組み入れている」——台湾に付属した釣魚島は台湾に付属の中国領土と主張

した。
　12月29日「人民日報」論評「米・日反動派による我が国の海底資源の掠奪を絶対に許さない」。
1971年1月29日～30日釣魚台保衛行動委員会、在米各地の日本公館に抗議デモ。
　4月9日プレイ米国防省報道官、尖閣諸島海域でのパシフィック・ガルフ社に対し石油開発中止申入れ発言。
　4月10日台湾外交部、釣魚台島嶼の主権声明。
　4月11日新華社、沖縄返還は「日本の中国侵犯の準備」と報道。
　6月16日台北に釣魚台保衛行動委員会、台北の日本公館あて抗議デモ。
　6月17日尖閣諸島を含む沖縄返還協定調印。
　8月22日香港大学で釣魚島領有に抗議する集会。
　11月7日北京放送、「釣魚島などの諸島は中国の神聖な領土」と主張。
　12月15日佐藤栄作日本首相・福田越夫外相、尖閣列島は我が国土、周辺の大陸棚は関係国と協議の方針を声明。
　12月30日中国外交部、中国は台湾を解放して釣魚島など台湾領土を解放するとの声明、1972年1月13日「人民日報」、同声明を確認。
1972年2月10日台湾当局、釣魚台など島嶼を台湾省宣蘭県管轄に編入、17日日本、抗議。
　3月3日中国代表安致運、国連海底平和利用委員会で日本の釣魚島の不法占領を指摘、日本代表が反論。
　3月3日琉球立法院、尖閣諸島の日本領土を確認した決議採択。
　3月8日福田越夫外相、衆議院特別委員会で外務省基本見解「尖閣諸島の領有権問題」発表、30日「人民日報」、反論。
　4月17日荒畑寒村・井上清・羽仁五郎ら、日帝の尖閣列島阻止のための会結成——尖閣列島は日清戦争で日本が強奪したと主張した。
　5月2日日本、200海里排他的経済水域令公布、6月17日施行。
　5月3日防衛庁、沖縄の防空識別圏を尖閣諸島の沖縄水域に拡大、15日

実施。
　5月18日「人民日報」、日・米両国は沖縄返還地域に釣魚島など島嶼を組み入れたと指摘。
　5月24日日本、国連安全保障理事会に、尖閣諸島は日本領土とする文書を提出。
　7月7日日中友好協会正統本部、いわゆる尖閣諸島は中国領土と主張。

　琉球立法院の尖閣列島の領土防衛決議、1970年8月31日採択は、以下の通りである。

　　琉球政府立法院は、1970年8月31日別紙のとおり「尖閣列島の領土権防衛に関する要請決議」を採択した。
　　本土政府は、右決議に表明された沖縄県民の要請が実現されるよう、アメリカ合衆国及び中華民国に対し強力に折衝を行うよう強く要請する。
　　右決議する。
　　1970年8月31日
　　　　　　　　　　　　　　　　　　　　　　　　琉球立法院
（別紙）
　　　決議第12号
　　尖閣列島の石油資源が最近とみに世界の注目をあび、県民がその開発に大きな期待をよせているやさき、中華民国政府がアメリカ合衆国のガルフ社に対し、鉱業権を与え、さらに、尖閣列島の領有権までも主張しているとの報道に県民はおどろいている。元来、尖閣列島は八重岩垣市字登野城の行政区域に属しており、戦前、同市在住の古賀商店が伐木事業及び漁業を経営していた島であって、同島の領土権について疑問の余地はない。
　　よって、琉球政府立法院は、中華民国の誤った主張を止めさせる措置を早急にとってもらうよう院議をもって要請する。
　　右決議する。
　　1970年8月31日

琉球立法院

ここに生じた尖閣帰属論争は、以下の通りであった。歴史学者井上清らは、日帝の尖閣列島阻止のための会を結成し、尖閣は中国領とする一連の論文を日本と中国で発表した。これに対し、国際法学者奥原敏雄らが反論し、さらに奥原論文には、中国学者呉天穎が反論した[38]。

(2) 日本人の魚釣島上陸事件

1972年1月～2月台湾による釣魚台編入措置に対して、5月16日日本の政治結社愛国青年連盟代表小林建が魚釣島に上陸した。海上保安庁は、掲げた日本国旗の撤去と退去を求めた。翌73年11月日本人民族派青年の尖閣諸島領有決死隊が魚釣島に上陸した。これも台湾の領有権主張に対する日本人の抵抗事件であったが、彼らの愛国行動を日本政府が弾圧するといった皮肉な状況となった[39]。

そこでは、日本人の領土意識が希薄である一方、尖閣諸島に対する政府の無策が最善策であるかの懸念が残った。その根底には、領土問題は存在しないとの神話があった。

台湾は、釣魚台は中国領土と主張し、中国はその台湾に属する中国領土を確認していたが、日本の親中国分子は尖閣諸島に対する中国の領土主権を主張し、中国も中国主権を主張するようになった。

(3) 日本の先占領有論

沖縄返還交渉を前に尖閣諸島の帰属問題が提起されるなか、1971年3月日本外務省は、「尖閣諸島の領有権問題についての統一見解」を発表し、それは、以下の5点を明確にした。

1、1885年以降、現地調査を行い、「清国の支配が及んでいる痕跡がない」ことを確認し、1895年現地に標杭を建設して、正式に日本領土に編有した。
2、「爾来、歴史的に一貫してわが国の領土たる南西諸島の一部」を構成し、1895年の下関条約で日本に帰属した台湾及び澎湖諸島には含まれない。

3、尖閣諸島は、サンフランシスコ条約で放棄した領土には含まれない。米国の施政に移管された琉球協定に含まれ、その琉球に尖閣諸島は含まれる。
4、中国も台湾も、サンフランシスコ条約に異議を唱えなかったことは、尖閣諸島が台湾の一部とは考えていなかったことの証しである。1970年東シナ海大陸棚の石油開発とともに、尖閣領有権問題が登場した。
5、中国及び台湾のいわゆる歴史的・地理的・地質的根拠の諸点は、中国の領有権主張を裏付けるに足る国際法上の有効な論拠とはいえない。

以上の見解は、1972年3月8日外務省の領有権問題についての見解、5月外務省情報文化局「尖閣諸島について」でも踏襲されており、以下の日本における関連文書でも確認されている。
1970年8月31日琉球政府立法院の尖閣列島の領土防衛決議。
　　　9月7日沖縄タイムス社説「国府の尖閣列島攻勢──大陸ダナから領有権に及ぶ」。
　　　9月7日朝日新聞社説「尖閣列島問題で理性的で話合いを」。
　　　9月13日琉球新報社説「尖閣列島の領有権問題」。
　　　9月17日琉球政府声明「尖閣列島の領土権について」。
　　　12月6日毎日新聞社説「尖閣列島は沖縄の一部」。
1972年3月3日琉球政府立法院の尖閣列島の領土権に関する決議。
　　　3月6日琉球新報社説「尖閣領有の院決議の意義」。
　　　3月7日産経新聞主張「尖閣列島　わが国の領有権は明白」。
　　　3月9日毎日新聞社説「尖閣諸島の領有権は明確」。
　　　3月10日讀賣新聞社説「わが国の「尖閣」領有権は明確」。
　　　3月10日沖縄タイムズ社説「平和外交の試金石──尖閣列島をめぐる領有権問題」。
　　　3月20日朝日新聞社説「尖閣列島とわが国の領有権」。
　　　3月24日日本社会党、尖閣列島問題に対する統一見解。
　　　3月28日日本自由民主党、尖閣諸島の領有権についての統一見解。

3月30日日本共産党、尖閣列島問題に関する見解。

(4) 日本の尖閣列島中国領有論

1972年7月7日日本・中国友好協会（正統）中央本部は、いわゆる「尖閣列島」問題に関する見解を発表し、「"尖閣列島をめぐる米日反動派の陰謀を粉砕しよう"のスローガンをかかげて闘う」なかで、尖閣列島は中国の領土であるとの見解を発表した。その論点は、以下の通りである。

1、尖閣島嶼には、日本の名称がない。それは、中国名を使用している。
2、釣魚島は無主地ではなかった。先占で中国領土を日本に編入することはできない。
3、日本が「略取した閣議決定（1895年1月14日）は、日清戦争での「かすめとり」の決定である。
4、中国（周恩来外交部長）がサンフランシスコ会議に参加していない以上、尖閣問題につて同条約は意味を有しない。日華平和条約に、尖閣列島の放棄がなくても、「2つの中国」論で、この問題を論じることはできない。この問題は、日本と中国の問題である。

したがって、日本政府の見解は「アジア侵略」の陰謀である。

以上、提起された議論は、次の3点に要約できる。

第1は、古来、中国の領土か、先占による日本編入か。その名称が中国名であるといって、その統治者が当該土地に居住しあるいは利用されていたことが、是認されるわけではない。

第2は、中国がサンフランシスコ条約に参加していない故に、同条約は有効でないとはされない。但し、日中平和友好条約の締結においては、尖閣諸島／魚釣島の合意は残された。その合意が成立しないが故に、平和友好条約は有効でないとはいえない。

第3に、日本は日清戦争で尖閣諸島を「かすめとり」をしたという見解、日本陰謀説は、呉天穎の見解である[40]。しかし、尖閣諸島の編入と台湾の接収とは、それぞれが別の事件である。日本艦隊が台湾への進出のために尖閣諸島沖に集合

し台湾へ向かった経過と、尖閣諸島の編入手続きを一体にして論じるのは陥穽である。

　沖縄返還を日本軍国主義の行動であり、アジア侵略と解することは出来ない。中国も、尖閣事件あるいは日本の尖閣諸島主権の確認を、日本のアジア侵略とはいっていない。

　井上清は、以上の中国領有論と同じ立場で、以下の2点で、尖閣諸島は中国領土としている。

1、釣魚諸島は、明の時代から中国領として知られ、林子平も中国領としており、したがって、無主地に対する先占の法理は成立しない。
2、日本は、日清戦争で、琉球の独占を確定し、釣魚諸島を盗み、公然と台湾を奪った。この日本による尖閣列島の領有と先占の法理は、帝国主義の発露であり、国際法的にも無効である。

　この前提となる琉球併合を「侵略的統一」とみる井上の見解は、日本の琉球侵略として解することができないのは一般的である。日本が日清戦争の勝利に乗じて尖閣諸島を領有したとする見解も間違いであって、人の探検・調査と往来と開拓を確認して、政府が行政的編入措置をとったのは、他の地域の編入措置と同様である、それを先占の法理で説明しているが、それは当時の1つの説明手法であった。現在では、先占の法理には同意できない。編入措置としては、琉球の付属島嶼としての根拠があり、十分成立する。最後の点である島名とか、沖縄を八重山までとし、尖閣諸島は含まないとする見解は妥当ではなく、この海域は、琉球人船乗りが水先案内をしていた世界にあった。但し、彼らがこれら島嶼に対する領土意識をはっきりとしていたとはいえない。その海域は、台湾人も往来していた。しかし、台湾人は、琉球王国の世界には入らない。林子平の「三國通覧圖説」(1785年) には、宮古と八重山は琉球の所有としているが、釣魚台、黄尾山、赤尾山には説明がない。釣魚台、黄尾山、赤尾山は中国と同じ赤色であったため、井上は中国領としているが、林子平の「琉球産章并三十六嶋之圖」は、徐葆光『中山傳信録』に従っており、交流世界として論じられた。したがって、こ

の地名の検証からは、尖閣諸島の領有権を確定できない。

また、尖閣諸島は、台湾の付属島嶼で、中国から割譲されて日本領となったものではない。

以上の記述から、日本政府の尖閣諸島に関する見解は、議論の余地がない。それを先占の法理で説明する点は、同意できない。それは、帝国主義行動ではなく国民国家の建設と統一の文脈で理解するものだからである。

(5) 日本尖閣陰謀説と台湾事件

現在も中国が申し立て、井上清が主張し、そして呉天穎が立証せんとしたのは、日本が日清戦争期に「かすめとり」をしたという陰謀説である。それは台湾事件で、陰謀ではない。

この台湾事件は、1871年11月琉球の民66名が台湾に漂着し、うち54名が土着民に刧殺され、この旨が琉球官吏から中央政府に報告された。1873年3月小田原の4名が衣物を掠奪される事件が起きた。ここに、同73年3月副島種臣外務卿は清国と交渉したが、清国側は、台湾は清国の領域でないとして、事件は関知しないとした。そこで、日本政府は、1874年4月征台の議を決し、西郷従道陸軍中将を台湾蕃地事務都督として、台湾を征討することになった。この時点で、5月李清国閩浙総督は、生蕃には清国の法律が実効なきものとしつつも、台湾が清国の領土である、と力説した。結局、以下の通り実施された[41]。

1874年5月17日西郷蕃地事務都督、長崎出発。

　　5月19日日本軍艦、尖閣諸島沖に集結。

　　5月20日台湾上陸。

台湾は、日清戦争の下関条約で日本に割譲された。この台湾征伐の際に、日本は尖閣諸島を奪取したというのが日本帝国主義陰謀説であるが、この台湾征伐と尖閣諸島の編入手続き措置とは別個の事件である。

(6) 中国釣魚島古来領土論

中国は、1971年11月釣魚島などの島嶼に対する領土主権を主張し、1972年3

月国連海洋法委員会で中国代表が釣魚島領有の発言を行った。その主要公式声明は、以下の通りである[42]。

1971年12月30日中国外交部、釣魚諸島の主権声明。
1972年3月20日人民日報評論、1972年3月8日日本外務省基本見解への反論。
1982年1月北京周報評論「釣魚島等島嶼は古来中国の領土」。
1990年10月18日中国外交部、釣魚島は中国領土の声明。
1992年2月25日中国領海法公布。
　　　　　2月27日〜28日中国外交部、釣魚島は中国領土の声明。
1996年5月15日中国領海基線声明。
2000年4月5日中国外交部、釣魚島は古来、中国に属するとの声明。

そして、台湾の主権声明は以下の通りである。
1970年9月30日台湾省議会、釣魚台列嶼は我が国固有領土とした決議採択。
1971年4月10日台湾外交部、釣魚台列嶼の主権声明。
　　　　4月20日台湾外交部、釣魚台列嶼の主権声明。
　　　　6月17日台湾外交部、釣魚台列嶼の主権声明。
1972年5月9日台湾外交部、釣魚台列嶼の主権声明。
1996年7月24日台湾外交部、釣魚台列嶼の主権声明。

中国の見解は、以下の2点である。
1、釣魚島などの島嶼は、古来、中国領土である。
2、中国は、台湾に付属する釣魚島などの島嶼を回復する。
その根拠は、以下にある。
1、釣魚群島は、中国が最初に発見し、古来、中国の版図に入れた。したがって、無主地であっても、先占の原則は適用できない。琉球冊封使の記録から、それを立証できる。
2、明朝は、1556年これら島嶼を福建省海防区域に組み入れた。
3、西太后は、この地を盛宣懐に下賜した。

4、釣魚群島は、地質構造上、台湾の付属島嶼である。
5、馬関条約（下関条約）で、台湾及び付属島嶼が日本に割譲された。釣魚島は、これに含まれており、戦後処理において、中国に返還されるべきである。

さらに、中国学者は、以下の点を指摘する。中国は、最初に『順風相送』（1403年）において、釣魚島の名前を付けた。古来、中国領土であることは、琉球冊封使の記録に明らかである。釣魚列嶼が台湾に属し、琉球とは別存在にある点は、『日本一鑑』（1556年）が明らかにしている。釣魚列嶼が海防区域としたことは、鄭若曽『籌海圖編』に明らかである。これが、中国のいう「古来、中国領土」の内容で、したがって、当該島嶼は無主地ではない、とされる。これは、中華主義の論理で、琉球と釣魚列嶼が別の存在かどうか、中国との往来における釣魚諸島についての琉球世界の解釈の違いに発しており、見解の一致はみない。

確かに、尖閣諸島は台湾、中国に近い。その近接性が帰属性とはされない。

さらに、提起されるのが、1835年道光『重纂福建通志』（1835年）巻6海防・各縣衝要・噶瑪蘭廳の記述で、噶瑪蘭営の分防としての薛坡蘭（花連）に触れ、「後山（台湾の東部）の大洋は、北に釣魚臺有り、港深く大船千艘を泊す」とある。このことから、鞠徳源は、この釣魚台に清国の水軍が海防の巡視点として駐留し、行政管轄にあったとする歴史を主張する。「小東の小嶼」に大船千艘が碇泊することはありえない。台湾の水軍がこの海域を往来したことは理解できるが、琉球人から島の海が深くの情報を得て加工されて記述された感が強い。同じ記述は、黄叔璥『臺海使槎録』（1736年）巻2武備にもあり、そこでは「大船十餘碇泊す」とあり、巡視の記述はなく、「小魚舟が往来するのみ」ともある。有力な歴史文献であるが、その解釈の矛盾には慎重を要する。

なお、台湾付属島嶼説については、中国国民党中央委員會編『釣魚臺列嶼問題資料匯編』（1971年）に所収の「台灣海溝形圖」が、釣魚台列嶼は台湾の大陸棚にあるとの見解をとっている。これは、中国・琉球の往来ルートにおける鶏籠山（基隆）を経て釣魚台へ至る航行ルートをもって理解できるとしている。

さらに、海軍軍事技術研究所の方坤・李杰は、釣魚島の戦略的価値及び中国の

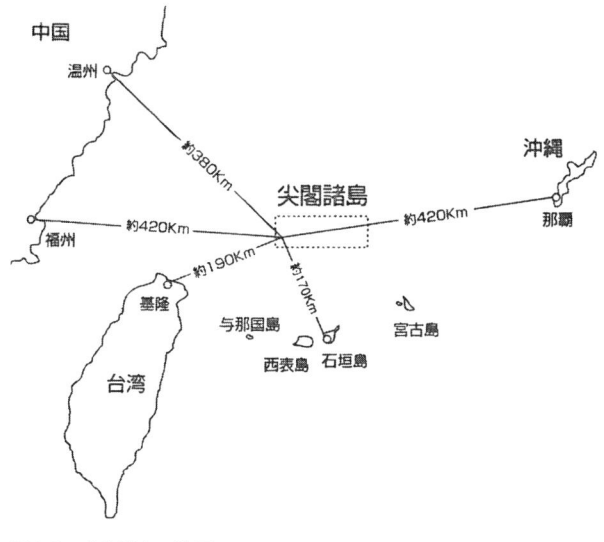

図9-2　尖閣諸島の位置

海上安全保障の文脈で中国領土論を提起した[43]。

尖閣諸島は、地理的位置が台湾に接近しており、宮古島、石垣島、与那国島の世界にある。そして、南方からの沖縄へのルートにある。

なお、日本はカイロ宣言に基づき、琉球列島とともに、釣魚台島嶼は、中国に返還されるべきとの議論があるのは事実で、これは中国の関心事にある。しかし、この問題は、現在、提起されていないが、いずれとりあげられるだろう[44]。

(7) 中国武装船侵入事件

中国は、釣魚島の領有権主張を直接提起するとともに、1978年4月12日中国武装船、最大時200隻を尖閣諸島海域に出現させた。翌13日最大40隻が日本の領海に侵入し、「釣魚島は中国領土」の垂れ幕を掲げ操業し、日本の退去要求を駐日中国大使は拒否した。15日中国漁船は退去した。

この中国のデモ行動は日本の尖閣諸島支配に対する中国主権の存在を確認する行為であったが、8月12日日中平和友好条約が調印され、その調印直後の、園田

直日本外相の発言で、事件は落着した。同12日中国副総理鄧小平も、魚釣島問題の棚上げを示唆した。

1978年8月12日園田直日本外相の発言、特に尖閣諸島関係部分は、以下の通りである。

  なお、尖閣諸島の問題に関しては、10日午後の私と鄧小平副主席との会談において、私から日本政府の立場を説明いたしました。これに対し中国側は、中国政府として再び先般の事件のような争いを起こすことはないと述べました。

同78年8月18日「明報」社評「釣魚台と鄧小平の保証」は、鄧小平のいわゆる「釣魚台事件を再び行わないと保証する」というのは、双方が所有権を主張し合うなかでどこまで合理的であるのか、と論じた。それこそが、鄧小平の精神というものであったと考えるのは正しい。

(8) 灯台建設の外交事件

1978年の武装船事件を契機に、日本の政治結社愛国青年連盟分子が同78年5月魚釣島に上陸し、日本国旗を掲揚した。さらに、1982年8月日本青年社は灯台を建設し、以後、その保守・点検に当たってきた。この灯台建設には、台湾が反発し、これまでの灯台が台風で破損したため第二灯台を建設したことで、1990年の第1次外交問題となった。そして1996年9月日本青年社が北小島に灯台を建設し、9月台風で倒壊したため、再建したことで、第2次外交問題となった[45]。

1990年10月台湾政府は、釣魚台特攻隊45名が極秘に編成され、降下上陸工作及び青年社灯台破壊が意図された。この作戦は、総統が知るところとなり、封じられた。それは、自国領土における建築物は許さないという大義の作戦計画であった。

第1次灯台事件の経過は、以下の通りであった。

1988年6月8日日本青年社、魚釣島に第二灯台建設。
1989年10月24日台北で中国統一聯盟と保釣釣魚台行動委員会が対日抗議行動。
1990年10月12日台湾行政院長郝柏村、日本の灯台建設で釣魚台は台湾領土と主張。

  10月18日中国外交部、釣魚島は中国固有領土と声明、灯台は中国の主権侵犯行為と非難。

  10月21日台湾船2隻、灯台建設で日本の領海侵犯、22日日本、台湾に抗議。

  10月22日台湾国防部長倫履安、21日事件で日本を仮想敵国と見做すと発言。

  10月28日台湾で抗議抗議行動、香港で抗議デモ。

  10月30日台北で台湾新保学生聯盟が反日行動。

第2次灯台事件の経過は、以下の通りであった。
1996年5月15日中国、領海基線の声明。

  7月14日日本青年社、北小島に簡易灯台設置。

  7月20日台湾外交部、灯台建設で抗議声明。

  7月23日中国外交部長銭其琛、日本外相池田行彦に灯台建設で抗議（ジャカルタ）。

  7月24日中国外交部、灯台建設で非難声明。

  9月9日日本青年社、北小島に灯台建設。

  9月9日香港学者800人、釣魚台保衛声明。

  9月10日中国外交部、灯台建設で日本に抗議。

  9月10日日本青年社、海上保安庁に灯台の正式航路標識の許可申請、10月4日政府、不許可。

この灯台事件で、日本政府は、国内措置が決定される以前には、許可しないと

9月24日中国に通告し、10月4日不許可とするなど、対立の防止に腐心した。但しそれが国益を損なう大義で進められるといった矛盾は明白であった。

(9) 保釣運動

1996年7月14日日本青年社が北小島に灯台を建設した。続いて、23日日本は、200海里排他的経済水域を設定した。これに対し、中国は23日釣魚島を所有する中国の主権侵犯である、と抗議した。さらに、9月北小島の灯台が再建された。これに対して、香港で大規模な抗議運動となり、22日香港と台湾の全球華人保持釣大連盟の突撃隊が尖閣諸島に突入し、10月7日第二陣の抗議船の突入・上陸事件が起きた。これは、底辺に中国の干渉を封じたいとした香港人感情があり、中国人全体の大我として尖閣問題をとりあげたものであった。中国愛国主義の発揚として注目され、それは満州事変をめぐる対日認識において日本製品ボイコット運動、そして香港日本総領事館襲撃事件に連動していた。いいかえれば、その中華ナショナリズムは、香港自治の文脈での北京中央政府に対抗した香港人の民族意識の位置づけにあった[46]。

その保釣運動の動向は、以下の通りである。
1996年7月25日沖縄県石垣市議会、尖閣諸島の領有権に関する意見書採択——「尖閣列島は日本の固有領土で、石垣市の行政区域である」ことを確認した。

8月28日池田行彦日本外相、香港で「尖閣諸島は日本領土」と発言、29日学生、香港総領事館に抗議デモ。

8月31日「人民日報」論評「日本は愚かなことはしてはならない」。

9月6日香港の親中国派と民主派、台湾の中国統一派、結集して尖閣諸島海域に突入、海上保安庁巡視船が排除。

9月7日香港で民主派議員の一二三民主同盟、日系デパートで日本製品ボイコット運動。

9月9日香港学生900人、釣魚台抗議声明。

9月15日香港で「郷土防衛」、「日本軍国主義打倒」デモ、日系デパートに突入。
　9月15日台湾で建国釣魚臺防衛同盟、日本製品ボイコット運動。
　9月16日香港で保衛釣魚台聯合行動、1万人動員の抗議デモ。
　9月20日在米台湾系団体、在米日本大使館に抗議デモ。
　9月22日全球華人保釣大聯盟突撃隊、香港と台湾を出港、23日尖閣諸島の日本領海侵入、海上保安庁巡視船が阻止、26日突撃隊長の溺死。
　10月1日黍海波北京周報記事「釣魚島事件は激化するだろうか」。
　10月7日台湾・香港・澳門の活動家300人が乗船した漁船49隻が尖閣諸島海域に出現、41隻が日本領海に侵入、全球華人保釣大聯盟突撃隊第二陣4人が魚釣島上陸、中国国旗・国民政府国旗を掲揚、50分で退去。
　10月9日香港民主派議員と全球華人保釣大聯盟突撃隊分子、香港日本総領事館に突入、香港治安当局が排除、侵入者は197年5月12日罰金判決。
　11月23日池田外相の訪中、尖閣諸島問題の実質棚上げで合意。

そこでの論調は、以下のものが展開された。
香港学者800人の釣魚台保衛声明、1996年9月9日／明報出版社編輯部編『釣魚台──中國的領土』香港、明報出版社、1996年。
沙學俊「日本虚構事實向國詐騙釣魚台」東方雑誌、台北、第7巻第10期、1974年4月。
洪安全「釣魚台不屬琉球」東方雑誌、第5巻第8期、1972年2月。
張嘉言「我們反對日本侵吞琉球和釣魚台列嶼」国家論壇、台北、第5巻第6期、1972年6月。
盛承楠「由日本海圖證明釣魚台是中國領土」中華雑誌、台北、第10巻第5期、1972年5月。
「東周刊」論評「美国協助日本窃近釣魚台略奪、対付中国」香港、1996年9月12日。
「明報」社論「日本惟占了釣魚台列嶼、我們甕能座視不理」香港、1996年9月

18日。

夏泰寧「釣魚島中日大戦、誰月生誰負」香港、明報、1996年9月18日。

事件の結論的考察の1つとして、1996年10月13日「朝日新聞」社説「尖閣問題で考えること」は、世事の感情をめぐる混乱を嘆き、それの解決を示唆し、内外の事件に触れつつ、以下の通り、指摘した。

　尖閣諸島の問題をめぐり、香港の新聞界でも似たようなことが起きた。本紙の特派員によれば、対日批判の記事が、「書けば売れるし、書かなければ売れない」という空気の中で、誤報や憶測までまじえ、互いに激しさを争い合う状況になった。

　底流には、第二次大戦中に日本軍が香港を占領したことなどによる反日感情があるともいう。英国人がナチスの過去を忘れていないのと共通している。

　同諸島は日本固有の領土である。そのことと、軍国日本の過去とはまったく別問題だ。香港の新聞はそれをことさら混同させ、民族感情に熱を加える燃料とした。

　いくつか考えてみたいことがある。

　要求不満のはけ口となる民族主義には、どこにでも潜在的な「需要」がある。旧ユーゴスラビアなどの特産物ではない。

　英国の若者たちは失業に苦しんでいる。中国への復帰を目前にした香港には、将来への不安感が拡がっていると伝えられる。ほかのどの国にも、何らかの悩みはある。ちょっとした弾みで民族主義が頭をもたげても不思議はない。……

　民族主義は悪性のウイルスと似ている。根絶するのは不可能だが、社会が健康であれば、感染しても症状は軽くてすむ。

　ただ、油断は禁物だ。旧ユーゴでも、初めは言葉の応酬だった。戦術や計算のつもりで相手を悪く言っているうち、本気になるというところが人間にはある。どこの国にも、見境がつかなくなる人間がいるし、それをあ

おる人間がいる。
　　流行や感染を防ぐこと、社会をいつも健康に保つことに、最新の注意が必要だ。
　　言葉だけではない。火気厳禁のガソリンスタンドでたばこを吸うような行為は、いうまでもなく反社会的である。
　　領有権の問題はとりわけ微妙で、神経をつかう。これ見よがしに乗り込むような蛮勇で、ことが解決する筈がない。

　真に的確な指摘というほかはない。
　もう1つは、田久保忠衛が論じた「世界週報」1996年10月15日号の巻頭言「尖閣諸島問題には毅然として臨め」での一文である。
　　右翼団体「日本青年社」が尖閣諸島に灯台を設置したのがことの発端だが、……日本に領有権が存在し、埼玉県在住の栗原国起氏所有の地に日本の民間人が、たとえ右翼であろうと灯台を設置することが何故いけないのであろうか。明治28年の下関条約で尖閣諸島が日本領になる以前に同諸島が清国領であった証拠はない。
　　灯台設置直後に梶山静六官房長官が個人的見解として述べた「（尖閣諸島の）領有権は厳然としてわが国にあると主張しており、合法的にそういうことをする（灯台設置）ことに対し、（政府が）とやかく申し上げる立場にない」との発言は何も訂正する必要はない。……
　　ロシアのプリマコフ外相は、9月19日にモスクワの国立国際関係大学で講演した際、日本と中国が尖閣諸島の帰属問題を先送りした例をモデルとして「日露関係を前進させられないか」と述べたようだ。尖閣、竹島、北方領土は連動している。問題をとりあえず「棚上げ」して当面を湖塗する結果は何をもたらすか。ゾッとする。

　この一文は、事態の本質を衝いている。日本の方針も態度も、明確でなくてはならない。にもかかわらず、積み残し外交はいよいよ問題を大きくするばかりで

ある。

　彼ら香港の保釣行動委員会は、1996年に続いて2012年8月15日魚釣島に再上陸した。委員会の代表は、この7人の上陸（逮捕者は14人）と台湾と中国の国旗を15分間振ったことは、「委員会の十数年来の活動で最大の成功だ」と語った[47]。

(10) 尖閣諸島中国船衝突事件

　2009年9月鳩山由紀夫民主党政権が政治主導を掲げて成立し、鳩山首相は、沖縄軍事基地の解消を主張し、中国にアジア秩序の実現のために実現する、と約束した。しかし、その実現はなかった。2010年6月代わって成立の菅直人首相は、就任記者会見で琉球処分に触れ、中国に交渉のシグナルを送った。中国は、その対応を見守った。結果は、何とはなく沖縄軍事基地の継続となって、何もなかった。

　そこで、9月7日中国漁業工作船が尖閣諸島海域に侵入し、海上保安庁巡視船と衝突する事件が起きた。中国人船長は拿捕され、この「中国領海内」の逮捕という事態に、中国は抗議した。今度の事件は、1996年保釣運動とは違い、中国は、明確に1992年の中国領海法に定める中国領土、釣魚島事件を確認した行動であった。これまで、中国は第二次世界大戦で沖縄の返還を提起しており、琉球処分はその材料の1つであった。既に、2003年以降、中国はこの地域での調査船の活動を続けてきた。

　日本政府は、2004年3月この日本領土に対する日本人を含む上陸禁止措置をとることで、秩序を維持してきた。しかし、それ故をもって、反面、日本の実効的支配は客観的に欠如していた。つまり、秩序維持の物理的手段の行使が自ら封じてしまってきたのである。

　ここに、民主党政権の対外認識の欠如で、前記尖閣事件に際し9月23日クリントン米国務長官は、尖閣諸島海域は日米安全保障条約の適用地域である、と言明した。

　さらに、民主党政権は、その政治判断が不明確なまま、25日船長を釈放した。これに対し、中国は当然に、日本に対し謝罪と賠償を要求した。加えて、中国

は、日本政府の態度が一貫せず、かつ明確でないとして、日本との会談を拒否した。これに対し、菅直人首相は、日・中は戦略的互恵関係にあるので、両国間には何ら問題はないとし、この中国政府の立場を容認した。それは、中国の領土主権に対する事実上の黙認、屈服といえるものであった[48]。

(11) 尖閣諸島国有化対立

　石原慎太郎東京都知事は、日本国家のため尖閣諸島の購入による完全統治の達成を考えていた。2010年の中国船衝突事件で、同諸島の実効的支配の強化が急務となった国際事態に、2012年4月16日石原は、ワシントンのヘリテージ財団シンポジウムの講演で、地権関係者との交渉で尖閣諸島を買い取る方向で合意した、と発表した。そのための東京都購入の資金には、国民の寄付が寄せられ、国有化直後の9月13日現在で、全額14億7327万円に達した。9月2日東京都は購入のための事前調査に入った。他方、駐中日本大使丹羽宇一郎は、6月7日「フィナンシャル・タイムズ」への発言で、「購入が実行されれば重大な危機となる」と発言し、その購入に寄せる日本人の感覚はおかしい、と批判した。この発言は、日本世論が厳しい反発を生み、丹羽大使は更迭された[49]。

　この尖閣諸島購入の流れに、それは自国領土に対する行為として、中国政府は反発した。尖閣諸島を「平穏かつ安定的に維持管理」するために、そして現地住民の要請に応えた魚釣島の港湾施設建設を計画している東京都の購入計画を阻止するため、野田佳彦民主党政権は、これまで政府が賃借していた魚釣島・南小島・北小島3島の購入を9月11日に決定し、日本国への所有権移転登記を完了した（政府購入額は20億5000万円）。これに対し、中国は、日本の国有化措置は野田・石原陰謀説と論じた。野田首相の決定は、一部要人の独断でなされ、それが反日記念日に合わせてなされてしまったばかりか、温家宝中国総理の野田首相に対する配慮要請を野田首相は無視して一蹴する行動に出た。このため、当然に中国は、日本が戦後秩序に挑戦した措置と解し、他方、野田首相は対決姿勢を明確にし、決して後退せず、交渉拒否の強硬論を中国に対し貫いた。

　温家宝中国総理は、かかる日本の尖閣諸島国有化に反発し、「中国政府と国民

は主権と領土の問題に、半歩たりとも譲歩しない」と発言し、中国メディアは中国国民の反日感情を煽った。12日国防部報道官は、異例の記者会見で、「われわれは、事態の推移をよく注視し、相応の措置をとる権利を留保する」と述べ、軍の報復措置の可能性を示唆した。17日外交部副報道局長洪磊は、反日デモの扇動に関連して、国有化が撤回されない限り、さらなる（中国での日本の事物に対する）破壊活動が起こるであろうといい、一連の混乱事態は政府の断固たる行動であることを明らかにした。19日レオン・パネッタ米国防長官と北京で会談した習近平国家副主席は、「日本の一部政治勢力が茶番を演じている」、「米国は釣魚島の主権問題に介入せず、事態を悪化させないことを望む」と発言したのに対し、パネッタ長官は、「尖閣諸島は日米安全保障条約の適用範囲内であって、軍事衝突ともなれば、米国も関与する」と返答し、この米国の見解は、同会談に先だち梁光烈国防部長にも伝えられた。中国は、14日以降も、尖閣諸島海域で日本の領海侵犯を繰り返しており、この海域が自国領土であることを誇示した。そして13日中国は、尖閣諸島周辺を領海とした10日付の「新海図」を国際連合に提出した。その提出に当たり、当局は15日、「次は、日本の海上保安庁の船を中国の領海から追い出さねばならない。小規模な衝突は何も恐れない」と発言した。それに従い、尖閣諸島海域での日本領海侵犯が続くところとなった。

中国政府の釣魚島及附属島嶼の領海基線に関する声明、2012年9月13日国際連合に提出、の全文は以下の通りでである。この海図（図9-3a.3b.3c）は、2012年9月21日付のReference/M.Z.N.89.2012.LOS（Maritime Zone Notification）をもって釣魚島及附属島嶼領海基線図とともに、国連海洋法条約第16条2項に従い、付託された。

  中華人民共和国政府は、1992年2月25日採択し公布した「中華人民境界及毗連区法」に基づき、中華人民共和国釣魚島及びその附属島嶼の領海基線を、ここに布告する。
   1. 釣り魚島、黄尾島、南小島、北小島、南嶼、北嶼、飛嶼的領海基線は、以下に列記される隣接した基点を結ぶ直線すべてで構成する。

1. 釣魚島1　　　北緯25渡44分1秒　　　東経123度27分5度
   2. 釣魚島2　　　北緯25渡44分2秒　　　東経123度27分4度
   3. 釣魚島3　　　北緯25渡44分4秒　　　東経123度27分5度
   4. 釣魚島4　　　北緯25渡44分7秒　　　東経123度27分5度
   5. 海豚鹿　　　北緯25渡55分8秒　　　東経123度40分7度
   6. 下虎牙島　　北緯25渡55分8秒　　　東経123度41分1度
   7. 海星島　　　北緯25渡55分6秒　　　東経123度41分3度
   8. 黄尾嶼　　　北緯25渡55分4秒　　　東経123度41分4度
   9. 海亀島　　　北緯25渡55分3秒　　　東経123度41分4度
   10. 長龍島　　　北緯25渡43分2秒　　　東経123度33分4度
   11. 南小島　　　北緯25渡43分2秒　　　東経123度33分2度
   12. 鯧魚島　　　北緯25渡44分0秒　　　東経123度27分6度
   1. 釣魚島1　　　北緯25渡44分1秒　　　東経123度27分5度
 2. 赤尾嶼の領海基線は、以下に列記される隣接した基点を結ぶ直線すべてで構成する。
   1. 赤尾嶼　　　北緯25渡55分3秒　　　東経124度33分7度
   2. 望赤島　　　北緯25渡55分2秒　　　東経124度33分2度
   3. 小赤島　　　北緯25渡55分3秒　　　東経124度33分3度
   4. 赤背北島　　北緯25渡55分5秒　　　東経124度33分5度
   5. 赤背東島　　北緯25渡55分5秒　　　東経124度33分7度
   1. 赤尾嶼　　　北緯25渡55分3秒　　　東経124度33分7度

　9月24日河相周夫外務次官が訪中し、中国側と会談したが、事態打開の糸口は見出せなかった。他方、衆議院は、香港の活動家らの沖縄県・尖閣諸島上陸に抗議する決議を採択し、民主党政権に代わって国家の意思を明確にした。これを受けて、野田首相は同24日の記者会見で、「尖閣諸島などは日本固有の領土である」と確認した。

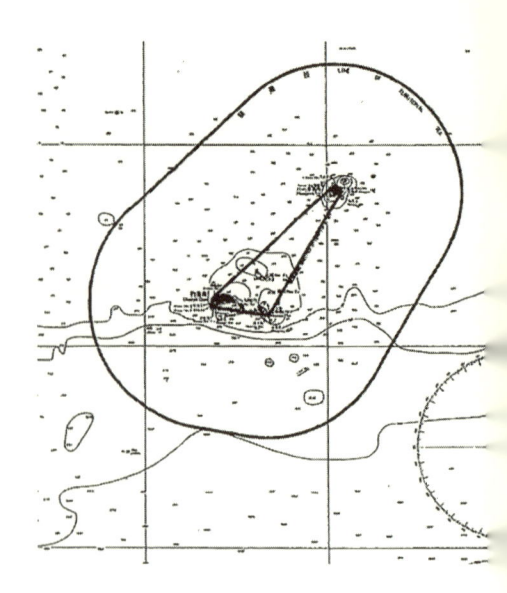

図9-3a　中国の釣魚島の領海基線図
（出所）国連文書。

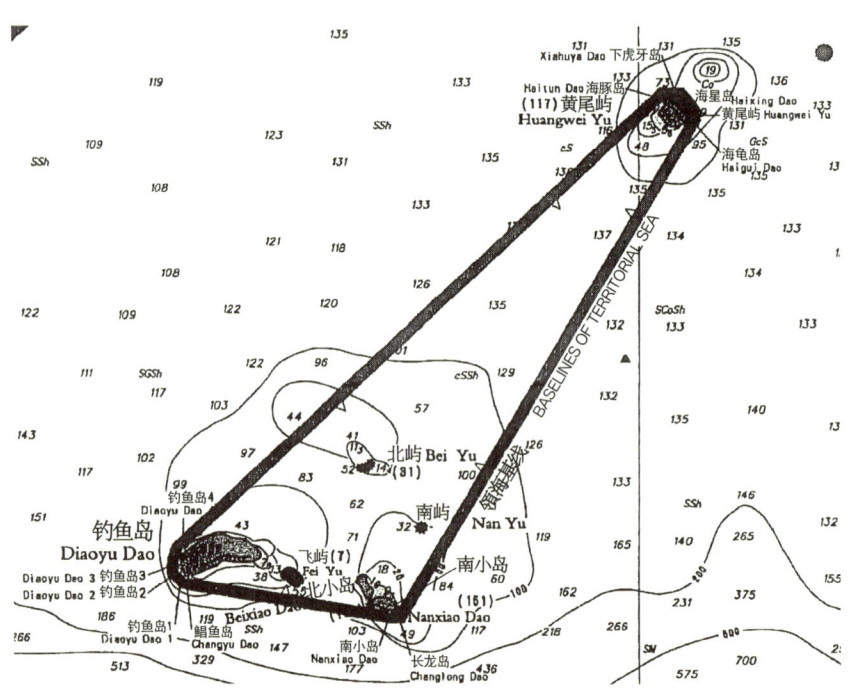

図9-3b　中国の釣魚島の領海基線図（部分拡大図）
（出所）国連文書。

第 9 章　領土防衛と対外認識

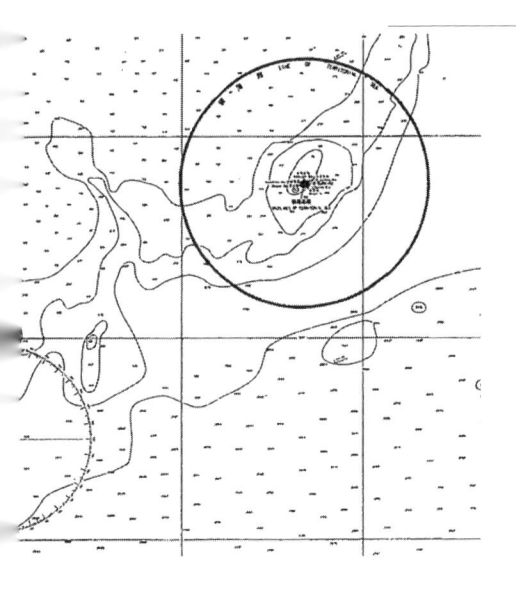

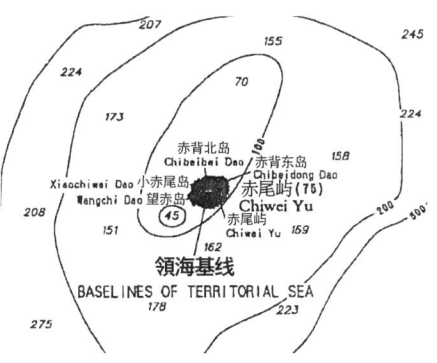

図 9-3c　中国の釣魚島の領海基線図（部分拡大図）
(出所) 国連文書。

香港の活動家らの沖縄県・尖閣諸島上陸に抗議する衆議院決議、2012年9月24日採択、の全文は、以下の通りである。

　　　尖閣諸島はわが国固有の領土である。これは歴史的にも国際法上も疑いはない。また、現にわが国は尖閣諸島を有効に支配している、従って、尖閣諸島をめぐり解決すべき領有権の問題はそもそも存在しない。
　　　こうした中、香港の民間団体ら14名が今月15日、わが国海上保安庁巡視船による警告・制止を振り切って、尖閣諸島沖のわが国領海に侵入した。また、これら活動家のうち7名は、同日夕刻、尖閣諸島魚釣島に不法上陸した。
　　　これらの行為は極めて遺憾である、本院は、これらの行為を厳しく糾弾するとともに、厳重に抗議する。
　　　これらの違法行為に対し、国内法令にのっとり厳正な対応を行うのは政府の当然の責務である。政府は、違法行為に対し法にのっとり厳正に対処するとともに、こうした事態が再発しないよう、中国、香港当局に対し厳重な申し入れを行い、さらに、尖閣諸島の有効支配を引き続き確たるものとしていくために、警備態勢の強化を含め、あらゆる手だてを尽くすべきである。
　　　同時に、中国および香港は、幅広い分野で緊密な関係を有し、利益を共有する重要なパートナーである。日中両国は、アジア太平洋地域をはじめ国際社会における平和、安定、繁栄に向け、戦略的互恵関係を一層強化させていくため共に手を携えていく関係にある。
　　　わが国は、こうした大局を見失わず、同時に、主張すべきを主張し、措置すべきを措置し、領土・領域の保全を全うし、国益を、冷徹に、断固として守っていくべきである。
　　　右決議す。

　この決議は、政府の方針が明確化されないなか、国家方針を明示し、国内外に示した意義があった。

9月25日台湾の漁船及び巡視船12隻が尖閣諸島の領海を侵犯した。馬英九台湾総統は、この領海侵犯を「全力で漁民の安全を守った」、「釣魚台が我が国領土であることを世界に誇示した」と称賛した。

26日中国全土での日本に対する民衆・その他組織の不買運動や破壊工作、日中往来の中断などの報復措置が強まるなか、野田首相は、国連総会演説で、「一方的な力や威嚇を用いて実現しようとする試みは、国際連合憲章の基本的精神に合致せず、決して受け入れられない」と演説し、ニューヨークの記者会見で「後退する妥協はありえない」と確認した。27日楊潔篪中国外交部長は、国連総会演説で、「日本が釣魚島を盗んだ」と主張した[50]。これに対し、日本は、尖閣諸島は日本領土であると答弁演説を行い、中国との論戦となった。

「ウォールストリート・ジャーナル」の2012年9月25日社説は、中国の対応は反日行動の扇動と抑制の「二重コントロール」の事実にあることを指摘し、かかる行動は「危険によって自国の経済停滞から国民の目を逸らす」扇動こそ本質であると指摘し、米国は中国の攻勢を断固阻止しなければならないと申し立てた。24日の「フランクフルター・アルゲマイネ」社説は、中国はかつて欧米列強の帝国主義に苦しめられた歴史の経験を学び、「同じ手法で」逆戻り行動をとっていると、的確に指摘した。その指摘は、次の点において、極めて重要である。それは、反面、中国の名誉を政府・党が守れなかったと国民に受け取られたとき、独裁的指導部は経済の後退などで信頼を失い、窮地に追いやられてしまう危険性があるからである。この底辺には、中国の危機とその選択のジレンマがある。そして、大国としての度量ある選択を同社説は、中国に求めた。

楊潔篪中国外交部長の2012年9月27日国連総会一般演説の釣魚島関係部分は、以下の通りである。

> 釣魚島及びその附属島嶼は、古来、中国の領土の不可欠な一部である。中国は、これに関して疑問の余地なく歴史的・法的証拠がある。日本は、日清戦争の終結で1895年これら島嶼を占拠し、そこで、これら島嶼及び他の中国領土を日本に持ち去った不平等条約への調印を、中国政府は強い

られた。第二次世界大戦後、日本によって占領された釣魚島及びその他の中国領土は、カイロ宣言、ポツダム宣言、及びその他の国際文書に従い返還された。「島を手に入れる」一方的な措置をとることで、日本政府は、中国の主権を明白に侵犯した。これは、世界反ファシスト戦争の勝利の結果の明確な否定であり、戦後国際秩序、及び国際連合憲章の目的と原則に対する重大な挑戦である。日本のとる行動は全体として非合法であり、有効とは見做されない。日本が釣魚島及びその附属島嶼を中国から盗んだその歴史的事実、及び中国はそれらに対する領土主権を有する事実を、なんら変更するものではない。中国政府としては、中国の領土主権を擁弁護することを堅持する。中国は、日本に対し、中国の領土主権を侵犯したいっさいの行動を即刻停止し、その誤りを糾す具体的な行動をとり、そして交渉を通じて紛争を解決する道に戻るよう、強く勧奨する。

　この中国の主張する論理は、中国古来論の確認であり、日清戦争の際に占拠したという日本陰謀説であって、これは歴史的事実に反している。この分析は、かつて呉天穎が『甲午戦前釣魚烈嶼帰属考』で展開したところで、中国は前述した間違いを再び持ち出してきた。
　これに対して、尖閣諸島を支配している日本としての選択は、屈服・譲渡─現状維持・棚上げ─対決・戦争の間のいずれかしかない。支配している側の選択は現状維持である。対決する側の中国には領土ナショナリズムという魔術を、施政者が国内世論の支配手段として行使する状況論理が作用しており、いつでも対決を射程に国内操作で発動できるからである。このため、不毛な対決は避けねばならない。そのような対決を相手側が発動するような隙間を作り出してはならなというのが外交の基本である。今次の事件も、その外交空白が生み出したことは明白である。
　台湾の漁業権問題は、沖縄返還以来の課題で、そのため台湾では保釣釣魚台行動委員会の抗日運動が続いてきた。それは、台湾にとって尖閣諸島は生活世界にあったからである。

(12) 台湾漁業権要求の解決

　日台漁業協議は、1996年8月に開催されてから後、年1回開催されていた。2005年7月の第15回協議で排他的経済水域の設定をめぐって対立し、2008年6月台湾漁船の沈没事件が起こったことで、2009年2月第16回協議で、悶着の際における緊急通報システム構築の合意のみが成立した。日本と台湾は協議再開を予定しているが、台湾は排他的経済水域の権利を主張していて、日本の妥協がどこまで可能かという点が課題であった。

　2012年12月政権が自由民主党に交代し現実的外交が求められるなか、日本と台湾は、2013年4月10日、民間協定に合意した。その合意は、以下の点で画期的なものであった。

1、日本が実効支配する尖閣周辺の排他的経済水域内に台湾の漁業権を認める水域を設定する。これは、伝統的な台湾の漁業権を追認したものである。
2、日本が協定の合意に応じたのは、2012年9月以降、尖閣諸島周辺での中国による領海侵犯が常態化するなか、台湾の漁業権を認めることで、中国の行動を封じ込める大義を成立させたことにあった。2013年2月中国の海洋進出要請に、台湾は連携行動を拒否した。
3、但し、協定では、尖閣諸島に対する領有権の記述はない。つまり、日本側は、尖閣諸島周辺の日本領海への進入は認めない。日本は、漁業面で譲歩したが、尖閣諸島をめぐる台湾との対立を棚上げとすることに成功した。
4、日本のマグロ漁船が操業している台湾東部水域の操業が認められた。台湾が強く要求し、常時、無秩序な漁撈が続けられ、取締りも出来なかった沖縄東部水域における台湾漁業操業が認められた。つまり、北緯27度以南に漁業法令は適用するが、日・台漁業者の操業を認める特別協力水域を設定し、さらに、その一部、日・台双方の漁業関連法令を適用しないで日・台漁船が操業できる協定水域を設定し、台湾の規制措置がとられることになった。これまでの台湾の占拠状態が事実上追認されたとの解釈も、沖縄にはあり、その影響は大きい、と反発した。

日台民間漁業協定、2013年4月10日調印・発効の全文は、以下の通りである。
　　　公益財団法人交流協会と亜東関係協会との間の漁業秩序の構築に関する取決め

　　公益財団法人交流協会と亜東関係協会（以下「両協会」という。）は、1972年12月26日に作成した「財団法人交流協会と亜東関係協会との間の在外事務所相互設置に関する取決め」第3項に関連し、次の項目について、それぞれ必要な関係当局の同意が得られるよう相互に協力することを合意した。

第1条　この取決めは、東シナ海における平和及び安定を維持し、友好及び互恵協力を推進し、排他的経済水域の海洋生物資源の保存及び合理的な利用並びに操業秩序の維持を図ることを目的とする。

第2条
　（1）東シナ海の北緯27度以南の水域は海洋生物資源の保存及び合理的な利用並びに操業秩序の維持を図るための具体的措置を早急に講ずる必要性を有する水域であるとの共通の認識の下、この取決めは、次に掲げる各点を順次に直線で結ぶ線によって囲まれる排他的経済水域（以下「取決め適用水域」という。）に適用する。
　　（ア）北緯27度、東経126度20分
　　（イ）北緯27度、東経122度30分
　　（ウ）北緯24度46分、東経122度30分
　　（エ）北緯24度49分37秒、東経122度44分
　　（オ）北緯24度50分、東経124度
　　（カ）北緯25度19分、東経124度40分
　　（キ）北緯25度29分45秒、東経125度20分
　　（ク）北緯25度30分、東経125度30分
　　（ケ）北緯25度32分17秒、東経125度30分
　　（コ）北緯25度40分、東経126度
　　（サ）北緯26度30分、東経126度

（シ）北緯27度、東経126度20分
（2）取決め適用水域のうち、次に掲げる各点を順次に直線で結ぶ線によって囲まれる水域は、漁業実態が複雑であり、海洋生物資源の保存及び合理的な利用並びに操業秩序の維持が特に求められることに鑑み、特別協力水域と定める。
　（ア）北緯26度30分、東経126度
　（イ）北緯26度20分、東経125度30分
　（ウ）北緯25度32分17秒、東経125度30分
　（エ）北緯25度40分、東経126度
　（オ）北緯26度30分、東経126度
（3）両協会は、以下の原則を踏まえて、特別協力水域における海洋生物資源の保存及び合理的な利用並びに操業秩序が維持されることを可能な限り支援するようそれぞれの関係当局に要請する。
　（ア）日本及び台湾（以下「双方」という。）の漁業者による友好と互恵協力に基づく操業が最大限尊重される。
　（イ）双方の漁業者間で問題が生じないような漁業環境の実現に向けて最大限の努力が払われる。
　（ウ）特別協力水域における操業に関する具体的な事項については、この取決めの第3条に基づいて設置する日台漁業委員会において協議される。
（4）両協会は、双方が海洋生物資源の維持が過度の開発によって脅かされないことを確保するため協力関係にあることを前提として、この取決めの適用水域のうち、次に掲げる各点を順次に直線で結ぶ線によって囲まれる水域において日台双方の漁業者に対して自らの漁業に関する関連法令が相手側に適用されないようにするため、双方における法的措置がこの取決めの署名から30日以内に講じられるよう、それぞれの関係当局に要請する。
　（ア）北緯27度、東経126度20分

（イ）北緯27度、東経122度30分

（ウ）北緯24度46分、東経122度30分

（エ）北緯24度49分37秒、東経122度44分

（オ）北緯24度50分、東経124度

（カ）北緯25度19分、東経124度40分

（キ）北緯25度29分45秒、東経125度20分

（ク）北緯25度30分、東経125度30分

（ケ）北緯26度20分、東経125度30分

（コ）北緯26度30分、東経126度

（サ）北緯27度、東経126度20分

（5）両協会は、海洋生物資源の保存及び合理的な利用並びに操業秩序の維持を図るとの趣旨に照らして双方が関心を有する水域について、友好と互恵協力に基づき、引き続き協議する。

第3条

（1）両協会は、この取決めの目的を達成するため、日台漁業委員会（以下「委員会」という。）を設置する。

（2）委員会は、両協会それぞれの代表又はその代理を含むそれぞれ2人の委員で構成する。

（3）委員会は、次の事項について討議し、その結果を議事録として記録する。両協会は、委員会の議事録をそれぞれの関係当局に通報し、その内容が実施されるために必要な措置をとるようそれぞれ関係当局に要請する。

（ア）取決め適用水域における海洋生物資源の維持が過度の開発によって脅かされないことを確保するための協力関係に関する事項

（イ）取決め適用水域における漁船の航行及び操業の安全を確保するための協力に関する事項

（ウ）漁業分野での協力に関するその他の事項

(4) 両協会それぞれの代表又はその代理は、会議を招集し、必要な専門知識を有する関係機関の代表者を特別委員として招請することができる。

(5) 委員会は、原則として毎年1回、東京と台北で交互に会合する。両協会が必要と認める場合には、臨時に会合することができる。

(6) 委員会は、必要に応じ、漁業関連民間団体との間で共同会合を開催することができる。

(7) 委員会の全ての決定は、出席する委員全員の合意により行う。

第4条　この取決めのいかなる事項又はその実施のための措置も、双方の権限のある当局の海洋法に関する諸問題についての立場に影響を与えるものとみなしてはならない。

第5条　この取決めは、署名日から効力を有する。ただし、いずれか一方の協会が6箇月前にこの取決めの効力を終了させる意思を他方の協会に書面により通報することにより、この取決めを終了させる場合にはこの限りではない。この取決めは、ひとしく正文である日本語及び中国語により各2部作成し、両協会の代表は以上の証拠として、2013年4月10日に台北において、これに署名した。

公益財団法人交流協会代表　　　　亜東関係協会代表

大橋光夫　　　　　　　　　　　　廖了以

　2013年4月10日台湾外交部の台日漁業協定に関するプレスリリースの全文は、以下の通りである。

　亜東関係協会（台湾）と公益財団法人交流協会（日本）は2013年4月10日（水曜日）、台北賓館において第17回漁業会談を開催した。わが国は廖了以・亜東関係協会会長を団長とし、外交部、行政院海岸巡防署、行政院農業委員会漁業署の関係者らが出席し、日本側は大橋光夫・交流協会会長を団長とし、外務省、水産庁、海上保安庁の関係者らが出席した。双方は会談後に「台日漁業協定」に調印した。

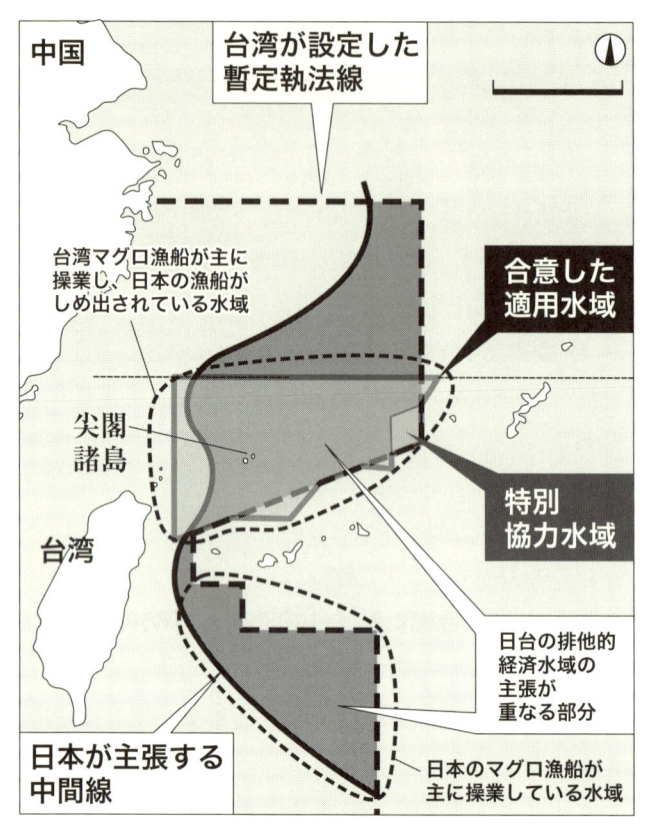

図9-4 日本・台湾の排他的経済水域と特別協力水域
（出所）台湾宜南県漁会資料、他。

　わが国は主権および関連水域護持の主張を堅持することを前提に、対等互恵の原則に基づき、日本側と協定の合意に達した。「台日漁業協定」に調印後、わが国の漁民は「協定適用水域」の操業権が保障され、操業範囲が従来より約1,400平方海里（約4,530平方キロメートル）拡大される。そのほかのわが国の関心事項である操業水域および双方の漁業協力等のテーマについては、「台日漁業委員会」を設置し、制度化したメカニズムを通じて引き続き協議を行う。

　「台日漁業会談」は1996年に初開催されて以来、17年間に16回の正式

会議、多数回の予備会議および協議を経て、今回は争議を棚上げし、漁業資源を共に分かち合うことで、双方の重複する排他的漁業水域（EEZ）における漁業問題に対して妥当なルールを取決めることに合意し、具体的成果を得ることができた。

　わが国代表団の団長は、会談のなかで、釣魚台列島（日本名：尖閣諸島）が中華民国固有の領土、台湾の付属島嶼であり、なおかつこの列島付近の水域がわが国漁民の古くからの伝統的な漁場であり、わが国漁民の正当な操業の権利が法に基づき十分に保障されなければならないことを改めて表明した。また、台日友好関係を増進し、地域の平和と安定および持続可能な発展を増進するため、馬英九総統が2012年8月5日に「東シナ海平和イニシアチブ」を提起し、関係各方面が共に努力することを通して、東シナ海を「平和と協力の海」にしていくよう呼びかけた。

　今回の漁業会談は、双方の重複する排他的経済水域（EEZ）における漁業の操業のルールが合意に達したものであり、双方の主権に対する主張には言及されていない。釣魚台列島の周辺12キロは、わが国の主権が及ぶ領海であり、今回の協定が適用される水域には含まれない。

　双方は釣魚台列島の主権に対し、それぞれ主張がある。わが国の同列島に対する一貫した立場は、「主権はわが国にあり、争議を棚上げ、平和互恵、共同開発」である。今後わが国は引続き、この主張を堅持すると共に、わが国の釣魚台列島の主権を護持していくものであり、一歩たりとも譲歩するものではない。わが国政府は主権を守り、漁業権を保護することに対し、一貫して確固たる立場をとっており、主権を漁業権に取って換えることは断じてありえず、今後も日本と引続き協議を行い、争議を棚上げしていくものである。わが国は協定内容の中に、「免責条項」（ディスクレーマー、disclaimer）を盛り込むことも堅持し、協定の各規定が、わが国の主権および水域の主張など関連する国際法の各問題の立場と見解を損なうものではないことを確認し、わが国の釣魚台列島の主権に対する一貫した確固たる立場を確保した。

「台日漁業協定」は北緯27度以南および、日本の先島諸島以北の間の水域において、大きな範囲での「協定適用水域」を線引きした。これにより、わが国の漁船は同海域内における操業権の確保を実現し、なおかつ、その範囲は「暫定執法線」内の水域ならびにその延長線までであり、わが国の漁船操業範囲を拡大するものとなった。また、わが国の関心事項であるその他の操業水域などの問題については、「台日漁業委員会」を設立し、引き続き話し合いを行っていくものであり、この制度化した協議のプラットフォームは、原則的には毎年1回開催していくものである。

　わが国の漁船は、前述の「協定適用水域」内において、今後安心して操業することが可能となり、日本政府の巡視船による干渉を受けなくなる。北緯27度以北および日本の先島諸島以南のわが国の「暫定執法線」内については、台湾の政府は引続きわが国の漁船による現行の操業環境の護持を図り、それによりわが国の漁民の合法的な権益を保障して行く所存である。

　主権は断じて分割あるいは譲歩することはできないが、資源は分かち合うことができる。これは馬英九総統が提起した「東シナ海平和イニシアチブ」の基本理念である。今回の「台日漁業会談」も同イニシアチブにより、共に話し合う基礎が築かれたのである。双方は、この基本理念に基づき話し合いを行い、コンセンサスを得て、本日の協定調印となったのであり、17年間の長きにわたる台日漁業問題は、対等、互恵の原則に基づき、具体的な成果を得た。これは両国の友好関係樹立の新しい一里塚であることを象徴するものである。今後、台日双方がこの良好な基礎の上に、各レベルでの友好協力関係を引続き強化して行くことを願っている。

　馬英九国府総統と交流協会大橋光夫会長との2013年4月11日会見についての、12日台湾総統府発表の抜萃は、以下の通りである。

　今回の「台日漁業協定」調印に関して、馬総統は「釣魚台列島（日本名:尖閣諸島）は、わが国の固有の領土、付属島嶼であり、当該列島付近

の水域はわが国漁民の百年来の伝統的な漁場である。今回の協定は、わが国の新北市、基隆市、宜蘭県およびその他各県市の漁民がいずれも実質的な恩恵を受けるものであり、わが漁民の操業範囲が従来より約1、400平方海里（約4、530平方キロメートル）拡大されることになる。その他の今回の協定対象に含まれなかった水域である、例えば北緯27度以北の部分および釣魚台列島周辺の水域などについては、双方が今後設置する『台日漁業委員会』の中で引き続き議論し、コンセンサスを求めることになった」との認識を示した。

さらに、馬総統は、「双方は、今回の交渉では、（釣魚台列島に対する）領有権のテーマについてはコンセンサスを得ることができなかったが、わが国の漁業権については大幅な進展がみられた。これは、わが国が主権を堅持しながらも、双方が争議を棚上げする前提の下、平和的な方式で争いを解決できることを示したものであり、このやり方は国際法および国連憲章にも合致するものである」と指摘し、そのうえで「昨年8月に東シナ海情勢が緊張したことを受けて提起した「東シナ海平和イニシアチブ」は、東シナ海が「平和と協力」の海として東アジアの平和と安定の基礎となるよう願うものであり、決して空論などではなく、日本政府からも重要視された」と強調した。

また、馬総統は、日本の国会で2年前に「海外美術品等公開促進法」が通過したことにより、来年日本で「国立故宮博物院」特別展が開かれるほか、今月「宝塚歌劇団」の台湾初公演が実現し、好評を博し、さらに公演の最後に東日本大震災への台湾からの支援に感謝の言葉を述べたことが台湾の国民を感動させたとして、「このような文化交流活動が双方の国民の友情の深まりに寄与している」と述べた。

今年が（台湾の対日窓口である）「亜東関係協会」設立40周年にあたることに関して、馬総統は、同会と（日本の対台窓口である）「交流協会」が長期にわたり台日関係を促進する重要な役割を担ってきたことに対して感謝の意を表し、台湾と日本の「特別パートナー関係」が引き続き前進し

ていくことに期待を示した。

(13) 尖閣海戦

今後における尖閣問題の処理に関しては、以下の点を指摘できる。

1、日本の実効的統治の確立である。尖閣諸島は、明確に、物理的手段による実効的な統治を確立されねばならない。
2、中国は、釣魚島を自国領土としており、順次追って、その支配を確認するための警備行動・その他物理的手段を含む行使を強めることになろう。民主党政権のもとで妥協した如き行為を改め、国益に立脚した原則に明示される行動を、中国に対し一貫してとる必要がある。そのための、日・中定期対話と交渉を維持する必要がある。
3、このためにも、南西諸島地域の安全保障体制を確立する必要がある。それには、島嶼防衛戦略が確立されなくてはならない。
4、台湾との懸案の漁業協定を締結すべきである。南西諸島海域は台湾漁民の世界でもあり、共存のために適切な取決めを確立する必要がある。これは成功した。

　釣魚列嶼を自国領土とする中国の態度は変わらない。そこでは、中国の態度は、釣魚列嶼に対する自国の権利行使を確認することである。中国外交部は、一貫して2012年9月以降、「日本の船や飛行機は釣魚島の列嶼に対して、支配する領海や領空に幾度となく進入している」とする非難声明を発してきた。
　そして、同年12月14日中国機Y-12が尖閣諸島の領空を侵犯する事件が起きた。日本航空自衛隊は、警戒中の海上保安庁からの通報で、那覇基地からF12戦闘機6機と早期警戒機ESC1機を発進させたが、到着時には中国機は領空外に出ていた。この中国機の領空侵犯事件は、自衛隊のレーダーで領空侵犯の可能性を補足できずに、緊急発進がなされなかったことにあった。中国国家海洋局の航空機が28分領空を飛行し、高度60メートルまで降下し、巡視活動に成功したと、14日中国共産党機関紙「人民日報」は伝えた。同14日の「環球時報」は、「大陸

飛机首次巡航釣魚島」の記事で、その成果を称賛した。日本は、こうした事態の常態化を懸念していて、日本の抗議に対して、中国は、領海への進入とともに、「釣魚島は中国固有の領土で、中国機が飛行するのは完全に正常なことである」との外交部声明を出している。その中国の方策は、習近平指導部の「海洋強国建設」の目標に従っていた。

こうした事態に対して、11月29日の米上院本会議で、2013年会計年度国防権限法案に、沖縄県の尖閣諸島は日本の施政下にあり、日米安全保障条約の適用対象にあることを確認する条項を盛り込んだ。それは民主党のジェームズ・ウェップ議員が主導し、共和党のジョン・メケイン議員が共同提案をしており、米国として、中国を念頭において「第三国による一方的行動は、尖閣諸島における日本の施政権を認める米国の判断にいかなる影響も与えることはない」との文言を明記し、米国の対日防衛義務を定めた日米安全保障条約の第5条が尖閣諸島に適用されるとの米国政府の立場につき、「同条約に基づく日本政府への責任を再確認する」としており、さらに、尖閣諸島を含む東シナ海は「アジア太平洋すべての国に利益をもたらす重要なシーレーンである」と確認した。この法案の作成声明で、ウェップ議員は、「近年、中国は、尖閣諸島や南シナ海での領有権主張においてより攻撃的な行動をとっている」と、厳しく中国を批判した。この法案は、23日成立した。この成立で、同23日中国外交部は、この可決に「重大な懸念と断固とした反対を表明する」と発表した。この日米安全保障条約の適用範囲の確認は、先の2009年9月尖閣諸島中国船衝突事件の際に、23日クリントン米国務長官が声明していた。

2012年12月成立した自由民主党政権は、尖閣諸島監視強化策に取り組み、無人偵察機グローバルホークの導入につき、検討に入った。

防衛大学校第18期の中村秀樹は、潜水艦艦長、幹部学校教官、防衛研究所勤務を経て退官し、2011年6月『尖閣諸島沖海戦――自衛隊は中国軍とこのように戦う』を刊行した。現在の自衛隊の能力では、「尖閣諸島、先島諸島は簡単に占領され、とり返せないままやられっ放し、というのが正確な予測である」と書いた。これは、南西諸島では、なおさらのことであろう。「沖縄本島から先には、

自衛隊の戦闘部隊がいない事実を、知って欲しい。ロシアとの国境、根室と稚内には監視部隊がいるし、旧ソ連に対抗するための自衛隊創設以来、北海道に強力な部隊が配備されてきた。韓国との国境の島対馬にも、戦闘部隊はいないが、一応陸海空自衛隊がいる。しかし、最も脅威のある中国との国境の島々は無防備、裸で放置されている。最西端の島与那国島には、当然部隊があってしかるべきであろう。遅ればせながら配備計画が持ち上がった途端、民主党政権の防衛大臣が「中国を刺激する」という理由で取りやめた。領海侵犯を日常的にやる国相手に、国境警備をすることが「刺激する」と恐れ入った敗北主義、自虐的発想である。でなければ、中国の工作員であろう。こういった、無用の遠慮が、侵略を誘発するのである。台湾が、狭い台湾海峡をはさんで、強大な中国の軍事的脅威に耐えてきたのは、反撃の意志が明確であるためそれが抑止力となってきたからである。……[51]」この指摘は正しく、的確である。

彼の尖閣諸島沖海戦のシナリオはどうなっているか。中国軍の台湾上陸作戦のシナリオあるいは白書も書かれてきた[52]。

中村秀樹の尖閣海域のシナリオは、次の通りである。
開戦の局面は、ここから始まる。

局面1　兆候
2004年漢級原子力潜水艦が石垣島領海を侵犯した。中国は、領海侵犯を認めたものの、日本領海に迷い込んだと釈明し、謝罪を拒否した。2008年中国調査船が尖閣諸島領海を侵犯し、日本の抗議に対し、中国は実効的支配にあると回答した。シナリオは実力行使を既成事実とした。こうした現実が起こりうる条件は、以下にある。

尖閣諸島の中国大陸との距離	約330キロメートル
台湾との距離	約170キロメートル
石垣島との距離	約170キロメートル
沖縄那覇との距離	約410キロメートル

中国はいわゆる第一列島線に尖閣諸島地域を組み込んでおり、第二列島線は

小笠原諸島・南鳥島・マリアナ諸島・グアム島・パラオ諸島を囲い込んでいる。2010年、中国海軍は、ソマリア沖での海賊対処行動を通じ、日本海上自衛隊の力を的確に分析した。その作戦目的は、領海と排他的経済水域の拡大にある。日本政府は対応の欠如があれば、X年の占領作戦はいつでも可能である。

局面Ⅱ　侵略

　民主党政権下に外国人参政権などでの社会的混乱の直中、X年中国軍の軍事侵攻となった。それは、巡視船では対応できなかったためである。中央における事態の認識に甘さがあった。民主党政権にあって自衛艦隊の出動ができないとした国内政治的要素も作用していた。その上、武力行使の制限もあった。中国軍の不法上陸の事態に、国内法では治安出動か海上警備行動かそれとも防衛出動かの決定ができない混乱が、その原因であった。中国軍は、関係地域のレーダー軍事施設などを破壊し、その領空は中国が支配した。

局面Ⅲ　敗戦

　石垣島・宮古島の占領で、尖閣奪還の機会は失われた。政府は、尖閣回復にあたって必要最低限の武力行使を認めると決定したが、首相と自衛隊の間には、その解釈に大きな乖離があった。緊急事態にあっても、震災時のように、地方で選挙活動をしていた閣僚もいて、閣議決定もなされなかった。反撃作戦の部隊編成も対内的政治決断で妥当性を欠いた。中国艦船に対する魚雷も、指揮系統の混乱で発射できなかった。支援部隊は救護活動だけであった。

　戦闘は何故、敗北したか。中国漁船が現場で遍く状況を報告していたからである。そこでの戦闘の教訓は、ミサイルが発射される以前に敵勢力を攻撃しなければ、戦闘の勝負は決定的だということであった。その判断は中央にはなかった。

局面Ⅳ　奪還

　武力侵攻に対して、自衛権を行使しない国家に対する国民の不満と世論は沸騰した。中国集団軍の指揮中枢は石垣島に移されており、石垣島の農民から那覇の知人に中国人の情報が寄せられた。自衛隊は宮古島平良港の封鎖計画に着手した。与那国島、石垣島、宮古島、他に先島諸島に展開する中国軍に対する先島作戦が立案され、中央の対応が的確でないので、これを無視する形での航空攻撃と

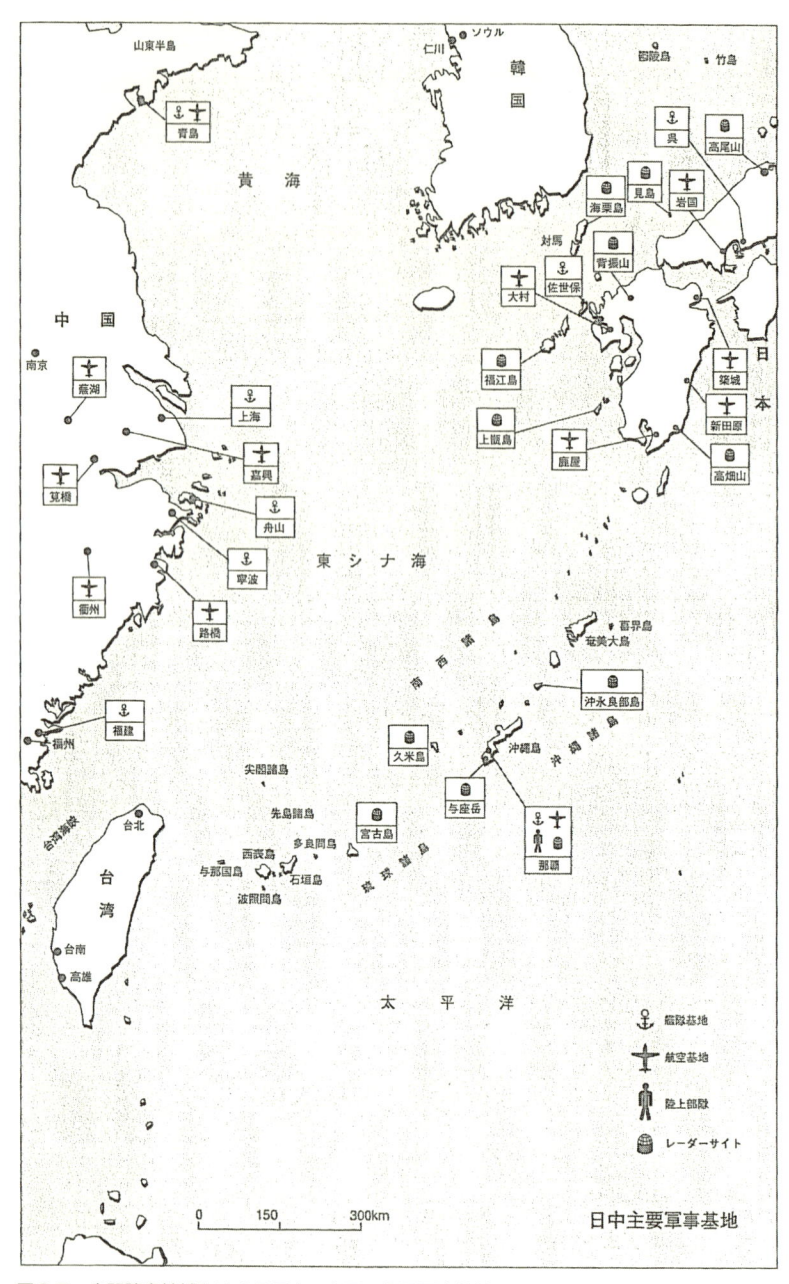

図9-5　尖閣諸島地域をめぐる日本・中国の主要軍事基地
（出所）中村秀樹『尖閣諸島沖海戦――自衛隊は中国軍とこのように戦う』光文社、2011年。

水陸両用戦併用の立体戦の決行は、現場に委ねられた。

　魚釣島の攻略が目標であるが、周辺所在の敵兵力の攻撃が目標とされた。その作戦要領は、尖閣周辺の敵航空・水上兵力の撃破による海上優勢の確保、魚釣島に対する敵補給路の遮断とともに、航空・海上攻撃による陸上部隊の無力化、そのために先島への陽動作戦による敵の牽制にあった。

　兵員輸送は輸送船1隻で足りた。作戦遂行に首相は記者会見を要求し、自衛艦隊司令官の陪席を求めた。これでは、作戦は遂行できない。防衛課長が首相の要求で、軍事情報を流出させ、現場は動揺した。だが、これを機に情報の保全が確保され、政治家・官僚の作戦指揮への干渉は封じられた。現場の中国軍は、日本政府からの軍事情報の流布を通じて動揺した。日本の作戦方針はすべて流れ出していた。だが、予定通り、作戦は遂行され、八重山諸島・与那国島・尖閣諸島の中国軍は降伏するか、撤退した。

　首相は失地回復の報告を受け、記者会見で発表したが、首相の無能、無為、そして無策のための混乱・失策・犠牲は問われなかった。「中国軍の行動がはっきり抑制されるまでは、防衛出動態勢が維持されなければならないが、もう戦闘はないだろう。……長年の反日教育で反日侮日感情を植え付けられた中国国民は、以前にまして党や軍に批判を強めた。再び国内の不満を対日攻勢に転嫁するのは時間の問題である。危機は去ったわけではない。侵略軍を撃退し、尖閣と先島は何とか日本に戻った。ただ現状回復するために日本が払った犠牲は、安全と水がただではないという事実を改めて日本人に突きつけた。……」

　以上、中村秀樹の指摘は、日本人の国際感覚を適切に反映している。

(14) 中国海軍のレーダー発射事件

　2012年12月13日中国機が日本の領空侵犯をした。22日、24日、25日、26日 2013年1月5日、11日、15日とF15戦闘機のスクランブル発進が続いた。しかし沖縄本島の基地からは400キロメートル離れており、中国の展開する東シナ海は本土から120キロメートルの距離にある。領空侵犯されてからの、緊急発進がなかなか間に合わない。

2013年1月19日東シナ海の日中中間線の日本側の排他的経済水域で、中国海軍艦艇が日本海上自衛隊艦船搭載ヘリコプターに向けて火器管制レーダーを発射した。さらに、30日尖閣諸島の北方150キロメートルにも満たない距離の同じ海域で、海上自衛隊の護衛艦に火器管制レーダーを発射した。

　防衛省は慎重に解析し、2月5日公表した。この行為は、7日の衆議院予算委員会で小野寺五典防衛相が述べた通り、国際連合憲章の武力による威嚇に該当する可能性があった。中国軍の挑発に正当性はなく、それは明白に戦争事態といえるものであった。

　これに対し、中国国防部は7日日本が対外公表した事案の内容は事実に合致しないと発表し、翌8日国防部は火器管制レーダーは使用していないと、事実を否定した。戦争挑発の事実を中国は否定したが、それは戦争行為となりかねないからである。結局、中国海軍のフリゲート艦ジャンカイⅠ級から数分間続けてレーダーを発射したことを中国国防部も認め、事態は、現場の英雄的行為ということで落着した。こうした現場の行為は常に中国の軍隊で起こっている。

　米軍は、1月10日以降、尖閣諸島海域に空中警戒管制機AWACSを投入しており、「中国国防報」もこれを認めた。そして同月17日海軍東海艦隊（司令部浙江省寧波）は、東シナ海でミサイル演習を実施した。29日北海艦隊（司令部山東省青島）は西太平洋に実弾演習を行った。一方、尖閣諸島海域におけるヘリコプター搭載船の展開を強化した。

　中国高官は、すでに日本との臨戦態勢に入ったことを確認した。それは、在日米軍の動向に対処するものだった。米軍は、偶発事故や誤算の危険性を高めるレーダー発射につき、中国に警告しており、対日防衛義務を定めた日米安全保障条約が尖閣諸島に適用されるとの立場を繰り返し表明していた。そして、制御不能な事態を招くレーダー事件の重大性を確認していた。その米軍の行動に中国は強い危機感を持った。中国が、戦闘機部隊を東シナ海沿岸へ移駐していたことでも分かる。その中国の行動は、2012年9月創設の尖閣問題を統括する組織、党中央海洋権益維持工作指導小組（組長習近平総書記・中央軍事委員会主席、副組長戴秉国国務委員、成員軍総参謀部幹部、劉賜貴国家海洋局長、裴援平党中央外事

指導弁公室副主任、傅瑩外務次官で構成）の指揮下にあった。中国としては、尖閣を監視し、必要ならば行動をとることを日本に知らしめる必要の主張があった。

　3月19日に日・米両国は、沖縄・尖閣諸島をめぐる日本有事を想定した共同作戦を策定する方針を確認した。これは、中国の挑発行為の抑止を狙うもので、結局、中国の海洋政策に対処し、尖閣諸島紛争の武力衝突を想定している。具体的には、中国の尖閣諸島への侵攻を想定し、そこでの陸上自衛隊の奪還作戦の展開、米海兵隊の支援、及び米海軍・空軍の海上自衛隊・航空自衛隊との協力による作戦の遂行を内容としている。

　この事件の教訓は、以下にある。
1、　尖閣諸島問題は、中国にとって支配回復という国家戦略上の課題となってきたことが明確になった。そのための党中枢決定組織、党中央海洋権益維持工作指導小組の体制が確立した。
2、　中国は、尖閣諸島問題を海洋政策に位置づけ、南シナ海と同様に東シナ海の海洋権益の確保を課題とし、必要ならば、戦闘行為も辞さない決意にあることを明白にした。
3、　したがって、日本の安全保障ばかりか、日米同盟体制にある米国にとっても尖閣諸島問題は安全保障上の緊要な課題となった。そうした認識なしには、中国とも交渉できないし、対峙もできない。
4、　尖閣問題の処理の前提条件として、尖閣諸島・与那国島など西南地域への自衛隊を含む公務員の常駐が、地域の安定的維持・管理のための選択肢の1つとなった。したがって、海上保安庁は尖閣諸島専従部隊を編成し、巡視船12隻の配備となった。
5、　近隣諸国との国営の調整・対立の解決は、その手段とともに指揮・決断の段階にある。棚上げとか持ち越しの手法は有用とされない。必要な措置のためには、自衛隊も警戒行動を含めて、十分な決断をしなければならない。

　中国軍の海洋権益への関与は、いよいよ深まってきた。尖閣諸島海域での戦闘

行動は、いつでも起こりうる状況にある。

8、対馬紛争

対馬は、朝鮮との共通生活圏にある。そこから、韓国は、独島の領有とともに、対馬の領有論を登場させた。

(1) 韓国対馬領有論

1949年1月17日李承晩韓国大統領は、対馬は韓国領であるとして日本に返還を要求した。51連合国軍総司令部（GHQ）は根拠がないと拒否した。

李承晩の意図を受けた愛国老人会が提出したその文書は、竹島の返還、対馬の割譲、波浪島の帰属を求めた。

韓国の条約調整要求文書1948年8月5日の抜萃は、以下の通りである。
　　　愛国老人会本部、韓国ソウル、1948年8月5日
　　　　　主題　韓日間の島嶼調整の要請
　　　　　宛先　連合国最高司令官ダグラス・マッカーサー元帥
　　　われら韓国国民は、対日平和条約において、貴下の折衝に強い関心を抱いている。それは、韓国が日本の側近に立地し、長年にわたる日本の過酷な圧迫を受け、常に日本に対して大きな犠牲を強いられてきたことにある。われわれは、常に貴下に対し東洋の平和と秩序を確立するために明確な計画を期待し、貴下の通報を期待する。韓国は、講和会議で実際の発言をすることはできないが、貴下の偉大な計画において十分に考慮されるとみている。

　　　東洋の平和という観点から、重要な役割にある韓国の見解は、絶対に不可欠である。……国際秩序における領土の法的調整の重要性は、ベルサイユ体制における東欧回廊問題において示された。一般的に、法的調整の基準は、受動的には、例えば、奪われた領土の回復において、能動的には、

例えば、幾つかの国民の発展を支え、またある国民の平和をもたらすための領土の分割の上に立脚している。韓国と日本間の領土問題は、受動的かつ能動的の両側面があり、以下に、われわれの要望を述べる。

1　「独島」の返還。……
2　「対馬」島の韓国への割譲。

　韓国海と日本海間の境界に位置する「対馬」は、日本から大陸への進出にとっての戦略地点とされる。この地理的重要性は、ロシアの敗北によって容易に確認できる。バルチック艦隊はここを脱出することができず、このため、ロシアは、結局、日露戦争の最終局面で敗北したことを理解すべきである。

　東洋の歴史では、対馬は、倭寇の根拠地として、5世紀から500年間、東洋を侵略し、韓国の歴史では、対馬は、2000年間、韓国中央部に対しその力を悪用した強盗団の巣窟を意味した。

　かように、日本は常に韓国又は大陸に対して、飛躍のためにこの島を根拠地として、進軍してきた。1554年ラポオメムが作製した世界地図で、中国と日本の間の海上に浮かぶ「ゴロツキ島」は、明らかに対馬で、その性状はヨーロッパ人の間で知られていた。

　対馬に根拠をもつ海賊どもの攻撃から逃れるため、韓国は毎年、彼らに数百万の米、数百万の布、その他の生活物資を、500年間、払わされてきた。われらは、日本に発する暗雲が近年の韓国史を覆い、現在においても邪悪の空気がこの島になおも存在することを考えるとき、韓国国民は、対馬に対して決して神経を静めることはできない。

第二次世界大戦後の地域構築においては、対馬は、韓国に割譲されるべきである。すなわち、

1　韓国国民の生存に対する脅威の絶対的除去。
2　日本の大陸侵略の禁止。
3　東洋における強盗団の蹂躙の防除。

われわれは、ここに妥当な根拠を、次のように指摘する。

a　地理的に、対馬の立場は、日本により近く、われわれが政治的条件でなく、自由にその所属を定めるときは、対馬は、韓国に属することは不自然ではない。

b　歴史的に、「対馬」の名称は、2つの島を意味する韓国語「ツーソン」に起源を有し、対馬の文明の基礎は、大部分、韓国の旧い文明に負っていると、多くの学者が指摘しており、近代の文明も、種々の文献によれば、韓国に起源を有する日本人が創った。

　なによりも、韓国は、対馬を1396年と1419年に征服しており、それは、彼らの悪行に帰するべきところであり、対馬は、主人が韓国で、召使いが対馬であるとの両国関係を再確認してきた。そして、対馬にいる多くの人民は、韓国政府から公式の地位と俸禄を受けてきた。このため、韓国は、対馬の領土は韓国政府に属すると認識し、この事実は、韓国の正史と地理書に明白に記述された。……

c　政治的に仮に東洋の平和がすべての東洋の諸国の完全に均等に政治的な自己覚醒をもたらし、国の条件が完全に豊かになっても、日本の侵略は、そうなってしまう前に、根絶すべきところである。この目的のためには、まず日本が対馬を、東洋進出のための橋頭堡としないようにすることが必要である。日本が対馬を自由にかつ合法的に管理しまた統治する限り、日本は、東洋侵略の機会と能力をもつことになる。云うまでもなく、この日本の再侵略は、韓国と東洋に大きな脅威である。

　率直にいって、米国にとって、キューバとハイチが海賊・その他の侵略勢力の基地となったことを考えると、対馬に対して韓国が心理的に先鋭になる気持ちは理解されるであろう。

d　経済的に、対馬の土壌は、農業には適さない貧弱なもので、独立した支援が得られなかった。そして、このことは、この島が日

本支配下では、当然の結果として、韓国に対して卑屈な立場で満足させられ、海賊行為ができなくなれば、乞食に身をやつらされざるを得なかった。それで、かつて乞食にあった対馬人は、朝鮮海峡での漁獲を得て、自らの生活を続けた。古い時代、対馬を服従させる方法として、韓国も南海岸に、3つの漁業基地を彼らに開放していた。……
　1945年7月26日のポツダム宣言では、「日本の主権は、本州、北海道、九州、及び四国、並びに決められた島嶼にのみ限定される」とされた、この条項では、対馬が省かれていることが注目されるが、この点こそ、この問題の要望の基本点である。シシリアはイタリアへ、コルシカはフランスへ、そして対馬は韓国へ！──これが法的解決というものである。
　1、波浪島の帰属の明確化。……

　この要望書は、対馬が倭寇の根拠地として、朝鮮・大陸への侵略を図ったという主張に限られた。だから、地理的に近い対馬をよこせという論理にあった。この要望書を執筆したのは歴史学者崔南善で[53]、彼は、1951年、対日平和条約に関連して[54]韓国政府から意見を求められて、対馬は韓国のものとはいえない、と発言した[55]。但し、李大統領は、竹島、対馬、及び波浪島の回復・支配を強行し、対馬のみは実現していない。
　因みに、1471年の申淑舟『海東諸国記』には日本国対馬の図が収められ、「對島島は、……日本國西海道に属す」とある。16世紀の地理書『新増東國輿地勝覧』の「八道總圖」には、鴨緑江とともに対馬が描かれているが、そのことが韓国領土の証明とはならない。

（2）韓国対馬領有運動

　2005年1月18日韓国慶尚南道馬山市議会は、島根県議会の「竹島の日」に対抗して「対馬島の日」条例を制定した[56]。これに対し、2006年10月6日対馬市

議会は、馬山市議会に対し「対馬島の日」条例の廃止措置を要請した。馬山市議会は「対応する価値がない」と条例は廃止しないと確認した[57]。2008年7月21日ハンナラ党議員50余人が対馬は韓国領土であり、日本の対馬に対し即時返還を求める「対馬の大韓民国領土確認及び返還要求決議案」を提出し、成立した[58]。世論調査機関リアルミーターが2008年7月実施した世論調査では、返還要求賛成50.6パーセント、反対33.5パーセントであった[59]。そして、2010年9月日本が不法に占領している対馬を早急に返還させるための議員連盟が発足した。その韓国の対馬帰属根拠は、李朝国王世宗が宗貞盛に宛てた外寇に際しての書簡「対馬の島たる慶尚道の鶏林に隷す。本是れ我が国の地なり。戴せて文籍に在り。昭然、考うべし」(『朝鮮世宗實録』元年庚申条及び3年4条己亥条)とあり、2年後、朝鮮に送られた使者が「本島(対馬)は本大国の牧馬の地なり」と返事をしたとの記録にあるとする。この返書は、朝鮮の倭寇鎮圧への対応で、対馬人の帰属意識の証拠とはならなく、偽使の文書とされる[60]。

財部能成対馬市長は、「主張は自由だが、対馬は先史時代以降、日本領土で、『魏志倭人傳』にも入っていて、対馬が韓国領土ということはありえない」と発言した[61]。

以後、以下の事件が起きた。

2008年7月23日韓国退役軍人抗議団、在日韓国人の支援で対馬市役所前で血書抗議。

　　　　11月韓国資本、日本人名義で旧日本海軍要地の自衛隊売却を阻止、韓国が土地買収。

2009年3月26日ソウルの日本文化センター、対馬は韓国領土と主張し火炎瓶投擲、11月4日日本大使館に放火。

2010年4月1日ハンナラ党、韓国歴史教科書に対馬の領有権明記の決定。

人口減少が続く対馬では、こうした事態に対し、2008年12月20日長崎県神道議員連盟は「国境離島等振興特別措置法(仮称)の制定について」の要望書を提出した。2009年1月29日対馬市長・対馬市議会議長ら対馬市民が、防衛省に対

し、対外的脅威・侵攻に対する抑止力の強化を求める嘆願書を提出した[62]。さらに、対馬では、民主党による外国人参政権付与となれば、韓国人数万人の大量移住による住民投票に従う対馬の分離独立宣言に向けた工作が成立する可能性があり、この対馬の韓国併合シナリオが危険視されている。長崎県は、この動きに警戒を深めた[63]。

9、西南防衛計画

　西南群島の日本防衛計画は適切でなく、尖閣諸島の防衛態勢も適切ではない。尖閣戦争の発生可能性は否定できない。その南部は、防衛空白地域である。
　最西端に位置する与那国島の位置を確認しておく。

沖縄・那覇まで	510キロメートル
石垣島まで	120キロメートル
台湾まで	110キロメートル
台湾・花蓮まで	150キロメートル
台湾・台北まで	170キロメートル
中国福州まで	400キロメートル
廈門まで	400キロメートル

那覇よりも台湾、及び中国本土が近い。
　自衛隊の航空レーダーサイトは宮古島より西にはない。先島諸島の与那国島は、防衛上、空白地域である。中国軍艦は2002年10月、12月に与那国島と西表島の間の接続水域を航行した。12月13日中国国家海洋局の小型機が尖閣諸島上空を侵犯したが、現在のところ、与那国島の領空侵犯は起こっていない。その侵犯行為が起きても、那覇基地から対処出来る条件にはない。空白地帯をカバーするレーダー基地の建設は急務といわなければならない。与那国配備の計画は、近海を航行する艦船や航空機に関して情報を収集し、監視するのが任務である。200キロメートル離れている沖縄基地は、対処できない。
　日本の陸上自衛隊沿岸監視部隊は、現在、沖縄本島以外にはない。2011年11

月に与那国島配置を、政府は決定した。それは、2015年までに実現予定になっていて、とりあえず那覇基地の早期警戒機でこの空白地帯に対処するとしているが、その任務達成は適切ではない。緊急に、常時監視態勢を強化することが急務である。

　与那国島への自衛隊配備には、沖縄の感情的ジレンマがある。中国の支配に同意しないにしても、愛国心のジレンマのなかで、基地を受け入れるのには、島民の感情を二分しかねない。反対派の大義は、島の自立が崩れるとの主張にある。あるいは、自衛隊が進駐しなければ、中国も侵攻しないし、平和が維持できるとの感覚もある。それは、沖縄の思想、基地を拒否する感覚の文脈にある。反対派は、住民投票の実現を意図したが、成立しなかった。一方、島の自衛隊常駐に伴う経済効果は無視できない。自衛隊進駐で診療所が建設されることで、島民の保健への寄与は大きい。対馬は、こうした自衛隊の駐屯における安全保障の確保、経済的寄与、そして住民との信頼関係の醸成などでの国民的寄与の先例となって

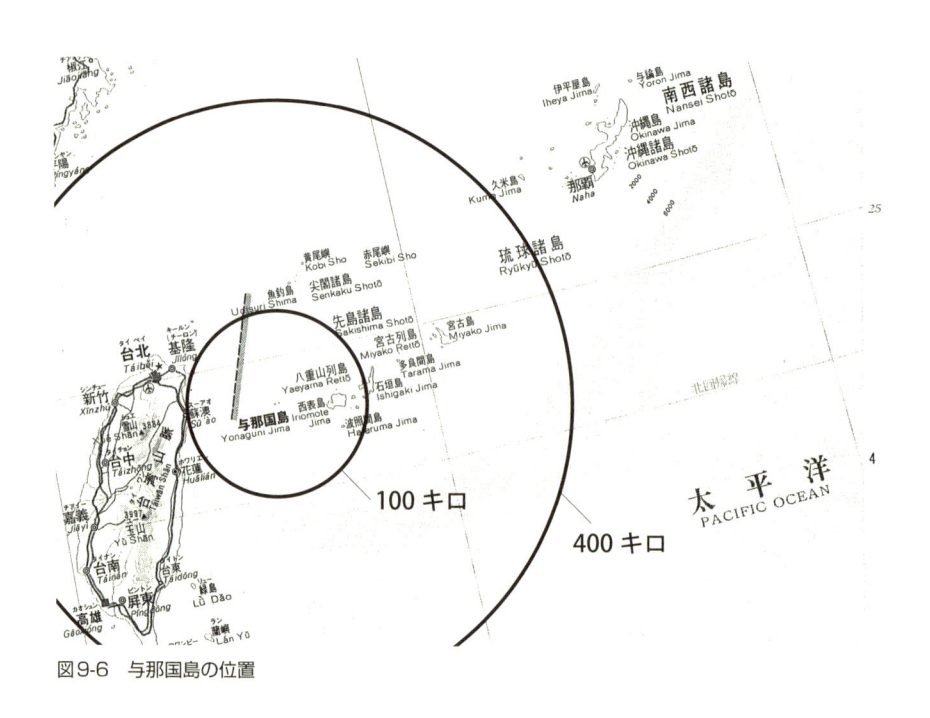

図9-6　与那国島の位置

いる。

　2005年3月与那国「自立・自治宣言」が提起され、それは孤島である故の離島苦の克服と島の医療、福祉、教育等の基礎条件の向上と地域産業の振興に不可欠な情報通信網の基礎整備、地域間交流特別区実現を目指している[64]。

[注]

1) カール・シュミット、生松敬三・前野光弘訳『陸と海と──世界史的一考察』福村出版、1971年。
2) 魏源撰『海國圖志』100巻24冊、ND、魏氏古徹微堂、1868年／100巻（存43巻）、邵陽、急當務齋、1880年／100巻、14冊、ND、文賢閣、1898年／3冊、長沙、岳麓書社、1998年／魏源全集、第4冊─第7冊、4冊、長沙、岳麓書社、2004年／3冊、済南、山東画報出版社、2004年。魏源撰、林則徐訳、箕作阮甫・鹽谷甲藏校『海國圖志』5冊、須原屋伊八、1854年／残3巻、3冊、須原屋伊八、1855年。魏源撰『海國圖志──師夷之長技以征夷』鄭洲、中集古籍出版社、1999年。

　北山康夫「開国図志とその時代」大阪學藝大學紀要、1954年第3号、1955年。
3) 武藤虎太「文久元年露艦の對州碇泊に就きて」歴史地理、第6巻第3号、1904年。

　高田利吉「幕末の對島占據」歴史地理、第43巻第1号、1923年。

　大塚武松「下關事件に對する英佛兩國の態度」國史學、第15号、1933年。

　大塚武松『幕末の外交』岩波講座、岩波書店、1934年。

　大塚武松「文久元年米國政府の我國に對する示威行動定義の意義」、斎藤先生古稀祝賀會編『斎藤先生古稀祝賀記念論文集』刀江書院、1937年。

　大塚武松『幕末外交史の研究』宝文館、1952年。

　彌津正志「文久元年露艦ポサドニック号の對島占據について」法と経済、第2巻第2・3・4号、1934年。

　日野清三郎、長正統編『幕末における対馬と英露』東京大学出版会、1968年。

　龜掛川博正「外交官としての小栗忠順──861年露艦『ポサドニック』号対馬碇泊事件をめぐって」政治経済史学、第277号、1989年。

　檜皮瑞樹「ポサドニック号事件に関する一考察──函館奉行の交渉過程を中心に」明治維新史学会報、第43号、2003年。

　佐藤匠「函館奉行所における外交政策──対馬事件を中心に」政治経済史学、第456号、2004年。
4) 戸川幸夫、顧龍保訳『"Z"字旗──決戰對島』北京、海潮出版社、1990年。

　対馬要塞重砲連隊会『對馬要塞重砲連隊市壱岐要塞重砲聯隊史』対馬要塞重砲連隊、1995

年。

松村劭『海から見た日本の防衛——対馬海峡の戦史に学ぶ』PHP新書、PHP研究所、2003年。

小松津代市『対馬のこころ——日露・対馬沖日本海海戦』対馬／歴史検証事業推進委員会、2003年。

フランク・ティース、柄戸正訳『対馬——日本海海戦とバルチック艦隊』文芸社、2011年。

5) 小口雅史編『海峡と古代蝦夷』高志書院、2011年。

6) 水路部『北海道本島沿岸水路誌——総記、津軽海峡、根室海峡、宗谷海峡、北海道本島全岸』水路部、1936年、追補第1、1938年、追補第2、1942年。

上田広井『津軽海峡——青函連絡船物語　鉄道史伝』大正出版、1981年。

7) "Japanse Prime Min. Ysuhiro Nakasone, interview, discusses his desire for strong US-Japan relationship," *Wall Street Journal*, Dec.14, 1982／「三海峡封鎖は防衛の範囲内——米紙に首相語る」朝日新聞、1982年12月16日。

8) 日本戦略研究センター『北方領土と海峡防衛』国民新聞社出版局、1988年。

9) マイケル・ルイス、幸田礼雅訳『アルマダの戦い——スペイン無敵艦隊の悲劇』新評論、1996年。

アンガス・コンスタム、大森洋子訳『図説スペイン無敵艦隊——エリザベス海軍とアルマダの戦い』原書房、2011年。

10) 北村淳『島嶼防衛——われらはいかにして守るのか』明成社、2012年。

11) 中村秀樹『尖閣諸島沖海戦——自衛隊は中国軍とどのように戦う』光人社、2011年は、以下の内容である。序章徴候、第1章侵略、第2章敗戦、第1章奪還。

12) 北村淳『アメリカ海兵隊のドクトリン』芙蓉書房出版、2009年。

13) 「水陸両用車両を導入、中国を牽制　陸上自衛隊」産経ニュース、2012年8月26日。

14) 三萩祥『脅かされる国境の島・与那国——尖閣だけが危機ではない!』明成社、2012年。

15) 河地貫一『うつりゆく島々——離島における資本主義の展開』正文社、1969年。

九州・山口経済連合会『70年代の離島の役割』九州・山口経済連合会、1976年。

離島港史編集委員会編『離島港史』東京都漁港協会「離島港史を発刊する会」、1996年。

前納弘武編『離島とメディアの研究——小笠原篇』学文社、2000年。

奥野一生『日本の離島と高速船交通』竹林館、2003年。

中桐規碩『離島研究——瀬戸内の社会学』高文堂出版社、2004年。

本木修次『小さな離島へ行こう——厳選!日本のオモシロ小島66島』ハート出版、2004年。

只友景士「沖縄離島振興策と島嶼経済」、宮本憲一・佐々木雅幸編『沖縄21世紀への挑戦』岩波書店、2000年。

山田誠編『奄美の多層圏域と離島政策——島嶼圏市町村分析のフレームワーク』九州大学出版会、2005年。

国土交通調査室（山口広文）「離島振興の現況と課題」調査と情報、第635号、2009年。

16) 宮本常一『日本の離島』第1集・第2集、宮本常一集第4巻・第5巻、未來社、1987年。

小坂勝昭編『離島「隠岐」の社会変動と文化——学際的研究』御茶の水書房、2002年。

17) 全国離島振興協議会編『離島振興の経過と現状』全国離島振興協議会、1970年。

日本離島センター編『地域開発計画基礎調査・国土庁委託調査』2冊、日本離島センター。

『離島における生活圏の拡大とその方策に関する調査（長崎県・上五島編）報告書』1977年。

『離島における生活圏の拡大とその方策に関する調査（島根県・隠岐島編）報告書』1977年。

日本離島センター編『離島住民の意識に関する調査報告書』日本離島センター、1970年、1975年、1980年。

日本離島センター編『離島振興ハンドブック』国立印刷局、2004年。

島津光夫『離島佐渡——その過去・現在・近未来』野島出版、1998年。

18) 福岡県総務部企画室『福岡県の離島——島の現状と将来』福岡県総務部企画室、1959年。

東京都首都整備局総務部総合計画課『離島振興対策調査書——伊豆諸島10年の歩み』東京都首都整備局総務部総合計画課、1964年。

熊本県『天草志摩離島振興事業計画書』熊本県、1967年。

島根県『島根の離島』島根県、1968年。

新潟県『離島振興15年の歩み』新潟県、1969年。

鹿児島県企画部離島振興課『離島振興20年の歩み』鹿児島県企画部離島振興課、1974年。

沖縄県企画調整部離島振興課『沖縄県離島振興計画調査報告書』沖縄県企画調整部離島振興課、1975年。

沖縄県『沖縄県離島振興計画』2冊、沖縄県、1976—85年

沖縄県企画調整部地域・離島振興課『離島・可塑地域の概況』2冊、沖縄県企画調整部地域・離島振興課、1980—88年。

沖縄県『新沖縄県離島振興計画』沖縄県、2002年。

愛媛県離島振興協議会『愛媛の離島——青に囲まれた35島の物語』愛媛県離島振興協議会、2000年。

19) 日本研究室編『韓日關係資料集』第1輯、ソウル、高麗大學校亞細亞問題研究所、1976年。

大韓民國外交部『獨島關係資料集』ソウル、外交部、1977年。

20) 外務省『竹島Takeshima竹島問題を理解するための10のポイント』外務省、2008年2月。

21) 韓国外交通商部『獨島は韓国の領土——獨島に対する大韓民国政府の基本的立場』ソウル、韓国外交通商部、2008年8月8日。

22) 植田捷雄「竹島の帰属をめぐる日韓紛争」一橋論叢、第54巻第1号、1965年。

太壽堂鼎「竹島紛争」國際法外交雑誌、第64巻第4・5号、1966年／『領土帰属の国際法』東信堂、1998年。

李漢基『韓国の領土——領土取得に関する国際法的研究』ソウル、ソウル大学校出版部、1969年。

金明基『獨島と国際法』ソウル、華學社、1987年。

池内敏「竹島渡海と鳥取藩——元禄竹島一件考・序説」鳥取地域史研究、第1号、1989年。

池内敏「竹島一件の再検討——元禄6〜9年の日朝交渉」名古屋大学文学部研究論集、史学47、第140号、2001年。

池内敏「竹島／独島と石島の比定問題・ノート」HERETEC、第4巻第2号、2010年。
池内敏「竹島／独島論争とは何か──和解へ向けた智慧の創出のために」歴史評論、第33号、2011年5月。
池内敏「隠岐・村上家文書と安龍福事件」鳥取地域史研究、第9号、2007年。
池内敏「安龍福と鳥取藩」鳥取地域史研究、第10号、2008年。
池内敏「安龍福英雄伝説の形成・ノート」名古屋大学文学部研究論集、史学55、第164号、2009年。
愼鏞廈『獨島の民族領土史研究』愼鏞廈著作集第21巻、ソウル、知識産業社、1996年。
愼鏞廈、韓誠訳『史的解明　独島（竹島）』インター出版、1997年。
愼鏞廈『韓國と日本の獨島領有權論争』愼鏞廈著作集第39巻、ソウル、知識産業社、2003年。
獨島研究保全協會編、獨島研究叢書、10冊、ソウル、獨島研究保全協會。
　第1巻　獨島研究保全協會編『獨島領有の歴史と國際關係』1997年。
　第2巻　shin Yong-Ha, transkated by K. Jang with Teddi Bynam, Tokdo Research Association, 1998.
　第3巻　獨島研究保全協會編『獨島領有權と領海及び海洋主權』1998年。
　第4巻　獨島研究保全協會編『獨島隣近海域の環境と水産資源保全に関する基礎研究』1997年。
　第5巻　愼鏞廈編『獨島領有權史料の探究』1998年。
　第6巻　愼鏞廈編『獨島領有權史料の探究』1998年。
　第7巻　愼鏞廈編『獨島領有權史料の探究』1998年。
　第8巻　愼鏞廈編『獨島領有權史料の探究』1998年。
　第9巻　愼鏞廈編『獨島領有權史料の探究』12002年。
　第10巻　獨島學會編『韓國の獨島領有權研究史』2003年。
朴炳渉「日本の竹島＝独島放棄と領土編入」、姜徳相先生古稀・退職記念論集刊行委員会編『日朝関係史論叢──姜徳相先生古希・退職記念』新幹社、2003年。
金学俊、Hosaka Yuji訳『独島（ドクト）／竹島韓国の論理』論創社、2004年。
下條正男『竹島は日韓どちらのものか』文春新書、文藝春秋、2004年。
下條正男『「竹島」その歴史と領土問題』竹島・北方領土返還要求運動島根県民会議、2005年。
下條正男「竹島はなぜ奪われ続けるのか」海外事情、2011年4月号。
池内敏『大君外交と「武威」──近世日本の国際秩序と朝鮮観』名古屋大学出版会、2006年。
ジョン・M・ヴァンダイク、新井信一訳「竹島／独島の法的諸問題」、笹川紀勝・李泰鎮編『韓国併合と現代──歴史と国際法からの再検討・国際共同研究』明石書店、2008年。
ペ・ジンス『獨島問題の學際的研究』ソウル、東北亞歴史財団、2009年。
福原裕二「竹島／独島研究における第三の視角」、上田崇仁・崔錫栄・上水流久彦編『交渉

する東アジア』風響社、2010年。
23) William Edward Hall, *A Treatise on International Law,* Oxford: Clarendon Press, 4 th 1895/ 立作太郎訳『ホール氏國際公法』東京法學院、1900年。
24) 内藤正中・朴炳渉『竹島=独島論争――歴史資料から考える』岩波書店、2007年。

内藤正中・朴炳烈『竹島・独島――史的検証』岩波書店、2007年。

内藤正中『竹島=独島問題入門――日本外務省「竹島」批判』新幹社、2008年。
25) ロー・ダニエル『竹島密約』草思社、2008年。

安藤貴世「日韓国交正常化交渉における竹島問題――「紛争の解決に関する交換公文」の成立をめぐって」政経研究、第47巻第3号、2010年。
26) 中央日報、1996年12月29日。
27) 朝鮮日報、2010年8月28日。
28) United States Department of States, *Foreign Relations of the United States, Near East, 1962-63,* Vol. 18, Washington:DC: USDPO, 1995.中央日報、1996年12月29日。
29) その対日ドクトリンは、外交通商部ではなく大統領外交補佐官の発表として予定されたが、鄭東泳統一部長官の発表となった。新ドクトリンは、「植民地侵奪」、「侵略」、「解放歴史の拒否」の用語が使用され、その感情的発露が明白であった。東亞日報、2005年3月16日、朝鮮日報、2005年3月18日。
30) 澤喜司郎『盧武鉉の竹島戦争』山口大学経済学会、2006年、81頁以降。
31) 朝鮮日報、2005年3月23日。
32) 東亞日報、2005年3月17日。

加藤昭「極左盧武鉉政権と金正日と東大名誉教授」WILL、2006年6月号。
33) 呉善花「盧武鉉政権に日本との和解はない」正論、2005年6月号。
34) 中央日報社説「大統領は一歩控えよ」2005年3月23日。
35) 「日本外務省「独島」を国際司法裁判所に単独提訴」中央日報、2002年8月30日。記事は、こう述べる。

「日本の独島」問題の国際司法裁判所（ICJ）提訴の要請を韓国政府が断固として拒否したため、日本が単独行動に出る意思を明らかにした。玄葉外相は「韓国が在韓日本大使館を通じて日本の独島問題を国際司法裁判所に共同提訴しようについて」日本単独での提訴も含め、適切な手段を手段を講じていく」と明らかにした。韓国政府はこれに先だち、独島は紛争地域ではないとして日本の共同提訴の提案を一蹴し、その確固たる領土守護の立場も表明した。」
36) 中國國民黨中央委員會編『釣魚臺列嶼問題資料匯編』台北、中國國民黨中央委員會、1971年。

中國國民黨中央委員會編『釣魚臺列嶼問題資料彙編』台北、中國國民黨中央委員會、1972年。

「釣魚臺問題資料專輯」香港、祖國、1971年10月号、11月号、12月号。

「釣魚臺問題重要補充資料」香港、祖國、1972年2月号。

尾崎重義「尖閣諸島の帰属について」上・中・下1・下2、レファレンス、第260号、第261

号、第262号、第263号、1972年。

前進社出版部編『釣魚台掠奪阻止』前進社、1972年。

世界政経調査会編『尖閣諸島問題に関する各国の態度と論調』正・続、世界政経調査会、1972年。

明報出版社編輯部編『釣魚台——中國的領土』香港、明報出版社、1996年。

浦野起央「第二次保釣運動（尖閣諸島）に関する中国側資料」法学紀要、第41巻、2000年。

浦野起央・他編『釣魚台群島（尖閣諸島）問題　研究資料匯編』香港、勵志出版社／刀水書房、2001年。

浦野起央『尖閣諸島・琉球・中国——日中国際関係史』三和書籍、2002年、増補版2005年。

王暁波『尚未完成的歴史-保釣二十五年』台北、海峡學術出版社、1996年。。

平松茂雄「中国の寮開放と尖閣諸島問題」上・中・下、国防、第41巻第9号、第10号、第11号、1992年／『中国の海洋戦略』勁草書房、1997年。

金城宏幸『普天間基地異説と尖閣海底資源——海兵隊は勝連沖人工島計画に関心示す』ボーダーインク、2007年。

喜安幸夫『新日中戦争——尖閣諸島を奪回せよ‼』学習研究社、2007年。

歳田啓三『「竹島・尖閣問題」解決の秘策』郁朋社、2007年。

張植栄・張启雄「明示時期日本官書対"尖閣列島"地位的認識」中国辺疆史地研究」、鞠徳源『日本』2008年第1期。

宮崎栄一『古地図が照す尖閣諸島の眞實——とり戻せ!国家の誇りと日本のくらし』維新政党・新風本部、2008年。

殿岡昭郎編『尖閣諸島灯台物語——国を守る』高木書房、2010年。

西尾幹二・青木直人『尖閣戦争——米中はさみ撃ちにあった日本』祥伝社新書、祥伝社、2010年。

井沢開理『ゲーム理論から見た尖閣諸島・沖縄基地問題』東京図書出版、2011年。

37) 1970年7月17日日本沖縄・北方対策庁発表「尖閣列島周辺の海底地質について」。

38) 井上清「琉球処分とその後」岩波講座・日本歴史第16巻近代Ⅲ、岩波書店、1962年。

井上清「釣魚列島（尖閣列島等）の歴史と帰属問題」歴史学研究、第381号、1972年2月。

井上清「関于釣魚島等島嶼的歴史和帰属問題」光明日報、1972年5月4日／「釣魚諸島（尖閣列島など）の歴史とその領有権（再論）」中国研究月報、1972年6月号。

井上清「釣魚諸島（尖閣列島など）は中国領であった」日中文化交流、第177号、1972年2月／「釣魚島等島嶼中国領土」人民日報、1972年5月4日。

井上清『尖閣列島——釣魚諸島の歴史的解明』現代評論社、1972年／第三書館、1996年／『関于的釣魚等島嶼的歴史和帰属問題』北京、内部資料、生活・讀書・新知三聯書店、1973年／『釣魚列島嶼的歴史和歸屬問題』香港、天地、1990年／賈俊琪訳『釣魚島与歴史的主権』北京、中国社会科学出版社、1997年。

香港工商日報社論「不容日本裼補釣魚臺列嶼的主権」1970年9月7日。

謝玄雄「釣魚臺属中国領土」香港工商日報、1970年9月8日。

香島日報社論「中日釣魚臺群島主権之争」1970年9月14日。

香港時報社論「釣魚臺島是中國的」1970年9月16日。

蕭雲庵「釣魚臺群島主權與日本侵略技踐」香港工商日報、1970年9月25〜27日。

奥原敏雄「尖閣諸島の地位」季刊・沖縄、第52号、1970年。

奥原敏雄「尖閣列島の領有権問題」季刊・沖縄、第56号、1971年3月。

奥原敏雄「尖閣列島の領有権と「井上清」論文」日本人及日本人、1973年新春号。

奥原敏雄「尖閣列島の領土編雄経緯」政經學会誌、国士館大学、第4号、1975年。

奥原敏雄「尖閣列島領有権の根拠」中央公論、1978年7月号。

香港工商日報社論「日毛利用『釣魚臺』詭謀」1971年3月7日。

香港8大学学長声明「噯擦我國政府維持擦釣魚台主権」1971年4月16日/明報出版社編輯部編『釣魚台——中國的領土』香港、明報出版社、1996年。

「香港専上学生連合釣魚台研究及行動委員会」の声明「釣魚台列嶼是我國領土」1971年4月17日/明報出版社編輯部編『釣魚台——中國的領土』香港、明報出版社、1996年。

香港文教界の共同声明「釣魚台列嶼是我國領土」、1971年4月19日/明報出版社編輯部編『釣魚台——中國的領土』香港、明報出版社、1996年

梁厚甫「一碧萬頃的海洋」星島日報、1971年5月1日。

梁厚甫「再談一碧萬頃的海洋」星島日報、1971年5月2日。

大平善梧「尖閣列島の領有権」言論人、1972年3月25日。

沙林見「笠踵湊明詔與釣魚台主権」明報月刊、第78期、1972年6月/明報出版社編輯部編『釣魚台——中國的領土』香港、明報出版社、1996年。

39) 徳松信男「侵略される尖閣列島」1-10、祖国と青年、第253号〜第263号、1999年10月—2000年8月。

40) 呉天穎「日本窃我的釣魚列嶼的歴史考察」抗日戦争研究、1988年第2期。

呉天穎『甲午戦前釣魚列嶼帰属考——兼質日本奥原敏雄諸教授』北京、社会科学文献出版社、1994年/青山治世訳『甲午戦前釣魚列嶼帰属考——奥原敏雄諸教授への反証』北京、外文出版社、1998年。

41) 許世楷「台湾事件」、『日本外交史の諸問題2』国際政治28、1964年。

中島昭三「台湾出兵」國學院法學、第7巻第3号、1970年。

瀬川善信「台湾出兵（明治7年）」法学新報、第80巻第6号、1973年。

栗原純「台湾事件（1871—1874年）——琉球政策の転機としての台湾出兵」史學雑誌、第87巻第9号、1978年。

藤井志津枝『日本軍國主義的原型——剖折1871—74年臺灣事件』台北、三民書局、1983年。

趙國輝『近代初期駐日台灣事件外交史』台北、海峽學術出版社、2008年。

42) 林金莖『戦後の日華関係と国際法』有斐閣、1987年。

林金莖「釣魚台主權與國際法」外交部通訊、第18巻第8期、1990年。

林金莖「釣魚台主權及事端國處理方案的研究」外交部通訊、第22巻第1期、1998年。

劉泰雄「従釣魚台事件看日本壙大經濟海域與我之因應措施」國防雜誌、台北、第12巻第5期、1989年。

馬英九「釣魚台列嶼主權争議的回顧與展望」交流、台北、第30期、1994年。

劉文宗「釣魚島に対する中国の主権は駁論を赦さない」北京周報、第34号、1996年8月20日。

劉文宗「中国対釣魚列島主權具有無可争辨的歴史和法理依据」法制日報、1996年11月1日。

鍾巌「論敵釣魚島主權帰属」人民日報、1996年10月18日／「釣魚島の主権の帰属について論じる」北京周報、第44号、1996年10月29日。

王琳「従国際法論中国対釣魚群島拥有無可争辨的主權」中国辺疆地史研究、1999年第4期。

張良福「中国政府対釣魚島主權争端和東海境界問題的基本立場和政策」太平洋学報、2005年8期。

鞠徳源『釣魚台正名・釣魚島列嶼的歴史主權及国際法淵源』北京、崑崙出版社、2006年、199頁。

いしゐのぞむ『和訓淺解国尖閣釣魚列島漢文史料』長崎純心大学比較文化研究所、2012年。

43) 方坤・李杰「釣魚島戰略価値及び其鯛我安全可能産生的影響」華夏縦横、1998年第2期。

44) 李明峻「従國際法角度看琉球群島主權歸属」台北、台灣國際研究學會、第1巻第2期、2005年。

石源華・他『近代中国周辺外交史論』上海、上海辞書出版社、2006年。

王海濱「中国国民政府与琉球問題」中国辺疆史地研究、第17巻第3期、2007年。

彰敦文主編『国民政府対日政策及び其変化——従九一八事変到七七事変』北京、社会科学文献出版社、2007年。

許育銘、鬼頭今日子訳「1940~50年代国民政府の琉球政策——戦後処理と地政学の枠組みの中で」、西村成雄・田中仁編『中華民国の制度変容と東アジア地域秩序』汲古書院、2008年。

45) 間行棚「『尖閣諸島問題』をめぐる右翼等の動向」治安フォーラム、第6巻第1号、2000年。

46) 荒井ひふみ「尖閣諸島問題と香港の大衆ナショナリズム」国際問題、第445号、1996年。

若林正丈「尖閣問題をめぐる台湾政治の内実」世界週報、1996年12月3日号。

鈴木祐二「尖閣諸島領有權問題の発生」海外事情、1996年12月号。

呂一燃「歴史史料照明——釣魚島列島主權帰属于中国」抗日戰争研究、北京、1996年第4期。

林田富「關於釣魚台列嶼主權之争議與対前之保釣運動」静宣人文學報、第9期、1997年6月。

47) 「尖閣上陸で14人逮捕　香港船活動家ら　政府、強制退去へ」讀賣新聞、2012年8月16日。

48) 浦野起央「尖閣諸島中国漁船衝突事件——菅政権、台中外交の失敗」週刊金曜日、第818号、2010年10月8日。

49) 【都の尖閣購入計画】尖閣購入なら「重大危機」丹羽駐中国大使が反対明言」産経新聞、2012年6月7日。

阿比留瑠比「丹羽大使、尖閣購入支持「おかしい」外交軽視の実害　与党からも批判」産

経新聞、2012年6月8日。

50) Yan Jiechi, Minister of Foreign Affairs of the Peple's Republis of China, Work Together to *Achieve Common Security and Development*, At the General Debate of the 67th Session of the UN General Assembly, People's Republic of China, Mission to the United Nations, New York, 27 Septeber 2012.

51) 中村秀樹『尖閣諸島沖海戦——自衛隊は中国軍とこのように戦う』光文社、2011年、345-7頁。

52) 暁秉・青波『中國能否撃贏下位置場戰爭』台北、周知文化事業、1995年。

53) 崔南善『國民朝鮮歷史』ソウル、東明社、1947年。
崔南善『大韓獨立運動史』ソウル、東明社、1950年。
崔南善『韓國史』六堂崔南善全集第1・2巻、ソウル、玄岩社、1973年。
高麗大學校亞細亞問題研究所六堂全集編纂委員会編『六堂崔南善全集』15冊、ソウル、玄岩社、1973-75年。
趙容萬『六堂崔南善——彼の生涯・思想・業績』ソウル、三中堂、1964年。

54)「韓国、サンフランシスコ講和条約で対馬領有権を要求」朝鮮日報、2005年4月10日。

55) 百瀬孝『史料検証 日本の領土』河出書房新社、2010年、209頁。

56)「馬山市議会が「対馬島の日」条例を可決」朝鮮日報、2005年3月18日。

57) 釜山日報、2006年11月2日。

58)「国会決議「対馬は韓国の地すぐに返還を」」朝鮮日報、2008年7月21日。

59)「日本に対馬返還要求すべき」賛成50.6%」中央日報、2008年7月27日。

60) 田代和生『書き換えられた国書——徳川・朝鮮外交の舞台裏』中央公論社、1983年。

61) 岡崎敬『魏志倭人伝の考古学——対馬・壱岐篇』第一書房、2003年。
長崎新聞、2008年7月22日。

62) 日本会議地方議員連盟編『防人の島「対馬」が危ない!——国境離島を守るために』明成社、2009年。

63) 長崎県議会プレスリリース「永住外国人への地方参政権付与の法制化に反対する意見書」2009年12月17日。

64)『支那国・自立へのビジョン——自立・自治・共生〜アジアを結ぶ国境の島YONAGUNI』与那国・自立へのビジョン策定推進協議会、2005年。

第10章

領空

1、日本の領空

　領空は、領土・領水上空の国家領域、具体的には、領土・領水の外部限界において地表上に垂直に立てた線によって囲まれた空域部分を指しており、その上限（宇宙空間との限界）は、国際法上、未確定である。第一次世界大戦期におけるヨーロッパ諸国の実行から、各国は、その領域空間、つまり領空において完全かつ排他的な主権が承認され、この原則は、1919年の国際航空条約（パリ条約）、及び1944年の国際民間航空条約（シカゴ条約）に明記された[1]。それは、パリ講和会議の航空委員会で、以下の通り、作業指針の原則として承認された。

　　承認事項
　（1）その領土と領水の空間への国家の完全な主権──外国機を排除する権利を含む──原則。
　（2）その領土と領水上空で国家が管轄権を行使する権利。

　これにより、外国航空機は、外国船舶が領海において享有する無害通航権のような一般国際法上の権利は認められず、領域国の許可又は条約上の根拠なく当該国の領空に立ち入る場合は、領空侵犯となり、国際違法行為とされてきた[2]。そ

```
凡例
■ 領空(領土及び領海の上空)
▨ 防空識別圏
  (防空の目安として航空自衛隊が
   設定した範囲)
```

図10-1　日本の防空識別圏

こで、領域国は、違法行為者に対して警告、針路変更、退去、着陸命令などの対応措置をとり、撃墜を含む実力行使が執られることになった。その一方で、外国軍用機による奇襲攻撃の危険性に備えるための、かつ民間航空機の安全を確保するための措置として、1983年9月ソ連機ミサイル攻撃事件(大韓航空機撃墜事件)を機に民間機に対する武力不行使の原則が国際民間航空機関特別理事会決議として成立した。

この対処措置として、日本は、1945年に米軍が制定した防空識別圏（ADIZ）を継承し、航空自衛隊の領空侵犯措置の実施空域で遂行している。自国の航空機が他国の防空識別圏内を飛行する場合、事前に飛行計画を提出することで、望まない偶発的紛争や軍事緊張が高まるのを防止することが一般的に慣例となってきている。しかし、この防空識別圏は、国際法で確立したものではないし、領空・領土の範囲を定めたものではない。にもかかわらず、領海が12海里であれば、他国の航空機が領空侵犯をするのは可能で、このために同国上空の外側の空域に防空識別圏を設定し、届出のない航空機が防空識別圏に進入した時点で、空軍力による強制措置を含む措置がとられることになっている。つまり、他国の航空機が防空識別圏への進入が企図されると判断される時点で、スクランブル行動がとられる。

　防空識別圏における飛行要領に関する訓令、1969年8月29日公布、1969年9月1日施行は、以下の通りである。

　　（目的）
　　第1条　この訓令は、防空識別圏における自衛隊の使用する航空機の飛行要領を定めることにより、わが国の周辺を飛行する航空機の識別を容易にし、もつて自衛隊法（昭和29年法律第165号）第84条に規定する領空侵犯に対する措置の有効な実施に資することを目的とする。
　　（防空識別圏の範囲）
　　第2条　防空識別圏は、次項の外側線によつて囲まれる空域から第3項の内側線（第4項の規定により変更されたときは、変更後の内側線）によつて囲まれる空域を除いた空域とする。
　　2　外側線は、次の（1）から（30）までの地点を順次直線（(10)の地点と（11）の地点との間については、与那国島に係る領海の基線（領海及び接続水域に関する法律（昭和52年法律第30号）第2条第1項に規定する基線をいう。）からその外側14海里の線（ただし、(10)の地点と（11）の地点とを直線によって結んだ線の西

側の線に限る。）並びに（24）の地点と（25）の地点との間及び（26）の地点と（27）の地点との間については、北海道本島の海岸線から海上3海里の線）によって結ぶ線とする。

(1) 北緯45度45分7秒　　東経138度44分47秒
(2) 北緯40度40分9秒　　東経132度59分50秒
(3) 北緯37度17分10秒　　東経132度59分50秒
(4) 北緯36度11秒　　東経130度29分51秒
(5) 北緯35度13分11秒　　東経129度47分52秒
(6) 北緯33度12秒　　東経126度59分53秒
(7) 北緯33度12秒　　東経124度59分53秒
(8) 北緯30度13秒　　東経124度59分54秒
(9) 北緯28度14秒　　東経122度59分54秒
(10) 北緯24度42分29秒　　東経122度59分55秒
(11) 北緯24度12分12秒　　東経122度59分55秒
(12) 北緯23度15秒　　東経122度59分55秒
(13) 北緯23度16秒　　東経131度59分52秒
(14) 北緯30度13秒　　東経131度59分51秒
(15) 北緯30度13秒　　東経134度59分50秒
(16) 北緯31度40分13秒　　東経140度20分49秒
(17) 北緯33度10分13秒　　東経143度13分48秒
(18) 北緯35度13分12秒　　東経144度20分47秒
(19) 北緯40度13分10秒　　東経144度54分46秒
(20) 北緯42度47分9秒　　東経146度22分45秒
(21) 北緯43度16分9秒　　東経145度43分45秒
(22) 北緯43度20分9秒　　東経145度51分45秒
(23) 北緯43度23分10秒　　東経145度49分48秒
(24) 北緯43度26分9秒　　東経145度48分15秒
(25) 北緯43度24分9秒　　東経145度34分45秒

(26) 北緯43度30分9秒　　　東経145度21分45秒
(27) 北緯44度3分9秒　　　　東経145度18分45秒
(28) 北緯44度26分9秒　　　東経145度44分45秒
(29) 北緯45度45分8秒　　　東経145度44分44秒
(30) 北緯45度45分7秒　　　東経138度44分47秒

3　内側線は、次の（1）から（19）までの地点を順次直線（（10）の地点と（11）の地点との間については、北緯26度22分14秒東経127度47分53秒の地点を中心として、北緯25度4分15秒東経126度36分53秒の点を通る半径100海里の円弧）によって結ぶ線とする。

(1) 北緯44度8秒　　　　　　東経140度59分46秒
(2) 北緯43度9秒　　　　　　東経139度34分47秒
(3) 北緯39度20分10秒　　　東経139度29分48秒
(4) 北緯38度28分10秒　　　東経138度59分48秒
(5) 北緯36度11秒　　　　　東経134度59分50秒
(6) 北緯35度50分11秒　　　東経132度59分50秒
(7) 北緯34度12秒　　　　　東経129度59分52秒
(8) 北緯32度40分12秒　　　東経128度29分52秒
(9) 北緯30度43分13秒　　　東経129度42分52秒
(10) 北緯27度56分14秒　　　東経128度25分53秒
(11) 北緯27度12分14秒　　　東経129度24分52秒
(12) 北緯30度13秒　　　　　東経131度4分52秒
(13) 北緯33度12秒　　　　　東経133度59分50秒
(14) 北緯33度12秒　　　　　東経135度59分50秒
(15) 北緯35度12秒　　　　　東経140度59分48秒
(16) 北緯39度20分10秒　　　東経142度29分47秒
(17) 北緯41度10秒　　　　　東経142度29分47秒
(18) 北緯42度20分9秒　　　東経143度59分46秒

(19) 北緯43度9秒　　　東経143度59分46秒
　　(20) 北緯44度9秒　　　東経142度59分46秒
　　(21) 北緯44度8秒　　　東経140度59分46秒
　4　統合幕僚長は、事態が緊迫し、必要があると認める場合には、防衛大臣の承認を得て、臨時に前項の内側線を変更して防空識別圏を拡大することができる。
（飛行計画の通報の際の通報）
第3条　機長は、次の各号に該当する場合には、飛行計画を通報する際、それぞれ当該各号に掲げる事項を、適当な方法で、防空管制群又は警戒群に対して通報しなければならない。
　　(1) 有視界飛行方式により防空識別圏を飛行する場合その旨
　　(2) 防空識別圏に外側線側から進入する場合防空識別圏への予定進入地点及び予定進入時刻又は離陸後進入までの所要時間
　　(3) 次条第1項各号に該当する場合において、当該航空機に無線による通信の設備又は配員が欠けているか又はこれが十分でないため同項の通報をするための無線による通信をすることができないときその旨

（飛行中の通報）
第4条　機長は、次の各号に該当する場合には、それぞれ当該各号に定めるところにより当該各号に掲げる事項を、適当な方法で、防空管制群又は警戒群に対して通報しなければならない。
　　(1) 防空識別圏を飛行する場合（計器飛行方式により管制空域を特定経路の指定を受けて飛行する場合を除く。）防空識別圏の飛行の開始後30分以内及びその後少なくとも30分ごとに、現在の位置及び30分後の予定位置
　　(2) 航空路を飛行して防空識別圏に外側線側から進入しようとする場合防空識別圏に進入する直前の位置通報点において、防空識別圏への予定進入時刻

（3）航空路外を飛行して防空識別圏に外側線から進入しようとする場合防空識別圏に進入しようとする30分前から15分前までの間において、防空識別圏への予定進入時刻、予定進入地点及び予定進入高度
　　　（4）防空識別圏に外側線側から進入した後航空路外を日本本土へ向けて飛行する場合日本本土の海岸線から海上100海里の地点において、その位置
　2　前項の規定は、同項各号に該当する場合において、当該航空機に無線による通信の設備又は配員が欠けているか又はこれが十分でないため同項の通報をするための無線による通信をすることができないときは、適用しない。
（通報の訂正）
　第5条　機長は、次の各号に該当する場合には、その旨を、遅滞なく、適当な方法で、防空管制群又は警戒群に対して通報しなければならない。
　　（1）前条第1項第2号又は第3号の規定により通報した予定進入時刻と前後5分以上異なつた時刻において防空識別圏に進入することが明らかとなった場合
　　（2）前条第1項第3号の規定により通報した予定進入地点から20海里以上離れた地点において防空識別圏に進入することが明らかとなった場合
（特別の飛行の場合の特例）
　第6条　前2条の規定は、特別の任務又は教育訓練のため一定の期間、防空識別圏の一定の空域を飛行する場合において、航空機の使用及び搭乗に関する訓令（昭和36年防衛庁訓令第2号）第2条第6号に規定する航空機使用者が航空総隊司令官又はその指定する者と必要な協議を行ったときは、適用しない。この場合において、機長は、当該協議に基づいて行う航空機使用者の指示に従わなければならない。

2、与那国島の領空及び防空識別圏

　日本最西端の与那国島における防空識別圏は、1969年訓令で米空軍の沖縄占領当時の防空識別圏を継承したため、同島の上空は日本の領空であるが、島の東側3分の1は台湾の防空識別圏として扱われる問題が生じた。つまり、石垣島方面から飛来した旅客機は、台湾の防空識別圏に突入し、与那国島飛行場に着陸する状況にあった。この状況に対して、2005年12月台湾では自国の防空識別圏を与那国島から西側に移動して運用されていることが判明した。他方、1995年の台湾海峡危機以来、台湾の軍事訓練が強化されており、2006年8月の軍事訓練では、過去の防空識別圏の設定が適用されていた。そこで、ようやく2010年5月日本政府は、防空識別圏を台湾海峡に拡げた。これに対して、台湾政府は、日本の通告に遺憾の意を表明した。与那国島の防空識別圏は、従前の東経123度から、陸地14海里だけ西側に半月状にはみ出した形となった。

3、領空侵犯

　日本への領空侵犯に対しては、航空自衛隊が対応している。これは自衛隊法第84条に基づくもので、スクランブル（緊急発進）は、海上自衛隊のイージス艦及び陸上自衛隊の地対空ミサイルSAM部隊による対空侵犯措置が連動している。
　その自衛隊の対応手順は、以下の順となっている。
　1、　レーダーなどによる防空識別圏侵入の事実又はその恐れについての確認。
　2、　戦闘機のスクランブル発進と識別不明機の確認。
　3、　当該機への領空接近の通告。
　4、　侵入機に対する警告、さらに指示を求める行動。
　5、　警告が無視された場合における警告射撃。

　但し、自衛隊法第84条には、着陸又は領空外への退去の記述しかない。軍用

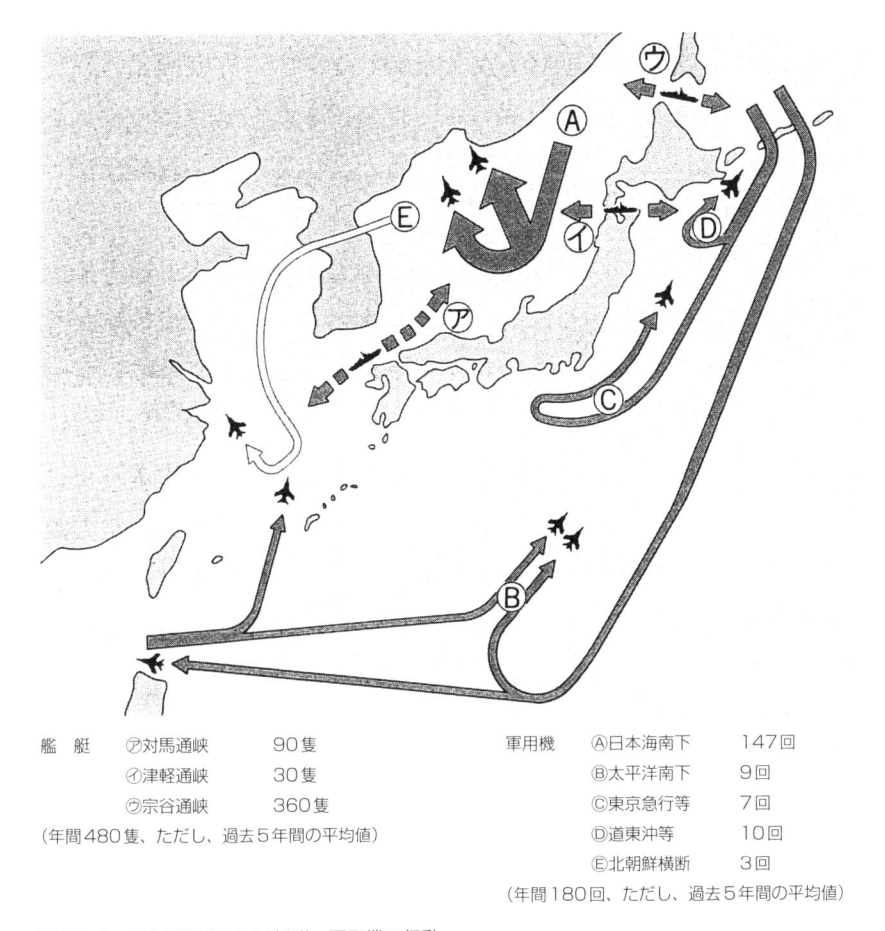

艦艇	㋐対馬通峡	90隻
	㋑津軽通峡	30隻
	㋒宗谷通峡	360隻

(年間480隻、ただし、過去5年間の平均値)

軍用機	Ⓐ日本海南下	147回
	Ⓑ太平洋南下	9回
	Ⓒ東京急行等	7回
	Ⓓ道東沖等	10回
	Ⓔ北朝鮮横断	3回

(年間180回、ただし、過去5年間の平均値)

図10-2　日本周辺のロシア艦隊・軍用機の行動
(出所) 防衛庁『防衛白書』平成5年度版、大蔵省印刷局、2004年、図1-14。

機による侵犯であっても、それに対する攻撃について、明確な記述はない。したがって、パイロットの判断で、侵入機を撃墜することは難しい。

　なお、航空自衛隊のスクランブル発進は、年間、数百回に達する。代表的なのは、1987年12月ソ連軍機が、沖縄本島上空を無線警告を無視して、度重ねて通過した事件である。

　1980年代にはスクランブルは最高を数えた。それはソ連機の日本近海飛行に

よるものであった。発進回数は1990年代半ば以降、少なくなってきていたが、2000年代半ば以降、発進回数が上昇傾向にある。それは、中国機の発進が増加してきたためである。中国機の飛行に対する発進は東シナ海、南西諸島に対するものである。2012年上半期、4月～9月の半年データでは、209回を数え、ロシア機134回、中国機69回となっている。

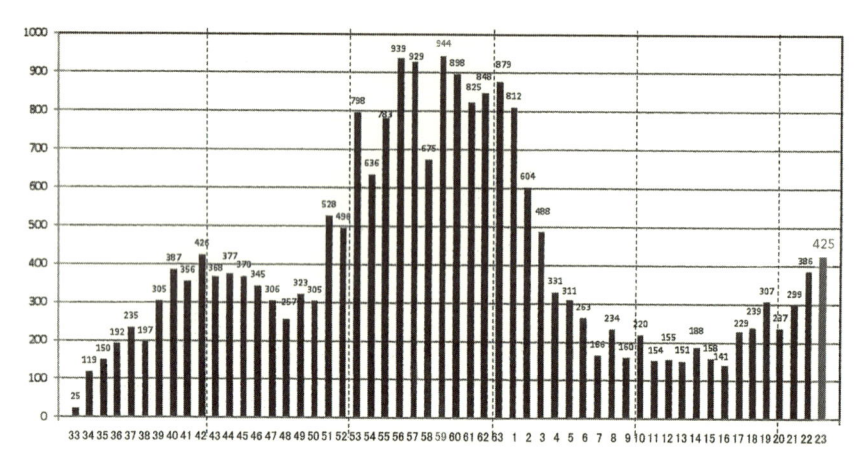

図10-3　日本自衛隊の緊急発進回数の推移、1958－2011年度
（出所）防衛年鑑刊行会編『防衛年鑑』2012年度版、防衛メディアセンター、2012年。

表10-1　日本自衛隊の地域別緊急発進回数、2007－11年度

地域	ロシア	中国	台湾	北朝鮮	その他	計
2007年度	253	43	3	0	8	307
2008年度	193	31	7	0	6	237
2009年度	197	38	25	8	31	299
2010年度	264	96	7	0	19	386
2011年度	247	156	5	0	19	425

（出所）防衛年鑑刊行会編『防衛年鑑』2012年度版、防衛メディアセンター、2012年。

4、ミグ25事件

1976年9月6日函館空港にソ連戦闘機ミグ25が飛来し、強行着陸した。北海

道警察はパイロット、ビクトル・Ｉ・ベレンコ中尉を出入国管理令違反で事情を聴取し、米国への亡命を計画していたことを確認し、9月ベレンコは米国へ亡命した。同機はソ連最新鋭機で、日本の軍事専門家が調査後、ソ連に返還された。この事件で、日本のレーダー網に盲点があることが問題となった[3]。

5、北朝鮮のミサイル発射実験

　北朝鮮は、1993年5月29日南東部江原道元山からノドン・ミサイルを発射し、能登半島北方350キロメートル付近に着弾した可能性が指摘された。その公表は、実験から数日間は見送られた。但し、発射から2週間後の6月11日の米朝共同声明で、北朝鮮は核拡散防止条約の遵守の意志を確認した。

　1998年8月31日北朝鮮は、東部第浦洞付近からテポドン1号を発射し、第一弾目は日本海に、第二段目は日本上空を通過して太平洋・三陸沖に落下した。この発射実験は、大気圏外とはいえ、事前通告なしに日本上空を通過したことで、

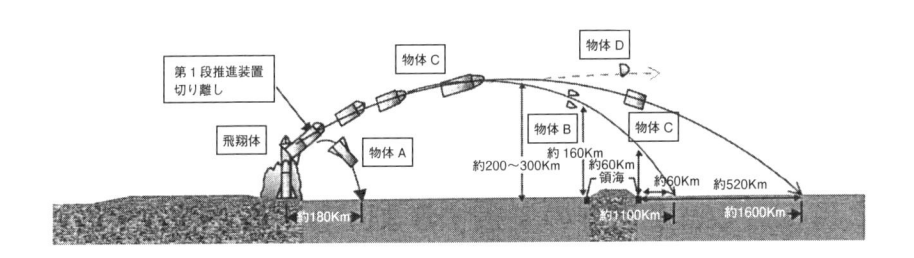

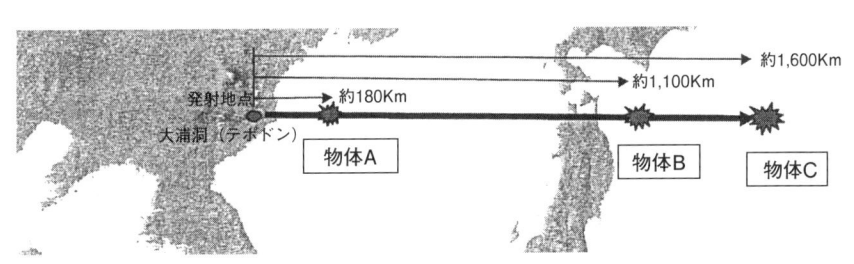

図10-4　北朝鮮ミサイル・テポドン1号の日本上空通過
(出所) 防衛庁資料。

領空侵犯とされ、アジアの平和に脅威であるとされた。

　9月4日朝鮮中央通信社は、今回の発射は人工衛星（近地点219キロメートル、遠地点6978キロメートル）の打上げである、と報じた。さらに、光明星1号は地球の周囲軌道に乗り、金日成と金正日を称賛する音楽の旋律を、モールス信号で衛星発射の4分53秒後に発している、と発表した。防衛庁は、北朝鮮の主張するような物体が地球周囲軌道に乗ったことを示すデータは確認されなかった、と発表した。北米航空宇宙防衛司令部（NORAD）は、そのような人工衛星は確認できないとした[4]。

　国際法上は、いかなる周辺国にも発射の事前通告義務はないとはいえ、不測の事態を回避するための発射通告はなされなかった。中国は、同時期に、台湾を牽制するためのミサイル発射実験を実施したが、事前に目標海域を通告していた。

　かかる事態に対して、日本政府は、その状況の把握のために偵察目的の情報収集衛星の導入を決定した。他方、日本民主党衆議院議員近藤昭一国防委員会委員長は、ミサイル発射に祝意を表し、日本政府が北朝鮮によるミサイル発射実験に対して過激に反応したと、北朝鮮に謝罪した。

　2009年2月4日咸鏡北道花台郡舞水端里のミサイル発射施設でテポドン2号の発射準備が進められ、これに対し、日本、韓国、米国は反対を表明した。3月12日北朝鮮は、国際海事機関（IMO）及び国際民間航空機関（ICAO）に対し、通信衛星の打ち上げを通告した。飛翔体が本土上空を通過する日本では、領域内への落下に備えたミサイル防衛による迎撃が検討され、3月27日防衛相は破壊措置命令を発出した。これに対して、北朝鮮は、衛星迎撃なら軍事報復をする、と表明した。4月5日11時30分頃、発射され、37分日本東北地方上空数百キロメートル上空を通過した。日本はレーダーで追尾し、日本には被害はないと判断し、迎撃はなされなかった。北朝鮮は、打ち上げ成功と報じたが、米国及び韓国は、周囲軌道にかかる衛星はない、と発表した。ロシアも、軌道上に衛星がないことを確認した。同5日韓国民主労働党は、「発射体が、北韓が当初から予告した通り、試験通信衛星であることが明らかになった以上、米・日はじめ、韓半島の周辺国とわが政府のすべての軍事的措置は解除されなければならない」との声明を

出した[5]。

2009年4月8日衆議院・参議院両院で、北朝鮮によるミサイル発射に抗議する決議が成立した。決議は、以下の通りである。

　　北朝鮮は、我が国をはじめ、国際社会からの度重なる中止要請を無視して、4月5日、ミサイル発射を強行した。
　　そもそも今回の発射は、北朝鮮は弾道ミサイル計画に関連するすべての活動は停止しなければならない旨を規定している国連決議第1695号及び第1718号に違反し、我が国として容認できるものではない。
　　本院は、改めて、北朝鮮に対して、国連決議の規定を遵守するとともに、六者会合共同声明を完全実施するよう強く求める。また、国際社会に対し、それらの国連決議に基づく制裁規定を完全に遵守するよう強く求める。
　　政府は、本院決議の趣旨を体し、我が国の国民の生命・財産を脅かす行為に、断固たる抗議の意思を北朝鮮に伝えるとともに我が国独自の制裁を強めるべきである。同時に、関係各国と連携しながら、国際連合安全保障理事会において、国際社会の一致した意思を決議等で明確にするよう努力すべきである。
　　右決議する。

2012年4月13日午前、沖縄上空を通過する人工衛星と主張する長距離弾道ミサイルが、北朝鮮北西の東倉里から発射されたが、1分余で爆発して黄海上に落下した。北朝鮮は打ち上げ失敗を認めた。韓国軍は、韓国最北端、北方限界線の白翎島151キロメートル上空で空中爆発し、20個余の破片が首都圏の平沢から全羅北道郡山西方100～150キロの海上に落下したと発表した。

同12年12月12日北朝鮮は、テポドン2号（推定射程距離約6000キロメートル）の改良3段式を打上げ、朝鮮中央通信は、人工衛星の打上げに成功し、地球の両極上空を通る極軌道を周回している、と発表した。ミサイルの搭載物が軌道

に進入したことは、米国及び韓国の軍事筋も確認した。

　このミサイル発射という国際社会への挑戦の事態に、西欧諸国は可能な限り強い対応をとることが必要であるとする点では合意をみており、金融制裁を含む制裁措置の検討に入った。中国は、制裁強化には適切であるべきとして、慎重な姿勢をみせた。韓国軍事筋は24日、改修した北朝鮮の長距離弾道ミサイルの残骸を分析して、このミサイルは北朝鮮が1990年代に開発したノドン（射程約1300キロ）、及び2007年に実戦配備した中距離弾道ミサイルのムスダン（射程約2500〜4000キロ）のエンジンを組み合わせたもので、人工衛星用の液体燃料ではなく、ミサイル用の固形燃料を使用しており、それはソ連のスカッド（射程約300〜500キロ）改良エンジンで、ミサイル技術の拡散防止の規制に反すると指摘した。いうまでもなく、今回打上のロケットとミサイルは基本的には同じ仕組みとなっており、同ロケットが米大陸を狙った大陸弾弾道ミサイル開発にあったことは、周知の事実であった。新米国安全保障センターのパトリック・クローニンは、「北朝鮮はICBM保有国への入り口に立った」としている。

　日本は、この新しい事態に向けて、迎撃ミサイルSAM3搭載のイージス艦4隻、地対空誘導弾パトリオット3（PAC3）装備の高射隊16隊を配備しているが、高射隊の防衛範囲は数十キロに限定されるので、その量質両面の充実が課題となっている。日本は4基の情報収集衛星を運用しているが、いずれも停止衛星でないために、警戒・監視能力は限定的で、かつミサイル発射直後における熱源の探知が可能である早期警戒衛星を保持しておらず、従前からミサイル発射の第一報を米国から受けてきた。米国に頼らざるをえない現実をいかに克服できるかは、日本にとって安全保障上の第一義的課題となっている。

6、北朝鮮のミサイル脅威

　北朝鮮は、2012年12月12日事実上の長距離弾道ミサイル発射を実施した。そして、国際連合において2013年1月22日制裁強化決議が成立するなか、2月12日核実験を決行した。さらに北朝鮮は、3月5日朝鮮休戦協定の白紙化を表明し、

7日核実験に対する追加制裁決議が成立すると、8日北朝鮮は、韓国との不可侵合意破棄の宣言へと踏み込んだ。その強硬姿勢は一貫しており、26日朝鮮人民軍最高司令部は、戦略ロケット軍部隊を1号戦闘勤務態勢に突入させると発表した。これによって北朝鮮はミサイル発射準備態勢に入った。日本防衛省は1月25日、2012年12月に発射した長距離ミサイルの射程が「1万キロメートル以上に及ぶ可能性がある」と報告、それはアメリカ本土に到達すると解される。同報告が指摘したように、「我が国の安全に対する脅威の増大」であった。

表10-2 北朝鮮の核実験の規模

日時	2006年10月9日	2009年5月25日	2013年2月12日
地震電波規模（マグニチュード）	4.1	4.5	4.9～5.2
推定爆発規模	TNU火薬換算1キロトン未満	5キロトン前後	6から7キロトン
原材料	プルトニウム	プルトニウム	?

（註）1945年8月9日長崎投下爆弾は、爆発規模は21キロトン、原材料はプルトニウムである。

　この北朝鮮のミサイル発射に対して、2013年1月23日国連制裁決議が成立し、中国も、朝鮮半島の非核化と北東アジア地域の平和と安定の実現という目標を実現する上でバランスのとれたものとして全会一致で成立した。これに対し、24日北朝鮮国防委員会は、①国連安全保障理事会決議を排撃する、②大国は、米国の専横と覇権で原則を失っている、③2005年9月の核放棄を約束した6カ国協議の共同声明は存在しない、④地域の平和のための対話はあっても非核化の対話はない、⑤米国と追随勢力の敵視政策を粉砕し、全面対決戦争に突入する、⑥衛星打ち上げと長距離ロケット発射は、高い水準の核実験とともに、米国を狙うものとなる、と声明した。

　2月12日北朝鮮は3回目の核実験を強行し、核弾頭化に成功した。3月7日国連安全保障理事会は通算4渡度目の制裁決議を採択し、北朝鮮に対する金融取引の取締り強化と核・ミサイル関連密輸品の運搬検査を国連加盟国に義務付けた。決議は、北朝鮮に核兵器開発計画を断念させることを狙いとしており、国際交渉

の場に復帰するよう、北朝鮮に呼びかけた。そして、核計画を継続するなら、一段と厳しい制裁を科すことになる、と警告した。北朝鮮は、朝鮮戦争の休戦協定の白紙化を表明したばかりか、米国攻撃を強迫し、さらに在日米軍基地の攻撃、東京など大都市攻撃の予告を行った[6]。日本の新聞社説も、「深刻な脅威を直視せよ」（「毎日新聞」2013年2月13日）と論じ、安倍晋三首相は北朝鮮の核実験非難声明を発し、2月14日国会決議が採択された。北朝鮮は、米韓軍事演習キー・ロゾルブが実施されるなか、挑発行動をいよいよ激化させた。

北朝鮮のかかるエスカレート状況は、以下の通りであった。

2013年3月8日北朝鮮、南北間不可侵合意の破棄、板門店ホットラインの遮断。

　　　3月24日韓国群合同参謀本部、韓国軍と米軍が北朝鮮による韓国の離島砲撃など局地的軍事挑発への対応を規定した米韓共同局地挑発対応計画調印・発効。

　　　3月26日北朝鮮、1号戦闘勤務態勢実施。脱北者団体などに対するサイバー攻撃発動。

　　　3月27日北朝鮮、軍ホットライン遮断。

　　　3月31日「労働新聞」、「軍の攻撃手段は射撃対象を確定した状態にある」と強調し、米軍横須賀基地・三沢基地・沖縄基地が「わが方の射程にある」と指摘。

　　　4月1日最高人民会議、核開発・使用を法制化。これは、非核化の拒絶を意味した。

　　　4月5日北朝鮮、ピョンヤンの在外公館に退避要請。

　　　4月9日朝鮮アジア太平洋平和委員会、「朝鮮半島で戦争が起きた場合に外国人が被害を受けることは望まない」と発表、韓国の在外機関・企業・外国人観光客に退避を勧告、朝鮮中央通信が報道。

　　　4月13日石破茂自由民主党幹事長、北朝鮮のミサイル発射は自衛権の対象と発言。

この事態に、日本の自衛隊は迎撃準備に入り、4月7日自衛隊法第82条の3に

基づき、ミサイル破壊措置命令が発せられた。これまで3回、破壊措置命令が発せられたが、予告なしの発射を想定した命令は初めてであった。その3回も今回も、北朝鮮のミサイルに対処したものであった。日本は、国民の秩序と安全のために厳戒態勢に入った。新聞社説も、「態勢準備は怠りなく」(「毎日新聞」2013年4月9日)と指摘した。防衛省は、9日地対空誘導弾パトリオット3(PAC3)を新宿区の防衛省に搬入し、東京中枢部の防衛に入り、さらに朝霞、習志野に配備し、次いで沖縄に展開した。イージス艦は横須賀基地から出港した。

表10-3　日本の北朝鮮ミサイルに対する破壊措置命令の事例

2009年3月27日
麻生内閣、SM3搭載のイージス艦を日本海、PACを首都圏と東北に配備。4月5日、北朝鮮、長距離弾道ミサイルを東方へ発射。領土に落下する可能性はないと判断して迎撃しない。

2012年3月30日
野田内閣、SM3搭載のイージス艦を日本海と東シナ海、PAC3を首都圏と沖縄に配備。4月13日、北朝鮮、発射失敗。迎撃していない。

2012年12月7日
野田内閣、SM3搭載のイージス艦を日本海と東シナ海、PAC3を首都圏沖縄に配備。12月12日、北朝鮮、長距離ミサイルを南太平洋へ発射、迎撃していない。搭載物体は地球軌道に突入したとされるが不明。

自衛隊法、1954年6月9日公布、第82条の2弾道ミサイル等に対する破壊措置は、以下の通りである。

> 防衛大臣は、弾道ミサイル等(弾道ミサイルその他その落下により人命又は財産に対する重大な被害が生じると認められる物体であつて航空機以外のものをいう。以下同じ。)が我が国に飛来するおそれがあり、その落下による我が国領域における人命又は財産に対する被害を防止するため必要があると認めるときは、内閣総理大臣の承認を得て、自衛隊の部隊に対し、我が国に向けて現に飛来する弾道ミサイル等を我が国領域又は公海(海洋法に関する国際連合条約に規定する排他的経済水域を含む。)の上空において破壊する措置をとるべき旨を命ずることができる。
>
> 2　防衛大臣は、前項に規定するおそれがなくなつたと認めるときは、

内閣総理大臣の承認を得て、速やかに、同項の命令を解除しなければならない。
3　防衛大臣は、第一項の場合のほか、事態が急変し同項の内閣総理大臣の承認を得るいとまがなく我が国に向けて弾道ミサイル等が飛来する緊急の場合における我が国領域における人命又は財産に対する被害を防止するため、防衛大臣が作成し、内閣総理大臣の承認を受けた緊急対処要領に従い、あらかじめ自衛隊の部隊に対し、同項の命令をすることができる。この場合において、防衛大臣は、その命令に係る措置をとるべき期間を定めるものとする。
4　前項の緊急対処要領の作成及び内閣総理大臣の承認に関し必要な事項は、政令で定める。
5　内閣総理大臣は、第1項又は第3項の規定による措置がとられたときは、その結果を、速やかに、国会に報告しなければならない。

安倍晋三首相の北朝鮮核実験声明、2013年2月13日の全文は、以下の通りである。
　　本日、北朝鮮が3回目の核実験を実施したとの発表をした。
　　わが国を含む国際社会が、北朝鮮に対し、既存の国連安保理決議の完全な順守を求め、核実験を含む挑発行為を決して行わないよう繰り返し強く求めてきたにもかかわらず、今回、北朝鮮が核実験を強行したことは、北朝鮮が大量破壊兵器の運搬手段となりえるミサイル能力を増強していることとあわせて考えれば、わが国の安全に対する重大な脅威であるとともに、核兵器不拡散条約（NPT）を中心とする国際的な軍縮不拡散体制に対する重大な挑戦であり、北東アジアおよび国際社会の平和と安全を著しく損なうものとして断じて容認できない。今回の核実験は、関連安保理決議に明確に違反するものであるとともに、日朝平壌宣言や2005年9月の6者協議共同声明にも違反し、北朝鮮との対話を通じた問題解決に向けた動きにも逆行するものである。北朝鮮に対して厳重に抗議し、断固として非

難する。

　特に、昨年12月12日、北朝鮮が同年4月に続き安保理決議に違反して強行した「人工衛星」と称するミサイル発射を受けて採択された決議第2087号で、北朝鮮による核実験が行われれば安保理が重要な行動をとる決意を明確に表明し警告しているなかで、今回の核実験が強行されたのであり、これらの一連の挑発行為は国連安保理の権威に対する重大な挑戦である。

　わが国は、すでに今後、国連安保理が速やかに協議を実施するよう要請した。北朝鮮に対し改めて、関連する国連安保理決議の即時かつ完全な履行を強く求める。また、わが国は、この機会に改めて、拉致、核、ミサイルといった諸懸案の包括的な解決に向け具体的な行動をとるよう、北朝鮮に強く求める。

　政府としては、以下の対応を取ることとする。

　1　引き続き、本件に関する情報収集・分析に万全を期すこと。

　2　引き続き、国民への的確な情報提供を行うこと

　3　引き続き、不測の事態に備え、わが国の平和と安全の確保、国民の安全の確保に万全を期すこと

　4　核実験に伴う放射性物質のわが国に対する影響について、政府としては、放射能対策連絡会議を開催し、関係省庁、都道府県、関係機関の協力を得て、わが国におけるモニタリング体制を強化するとともに、関係各国と連携し万全の体制で対応すること。

　5　国連安保理決議の明白な違反である今回の核実験に対して、国連安保理が決議第2087号を踏まえて、しかるべく対応をとることを含め、米国、韓国、中国およびロシアとの協力を強化し、他の関係国や国際社会との連携をさらに進めること。

　6　諸懸案の包括的な解決のために、わが国がとるさらなる対北朝鮮措置として、在日の北朝鮮当局の職員が行う当局職員としての活動を、実質的に補佐する立場にある者による北朝鮮を渡航先とした再

　　　　入国は、原則として認めないこととすること。
　　7　今後の北朝鮮の対応・国際社会の動向などを考慮しつつ、さらなる対応について検討すること。

　北朝鮮による3度目の核実験に対する抗議に関する衆議院決議、2013年2月14日採択は、以下の通りである。
　　　去る2月12日、北朝鮮は、一連の国連決議や六者会合共同声明、日朝平壌宣言に明確に違反し、実に3回目となる核実験を強行した。
　　　国際社会は、昨年12月12日の事実上の弾道ミサイル発射を受けて、本年1月22日、国連安保理において、北朝鮮に対し、決議1718号及び1874号の遵守やすべての核兵器・核計画放棄を求め、更なる弾道ミサイル発射や核実験の場合には安保理が重要な行動をとる決意を表明すること等を内容とする決議2087号を採択するなど、懸念を表明していた。
　　　今般の核実験は、これらの国際社会の声を無視して強行されたものであり、度重なる核実験は、国際的な核不拡散体制に対する重大な挑戦であるばかりでなく、唯一の被爆国の我が国として断じて容認できない暴挙であり、厳重に抗議し、断固として非難する。
　　　本院は日本国民を代表して、今般の核実験に対し重ねて厳重に抗議するとともに、北朝鮮が、これまでの諸合意に従って速やかに全ての核を放棄し、IAEAの査察を受け入れ、朝鮮半島の非核化に取り組むことを強く要求する。
　　　また、北朝鮮による核・弾道ミサイルの開発は、北東アジアのみならず国際社会全体の平和と安定を脅かすものであり、政府は米国、韓国をはじめ、中国、ロシアなど国際社会と連携し、我が国の安全を確保し、国民の不安を払拭すべく万全の措置を講ずるべきである。
　　　さらに、国連安保理決議2087号を踏まえ、国際社会が結束した外交努力を展開し、平和的な解決を模索すべきである。そして政府は、国連安保理理事国に対し行動を促すとともに、新たな制裁措置を含む安保理決議が

具体化されるよう努力すべきである。また、北朝鮮に対する制裁の徹底及び追加的制裁など断固たる措置を引き続き実施することを通じて、北朝鮮による核・ミサイル・拉致問題の早急な解決を図るべく、政府の総力を挙げた努力を傾注し、もって国民の負託に応えるべきである。

　右決議する。

　北朝鮮による3度目の核実験に対する抗議に関する参議院決議、2013年2月15日採択は、以下の通りである。

　　去る2月12日、北朝鮮は、一連の国連決議や6者会合共同声明、日朝平壌宣言を無視し、国際社会が再三にわたり、強く自制を求めていたにもかかわらず、実に3回目となる核実験を強行した。

　　これは、明らかに国連安保理決議違反であり、国際社会に対する挑発行動である。

　　国連安保理は、本年1月22日、昨年12月12日に事実上の弾道ミサイル発射を行った北朝鮮に対し、決議1718号及び1874号の遵守や全ての核兵器・核計画放棄を求め、更なる弾道ミサイル発射や核実験の場合には安保理が重要な行動をとる決意を表明すること等を内容とする決議2087号を採択するなど、懸念を表明していた。

　　今般の核実験は、国際社会に対する重大な挑戦であり、唯一の被爆国の我が国として断じて容認できない暴挙である。

　　本院は日本国民を代表して、今般の核実験に対し重ねて厳重に抗議するとともに、北朝鮮が、速やかに全ての核を放棄することを強く要求する。

　　また、北朝鮮による核・弾道ミサイルの開発は、北東アジアのみならず国際社会の平和と安定を脅かす重大な行為であり、看過できない。

　　加えて、北朝鮮は、我が国と平成20年8月に合意した拉致に関する調査を全く実施せず、今なお不誠実な対応を続けている。

　　政府は、国連安保理決議による「重要な行動をとる」との決意表明を踏まえ、リーダーシップを発揮し国連安保理理事国に対し行動を促すべきで

ある。さらに、政府は、米国、韓国をはじめ、中国、ロシアなど国際社会と連携し、引き続き対話による努力と北朝鮮に対する新たな制裁を含め断固かつ実効性のある制裁措置を実施することを通じて、北朝鮮による拉致・核・ミサイル問題の総急な解決に向け、総力を挙げて対処すべきである。

　右決議する。

[注]

1) 田岡良一「空域の領有権」空法、第2号、1956年。
　池田文雄「航空機の上空通過に伴う法律問題」1・2、空法、第3号、第4号、1958—59年
　栗林忠男「接続空域の法的地位」國際法外交雑誌、第67巻第6号、1969年。
　城戸正彦『空域主権の研究』風間書房、1981年。
2) 城戸正彦『領空侵犯の国際法』風間書房、1990年。
3) 野沢正『ミグ戦闘機——寒い国の秘密兵器』サンケイ出版、1976年。
　原田曠『ミグ25事件——ドキュメント怪鳥の航跡を全走査する』航空新聞社、1978年。
　中薗英助『密猟区——小説ミグ25亡命事件』日本経済新聞社、1979年。
　ジョン・バロン、高橋正訳『ミグ−25ソ連脱出——ベレンコは、なぜ祖国を見捨てたか』パシフカ、1980年。
　『ミグがアジアを狙う——翼が知る世界の危機』航空情報・別冊、1993年。
　大小田八尋『ミグ25事件の深層——闇に葬られた防衛出動』学習研究社、2001年。
4) 防衛庁『防衛白書　平成11年度版』大蔵省印刷局、1999年、第6章第2節。
5) 「ミサイルも衛星も原理同じ「安保理決議に背く」北の発射準備で韓国外相」産経新聞、2009年2月16日。
　「北朝鮮は「人工衛星発射の資格なし」とクリントン発言」産経新聞、2009年2月18日。
　「露軍部「北の人工衛星、宇宙空間に存在せず」産経新聞、2009年4月10日。
　「歴史の裁きが避けられない「従北主義者」たち「ミサイル発射を、同胞愛の観点から心よりお祝いする」」統一日報、2009年4月6日。
6) マイケル・ユーとデクスタ・イングラム『ウオー・シミュレイション——北朝鮮が暴発する日』(新潮社、2003年) によれば、12キロトン級のミサイルが東京の中枢、永田町付近に着弾した場合、半径2.5キロメートルがグラウンド・ゼロといわれる致死率90パーセント以上になる、と指摘している。この地域にいた者は苦痛を感じることもなく、カメラのフラッ

シュのような閃光をみた瞬間、消失してしまう。千代田区のほぼ全域と港区の半部、新宿区・中央区の一部が壊滅し、10万人が核爆発直後に死亡し、放射線被曝・酸素欠乏などの要因により約39万人が被爆し、10パーセントは1年以内に、20パーセントが2年以内に死亡する、と指摘している（104-108頁）。

本書は、米国防総省災害防止局を経て、ヘリテージ財団の核戦争の脅威専門家及びデータベース責任者となっているデクスタ・イングラムの核戦争のシミュレーションの分析結果を活用して、韓国人マイケル・ユーが日本語で執筆した書物で、第2部軍事シミュレーション・北朝鮮暴発の脅威は、東京、大阪、ソウル、仁川、北京について核兵器による攻撃、生物兵器による攻撃、及び化学兵器による攻撃についてのシミュレーションを取り上げている。イングラムは、2002年6月インド・パキスタン危機の際に、核戦争のシミュレーションを行い警告を与え、世界のメディアから注目された。マイケル・ユーは、2003年以降、経済産業研究所研究員である。

索　引

❖ 地名索引

あ

青ケ島　118
赤尾峠　141
浅茅湾　62
アニワ海峡　68
亜庭湾／アニワ湾　66
アブレオジョス島　129
奄美大島　133, 134, 283
奄美群島　24, 136
奄美諸島　64, 133
アムステルダム　136
硫黄島　82, 89, 126, 127 130, 134, 156
硫黄列島　156
壱岐志摩　17
イキマ島　129
諫早　262
石垣島　59, 169, 170, 488, 489
伊豆大島　89
伊豆諸島　116
伊豆鳥島　118
出雲　58
磯竹島　438
巌原　61
西表島　59
魚釣島　140, 462
于山島　436
ウファガリジマ　136
得撫島／ウルップ島　65, 67, 69, 106
獵虎島　72
欝陵島　119, 437, 438
択捉島／エトロフ島　65, 67, 70, 71, 73, 106, 171～174, 177, 178, 180, 338
エリモ岬　72
エンゲルス礁　132
黄麻嶼　142
大島　59, 62
大隅半島　24
鵝鑾鼻　23
小笠原海台海域　400～402

小笠原島　118, 128
小笠原諸島／小笠原群島　131, 155～157, 159, 160
隠岐諸島　59, 121～123, 341, 342
沖大東海嶺南方海域　400, 401
沖大東島　136, 137, 139
沖縄　5, 26～28, 35
阿児余波島　164
沖縄諸島　64
沖縄本島　60
沖永良部島　134
沖ノ北岩　142
沖ノ鳥島　5, 132, 133, 156, 400
沖ノ南岩　142
オホーツク海　35, 293, 306, 320, 323

か

貝殻島　331, 336
火山列島　156
臥蛇島　64, 135
上三島　130
樺太／カラフト　1, 35, 67～70
ガンジス島　127, 129
鬼界ケ島　14, 64, 130, 134
喜界ケ島　133
北小島　141, 463, 464
九州・パラオ海嶺南部海域　400, 401
クシュンコタン　66
クナシリ海峡　320
国後島／クナシリ島　70, 106, 107, 172～174, 177, 178, 194, 338
久場島／クバシマ　140
クミアカシマ　141
久米島　24
鞍馬群島　343
グランパス島　129
クリル諸島　65, 67, 69
玄菟回廊　31
黄海　377, 378, 389

膠州湾　41
神津島　25
児島　261
琉瑶琉水道　331

さ
済州島　24, 342
先島諸島　169
薩摩硫黄島　130
薩摩半島　24
サハリン（樺太）　70, 174
四国海盆海域　400〜402
色丹島／シコタン島　70, 173, 178, 194, 337, 338
シベリア　35, 38
シマグワー　141
船山群島　24
春暁　284, 290
昭和硫黄島　85, 89, 129, 130
新硫黄島　129, 131
セバスティアンロボス島　129
尖閣諸島　5, 140, 144, 282, 283, 395, 414, 470
ソヴィエト海峡　320
宗谷海峡　66, 417
外が浜　14, 64

た
大韓海峡　414
対州　414
大正島　141
大東島　136, 138
ダグラス・リーフ　132
竹島　5, 119〜122, 352, 414, 438
太宰府　17
断橋　284, 290
知訶島　59
千島　1, 70, 71, 107
千島国　172

千島列島　181
釣魚島　140, 458〜460, 475
朝鮮　18, 20, 31, 32, 59, 60
朝鮮海峡　124, 414
津軽海峡　16, 416
筑紫國　16, 17
筑紫島　59
対馬　5, 60〜62, 124〜126, 495〜499
對島　17
津島　59, 124
対馬海峡　24, 124, 414
対馬海峡西水道　124, 365, 414
対馬海峡東水道　124, 414
対馬島　60
對馬州　124
東海（日本海）　352
東海（東シナ海）　377, 378, 389
島後島　122
吐噶喇海峡　25
吐噶喇列島　64, 134〜136
度感　136
独島　119, 120, 352, 436, 440〜443
徳之島　59, 133, 134
飛瀬　142
鳥島　118, 119
鳥島（尖閣諸島）　141-142
鳥島（南小島）　142

な
中ノ鳥島　127, 128〜130
南西小島　138
南西諸島　5
南方諸島　88, 115, 117, 156
南洋群島　41, 77
西之島新島　88, 89
ニューギニア　79〜81
根室海峡　417
納沙布岬　331

535

は

函館　520
八丈島　116〜118
八郎潟　261
花咲半島　192
歯舞群島　173, 178, 179, 337, 338
パレセル・ヴェラ　132
東シナ海　362, 374〜377, 389
東中国海　371
姫島　59
平良　489
両児島　59
平湖　283
ベーリング海　293, 300, 320, 323
ベーリング海峡　306
北海道　15, 35
北方4島　99, 171〜211, 321, 333
ホルモサ島　78

ま

松島　119, 438
マツマイ島　72
間宮海峡　70, 82, 106
マラッカ海峡　231, 416
マリアナ海溝　263
南硫黄島　132
南硫黄島海域　400〜402
南小島　142
南鳥島　130, 131, 156
南鳥島海域　400, 401
三宅島　89, 118
宮古島　28, 169, 489
宮古諸島　64
宮古列島　169
明神礁　89
茂木海山海域　400, 401

や

八重山諸島　62, 64, 144, 170, 395

与名国島　5, 414, 499〜501, 518
与論島　64

ら

ラサ島　137
ラペルーズ海峡　66
ラングティル島　129
琉球／琉球諸島　15, 25, 28, 62, 64, 164〜168, 179
琉球諸島　25, 164
遼西回廊　31
遼東半島　41
ロドロン島　78

❖ 人名索引

あ

愛知揆一　451
青島俊哉　72
麻生太郎　181
安倍晋三　526, 528
甘利後知　73
網野善彦　23
荒畑寒村　452
アンダーソン　11
安致運　452
安藤石典　183
安龍福　436
池田勇人　172, 194
池田行彦　463〜465
伊邪那岐　60
伊邪那美　60
井沢矢喜太　143
石澤兵吾　143
石田三成　20
石破茂　526
石原慎太郎　469
和泉屋半兵衛　60
伊勢国七郎兵衛　171
伊地知馨　168
稲葉岩吉　31
井上馨　106
井上清　452, 453
伊能忠敬　70, 106
伊波普猷　26, 167
李明博　443, 445〜447
岩下明裕　181, 187
イワノフ　204
イングラム　532
上田清司　184
ウェッブ　487
上野景範　77
榎本武揚　66, 77, 78
エリクソン　3
エリツィン　199, 200, 209

大国主　58
大久保利通　106
大橋光夫　481, 484, 485
大平正芳　175, 444
大見謝恒寿　282, 449
小笠原貞任　157
小笠原貞頼　157
岡部牧太　73
岡本監輔　107
隠岐氏　122
荻生徂徠　29
奥原敏雄　454
奥山秀作　118
小栗豊後守忠順　62
小野重朗　24
小野寺五典　492
小渕恵三　201, 211
オヤケアカハチ　169
温家宝　469

か

郝柏村　463
加藤肩吾　72
金関丈夫　26
河相周夫　471
川村淳義　81
菅直人　468
鞠徳源　460
魏源　412
岸信介　194
北島万次　19
宣野湾親方朝保　164
金日成　522
金元雄　443
金正日　522
金鍾泌　443, 444
金大中　354
金泳三　120
裴援平　492

537

吉良州司　439
工藤平助　29, 30
久保田見達　71
クラーク　35
グリース　72
栗原國起　144
クリントン　468
黒田清隆　108
グロムイコ　175, 418
小泉純一郎　180, 205, 258, 444
黄叔璥　460
洪磊　470
古賀善次　140〜142, 144
古賀辰四郎　144
国分直一　26
小坂善太郎　444
コスイギン　37
呉天穎　454, 477
小林建　454
小林多喜二　300
ゴルバチョフ　195
ゴロブニン　107
近藤重蔵　70, 71, 73
近藤昭一　522

さ
西郷従道　458
桜井光堂　58
笹森儀助　107
佐藤栄作　452
佐藤信淵　30
佐藤優　223, 224
サブリー　158
サンアイイソバ　169
重光葵　177, 179, 193
島津家久　134
嶋谷市左衛門　160
嶋谷太郎左衛門　160
清水威久　178

シャバーリン　72
周恩来　456
習近平　492
シュミット　411
俊寛　134
尚泰　164, 165
尚徳王　133
向有恒　164
昭和天皇　158
ジョン万次郎　158
申淑舟　497
神武帝　60
鈴木善幸　416
鈴木宗男　180, 184〜186, 223
スターリン　71, 417
世宗　498
セボレー　157
錢其琛　463
宗貞盛　498
宗氏　18
宗義智　62
園田直　195, 461, 462
ソルジェニツィーン　191

た
ターナー　34
戴秉国　492
高崎達之助　331
高田屋嘉兵衛　65, 107
高野博師　187
高橋景保　73, 75
高村正彦　353
財部能成　498
田久保忠衛　467
田嶋象次郎　60
田代源之丞　139
田中角栄　35, 37, 39
谷川健一　27
谷正之　179

索引

玉置半右衛門　118, 137,
ダレス　178, 179
崔南善　497
チジョフ　192
チョールヌイ　171
鄭若曽　460
丁若鏞　33
恒藤規喬　139
寺島宗則　160, 168
寺島良安　72
デ・ラ・トーレ　137
デリャーギン　191
天皇（今上天皇）　161, 445
土肥隆一　439
ドウグラス　132
東郷和彦　180
鄧小平　462
島嶼防衛　418
徳川家康　106
特別協力水域　477
豊臣秀吉　18〜20, 60, 61, 126
鳥居龍蔵　24, 71, 73
トルーマン　417

な

内藤正中　120, 438
永井喜右衛門太　143
中尾庄左衛門　160
中川融　450
仲宗根豊見親　169
中曽根康弘　55, 416, 417
中村什作　139
中村秀樹　487, 488
ナンセン　262
ニコライ1世　107
西村棄三　143
丹羽宇一郎　469
野坂参三　178, 181
野田佳彦　445〜447, 469, 471, 475

盧武鉉　361, 444
野村善一　56

は

バーンズ　446
馬英九　475, 484
朴正熙　342
橋本左内　79
橋本龍太郎　200
服部帰一　159
服部四郎　26
鳩山由紀夫　180, 181, 468
羽仁五郎　452
バネッタ　470
林子平　29, 30, 72, 157, 160, 411, 457
ハリス　158
ピョートル1世　107
ビンクエリショエク　226
プーチン　201, 203, 205, 207
福田赳夫　442, 452
藤田良（惇齋）　73
藤村修　439
プチャーチン　107
ブッシュ　161
フラトコフ　181
フリース　65
プリマコフ　467
古河古松軒　116
フルシチョフ　172
プレイ　452
ブレジネフ　37, 38
ベッテルハイム　106
ベラン　72
ペリー　157, 158
ベレンコ　521
方坤　460
北条早雲　116
ポチフィディン　136
ポドゴルヌイ　37

539

本多利明　30

ま

牧志朝忠　164
町村信孝　181
松浦武四郎　107
松江春次　79
マッカーサー　183, 439, 440, 495
松平定信　22
松平新太郎　438
松田道之　142, 164, 165, 168
松前廣長　72
松村仁之助　143
松本俊一　178
間宮林藏　35, 70, 71, 73, 106
三澤喜左衛門　124
三島格　24
水谷新六　131
水野忠徳　158
宮本顕治　182, 194
宮本常一　126
村上貞廉　71
村上島之允　73
メケイン　487
メドベージェフ　208, 209
最上徳内　107
森喜朗　180, 203

や

柳田国男　23, 24
山縣有朋　143, 167
山田聯　73
山田禎三郎　127, 128, 129
ユー　532
楊潔篪　475
吉田松陰　79

ら

ラックスマン　107

ラブロフ　208
李杰　460
李承晩　439
劉賜貴　492
廖了以　481
倫履安　463
ルーズベルト　70
レーメゾフ　72
ロース　158
ロシュコフ　180

わ

若林暹　182

❖ 主要項目索引

あ

愛国青年連盟　462
アイデンティティ　3
赤城試案　337
飛鳥浄御原令　16
安全操業　336
異域　14
イルクーツク声明　203, 205, 207
魚釣島上陸事件　454
ウティ・ポッシデティスの原則　2
蝦夷地　15, 16, 62, 65, 106
欧州議会　192
欧州議会の北方領土問題決議　192
大森　58
大山　58
沖縄起源論争　25
沖縄トラフ　87, 88, 283, 284, 374〜377
沖縄の思想　26
御岳　58

か

海域事件　352
海国　412
海上の道　23, 24
海図　81, 82
海賊行為　289
海賊停止令　18
海底火山　85, 88, 89
外邦測量　90
海防論　29
海洋　225
海洋基本計画　265, 269, 420
海洋調査　361, 399
樺太放棄論　66
川奈合意　200
韓国対馬領有運動　497
韓国対馬領有論　494
干拓　261
危険水域　291

旗国主義　353
基線　227, 232, 234
疑存島　119, 129, 130
球陽　28
疆域　33
境界　11〜13, 21, 69, 70
協定水域　477
協定適用水域　482, 484
共同開発　361, 364, 370, 483
共同開発区域　366, 374
共同規制水域　343〜345, 350
共同統治論　180
共同分割　163
漁業水域　231, 234
禁止区域　322, 323
国絵図　62
クラスノヤルスク合意　199, 203, 212
グロムイコ通告　193
黒潮　23〜25
軍事演習区域　264, 267
軍事警戒区域　384
警戒海域　231
化外　33
元寇　126
建国釣魚臺防衛同盟　465
国連海洋法条約　227, 233, 351, 354, 366, 400
国連大陸棚限界委員会　231, 271, 374, 376, 377, 400, 401
国境　11〜13, 16, 17, 21, 32, 33, 58, 62
昆布漁業　331

さ

冊封琉球　142
サハリン大陸棚石油・天然ガス・プロジェクト　35
3海峡封鎖問題　416
暫定執法線　484
暫定水域　353

541

暫定措置水域　395, 398
3.25島返還論　187
3島返還論　181
シーレーン　258
島国　21, 60, 412
島国根性　60
借景　21
情報共有センター　258
水平神　27
スクランブル　491, 518, 519
西南防衛計画　499
接続水域　227
尖閣海戦　486-491
尖閣諸島国有化　469, 470
尖閣諸島紛争　449, 476, 493
全球華人保釣大聯盟突撃隊　465
先占　2, 88, 119, 437, 439, 454
全面放棄論　183
ゾイデル海干拓法　261
総合海洋政策本部　231, 265, 421
創造の共同体　12

た
タールベーク　2
太平洋プレート　85
大陸棚　226, 228, 231, 232
大陸棚自然延長論　257, 362, 363, 366, 370, 371, 375, 376
台湾事件　170, 171, 458
台湾出兵　170
台湾付属島嶼説　460
竹島固有領土論　434
竹島上陸事件　445
竹島棚上げ論　443
竹島の日　444, 497
竹島紛争　434〜448
竹島放棄論　439
立入禁止線　342
単一民族　40, 55

檀君神話　32
千島放棄条項　181
千島問題　182
千島列島全島返還論　181
中華思想　33
中間水域　395, 396
中間線　232, 234, 257, 282, 284, 362, 363, 366, 370, 371, 374〜376
中国海洋調査船　283, 285, 286
中国釣魚島古来領土論　458
釣魚台特攻隊　462
釣魚台保衛行動委員会　452
釣魚台論争　449-454
朝鮮経略　19
津軽海峡防衛　416
対馬海峡防衛　414
対馬島の日　497
デルタ・プラン　261
東京宣言　197, 199〜201, 204, 207, 211
東三省　33
党中央海洋権益維持工作指導小組　492
独島義勇守備隊　442
豊葦原連合帝国　60

な
南島文化　24
日琉同祖論　26
日ロ関係5原則　196
日ロ共同宣言　197
日露行動計画　205
日ソ共同宣言　175, 178, 179, 208
2島譲渡論　178
2島先行返還論　179, 189
2島返還　188
2島放棄批判論　178
日本国　57
日本精神　4
日本青年社　145, 463, 464, 467
日本尖閣陰謀説　458

は

排他的経済水域　228, 230〜232, 264, 265, 271, 313, 352
万里の長城　12
東シナ海平和イニシアチブ　484, 485
フィフティ・フィフティ　163
分島改約案　169
（豊臣の）平和令　18
辺境　4, 11, 31, 34, 35
辺境性　40
防空識別圏　452, 512, 513, 518
北洋漁業　292, 293, 299, 321
ポサドニック号事件　415
母川国　333, 334
保釣行動委員会　468
保釣釣魚台行動委員会　463
北海道辺境論　35
北方交流　210
北方探険　106, 107
北方領土　1, 5, 174, 190
北方領土不要論　184〜186
北方領土返還運動　183
北方領土をめぐる世論　187〜190
本土決戦　419

ま

マッカーサー・ライン　331, 342
松前　15, 73
松前藩　106
ミグ25事件　520
ミサイルに対する破壊措置　527
ミサイル発射　521, 526, 528, 529, 531
ミサイル防衛　522, 527
面積2等分論　180
モスクワ宣言　201, 205, 206, 211

や

ヤマト／大和　16, 57, 58, 126
幽霊島　130

与那国「自立・自治宣言」　501
4島返還　22
4島返還論　177, 183, 188, 189

ら

離島　264, 278, 420, 421, 433
琉球王国　164
琉球弧　26, 28
琉球冊封　460
琉球処分　28, 164, 167, 468
琉球・台湾法的地位論争　170, 171
琉球藩　167
竜宮伝説　23
領海　100, 101, 226, 227, 230, 231
領空　511
領空侵犯　486
両属関係　164
領土　1, 22, 40, 59, 99, 108, 115, 155
李ライン　341〜343, 442
レーダー発射事件　491, 492

【著者】

浦野起央（うらの　たつお）

1955年、日本大学法学部卒業。政治学博士。
日本アフリカ学会理事、日本国際政治学会理事、アジア政経学会理事、国際法学会理事、日本平和学会理事を歴任。現在、日本大学名誉教授、北京大学客座教授。

【主要著作・訳書】

主な著書に、『資料体系アジア・アフリカ国際関係政治社会史』『現代における革命と自決』（パピルス出版）、『ジュネーヴ協定の成立』（巌南堂書店）、『ベトナム問題の解剖』（外交時報社）、『パレスチナをめぐる国際政治』『現代紛争論』『新世紀アジアの選択――日・韓・中とユーラシア』『日・中・韓の歴史認識』（南窓社）、『中日相互認識論集』（香港社会学科出版社）、『釣魚臺群島（尖閣諸島）問題研究資料匯編』（勵志出版社／刀水書房）『国際関係理論史』『人間的国際社会論』『国際関係のカオス状態とパラダイム』『朝鮮統一の構図と北東アジア』（勁草書房）、『20世紀世界紛争事典』（三省堂）、『南海諸島国際紛争史』（刀水書房）、『ユーラシアの大戦略――3つの大陸横断鉄道とユーラシア・ドクトリン』（時潮社）、『世界テロ事典』『尖閣諸島・琉球・中国――日中国際関係史』、『冷戦・国際連合・市民社会――国連60年の成果と展望』、『チベット・中国・ダライラマ――チベット国際関係史』（三和書籍）、他多数。

訳書では、ダグラス・パイク『ベトコン』（鹿島研究所出版会）、クラウス・クノール『国際関係におけるパワーと経済』（時潮社）、ハッサン・ビン・タラール『パレスチナの自決』、張聿法・他『第二次世界大戦後 戦争全史』（刀水書房）、アラン・ラブルース／ミッシェル・クトゥジス『麻薬と紛争』（三和書籍）、他多数。

日本の国境 【分析・資料・文献】

2013年7月10日　初版発行

著者　　浦野　起央
©2013 T.Urano

発行者　　高橋　考
発　行　　三和書籍

〒112-0013　東京都文京区音羽2-2-2
電話 03-5395-4630　FAX 03-5395-4632
http://www.sanwa-co.com/
info@sanwa-co.com
印刷／製本　日本ハイコム株式会社

乱丁、落丁本はお取替えいたします。定価はカバーに表示しています。
本書の一部または全部を無断で複写、複製転載することを禁じます。
ISBN978-4-86251-152-2　C3031　Printed in Japan

三和書籍の好評図書
Sanwa co.,Ltd.

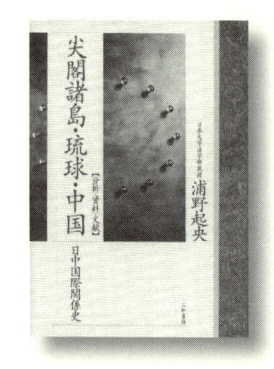

増補版　尖閣諸島・琉球・中国
【分析・資料・文献】

浦野起央 著
A5判　上製本　定価：10,000円＋税

●日本、中国、台湾が互いに領有権を争う尖閣諸島問題……。筆者は、尖閣諸島をめぐる国際関係史に着目し、各当事者の主張をめぐって比較検討してきた。本書は客観的立場で記述されており、特定のイデオロギー的な立場を代弁していない。当事者それぞれの立場を明確に理解できるように十分配慮した記述がとられている。

冷戦　国際連合　市民社会
―国連60年の成果と展望

浦野起央 著
A5判　上製本　定価：4,500円＋税

●国際連合はどのようにして作られてきたか。東西対立の冷戦世界においても、普遍的国際機関としてどんな成果を上げてきたか。そして21世紀への突入のなかで国際連合はアナンの指摘した視点と現実の取り組み、市民社会との関わりにおいてどう位置付けられているかの諸点を論じたものである。

地政学と国際戦略
新しい安全保障の枠組みに向けて

浦野起央 著
A5判　460頁　定価：4,500円＋税

●国際環境は21世紀に入り、大きく変わった。イデオロギーをめぐる東西対立の図式は解体され、イデオロギーの被いですべての国際政治事象が解釈される傾向は解消された。ここに、現下の国際政治関係を分析する手法として地政学が的確に重視される理由がある。地政学的視点に立脚した国際政治分析と国際戦略の構築こそ不可欠である。国際紛争の分析も1つの課題で、領土紛争と文化断層紛争の分析データ330件も収める。

三和書籍の好評図書
Sanwa co.,Ltd.

中国の公共外交
──「総・外交官」時代──

趙啓正 著　王敏 編・監訳
A5判／並製／270頁／定価3,000円+税

● 13億の中国国民が国際世論形成の鍵を握る時代がやってきた！！中国外交のキーパーソンであり、「中国の声」ともいわれる論客・趙啓正氏が、いま注目を集めている新しい外交理念「公共外交（パブリック・ディプロマシー）」について、その理論と実践を語り尽くす！

〈日中新時代をひらく〉
転換期日中関係論の最前線
──中国トップリーダーの視点──

王敏　編著　A5判／上製／389頁／定価3,800円+税

●日中交流における共通の体験知を抱き、非西洋的価値規準による互恵関係の可能性、およびその問題点を掘り下げ、利益共有への通路を開拓する。変化しつつある日中新時代へアプローチすることが本論文集の目的である。

　本書の最初では、GDPの増大が日中相互認識にどう影響してきたか、その変化と諸問題を提起している。次いで、序論として、中国の発展モデルの評価について、「中国の声」とも呼ばれる論客、趙啓正氏が冷静に論考している。

〈国際日本学とは何か？〉
東アジアの日本観
──文学・信仰・神話などの文化比較を中心に──

王敏　編著　A5判／上製／412頁／定価3,800円+税

●国際化が加速するにつれ、「日本文化」は全世界から注目されるようになった。このシリーズでは、「日本文化」をあえて異文化視することで、グローバル化された現代において「日本」と「世界」との関係を多角的に捉え、時代に即した「日本」像を再発信していく。

　本書は、東アジアにおける異文化の鏡に映った像を手がかりに、日本文化の混成的な素性と性格を、またそれがアジアや世界へと越境していく有り様を浮き彫りにしていくものである。

三和書籍の好評図書
Sanwa co.,Ltd.

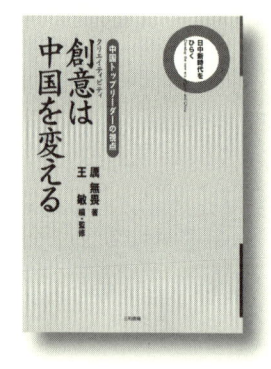

〈日中新時代をひらく〉
創意は中国を変える
――中国トップリーダーの視点――
厲無畏 著　王敏 編・監訳
A5判／上製／374頁／定価3,800円＋税

●「中国創造的産業の父」と高く評価される著者が、中国各地における創造的産業の発展、それらの産業が生み出す製品価値について、それらがいかに中国の都市を変え、雇用や生活を変えていくか、などといった多角的視点による分析から創意の重要性を述べ、中国国内で高い評価を得た書の日本語版。中国産業界の問題意識と産業創出の実態を捉えるために必読の書！

希望の社会学
――我々は何者か、我々はどこへ行くのか――
山岸健・浜日出夫・草柳千早　共編
A5判／並製／269頁／定価2,800円＋税

●人生をどのようにしてより広くより深く生きるのか。生きがいや楽しみをどこに見い出すのか。どのようにして希望に満ちあふれた日々を築いていくのか――。そのような人間の「生」の意味を、「希望」をキーワードにしながら複眼的に考えていく、全く新しい社会学の教科書。

ヴィクトリア時代の思潮とJ.S.ミル
――文芸・宗教・倫理・経済――
有江大介　編著
A5判／並製／248頁／定価2,800円＋税

●ヴィクトリア時代の人々の宗教観は？　当時の絵画（ラファエル前派）の特徴は？　J.S.ミルの考えた「幸福」とは？――イギリス帝国絶頂期ヴィクトリア時代とはいったいどんな時代だったのか、今まで知られていなかったその時代の深層を、J.S.ミルを通して、明らかにする。
これまでにない観点から編集された、全く新しいヴィクトリア時代の研究書！